기독교문서선교회(Christian Literature Center: 약칭 CLC)는 1941년 영국 콜체스터에서 켄 아담스에 의해 시작되었으며 국제 본부는 미국 필라델피아에 있습니다.
국제 CLC는 59개 나라에서 180개의 본부를 두고, 약 650여 명의 선교사들이 이동 도서차량 40대를 이용하여 문서 보급에 힘쓰고 있으며 이메일 주문을 통해 130여 국으로 책을 공급하고 있습니다. 한국 CLC는 청교도적 복음주의 신학과 신앙 서적을 출판하는 문서선교기관으로서, 한 영혼이라도 구원되길 소망하면서 주님이 오시는 그날까지 최선을 다할 것입니다.

신 국 현 목사
합동신학대학원 조직신학 박사 과정

근대에 이어 현대에 이르기까지 포스트모더니즘(postmodernism)의 지배적 경향 아래, 철학적·신학적·인문학적 영역의 보편적 사조(思潮)가 거부되는 상황 속에서, 교회의 신학과 신앙 역시 다소 조잡하고, 잡박(雜駁)한 형식으로 변질되어 가고 있음을 본다. 자연스럽게 소중하게 계승되어 오던 성경과 신앙 고백서 중심의 교의적 통념들은 해체되기 시작했고, 경건을 가장한 신지학(theosophy)이나, 인간의 자유를 가장한 이신론(deism)과 같은 기형적 형태의 신앙들이 교회를 잠식하고 있다. 이런 유명론적이고, 인본주의적이며, 펠라기우스적 신학 경향은 '오직 성경'(Sola Scriptura), '오직 은혜'(Sola Gratia), '오직 그리스도'(Solus Christus)라는 범교회적 신앙 기준을 흔들며, 하나님을 아는 지식과 성도가 지녀야 할 윤리적 의무의 가치를 훼손시키고 있다.

이런 가운데, 마이클 호튼 박사는 이 책을 통해, 해체주의적 흐름의 기독교 신앙 안에서 과연 우리가 반드시 붙들고 추구해야 할 절대적이고 보편적 가치가 무엇인지 간절하게 호소하고 있다. 호튼은 오늘날 하나님의 신실하신 말씀보다, 자신의 내면의 자율적 목소리에 더욱 귀를 기울이며 신앙과 신학의 오류를 부추기고 있는 근현대 신학을 향해 자성을 촉구하면서, 하나님에 대한 실제적 인식과 그에 대한 참된 지식이 오직 성경의 계시로부터 온다는 사실을 강조한다.

그런 측면에서 이 책은 하나님에 대한 지식과 인식의 중요성을 부각하면서, 그런 인식과 지식이 올바로 추구될 때, 우리가 하나님의 은혜 언약 안으로 들어갈 수 있다는 사실을 잘 말해 준다. 호튼은 이 시대에 막연하고도 무의미하게 하나님의 이름을 부르며, 허공을 때리는 부르짖음에 익숙한 성도들을 향해, 먼저 여호와 이름의 의미와 그 이름이 내재하고 있는 하나님의 속성에 대해 아는 것의 중요성을 말해 주면서, 창조주요 구속주이신 하나님과 피조물이요 은혜의 수여자인 성도의 관계를 올바로 교정시켜 주고자 한다.

그런 의미에서 이 책은, '언약'(covenant)이라는 큰 틀에서 그 언약을 제정하시고 수여하시는 하나님의 선하시고, 진실하시며, 성실하신 속성을 우선적으로 드러내고자 한다. 선하시고, 진실하시고, 성실하신 하나님이 그의 백성들에게 베푸시는 언약은 선하고, 진실하며, 성실할 수밖에 없다. 호튼은 모든 세대를 아울러 다스리시는 하나님의 주권적 창조와 섭리 방식을 '구속 언약'(pactum salutis), '창조 언약'(foederus naturae), '은혜 언약'(foederus gratiae)으로 제시하면서, 이 세 가지 언약 범주 속에 성경의 모든 언약이 포함되어 있음을 말하며, 이런 틀 안에서 성경을 해석해야만, '삼위일체'를 비롯한 신론과, '창조-타락-구속'으로 이어지는 구원론, 기독론, 교회론, 종말론 등의 신학이 본래의 의미를 배가(倍加)할 수 있음을 시사한다. 즉, 이 책은 우리의 시선이 자연스럽게 하나님의 신실하신 '언약'으로 향하도록 하는 것이다.

그렇다면 우리가 '하나님의 언약적 신실함에 비추어', '오직 그의 계시를 중심으로' 신학적 체계를 세워가며, 신자의 삶을 살아갈 때 얻을 수 있는 신앙의 유익은 무엇이겠는가?

우리는 언약을 통해, '창조-타락-구속'이라는 하나님의 위대한 서사를 가감하지 않고 볼 수 있고, 부서진 주님의 몸 된 교회의 하나 됨을 이룰 수 있으며, 구약과 신약을 가로질러 언약의 정점이자 완성 되시는, 우리의 참 성전이신 예수 그리스도의 은혜를 깊이 알 수 있게 된다.

그런 의미에서 이 책은, 우리가 '언약 중심'의 신앙을 회복할 수 있도록 도와줄 것이며, 또 그런 신앙을 방해하고 도전하는 여러 신학적 변종에 대해 적절한 변증을 할 수 있도록 넓고 깊은 사례들을 제공해 줄 것이다.

이 책을 통해, 모든 세계와 역사의 주인이 되시는 하나님의 참 주권을 인정하며, 우리를 향해 내미시는 하나님의 권능과 은혜의 손길을 발견할 수 있길 바란다.

언약과 기독론

주님과 종

Lord and Servant: A Covenant Christology
Edited by Michael S. Horton
Translated by Jin Woon kim
Copyright ⓒ 2005 by Michael S. Horton
Westminster John Knox Press

No part of this book may be reproduced or transmitted in any form or by any means, electronic or mechanical, including photocopying, recording, or by any information storage or retrieval system, without permission in writing from the publisher.
For information, address Westminster John Knox Press, 100 Witherspoon Street, Louisville, Kentucky 40202-1396.
All rights reserved.

Translated and printed by Westminster John Knox Press
Korean Edition Copyright © 2022 by Christian Literature Center, Seoul, Korea

언약과 기독론
주님과 종

2022년 11월 10일 초판 발행

지 은 이 | 마이클 호튼
옮 긴 이 | 김진운

편　　집 | 박지영
디 자 인 | 박성숙, 박성준, 서민정
펴 낸 곳 | (사)기독교문서선교회
등　　록 | 제16-25호(1980.1.18.)
주　　소 | 서울특별시 동대문구 천호대로71길 39
전　　화 | 02-586-8761~3(본사) 031-942-8761(영업부)
팩　　스 | 02-523-0131(본사) 031-942-8763(영업부)
이 메 일 | clckor@gmail.com
홈페이지 | www.clcbook.com
송금계좌 | 기업은행 073-000308-04-020 (사)기독교문서선교회
일련번호 | 22-115

ISBN 978-89-341-2495-5 (94230)
ISBN 978-89-341-1154-2 (세트)

이 한국어판 저작권은 Westminster John Knox Press와 독점 계약한 (사)기독교문서선교회가 소유합니다.
신저작권법에 의하여 한국 내에서 보호를 받는 저작물이므로 무단 전재와 무단 복제를 금합니다.

마이클 호튼의 언약신학 시리즈 ❷

언약과 기독론

주님과 종

마이클 호튼 지음
김진운 옮김

Covenant and Christology

LORD
AND
SERVANT

CLC

마이클 호튼의 언약신학 4부작

제1권 『언약과 종말론: 하나님의 드라마』(*Covenant and Eschatology: The Divine Drama*)
제2권 『언약과 기독론: 주님과 종』(*Lord and Servant: A Covenant Christology*)
제3권 『언약과 구원론: 그리스도와의 연합』(*Covenant and Salvation: Union with Christ*)
제4권 『언약과 교회론: 백성과 장소』(*People and Place: A Covenant Ecclesiology*)

목차

추천사 신 국 현 목사(합동신학대학원 조직신학 박사 과정)	1
저자 서문	8
역자 서문	9
서론	16
제1부 주님	**28**
제1장 낯선 존재 만나기: 언약적 서문	29
제2장 강변화 동사: 인격이 있으신 하나님	64
제3장 영광의 활동 무대: 영원, 자연과 역사에서의 삼위일체의 주 되심	154
제2부 종	**196**
제4장 "내가 여기 있사오니": 언약적 인간론	197
제5장 "아담아, 네가 어디 있느냐?:" 언약 종의 재판	251
제3부 주와 종	**319**
제6장 종으로서의 주님	320
제7장 고난받는 종: 희생적 속죄에 대한 도전들	358
제8장 선지자와 제사장	416
제9장 영광의 왕: 주님이신 종	481
주제 및 인명 색인	538

저자 서문

마이클 호튼 박사
웨스트민스터신학교(캘리포니아) 조직신학 교수

 필자는 본서를 쓰는 데 많은 사람에게 감사의 빚을 졌지만, 특히 다음 이들에게 감사의 빚을 졌다.
 먼저, 필자의 조교 브래넌 엘리스(Brannan Ellis), 캘리포니아 웨스트민스터신학교 동료들(클라크[R. S. Clark], 데이비드 반드루넨[David VanDrunen], 킴 리들바거[Kim Riddlebarger]) 그리고 다른 곳의 동료(토드 빌링스[J. Todd Billings]와 앨런 스펜스[Alan Spence])들은 이 원고에 값을 헤아릴 수 없을 만큼 귀한 도움을 주었다.
 WJK 출판사, 특히, 돈 매킴(Don McKim)과 댄 브래든(Dan Braden)에게 감사한다. 아내 리사의 격려와 분석과 배려에 매우 감사한다.

역자 서문

김진운 대표
써니스 잉글리쉬 클래스 영어학원

/서론/

언약적 맥락에서 쓴 "교의학" 4부작과[1] 『언약적 관점에서 본 개혁주의 조직신학』으로 잘 알려진 마이클 호튼(Michael Horton) 박사는 세계적으로 유명한 개혁주의 신학자 가운데 한 분이다. 그는 1998년 이후로 캘리포니아에 소재한 웨스트민스터 신학대학원(Westminster Seminary of California)의 그레샴 메이첸 신학과 변증학 교수로 재직 중이다. 또한, 그는 『모던 레포메이션』(Modern Reformation)의 편집장이고 라디어 방송 "화이트 호스 인"(The White Horse Inn)의 공동 대표이기도 하다.

존 헤세링크(I. John Hesselink)는 "개혁 신학은 언약신학이다"라고 언급했다.[2] 이것은 개혁 신학에서 "언약 개념이 하나님이 인간과 맺고 있는 관계

---

[1] ① 『언약과 종말론: 하나님의 드라마』(*Covenant and Eschatology: The Divine Drama*) Westminster John Knox Press; 1st edition (January 1, 2002). ② 『주님과 종: 언약적 기독론』(*Lord and Servant: A Covenant Christology*), Westminster John Knox Press; 1st Printing edition (January 1, 2005). ③ 『언약과 구원: 그리스도와의 연합』(*Covenant and Salvation: Union with Christ*), Westminster John Knox Press (September 4, 2007). ④ 『회원과 장소: 언약적 교회론』(*People and Place: A Covenant Ecclesiology*), Westminster John Knox Press; First Edition (September 2, 2008).

[2] I. John Hesselink, *On Being Reformed* (Ann Arbor, MI: Servant Books, 1983), 57. Michael S. Horton, *Lord and Servant: A Covenant Christology* (Louisville, KY: Westminster John

를 이해하는 조직적 원리"라는 의미다.

또한, 개혁 신학은 "성경에서 언약의 진전에 유의하는 성경신학적 작업"을 추구하는 신학이라는 의미이기도 하다. 개혁 신학에서 언약신학이 차지하는 중요성에도 불구하고 언약신학은 신론, 성령론, 그리스도와의 연합과 같은 다른 신학 분과와 비교할 때 종종 열외로 다루어져 온 면이 있다. 이런 면과 언약의 중요성을 염두에 두고 호튼 박사는 언약을 창조, 타락, 구속, 완성이 이루어지는 환경으로 보고 언약적 맥락에서 모든 중심을 보려고 한다.[3] 호튼 박사에 의하면 언약적 기독론(Covenantal Christology)은 성경과 조직신학을 가장 효과적으로 연결한다.

/본론/

● 책의 구조

호튼 박사는 제1부에서 언약의 창시자인 삼위일체 하나님과 언약이 펼쳐지는 무대를 다룬다. 그런 후에 제2부에서 언약적 인간론을 다룬다. 제3부에서 제1부와 제2부에서 다룬 주제를 바탕으로 언약의 렌즈로 언약의 주님과 종으로서 그리스도를 다룬다.

Knox Press, 2005), xii.
[3] Michael Horton, *Lord and Servant*, viii.

● 제1부

 종교 철학의 다양한 학파의 이론을 소외 극복하기(overcoming estrangement)와 낯선 존재 만나기(meeting a stranger)로 분류했던 폴 틸리히(Paul tillich)의 모형론에서 호튼 박사는 '우리가 결코 만나지 못하는 낯선 존재'라는 세 번째 패러다임을 제시한다. 하나님은 우리가 만나지 못했던 낯선 존재 즉 타자다. 하지만 하나님은 언약을 통해서 인간과 교제를 가지시는 분이다.

 한편 범신론과 만유 재신론으로 대표되는 "소외 극복하기"의 극단적 내재성에서 하나님을 만나는 것은 낯선 자 즉 진정한 타자를 만나는 것과는 완전히 다르다. 하나님은 외부에서가 아니라 자극과 인간 정신 경향의 풍성함을 통해 내면에서 자신을 계시한다. 이런 세계관에서는 최종적으로 하나님과 피조물과의 구별이 전혀 없다.[4] 극단적 내재성은 우리가 결코 만나지 않는 자가 낯선 자임을 - 자신과는 다른 진정한 타자 - 부정함으로써 낯선 자 만나는 것을 피한다. 반면 극단적 초월성은 타자에 대한 접근을 부정함으로써 낯선 자 만나기를 피한다.[5]

 호튼 박사가 제시하는 세 번째 패러다임에서 하나님은 낯선 존재이시다. 하지만 그분은 인간의 상황에서 우리를 만나시기 위해 자신을 낮추시는 분이시다. 이에 대해 호튼은 "구원은 인간이 그림자의 영역에서 신적 존재의 통일성으로 상승함으로써가 아니라 하나님이 우리의 육신을 입고 내려오심으로 성취된다. 우리는 자연과 역사에서가 아니라 죄와 죽음의 노예에서 구원받는다"[6] 라고 말한다.

 따라서 구원은 존재와 생성의 형이상학에서가 아니라 하나님이 인간과 맺

---

4 위의 책, 4.
5 위의 책, 6.
6 Michael S. Horton, The Christian Faith: A Systematic Theology for Pilgrims on the way, Zondervan Academic; 1.2.2011 edition (February 1, 2011), 42. Michael Horton, *Lord and Servant*, 9.

으신 언약에 기초해서 이루어진다. 호튼은 하나님이 피조물과 맺고 있는 관계를 "언약적-윤리적 접근 방식"(the covenantal-ethical approach)으로 부른다.[7] 그는 이런 언약적 관계가 하나님-피조물의 구별을 유지한다고 주장한다.

● 제2부

호튼은 제2부 4장에서 주님과 종이라는 언약 주제를 인간론 특별히 하나님의 형상과 관련시켜 논의를 전개한다. 인간은 하나님의 형상으로 창조되었다. 이것은 인간을 하나님과의 교제로 부르는 것이다. 호튼은 "하나님의 형상(imago dei)은 우리 안에 있는 반신적인 어떤 것이 아니라 우리와 하나님 사이에서 언약 관계를 이루는 중요한 어떤 것이다"라고 언급한다.[8] 하지만 아담의 타락으로 인간 안에 있는 하나님의 영광스러운 형상은 상실되었다. 그런데도 인간의 타락 이후 인간 안에는 여전히 하나님 형상의 일부 잔재와 불꽃이 남아 있었다. 또한, 심지어 아직 중생되지 않은 사람들에게도 계속해서 남아 있다.

형상에 속하는 가장 중요한 것, 즉 하나님을 아는 참된 지식, 그분의 뜻과 사역을 아는 지식을 상실했다. 하지만 하나님은 은혜 언약을 공포하셨다. 더군다나 기쁜 소식은 성부 하나님이 성자를 통해 이 형상을 회복하셨다는 것이다. 왜냐하면, "예수는 하나님에게서 나와서 우리에게 지혜와 의로움과 거룩함과 구원함이 되셨기" 때문이다(고전 1:30). 성령을 통해서 성자는 우리를 "그와 같은 형상으로 변화하여 영광에서 영광에 이르니 곧 주의 영으로 말미암음이니라"(고후 3:18).[9] 하나님의 말씀으로 창조된 인간은 하나님과의 관계에서 언약의 종이다. 언약의 종으로서 인간은 하나님

---

7   Michael Horton, *Lord and Servant*, 87.
8   Michael Horton, *The Christian Faith: A Systematic Theology for Pilgrims on the Way*, 381.
9   Michael Horton, *Lord and Servant*, 101.

에게 "내가 –여기 있나이다"로 응답해야 한다. 이것이 인간 안에 심겨진 참 모습의 언약적 정체성이다. 이것이 없이는 인간 실존이 불가능하다.

호튼은 다음과 같이 언급한다. 왜냐하면, 우리가 그런 부르심에서 도망가든지 아니면 "여기에 내가 있나이다"라고 답변하든지 간에 우리 모두에게 속한 이런 지울 수 없는 언약적 정체성 없이는 어떤 인간 실존도 가능하거나 실제할 수 없기 때문이다.[10]

● **제3부**

제6장에서 호튼은 기독론을 논의한다. 그는 조직신학적 관점에서 그리스도의 두 본성을 탐구한다.[11] 호튼은 그리스도의 신성을 인성보다 더 강조하거나 그리스도의 인성을 신성보다 더 강조하는 두 가지 오류를 지적한다. 즉, 그리스도의 인성과 두 본성 사이의 구분 쪽으로 기울어지는 안디옥 기독론과 예수님의 신성화 쪽으로 기울어지는 알렉산드리아 기독론을 숙고한다. 그런 후 그는 "예수님이 '두 본성에서 한 인격'이고 두 본성은 분리되거나 혼동될 수 없다는 칼케돈의 승리"를 언급한다.[12]

그는 언약적 관점에서 기독론을 숙고하고 그리스도는 인간론적이고 언약적 대화의 완성이라고 언급한다. 즉, 그리스도는 말씀하시는 주님이고 답변하시는 종이라고 결론을 내린다.

제7장에서 호튼은 속죄에 관한 다양한 이론을 검토한다. 고전적인 안셀무스의 만족설에서부터 정치적 해방, 르네 지라르의 희생양 메커니즘, 급진적 페미니즘, 제세례파의 승리자 그리스도 모델, 급진적 정통주의를 검토한다. 이런 이론이 장점이 있지만 성경의 희생 개념과 그것에 근거한 그

---

10 Michael Horton, *Lord and Servant*, 119.
11 위의 책, 160.
12 위의 책, 161.

리스도의 십자가 사건을 제대로 다루지 못한다. 그는 종교개혁자들이 강조했던 만족 이론이 위에 언급된 다양한 이론의 결점을 채워준다고 지적한다. 그는 다음과 같이 언급한다.

> 십자가의 목표는 용서일 뿐만 아니라 헤세드(hesed) 즉 진정한 의, 정의, 자유, 사랑의 영원한 안식일에서 하나님과 인간, 인간과 인간, 인간과 인간이 아닌 피조물 사이의 언약적 충성이기도 하다. 범죄자의 유죄선고와 형을 선고함으로써 공의가 이루어질 뿐만 아니라 십자가를 통해서 하나님은 인간, 심지어 기독교인들 그들 자신조차도 결코 가져오지 않았고 앞으로도 가져오지 않을 것을 인간에게 가져다 줄 수 있음으로 십자가는 하나님을 만족하게 한다.[13]

그리스도의 십자가는 그리스도의 대리적 대속일 뿐만 아니라 그리스도의 승리이기도 하다.

제8장에서 호튼은 언약적 관점을 통해서 그리스도의 속죄를 검토한다. 특별히 선지자와 제사장으로서의 그리스도의 역할에 주목한다. 선지자로서 예수님은 언약의 중재자다. 예수님은 선지자적 사역에서 이중 역할이 있다. 그것은 검사로서 언약의 주님과 변호사로서 언약 백성을 대표한다. 그리스도는 자신의 능동적 순종(능동적으로 율법 전체에 순종함)과 수동적 순종(십자가에서 고난)으로 자신의 제사장적 직분을 완성하셨다.

호튼은 다음과 같이 언급한다.

> 하지만 예수님이 자신의 사역 전체에 걸쳐서 시험을 받았던 것은 사실일 뿐만 아니라 그는 아담 안에서 상실되었던 것을 재현하고 회복하는 일생

---

[13] 위의 책, 196.

에 걸친 그런 시험 가운데 계셨던 것도 사실이었다. 그리스도가 제공했던 것은 속죄 제사뿐만 아니라 순종의 삶이기도 했다.[14]

즉, 그리스도는 자신의 희생을 통해서 아담이 상실했던 것을 회복하셨다. 또한, 그리스도는 자신의 희생으로 자신과 연합된 자들과의 언약적 교제도 회복하셨다.

/결론/

마지막 장인 제9장에서 호튼은 언약의 맥락에서 그리스도의 왕적 사역을 검토한다. 언약적 관점은 그리스도의 대속을 희생함이 없이 승리자 그리스도와 통치 이론을 가장 잘 유지한다. 그리스도는 자신의 죽음으로 공중의 권세 잡은 자 마귀에게 치명상을 입혔다. 그리고 부활과 승천에서 자신의 나라를 세우신다. 최종 부활을 암시하는 그리스도의 부활은 안식일 휴식(Sabbath rest)의 완성이다. 그리스도의 나라를 세우고 유지하는 것은 그리스도의 속죄다.

호튼 박사는 개혁주의 언약적 관점에서 기독론을 전개한다. 언약적 기독론에 관심 있는 독자라면 이 책과 씨름한다면 반드시 좋은 유익을 얻을 것이다. 이 책이 언약적 관점에서 본 기독론 연구에 견실한 길잡이가 되기를 소망한다. 마지막으로 이 책을 번역할 수 있도록 지원해 주신 기독교문서선교회(CLC) 박영호 목사님과 구부회 과장님 및 편집으로 수고해 주신 간사님에게 마음에서 감사를 전한다.

오직 하나님께 영광을(Soli Deo Gloria)

---

[14] 위의 책, 226.

서론

『언약과 기독론: 주님과 종』(*A Covenant Christology: Lord and Servant*)은 내가 3권으로 출판을 계획한 책 가운데 두 번째 책이다. 이 책의 중요한 책임은 해석학적 가이드로서 역할을 하는 창조주 – 피조물 관계라는 구체적인 언약 구조를 가지고 현대 조직신학에서 일부 중요한 문제를 다루는 것이다. 이것은 적어도 부분적으로 다음과 같은 확신이 동기가 되었다. 즉, 언약은 종종 교의학에서 인식되는 것보다 성경의 조직적 체계로서 훨씬 중요하다는 것이다.

언약은 성경에서 하나의 중심(locus)일 뿐만 아니라 창조, 타락, 구속 그리고 완성이 펼쳐지는 환경이기도 하다. 확실히 대부분의 조직적 구조가 완전히 눈에 띄는 것은 아니다.

또한, 같은 방식으로 나는 모든 지점에서 언약 그 자체에 초점을 맞추는 것이 아니라 오히려 언약적 맥락 안에서 모든 중심을 보려는 것이다. 모든 교리가 연역되는 중심 교리와는 크게 다르게 하나의 구조는 처음부터 내용을 지나치게 결정하지 않는다.

발터 아이히로트 (Walther Eichrodt)에서 톰 라이트(N.T. Wright)에 이르는 성경학자들은 언약이라는 이 주제를 강조했다.[1] 그런데도 이와 관련해서

---

[1] 톰 라이트(N.T. Wright)가 자신의 저서 *Climax of the Covenant* (Edinburgh: T & T Clark, 1991), xi 서문에서 언급하는 것처럼 "이런 포괄적 제목은 언약신학이 바울을 이해하는 데에 보통 도외시 되었던 주요 단서들 가운데 하나라는 점점 커지는 나의 확신을 반영

성경신학과 조직신학과의 상호 작용이 부족하거나 상호 의심으로 특징지어졌다. 아마 이 주제를 재발견함으로 언약신학(federal theology)이 그랬던 것처럼 성경신학과 조직신학 사이의 경계가 다시 유동적일 수 있을 것이다. 왜냐하면, 언약신학은 교의학에 관여하면서 동시에 성경신학이라는 학문 분과의 토대였기 때문이다.

1. 언약 개념(The Covenant Concept)

아이히로트(Walther Eichrodt)가 주장했던 것처럼 "야훼(Yahweh)와 이스라엘 사이의 언약 연합(the covenant - union)은 단편적인 형태임에도 모든 출처에서 원래의 요소다."[2] 처음부터 이스라엘 사람들은 민족주의를 추구하거나 정치적 목적에 얽매이지 않은 부족 연합이었다. 하지만 그들은 자신들의 언약을 통해 하나님 소유가 되기 위해 하나님이 "부르셨던" 부족 연합으로 간주했다. 따라서 "하나님의 자기 계시는 사변적으로 파악되지 않는다."

또한, 교훈의 형태로 설명되지 않는다. 오히려 하나님의 자기 계시는 하나님이 자기 백성과의 관계를 통해 자기 백성의 삶에 개입하시고 하나님이 그들에게 자기 존재에 대한 지식을 허락하시는 그분의 뜻에 따라 그들을 만들어 가실 때 파악되고 설명된다."[3]

이 언약의 계약적 특징은 "삶의 목적과 역사의 의미"를 제공한다. 자연 종교에서 신들의 독단과 변덕은 자기 손으로 지으신 피조물과 맹세와 유

한다." 하지만 라이트는 이와 관련해서 더 오래된 언약신학을 모르는 것처럼 보인다.
2 Walther Eichrodt, *Theology of the Old Testament*, trans. J.A. Baker, 2 vols., Old Testament Library (Philadephia: Westminster Press, 1961 - 67), 1:36
3 위의 책., 37.

대를 맺는 창조하시고 지탱하시고 구속하는 여호와 하나님과 극명한 대조를 이룬다.[4] 초월성과 내재성은 이런 언약적 기반에서 적합하지만 이해할 수 없는 좌표를 발견한다.

1) 성경신학적 전개(Biblical - Theological Development)

언약 개념 자체는 고대 근동 조약에서 유래한다.[5] 현대의 발견에서 나온 많은 맥락을 종합하면서 멘덴홀(George E. Mendenhall)의 권위 있는 저서 『이스라엘과 고대 근동에서의 법과 언약』(*Law and Covenant in Israel and the Ancient Near East*, 1955)은 고대(특히 히타이트) 조약과 구약성경의 사고와 관행의 언약 구조 사이에 주목할 만한 유사점을 보여 주었다.[6] 특별히 제국의 경우 종주권 조약을 통해서 지방 통제가 행해졌다. 종주권 조약에서 제국의 종주(suzerain)는 봉신 국가와 약소국의 왕 즉 봉신(vassal)에게 맹세로서 의무를 부과한다.

이런 방식으로 특정 지역의 통치권을 장악한 약한 군사 지도자들의 시대에 신뢰할 만한 정치 구조가 가능했다. 그들은 종종 노골적인 힘과 군사 통제에 기초해서 행동했고 종종 제국 영역의 외진 변두리에 대한 약한 통치를 보여 주는 경쟁 제국들의 부상과 쇠퇴라는 불안정성을 이용했다. 히타

---

[4] 위의 책., 38,42. 폰 라드(Gerhard von Rad)는 유사한 맥락으로 글을 쓴다. 그리고 그는 정경적 구속 역사는 언약신학을 통해서 시간 분할을 받는다 (*Old Testament Theology*, trans. D.M.G. Stalker, 2 vols (San Francisco. Harper & Row, 1962 - 65), 1:129)

[5] 고대 근동 종주권 조약(Near Eastern suzerainty treaty)에 관해 특별히 Meredith Kline, *Treaty of the Great King* (Grand Rapids: Eerdmans, 1963)을 보라.

[6] G. E. Mendenhall, *Law and Covenant in Israel and the Ancient Near East* (Pittsburgh: Biblical Colloquium, 1955); cf. Delbert R. Hillers, *Covenant The History of a Biblical Idea* (Baltimore: Johns Hopkins University Press, 1969), 30 Cf. Kline, *Treaty of the Great King*, David Foster Estes, "Covenant," in *The International Standard Bible Encyclopedia*, ed. James Orr, vol. 2 (repr., Grand rapids: Eerdmans, 1957), 727 - 29; M. Weinfeld, "berth," in *Theological Dictionary of the Old Testament*, ed G. Johannes Botterweck and Helmet Ringgren, trans. John T. Willis, vol. 2 (Grand Rapids: Eerdmans, 1975), 253 - 79.

이트어와 바빌로니아어는 "언약"이나 "계약"에 해당하는 어떤 특정한 용어가 없었다. 하지만 이들 언어는 "맹세와 유대"라는 어구를 이용했다.[7]

이런 국제 조약은 전형적으로 전문(前文)("따라서 아무개의 아들, 히타이트 땅의 왕, 위대한 왕, 아무개는 [말한다] … 용맹한 자들"), 역사적 서언(종주의 과거 행동을 근거로 백성들의 현재와 미래의 의무를 정당화함), 규정(명령), 제재(축복과 저주), 증인들을 위한 공식 지침(히타이트 조약의 신들)과 봉신의 사당에 보관한다.[8] 종주의 계약 권리는 보편적 원칙에 관한 그의 뛰어난 지식, 정의, 진리 또는 지혜에 대한 봉신의 판단에 근거한 것이 아니라 구체적인 역사적 행위의 결과로 유지되었다는 것을 관찰할 가치가 있다.

이런 "나 - 너"라는 형식은 현대 시대 계약의 비인격적 언어와 대조된다. 이 형식은 관계이고 단순히 "법에 관한 객관적이고 비인격적인 진술이 아니다."[9] 우리는 단순히 이 관계에서 법적이고 관계적인 범주를 대조할 수 없다. 힐러즈(Delbert Hillers)는 규정에 관해 다음과 같이 언급한다.

> 이 항(項)은 봉신에게 부여되고 그가 수용한 의무를 자세하게 진술한다 …. 동료 봉신에 대한 모든 적대 행위는 왕 자신에 대한 적대 행위다. 또한, 왕은 압제 받는 자들의 편을 들겠다고 약속한다 …. 봉신은 왕이 그에게 보낸 군대 동원에 응해야 한다.[10]

영어로 이것에 해당하는 전문 용어는 발동(invocation)이다. 조약 때문에 봉신은 위대한 왕의 이름을 부를 수 있고 구원을 확신할 수 있었다. 봉신 편에서 어떤 비밀 동맹도 있을 수 없다. 그리고 종주의 영토 아래에 있는

---

7 Mendenhall, *Law and Covenant*, 31.
8 HIllers, *Covenant*, 24 - 45; cf. A. Goetze, in *Ancient Near Eastern Texts Relating to the Old Testament*, ed J.B. Prichard, 3rd ed. (Princeton, NJ: Princeton University Press, 1969).
9 Hillers, *Covenant*, 30.
10 위의 책., 33.

어떤 것이나 어떤 사람에 대한 증오도 있을 수 없다. 또한, 종주에 관한 소문도 품을 수 없다. 봉신은 조공/세금을 가지고 자기 백성을 대표해서 매년 종주 앞에 나타나야 한다.[11] 이런 고대 조약과 성경 언약 사이의 분명한 유사점으로 인해 여기서 더 지체할 수 없다.

하지만, 이런 언약 개념이 분명하게 베리트(berit)라는 히브리 용어를 사용하거나 아니면 단순히 그 형태를 보여 주든지 간에 이 언약 개념은 다양한 면이 있다는 것을 지적하는 것이 중요하다. 베리트(berit)를 한 종류의 협정(즉 은혜 언약)으로 축소하려는 시도에도 실제 이 용어는 광범위한 관계를 포용한다. 가장 분명한 유형은 위에서 막 언급했던 종주권 조약과 왕의 하사금(the royal grant)이다. 그리고 왕의 하사금은 보통 일부 과거 업적에 비추어 종주가 봉신에게 제공하는 무조건적 서약으로 역할을 한다.

나는 성경에 나타나는 이런 뚜렷한 구분을 여기서 전개할 공간이 없다. 하지만 단지 고대 근동 학자 사이에서 널리 받아들여진 합의를 요약할 수 있다. 즉, 조건적 언약과 무조건적 언약 사이의 그런 구분은 존재하고 각각 시내 산 언약과 아브라함 언약, 다윗 언약 그리고 새로운 언약과 상관관계가 있을 수 있다. 웨인펠드(Moshe Weinfeld)는 현대 구약 학계에서 큰 합의를 다음과 같이 요약한다.

즉, "출애굽기 24장의 시내 산 언약은 그 본질에 있어서 백성에게 법과 의무의 부과다(vv. 3 - 8)." 반면 아브라함 언약과 다윗 언약은 "언약적 하사금 유형에 속한다."

> 의무적인 유형에 속하는 모세 언약과는 대조적으로 아브라함 언약과 다윗 언약은 약속 유형에 속한다 …. 하나님에 대한 그들의 충성을 전제하고 있지만 그것은 약속을 지키기 위한 하나의 조건으로 발생하지는 않는다 ….

---

11 위의 책., 32 - 33.

마찬가지로 족장들과의 언약은 영원히 유효한 것으로 간주된다. 이스라엘이 죄를 범하고 엄벌을 받을 때도 하나님은 도움을 주기 위해 개입한다. 왜냐하면, 하나님은 "자신의 언약을 깨지 않을 것"이기 때문이다(레 26:44). 이스라엘의 이런 의무적인 언약이 종주 - 봉신 조약 유형을 모형으로 한 것처럼 약속의 언약은 왕의 하사금을 모형으로 하고 있다.¹²

2) 조직적 그리고 신학적 전개(Systematic - Theological Development)

아이히로트(Eichrodt)가 언약을 성경신학의 통합 주제로 인정하려고 노력했지만, 그의 계획은 다양한 언약을 하나의 단일 은혜 언약으로 축소함으로서 약화되었다. 따라서 이런 무조건 - 조건적 구별은 전통 역사에서 뚜렷한 언약들이 아니라 다른 하위층을 반영하는데 이는 제사장계 저자들(the priestly writers)(행복하게도)이 야훼계 저자들(the Yahwist writers)을 제치고 이기는 것을 보여준다.¹³

데니스 매카시(Dennis McCarthy, SJ)는 "언약"에 대한 그런 일의적인 이해로 인해 아이히로트와 다른 학자를 비판한다. 아브라함 언약, 모세 언약, 다윗 언약이 가진 역사적 관계와 이념적 차이점은 구약성경 자료 전체를 시내 산 언약이라는 하나의 언약에 종속시켜야 한다는 필요성에서 그럴듯하게 얼버무려진다.¹⁴

따라서 언약신학자들은 하나의 언약에서 다른 강조점뿐만 아니라 율법

12　Weinfeld, "berith," *Theological Dictionary of the Old Testament*, 2:255, 258, 270.
13　Edichrodt, Theology of the OT; 1:44 - 59.
14　Dennis J. McCarthy, S.J., *Old Testament Covenant: A Survey of Current Opinions* (Arlanta: John Knox Press, 1972), 5. 매카시가 여기서 비판하는 종류와 유사한 움직임이 칼 바르트(Karl Barth)의 교의학에서 이루어졌다. 그는 은혜는 "하나님의 모든 선물을 요약한다. 즉, 계시, 화해와 구속뿐만 아니라 창조까지도"라고 주장했다(*Church Dogmatics* (hereafter CD), 4 vols. in 14, ed. G W. Bromiley and T. F. Torrance, trans. Bromiley et al. (Edinburgh: T&T Clark, 1936 - 69), II/1:354).

언약과 약속 언약이라는 두 개의 언약을 구별할 때도 정당화되었던 것처럼 보였을 것이다. 종교개혁 불만의 핵심은 중세 교회가 복음을 새로운 율법으로 바꾸어 놓았다는 것이었다. 다시 말해, 중세 교회는 율법과 복음, 명령과 약속, 명령과 직설을 적절하게 구분하지 못했다. 이것은 결코 구약성경과 신약성경 사이의 구분이 아니라 오히려 신구약 전체를 아우른다.

우리는 새 언약에서 율법의 원리와 옛 언약에서 복음을 배제하는 것을 경계해야 한다. 하지만 나는 성경 언약들 자체가 이 두 가지 범주 가운데 하나 아래서 구성되어야 한다는 제안을 따르고 있다.

그러므로 우리의 종교개혁 선구자들이 "따라서 율법과 복음은 성경의 중요하고도 일반적인 구분이고 그 안에서 이해된 전체 교리를 구성한다"(우르시누스[Ursinus])라고 말했을 때 그들은 빗나가지 않았다.[15]

물론 종교개혁자들은 율법과 복음의 이런 패러다임에 인상을 받았던 첫 번째 사람들은 아니었다. 그들은 그들 자신이 바울을 해석함으로써뿐만 아니라 이방인의 사도였던 바울에 대한 아우구스티누스의 해석에 의해 영향을 받았다.[16]

---

[15] Zacharius Ursinus, *Commentary on the Heidelberg Catechism* (P&R), 1. Michael Horton, "Law, Gospel, and Covenant: Reassessing Some Emerging Antitheses," *Westminster Theological Journal* 64, no. 2 (2002): 279 - 87을 보라.

[16] 아우구스티누스(Augustine)는 티코니우스(Tichonius)의 해석학 규칙을 추천한다. "세 번째 규칙은 약속과 율법과 관련이 있으며 또한 영과 문자와 관련된 것과 같은 다른 용어로 나타낼 수도 있다. 그런데 이 용어는 내가 이 주제에 관한 책을 쓸 때 내가 사용했던 이름이다. 그것은 또한 은혜와 율법의 이름을 따서 명명될 수도 있다. 하지만 나에게 이것은 다른 질문에 대한 해결에 적용해야 하는 규칙이라기보다는 그 자체로 훌륭한 질문인 것처럼 보인다. 펠라기우스 이단을 시작하게 했거나 적어도 크게 심화시켰던 것은 다름 아닌 이런 질문에 대한 명확한 견해의 부족이었다. 그리고 티코니우스가 이 점을 명확하게 하려는 노력은 좋았지만 완전하지는 않았다. 믿음과 행위에 관한 문제를 논의할 때 그는 행위는 믿음의 보상으로서 하나님이 우리에게 주셨지만 믿음 자체는 너무도 우리 자신의 것이어서 그것은 하나님에게서 오지 않는다고 말했다." (Augustine, On Christian Doctrine 3.33, Philip Schaff, ed., *A Select Library of Nicene and Post - Nicene Fathers*, vol. II in St. *Augustine's City of God and Christian Doctrine* (Edingurgh: T.&T. Clark; Grand Rapids: Eerdmans, repr. 1993), 569).

그렇다면 언약신학은 어떻게 성경 전통에서 이 세 가지 기본 언약을 식별하게 되었을까?

점점 역점을 두고 개혁파(언약) 전통은 언약이라는 성경적 주제에서 창조, 구속, 완성 안에 드러난 하나님의 외적 사역이 가진 본질적 통일성을 표현하는 하나의 방식을 보았다. 성경에서 구속 언약(pactum salutis), 창조 언약(foederus naturae), 은혜 언약(foederus gratiae)이라는 세 가지 뚜렷한 언약의 존재에 관해 광범위한 합의가 등장했다. 물론 성경에는 다른 언약들이 있다(노아 언약, 아브라함 언약, 모세 언약, 다윗 언약). 하지만 이 모든 언약은 이 세 가지 더 광범위한 언약의 특정한 하위 언약(subcovenant)으로 간주한다. 나는 여기서 추가적인 주해 작업 없이 단순히 가장 중요한 이 세 가지 언약을 요약할 것이다. 이것은 이 책에서 적절한 주제 아래에 이 세 가지 언약들을 확장해 논의하기 위함이다.

삼위일체의 위격들 간에 이루어진 영원한 언약 즉 구속 언약(pactum salutis)은 역사에서 행하시는 하나님의 모든 언약 활동의 기초로서 언약신학 안에 표현되어 있다. 언약신학에 의하면 성부는 중재자인 아들에게 주는 백성을 선택하신다. 그리고 성령은 그들을 아들과 연합시키실 것을 약속한다.

이미 우리는 삼위일체 안에서 위격 간의 상호 내재(the intra-Trinitarian perichoresis) 즉 성부는 성령을 통해서 성자 안에서 모든 일을 하신다는 사실을 언뜻 이해한다. 나는 창조에 관한 논의에서 이 주제를 포괄적으로 전개할 것이다. 따라서 삼위일체 신학은 항상 핵심 개념이었을 뿐만 아니라 고전적 개혁파 체계에서 전체 체계를 조직하는 주제이기도 했다.

역사에서 실행된 이 두 언약은 창조 언약(행위 언약)과 은혜 언약이다. 아담은 의(righteousness) 가운데 창조되었고 하나님의 제칠일 "안식"(Sabbath rest)에 들어가기 위해 하나님 자신의 "사역"을 본받으라는 임무를 완성하도록 윤리적으로 준비되었다. 인류의 대표로서 아담은 이미 종말적으로 미래를 지향한다. 언약에 대한 그의 신실함에 대한 보상으로서 그는 인류를 승리의 행진 가운데의 확증된 영원한 완성으로 이끌 것이다. 하지만 아담의 불복종과 아담 안에서 인류의 신비한 연대의 결과 창조 언약의 제재가 발동했다. 하지만 타락 이전 언약의 조건적 강조와는 대조적으로 하나님은 여자의 자손을 통해 저주를 극복하겠다는 일방적 약속을 한다.

마치 창조 언약의 행위 원리가 시내 산 언약에서 갱신되는 것과 같이 셋과 그의 후손들에 의해 진행된 은혜 언약은 아브라함 언약에서 갱신된다. 메시아가 행위 언약을 이행한 것에 근거해(구속 언약에서 배정된 메시아의 중재적 역할을 이행하는 데 있어서) 하나님의 백성은 은혜 언약의 조건에 근거해서 받아들여진다.

언약이 구원의 경륜을 구성하는 방법으로 상당한 관심을 받았다. 예를 들어, 이레니우스(Irenaeus)에게 있어서 언약은 개혁파 신학에서 그 신학을 식별하는 주제가 되었다. 헤셀링크(I. John Hesslink)의 표현을 빌리자면 "개혁파 신학은 언약신학이다."[17] 많은 사람이 이 새로운 어휘가 성경 자체의 언어와 더 일치한다고 생각했다.

성경에 대해 선험적 체계(a priori system)를 부과하거나 핵심 교리에서 체계를 연역하는 대신 언약신학은 엄청나게 유익한 계획이 되었다. 또한, 언약신학은 개혁파 신학에 다양한 인종적 세대적 지형에 걸쳐 언약신학이 가지고 있던 신학적 일관성을 제공했다. 그런데 이런 일관성은 심지어 개혁주의 신학대학원에서조차도 언약신학에 주어진 주목할 만한 관심과 흥미 부족으로 인해 어떤 면에서 점점 인식하기 어려워졌다.

하지만, 언약신학이 모든 장소에 밀접하게 관련되어 있다는 것을 알아내려는 것은 미완성 계획으로 남아 있다. 왜냐하면, 이 계획은 현대 신학에서 다소 빛을 잃어 왔기 때문이다. 이 계획의 회복에 기여하려는 나의

---

[17] I. John Hesselink, *On Being Reformed* (Ann Arbor, MI: Servant Books, 1983), 57.

시도는 다음과 같은 사실을 가정한다. 즉, 이것은 미완성 계획이고 내가 계획한 세 권의 책이 나온 후에도 그렇게 남아 있을 것이다.

나의 시도는 원래 상태로 복원하려는 시도가 아니다. 오히려 언약신학의 근원에 호소하려는 것이다. 그런데도 나의 시도는 맹목적인 모방과 반복을 피한다. 게다가 나의 계획은 언약신학자들이 이 책에서 마주치는 모든 전개에 동의할 것이라고 가정하지 않는다(결국, 그들은 그들 가운데 그들만의 중요한 차이점이 있었다). 또한, 신학을 위한 언약 패러다임의 채택이 내가 채택했던 모든 결론에 반드시 이르게 될 것이라고 가정하지도 않는다.

나의 책 『언약과 종말론』(Covenant and Eschatology)에서 나는 해석학과 신학적 방법과 관련해 언약을 신학적 기반(基盤)으로 보는 것을 찬성하는 주장을 제시했다. 하지만 이 책으로 나는 마침내 그런 계획이 어떻게 보일지 더 폭넓은 필치(筆致)로 제안할 수 있다.

2. 종말론(Eschatology)

내가 조직신학의 다양한 주제를 보는 렌즈로 사용하는 다른 주제는 종말론이다. 몰트만(Jurgen Moltmann)이 종말론을 조직신학의 마지막 단락으로 간주할 뿐만 아니라 시종일관 기본적 요소로 간주해야 한다고 제안하기 훨씬 전 16세기와 17세기 언약신학자들은 같은 주장을 했다. 종말론은 "마지막 일들" 뿐만 아니라 성경 이야기의 바로 그 시작 부분에서 완성에 대한 기대와 관련이 있다. 너무 자주 조직신학은 신적 드라마의 줄거리에 대한 불충분한 관심을 가지고 논리적 연결을 이끌어내는 데 만족했다.

하지만 이런 신적 드라마 유비는 현재 상당한 관심을 받고 있다. 그리고 이것은 분명히 적어도 부분적으로 종말론적 사고의 부흥에 기인한다. 언약신학의 역동적 에너지는 역사와 종말론, 구속의 발전과 하나님 나라의 침입 사이의 교차점에 놓여 있다.

따라서 도로시 세이어즈(Dorothy Sayers)의 표현을 빌리자면 "교리는 드라마"다.[18] 종말론은 우주적이고 구속사적 지평을 제공하는 데 일조한다. 또한, 이런 우주적이고 구속사적 지평이 없다면 우리의 조직신학적 숙고는 심지어 언약적 렌즈가 있다 하더라도 개인주의적이고 사변적이고 비역사적 신학의 방향에서 쉽게 왜곡된다.

따라서 내가 입문서 『언약과 종말론』(Covenant and Eschatology)에서 주장했듯이 드라마는 그런 계획에 가장 적합한 장르이며 또한 유비는 적절한 인식론적이고도 필연적 결과다. 이 책 전체에서 나는 이런 가정들을 전개할 것이다. 3권이 넘는 이런 계획에서 나의 목표는 이런 신적 드라마의 대본으로서 성경에 호소하고 언약과 종말론을 해석학적 안내자로 삼아 현대 신학에서 중요한 주제와 토론을 감당하는 것이다.

이런 계획이 기본적으로 체계의 논리적 순서(소위라고 중심)를 따르지만, 그 자체로 하나의 조직신학이나 교의학이 아니라 현대적 숙고에 기여하는 일련의 공헌이다. 많은 주제가 탐구되지 않은 채 남아 있지만 다른 주제들은 상당한 관심을 받고 있다.

마리온(Jean - Luc Marion)은 우리에게 다음과 같이 상기시킨다.

즉, "우리는 신학의 모든 글에 대해 용서를 얻어야 한다."[19]

우리는 누구인가?

그저 죽어야 할 운명을 지닌 인간들 - 그리고 "방황하기 쉽고," "불의로 진리를 억압하는" - 우리는 누구이기에 하나님에 대해 말할 수 있는가?

그런데도 침묵을 지키는 것은 명령과 약속 가운데 우리에게 말씀하는 하나님의 이름을 부르는 것을 거절하는 것이다. 따라서 신학은 사변적인

---

[18] Dorothy Sayers, *Creed or Chaos* (New York: Harcourt, Brace, 1949), 5.

[19] Jean - Luc Marion, *God Without Being: Hors - Texte*, trans. Thomas A. Carlson (Chicago: University of Chicago Press, 1991), 2.

작업이라기보다는 해석학적 작업에 전념한다.

나는 이 책의 부족함으로 인해 하나님의 용서뿐만 아니라 이 작업을 하는 과정에서 나에게 시간, 지지, 통찰력, 제안하는 데 있어서 무모할 정도로 관대했던 친구들과 가족의 용서를 미리 간청한다. 내가 언급할 수 있는 이름들이 많지만 언급할 목록을 다음과 같이 줄일 것이다.

캘리포니아 웨스트민스터신학교(Westminster Seminary in California)의 나의 동료와 학생들에게 나는 위에서 언급한 모든 공헌에 대해 엄청난 빚을 지고 있다. 나의 조교 라이언 글름스루드(Ryan Glomsrud)는 특별한 언급을 받을 자격이 있다. 왜냐하면, 그는 귀중한 의견을 주었기 때문이다.

또한, 나는 웨스트민스터 존 녹스(Westminster John Knox) 출판사 다니엘 브래든(Daniel Braden)에게 감사하며 특별히 귀중한 격려와 통찰력으로 인해 도널드 맥킴(Donald McKim)에게 감사한다. 집에 있는 사람을 언급하자면 나는 세 쌍둥이가 나의 가족이 태어나기 전과 같이 있는 동안 또한 그 이후에 글을 쓸 기회를 제공했던 가족들을 언급하지 않을 수 없다.

제프(Jeff)와 칼라 메버그(Carla Meberg), 위노나 테일러(Winona Taylor), 바바라 두구이드(Babara Duguid), 주디스 리델(Judith Riddell) 그리고 특별히 나의 장인과 장모인 폴(Paul)과 린다 보사만(Linda Bossman)을 언급하지 않을 수 없다. 무엇보다 나의 가장 친한 친구이자 영혼의 반려자, 아내 그리고 비평가인 리사(Lisa)와 두 살배기 아들 제임스(James)에게 깊은 감사를 표한다. 내 아내와 아들이 없었다면 인간 본성에 대한 깊이 있는 개인적 숙고가 결여되어 있었을 것이다.

제1부

주님

제1장 낯선 존재 만나기: 언약적 서문
제2장 강변화 동사: 인격이 있으신 하나님
제3장 영광의 활동 무대: 영원, 자연과 역사에서의 삼위일체의 주 되심

제1장

낯선 존재 만나기:
언약적 서문

폴 틸리히(Paul Tillich)는 자신의 논문 "두 종류의 종교 철학"(The Two Types of Philosophy of Religion)에서 "존재론적"(ontological) 접근방식과 "우주론적"(cosmological) 접근방식을 대조한다. 그는 이런 두 종류의 접근방식을 "소외 극복하기" 대 "낯선 존재 만나기"로 특징 지운다.[1]

틸리히의 모형론을 이용하고 "우리가 결코 만나지 못하는 낯선 존재"라는 세 번째 대안을 추가해 나는 이 계획 전체에 걸쳐 가정된 패러다임에 대한 요약적 도입으로서 언약으로 "낯선 존재 만나기"를 변호할 것이다.[2]

---

1 Paul Tillich, "The Two Types of Philosophy of Religion," *Theology of Culture* (New York: Oxford University Press, 1959), 10. 메롤드 웨스트팔(Merold Westphal)이 *Overcoming Onto-Theology: Toward a Postmodern Christian Faith* (New York: Fordham University Press, 2001), 238-55에서 이 주제를 다루는 것이 나의 관심을 틸리히의 논문으로 이끌었다. 그리고 아래에서 나는 웨스트팔의 통찰력과 상호 교류할 것이다.

2 나는 처음부터 모형론이 악명 높게 환원적이라는 것을 인정한다. 또한, 이 장은 반드시 여기서 충분한 뉘앙스를 줄 수 없는 많은 일반화에 한정되어 있다. 게다가 존재론이라는 용어를 가장 평범한 의미에서 존재나 실재에 대한 연구로 이해할 수 있다. 하지만 특별히 하이데거(Heidegger) 이후 존재론은 더 좁은 의미를 획득했다. 그리고 오늘날 (데리다[Derrida] 이후) 존재론은 플라톤주의와 주로 연관되어 있다. 특별히 명시로서의 존재, 차이성에 대한 동일성 등. 틸리히는 이런 좁은 의미에서 존재론 즉 적어도 하이데거의 존재론을 사용하는 것 같지만 존재론의 신학적 유용성을 더 많이 승인하고 있다.

1. 낯선 존재를 피하는 두 가지 방법(Two Ways of Avoiding A Stranger)

1) 소외 극복하기(극단적 내재[Hyper - Immanence])

물론 틸리히는 자신의(존재론적) 견해를 낯선 자를 피하는 방법으로 여기지 않는다. 그에 관한 한 하나님은 우선 낯선 존재가 아니다. 틸리히에 따르면, "첫 번째 방법으로 ('소외 극복'이나 '존재론적 관점') 인간은 하나님을 발견할 때 자신을 발견한다. 또한, 인간은 자신과 동일한 무언가가 무한히 그를 초월하지만, 그는 자신과 동일한 무언가를 발견한다. 인간은 자신과 소원해졌지만, 결코 분리되지 않았고 결코 분리될 수 없는 것"을 발견한다.[3]

틸리히는 마이스터 에크하르트(Meister Eckhart)의 예를 인용한다. 즉, "하나님과 영혼 사이에는 낯섦도 요원함도 존재하지 않는다. 따라서 영혼은 하나님과 동등할 뿐만 아니라 … 존재하는 그분과 동일하다."[4]

우리가 하나님을 "우주에서 가장 깊은 실재(the Deepest Reality)와 유사한 인간의 가장 깊은 내면의 중심"으로 생각한다면, … 하나님에 대한 우리의 지식을 위해 환상의 개념이 반복해서 사용된다면 우리는 존재론적 상황에 있는 것이다.[5] 플라톤주의와 신플라톤주의 사이의 중요한 차이점에도 틸리히 자신의 "존재론적 견해"에 대한 변호는 플라톤주의와 신플라톤

---

3 Tillich, "Two Types," 10.
4 위의 책., 15, 에크하르트(Eckhar)를 인용.
5 위의 책., 21. 그렇다면 존재론적 원리는 무엇인가? 존재론적 원리는 이것이다. 즉, "인간은 실질적으로뿐만 아니라 이론적으로 주체와 객체의 분리와 상호 작용의 전제(prius)인 무조건적인 무언가를 즉시 인식한다." 틸리히는 다음과 같이 덧붙인다. "이런 존재론적 접근 방식이 그래야 하는 것처럼 최고 실재 존재자(ens realissimum)라는 개념을 거부한다면 이런 존재론적 접근방식은 유명론(nominalism)과 실재론(realism) 사이의 논의를 초월한다. 존재론적 인식에 존재하는 것으로서 존재 자체(Being itself)는 존재의 힘이지만 가장 강력한 존재는 아니다. 존재 자체는 최고 실재 존재자(ens realissimum)도 아니고 개별자(ens singularissimu)도 아니다. 존재 자체가 보편자이거나 개별자이든지 사물이거나 경험이든지 이것은 힘을 가진 모든 것 안에 있는 바로 그 힘이다."

주의 안에 있는 익숙한 대립을 반복한다.[6] 이런 접근방식에서 일치성, 일의성, 동일성은 복수성, 유비, 차이점에 대해 승리한다.

이런 존재론적 방식이나 "소외 극복하기"는 현대 신학의 다양한 범신론적 환상과 만유재신론적 환상 안에 계속된다. 이런 현대 신학에 의하면 우리가 신에게 나아갈 때 우리는 우리 자신에게 나아가는 것이다.[7] 이런 접근방식은 유출의 존재론(an ontology of emanation)과 환상의 인식론을 나타낸다. 따라서 하나님을 만나는 것은 낯선 자, 즉 진정한 타자를 만나는 것과는 전혀 다르다.

하지만 하나님을 만나는 것은 항상 내재적이고(visio Dei) 적어도 자유주의적 개신교 형태로서 항상 관대하고, 심지어 인자한 존재에 대한 새로운 인식에 더 가깝다. 슐라이어마허(Schleiermacher)의 표현을 빌리자면 "일반적으로 종교로 여겨지는 모든 것에서 돌아서서 영감을 받은 사람들의 모든 말과 행동이 지시하는 것처럼 당신의 관심을 내적 감정과 성향에 고정하라"[8]는 것이다.

떼이야르 드 샤르댕(Teilhard de Chardin)은 "하나님은 결코 침입으로 외부에서가 아니라 자극과 인간 정신 경향의 풍성함을 통해 내면에서 자신을 계시한다"라고 썼다.[9] 에버리 덜레스(Avery Dulles)는 다음과 같이 관찰

---

6   위의 책., 27 - 28.
7   헤겔은 다양한 신학적 프로그램에서 특히 우리가 몰트만(Jurgen Moltmann)과 젠슨(Robert W. Jenson)의 작품에서 인식하는 변증법적 역사주의의 경향에서 다시 복귀되었다. 그러나 플라톤, 에크하르트, 플라톤주의 전통에 대한 보다 직접적 호소는 "급진적 정통주의"라는 명칭으로 알려진 그룹의 일원들 특별히 존 밀뱅크(John Milbank), 캐서린 픽스톡(Catherine Pickstock), 그레이엄 워드(Graham Ward)와 같은 일원에게서 온다. 플라톤주의(Platonism)의 부활에 대한 계획적 진술을 살펴보려면 *Radical Orthodoxy: A New Theology*, ed. John Milbank, Catherine Pickstock, and Graham Ward (London and New York: Routeledge, 1999), 3을 보라. 소위 "존재론적 방법"이 거할 많은 대저택(mansions)을 가지고 있다는 것은 이 그룹의 대표자에게서 분명히 드러난다.
8   Friedrich Schleiermacher, *On Religion: Speeches to Its Cultural Despisers*, trans. John Oman (New York: Harper & Row, 1958), 18.
9   Avery Dulles, *Models of Revelation* (Garden City, NY: Doubleday, 1985), 99. 또한, 그는

한다. 즉, "칼 바르트(Karl Barth)는 그의 입장에서 떼이야르(Teilhard)를 '거대한 영지주의적 뱀'으로 일축했다."[10] 더 평범한 형태로 이런 접근방식은 또한 다양한 뉴에이지 영성에서도 지배적이며 또한 일반적으로 교파와 종교 지형에 걸쳐 대중적인 미국 종교의 특징으로 간주할 수 있다.[11]

포이어바흐(Feuerbach)가 "종교적 숭배 대상은 숭배하는 자의 객관화된 본성에 지나지 않는다. 따라서 신은 인간의 표현된 자아인 내면의 자연이다"라고 결론 내릴 수 있었던 것은 당연하다.[12] 바르트(Barth)가 키에르케고르(Kierkegaard)의 "하나님과 인간 사이의 무한 질적 차이(infinite - qualitative distinction)를 언급했던 것은 이런 궤도에 대한 반응이었다.[13]

따라서 우리는 단지 데우스 딕싯(Deus dixt) 때문에 즉 하나님께서 말씀하셨기 때문에 또한 궁극적으로 우리의 영광이 아닌 하나님의 영광을 위해 그렇게 하셨으므로 우리는 하나님에 대해 말할 수 있는 권한이 있다.

키에르케고르, 루터, 칼빈, 바울과 예레미야라는 바로 이런 이름들은 슐라이어마허가 결코 소유하지 못했던 것을 암시한다. 즉, 하나님이 인간을 섬기는 것이 아니라 인간이 하나님을 섬기기 위해 창조되었다는 진리에 대한 분명하고 직접적인 이해를 그는 결코 소유하지 못했다는 것을 암시

윌리엄 제임스(William James)의 설명을 언급한다. 즉, "확장, 연합과 해방이라는 이런 신비적 느낌은 그 자체로 어떤 구체적 내용도 가지고 있지 않다." (위의 책., 80에서 Varieties of Religious Experience, 325 인용).

[10] Dulles, *Models of Revelation*, 113.
[11] Harold Bloom, *The American Religion: The Emergence of the Post - Christian Nation* (New York: Simon & Schuster, 1993)을 보라. 자칭 유대인 영지주의자로 주장하는 블름(Bloom)은 미국 종교가 본질적으로 영지주의적이라고 설득력 있게 주장한다.
[12] Ludwig Feuerbach, *The Essence of Christianity*, ed. and abridged by E. Graham Waring and F. W. Strothmann (New York: Ungar, 1957), 10 - 11; cf. Sigmud Freud, *The Futre of an Illusion*, trans. and ed. James Strachey (New York: Norton, 1961), 21.
[13] 이어지는 언급에서 나는 바르트의 신학은 "하나님의 인간성"(humanity of God)(하나님의 인간성[The Humanity of God]에서처럼)의 방향에서 무르익지만 시간과 영원성 사이의 변증법적 긴장(사실, 이원론)은 교회 교의학(Church Dogmatics)에서 결코 완전하게 극복되지 않는다는 것을 인식한다.

한다.¹⁴ 참된 초월성을 소유하고 따라서 내재성의 수수께끼를 풀 수 있는 유일한 대답은 하나님의 말씀이다. - 하나님의 말씀에 주목하라.¹⁵

하지만 디트리히 본회퍼(Dietrich Bonhoeffer)가 바르트에 대한 비판에서 관찰했던 것처럼 심지어 하나님의 말씀이라는 이 단어도 하나님을 "소유할 수 있게" 하는 것은 아니다.¹⁶

급진적 내재성(hyper-immanence)에서 한발 물러나면서 바르트는 하나님을 어떤 피조적인 실체와 동일시하는 것에 저항한다.¹⁷ 바르트가 언약을 중요한 개념으로 간주했지만, 하나님의 자유를 전적 타자로 지키려는 그의 압도적 관심을 완화시켰던 것으로 보이지는 않는다.

하지만 이 모든 논쟁은 어떤 종류의 신학에 대한 포스트모던 비평에 비추어 볼 때 다소 신학 내에서 이루어진 논쟁이다. 신적 직접성(divine immediacy), "소유 가능성"(haveability)과 임재성에 대한 이런 의심은 다른 학자들 가운데 마틴 하이데거(Martin Heidegger), 에마뉘엘 레비나스(Emmanuel Levinas), 자크 데리다(Jacques Derrida)의 현상학에서 더 강조적으로 전개된다.

---

14 Barth, *The Word of God and the Word of Man*, trans. Douglas Horton (repr., New York:Harper & Bros. 1957), 196.
15 위의 책., 199.
16 Dietrich Bonhoeffer, *Act and Being*, trans. Bernard Noble (New York:Harper & Bros., 1961), 90-91.
17 심지어 역사적 예수도 엄밀한 의미의 하나님의 계시가 아니다. Barth, CD I/1:323, 406을 보라. 바르트에게 있어서 자연은 계시를 수용할 내재적 온전성(inherent integrity)이 있는 것처럼 보이지 않는다. 즉, 인간과 하나님 사이의 모든 접촉(all divine-human contact)은 자연적 수용력을 극복한 결과임이 틀림없다(CD II/1:142-78) 다시 말해, 바르트는 논 카팍스(non capax, 파악할 수 없다, 즉, 하나님의 초월성에 대한 칼빈의 강조)를 너무 지나칠 정도로 강조했다. 계시는 이전의 유비가 없는 완전히 새로운 것(novum)이다. "계시는 이전의 어떤 자료와의 연결점이 전혀 없는 하나의 자료로서 우리에게 온다"(Barth, CD/I/2:172-73). 비록 바르트가 계시를 "우리가 결코 만난 적이 없는 낯선 자"까지는 가져가지 않았지만 바르트의 계시론의 요점은 언약적 유대와 피조적 온전성을 위협한다는 의미에서 하나님을 "전적 타자"로 만든다.

2) 우리가 결코 만나지 못했던 낯선 자(A Stranger We Never Meet)
(극단적 초월성[Hyper - Transcendence])

소외 극복하기 대 낯선 자를 만나는 것과 같은 틸리히(Tillich)가 제안한 두 유형에 나는 세 번째 유형을 덧붙이고 싶다. 즉, 우리가 결코 만나지 않는 낯선 존재를 덧붙이고 싶다. 극단적 내재성은 우리가 결코 만나지 않는 자가 낯선 자임을 - 자신과는 다른 진정한 타자 - 부정함으로써 낯선 자 만나는 것을 피한다면 극단적 초월성은 타자에 대한 접근을 부정함으로서 낯선 자 만나기를 피한다.

존재론적 관점이 극단적 내재성에 주어진다면 비판적 접근 방식은 하나님의 실재를 긍정할 수 없거나 부정할 수 없는 극단적 초월성을 포용한다. 하지만 이런 비판적 접근방식은 "기독교 신앙"(ecclesiastical faith)과 대조되는 "보편적 도덕 종교"(universal religion of morality)(칸트) 또는 "보편적 메시아 구조"를 어떤 특별한 메시아의 실제 도래와는 대비되는 것으로서 데리다의 동등한 대조와 같은 것들을 위한 단지 하나의 대체로서 역할을 할 수 있다.[18]

우리가 하나님에게 가는 적당한 길을 발견할 수 없다면 그런 길은 존재하지 않음이 틀림없다.[19] 일의성(univocity)이 "소외 극복하기"와 조응(照應)

---

[18] "실제 메시아"(특별한)에 대한 "메시아적 구조"(보편적)의 동일한 반대들이 칸트(Kant)에게서 만큼이나 데리다(Derrida)의 해체에 남아 있다. Derria, *Specters of Marx*, trans. Peggy Kamuf (New York: Routledge, 1994), 167 - 70을 보라.

[19] 이것이 적어도 양쪽 어느 하나의 패러다임의 일부 대표와 함께 이 두 가지 접근 방식이 수렴하는 곳이다. 예를 들어, 칸트와 슐라이어마허 또는 가령 데리다와 불트만은 공통적인 인간 중심적 전제를 공유한다. 즉, 신학적 진술은 우리에게 **대한**(*to*) 어떤 것이 아니라 우리에 **관한**(*about*) 것을 드러낸다. 하지만 공통적인 인간 중심적 전제가 칸트와 데리다를 하나님에 관한 본질적 지식에 대해 회의론으로 이끄는 곳에서 슐라이어마허와 불트만은 경험적 진리나 신학적 진리를 지닌 신학적 진술을 본다. 따라서 아이러니하게도 칸트 전통은 존재론적 방법(소외를 극복하기)이나 회의론(우리가 결코 만나지 않는 낯선 자)의 방향으로 받아들여질 수 있지만, 낯선 자의 조건에서 낯선 자를 만나

하고 유비(analogy)가 "낯선 자 만나기"와 조응한다면 다의성(equivocity)은 포스트모던 회의론을 위한 인식론의 선택이다.

틸리히가 존재론적 방법으로 정의하고 옹호했던 것은 이제 경멸적으로 "존재 신학"(ontotheology)으로 불린다. 존재 신학이라는 용어는 1936년 셀링(Schelling)에 관해 강의했던 마틴 하이데거(Martin Heidegger)에게로 거슬러 올라간다.[20] 그곳에서 하이데거는 그의 용어로 이루어지는 광범위한 사용에도 불구하고 종교를 "폭로하는 것"이 아니라 신학을 철학 특별히 사변적 형이상학과 존재론으로부터 해방하는 데 관심이 있다.

우리가 데카르트(존재의 형이상학, 자기 원인[causa sui]과 무한자[the Infinite]) 이후에 얻는 신의 종류는 결국 심지어 우리가 기도하거나 노래할 수 있는 신이 아니다.[21] 하이데거에 따르면 적어도 아퀴나스(Acquinas), 루터(Luther), 칼빈(Calvin), 파스칼(Pascal) 그리고 키에르케고르(Kierkegaard)는 특히 독일 관념론(German Idealism)과 절대자의 철학(philosophy of the absolute)에서 신학을 포로로 잡고 있는 것처럼 보였던 존재론적 계획을 극복하기 위한 자원을 대표했다.

따라서 하이데거에게 있어서 "형이상학에서 사유 된 신은 신앙의 신이 아니라 형이상학이 초월을 생각하는 방식의 결과물이다."[22] 하지만 "존재

는 것을 결코 생각할 수 없다. 19세기의 종교사학파에서 신학은 포이어바흐, 마르크스, 니체, 프로이트가 선언했던 것처럼 신학은 인류학, 심리학 또는 더 최근에 사회학으로 축소된다. 아이러니한 것은 다음과 같다. 즉, 니체가 우리에게 상기시키기를 좋아했듯이 신학자들을 풍자하는데 더 자세한 내용을 붙였던 것은 다름 아닌 신학자들이었다. 따라서 종교적 언어는 다의적이고(equivocal) 보편적 도덕성의 진리(칸트), 감정(슐라이어마허), 또는 일의적인(univocal) 정의감(데리다)을 표현하기 위한 특정적 민족과 집단들(기독교 신앙)의 노력에 근거한다. 슐라이어마허에게 있어서 그런 언어는 종교적 경험을 표현한다. 따라서 포이어바흐와 그의 후계자들이 적당하게 결론 내렸던 것처럼 종교적 언어는 심리적 투영이다.

20 Laurence Paul Hemming, "Nihilism: Heidegger and the Grounds of Redemption," in *Radical Orthodoxy*, ed. Milbank et al,, 95.
21 Martin Heidegger, *Identity and Difference*, trans. Joan Stambaugh (New York:Harper & Row, 1969), 72.
22 Hemming, "Nihilism," 96.

(Being)라는 측면에서 신을 생각하는 것은 신에게 한계와 유한성을 부과하는 것이다."[23]

1951년 취리히에서 "존재와 신을 동일하게 가정해야 하는가?" 이런 질문에 답하면서 하이데거는 아퀴나스에게 호소하면서 "존재와 신은 동일하지 않으며 나는 결코 존재를 통해 신의 본질을 생각하려고 하지 않을 것이다"라고 답변한다. 하이데거는 "만약 내가 신학을 써야 한다면 즉 때때로 내가 쓰고 싶은 신학을 써야 한다면 '존재'라는 단어는 신학에 등장하지 않을 것이다"라고 덧붙인다.[24]

데리다 편에서 그가 특히 염두에 두고 있는 존재 신학은 계몽주의 합리론의 존재 신학이라는 것을 인식한다. 그리고 계몽주의 합리론에서 "절대적 현전의 결정은 주관성으로서 자기 현전(self-presence)으로서 구성된다."[25] 현재 당연시하는 그의 일부 구절이 담고 있는 모호성에도 내가 제대로 믿기는 그는 다음과 같이 주장한다.

모든 이원론과 일원론은 궁극적으로 "형이상학"에서 비롯된다. 그런데 이 형이상학은 전체 역사가 "충만한 현전"(full presence)을 위해 "흔적의 환원을 위해 노력해야 했던 형이상학이다"(흔적[trace]은 데리다 사상의 핵심 개념 가운데 하나로서 이것은 무엇보다 절대적 기원의 부재를 지칭한다 - 역자 주).

그런 이유로 데리다의 사상을 포함한 서양 사상의 역사가 극단적 초월성과 극단적 내재성의 순환에 갇혀 있다고 나는 주장할 것이다. 데리다의 고민거리는 현전(presence, 현재 있음[역자 주]) 그 자체가 아니라 **폭력**(violence)

---

23   위의 책.
24   위의 책에서 인용.
25   Jacques Derrida, *Of Grammatology*, trans. Gayatri Ghakrovorty Spivak (Baltimore: Johns Hopkins University Press, 1976), 16. 기독교 신플라톤적 전통에서 소위 존재의 형이상학에 관한 마리온(Marion)과 데리다(Derrida) 사이의 매력적인 대화에 관해 참조하려면 God, *the Gift and Postmodernism*, ed. John D. Caputo의 첫 두 장과 and Michael J. Scanlon (Bloomington: Indiana University Press, 1999), 20-78을 보라.

이다. 즉, 이런 폭력은 존재(being)의 고고학적, 종말론적 의미를 **현전으로서 파루시아(재림)로서 차이(차연, difference) 없는 생명**으로서 결정하는 존재 신학이다.[26]

하지만 칸트의 범주(categories)처럼(신을 포함해) 데리다의 보편적 메시아적 구조는 시간 안에서 특정한 메시아라는 어떤 특별한 현전을 금지하면서 전제해야 한다.[27] 따라서 그의 의도가 무엇이든 간에 데리다는 서양 사상의 이원적 습관을 극복하지 못한다. 또한, 그는 이런 개별자를 가장 중요한 장소로 되돌리지도 않는다.[28]

그런데도 메롤드 웨스트팔(Merold Westphal)은 데리다를 "신적 타자(divine alterity)라는 실재를 부정하는 신플라톤주의"에 대한 적어도 유용한 치료책을 제공하는 철학자로 본다. 하지만 이것은 단지 "내가 존재론적 낯선 자 혐오증(ontological xenophobia), 낯선 자를 만나는 두려움으로 부르는 것, 가령 이 낯선 자가 신이라 하더라도 낯선 자를 만나는 것에 대한 두려움"으로만 이어질 수 있다.[29]

칸트 자신으로 시작되어 데리다에서 절정에 달한 오래 계속되어 온 이런 비판에 비추어 볼 때 웨스트팔은 기독교 신앙을 "존재론적 낯선 자 혐오증의 극복"으로 본다고 말할 수 있다. 데리다는 에크하르트의 설교 두

---

26 Derrida, *Of Grammatology*, 71. 파루시아로서 이 현전은 "죽음의 또 다른 이름, 역사적 환유다. 이 역사적 환유에서 신의 이름이 죽음을 억제한다. 그런 이유로 이런 운동이 플라톤주의의 형식으로 자신의 시대를 시작한다면 무한한 형이상학으로 끝난다. 오직 무한한 존재(infinite being)만이 차이를 현전으로 환원할 수 있다. 그런 의미에서 적어도 고전적 합리주의 안에서 표현되는 신의 이름은 무차이라는 이름 그 자체다.
27 존재를 초월한 이런 초월적 "일자"(the transcendent "One")가 모든 긍정적 존재를 근거 짓는데 있어서 플로티누스(Plotinus)에게 본질적으로 중요했던 것만큼 데리다에게도 본질적으로 중요하다. 본질적으로 해체할 수 없는 이런 초월적 "일자"는 데리다의 차이(difference)다. 이 점에 관해 데리다의 *Genealogy of Nihilism* (London and New York:Routledge, 2002), 155 – 265에 있는 Conor Cunningham을 보라.
28 추가 논의를 참조하려면 Michael Horton, *Covenant and Eschatology: The Divine Drama* (Louisville, KY: Westminster John Knox, 2002), 20 – 45를 보라.
29 Westphal, *Overcoming On - Theology*, 238.

개를 인용한다. 이 두 개의 설교에서 "에크하르트는 신을 있는 그대로 이해하는 것이 지성의 임무라고 강조했다." 즉, "신에게서 선함과 존재와 모든 이름을 떼어내듯이 지성은 신에게서 껍질을 떼어내고 그를 있는 그대로 인식한다"(루터가 영광의 신학을 "있는 그대로의 하나님"을 엿보기 위해 천국으로 올라가려는 시도로 특징지은 것은 당연하다). 물론 그런 직접성(immediacy)은 직접적이다. 에크하르트는 다음과 같이 언급한다.

"하지만 만약 내가 매체 없이 신을 인식하려면 나는 단지 신이 되어야 하고 신은 내가 되어야 한다."[30]

웨스트팔은 데리다의 비판에 비추어 에크하르트의 언급을 더 자세히 설명한다.

> 데리다는 이런 종류의 논의가 교회 당국이 생각했던 것만큼 골치 아픈 일이라고 생각한다. 이런 종류의 논의는 그가 "흔적의 구조"(the structure)라고 부르는 것에서 우리가 경험하는 유한성을 부정한다.
> "언어는 우리 없이 우리 안에서 그리고 우리보다 앞서 시작되었다. 이것은 신학이 하나님이라고 부르는 것이다."
> 언어에는 하나의 필연성이 있다. 언어 안에 있는 이런 필연성은 우리가 현재 역사로 부르는 것에 속하지 않는 명령이나 약속의 사건 쪽으로 신호한다 …. 이런 필연성이 명령 또는 약속이든지 간에, 이런 필연성은 엄격하게 비대칭적 방식으로, 심지어 내가 나(I)를 말할 수 있었기 전에, 그런 자극을 나 자신을 위해 다시 전유(專有)하고 균형을 회복할 수 있도록 그런 자극에 (나를) 전념하게 한다.[31]

---

30 위의 책., 239 - 40.
31 위의 책., 241.

신플라톤주의적 범신론(Neoplatonic pantheism)은 어떤 실제 "타자성"(otherness)도 고려하지 않는다. 하지만 웨스트팔은 기독교의 창조론이 진정한 타자성에 열려 있는 그런 초월적 공간을 정확하게 만들어 낸다고 확신한다. 즉, 가령 유한한 자아가 하나님 존재의 유출이 아니라 하더라도 "유한한 자아는 실제"다. "에덴은 시초부터 소외의 가능성을 가진 (죄) 타율성이다."[32]

> 존재론적 낯선 자 혐오증은 낯선 자를 만난다는 불안에서 자신을 방어하기 위해 존재의 연계(連繫)를 이용하려는 시도일 뿐만 아니라 엄밀한 의미의 그런 존재론적 범주의 궁극성을 훼손하기에 충분한 도덕적 존재를 가진 낯선 존재를 만나는 것을 피하려는 시도이기도 하다.
> 이런 종류의 낯선 자는 나에게 "존재론이 근본적인가?"
> 이렇게 묻게 하고 "제일 철학으로서 윤리"의 가능성을 탐구함으로써 나 자신의 질문에 답하게 할 수도 있는 낯선 자다.[33]

레비나스(Levinas)와 데리다(Derrida)는 극단적 내재성이 표현하는 타자에 대한 이런 폭력을 인정한다. 하지만 그들이 제공하는 설명이 가진 문제점은 다음과 같다. 즉, 그들은 타자를 절대적이고 전적 타자(absolutely and wholly other)로 만든다는 것이다. 타자를 자아로 환원함으로써 모든 현전을 의심할 때(레비나스), 어떤 특정한 신의 실제 도래는 무한히 연기된다 - 하나의 도래하기(a venir)(데리다).[34] 이것은 항상 유예된 현전의 무종말론(aneschatology)(조

---

32 위의 책. 따라서 아우구스티누스(Augustine)는 적어도 이 점에서 신플라톤주의자는 아니다. 즉, 그는 하나님에게로 "회심"했고 하나님을 "당신"으로 부른다. 그런 생각은 "하나님과의 연합은 단지 화목의 형태를 가질 수 있고 그런 화목은 낯선 자가 되었던 자와 만나는 용기를 의미한다. 만약 우리가 이런 신앙에 이름을 부여하기 원한다면 우리는 그 이름을 아우구스티누스적으로 부르는 것보다 더 좋게 부를 수 없을 것이다"(249).
33 위의 책., 252.
34 각주. 13을 보라.

르주 바타유[Georges Bataille]와 마크 G. 테일러[Mark G. Talyor]), 절대 도착하지 않는 "도래," 우리가 결코 만나지 못하는 낯선 자의 존재론이다.[35]

2. 낯선 자 만나기(Meeting A Stranger)

내가 생각하는 것처럼 칸트와 그의 포스트모던 후계자들이 하나님에게로 가는 어떤 안전한 길도 없다고 우리에게 말할 때 그들이 옳다면 어찌 되는가?
하지만, 그 대신 유명한 엠마오로 가는 길처럼 하나님이 우리에게로 오는 길이 있고, 우리가 하나님을 찾는 대신 우리가 그를 알아보지 못했을 때도 그가 우리를 찾았다면 어찌 되는가?
칸트의 비판에 뒤이어 헤겔의 승리주의적인 길을 택하지 않은 사람들은 사실 낙담한 이런 제자들과 많이 닮았다.
즉, 이 낯선 자 자신이 결코 오지 않았던 도래에 대한 그들의 대화에 끼어들었을 때 "그들은 슬픈 빛을 띠고 머물러서더라 그 한 사람인 글로바라 하는 자가 대답하여 이르되 당신이 예루살렘에 체류하면서도 요즘 거기서 된 일을 혼자만 알지 못하느냐"(눅 24:17 - 18)
그들에게 빈 무덤은 현전(presence)의 표시가 아니라 흔적도 없는 완전한 부재의 표시였다.

> 이르시되 미련하고 선지자들이 말한 모든 것을 마음에 더디 믿는 자들이여 그리스도가 이런 고난을 받고 자기의 영광에 들어가야 할 것이 아니냐 하시고 이에 모세와 모든 선지자의 글로 시작하여 모든 성경에 쓴 바 자기에 관한 것을 자세히 설명하시니라(눅 24:25 - 27).

---

[35] Mark C. Taylor, *Erring: A Postmodern A/Theology* (Chicago: University of Chicago Press, 1984).

결국, 낯선 자가 제자들과 함께 저녁 식사를 기념하실 때 그들과 나머지 제자들은 예수님을 그들의 부활한 주님으로 알아보았다(눅 24:28 - 35).[36] 말씀과 성례에서 그들은 낯선 자를 만났었다.

극단적 초월성(hyper - transcendence)이라는 창조주와 피조물, 영원과 시간, 하늘과 땅 사이의 비성경적 이원론(즉 대립하는 것들[antitheses]을 도입한다면 극단적 내재성[hyper - immanence])은 일원론적 도식(圖式) 안에서 모든 이원성(즉 차이)을 무너뜨린다. "소외 극복하기" 패러다임이 유출의 존재론과 환상의 인식론을 대표한다면 "낯선 자 만나기"는 진정한 차이와 외적인 말씀의 인식론을 분명히 표현하고 양자 모두 언약 신약에 근거를 둔다.

1) 언약적 존재론(A Covenantal Ontology)

"존재론적 방식"에 대한 거절은 우리가 존재론이 결여되어 있다는 것을 의미하지는 않는다. 하지만 낯선 자를 인식하는 것 특별히 그런 낯선 자가 하나님일 경우 그것은 윤리적 행위다. 적어도 서구에서 우리는 보통 이런 방식으로 생각하지 않는다. 왜냐하면, 우리는 윤리론에서 인식론을 실천(praxis)에서 이론(theoria)을 분리하도록 배웠고 인식론에 그 자체의 자율적 토대를 제공했기 때문이다. 지식에 대한 윤리적 책무(ethical stewardship) 즉 우리가 듣는 것에 대한 책임은 엠마오 도상에 관련된 구절에서 예수님이 직접 언급한다.

---

36 마리옹(Marion)은 성찬(the Eucharist)은 계시의 장소라는 증거로서 누가복음 24장 이야기의 이 두 번째 부분에 호소한다(God Without Being, 150 - 52). 하지만 엠마오 도상에서의 만남은 거의 계시에 대한 단순한 서언이 아니다. 낙심한 제자들이 "길에서 우리에게 말씀하시고 우리에게 성경을 풀어 주실 때에 우리 속에서 마음이 뜨겁지 아니하더냐"(눅 24:32)라고 반응할 수 있었던 것은 그리스도가 성경을 열고 성경이 자신을 가리키는 것으로서 그들에게 설명할 때였다.

미련하고 선지자들이 말한 모든 것을 마음에 더디 믿는 자들이여(눅 24:25).

우리가 존재의 형이상학이 아니라 언약의 여호와 하나님(YHWH)으로 시작한다면 우리는 세상 속에서 낯선 자를 만나는 것으로 묘사되는 우리 자신을 불가피하게 발견한다.

그렇다면 틸리히가 정의한 이런 존재론적 방식에 대한 이런 의심을 반영해 종교개혁 신학은 심지어 하나님의 "존재"에 대해 논의하는 것을 항상 경계해 왔다. 우리가 예배하는 것은 "무엇"이 아니라 "누구" 즉 본질이 아니라 행위자(an agent)다. 이것은 하나님의 본질을 부정하는 것이 아니라 하나님의 본질이 우리에게 숨겨져 있다는 것을 인식하는 것이다. 사변은 '무엇'을 산출하지만, 성경 드라마는 "누구"를 만든다.[37]

예를 들면, 칼빈(Calvin)에 관해 B.B. 워필드(B.B. Warfield)는 다음과 같이 언급했다.

> 그는 하나님의 본질을 결정하는 선험적 방법을 거절하고 하나님이 자신의 활동에서 자신에 관해 우리에게 주신 계시에서 경험적으로(a posteriori) 그분에 관한 지식을 형성할 것을 요구하고 있다.[38]

그의 『기독교 강요』(the Institutes)에서 하나님의 영성과 무량성(immensity)에 관한 주석적 지지에 관한 단락을 마친 후 칼빈은 삼위일체로 서둘러 옮겨

---

[37] Louis Berkhof, *Systematic Theology* (Grand Rapids: Eerdmans, 1941), 41: "성경은 결코 하나님에 대한 추상적인 개념으로 일하는 것이 아니라 항상 하나님을 자기 피조물과 다양한 관계를 맺으시는 살아 계신 하나님으로 묘사한다. 그런데 이런 관계는 몇몇 다른 속성을 보여 준다."

[38] B. B. Warfield, *Calvin and Augustine*, ed. Samuel Craig (Philadelphia: Presbyterian & Reformed, 1956), 153. 칼빈과 일반적으로 이런 "무엇인 것(whatness)"를 연구하는 전통에서 이런 조심스러움에 관한 그의 탁월한 요약을 추가로 보라.

간다.³⁹

"하나님의 본질은 탐색하기보다는 오히려 숭배해야 한다."⁴⁰ 칼빈은 계속해서 주장한다. "그들은 하나님이 무엇인지 발견하려고 애쓰는 미친 사람들이다."⁴¹

적어도 여기까지 칼빈은 위의 하이데거의 말 즉 "만약 내가 신학을 저술해야 한다면 … '존재'라는 단어는 신학 안에 등장하지 않을 것이다"라는 말에 공감할 것이다. 무스쿠루스(Musculus)와 같은 초기 개혁파 저술가들은 이런 접근방식을 반복하면서 하나님이 무엇인지보다는 하나님이 누구인지에 대한 질문으로 하나님에 대한 논의를 명시적으로 시작했다.⁴²

플라톤주의에서 "최고 존재"(supreme being, *summum ens*)로서 하나님의 관념은 가장 본질적 요소 안에 흔한 존재론에 기초해서 중단된다. 제럴드 브레이(Gerald Bray)가 언급하는 것처럼 플라톤주의에 의하면 "신만이 존재우시아(ousia)를 가지고, 그밖에 모든 것은 부패된 것이거나 존재하는 일자(the one which is)에서 나오는 환상적인 유출이다."⁴³ 존재론의 존재 등급(the scale-of-being ontology)은 피조물을 창조주와 혼동시킬 뿐만 아니라(어떤 구분은 단순히 양적임) 동시에 피조물을 그 본질에서 존재에서 떨어져 나가는 것으로 격하시킨다.

하지만 성경에서 하나님은 "최고 존재"로서 계시된 것이 아니라 하나님이 아닌 것 그럼에도 이런 모든 차이에서 하나님과 관련 있는 것을 자유롭게 의도하는 창조주로 계시된다. 캐서린 태너(Kathryn Tanner)가 우리에게

---

39 Calvin, *Institutes* 1.13.1.
40 Calvin, *Institutes* 1.2.2.
41 Calvin, *on Rom.* 1:19.
42 Richard Muller, *Post-Reformation Reformed Dogmatics*, vol. 3: The Divine Essence and Attributes (Grand Rapids: Baker, 2003), 228.
43 Gerald Bray, *The Doctrine of God* (Downers Grove, IL: InterVarsity Press, 1993), 55. 물론 단순히 그런 용어에 대해 호소하는 것은 존재의 일의성에 대한 사전 약속을 필요로 하지 않는다. 하지만 그런 일의성은 이 개념의 고향(native soil)이다.

상기시켜 주듯이 성육신 외에도 하나님은 자신의 존재가 아니라 자신의 소유물을 피조물에 전달하신다.[44]

언약은 낯선 존재가 우리를 만나는 장소다. 그것은 마치 우리가 하나님이 어떤 존재인지 알고 있는 것처럼 "존재"(being)나 "실재"(existence)에 대한 집착이 아니라 우리 앞에 열린 윤리적 개간지다.[45] 따라서 개혁파 신학은 근대성에 대한 포스트모던 비판에서 그 자체의 논박을 인정하지만, 부재, 순수한 차이(차연), 끝없는 지연이라는 모호한 형이상학의 반대 환원주의로 빠져들지 않는다.

(1) 존재론적 연합이라기보다는 오히려 언약적 연합

나의 설명에 기본이 되는 것은 무로부터의 창조(ex nihilo)와 유출 사이의 가능한 가장 극명한 대조다.[46] 브레바드 차일즈(Brevard Childs)는 게르하르트 폰 라드(Gerhard von Rad)가 다음과 같이 결론을 내렸다고 상술한다. 즉, 이스라엘의 세계관은 결코 고대 근동 신화에 의존하지 않으면서 "이스라엘의 세계관은 하나님과 세계 사이의 예리한 경계선을 긋는 데 있어서 또한 신적인 것과 악마적인 것의 두 요소로 구성된 물질세계를 정화함으로써 중요한 기능을 수행했다고 결론을 내렸다. 확실히 형상에 의해서가 아닌 세상에서 유출되어 나오는 창조자의 신비에 직접 접근할 수 있는 길은 없었다. 하지만, 여호와 하나님(*Yahweh*)은 역사의 행위에 있어서 그분의 살아 있

---

44   Kathryn Tanner, *Jesus, Humanity and the Trinity: A Brief Systematic Theology* (Minneapolis: Fortress, 2001), 44.
45   현대 신학에는 물론 "형이상학적인 것"으로서의 경쟁적 입장에 대한 다소 모호하고 포괄적인 비난이 있다. 그리고 나는 여기서 이것을 다룰 공간이 없다. 소위 실체 형이상학(metaphysics of substance)이 의미하는 것을 정의한다는 측면에서 앨스톤(William P. Alston)은 *The Trinity*, ed. Gerald O'Collins et al. (Oxford: Oxford University Press, 1999), 179 - 201에서 "실체와 삼위일체(Substance and Trinity)"에서 탁월한 요약을 제공했다.
46   우리 시대에 더 인기 있는 것은 만유재신론(panentheism)이다. 만유 재신론은 범신론과 유신론의 요소를 통합하려는 시도다.

는 말씀 안에 존재하셨다."⁴⁷

이교도 신화는 신적인 것과 악마적이라는 단지 두 가지 존재론적 선택만을 허용했다. 하지만 성경적 신앙은 신적인 것도 아니고 악마적인 것도 아니지만 그것의 모든 차이, 유한성 및 물질성에서 확증된 피조물의 개념을 도입했다. 세속적인 것은 하나님이 되지 않고도 선했다.

따라서 불교, 플라톤주의 그리고 우리 시대에 내려온 현대 신학의 많은 부분이 존재론적 구조에서 선과 악을 발견하지만, 성경은 이런 논의를 깨진 언약의 윤리적 역사적 장소에 위치시킨다.⁴⁸ 이런 우주는 신성으로 가득 차 있지는 않지만, 우주를 악한 것으로 만들지는 않는다. 유한성이 결점을 암시하지 않는다. 다시 한번 이런 요점을 주장함에 있어 웨스트팔(Westphal)의 견해가 도움이 된다.

> 따라서 틸리히(Tillich)에게는 애석하게도 종교는 낯선 존재를 만나는 형태만 가질 수 있다 …. 의심할 여지없이 이런 이유로 키에르케고르(Kierkeg-

---

47 게르하르트 폰 라드(Gerhard von Rad)의 논문 "Some Aspects of the Old Testament World - View," in *the Problem of the Hexateuch and Other Essays*, trans. E. W. Truman Dicken (New York "McGraw - Hill, 1966), 144 - 45를 언급하는 Brevard S. Childs, *Biblical Theology of the Old and New Testament: Theological Reflection on the Christian Bible* (Minneapolis: Fortress, 1993), 386. 기념비적 이스라엘의 역사(History of Israel)에서 존 브라이트(John Bright)는 다음과 같이 관찰했다. "우리는 이스라엘의 신앙이 하나님이라는 개념에 중심을 두지 않았다는 것을 다시 한번 분명히 해야 한다. 그런데도 하나님에 대한 이스라엘의 개념은 처음부터 너무 현저해서 고대 세계에 유례가 없었다" (John Bright, *A History of Israel*, 3rd ed. [Philadelphia: Westminster Press, 1981], 157).

48 Bright, History, 161. 브라이트(Bright)가 설명하는 것처럼 이스라엘의 고대 이웃들의 이교도는 "세속 사회의 인간 생활이 의존했던 자연의 주기적이지만 변하지 않는 패턴을 반영했다"는 신화적 우주론을 보여 준다. 따라서 우주는 매혹적이고 신성이 모든 부분에서 우주에 가득 차 있다. 이교도의 신화가 이런 우주적 힘을 새롭게 하기 위해 의식적으로 재연되었지만 이스라엘의 신앙에서 자연은 비록 생명 없는 것으로 간주되지는 않았지만 인격성을 잃었고 '비신화화'되었다. 여호와 하나님(Yahw도)의 힘은 사실 자연의 반복 가능한 사건들과 주로 관련이 있는 것이 아니라 반복할 수 없는 역사적 사건들과 관련이 있었다.

aard)의 죽음에 이르는 병(Anti-Climacus)은 "약함, 관능적임, 유한, 무지 등과 같은 단순히 부정적인 무언가로 이해하는 죄에 대한 어떤 정의를 범신론적인 것으로 묘사한다. 신학이 단지 원인과 결과의 범주만 가지고 있거나 함께 일하는 무한하고 유한한 범주가 있는 한 신학은 범신론이 표현하는 신적 타자의 상실에 취약하다. 반면 창조와 타락이라는 주제가 결합하면 창조의 온화한 개방성은 타락의 거친 타자성에 보존된다.[49]

창조의 기초는 갈등이 아니라(고대 메소포타미아와 가나안 창조 신화뿐만 아니라 마니교[Manicheism], 홉즈[Hobbes], 헤겔[Hegel], 마르크스[Marx]에게서처럼), 콜린 건튼(Colin Gunton)이 언급하는 것처럼 "언약적 사랑"이다. 또한, 이것은 다른 윤리를 만들어 낸다.[50] 이 패러다임은 반대나 일원론에 굴복하지 않고 진정한 차이를 확증한다.

만약 타락이 우리에게 낯선 존재로서 우리에 대한 하나님의 관계를 강렬하게 상기시켜 준다면 언약은 낯선 자들이 만나는 곳이다. 세속적 조약이든 성경 전통과 관련된 조약이든 언약은 "맹세에 기초한 연합"(맥카시[McCarthy])이거나 또는 "제재 아래에 있는 관계"(클라인[Kline])다.[51] 이 광범위한 정의 하에서 다양한 조약 형태가 존재했다. 그중 일부는 약정(約定) 조약이지만 다른 조약들은 엄격하게 법 계약이었다. 언약적 접근법이 담고 있는 함축은 다음과 같다. 즉, 신적 "존재"와 "부재"는 존재론적 범주라기보다는 오히려 윤리적이고 관계적이라는 것이다. "존재"(또는 가까이

---

[49] Westphal, *Overcoming Onto-Theology*, 245.
[50] Colin Gunton, *The Triune Creator: A Historical and Systematic Study* (Grand Rapids: Eerdmans, 1998), 26. 헤겔과 마르크스 모두 "타자성"이 얼마나 쉽게 단지 지양(止揚)으로 가는 길에서 확증된다는 것을 덧붙일 가치가 있다.
[51] 클라인(M. G. Kline)은 언약을 "제재 아래에 있는 관계"로 정의한다(By Oath Consigned: *A Reinterpretation of the Covenant Signs of Circumcision and Baptism* [Grand Rapids: Eerdmans, 1968, 16]; cf. Dennis J. McCarthy, *Treaty and Covenant*, Analecta biblica 21 [Rome: Pontifical Biblical Institute Press, 1963], 96).

있음)는 구원과 신적 은혜 - 칭의, 안식일 평화(샬롬) - 와 같은 의미다. 반면 "부재"는 언약 파기에 대한 사법적 저주(로암미[Lo - ammi], 즉 "내 백성이 아니다")를 명명한다.

우리는 결혼에 대한 우리 자신의 언약적 경험에서 이런 형태의 존재와 부재를 알고 있다. 때때로 배우자가 육체적으로 존재할 때에도 배우자는 관계에서 "실제로 거기에 있지 않다"라고 말할 수도 있다. 유기는 마음에서 일어난다. 성경이 사용하는 것은 이런 윤리적 또는 언약적 형태의 존재와 부재다. 존재론적으로 말해서 하나님은 편재하시지만, 실제 질문은 다음과 같다.

"우리를 위해 하나님은 어디에 있는가?"

"아담아, 네가 어디 있느냐?"

부르시는 하나님에 대항하는 반역자들로서 우리가 가진 우리 자신에 대한 지식을 고려할 때, 이것은 안전에 관한 질문이다. 이런 결혼 유비가 성경적 드라마에서 그렇게 두드러지게 나타나는 것은 당연하다. 두 사람이 어떤 종류의 존재론적 종합에서가 아니라 언약에서 "한 몸"이 되고 다른 한 사람이 자기 자신(또는 그 반대의 경우 즉 자기 자신이 다른 사람으로 환원된다)으로 환원된다. 언약적 접근방식이 수반하는 종류의 연합은 결혼과 양자 됨의 유비에 해당한다. 이런 결혼과 양자 됨에서 "한 몸"이 되는 두 사람 또는 상속자가 된 그 아이는 그들의 타자성을 유지하면서 법적이고 유기적인 연대로 구성된다.

(2) 인간적 상승 위에 있는 하나님의 내려오심

이것은 특별히 창조주 - 피조물 관계의 형식으로서 유비론의 회복이다. 그리고 창조주 - 피조물 관계는 존재론적으로 성육신에서 실현되었다. 스미스(J.K.A. Smith)가 주장하는 것처럼 "성육신 패러다임은 유한성, 물질성, 구현(embodiment)의 긍정에 근거해 작동한다. 이런 의미에서 나는 성육신 패러다임을 파이드로스(Phaedrus)에서 논리 연구(the Logical Investigations)에 이르기까지 언어 철학을 지배했던 '플라톤주의' 버전의 정반대라고 생각한다."[52]

하지만, 특별히 급진적 유사 영지주의 분파(radical quasi - gnostic fringes)에 있는 존재론적 접근 방식이 "전체"(whole)(아무리 정의되어도) 안으로 흡수됨을 통해서 유한성, 물질성 그리고 구현으로부터의 탈출을 선언한다면 상반된 설명은 창조자와 피조물 사이의 어떤 유사성이나 유비도 너무 의심스러워한다. 내가 여기서 언약적 설명으로 부르는 것 또는 스미스(Smith)가 만들어 낸 신조어(新造語)인 "성육신 패러다임"은 존재의 일의성이나 다의성을 포용하기보다는 오히려 본질적으로 유비적이다.

사실 인류는 그 부분과 전체로서 하나님의 이런 패러다임적 유비가 되도록 창조되었다.

성경에서 이것의 가장 적절한 예는 "네가 어디 있느냐"라는 질문이다.

이와 같은 하나님의 부르심과 "내가 여기 있나이다"와 같은 종의 답변과 같은 익숙한 패턴이다.

하이데거(Heidegger)에 동의하면서 레비나스(Levinas)는 다음과 같이 언급한다. 즉, "사유하는 것은 더는 생각하는 것이 아니라 자신을 우리가 생각하는 것에 휩싸여지는 것이고 관여하는 것이다. 이것은 세계 내적 존재(being - in - the - world)의 극적 사건이다."[53] 레비나스에 따르면 여기까지는 하이데거의 현상학이 큰 약속을 보여준다. 하지만 우리가 개별적 존재(즉 부르는 타자)를 넘어서 "존재의 지평"(horizon of being)으로 가라고 조언할 때 하이데거는 플라톤에 뿌리를 둔 서양 철학의 전통에 다시 합류한다.

우리는 대답한다.

52　Smith, *Speech and Theology: Language and the Logic of Incarnation* (London and New York: Routledge, 2002), 156.
53　Levinas, "Is Ontology Fundamental?" in *Emmanuel Levinas: Basic Philosophical Writings*, ed. A. T. Peperzak et. al (Bloomington: Indiana University Press, 1996), 4.

타자(the other)와의 관계에서 그것은 그냥 내버려 두는 것의 문제인가? 호출되는 역할에서 타자의 독립성은 이루어지지 않는가? 우리가 말하는 그 사람이 그의 존재에서 처음부터 이해되는가?

전혀 그렇지 않다. 타자는 우선 이해의 대상이 아니고 대화 상대가 아니다. 두 관계는 서로 얽혀 있다. 다시 말해, 타자에 대한 이해는 그를 부르는 것과 분리할 수 없다…. 나는 단지 그가 존재하고 있다고만 생각하지 않는다. 나는 그에게 말한다. 그는 그를 나에게 단지 존재하게 했었어야 할 관계의 핵심에 있는 나의 상대다. 나는 그에게 말했다. 다시 말해, 나는 존재하는 그라는 개별적 존재와 함께 남아 있기 위해 그가 구현하는 보편적 존재를 도외시했다.[54]

레비나스는 대상을 목표로 하는 대신 기도 - 탁월한 담론의 적절한 방식 - 는 부르는 말 안에 표현된 "한 인격과의 관계"라고 언급한다.[55] 우리는 시야를 통해 타자를 이해하고 소유하고 지배하는 대신 우리는 타자를 부르고 목소리를 통해서 타자에게 호출된다. 보편적 지평보다는 오히려 타자의 얼굴/목소리에 특별한 깊이가 있다.[56] 자아가 되는 것은 책임감을 느끼는 것이다.[57] 따라서 레비나스는 사유를 윤리적인 면으로 옮겨 가면서 존재론을 초월하고자 한다.

동시에 레비나스는 타자의 계시(the revelation of the Other)를 그가 접근했던 누군가나 무언가와 동일시하게 할 성육신적 관점이 결여되어 있다. 이런 점에서 레비나스는 가상계(noumena)에 대한 인식 가능성(knowability)에

---

54 위의 책.; cf. 6 - 7.
55 위의 책., 8.
56 위의 책., 10.
57 Levinas, "Transcendence and Height," in ibid., 17.

대한 칸트(Kant)의 제한을 단지 심화할 뿐이고 이것은 내가 "우리가 결코 만나지 못하는 낯선 존재"라는 패러다임으로 지정했던 것을 반영한다.

이와는 대조적으로 스미스는 우리의 유한성, 물질성, 구현은 결코 계시에 걸림돌이 되지 않으며 계시 가능성의 바로 그 조건이라고 바르게 주장한다. 레비나스에게 있어서 타자의 이런 급진적 타자성(radical alterity)은 접근을 허용하지 않는다. 장-뤽 마리옹(Jean-Luc Marion)에게 있어서 "'종교 현상'('포화 현상'으로서)이 이런 조건을 대체하고 압도한다"고 제임스 K. A. 스미스(James K. A. Smith)는 언급한다.[58]

하지만 그런 경우에 계시를 수용할 누군가의 가능성이 어떻게 있을 수 있는가?

> 다시 말해, 전적 타자(the Wholly Other)가 전적으로 "전적 타자"라면 그런 존재가 심지어 "존재하는지" 어떻게 알 수 있는가?
> 어떻게 이런 전적 타자에 관한 – 심지어 "존재를 넘어서는" 전적 타자의 존재에 대한 – 담론을 만들어 낼 수 있는가?
> 더 중요하게는 어떻게 이런 전적 타자와의 관계가 어떤 방식으로 전적 타자의 나타남을 제외하고 가능할 수 있겠는가?

레비나스와 마리옹 모두 그런 관계의 중요성(윤리적 책임 등)을 계속 주장하지만 그런 관계는 전혀 존재하지 않을 수 있다.[59] 이곳이 내가 레비나스와 마리옹에 대한 비판을 찾을 수 있는 곳이다.

수신자가 계시의 수용을 위한 조건을 소유하고 있는 한 어떤 "계시"는 단지 수령할 수 있고 수령해야 한다. 그렇지 않다면 그 계시는 알려지지 않은

---

58   Smith, 157.
59   위의 책., 158.

채로 남아 있을 것이다.[60] 신학을 사로잡고 있는 위대한 질문들은 마침내 형이상학과 존재론적 참여보다는 오히려 역사와 윤리적 행동의 영역에서만 해결될 수 있다.

스미스가 언급하는 것처럼 깊은 성육신적 접근방식에서 "새로운 진리는 외부에서 선물로서 우리에게 온다."[61] 키에르케고르가 주장하는 것처럼 그런 "등식"은 단지 하나님의 내려오심에 의해서만 가능할 수 있고 더 특별하게는 하나님이 유한한 인식자가 이해할 수 있는 조건에서 '나타날' 성육신적 나타나심에 의해서만 가능할 수 있다.[62]

따라서 스미스는 다음과 같이 언급한다.

> 유비는 지식에 관한 성육신적 설명이다 …. 따라서 우리는 데리다가 '언어는 결코 유비에서 벗어나지 않는다'고 강조하는 것을 보고 놀라지 않는다 …. 언어는 사실 완전히 유비다. 나의 설명에서 이것은 언어가 철저히 성육신적인 것이어서 언어는 언어의 패러다임과 가능성의 조건으로서 성육신을 결코 벗어나지 못한다는 결론을 내리는 것이다.[63]
>
> 아퀴나스(Aquinas)조차도 우리가 하나님과 접촉하는 것을 신성에서 아래로 내려오는 움직임이라기보다는 오히려 인간의 지성을 신성의 차원으로 '들어 올려지는 것'의 문제로 언급했다(A.D. 3).[64] 종교개혁 전통과 유사한 노선을 따라 주장하면서 스미스는 아퀴나스 자신이 초월되어야 한다고 언급한다. 하나님은 자신이 계시를 전달하는 과정에서 자신의 초월성을 포기하지 않고 자신의 계시를 우리의 능력에 맞추신다.[65]

---

60 위의 책., 159.
61 위의 책., 161.
62 위의 책., 162.
63 위의 책., 164.
64 위의 책., 165.
65 위의 책., 166. "본래 하나님을 본 사람이 없으되 아버지 품속에 있는 독생 하신 하나

'상호 관계론적 신학'(틸리히, 라너, 맥파그)은 계시를 '문화적 현현'(顯顯)으로 환원하려고 위협하는 반면 바르트(Barth)와 한스 우르스 폰 발타살(von Balthasar)과 같은 신학자는 계시의 수용을 위한 가능성의 조건인 유한성의 역사적 조건을 무시한다. 성육신적 설명이 이 양극단(極端)을 정당하게 평가한다.[66]

아래로 내려오는 것(the descent)을 강조했으므로 나는 또한 종말론에 대해 간단히 언급해야 한다. 십자가의 신학(신적 낮아지심)은 부활과 승천의 신학과 변증법적으로 관련 맺지 않는 한 효력이 없다. 이것은 또한 기독론과 성령론을 재통합하는 것이다. 예를 들어, 바울의 가르침에서 하나님은 육신이 되셨을 뿐만 아니라 그렇게 함으로써 그리고 살고 죽고 부활하고

---

[66] 님이 나타내셨느니라(요1:18) "말씀이 육신이 되어 우리 가운데 거하시매 우리가 그의 영광을 '보니'"(에세아사메사[etheasametha] (요 1:14). 따라서 차이(the difference)가 동일한 것(the same)에 의해 알려진 이런 유비 원리는 또한 근본적인 성육신 원리이다. 여기서 무한자(the Infinite)는 무한성을 상실함이 없이 - '사라지지도 않거나 무한성 자체를 무심코 드러내지도 않는다' 유한한 나타남(a finite appearance)에 의해 알려진다. … 마리옹(Marion)이 암시하는 것처럼 이것은 이런 조건을 대체하거나 극복하는 문제가 아니라 오히려 초월자의 초월성을 망치지 않고 초월자가 그런 조건에 낮출 가능성을 이해하는 문제일 것이다.
위의 책. Cf. 168, 176. 일반 계시를 놓고 벌였던 바르트와 브루너 사이의 논쟁은 이런 갈등을 반영한다. 동정녀 탄생에 대한 바르트의 유비는 어떤 능력도 보여 주지 못한다. 바르트의 유비는 무로부터의 능력을 만든다. 하지만 스미스는 167 - 68, 176페이지에서 이에 대해 다음과 같이 반박한다. 즉, "동정녀 탄생은 창조된 자궁으로 시작되지 않는가? 다시 말해, 마리아(비록 처녀이지만)의 자궁은 그런데도 구세주의 탄생을 위한 조건이 아닌가?… 마리아가 하나님의 창조적인 대행자 없이는 이 아이를 완전히 임신할 수 없다는 것을 강조할 때 바르트는 '능력'과 '경향성' 또는 '성향'을 혼동하는 것처럼 보인다.… 이런 단순한 참여 논리와는 대조적으로 성육신의 논리는 위로 올라감(ascension)보다는 낮아짐(condescension)으로 움직인다. 또한, 성육신의 논리는 목적(telos)이 탈육화(disembodiment)인 구원의 치료적 '도구'라기보다는 오히려 육화를 원래적이고 영원한 선으로서 더 근본적으로 확증하는 것 안에 뿌리를 두고 있다. 따라서 성육신의 논리는 기부의 논리, 공여(供與)의 논리다. … 간단히 말해서 우리가 침묵을 피하는 것은 성육신 때문이다.

승천하면서 그분은 그분의 성령으로 "또 함께 일으키사 그리스도 예수 안에서 함께 하늘에 앉히셨다"(엡 2:6).

바울은 이런 표현에서 그들에게 확실한 사유를 통해서 연약한 신체적 역사적 모습에서 "일자"(the One)의 지복직관(beatific vision, 至福直觀)으로 올라가라고 요구하는 것이 아니다. 이것은 존재론적 소외의 극복 즉 항상 그래 왔던 것에 대한 새로운 인식이 아니다.

오히려 이방인의 사도는 그의 독자들이 과거에 "이스라엘 나라 밖의 사람이라 약속의 언약들에 대하여는 외인이요 세상에서 소망이 없고 하나님도 없는 자"였다고 말한다. 하지만 해결책은 문제만큼이나 윤리적으로나 역사적으로 깊숙이 박혀 있다.

> 이제는 전에 멀리 있던 너희가 그리스도 예수 안에서 그리스도의 피로 가까워졌느니라(엡 2:13).

"이는 이 둘로 자기 안에서 한 새 사람을 지어 화평하게 하시고 또 십자가로 이 둘을 한 몸으로" 그분의 깨어진 몸 안에서 만드셨다.

2) 언약적 인식론(A Covenantal Epistemology)

현대의 설명(칸트식이든지 아니면 헤겔식이든지 - 아니면 한 번에 둘 다이든지)도 칸트식 비판론의 포스트모던 확장도 언약적 인식론에 대한 신뢰할 만한 대안으로 역할을 할 수 없다. 데리다처럼 우리 개혁 신학자들은 우상을 의심한다. 하지만 데리다와는 달리 우리는 목자(Shepherd)를 부르는 것을 인정하고 그분의 도래를 환영한다. 우리는 절대 지식(원형)에 대한 근대적 자아의 프로메테우스적인 야망에 대한 포스트모더니즘의 비판을 공유하지만 계시라는 사실에서 유한하고 피조적(모형) 지식을 위한 토대를 발견한다.

(1) 원형 - 모형 신학(Archetypal - Ectypal Theology)

오히려 종교개혁가들은 철학자들의 신에 대한 비판에서 아퀴나스를 넘어섰다. 칼빈은 하나님의 속성은 성경에 명시되어 있다고 쓴다. "또한, 그 다음에는 그의 능력들이 언급되는데, 이로써 우리는 하나님 자신의 본연의 모습이 아니라 우리와 관계하시는 그의 모습이 드러나는 것이다. 그러므로 하나님에 대한 이런 인식은 그저 허망한 과장된 사색에서 나온 것이 아니고 살아 있는 체험에서 나온 것이다."[67]

플라톤의 잘 알려져 있지 않고 불완전한 현상 영역에서처럼 계시 된 지식은 단순한 "의견"이 아니다. 왜냐하면, 현상계는 하나님의 유출이라기보다는 오히려 피조물이기 때문이다. 하나님은 우리가 존재의 등급을 올라감으로써 직접 알려질 수 있는 것이 아니라 단지 중보자 안에서 그리고 중보자를 통해서만 알려질 수 있다. 칼빈은 위에서 언급한 하이데거의 말을 생각나게 하는 용어로 다음과 같이 설명했다.

> 여러 학파에서도 믿음을 논의할 때, 하나님을 단순히 믿음의 대상이라고 부른다. 또한, 우리가 다른 곳에서 말했듯이 허망한 사색을 늘어놓으면서 비참한 영혼들을 확실한 목표로 이끄는 것이 아니라 오히려 곁길로 가게 하고 있다. 하나님은 "가까이 가지 못할 빛에 거하시므로"(딤전 6:16), 그리스도께서 우리의 중보자가 되셔야 한다 …. 믿음이 한 분 하나님을 바라보는 것은 분명한 사실이다. 하지만 여기에 "그의 보내신 자 예수 그리스도를 아는 것"(요 17:3)이라는 사실을 덧붙여야 옳다.[68]

---

67 Calvin, *Institutes* 1.10.2.
68 Calvin, *Institutes* 3.2.1.

매우 중요한 구절에서 개혁파 스콜라 학자 프란키스쿠스 투레티누스(Francis Turretin)는 이런 조언에 대해 더 자세히 상술하며 심지어 아퀴나스(Aquinas)와 중세 스콜라 철학자를 비판한다.

하지만 하나님을 신학의 대상으로 진술할 때, 그분을 단순히 그 자체로서의 하나님이 아니라(따라서 그분은 우리에게 불가해하기 때문이다) 자신의 말씀 안에 계시 된 분으로 또한 자신의 말씀에서 우리에게 그 자신을 밝히기를 기뻐하셨던 분으로 간주해야 한다. 따라서 신적 계시는 이런 대상에서 고려하게 되는 형식적 관계다.

또한, 하나님은 신성의 관계 아래에서 배타적으로 고려될 수 없다(토머스 아퀴나스[Thomas Aquinas]). 그의 뒤를 잇는 많은 스콜라학자의 의견에 의하면. 이런 방식에서 그분에 대한 지식은 죄인을 구원할 수 있는 것이 아니라 치명적일 수 있기 때문이다). 하지만 그분은 우리의 하나님이시므로 즉, 그분은 지식의 대상으로서뿐만 아니라 예배의 대상으로서도 그분의 말씀 안에서 우리에게 자신을 계시했던 것처럼 그리스도 안에서 언약을 맺으셨다. 따라서 신학은 이런 동일한 것들을 형이상학, 물리학 및 윤리학을 가지고 취급하지만 논의하는 방식은 크게 다르다.

신학은 하나님을 존재로서 형이상학 또는 하나님이 자연의 빛에서 알 수 있는 것처럼이 아니라 계시로 알려진 창조주와 구원자로 대우한다. 신학은 피조물을 자연의 사물이 아니라 하나님의 피조물(즉, 그들의 창조자, 보존자, 구원자로서 하나님과의 관계와 질서를 유지하는 것으로서)과 그분이 주셨던 계시에 따라 피조물을 대우한다. 다른 학문은 이런 논의 방식을 알지 못하거나 가정하지도 않는다.[69]

---

69   Turretin, *Institutes of Elenctic Theology*, vol. 1, ed. James T. Dennison Jr., trans. George Musgrave Giger (Phillipsburg, NJ:P&R, 1992), 16 - 17. 개혁파 스콜라 신학자들은 그들이 종교개혁이 공격했던 바로 그 "스콜라철학"(scholasticism)으로 회귀함으로써 종교개혁자들의 계획을 변화시켰다는 소문의 희생자가 되어 왔다. 이것은 제시의 유사한 방법과 형태가 반드시 내용의 동일성을 암시하는 것은 아니라는 것을 인식하지 못하는 것일

원형 지식과 모형 지식 사이의 이런 구분은 창조주 - 피조물 구분(Creator - creature distinction)의 인식론적 필연적 결과다. 데카르트의 "명석 판명한 생각"(clear and distinct ideas)을 들을 때 나는 볼프강 무스쿨루스(Wolfgang Musculus, 1497-1563)의 다음과 같은 진술이 특별히 흥미롭다고 생각한다.

즉, 진보된 신자조차도 "하나님의 위엄과 관련된 것들"에 대한 "분명하고 완벽한" 지식을 얻지 못한다. 왜냐하면, 하나님의 위엄은 접근할 수 없는 광명으로 둘러싸여 있고 덮혀 있어서 우리 정신의 가장 명석한 부분이나 이해도 결코 하나님의 위엄을 이해할 수 없기 때문이다 …. 따라서 우리는 깊은 곤경에 처해 있다. 즉, 한쪽에는 가장 강력하고 헤아릴 수 없는 하나님의 위엄과 다른 한쪽에는 구원의 필요성이 존재한다[70](데리다는 종교에 대한 담론을 구원에 대한 담론과 분리할 수 없다는 것을 올바르게 인식했다).[71]

무스쿨루스가 언급하는 이런 "곤경"은 존재론적이나 인식론적이 아니라 더는 단순화할 수 없을 정도로 윤리적이고 구원론적이다. 그것은 모두 낯선 존재를 만나거나 피하는 것이다. 이 신학자들은 "우리의 신학"(theologia nostra)과 "하나님의 신학"의 구별에 대해 말했을 뿐만 아니라 심지어 영광의 상

뿐만 아니라 또한 시대착오적이기도 하다. 예를 들어, 로버트 그리어(Robert C. Greer)는 *Mapping Postmodernism* (Downers Grove, IL: InterVarsity Press, 2003), 34페이지에서 다음과 같이 기술한다. "대략 초기 계몽주의 사상의 출현과 거의 일치하면서, 신흥 개신교 스콜라주의(Protestant Scholasticism)는 종교개혁 사상을 체계화 하는 데 있어서 데카르트식 코기토(Gogito)를 이용했다. 아이러니하게도 계몽주의 사상을 개신교 전통에 도입하는 것은 루터가 격렬하게 반대했던 방법(새로운 길[the via moderna])을 교회에 재도입하는 것이었다. 개신교 스콜라주의는 여러 가지 면에서 교회에 영향을 미쳤는데 가장 기본적인 것은 보수주의에서 신학적 자유주의를 분리하는 것이었다." 하지만 개신교 스콜라주의는 실제 멜랑크톤(Melachthon)과 칼빈(Calvin)과 같은 사람들로 시작했고 데카르트의 성찰(Meditations)이 광범위하게 영향을 미치기 훨씬 전에 이미 쇠퇴하고 있었다. 개혁파 스콜라주의 신학자들을 합리주의자와 계몽주의의 선구자로 제시하는 것은 강력한 계보상의 서술이지만 1차 자료에서는 어떤 근거도 없다.

70   Richard Muller, *Post - Reformation Reformed Dogmatics, vol. 1: Prolegomena to Theology* (Grand Rapids: Baker, 1987), 179에서 인용.
71   Jacques Derrida, "Faith and Knowledge," in *Religion*, ed. *Jacques Derrida and Gianni Vatimo* (Standford, CA: Standford University press, 1998), 2.

태에서 하나님에 관한 우리의 지식에서 은혜의 상태에서 순례자로서 우리의 신학 사이를 종말론적으로 구별하기도 했다.

근대 이전 개신교 체계에 관한 이런 고전적 인식론적 구분과 가령 미셸 드 세르토(Michel de Certeau)의 다음과 같은 주장 사이의 유사점은 분명해질 것이다. "보는 것은 집어삼키는 것이다"(seeing is devouring).

즉, 시야를 눈멀게 하는 "백색 종말론"(white eschatology)이다. 만약 부재가 그 말들이 분명히 표현하는 기다림을 세우지 못한다면 더는 말들은 존재하지 않는다.[72]

하나님에 대한 지복 직관(beatific vision)에 이르게 되는 것은 자아의 지적인 로고스가 아니라 신성과 인성이 만나는 내려오는 성육신적 로고스 안에서다. 또한, 이것 자체도 말씀(명령과 약속)이 부재를 표시하고 존재를 중재하는 언약에 기초하고 있다. 심지어 성육신하신 분으로서도 그는 시야(the Vision)가 아니라 말씀(the Word)으로 남아 있다. 그는 눈보다는 귀를 통해서 받아들여진다.

하나님은 진실로 낯선 존재이지만 언약 역사에서 우리를 만났던 분이시다. 이런 언약 역사는 과거의 현상일 뿐만 아니라 "주님의 이름을 불렀던" 모든 사람의 현재 위치다. 그리고 이것은 우리를 간구(Invocation)와 같은 언약적 인식론의 두 번째 함의로 이끈다.

(2) 간구(Invocation): 이름을 부르는 것

하나님은 모든 세대에 걸쳐 자신의 언약적 성실의 보증으로 우리에게 자신의 이름을 주셨다.

---

[72] Michel de Certeau, "White Ecstasy," in *The Postmodern God: A Theological Reader*, ed. Graham Ward (Oxford:Blackwell, 1997), 157.

그런즉 그들이 믿지 아니하는 이를 어찌 부르리요 듣지도 못한 이를 어찌 믿으리요 전파하는 자가 없이 어찌 들으리요(롬 10:14).

우리의 순례 상태에 맞춰진 습관인 믿음은 들음에서 오지만 시간에 앞서 즉각적인 존재와 눈에 보이는 완전한 것을 요구한 결과인 우상 숭배는 보는 것으로 온다(히 11:1; 롬 8:18-25). 믿음은 믿음의 대상에 놓여 있지만 바라보는 것(vision)은 모든 초월성이 사라질 때까지 그 대상을 끊임없이 집어삼키는 것에 주어진다.

그런데도 가령 믿음이나 간구가 그 대상을 집어삼키지 않더라도 그 대상에 만족해야 한다. 데리다가 주목하는 것처럼 심지어 기도도 우리가 간구한 대상에 대해 아는 무언가가 있어야 한다고 가정한다.[73] 따라서 계시는 단순히 하나의 만남이 될 수 없다.

오히려 계시는 우리에게 마주친 분에 대해 뭔가 말해 주어야 한다. 계시는 명제적 내용으로 축소할 수 없지만 계시는 또한 명제적 내용이 결여될 수 없다. 신학은 하나님이 적절하게 불릴 수 있도록 하나님의 정체성을 분명히 설명하는 기능을 수행한다.

나는 앞에서 레비나스가 간구 범주에 호소했던 것에 대해 언급했다. 이것은 특히 아리스토텔레스의 다양한 유형 목록(지식, 지혜, 신중함, 기술, 예술) 가운데 신학은 어떤 종류의 지식이어야 한다고 주장하는 것에 대한 질문에 답하는 고전적 서론(prolegomena)의 친숙한 주제에 비추어 볼 때 흥미롭다. 하지만 아리스토텔레스가 열거하지 않았던 하나의 습관 즉 간구(invocatio, 기원, 기도)는 신학을 위해 결코 완전한 것은 아니지만 내가 가장 적절하다고 여기는 것이다.

73　Derrida and Levinas, *Speech and Theology*, 132 - 33에서 이런 요점에 관해 스미스(Smith)가 전개한 내용을 보라.

신학은 바로 이런 목적을 위해 존재한다. 즉, 신자들은 자신과 자신의 구속적 목적을 계시하셨던 하나님에게 신실하게 호소하기 위해서 또한 곤경에 처해서 그분을 부르며 감사함으로 찬양하기 위해 신학은 존재한다. 이것은 초연한 방관자가 소유한 "객관적" 지식이 아니라 우리 자신이 "낯선 자와 이방인" 아니면 "약속의 자녀들"로 캐스팅되어 전개되는 줄거리에 관여하는 개인적 지식이다.

신학의 중요성은 하나님의 이름을 올바로 이해하는 데 놓여 있다. 이것은 단순히 올바른 형이상학을 갖기 위해서가 아니다. 하물며 우리 목적을 위해 하나님을 이용하기 위해서도(또는 하나님에 대한 우리의 투사[projection]) 아니며 거기 계시고 우리를 위해 자신을 거기에 있게 하셨던 실제적인 하나님을 부르기 위해서다.

레비나스가 우리에게 상기시켜 준 것처럼 간구(invocation)는 타자의 존재론에 대한 가장 적절한 인식론적 결론이다. 하지만 간구가 발생하는 언약의 근거로서 성육신으로 하나님은 레비나스가 인식하지 못하는 방식으로 "소유될 수 있다."

언약이나 조약 패턴의 맥락에서 위대한 왕(종주)의 이름을 부르는 것은 침략군에게서 해방을 요청하는 부름과 관련이 있었다. 이야기 초반에 가인과 셋의 계보가 대조되고 셋의 계보는 "그 때에 사람들이 비로소 여호와의 이름을 불렀더라"(창 4:26)라는 선언으로 구별된다. 이것은 일반적인 경건한 행위가 아니라 초기부터 계속해서 심지어 구속사의 이런 단계에서도 여호와 하나님(YHWH)이 위협받는 시간에 종주로서 불리기 위해 자신을 충분히 계시하셨다는 인식의 행위다. 여호와 하나님(YHWH)을 부정하는 사람들은 어리석은 사람들이다.

> 죄악을 행하는 자들은 무지하냐 그들이 떡 먹듯이 내 백성을 먹으면서 하나님을 부르지 아니하는도다(시 53:4).

하나님 기업의 백성은 그들이 여호와 하나님의 이름을 부르고 전에 그분이 그들을 해방했던 것으로 인해 그분을 그들의 유일한 주권자로서 소유한다는 사실에 의해 구별된다. 반복되어 일어나는 이스라엘 배교의 징후다.

> 주의 이름을 부르는 자가 없으며 스스로 분발하여 주를 붙잡는 자가 없사오니 이는 주께서 우리에게 얼굴을 숨기시며 우리의 죄악으로 말미암아 우리가 소멸되게 하셨음이니이다(사 64:7).

따라서 마지막 날에 있어서 해방은 새롭게 부르는 것이 포함될 것이다.

> 누구든지 여호와의 이름을 부르는 자는 구원을 얻으리니(욜 2:32).

바울은 로마서 10장에서 요엘 2:32에 호소한다.

> 누구든지 주의 이름을 부르는 자는 구원을 받으리라 그런즉 그들이 믿지 아니하는 이를 어찌 부르리요 듣지도 못한 이를 어찌 믿으리요 전파하는 자가 없이 어찌 들으리요(롬 10:13-14).

하나님에 관한 이런 지식은 분명히 하나님에게서 나오며 피조물이라는 대행자를 통해 매개된다. 따라서 하나님에 관한 이런 지식은 좋은 조언, 기술, 경험, 제안이 아니라 좋은 소식이다.

언약 백성들은 그들의 하나님의 명령과 약속으로 호출된다. 그렇다면 듣는 자들이 주님의 이름을 부를 수 있도록 선포하는 것을 듣는 것이 이런 신학적 앎의 방식의 핵심에 놓여있다. 따라서 하나님이 모세에게 자신의 이름을 밝힐 때 우리는 "여호와께서 구름 가운데에 강림하사 그와 함께 거기 서서 여호와의 이름을 선포하실새"라고 말씀을 읽는다.

다시 말해, 하나님의 내려오심(divine descent)의 신학은 선포된 말씀과 상응하지만 인간의 올라감(human ascent)의 신학은 그 자신의 (우상)를 만드는 비전과 상응한다. 그런 계시의 내용은 바로 여호와 하나님(YHWH)은 "자비롭고 은혜로운" 하나님이라는 것이다(롬 10:6).

이것은 본질적으로 중요했다. 왜냐하면, "존재" 자체는 이런 상황에서 전달하는 것이 거의 없기 때문이다. 우선 특정한 상황에서 하나님의 존재는 매우 사소한 것으로 간주될 수 있었다. 왜냐하면, 하나님은 편재하신 것으로 말해지기 때문이다. 게다가 하나님의 존재는 성경에서 축복만큼이나 위험한 것으로 자주 취급된다(창 3:8; 출 19:21-25; 18-21; 32:9-14; 레 10:1-3; 사 6:1-5; 암 5:18-19; 눅 8:25; 계 20:11).

하나님 앞에서 우리의 윤리적 상황과 성경에서 하나님 존재의 윤리적 함의를 고려해 볼 때 내재성은 그 자체로 하나의 좋은 소식이 아니다. 따라서 이런 하나님 앞에서 우리의 윤리적 위치를 고려해 볼 때 실제 문제는 우리가 어디서 하나님의 은혜로운 존재를 발견할 수 있는가이다. 은혜 언약이 그 장소이고 아들이 구원하는 만남의 중재자다.

3. 초월성을 상실함 없이 내재성 사유하기

현대 신학 전체 스펙트럼에 걸쳐 그렇게 많은 현대 신학의 지평을 지배했던 그들이 비판하는 영광의 신학이 기독교 신학에 위협이 아닌 것처럼 존재 신학이 현전의 형이상학(the metaphysics of presence)과 함께 형이상학의 신을 목표로 하는 한 존재 신학에 대한 비판은 기독교 신학에 위협이 아니다. 하지만 스미스가 그렇게 설득력 있게 주장했던 것처럼 심지어 레비나스가 "불가능한 요구"로 부르는 "초월성을 내재성으로 되돌리지 않는 사

유"에 대한 레비나스의 탐구는 성육신 현상학에서 완성된다.[74]

근대성은 우리에게 자신에게 충실해야 한다는 것을 제외하고 우리가 어떤 윤리적 의무도 없이 선과 악을 알고 있는 완전한 상태에 있다고 확신시켜 주었다. 우리가 주의를 기울이라고 명령받는 것은 외적 말씀(verbum externum)이 아니라 내면의 자율적 목소리와 비전이다. 그렇다면 헤겔과 같은 영광의 신학자가 이스라엘의 신앙을 너무 평범하다고 생각했던 것은 놀랄 만한 일이 아니다

빈센초 비티엘로(Vincenzo Vitiello)는 다음과 같이 언급한다.

> 헤겔은 성전의 중앙 즉 예배의 중심에 접근했고 그 중심에서 민족 정신의 뿌리 즉 놀라운 이 민족의 생명을 주는 혼을 발견하길 희망했지만 … (단지) 빈방에 있는 자신을 발견했던 폼페이(Pompey)의 실망을 떠올린다.[75]

여러 세대가 우리가 완전한 존재의 약속된 땅에 있다고 생각한 후에 포스트모던 사상은 우리가 "태양 아래에" 사막에 있다는 것 - 이 개념에 대한 데리다의 전개 즉 초라(chorah), 사막 중의 사막 - 을 우리에게 아주 진실하게 상기시켰다.[76] 마크 테일러(Mark C. Taylor)의 포스트모던 비(非) 신학(postmodern a/theology)에서 더 독단적으로 순례의 비유는 여전히 너무 현전으로 가득 차 있다. 테일러는 사실 우리의 존재는 "끝없이 떠도는 것," "오류를 범하는 것" 그리고 "방황하는 것"이라고 언급한다.[77]

---

74 Levinas, *Basic Philosophical Writing*, 155.
75 Vincenzo Vitiello, "Desert, Ethos, Abandonment: Toward a Topology of the Religion," in *Religion*, ed. Derrida and Vattimo, 141.
76 Derrida, "Faith and Knowledge," 19-22.
77 Taylor, Erring, 157. 그러나 이런 감상은 새로운 것은 아니다 "어떤 훌륭한 천재도 최종 결론에 도달하지 못했다.… 왜냐하면, 인류 자체가 영원히 행진하고 있고 어떤 목표에도 도달할 수 없기 때문이다"라는 플로베르(Flaubert)의 진술에서처럼 낭만주의(romanticism)에서 반복해서 말하는 끊임없는 후렴구다.

성경적 신앙은 주저하지 않고 이것을 낯선 존재 만나는 것을 거부하는 현재 악한 세대의 삶의 형태로서 확증한다. 하지만 성경적 신앙은 이것을 형이상학적 문제라기보다는 오히려 윤리적 문제로 다룬다. 테일러가 기념하는 이런 의미 없는 존재는 정확하게 우리의 이교도 조상이 우리에게 물려준 이런 "헛된 행실"이다. 그런데 베드로 사도는 우리가 이런 헛된 행실에서 자유롭게 되었다고 말한다. 우리는 사막에 있을 수 있고 이 시대의 "유랑자와 나그네"일 수 있다(벧전 1:18).

하지만, 이집트는 광야에 있던 이스라엘 백성에게보다 더 완전하게 우리 뒤에 있다. 무덤은 비어 있다. 우리는 빈방에 있는 것이 아니라 지성소에서 그리스도와 함께 앉아 있다. 지복 직관(beatific vision)이나 만가(輓歌)를 위한 시간이 아니라 하나님의 도성을 향해 가면서 시온의 노래를 부를 때다.

왜냐하면, 엠마오 도상과 윗간(the upper room)의 낯선 존재가 여전히 우리를 만나고 그분의 성령이 말씀과 성례를 통해서 우리를 그분의 안식일의 기쁨으로 이끌기 때문이다. 가령 우리가 약속의 땅이 아니라 여전히 사막에 있다 해도 그것은 사막들 가운데 사막이 아니다. 순례자들의 신학은 낯선 존재를 만나기 위해 충분해야 할 것이고 충분할 것이다.

제2장

강변화 동사:
인격이 있으신 하나님

삼위일체 하나님은 그분의 본질이 아니라 그분이 행하시는 일에서 알려진다. 이 중요한 전제는 옛 개혁파 체계로 하여금 하나님의 존재에 대한 장황한 첫 장 대신에 하나님의 이름에 관한 담론으로 대체하도록 동기를 부여했다.

예를 들어, 칼빈(Calvin)은 "많은 사람은 단순히 하나님을 위해 하나님의 이름을 들먹인다. 하지만 … 나는 이 용어가 더 중요한 무언가를 표현한다고 생각한다. 하나님의 본질은 숨겨져 있고 이해할 수 없기 때문에 그분이 자신의 이름을 우리에게 알려지게 하는 것을 기뻐하셨던 한에 있어서 그분의 이름은 단지 그분의 성품을 의미한다."[1]

또한, 하나님의 이름과 사역은 펼쳐지는 이야기의 맥락에서 드러나기 때문에 계시의 주체(who)가 계시의 내용(what)보다 우선시되었다. 게다가 특별히 리쾨르(Paul Ricoeur)가 개요를 보여 주었던 것처럼 우리는 증언의 범주 안에서 하나님을 식별해야 한다는 월터 브루그만(Walter Brueggenmann)의 제안에 호소하는 것이 아마 유용할 것이다. 브루그만(Brueggemann)에 의하면 이런 이야기의 정체성(narrative identity)은 강변화 동사(strong verbs)를 통해 문법적으로 나타나며 이는 형용사(adjective)를 발생시키고 마지막으

---

1   Calvin, Commentary on the Psalter, 9:10, in *Calvini Opera*.

로 명사의 상대적 안정성(relative stability of noun)을 가져온다.[2]

나는 단지 이런 도식에 부사만 추가할 것이다. 예를 들어, 하나님은 심판하시고 구원하신다(동사). 또한, 하나님은 공명정대하고 자비롭게(부사) 심판하시고 구원하신다. 그래서 결국 이런 행동과 묘사들 가운데 많은 것이 공의로우시고, 사랑이 많으시고, 자비로우시고, 전능하시고, 은혜로운 하나님의 속성들(형용사)로서 타당하게 해석하는 것을 만들어낸다.

그렇다면 이런 이름들은 강변화 동사가 만들어 내는 명사로서 기능한다. 게다가 이처럼 과거의 행동에 근거한 이런 설명은 여호와 하나님(YHWH)에 대한 증언과 반대 증언이 발생함에 따라 하나님과 함께 하는 이스라엘 역사의 현재와 미래에서 검증된다. 여호와 하나님(YHWH)과 이스라엘은 모두 언약 드라마에서 "재판 중"에 있다. 그리고 말씀은 그 자체가 하나의 행위이기 때문에 우리는 더는 "말씀 - 계시"(word - revelation)와 "행위 - 계시"(act - revelation) 사이에서 선택하지 않는다. 하나님의 계시적 행동 중에는 그분의 명령, 약속, 경고, 확신 등이 있다.

다시 말해, 나의 목적은 신론(theology proper)에서 일반적 주제들에 대한 철저한 논의를 제공하는 것이 아니라 이런 언약 모델을 현재의 일부 논쟁에 집중시키는 것이다. 여기서 특별히 이것을 관찰하는 것이 중요하다. 왜냐하면, 나는 별도의 책에서 삼위일체에 대한 언약적 접근 방법을 다루고 있기 때문이다.[3]

삼위일체 하나님을 언약의 주님으로 선언한다는 것이 의미하는 것은 무엇인가?

---

2   Walter Bruggemann, *Theology of the Old Testament: Testimony, Dispute, Advocacy* (Minneapolis: Fortress, 1997), 145 - 266.
3   원 초안에는 삼위일체(the Trinity)에 관한 복잡한 장이 포함되어 있었다. 그런데 결과적으로 이 장은 이 책의 페이지 요구 사항을 충족시키기 위해 삭제되었다. 나는 별도로 그 부분을 출판하기를 희망한다.

주님이며 종인 이런 구조(Lord - and - Servant structure)는 단순히 한 번 더 억압적인 위계질서를 구체화하는 것일까?
게다가 이런 언약적 주제는 하나님의 주 되심(lordship) 뿐만 아니라 관계성에 대한 새로운 통찰력을 제공할 수 있는가?

하나님의 소위 도덕적 또는 공유적 완전성뿐만 아니라 바르트(Barth)가 표현하는 것처럼 비공유적 완전성에서도 우리는 하나님의 세상으로부터 자유와 세상을 위한 하나님의 자유를 확증할 수 있다.[4]

1. 어째서 주님인가? (Why Lord)

"이름들"(names)과 "그 이름"(the Name)이 있다. 성경은 우리에게 하나님의 본질보다는 하나님의 이름들을 소개한다. 그리고 이것은 충분하다. 왜냐하면, 우선 우리가 첫 장에서 살펴보았듯이 그런 계시의 목적이 언약의 주님을 부르거나 구하는 것이기 때문이다. 따라서 성경은 하나님의 이름을 망령되이 부르는 것을 금지한다(출 20:7).

벌코프(Louis Berkhof)가 결론을 내리는 것처럼 "하나님이 그분의 신적 본질의 깊이에서 존재하는 분으로서가 아니라 그분이 특별히 우리와의 관계에서 자신을 계시하신 것으로서 이것은 그분에 대한 명칭이다."[5]

또는 판넨베르크(Pannenberg)가 같은 요점을 표현하는 것처럼 "성경에서 하나님의 이름은 신성의 본질을 위한 형식적 문구가 아니라 그분의 일하심에 대한 경험을 가리키는 것이다(출 3:14)."[6] 하나님은 자기 존재를 들

---

4 Barth, CD II/1:304.
5 Louis Berkhof, *Systematic Theology* (Grand Rapids: Eerdmans, 1941, repr. 1979), 47.
6 Wolfhart Pannenberg, *Systematic Theology*, trans. G. W. Bromiley, vol. 1(앞으로는 ST로

여다 보는 창이나 우주적 세력들을 이용하는 수단으로서가 아니라 서약으로서 자신의 이름을 주신다. 따라서 이름은 설명되거나 사용되지 않고 불린다.

> 누구든지 여호와의 이름을 부르는 자는 구원을 얻으리니 (욜 2:32).
>
> (행 2:21과 롬 10:13에서 인용된 욜 2:32; cf. 창 4:26; 시 18:3; 145:18; 사 55:6; 말 3:12).

따라서 아무리 유비적이라 하더라도 "주님"(Lord)(히브리어, 아도나이 [adonay])이라는 명칭과 여호와 하나님(YHWH)이라는 이름은 하나님에 대한 성경적 개념의 핵심에 놓여 있다.

"주 되심"(lordship)을 회피하는 개념을 채택하는 것은 "천하 사람 중에 구원을 받을 만한 다른 이름을 우리에게 주신 일이 없음이라"(행 4:12)고 알고 있는 믿음 이외의 종교를 묘사하는 것이다. 바로 이 이름으로 우리는 구원받고 이 이름으로 모든 왕국의 활동은 효력이 있다(막 9:38). 주님이 "유다에 대해 기소하는" 맥락에서 선지자는 선언한다

> 여호와는 만군의 하나님이시라 여호와는 그를 기억하게 하는 이름이니라 (호 12:5).

하나님에게 속한 자들에게 여호와 하나님(YHWH)과 주님이라는 칭호 외에 달리 선택할 수 있는 것이 없다. 즉, 하나님 - 인간 사이 관계의 종주 - 봉신 구조는 우연적인 것이 아니라 본질적이다. 더 많은 것을 언급할 수 있다는 것 – 더 많은 것을 언급해야 하고 사실 언급했다 – 이 물론 인정된다. 하지만 성경적 믿음은 확실히 적어도 이런 확언과 다른 바 없다.

하지만 "주님"으로서 하나님에 대한 이런 강조가 단순히 유용성에 있어

지칭) (Grand Rapids: Eerdmans, 1991), 360.

서 보다 오래 갔던 상징인가?

더 진지하게 이것은 실제로 폭력을 고무시키는 억압적이고도 계층적인 사고방식을 정당화했는가?

메리 댈리(Mary Daly)는 내가 염두에 둔 우려를 제기하며 아버지가 천국에서 지배하기 때문에 삶의 모든 영역 - 교회, 집, 사회 - 에서 가부장제가 지배한다고 제안한다.[7] 샐리 맥패그(Sallie McFague)는 헨델의 메시아("왕 중의 왕과 만군의 주," "주 우리 하나님 곧 전능하신 이가 통치하시도다")의 "할렐루야 합창"에 표현된 이런 모습이 "매우 위험한 모습"이라고 제안하며 이런 관점을 요약한다.[8]

이것은 충성스러운 백성들의 마음에 경외심을 불러일으키고 따라서 하나님의 "하나님 되심"(godness)을 지지한다. 하지만 이런 감정들은 비참한 두려움과 수치의 다른 감정에 의해 균형을 이룬다. 즉, 이런 모습에서 하나님은 단지 우리가 아무것도 아닌 경우에만 하나님이실 수 있다. 이 견해에 수반되는 구원에 대한 이해는 희생적이고 대속적 속죄다.

또한, 이런 견해에 대한 안셀무스(Anselm)의 고전적 해석에서는 주권적 이미지가 지배한다. 심지어 이 우주의 주님에 대한 신하의 한 번 눈짓도 돌이킬 수 없는 죄가 될 것이기 때문에, 비참한 백성으로서 우리는 희생적 죽음을 겪기 위해 "인간이 되셨고" 우리의 무가치함을 그분의 위대한 가치로 대체했던 우리의 주권적인 하나님을 온전히 의지해야 한다 …. 이것은 하나님에 대한 경외감, 감사, 신뢰의 강한 감정을 불러 일으키고 우리 자신 안에서 비참한 죄책감에서 즐거운 안도감으로 만족스러운 선회를 불러일으킨다. 이것이 가진 바로 그 힘이 이것이 가진 위험의 일부분이며 또

---

[7] 이런 관점에 대한 완벽한 논의를 참조하려면 특별히 Mary Daly, *Beyond God the Father:Toward a Philosophy of Women's Liberation* (Boston: Beacon, 1985), 13을 보라.

[8] Sallie McFague, *Models of God* (Philadelphia: Fortress, 1987), 64.

한 이것을 대체하려는 어떤 모습도 이것의 매력을 고려해야 한다.[9]

　이런 군주제 모형(the monarchical model)이 다른 모형(부모의 모형과 같은)으로 보완되어야 한다는 것은 심지어 사실이 아니다. 왜냐하면, 이런 모형이 가진 위험한 경향은 너무 강해서 다른 모든 모형을 이것의 흔적으로 끌어들이기 때문이다(예를 들어, 부모는 지배자가 된다).

　하지만, 이런 비판들은 성경적 드라마에서 "봉신"과 "종주"의 역할이 실제로 행해지는 언약적인 방식에 비추어 볼 때 어떤 중요한 가치가 있는가?
언약 자체가 본질에서 억압적인가?
아니면 언약 자체가 동등한 자들은 아니더라도 행위자들 사이의 진정한 관계의 기초인가?

　그녀가 세계를 하나님의 몸으로 비유하는 것을 선호하는 것과는 대조적으로 "이런 군주제 모형에서는 우주와 비인간적 세계에 대한 어떤 관심도 없다." 이런 인간 중심주의에 대한 추가 증거는 다음과 같다. 즉, 이런 군주제 모형이 비인간적 피조물을 제외하는 데 있어서 일반적으로 시각적인 것보다 청각적인 것 쪽으로 기울어져 있다는 것이다.

> 청각 전통은 인간 중심적이다. 즉, 우리는 "주님의 말씀을 들을 수 있는" 유일한 피조물이다. 하지만, 시각적 전통은 더 포괄적이다. 즉, 만약 하나님이 듣는 것뿐만 아니라 보는 것에도 존재할 수 있다면 잠재적으로 이 세상의 모든 것이 신성의 상징일 수 있다.[10]

---

[9] 위의 책., 64–65.
[10] 위의 책., 67.

하지만, 우리가 창조와 관련해 연구할 때 인간과 비인간 세계의 연대는 "언급되는" 전체 피조물과 주님에게 "대답하는" 주님과 종(Lord - and - Servant)이라는 언약 모형으로 확증된다. 여기서 청각적인 것은 참여적이지만 시각에서처럼 타자를 지배하려고 시도하는 방식으로서는 아니다.

샐리 맥패그(Sallie McFague)는 군주제 모형의 왕과 신하(king - subject) 이원론이 "남성/여성, 백인/유색인, 부유/빈곤함, 기독교/비기독교, 정신/몸의 분열을 일으켰다"고 제안함으로써 주님과 종 패러다임(the Lord - and - Servant paradigm)에 있는 그녀의 문제를 요약한다.[11] 하지만 그녀의 분석이 더 일반적으로 군주제 모형/계층 모형(monarchical/hierarchical)에 관해 역사적 장점이 있다면 이런 특별한 언약 모형이 주장하는 창조주와 피조물 사이의 뚜렷한 구분에 비추어 볼 때 그런 분석은 확실히 주장하기 어렵다.

만약 모든 실체가 존재의 단일 등급에 기반하고 있다면 - 다시 말해 존재가 일의적(univocal)이라면 - 우리는 확실히 여호와 하나님(YHWH)을 계층 구조의 최고 실체화(reification)로 이해할 수 있을 것이다.

몰트만(Jurgen Moltmann)이 지금까지 이런 비판을 받아들이지는 않지만, 그는 이런 비판의 발전에 현저하고 심오하게 기여했다.[12] 단지 이런 종류의 사고는 정치적 일신론으로 이어졌다. 그리고 이것이 어째서 로마 제국(the Roman Empire)이 신성 로마 제국(the Holy Roman Empire)이 될 수 있었는지를 설명한다. 하나님의 "의지가 법"이고 그분 안에서 "세상은 일치성과 평화가 있는" "창조주, 주님 그리고 세상의 소유자"로서 하나님에 대한 거의 모든 암시는 사실 이것은 이스라엘의 신앙의 핵심에 놓여 있음에도 헬라화(hellenization)의 예로 받아들여진다.

---

11 위의 책.
12 Jurgen Moltmann, *The Trinity and the Kingdom: The Doctrine of God*, trans. Margaret Kohl (Minneapolis: Fortress, 1981), 192 - 93.

하지만, 여호와 하나님(YHWH)의 유일한 주 되심을 왕으로 강조하는 것은 범신론적 스토아 철학(stoicism)이 아니라 쉐마(the Shema, 말씀)다. 이런 하나님의 유일한 왕권을 열방들과는 대조적으로 자유의 기초로 만드는 것은 정확하게 이스라엘의 이야기 정체성(narrative identity)이며 이것은 이스라엘이 속박에서 자유롭게 된 노예였고 인종적이고 사회적인 계층보다는 오히려 언약에 기초해서 세워진 공동체로서 하나님의 보살핌을 받아왔다는 것을 끊임없이 분명히 해 왔다.

여호와 하나님(YHWH) 이외의 어떤 다른 왕이 없다는 점이 이스라엘 자체를 열방의 억압적인 지배층으로부터 보호하는 것이었다는 것을 기억하는 것이 중요하다. 이스라엘에게 주어진 법은 이웃 국가들의 전통적 사회, 경제적, 인종적 계층화를 거부한다. 재판관들은 이 법을 적용했다. 하지만 머지않아 이스라엘은 "모든 민족같이" 왕을 원했다(신 17:14). "하지만 그런 조치는 거의 잠정적으로 취해졌고 일부 사람도 마지못해 따랐다는 것도 마찬가지로 놀랄 일이 아니었다. 왜냐하면, 왕정은 이스라엘의 전통과는 전적으로 이질적인 제도였기 때문이었다"라고 존 브라이트(John Bright)는 기록하고 있다.[13]

심지어 왕정에 대한 하나님의 양보에서도 엄격한 제한을 왕의 권력에 두어야 했다. 즉, 통치자는 "병마를 많이 두지 말 것이요" 그에게 아내를 많이 두어 그의 마음이 미혹되게 하지 말 것이며 "자기를 위하여 은금을 많이 쌓지 말 것이니라." 그리고 무엇보다도 율법으로 자신을 교육해야 하며 "그의 마음이 그의 형제 위에 교만하지 아니하고 이 명령에서 떠나 좌로나 우로나 치우치지 아니하리니"(신 17:14 - 20).

결국, 이스라엘이 시내 산에서 여호와 하나님(YHWH)과 맺은 언약이 동맹의 이 세상 왕을 불필요하고 어쩌면 심지어 불충한 것으로 만들었다.

---

[13] John Bright, *A History of Israel*, 3rd ed. (Philadelphia: Westminster Press, 1981), 187.

첫 번째 왕(사울) 초기까지 부패한 권력의 이야기가 이스라엘의 역사를 더럽힌다.

이스라엘의 유일한 왕으로서 여호와 하나님(YHWH)의 지위는 억압적인 지배 계층의 부상에 대한 비준이 아니라 그들의 경쟁자였다. 언약의 "위대한 왕"으로서 여호와 하나님(YHWH)에 대한 이스라엘의 믿음은 악의적 이익으로 이용될 수 있다는 것은 이것이 이런 언약 관계와 억압 사이의 필요한 상관관계에 대해 언급하는 것보다 우상과 권력을 섬기는 데 있어서 인간 상상력의 끝없는 출처에 대해 더 많은 것을 말해준다.

하지만, 몰트만 자신은 이런 점들에 대해 다소 모호하다. 한편으로 그는 사회적 삼위일체로 구성된 공동체와 대조해서 "일신론적 하나님은 '이 세계의 주님'"이라고 주장한다.[14] 단지 삼위일체론이 하늘에 있는 위대한 보편적 군주와 그의 신적 족장들이라는 일신론적 개념을 극복할 때만 비로소 지상의 통치자들, 독재자들, 폭군들이 더는 종교적으로 정당화하는 원형을 찾지 않게 된다."[15]

하지만, 몰트만은 자신이 겉보기에 거절했던 상황을 받아들이는 것처럼 보인다.

> 남자와 여자는 그분의 창조된 존재이고 따라서 그의 재산이기도 하다. 그들의 벌거벗은 존재에서 인간은 창조자와 보존자에 완전히 그리고 전적으로 의존한다. 그들은 하나님이 창조하는 것에 아무것도 기여할 수 없다. 왜냐하면, 그들은 하나님의 창조적인 활동에 존재하는 모든 것을 빚지고 있기 때문이다. 하나님이 그들로 하여금 자신을 섬기게 하고 그들의 주인과 주님이 된다면 이것은 그들을 승격시킨 것이고 구별의 표시다. "하나님

14　Moltmann, *Trinity and the Kingdom*, 199.
15　위의 책., 197.

의 종"이 되는 것은 남자와 여자를 하나님이 창조하신 모든 나머지 피조물 위로 승격시키는 것이다.[16]

루터의 기독교인의 자유(Freedom of the Christian)를 연상하게 하는 용어로 몰트만은 다음과 같이 덧붙인다.

> 지극히 높으신 분(the Most High)의 종인 사람은 사실 주인에게 전적으로 의존한다. 그러나 그는 다른 것들과 다른 권세들로부터 완전히 자유롭다. 그는 하나님만을 두려워하고 이 세상에 다른 어떤 것도 두려워하지 않는다. 그는 자기 주님에게만 속하고 다른 누구에게 속하지 않는다. 그는 그분의 목소리만을 듣고 다른 목소리는 전혀 듣지 않는다.
> 첫 번째 계명이 선포하는 하나님의 유일한 주 되심은 그분 옆에 "어떤 다른 신"을 갖지 말아야 하는 비범한 자유를 위한 토대이다. 이것이 바울이 소유의 신학적 계층 구조의 도움으로 자유를 설명할 때 그가 역시 의미하는 것이다.
>
> 즉, 너희는 그리스도의 것이요 그리스도는 하나님의 것이니라 (고전 3:22f.).[17]

따라서 몰트만 자신은 성경적 전통으로 과격하게 재해석된 것처럼 주님과 종(the Lord - and - Servant)이라는 주제에 호소하는 것이 필요하다고 생각한다. 또한, 그는 심지어 이것이 억압적 지배자들부터 우리가 자유롭게 되기 위한 근거라고 주장한다.

이스라엘의 국가 헌법은 위대한 왕으로서 여호와 하나님(YHWH)과 여

---

16 위의 책., 218.
17 위의 책., 219.

호와 하나님의 종으로서 백성들 사이의 언약이었다. 또한, 이 돌판은 언약궤에 보관되었다. 언약은 하나님과 그의 백성의 은유 가운데 하나일 뿐만 아니라 그 관계를 보여 주는 구체적 헌법이다. 하지만 단순히 그것이 언약이기 때문에 그것은 절대 왕정이라기보다는 입헌 군주제(a constitutional monarchy)다.

몰트만은 아주 옳게 다음과 같이 주장한다.

> 즉, 전능하고 보편적인 군주의 모습을 만들어 내는 것은 불가능하다. 왜냐하면, 이런 군주는 지상 통치자들에게 반영되어 있고 이런 아버지, 아들, 그리고 이런 성령의 일체성에서 벗어나 있기 때문이다.[18]

하지만 우리는 정확하게 이스라엘의 전개되는 이야기에서 그 당시 이스라엘과 유다의 왕좌에 있던 자들을 포함해서 지상 통치자들의 억압, 부정, 폭력, 아집을 반영하지 않는 전능하고 보편적인 군주의 모습을 제공 받는다. 이스라엘의 자신감은 보편적인 주 되심이 이 세상의 독재적인 황제들을 심판하고 몰아내는 위대한 왕 안에 있다. 단지 왕 중의 왕과 만군의 주만이 폭군과 압제자들에게 종말을 가져올 수 있다.

예수님은 이런 주 되심 모델을 거부하는 것이 아니라 "주님"과 "왕"이라는 칭호를 받아들이는 것을 매우 기뻐하신다. 하지만 예수님이 십자가를 통한 권능의 행사에서 우리는 언약의 주님을 통해 보았던 것을 인식한다. 우리는 "영광의 주님을 십자가에 못 박았다"(고전 2:8). 하지만 부활하신 아들의 왕국에서 우리는 이방인들이 하는 것처럼 다른 사람들을 임의로 주관하는 것이 아니라 이스라엘의 왕들에게 주어졌던 율법을 따르도록 요구받는다(마 20:25).

---

[18] 위의 책., 196.

맥패그(MaFague)와 몰트만(Moltmann)의 이런 비판 안에는 특별히 만유재신론(panentheism)에 대한 호소를 통해서 내가 첫 장에서 묘사한 존재론적 패러다임(the ontological paradigm)을 떠올리게 한다.

하지만, 이런 접근 방식이 성경의 언약적 존재론은 말할 것도 없이 불의 자체가 무시하는 타자의 실체를 제대로 다룰 수 있는가?

해석학적 순환은 항상 해석자의 지평을 수반하고 따라서 결코 언어와 실체 사이의 완벽한 적합성을 보장할 수는 없지만, 의심의 해석학은 우리를 너무 냉소적이게 했다. 한편으로 우리는 다른 사람들의 권력 체제를 비판할 수 있지만, 너무 일반적으로 우리는 우리 자신을 신들(또는 공정[justice],등등)에 의해 재가를 받은 것으로 간주할 수 있다. 하지만 의심은 양방향으로 움직인다.

하나님이 성경 안에서나 성경을 통해 인격적 호칭을 통해서 우리를 만나 주신다고 믿는 사람들에게 성경적 언어는 경건한 경험의 상징적 표현으로 축소될 수 없다. 이것은 다음과 같은 것을 의미한다. 즉, 하나님에 해당하는 특별한 성경적 은유는 다른 시대와 장소에서 다른 집단에게는 다른 의미 - 즉 때때로 해방하고 때때로 충격을 주고 때때로 부정적 고정관념을 강화하는 - 를 갖는 것이 확실히 사실이지만 우리는 이런 관계가 다른 방향으로도 운행한다는 것을 결코 잊어서는 안 된다.

만약 우리 자신의 전제가 권력에 대한 의지에 의해 지배된다면 어떻게 하겠는가?

결국, "기독교"는 권력에 대한 의지 안에서 민주적 평등주의(democratic egalitarianism)를 포함한 다양한 전략을 사용했다. 기독교 신학은 불의 가운데 진리를 억압하는 것으로서 죄의 인지적 결과에 대한 설명에서 이미 기독교 자체 의심의 해석학을 갖고 있다(롬 1:18). 이것은 우리 자신이 가진 이념에서 우리가 얼마나 정당하냐고 느끼는지에 상관없이 우리 모두에 의해 이루어진다.

심지어 낯선 용어나 아마 우리 경험으로 우리에게 고통스러운 용어로 이루어진 하나님의 자기 계시가 우리의 이해를 정말 변화시킬 수 있다. 목회 사역에서 나는 문제 있는 가정의 젊은이들이 "아버지"에 대한 그들의 개념에서 자유롭게 되는 것을 보아왔다. 예를 들어, 그들이 예수 그리스도의 아버지, 즉 성령을 통해 무조건적 은혜로 그가 가지고 있는 모든 것을 아들과 함께 공동상속인이 될 수 있도록 그들을 선택하셨던 아버지를 알게 되었을 때 말이다. 죄악 된 구조적 억압과 불의의 형태는 일상생활에 의존하는 성경적 유비와 비유를 무효화하지 않는다.

오히려 성경적 유비와 비유가 그것의 원형에 의해 평가받을 때 그것들은 정확하게 책임을 추궁받는다. 아이다 베사콘 스펜서(Aida Besancon Spencer)는 다음과 같이 쓰고 있다. 즉, "하나님은 아버지이시다. 왜냐하면, 그분이 남성이기 때문이 아니라 성경 자체가 일관되게 하나님은 영이시다. 그분은 남성도 여성도 아니다(하나님이 신 4:15 - 16에서 분명하게 모세에게 계시하셨던 것처럼). 하나님은 어떤 형체도 없으시다라고 단언하기 때문이다."[19] 스탠리 하우어와스(Stanley Hauerwas)가 관찰하는 것처럼 "학대하는 아버지가 있었던 사람들은 하나님을 아버지로 부르는 데 어려움을 겪는다고 종종 하는 주장은 심리적으로 사실일 수도 있지만, 신학적으로는 흥미롭지 않다."

만일 우리가 아버지 됨(fatherhood)이 기독교적 신념에 의해 통제되는 문법이라고 본다면 생물학적 아버지와의 관계가 문제가 있는 사람들은 아마 삼위일체 하나님을 예배하기에 가장 좋은 조건에 있을 것이다."[20] 같은 주장들이 주 되심의 개념에도 인정된다. 왜냐하면, 주 되심 개념은 실제로

---

[19] Aida Besancon Spencer, "Father - Ruler: The Meaning of the Metaphor 'Father' for God in the Bible," *Journal of the Evangelical Theological Society* 39, no. 3 (1996):442.
[20] Stanley Hauerwas, "Knowing How to God On When You Do Not Know Where You Are: A Response to John Cobb, Jr.," *Theology Today* 51, no. 4(1995):568.

여호와 하나님(YHWH)과 이스라엘의 역사에서 또한 그리스도 안에서 최고로 수행되기 때문이다.

심지어 몰트만의 "고난받는 사랑"이라는 모든 것을 아우르는 비유조차도 희생자들이 단순히 억압과 부당함을 흡수해야 하고 그것으로 인해 억압과 부당함의 파괴적인 힘을 더 높은 구속적 종합으로 지양(止揚)해야 하는 것처럼 희생자들을 수동적으로 만들기 위해 활용되고 더 높은 가치가 부여될 수 있다. 확실히 천상의 제단에서 부르는 사람들 곁에 있는 많은 희생자는 이 땅에서 공의가 최종적으로 시행되기 전에 "오, 주여! 얼마나 오래"라고 부르짖는다.

예수님과 함께 "아빠 아버지"라고 부름으로써 또한 우리 안에서 그런 자식으로서의 외침을 하게 하는 성령에 의해서 우리는 자기 왕국의 입양된 상속자로 포용하는 낯선 존재를 만난다(롬 8:15-16). 이것은 마치 같은 성령이 우리가 예수 그리스도를 주라 시인하여 하나님 아버지께 영광을 돌리게 하는 것과 같다(빌 2:1).

2. 언약의 주님 아니면 스토아 철학파의 현자(Covenant Lord or Stoic Sage)?

종주권 조약(Suzerainty treaties)은 종주 또는 언약의 주가 종주 자신의 목표와 목적을 제외하고 의무와 무관하다고 가정했다. 하지만 일단 종주가 봉신을 대신해서 스스로 부과한 의무를 받아들인다면 종주의 인격이 시험 중에 있는 것이다. 종주는 신뢰할 만해야 한다. 또한, 이것은 여호와 하나님에 관한 성경 이야기의 가정이기도 하다.

소위 말하는 비공유적 속성은 하나님에게 고유한 특징 즉 피조물을 묘사하기 위해 심지어 유비적으로도 말해질 수 없는 속성을 명시한다. 성경의 증거 대부분이 언약 이야기에서 하나님의 유비적 자기 계시로 돌려지므로 비공유적 속성은 당연히 철학적 추상과 사변에 가장 영향을 받기 쉽다.[21]

역사적으로 비공유적 속성은 또한 부정의 길(via negationis)과 탁월함의 길(eminentiae)에 가장 의존한다. 왜냐하면, 비공유적 속성은 신적 초월성의 표현이기 때문이다. 따라서 접두사(prefix)로서 반복되어 발생하는 부정(否定)을 나타내는 접두사(a/an, [alpha - privative])(자존성[aseity], 아파테이아[apatheia])와 최상급("전"[omin] 접두사(전능[omnipotence], 전지[omniscience], 편재[omnipresence])이 신적 초월성의 표현이다. 소위 완전성/무한의 형이상학은 쉽게 포이어바흐(Feuerbach)의 투사(投射, projection)로서 종교 이론을 정당화하는 것으로 끝날 수 있다는 것은 의심할 여지 없이 사실이다.

물론 이상적이거나 완전한 존재를 구성하는 것은 다양하다. 또한, 우리는 연역적 정의를 대용함으로써 성경 계시의 하나님을 식별하는 방식으로는 많은 것을 성취하지 못한다. 유비에 대한 아퀴나스식 접근 방식과 개혁파 접근 방식 사이의 한 가지 중요한 차이점은 다음과 같다. 즉, 개혁파 접근 방식은 하나님이 계시로 하나님 자신을 계시하지 않고는 우리가 하나님이 무엇인지 알 수 없듯이 우리는 하나님이 무엇이 아니다(부정의 방식)를 알 수 있다는 주장에 대해 의심한다. 우리는 탁월함의 방법이나 부정의 방법으로 완전한 존재에 관한 관념으로 시작할 수 없다.

하지만 오늘날 우리에게 있어 과제는 현대 철학(특히 데카르트, 스피노자, 독일 관념론)에 비추어 이런 속성을 존재/무한의 형이상학으로 즉각 묵살하지 않고 이런 속성(predicates)에 호소함으로써 기독교 철학이 주장하려고 의도했던 것을 참을성 있게 주목하는 것이다. 16세기에 소시누스주의자들

---

21 Cf. Francis Turretin, *Institutes of Elentic Theology*, vol. 1, ed. James T. Dennison Jr., trans. George Musgrave Giger (Phillipsburg, NJ: Presbyterian & Reformed, 1992), 190.

이 "형이상학적인" 것으로서 고전적 기독교 신론에 대한 비판을 시작했고 리츨(Ritschl)과 하르낙(Harnack)의 후기 칸트주의 신학에서 이런 비판은 정점에 도달했다.[22]

이런 비판은 신개신교(neo - Protestantism) 뿐만 아니라 신정통주의(neo - orthodoxy)와 특별히 라이트(G. E. Wright)와 밀접한 관계를 맺는 "성경신학" 운동 안에서 한 세기의 현대 신학을 지지했다. 라이트에 의하면 조직신학의 하나님은 정적 질서의 신성이지만 성경신학의 하나님은 동적이다. 이런 주장은 신학의 하위 학문 분과의 다른 목적을 무시하는 것처럼 보이는 주장이다(조직신학은 논리적 관계에 관심이 있고 성경신학은 유기적이고 역사적 발전에 관심이 있다).[23]

하지만, 20세기는 또한 이런 면에서 16세기 종교개혁자들의 복권을 목격했고 "헬라화된" 신학에 대한 비난을 종교개혁가들의 후계자들 - 신학을 조직화하는 후계자들 - 에게 대신 전가했다.[24] "이교도의 영향을 극복하기"라는 제목의 한 장에서 복음주의 신학자 클락 피녹(Clark Pinnock)은 통행이 잦은 이런 길을 택하지만, 교회 교부들로부터 현재의 정통주의에 이르는 전체 고전 전통이 절망적으로 고대 이교도에 갇혔다고 단번에 일축했다.[25]

---

22 아리우스주의(Arianism) 자체가 철학적 가정에 얽혀 있었음에도 철학적인 것으로서 정통 교리에 대한 아리우스적 비판에 대해 참고하려면 Jaroslav Pelikan, *The Emergence of the Catholic Tradition (100 - 600)* (Chicago: University of Chicago Press, 1971), 194를 보라. 제노바 신학자 튜레티누스(Francis Turretin)에 의하면 소시누스주의자들은 같은 근거에서 고전적 유신론을 비판했다. 즉, "전체 교리가 성경적이라기보다는 오히려 형이상학적이다"(Turretin, Institutes of Elenctic Theology, 191).
23 G. E. Wright, *God Who Acts: Biblical Theology as Recital, Studies in Biblical Theology 1/8* (London:SCM, 1952), 특별히 35, 81, 111.
24 이것은 종교개혁가들의 후임자들의 체계를 피하면서 종교개혁가들을 구하기 위해 시도하는 신정통주의(특별히 브루너[Brunner]와 바르트[Barth]에게서 분명한)의 기초가 되는 가정이었다. 개혁파 측에서 이것은 토렌스(T. F. Torrance), 제임스 토렌스(James B. Torrance), 마이클 진킨스(Michael Jinkins), 잭 로저스(Jack Rogers), 암스트롱(B. A. Armstrong), 켄달(R. T. Kendall)과 다른 신학자들의 지배적 전제다.
25 Clark Pinnock, *Most Moved Mover* (Grand Rapids: Baker, 2001). 피녹은 헬라화된 세계

이것은 하르낙이 현대 사상의 렌즈 특별히 헤겔을 통해 성경을 해석하게 하는 것처럼 이것은 피녹이 떼이야르 드 샤르댕(Teilhard de Chardin)과 알프레드 노스 화이트헤드(Alfred North Whitehead)에 더해 현대 사상의 렌즈를 통해서 성경을 해석하게 한다. 이것은 피녹이 기꺼이 인정하는 빛이다.[26] 하지만 이 경우에 이런 철학적 빛은 분명히 정당화된다. 왜냐하면, "근대 문화는 … 고전적 유신론보다 성경적 견해에 더 가깝기 때문이다."[27]

하지만 이런 전반적인 논지는 도전을 받아왔다. 성경신학적 측면에서 제임스 바(James Barr)가 이 논지를 종말로 이끌었다.[28] 그리고 이어지는 연구는 예수(히브리인) 대 바울(헬라인)[29]과 종교개혁가들 대 개신교 스콜라주의자들과[30] 관련해 이 논지의 존립 가능성에 대해 심각한 의문을 제기했다.

에 파르메니데스적 정지(靜止)(Parmenidean stasis) 뿐만 아니라 헤라클레이토스적 변화(Heraclietean flux)와 같은 많은 저택이 있다는 것을 인정하는 것처럼 보이지 않는다. 헬레니즘을 스토아주의와 플라톤으로 축소하는 것은 심지어 헤겔(Hegel)과 다른 철학자들이 헬라 사고의 중요한 흐름(특별히 아주 이상하게 아리스토텔레스)에 호소했던 것을 무시하는 것이다. Cf. Clark Pinnock, "Theological Method," in *New Dimensions in Evangelical Thought: Essays in Honor of Millard J. Erickson*, ed. David S. Dockery (Downers Grove, IL: InterVarsity Press, 1998), 197 - 208.

26 Pinnock, Most Moved Mover, 142ff.
27 Clark Pinnock, "From Augustine to Arminius: A Pilgrimage in Theology," in *The Grace of God and the Will of Man*, ed. Pinnock (Grand Rapids: Zondervan, 1989), 24.
28 James Barr, "The Old Testament and the New Crisis of Biblical Authority," *Interpretation* 25, no. 1(1971):24 - 40.; cf. idem, *The Semantics of Biblical Language* (Oxford: Oxford University Press, 1961); idem, Biblical Words for Time, 2nd ed., Studies in Biblical Theology 1/33 (London: SCM, 1969).
29 하르낙의 논지를 소위 예수 대 바울이라는 반정립에 적용하는 것에 대한 반대를 참조하려면 최근 모음집 Troels Engberg - Pedersn, ed., *Paul Beyond the Judaism/Hellenism Divide* (Louisville, KY: Westminster John Knox Press, 2001)를 보라.
30 루터/칼빈 대 루터주의/칼빈주의 형태에 대한 비판을 참조하려면 특별히 Richard Muller, "Calvin and the 'Calvinists': Assessing Continuities and Discontinuities between the Reformation and Orthodoxy," *Calvin Theological Journal* 30(1995):345 - 75; and 31 (1996): 125 - 60; cf. Robert Preus, *The Theological of Post - Reformation Lutheranism*, 2 vols. (St. Louis: Concordia, 1970 - 72)를 보라. 다른 신학자들 가운데 빌럼 판 아셀트(Willem van Asselt), 스타인메츠(David Steinmetz), 수잔 슈라이너(Susan Schreiner), 이레나 박쿠스(Irena Backus), 로버트 콜브(Robert Kolb)가 쓴 글과 논문들은 이 분야에

윌리엄 알스턴(William P. Alston) 자신은 하나님의 단순성(simplicity), 불변성(immutability), 불감성(비피동성 [impassibility])을 거부하지만, 그는 아퀴나스와 다른 신학자들이 이런 속성들을 단언하는 전체적 요점은 어떤 종류의 실체 형이상학을 피하고자 하는 것이었다는 사실을 보여 준다.[31]

하지만, 만약 우리가 성경 드라마에서 발생하는 이런 강변화 동사, 부사, 형용사, 명사 안에 있는 이런 비공유적 속성을 식별할 수 있다면 심지어 그런 식별의 좋고 필연적인 결과에서 그런 비공유적 속성을 식별할 수 있다면 존재의 형이상학을 반대하는 주장이 반드시 고전적 기독교 주장에 대한 공격인 것은 아니다.

프란키스쿠스 투레티누스(Francis Turretin)의 말을 반복하자면 신학은 "하나님을 존재 또는 자연의 빛에서 알 수 있는 형이상학처럼이 아니라 계시로 알려지는 창조주와 구속자로 다룬다."[32] 이렇게 말했을 때 하나님에 대한 어떤 주장 심지어 하나님의 존재에 대한 어떤 주장 - 긍정적이든지 불가지론적이든지 또는 무신론적이든지 간에 - 도 형이상학적이다.

현대 신학에서 특히 합리주의와 관념론에서 지배적인 비역사적 접근(非歷史的接近) 방식에 대한 반발은 이런 전통적 정의가 살펴야 하는 많은 도전으로 이어졌다. 당연히 그런 비평이 돋보이게 하는 것은 일반적으로 그리스의 형이상학이고 특히 파르메니데스의 형이상학이다. 파르메니데스의 형이상학에 의하면 절대적인 것은 정지(靜止), 고정성, 완전한 자기 존재 그리고 모든 관계의 부재와 동일시되고 외부적 상황과 시간적 실체를 번거롭게 하는 변화와 외적 상황에 영향을 받지 않는다.

이런 모형은 스토아주의에서 정점을 달성한다. 스토아주의에서 이상적

상당히 기여를 했다.

[31] William P. Alston, "Substance and the Trinity" in *The Trinity: An Interdisciplinary Symposium*, ed. Gerald O'Collins et al. (Oxford: Oxford University Press, 1999), 179-201.
[32] Turretin, *Institutes of Elenctic Theology*, 16-17.

인 스토아 철학의 현자(독립적이고 자족적이고 무감각하고 따라서 흐트러지지 않는)는 궁극적 실체의 원천 안으로 투영된다. 우리는 우리 자신을 파르메니데스에서 벗어나려 하다가 단지 헤라클레이토스의 품 안으로 되돌아가고 싶은 유혹에 조심해야 한다(결국 적어도 두 가지 그리스 전통이 있다). 하지만 최근 전통적 해석에 대한 비판 가운데 많은 비판은 우리가 성경 텍스트에서 분명히 발견하는 극적인 역사적 의미를 회복하려고 노력했다.[33]

이제 이런 주장들 자체로 넘어가자. 전통적으로 기독교 신학은 창조주 - 피조물 구분의 당연한 귀결로서 단순성(simplicity)(다양한 부분으로 구성된 복합적 존재가 아닌), 불변성(변하지 않음), 불감성(비피동성, [impassibility])(고통에 영향을 받지 않음)과 자존성(독립성)과 같은 속성들로 표현된 하나님의 독립성을 강조했다.

우리가 언약 재판의 이야기에서 드러난 "강변화 동사"(strong verbs)를 출발점으로 삼는다면 어떤 것도 신구약 성경의 언약 백성에게 있어서 하나님의 자기 존재, 독립성과 유일성보다 더 분명하지 않을 것이다. 이것은 민족들의 우상과는 대조적으로 여호와 하나님(YHWH)의 초월성에 있어서 기본이 되는 것이다. 시편 115:3은 전형적이다.

> 오직 우리 하나님은 하늘에 계셔서 원하시는 모든 것을 행하셨나이다(시 115:3).

따라서 우상들에 반대하는 반복되는 격렬한 비판을 보라.

> 너희가 나를 누구에게 비기며 누구와 짝하며 누구와 비교하여 서로 같다 하겠느냐 너희 패역한 자들아 이 일을 기억하고 장부가 되라 이 일을 마음에 두라 너희는 옛적 일을 기억하라 나는 하나님이라 나 외에 다른 이가 없느니라 나는 하나님이라

---

[33] Robert Jenson, *Systematic Theology* (앞으로 ST), 2 vols. (New York: Oxford University Press, 1997 - 99), 1:66.

나 같은 이가 없느니라 내가 시초부터 종말을 알리며 아직 이루지 아니한 일을 옛 적부터 보이고 이르기를 나의 뜻이 설 것이니 내가 나의 모든 기뻐하는 것을 이루리라 하였노라(사 46:5, 8 - 10).

하나님은 단연 뛰어나시다. 하나님이 속한 "신성"의 어떤 속(屬)도 존재하지 않는다. 하나님은 무엇이심(whatness)의 한 일례이시다.

그런즉 너희가 하나님을 누구와 같다 하겠으며 무슨 형상을 그에게 비기겠느냐 그는 땅 위 궁창에 앉으시나니 땅에 사는 사람들은 메뚜기 같으니라 그가 하늘을 차일 같이 펴셨으며 거주할 천막 같이 치셨고 귀인들을 폐하시며 세상의 사사들을 헛되게 하시나니 … 너는 알지 못하였느냐 듣지 못하였느냐 영원하신 하나님 여호와 땅끝까지 창조하신 이는 피곤하지 않으시며 곤비하지 않으시며 명철이 한이 없으시며 피곤한 자에게는 능력을 주시며 무능한 자에게는 힘을 더하시나니(사 40:18, 22 - 23, 28 - 29).

이것은 정확하게 하나님 – 그리고 오직 하나님만이 – 스스로 생명과 주권을 가지고 있기 때문에 약한 자들과 무력한 자들이 그들의 고통 속에서 그분에게 부르짖을 수 있기 때문이다. 악의 권세는 결코 최종 결정권이 없다.

출애굽기 3:14은 정교한 자존성과 영원성의 교리를 그리는 데 결정적 역할을 하지 않는다. 하지만 요한계시록 1:4은(분명히 출 3:14의 70인역[LXX]을 의존함) 적어도 자존성과 영원성과 같은 것을 가리키며 아들을 "이제도 계시고 전에도 계셨고 장차 오실 이(호 온 카이 호 엔 카이 호 에르코메노스(*ho on, kai ho en, kai ho erchomenos*)" 즉 전능하신 분(the Almighty)으로 언급한다.

존재는 하나님보다 선행하는 것이 아니며 피조물과 공유하는 술부도 아니다.

아버지께서 자기 속에 생명이 있음같이 아들에게도 생명을 주어 그 속에 있게 하셨고(요 5:26).

성경은 세상이 하나님에 의존하고 있지만, 하나님은 누구에게도 아무것도 의존하지 않는다고 반복해서 언급한다. 에피큐러스 이신론자들과 스토아 철학 범신론자들에 둘러싸여 있을 때 바울은 몇몇 헬라 시인과 함께 이사야 40장을 자세하게 설명한다(행 17:24 - 28). 이 구절에서 신적 초월성은 내재성과 대립하는 것이 아니라 내재성을 위한 바로 그 전제다. 창조주와 피조물의 구별은 존재론적 반대가 아니다.

우연적 실체의 자유를 위해 거주할 수 있는 공간이 열리는 것은 정확하게 우연성으로부터 하나님이 가진 독립성과 자유 안에서다. 세계가 하나님의 몸이 아니라면 세계는 확실히 하나님의 집이다. 이것은 만유 재신론(panetheism)을 완전히 바꾸어 놓는다. 즉, "모든 것이 하나님 안에 내재하는 것"이 아니라 "하나님이 모든 것 안에 내재한다." 따라서 하나님은 반드시 독립적이지만 계속해서 이 세상과 언약적으로 관계를 맺고 계신다. 삼위일체의 필연적 관계가 일의적으로 하나님과 세계와의 관계에 적용될 수 없다.

아마도 보상을 요구하는 피조물에 의해서는 어떤 것도 하나님에게 주어지거나 하나님을 위해 행해질 수 없다는 것이 하나님의 무한한 완전성과 독립성을 지지하는 가장 결정적 주장들 가운데 있다.

이는 만물이 주에게서 나오고 주로 말미암고 주에게로 돌아감이라 그에게 영광이 세세에 있을지어다 아멘(롬 11:34 - 36).

여기서 인간적 유비는 다시 한번 종주권 조약이다. 즉, 종주는 봉신에게 어떤 것도 빚지고 있지 않지만 자유롭게 주권적으로 비록 위계적이라 하더라도 참된 상호성의 관계를 확립한다. 그렇다면 절대적 완전성을 주장하는 것은 하나님이 모든 한계와 속박에서 벗어난다는 것을 인식하는 것이다(왕상 8:27). 심지어 하나님이 공간 안에서 무한히 확장된 것이 아니라(스피노자에게는 미안하지만) 심지어 하나님이 어떤 피조물보다 더 완전하게(충만하게) 공간과 시간 안에 거하시는 것처럼 하나님은 공간을 초월하신다(그리고 내가 주장하겠지만 시간을 초월하신다).

창조된 모든 실체는 그런 필연성에 집어 삼켜지는 것이 없이 하나님이라는 필연적 존재에 의존한다. 바빙크(Herman Bavink)가 언급하는 것처럼 하나님에 대한 이런 "무한하고, 제한이 없고, 절대적으로 결정되지 않는 무조건적인" 견해는 고대와 현대의 범신론 즉 바벨론의 범신론, 헬라의 범신론, 신플라톤주의 범신론, 신비주의와 스피노자의 범신론과 양립할 수 없다.[34] 절대적이고 완전한 모든 미덕을 소유하기 때문에 하나님의 무한성은 양적이지 않고 질적이다. 또한, 철저하고 포괄적이고 부정적이지 않고 긍정적이다.[35]

하나님의 속성은 그분의 존재 자체를 묘사하기 때문에 하나님의 무한성이 의미하는 것이 하나님은 제한받지 않고 절대적으로 결정되지 않는 어떤 것이나 모든 것(오컴[Ockham]과 헤겔[Hegel]에게는 미안하지만)이 될 수 있다는 것을 의미할 수 없다.

다시 말해, 하나님은 그분의 본성에 제한을 받지만 단지 그의 본성에 의해서만 제한받는다. 하지만 하나님은 정확하게 우리와 전체 피조물과 언약을 맺으시기 위해 자유로운 행동으로 우리와 결속되어 있다(더 좋게는 자신을 우리와 결속시키셨다). 하나님은 그런 언약 보증에 반해 자유롭게 행동할 수 없다. 왜냐하면, 그렇게 하는 것은 그분의 결정뿐만 아니라 그분의

---

[34] Herman Bavinck, *The Doctrine of God*, trans. William Hendriksen (Grand Rapids: Eerdmans, 1951), 152.
[35] 위의 책.

본성, 특별히 그분의 성실함에 대한 위반을 수반하는 것이기 때문이다. 하나님의 무한한 완전성은 그분의 위대함이다.

> 여호와는 위대하시니 크게 찬양할 것이라 그의 위대하심을 측량하지 못하리로다 (시 145:3).

하나님의 비길 데 없는 완전성에 대한 이런 모든 성경적 언급은 구체적 역사적 사건을 준거 틀(frame of reference)로 가지고 있다. 예를 들어, 선지서(the prophets)에서 여호와 하나님(YHWH)은 언약 백성을 신들의 재판에 초대한다.

> 그것이 둥근 기둥 같아서 말도 못 하며 걸어 다니지도 못하므로 사람이 메어야 하느니라 그것이 그들에게 화를 주거나 복을 주지 못하나니 너희는 두려워하지 말라 하셨느니라 여호와여 주와 같은 이 없나이다 주는 크시니 주의 이름이 그 권능으로 말미암아 크시니이다(렘 10:5-6).

하나님은 완전히 계시로 축소되지 않고 그분의 계시와 완전히 동일시될 수 있다. 즉, 이것이 유비와 성육신의 요점이다. 또한, 이것이 자존성이라는 교리의 요점이다. 모든 동일시에서 하나님은 항상 그런 분이고 그런데도 그런 분이 아니다. 절대적인 것과 인격적인 것은 고대 헬라 이교도와 현대(관념주의) 철학에서 상반된 개념이지만 이스라엘의 하나님 안에서 일치성을 발견한다.[36]

---

[36] I. A. Dorner, *Divine Immutability: A Critical Reconsideration*, trans. Robert R. Williams and Claude Welch (Minneapolis: Fortress Press, 1994), 84-85.

하나님과 피조물이 일의적으로 공유하는 존재의 속성은 존재하지 않기 때문에 하나님의 자유는 우리 자신의 자유와 질적으로 다르고 단순히 양적으로는 다르지 않다. 이것이 … 로부터의 자유(from, 초월성)와 … 를 위한 자유(for, 내재성) 모두에 대해 바르트(Barth)가 확언하는 중요한 지점이다. 즉, "하지만 긍정적이고 적당한 속성 안에 있는 자유는 우리의 존재에 근거하고 자아에 의해 결정되고 움직여지도록 의도된다."[37] 이것은 다시 한번 하나님의 자기 결정과 자존성을 확증한다.[38]

하지만 이것을 단지 부정적으로 정의해서가 아니라(조건으로부터의 독립성) 긍정적으로 교제를 맺고 자유롭게 제약받으려 의도하는 하나님의 독특한 자유로 정의해야 한다.[39] 이런 완전히 부정적인 것은 아마 신플라톤주의에서 기원하는데 신플라톤주의에서 그런 교제를 맺는 것은 열등한 존재의 표지다.[40] 이것은 우리가 신들이나 하나님에게 적용하는 포괄적 자유가 아니라 예수 그리스도 안에서 증명된 자유다.[41]

하나님은 '아 세'(a se) 즉 스스로 존재한다고 말하기 위해, "우리는 (성부, 성자 그리고 성령의 관계에서 명백하고 영원히 실제적인 것처럼) 만약 그분이 그의 존재를 필요로 할 수 없는 하나님이 아니라면, 하나님은 그분의 창조와 인과 관계의 대상이 되어야 할 모든 것을 그분 자신 안에 이미 갖고 계신 바로 그분(the One)이라고 우리는 말한다. 그분은 하나님이시므로 그 자체로 그분은 이미 그 자신의 존재를 가진다."[42]

오늘날 어떤 다른 측면도 불감성 개념만큼 신적 완전성에 관한 전통적 이해에 대한 도전이 더 강하고 정교하게 상술될 것은 없다. 하나님이 고통에

---

37 Barth, *CD* II/1:300 - 301.
38 위의 책, 302.
39 위의 책, 303.
40 위의 책.
41 위의 책.
42 위의 책, 306.

대해 영향을 받지 않는다는 개념은 전통적으로 신적 완전성의 함의로 간주했기 때문에 이 개념은 성경보다는 오히려 그리스 형이상학에 의해 정의된 완전성에 대한 어떤 전제의 함의로 이제 오히려 빈번하게 간주된다.

T. E. 프레타임(T. E. Fretheim)의 『하나님의 고통』(Suffering of God)은 성경신학에서 이런 질문을 형성하는 데 있어 중요했다. 그는 다음과 같이 주장했다. 즉, 성경 저자들은 감정적 의미에서뿐만 아니라 "실제 묘사"(reality depicting)로서도 은유를 사용했다[43](은유를 "실재 묘사 언어"와 대조하는 것은 이미 언어에 대한 근본적인 오해를 가정하고 있다고 나는 주장할 것이다).[44]

프레타임은 불가지론적 다의성(agnostic equivocity)과 합리주의적 일의성(rationalistic univocity)이라는 두 가지 위험을 인식한다. 그는 우리가 은유를 다루고 있다는 것을 깨닫는다. 그런데도 이 두 가지는 하나님의 본질에 대한 중요한 무언가를 드러내는 것으로서 진지하게 받아들일 필요가 있다. 그렇지 않다면 어째서 이 두 가지를 드러내므로 부르는가?[45]

그러나 차일즈(childs)가 관찰하는 것처럼 프레타임은 다음과 같이 가정한다.

> 성경적 은유는 항상 인간 경험을 신성의 묘사에 투영하는 것에서 일어난다 …. A. 헤셸(A. Heschel)(The Prophets, II, 51f)은 다음과 같이 쓸 때 이 문제를 정확하게 이해한다. 즉, 공의에 대한 하나님의 무조건적 관심은 신인동형론(anthropomorphism)이 아니다. 오히려 공의에 대한 인간의 관심은 인

---

[43] T. E. Fretheim, *The Suffering of God: An OT Perspective*, Overtures to Biblical Theology (Philadelphia: Fortress, 1988), 7.

[44] 언약과 종말론(Covenant and Eschatology)의 해석학적 논의에서 내가 호소하는 많은 출처에 더해 나는 Colin Gunton, *The Actuality of Atonement: A Study of Metaphor, Rationality, and the Christian Tradition* (Grand Rapids: Eermans, 1989)을 고르고 싶다.

[45] 아래에서 살펴보겠지만 이런 주장은 복음주의 신학 특별히 불변성(immutability)에 대한 비판에서 "열린 신론"(open theism)으로 불렸던 것에서 두드러진다.

신 동형론(theomorphism)이다.

프레타임이 종교의 역사에서 옳을 수도 있지만 "이스라엘의 성경에 따르면 이것은 신성모독이다."[46] 인간이 아니라 하나님이 유일한 창조자이시다.

또한, 차일즈는 하나님과 인간의 상호 의존성에 대한 프레타임의 "유기적 이미지"는 계시의 역동적인 움직임보다 과정 사상에 더 많은 빚을 지고 있다고 판단한다.

하나님은 자충족적이시다(self-contained).

나는 여호와이니라(출 6:2).

나는 스스로 있는 자이니라(출 4:14).

그와 같은 분은 없다(출 8:10, 15; 11장; 시 86:8). 그분만이 하나님이시다(신 4:35; 왕하 19:15). 그분의 사랑은 영원하시다(렘 31:3). 하나님은 필요에 의해 이스라엘이 필요한 것이 아니라(시 50:10ff) 오히려 스스로만 존재하지 않으려 의도하셨다.

하나님은 자신의 목적을 위한 완전한 자유에서 하나님은 완전히 주권적 사랑으로 무조건적으로 사랑하신다. 야고보의 증거는 하나님을 다음과 같이 묘사할 때 완전히 유대적이다.

빛들의 아버지께로부터 내려오나니 그는 변함도 없으시고 회전하는 그림자도 없

---

46 Childs, *Biblical Theology*, 357.

으시니라(약 1:17; cf. 욥 28:24; 집회서 [Ecclus] 42:18 - 20; 지혜서 1:5ff). [47]

정적인 개념이 아니라 "살아계신 하나님"으로서 하나님은 자기 백성들과 함께 또한 자기 백성을 위해 고통 받지만(사 63:9) 사실은 "하나님은 하나님이요 사람이 아니시다"(호 11:9). 그런데도 하나님은 "우리와 함께 하는 하나님"이 되셨다(사 8:10).[48] 또한, 하나님은 성육신에서뿐만 아니라 창조주, 유지자, 해방자와 주님으로서 성육신을 예상하는 가운데에서 이미 우리와 함께하시는 하나님이시다.

19세기에 케노시스(kenosis, 자기 비하)는 기독론적 범주였다. 다시 말해, 도너(Dorner)가 지적했듯이 신성의 속성이 그리스도의 인성으로 전달되었다고 말해졌던 루터주의의 속성 교류(communicatio idiomatum)는 이제 뒤바뀌어졌다. 즉, 로고스(the Logos)가 유한해졌다.[49] 다른 지면에서 이런 형태의 신적 자기 비움과 서로 소통하겠지만 여기서 우리에게 관계가 있는 흥미로운 발전은 다음과 같다. 즉, 케노시스는 이제 심지어 성육신과 별도로 하나님의 존재에 적용되는 범주가 되었다는 것이다.

하나님은 절대적이거나 인격적이다. 즉, 이것은 현대의 논쟁에서 계속 강조하는 19세기 관념론의 잘못된 딜레마다. 하지만 그런 견해는 다음과 같은 사실을 고려하지 않는다. 즉, 언약적인 것으로서 하나님이 세상과 맺고 있는 관계는 대립하는 설명에서만큼이나 존재론적 사실이지만 엄밀한 의미의 이런 관계는 하나님은 그 존재에 있어서 언약으로 이루어져 있다기보다는 오히려 언약 관계에 들어가신다는 중요한 사실을 강조한다.

몰트만(Jurgen Moltmann)이 일반적 신적 케노시스의 이런 입장을 따라 조직신학에서 불감성(비피동성, impassibility)에 대해 가장 철저하게 비판했다.

---

[47] 위의 책.
[48] 위의 책, 358.
[49] Dorner, *Divine Immutability*, 43 - 44.

그는 다음과 같이 묻는다.

즉, "신성이 고통받을 수 없다면 어떻게 기독교 신앙이 하나님의 계시로서 그리스도의 수난을 이해할 수 있는가?"

"만약 하나님이 고통을 받을 수 없다면 - 우리가 일관되고자 한다면 - 그리스도의 수난은 단지 인간의 비극으로만 볼 수 있다."[50]

"헬라 철학의 방식으로 우리가 어떤 특징이 신성에 '적절한가'라고 묻는다면 우리는 신적 본질에서 차이, 다양성, 운동과 고난을 배제해야 한다."[51]

"유명론과 관념주의 철학의 절대 주체는 또한 고통받을 수 없다. 그렇지 않다면 절대 주체는 절대적이지 않을 것이다."

따라서 우리는 전통적 교리를 위한 개념상의 자원으로서 헬라 철학, 유명론, 관념주의 철학과 함께 일하고 있다.[52]

하지만 아무리 유명론과 관념론에서 불감성(비피동성, 단순성과 자존성과 함께)을 정식화했을지라도 현대적 발전과는 전혀 별개로 최근까지 이런 확언은 에큐메니컬 교회에서 완강하게 유지되었다. 이런 합의는 절대 관념론의 출현과 함께 소멸했다. 몰트만은 교부 신학(patristic theology)이 "두 가지 이유"로 (전례[典禮]적 실천과 헌신적 실천과는 반대로) 이론에서 불감성(비피동성)을 고수했다고 주장한다. 즉, 창조주 - 피조물 구별을 보호하고 구원을 "불멸성, 영원성(non - transience), 따라서 또한 불감성"을 부여하는 것으로 제시하기 위해 불감성을 고수했다.[53] 이런 고대의 정식화는 단지 "본질적으로 고통 당할 수 없음"과 "운명적으로 고통에 종속됨" 사이에서 잘못된 선택만을 알고 있었다.

---

50 위의 책, 21 - 22.
51 Moltman, *Trinity and the Kingdom*, 21.
52 위의 책.
53 위의 책, 23.

하지만, 세 번째 형태의 고통이 있다. 즉, 적극적 고통 - 자발적으로 자신을 또 다른 사람에 열어주고 자신이 그에 의해 친밀하게 영향을 받도록 허용하는 것. 즉 열정적인 사랑의 고통. 기독교 신학에서 무감각한 격언은 단지 실제로 하나님은 덧없는 피조된 존재들과 같은 방식으로 고통을 받지 않는다고 말한다. 사실 그것은 전혀 실제 격언이 아니다. 그것은 긍휼을 진술하는 것이다. 그것은 다른 점에서 하나님이 확실히 고통받을 수 있고 분명히 고통을 겪는다는 추론을 배제하지 않는다. 만약 하나님이 모든 면에서 고통을 받을 수 있다면 그는 또한 사랑할 수 없을 것이다.[54]

몰트만은 여기서 내가 유비적인 단서로 부르는 것에 접근하고 있고 심지어 "무감각한 격언은 단지 실제로 하나님은 덧없는 피조된 존재들과 같은 방식으로 고통받지 않는다"라는 것을 허용한다. 그리고 그는 이런 사실을 기꺼이 받아들인다. 하나님은 창조된 존재처럼 존재의 결핍으로 고통받지 않는다. 이 정도까지 "하나님은 무감각적"이다.

하지만, 하나님이 "연민적인"(pathetic) 한에 있어서 하나님은 과다한 사랑과 자신의 존재에서 넘쳐나는 사랑으로 고통받고 있다.[55]

하지만 몰트만은 이런 유비적 단서나 조건과 일관성이 있는가?

그는 하나님이 "자기 백성과의 언약에서 자신을 동반자로 만드신다"는 그런 관계에서 자신의 설명을 전개한다.[56]

> 창조, 해방, 언약, 역사와 구속은 하나님의 정열(pathos)에서 일어난다. 따라서 이것은 영웅 전설의 신화적 세계에 속하는 기분적이고 질투하거나 영웅적 신들의 격정과는 어떤 관계도 없다. 이런 신들은 그들의 격정으로

---

54   위의 책.
55   위의 책.
56   위의 책, 25.

인해 운명에 종속되어 있다. 하지만 구약성경이 우리에게 말하는 신적 열정은 하나님의 자유다. 그것은 열정적인 참여의 자유로운 관계다 …. 물론 이스라엘의 친구 또는 아버지 또는 어머니, 또는 실망한 이스라엘의 연인으로서 애인으로서 여호와 하나님(Yahweh)의 이미지는 열렬하고 질투하며 화를 내거나 사랑에 굶주린 하나님에 대한 표상과 마찬가지로 신인동형론적이다. 하지만 이런 이미지가 표현하려고 애쓰는 것은 "무감정"(apathy)을 신성(the deity)에 "적절한" 유일한 특징으로 생각하는 사람에 의해 놓쳐지고 만다.[57]

신비적이고, 유대교 신비주의적(kabbalistic), 사변적 전통에 호소하면서 몰트만은 성육신하신 그리스도를 거의 하나님의 영원한 자기 비하 존재의 암호를 푸는 열쇠로 다룬다.

만약 그리스도가 이 땅에서 약하고 겸손하다면 하나님은 하늘에서 약하고 겸손하다. 왜냐하면, '십자가의 신비'는 하나님의 영원한 계획의 중심에 있는 것이 아니라 하나님의 영원한 존재 중심에 있는 신비이기 때문이다.[58]

몰트만은 계시(경륜)를 너무 하나님의 본질(그 자신 안에 있는)과 동일시해서 그가 삼위(the three persons)를 절대 주체로 대체한 것으로 인해 바르트(Barth)를 비판했음에도 그 자신의 행보는 놀라울 정도로 유사하다. 사벨리우스주의(Sabellianism, 양태주의[modalism])에 의하면 고난받는 분은 성부 하나님(유일한 신적 위격으로서)이시다. 몰트만이 양태주의자는 아니지만, 그의 계획에 같은 질문을 던질 수 있다.

---

57 위의 책, 25 - 26.
58 위의 책.

즉, 아들이 하나님과 세계와의 관계에 독특하게 가져다 주는 것은 무엇인가?

이런 역사적 수난은 신적 계획의 정점이라기보다는 오히려 우리가 사실 영원한 사건이 무엇인지를 보는 창문이다. 즉, 이것은 다른 점에서 파르메니데스와 플라톤에 대한 몰트만의 설득적이고 보편적인 비판에도 불구하고 말이다.

> 만약 우리가 그리스도의 역사적 수난이 하나님의 영원한 수난을 보여준다는 생각을 추구한다면 사랑의 자기희생은 하나님의 영원한 본성이다.[59]

이런 그리스도의 사건은 우연적인 (따라서 진정으로 역사적인) 종말론적 침입으로 보이지는 않는다. 하지만 그리스도 사건은 하나님의 내적 존재에 필연적인 것이다. 단순히 하나님의 자비, 은혜, 연민, 친절이 영원한 속성이라는 것이 아니다. 즉, 십자가 그 자체 아니 적어도 고난과 자기희생의 사건(단순히 가능성만이 아니라)은 하나님 본성의 속성들이다. 십자가는 일어나지 않았을지도 모르는 무언가가 아니다. 즉, "자기희생은 하나님의 본성이고 본질이다."[60]

내가 지금 이 요점을 더 충분히 탐구할 수는 없지만 여기서 표현되는 신정론(神正論)이 성경뿐만 아니라 몰트만 자신이 아주 밀접하고 알았던 고통의 경험과도 연관될 수 있는 것인지 궁금하다.

예를 들어, 홀로코스트의 희생자가 어떻게 "고난받는 사랑은 악의 잔혹성을 극복하고 잘못 인도된 이 격정에 그것이 부여하는 성취를 통해 악 속에 있는 선한 힘을 구원한다"는 것을 인정할 수 있을까?[61]

---

59   위의 책, 32.
60   위의 책.
61   위의 책.

몰트만은 "진화의 과정은 고난당하는 사랑을 통한 구원의 과정"이라고 말한다.[62] 이것은 우리에게 세상의 창조와 유지에 있어서 하나님의 사랑을 무조건적인 사랑이라기보다는 "고난당하는 사랑"으로 간주할 것을 요구한다. 따라서 이스라엘이 반대했던 이교도의 견해만큼이나 이것은 하나님의 선함뿐만 아니라 창조로서 창조의 선함도 의문을 제기한다.

창조(그리고 따라서 하나님 안에서)에서 고난의 근원은 무엇인가?

아들, 성령 - 결국 세상인 타자인가?

몰트만은 "하나님은 영원과 그의 본질에서 사랑이시며, 고난당하는 사랑과 자기희생이라면, 악은 인간의 타락은 말할 것도 없이 단순히 창조가 아니라 하나님 자신과 함께 이미 존재했었음이 틀림없다"라고 추측한다.[63] 선과 악이 대립하는 두 신 안에 근거하는 마니교(Manicheism)와 같은 이원론적 우주론을 포용하기보다는 오히려 몰트만은 하나님 자신의 존재 안에서 이런 대립을 종합한다.[64] 다시 말해, 우리는 형이상학의 역사에서 이원론과 일원론은 힘을 위해 서로에게 의존한다는 것을 알아야 한다.

따라서 몰트만은 케네디(G. A. Studdert Kennedy)의 다음과 같은 결론을 인정한다. 즉, "하나님 즉, 사랑의 하나님인 아버지는 역사상 어디에나 있지만, 어디에서도 그는 전능하신 분이 아니다."[65]

하나님의 슬픔이라는 주제를 전개할 때 몰트만은 20세기 초 스페인 신비주의자 우나모노(Miguel de Unamuno)에게 호소한다. 그는 "세계의 신비와 하나님의 신비"를 발견했다. 즉, 그는 "그리스도의 죽음과 골고다에서의 투

62　위의 책.
63　위의 책, 34.
64　위의 책.
65　위의 책, 35. 케네디(G. A. Studdert Kennedy)의 책, *the Hardest Part* (London: Hodder & Stoughton, 1918)은 바르트(Barth)의 로마서 주석(Epistle to the Romans)과 같은 시기에 나왔다. "사실" 몰트만은 "이 책은 바르트의 책보다 더 큰 관심을 받을 자격이 있다. 왜냐하면, 고난당하는 하나님의 신학이 '전적 타자'(Wholly Other) 인 하나님의 신학보다 더 중요하기 때문이다"라고 판단한다.

쟁은 전체 세계의 고통과 하나님의 슬픔을 드러낸다 …. 헤겔(Hegel), 키르케고르(Kierkegaard) ('북쪽에서 온 형제'), 쇼펜하우어(Schopenhauer) 그리고 야콥 뵈메(Jakob Bohme)는 그에게 이런 통찰을 표현하는 데 있어서 그를 도왔다."[66]

우나모노의 "하나님의 무한한 슬픔의 신학"은 "그가 그리는 그리스도의 모습의 본질"이라고 단언한다. 그에게 있어서 십자가에 못 박힌 고통 속에서 절망하는 그리스도는 그리스도에 대한 유일한 진정한 모습이다.[67] 이것은 "사랑이나 증오도 알지 못했던 부정의 방법"(via negationis)을 사용했던 이 논리학자의 하나님과 대조된다."

고난받지 않는 하나님은 실제로 살지 않는다.[68] 19세기 사변 철학이 제공하는 범주는 몰트만으로 "절대적인 것"과 "인격적인 것" 사이에서 선택하도록 압박하는 것처럼 보일 것이다. 고난의 역사를 통해 하나님과 세계의 상호 의존성을 고려할 때 "우리는 하나님의 연민을 필요로 할 뿐만 아니라 하나님도 우리의 연민을 필요로 한다 …. 그것의 모순에서 세계를 구원하는 것은 다름 아닌 그분의 세계의 모순에서 하나님이 자신을 구원하는 것이다."[69] 벨라즈케즈(Velazquez)의 십자가 밑에 서 있는 우나무노는 "과격한 대담성의 한계에 도달하는 생각"을 했다.

즉, "이분은 인간을 창조했고 인간과 함께 악과 고난을 창조했다는 죄책과 비난으로부터 자신의 양심을 깨끗이 씻고 싶어하는 속죄의 하나님인가?"

고난과 하나님의 슬픔은 "단순히 하나님의 세계에서 모순이 아니다"라고 우나모노는 결론 내렸다. "고난과 하나님의 슬픔은 세계의 모순과 관련

---

66 Moltmann, *Trinity and the Kingdom*, 36.
67 위의 책, 37.
68 위의 책., 38.
69 위의 책., 39.

있을 뿐만 아니라 그것은 하나님 자신 안의 모순과도 관련이 있다 …. 그는 하나님에게 '어두운 면'이 있다는 야콥 뵈메(Jakob Bohme)의 생각을 암시하는 것으로 만족한다."[70] 하지만 중재의 변증법에서 "하나님의 이런 어두운 면"은 더 높은 종합으로 지양된다. 헤겔의 사변적 성(聖)금요일(Good Friday)은 부활절의 극복을 낳는다.[71]

그렇다면 만약 인간의 자유의 신비를 위한 근거가 하나님 자신 안에서 발견되어야 한다면 하나님 자신 안에 있는 하나의 운동, 정열, 역사 – 그렇다 심지어 "하나님 자신 안에 있는 비극" – 를 우리는 가정해야 한다. 그런 결과로 베르쟈예프는 "하나님 안에 있는 어두운 본성"에 대한 야콥 뵈메의 생각을 가리키면서 "신성의 삶 자체 속에 있는 비극적 운명의 가능성"에 대해 말한다.

"깊고 신비적인 의미 안의 신적인 삶 자체는 역사다. 그것은 역사적 드라마이며 역사적 신비극이다."

이것을 말할 때 그는 신통보학적 과정을 신화로부터 철학으로 옮기고자 한 셸링의 시도를 채택하고 있다 …. 베르쟈예프는 '철저한 일원론의 제자들'이 일원론에서 벗어나는 것 대신에 이원론의 희생자가 되어야 하는 것은 사고의 아이러니라고 믿는다 …. 사실 따라서 이원론이 없다면 일원론을 진술하는 것은 불가능하다.[72]

하지만 베르쟈예프처럼 몰트만은 그 자신의 제안이 결국 일원론에 굴복하는 이원론적 담화 안에 깊이 남아 있다는 것을 인식하지 못하는 것처럼 보인다. 실제 관련성을 확언하면서 창조주 – 피조물의 구별을 유지하는 이런 유비적 단서에도 몰트만은 일의성에 굴복한다.[73] 희극뿐만 아니라 비

---

70 위의 책., 40.
71 위의 책., 42.
72 위의 책., 43 – 44.
73 위의 책., 45.

극도 있는 역사의 드라마는 생성 중인 하나님의 바로 그 생명이다.

그렇다면 놀랄 것도 없이, "그리스도의 십자가의 완전성"은 "형이상학적인 것을 역사적인 것"으로 만들고 "역사적인 것을 형이상학적인 것"으로 만든다고 몰트만은 결론 내린다.[74] 몰트만에게 있어서처럼 베르자예프에게도 하나님의 자유는 고난으로 축소될 뿐 아니라 이런 고난당하는 자유는 하나님에게 내재적이고 하나님보다 선행하기도 한다고 우리는 정당하게 추론할 수도 있다. 고난당하는 자유는 하나님에게서 분리되고 신성화된다.

우리는 다음과 같은 내용을 읽는다. 즉, "하지만 자유는 어떤 기원도 없다. 자유는 궁극적 한계다. 하지만 자유가 존재하므로 하나님 자신이 고난을 당하며 십자가에 달린다."[75]

몰트만은 악의 신비한 측면을 인정하지만 그런 신비에 대한 조급함은 해결책을 요구하는 것처럼 보인다. 또한, 그는 신비주의(kabbalism), 현대 범신론 그리고 변증법적 역사주의의 결합에서 그 해결책을 발견한다. 즉, 내내 최대한 이런 유비적인 단서를 붙잡으려 하지만 결국 성공하지 못한다.

불감성(비피동성, impassibility)에 대한 최근 논의에서(다른 비공유적 속성처럼) 독자들은 잘못된 대안들 사이에서 결정 내려야 한다. 이런 점은 고전적인 신적 불감성 교리에 대한 열린 유신론(open theism)의 논의에서 더 뚜렷해진다. 왜냐하면, 열린 유신론은 불감성 교리를 감정을 경험하거나 느낄 수 없는 것으로 잘못 정의하기 때문이다.

만약 하나님이 우리가 성경에서 만나는 모든 표상과 정확히 동일하다면 "그의 아들에게 입맞추라 그렇지 아니하면 진노하심으로 너희가 길에서 망하리니 그의 진노가 급하심이라"(시 2:12)에서처럼 우리는 가령 하나님

---

[74] 위의 책., 47.
[75] 위의 책.

이 변덕스럽다고 정당하게 결론지을 수 없을까?

위에서 살펴보았던 것처럼 몰트만은 단지 이 점에서 유비적인 단서를 완전히 거부하는 데 있어서의 위험을 더 잘 알고 있는 것처럼 보인다.[76] 이 시편에서 하나님은 냉소적 웃음으로 원수들을 조롱하는 것으로 묘사된다.

하지만 이것을 인간 권력의 가식에 방해 받지 않는 위대한 왕에 대한 냉정한 비유로 인식하기보다는 오히려 우리가 정말로 이것을 일의적으로 하나님의 존재에 돌리길 원하는가?

나는 아직 열린 유신론자들 사이에서 하나님의 분노를 그분의 뉘우침과 같은 일의적 용어로 이해되는 것에 찬성하는 주장을 발견하지 못했다.

또한, 우리가 사랑으로 경험하는 것과 "하나님은 사랑이시다"(요일 4:8)라고 말하는 것에는 충분한 유사점이 있다. 하지만 사랑은 사랑의 경험이 항상 어떤 형태의 의존과 호혜성과 관련 있는 피조물에게서보다 절대적 자유로 사랑하는 분의 경우에서는 분명히 다르다.

바로 이 점은 같은 장에서 암시하는 것처럼 보인다. 즉, "사랑은 여기 있으니 우리가 하나님을 사랑한 것이 아니요 하나님이 우리를 사랑하사 우리 죄를 속하기 위하여 화목 제물로 그 아들을 보내셨음이라 … 우리가 사랑함은 그가 먼저 우리를 사랑하셨음이라"(요일 4:10, 19). 다시 말해, 여기서 하나님의 사랑은 궁극적인 실체이고 인간의 사랑은 유비다. 즉, 인간의 사랑은 인신 동형론(theomorphism)이다.

확실히 유비의 이런 변증법적 유희는 뉘우치는 분으로서 하나님에 대한 이야기 표현과 비교할 수 있지만 그런데도 "그는 사람이 아니시므로 결코 변개하지 않으심이니이다"를 확증한다(삼상 15:29). 하나님 안에서 질투는

---

[76] 위의 책, 4. 즉, "하나님은 사람들이 하나님을 경험하는 방식과는 다른 방식으로 사람들을 경험한다. 하나님은 신적 경험의 방식으로 사람들을 경험한다." 몰트만은 자신이 불편해 하는 표현(즉, 분노, 조급함, 질투)에 직면할 때마다 거의 이런 유비적 단서에 접근하지만 더 연민적인 신적 감정의 격발을 상세히 설명할 때마다 그런 유비적 단서를 망각한다는 것은 흥미롭다.

칭송된다(출 20:5; 34:14; 신 4:24).

하지만 피조물 안에서 질투는 비난받는다(고전 3:3; 갈 5:20). 따라서 분명하게 "질투"는 하나님과 피조물에게서 정확하게 같은 것을 의미할 수 없다. 하나님은 "진노와 격분과 크게 통한하심으로"(신 29:28) 이스라엘 자손을 이 땅에서 뽑아내시는 분으로 묘사되고 있지만 "그의 노염은 잠깐이요 그의 은총은 평생이로다"(시 30:5). 이런 모든 다양한 유비를 구체적 구속-역사적 맥락에서 진지하게 받아들여야 하고 나머지 성경에 비추어 해석해야 한다. 하나님이 비난하시는 우리 안에 있는 분노는(잠 29:11, 22; 22:24; 고전 13:5) 아무리 유사성이 있을지라도 거룩한 분노로 자신을 가득 채우는 분노와는 다르다.

몰트만이나 열린 유신론의 대표자들 모두 광범위한 하나님의 정열(pathos)에 대해 전혀 의미 있는 공간을 할애하지 않는다. 가령 우리가 하나님에 대한 그들의 일의적 감정의 속성을 채택한다 하더라도 우리는 신성의 유일한 정열은 고난당하는 사랑이거나 혹은 피녹(Pinnock)의 표현에서 창조적인 사랑인 단일 정념(情念)의 신성(monopathetic deity)을 계속 물려 받게 될 것이다.

하지만 이것이 하나님이 우리의 고통을 느낄 뿐만 아니라 그런 고통을 가하시기도 한다는 많은 구절을 정당하게 다룰 수 있는가?

하나님의 증오, 복수, 질투와 분노는 어떤가?

가령 이런 것이 이런 제안에서 진지하게 등장한다 하더라도 그런 술어들은 재빨리 더 높은 종합으로 흡수될 것이다.

열린 유신론 지지자인 존 샌더스(John Sanders)는 다음과 같이 판단한다.

> 하나님에 대해 말하지 않으려는 욕망은 신인동형적으로 단순히 옳은 것처럼 보인다. 결국, 거의 모든 사람이 하나님의 "눈" "팔"과 "입"에 대한 성경적 언급을 하나님의 행동에 대한 비유로 받아들이는 것이지 하나님이

문자 그대로의 신체 부위를 가지고 있다는 주장이 아니다. 하지만 어떤 사람들은 더 나아가서 (하나님이 감정, 계획 또는 마음의 변화를 가지고 있다고 하는) 신인 동형론(anthropopathisms)은 실제로 하나님에게 돌려지지 말아야 한다고 주장한다.[77]

그러나 이것은 정확히 신인동형적으로 말하고 유비적 접근 방식을 정의하는 그런 것으로 이것을 인식하려는 욕구다.

하지만 더 나아가서 어째서 우리는 존재의 유비와 감정의 유비를 임의적으로 구별할까?

이것은 (고전적 유신론이 그렇게 했던 경향이 있었듯이) 하나님에 대한 감정의 서술을 거부하는 것이 아니다. 하지만 이것은 또한 감정은 일의적으로 하나님과 인간의 속성으로 단정한다고 말하는 것이 아니다. 만약 하나님과 피조물에 적용되는 모든 술어를 유비적인 것으로 간주해야 한다면 이것은 시편 2장에서 원수들에 향한 하나님의 냉소적인 웃음이나 언약 동반자의 불복종에 대한 그분의 슬픔을 나타내는 언급들을 포함할 것이다.

아마도 일관성을 얻기 위해서는 우리는 하나님이 눈물샘(tear duct)이 있다고 몰트만과 함께 추측해야 할 것이다.[78] 피녹은 성육신을 넘어서는 하나님의 구현(具現)에 대해 추측하면서 분명히 다음 단계인 논리적인 이런 단계를 밟는다.[79] 이것은 하나님의 초월성 자체가 이런 논쟁에서 어떻게 위태로운지 또한 신적 단순성의 부정이 어떻게 쉽게 신적 영성의 거부로 이어지는

---

[77] John Sanders, *The God Who Risks: A Theology of Providence* (Downers Grove, IL: InterVarsity Press, 1998), 20.

[78] Moltmann, *The Crucified God*, trans. R. A. Wilson and John Bowden (New York: Harper & Row, 1974), 222.

[79] Pinnock, *Most Moved Mover*, 33 - 34. 그는 다른 신학자들 가운데 모르몬교 신학자인 폴센(David Paulsen)을 인용하고 다른 고전적 속성뿐만 아니라 신의 비육체성(divine incopreality)에 대한 모르몬교의 비판에 호소한다(위의 책., 35n 31과 68n 11).

가를 보여 주는 하나의 좋은 예다. 하지만 신의 육체성(divine corporeality)을 긍정하려고 하지는 않지만 특별한 사지와 장기 기관의 속성에서 특별한 감정의 속성을 분리할 어떤 이론적 근거가 없는 것처럼 보인다.[80]

나는 여기서 이 중요한 요점을 더 다룰 지면이 없다.[81] 그런데도 이 특별한 신적 불감성에 대한 이런 특별한 표현에 대한 새로운 관심이 이 논쟁의 양쪽에서 요구될 것 같다.

신적 감정에 대한 워필드(B. B. Warfield)의 논의는 우리가 특별히 개혁파 정통주의 진영에서 최근 희화한 많은 글에서 얻은 모습과 극명하게 대조된다. 또한, 워필드의 논의는 성경적 서술에 면밀히 주의를 기울이기보다는 오히려 하나님에게 적합한 것에 대한 철학적 전제로 시작하는 전통적 견해의 정식화에 대해서도 우리에게 경고한다. 우리는 워필드가 다음과 같이 언급하는 것을 듣는다.

> 하나님은 그의 본성의 바로 그 필연성에 의해 수난 받을 수 없고 외부로부터의 자극에 의해 움직여질 수 없다. 또한, 하나님은 거룩하고 고요한 변

---

[80] 1997년 예일대(Yale University)의 니콜라스 월터스토프(Professor Nicholas Wolterstorff) 교수와의 신적 불감성(divine impassibility) 관한 세미나의 일환으로 서면으로 된 답변에서 애덤스(Marilyn Adams)는 다음과 같은 내용을 관찰했다. 즉, "나에게 인간의 고통은 신적 연민(divine compassion)의 작용인(efficient cause)이 되지 않고 신적 연민의 이유가 될 수 있는 것처럼 보인다." 애덤스는 여기서 정말로 논쟁 중인 것을 파악한다. 즉, "하지만 하나님 이외의 무언가가 하나님에게 인과적으로 영향을 미친다면 신적 감정성(divine passibility)이 단지 신의 자기 변화(Divine self-change)에 대한 간접적인 접근 방식이 아니라면 하나님은 모든 변화의 첫 번째 원인이 될 수 없다.… 만약 하나님이 하나님의 신적 본성 안에서 슬픔으로 완전히 또는 심지어 거의 압도당할 수 있다면 하나님은 이상적인 스토아 철학의 성품(감정성(passibility)으로 움직이는 우리와 함께 살 수 있는)을 갖지 못할 뿐만 아니라 하나님의 섭리적 다스림도 위태로워질 수도 있다. 십자가에 못 박힘, 지진과 일식은 하나님이 신적 분노와 슬픔 가운데 '섭리적 다스림을 상실'했던 것을 암시하는가?"

[81] Paul Helm, "The Impassibility of Divine Passibility," in *The Power and Weakness of God*, ed. Nigel Cameron (Edinburgh: Conference in Christian Dogmatics, 1990), 123, 126를 보라.

할 수 없는 복 됨 가운데 거하시며 인간의 고통이나 슬픔에 영향을 받지 않으신다.

세상과 세상의 투명한 공간
거기는 결코 구름도 움직이지 않고
또한, 바람도 미동하지 않고
또한, 가장 작은 눈송이도 내리지 않고
또한, 가장 낮은 천둥소리도 소리를 내지 않는다.
인간의 비애에 관한 어떤 소리도
그분의 신성하고 영원한 고요를 방해하지 않는다.

하지만 워필드(Warfield)는 다음과 같이 답한다.

이것이 사실이 아닌 것에 우리 하나님을 송축하자. 하나님은 느끼실 수 있다. 다시 말해, 하나님은 분명히 사랑하신다. 아마 다소 부적당하지만 정확하게 표현되어 왔던 것처럼 우리는 도덕적 영웅주의가 신적 본성의 영역에 자리 잡고 있다는 것을 믿을 만한 성경적 근거가 있다. 즉, 우리는 취리히(Zurich)의 영웅(츠빙글리)처럼 하나님이 사랑의 팔을 뻗치셨고 사랑의 팔을 뻗치지 않으셨다면 우리 가슴을 찔렀을 많은 창을 자기 자신의 품에 모으셨음을 믿을 만한 성경적 근거가 있다.
그러나 이것은 분명한 신인동형론이 아닌가?
우리는 이것이 무엇으로 부르는지에 관심 없다. 즉, 이것은 하나님의 진리다. 또한, 우리는 성경의 하나님과 우리 마음의 하나님을 철학적인 추상에 넘겨 주기를 거부한다. 우리는 우리가 사랑할 수 있고 신뢰할 수 있는 하나님 즉 윤리적 하나님을 갖고 있고 가져야 한다. 우리가 폭풍이나 지진 가운데서 경외감을 느낄 수 있는 것처럼 우리는 절대자의 임재 안에서 경외감을 느낄 수도 있다 …. 하지만 우리는 그것을 사랑할 수 없다. 또한, 우리는 그것을 신뢰할 수 없다 … 그런데도 우리 하나님이 우리가 그분을 찾게 내버려 두시지 않았던 것을 기뻐하자. 하나님이 우리를 사랑하는 하나님으로서 또한 그분이 우리를 사랑하시므로 우리를 위해 자신을 희생하셨던 하나님으로 그분의 말씀(His Word) 안에서 자신을 분명하게 계시하셨던 것을 기뻐하자.[82]

비판과 반대 제안을 수반할 수도 있는 약점이 무엇이든 간에 하나님의 타자성에 대한 일부 전통적 해석에 성경 정경에 반하는 가정들이 실려 있었다는 것에는 의심의 여지가 거의 없다. 예를 들어, 이런 요점에 대한 교부 저자들의 엄청난 합의를 고려해 볼 때 다마스쿠스의 요한(John of Damascus)이 다음과 같이 기록했을 때 그는 거의 불리한 입장에 처하지 않았다.

"그렇다면 신성만이 움직임이 없고 부동성으로 우주를 움직이게 한다."[83]

이 언어는 분명히 아리스토텔레스의 부동의 동자(unmoved mover)의 언어다. "차이가 갈등을 가져 온다"는 주장과 함께 단순성에 대한 그의 변호도 마찬가지다.[84] 하나님의 가장 적당한 속성은 자존성(aseity)이다.[85] 하지만 어떤 속성이 다른 속성보다 더 "적당하다"고 주장하는 것은 단순함에 모순되는 것이다. 하지만 이 교부 저자들은 이런 진술과 일관되지 않았고 창조, 섭리, 성육신 그리고 하나님이 세상과 세상 안에서 맺고 있는 연대에

---

[82] B. B. Warfield, *The Person and Work of Christ*, ed. Samuel G. Craig (Philadelphia: Presbyterian & Reformed, 1970). 나는 이 인용문을 지적해 준 것으로 인해 존 프레임(John Frame) 교수에게 감사한다.

[83] John of Damascus, "An Exact Exposition of the Orthodox Faith," *A Select Library of Nicene and Post - Nicene Fathers of the Christian Church*, 2nd series, vol. 9. S. D. F. Salmond (Grand Rapids: Eerdmans, 1973), 2.

[84] 위의 책., 4.

[85] 위의 책., 12.

대한 증거를 강조해 가르쳤다.

하지만 마치 헤라클레이토스적(즉 헤겔주의) 사변이 종종 현대의 주해에 너무 많은 제약을 가하는 것처럼 그들의 철학적 가정은 아무리 암묵적이라 해도 때때로 기독교 이야기의 힘을 무디게 할 수 있었다. 개혁파 정통주의는 하나님이 감정과 움직임에 영향을 받지 않는다는 주장을 거부하는 데 있어서 옳았다.

I. A. 도너(I. A. Dorner)는 다음과 같은 흥미로운 관찰을 했다. 즉, 고대, 특히 플라톤과 아리스토텔레스의 형이상학에서 하나님은 너무 초월적이어서 세상과의 상호작용은 상상할 수 없다는 것이다. 이것은 그리스 신화의 조잡한 신인 동형론을 불러일으켰다. 그리스 신화에서 신들은 흥미롭게도 인간적이다. 즉, 신들은 확실히 더 큰 능력을 가지고 있지만 우리 모두에게 공통된 미덕과 악덕으로 가득 차 있다. 우리는 이신론과 범신론, 극단적 초월성과 극단적 내재성 사이의 현대적 경쟁에서 결코 이것 너머에 이르지 못했다고 도너는 말한다.[86]

고전적 이신론은 적어도 전자 즉 이신론과 극단적 초월성에 대한 경향을 보여 주었다. 또한 현대 비판의 대부분은 다른 방향에서 하나의 과민반응일 수도 있다. 하나님이 세상과는 다른 분이라는 것은 사실이다.

하지만 만약 우리가 하나님이 우리가 사는 시간과 공간에서 단지 자신의 모습이 아니라 자신을 완전히 관여시켜 왔다는 것을 강조해서 확언하지 않는다면 기독교 선언의 가장 중요한 특징을 포기해야 하거나 아니면 적어도 농담조로 말해야 한다. 유비와 신인동형론이 하나님의 존재에 일의적 접근을 산출하지는 않지만 분명히 진리를 전달한다.

기독교 전통이 하나님의 자유로운 세계 관여를 주장할 때마다 기독교 전통은 스토아 철학의 아파테이아(apathes/apatheia, 정념[情念]이나 외계의 자

---

[86] Doner, *Divine Immutability*, 82f.

극에 흔들리지 않는 초연한 마음의 경지 - 역자 주) 교리를 단호하게 거부한다. 몰트만이 다음과 같이 언급하고 결론을 내릴 때 그는 옳다. 즉, 우리는 수난 이야기를 해석할 수 없으며 하나님은 초연하시고 우리에게 영향을 받지 않는다고 결론 내릴 수 없다.

일부 고대와 중세 기독교 저자는 감정을 하나님에게 귀속시키는 것에 대한 경계심을 입증하지만 적어도 어원학적 용어로 하나님의 불감성(impassibility)은 관계를 맺을 수 없거나 느낄 수 없음이 아니라 고통을 겪을 수 없음을 의미했다. 고대인들에게 "감정"은 그 자체로 느낌이나 경험이 아니라 주로 신들의 기질적인 기분을 의미했다. 이것은 영어의 어원이 같은 말의 헬라어나 라틴어와 일치하지 않는 사례 가운데 하나다.

우리는 파시오(passio, 고통, 고난, 수난, 열정을 나타내는 라틴어 - 역자 주)는 단순히 수난(혹은 열정)이라고 가정한다. 하지만 고통(suffering)이 고대에 정확한 정의였다.[87] 이것은 심지어 다마스쿠스의 요한(John of Damascus)에게도 사실이다. 위에서 그의 말을 인용한 것이 우리를 회의적이게 할 수도 있다. 제럴드 브레이(Gerald Bray)가 지적하는 것처럼 "다마스쿠스의 요한이 그 어휘를 이해했던 것처럼 아파테이아는 고통 받을 수 없음 즉 엄밀한 의미에서 불감성(impassibility)을 의미했다. 이것은 무관심 상태에서의 평온(平穩)이 아니라 하나님의 주권을 강조하는 것이었다."[88]

하나님이 본질적으로 세상에 의해 영향을 받지 않는다고 말한다면 하나님이 자기 피조물과 갖고 계시는 것으로 나타내는 그런 인격적 관계의 친밀감을 어떻게 해석해야 하는가?

---

[87] Richard Muller, "Incarnation, Immutability, and the Case for Classical Theism," *Westminster Theological Journal* 45 (1983): 27: 부동(不動)하신(immobile) 분으로서 하나님에 대한 스콜라철학의 개념은 영어의 "부동(不動)의"(immobile)가 아니라 – 이것은 완전히 전환할 수 없는 어원이 같은 말의 많은 사례 가운데 하나 – "움직이지 않는"(unmoved)으로 옮겨진다.

[88] Bray, *Doctrine of God*, 98.

하지만 우리가 하나님이 본질적으로 세상에 의해 영향을 받는다고 말한다면 어떻게 우리는 하나님이 완전하시고 창조된 실체에서 독립해 있다고 계속해서 말할 수 있는가?

여기서 제안된 대답은 하나님이 피조물과 독립적으로 존재하지만 그는 자유롭게 세상과 참된 관계를 맺기로 선택한다는 것을 인식하는 것이다. 피조적 실체를 위한 이런 자유에서 하나님은 진정으로 영향을 받지만 어떤 특정한 경우에 이것은 일의적 의미보다는 오히려 유비적 의미로 이해해야 한다.

그는 감동해 연민을 느끼시는가?

그렇다. 하지만 우리처럼은 아니다. 이것은 심지어 몰트만조차도 긍정하는 마침내 자기 견해의 함축적 의미를 생각하는 데 있어서 양보하는 유비적 단서다.

불감성에 대한 그런 비판에 대한 답변으로 벤후저(Kevin J. Vanhoozer)가 시사하는 바가 큰 나아갈 길을 제공한다. 그는 전통적인 설명을 요약하는 것으로 시작한다. 아우구스티누스는 부족함이 없는 신들은 사랑할 수 없다(하나님의 사랑을 "주는 사랑[gift - love] 즉 아가페"로 언급하며)는 플라톤적 견해를 넘어섰지만 그런데도 그는 스토아 철학자들과 함께 "파토스(pathos) - 이성과 기쁨을 '뒤흔드는' 어떤 감정적인 사건 - 는 유일하게 지혜로운 하나님의 삶에 어떤 자리도 없다는 믿음에 동의했다."

중요하게 아퀴나스는 하나님이 어떤 것을 사랑하심으로써 그 속에 있는 선에 응답하신다고 믿은 것이 아니라 오히려 어떤 것에 대한 하나님의 사랑이 그 선함의 원인이라고 믿었다. 그렇다면 전통적 견해에 의하면 하나님은 선을 할당해 주시지만, 자신이 가져다 주는 그 선에서 즐거움을 취하거나 기뻐하지는 않는다(왜냐하면, 그렇게 하는 것은 하나님의 즐거움을 세상에 있는 무언가에 대해 조건적인 것으로 만들 수 있기 때문이다).

하나님이 기뻐하시는 것은 선의를 베푸시는 그 자신의 행위인 것으로 드러난다 …. 하나님은 인간이 관계를 맺고 있는 하나의 돌기둥과 같다고 아퀴나스는 말한다. 그 기둥이 우리의 좌편이나 우편이나 앞이나 뒤에 있을 수 있지만 그 돌기둥과 맺고 있는 우리의 관계는 그 돌기둥이 아니라 우리 안에 존재하는 것이다. 마찬가지로 우리가 하나님의 자비나 진노를 경험할 수도 있다. 하지만 변하는 것은 하나님이 아니라 하나님에 대한 우리의 관계다.

"변하는 것은 우리가 하나님의 뜻을 경험하는 방식이다"(리처드 크릴, Richard Creel).

이 사실은 대단히 중요한 분석적 요점이다. 즉, 불변성이 움직일 수 없음을 의미하지 않듯이 불감성(impassibility)은 무감각하다는 것을 의미하지 않는다. 우리는 하나님을 움직일 수 없지만(초월적: 세상의 원인에 영향을 받지 않음), 그런데도 하나님은 원동자이시다(내재적: 세상에서 활동하시고 임재하심).[89]

벤후저가 아퀴나스를 옳게 해석했다면 하나님이 피조물에 대해 선언하시는 축복에 대해 어떻게 생각해야 할지 알기 어렵다.

하나님의 사랑이 피조물을 사랑스럽게 만드는가?

아니면 자기 사역의 결과로서 하나님은 피조물 안에서 그것의 내재적 가치를 보시기 때문에 하나님은 피조물을 사랑하시는가?

심지어 유비적인 단서를 가지고도 이른바 자연 시편은 말할 것도 없고 창조 이야기를 하나님이 피조물에 반응하지 않는다는 견해와 조화하기는 어렵다. 나는 다른 지면에서 하나님과 세계의 관계에 대한 이런 의사소통적 관점에 대해 부연 설명하겠다. 하지만 이미 나는 선함과 사랑스러움의 원인으로서 하나님의 선함과 사랑은 하나님이 자기 손으로 만드신 작품에서 보여 주며 반응하는 기쁨을 결코 완화하지 않는다는 것을 단언해야 한다.

---

[89] Kevin J. Vanhoozer, *First Theology: God, Scripture and Hermeneutics* (Downers Grove, IL: InterVarsity Press, 2002), 74 - 76.

돌기둥의 유비는 단지 이것이 이 질문에 대한 형편없이 부적절한 접근이라는 인상을 악화시킬 뿐이다. 관계적 유신론의 관점에서, "하나님과 세계는 … 동반자다. 이것은 아마도 대부분의 고전적 유신론자를 소름 끼치게 했었을 제안이다."[90]

하지만 우리는 이런 제안이 언약신학자들을 소름 끼치게 하지 않았으리라는 것을 관찰해야 한다. 왜냐하면, 그들은 하나님의 존재를 하나님의 관계로 환원하지 않았기 때문이다.

"고전적 유신론에서 하나님의 사랑은 그분의 주권적 의지, 자비의 문제다. 즉, 타자의 유익을 의도하시고 행하신다."

이에 반해 "만유재신론자는 하나님의 사랑은 더 정서적 공감의 문제(affective empathy)['나는 너의 고통을 느낀다']"[91]라고 제안한다.

"원인자(causal agent)로서 하나님의 모습이 고전적 유신론을 장악한다."

이것은 "신적 사랑을 인격적 관계의 개념과 화해시킨다는 것을 어렵게 한다."[92]

이 딜레마에 대한 이런 분석은 정당해 보인다. 엄밀히 말하면, 원인이 인격적일 필요는 없다. 또한, 원인은 한 대상이 또 다른 대상에 미치는 물리적 행동의 함의를 가진다.

"나는 고전적인 유신론과 만유재신론의 교착상태를 넘어서는 한 가지 방법은 하나님을 소통적 행위자(communicative agent)로 보는 것이라고 제안한다."[93]

하나님의 소통은 완전하고(사 55:11) 결코 공허하지 않고 항상 효과적이다.[94]

---

90 위의 책., 87.
91 위의 책., 89 - 90.
92 위의 책., 90.
93 위의 책.
94 위의 책.

게다가 "하나님이 인간을 위해 의도하시는 선은 교제이시다 …. 하나님의 사랑은 인과성의 측면이나 상호성의 측면이 아니라 오히려 소통과 자기 소통의 측면에서 가장 잘 이해된다 …. 하나님이 소통의 행위에서 가져오는 것은 이해뿐만 아니라 이해의 전제인 믿음이다."[95]

말씀으로서의 예수님은 하나님의 최고 소통 행위다. "소통하는 것은 전달하고 다른 사람에게 무언가를 주는 것이다."[96]

하나님은 주로 자신의 소통행위를 통해 이해와 믿음을 발생시킴으로써 자기 백성을 사랑하신다. 이 행위는 정보를 전달하는 문제일 뿐만 아니라 약속을 하고 명령을 내리고 경고하고 또한 위로하고 달래는 일이다. 핵심은 다음과 같다.

> 즉, 하나님은 조종이 아니라 이성과 의지와 상상력과 감정을 지닌 인격자들에게 적합한 방식으로 이해(믿음, 소망, 위로 등)를 가져오신다는 것이다. 소통적 유신론과 관련해, 하나님의 '개방성'의 문제는 만일 하나님이 자신과 대화하는 인간 대화자들의 소통적 행위들에 의해 영향을 받지 않으신다면 자기 백성들에 대한 하나님의 관계가 진정으로 사랑일 수 있는지다.[97]

아마 놀랍겠지만 예수님의 불능죄성(impeccability)에 대한 언급이 가리키는 것처럼 적당하게 정의된다면 이런 견해는 불감성을 긍정할 수 있다. 예수님의 범죄 불가능성에 대한 스트롱(Augustus Strong)이 제안했던 유비를 빌려오면서 벤후저는 다음과 같이 주장한다.

> 예수님은 죄가 없으셨지만 무적의 군대가 공격의 대상이 되는 것처럼 진정

95　위의 책., 91.
96　위의 책.
97　위의 책., 92.

한 시험을 감당하셔야 했다. 나는 비슷한 무언가를 신의 불감성에 대해 말할 수 있다고 믿는다 …. 하나님은 자신의 백성들의 고통의 강도를 느끼신다.

내가 애굽에 있는 내 백성의 고통을 분명히 보고 그들이 그들의 감독자로 말미암아 부르짖음을 듣고 그 근심을 알고(출 3:7).

그렇지만 예수님이 죄를 짓지 않으면서도 그 시험의 힘을 느끼듯이 하나님은 자기 존재, 의지나 지식의 변화를 겪지 않으면서도 인간 경험의 강도를 느끼신다. 불감성은 하나님이 느끼시지 못한다는 것을 의미하는 것이 아니라 결코 걱정에 의해 삼켜지거나 압도당하지 않으신다는 의미다. … 하나님은 참되게 자신의 소통 행위를 통해서 인간과 관계를 맺으시지만 인간이 행하는 어떤 것도 하나님의 주도적인 소통성과 하나님의 소통 행위들을 좌우하거나 영향을 주지 못한다.[98]

악과 죄조차도 하나님의 영원한 작정에서 이해된다. 따라서 심지어 악과 죄조차도 하나님의 뜻이나 행동을 좌우한다고 말할 수 없다. 또한, 이런 주장에 대한 벤후저의 해석은 삼위일체적이다. 즉, "아들과 성령은 아버지의 의사 소통과 행동의 수단이다."[99]

가장 좋은 상태의 전통이 긍정하기를 원했던 것은 다양한 방법으로 유지되지만 더 명시적으로 관계적인(소통적인) 개념을 통해 유지된다. 우리가 이 설명을 언약 개념으로 보충한다면 전통적 정식화가 하나님과 세계와의 관계에 대해 완전히 인과적으로 이해하는 것에 기초해서 변호할 수 있었던 것보다 하나님의 독립성과 완전성을 변호하는 더 적당한 방법을

---

98 위의 책., 93.
99 위의 책., 94.

발견할 수 있을 것이다.

언약에서 하나님은 피조물과 맺은 실제 동반자 관계가 있지만 일의적 관계라기보다는 오히려 항상 유비적 관계다. 불감성에 대한 최근의 비판들은 이런 지배적인 인과적 패러다임에 이의를 제기하는 데 있어서 거의 성공하지 못한다.

다시 말해, 그런 비판들은 단순히 이런 인과적 영향이 양방향으로 진행되어야 한다고 주장한다. 또한, 이런 인과적 영향은 종종 하나님에게 미치는 우리의 영향과 우리에게 미치는 하나님의 인과적 행동을 일의적인 조건에서 보려는 유혹에 저항하는 데 어려움이 있다고 주장한다.

이것은 신학적 담론에서 원인의 범주를 없애기 위한 것이 아니라 하나님과 인간의 관계를 해석해야 하는 모든 것을 포괄하는 패러다임으로서의 원인의 유용성에 의문을 제기하기 위한 것이다. 따라서 나는 이 책 전체에 걸쳐 많은 곳에서 이 의사소통 접근 방식에 호소할 것이다.

마지막으로 불변성(immutability)을 하나님에게 돌리는 것에 대해 어떻게 생각해야 하는가?

불감성에서와 같이 많은 것이 정의에 달려있다. 이 교리의 비평가들에 의하면 불변성은 부동성(immobility)과 맞먹는다. 고전적 하나님의 교리를 아리스토텔레스의 "부동의 동자"(unmoved mover)로 축소할 때 클락 피녹(Clark Pinnock)은 단순히 이것을 "부동성 꾸러미"로 부른다.[100] 적어도 도너(Doner) 이후 변할 수 없는 하나님의 도덕적 속성과 어느 정도 세계에 의해 좌우되는 하나님의 존재 사이에 구별하려는 시도가 있었다. 이런 주제의 지지자들은 더 보수적인 제안(도너와 같은)에서 더 급진적인 제안(과정 신학

---

[100] Clark Pinnock, *Most Moved Mover*, 78. 심지어 "스콜라적 칼빈주의(scholastic Calvinism)"의 가장 초기 표현에서도 아리스토텔레스의 부동의 원동자를 반박하기 위해 분명히 소환된다. 가령 워필드(Warfield)에 더하여 우리는 그의 전임자였던 찰스 하지(Charles Hodge)의 *Systematic Theology*, vol. 1(1871; repr., Grand Rapids: Eerdmans, 1946), 391을 인용할 수 있다.

과 같은)에 이르기까지 다양하다.

하지만 모든 신학적 서술의 유비적 성격을 강조하는 언약적 패러다임이 하나님의 성품과 존재 사이의 그런 이원론을 피할 수 있는가? 그렇다면 하나님이 움직여지신다는 것은 정확히 무엇인가? 만약 우리가 이것에 대한 답을 안다면, 우리는 실재(實在)하는 하나님에 대한 일의적(원형적, archetypal) 지식을 갖지 못할 것인가?

하나님을 그 자신의 계시로부터 구하기 위해 소홀히 대하지 말아야 할 유비의 적절성이 있다. 하지만 유비는 기호(sign)와 지시 대상(reference) 사이의 정확한 조화는 아니다. 성경에서 "움직여지지 않는" 미덕은 하나님은 신뢰할 만한 분이라는 확신에 놓여 있는 반면(시편 16:8; 21:7) 헬라인들에게 미덕은 부동성(immobility) - 완전한 정지(pure stasis) - 이 최고의 존재 양태였다.
로버트 W. 젠슨(Robert W. Jenson)이 유한(the finite)은 무한을 담을 수 없다(*finitum non capax infiniti*)라는 개혁파 격언과는 대조적으로 루터주의 기독론의 고전적 예(근거 없이 주장된 극단적 키릴로스주의[hyper - Cyrillian])로서 단순성 - 불감성 - 불변성 집합체에 대한 반감을 표현했지만 상황은 그렇게 쉽게 해결될 수 없다. 게르하르트 포르데(Gerhard O. Forde)가 "진정한"(unaccommodated) 루터를 정확하게 재확인함으로서 불변성에 대한 젠슨(Jenson)의 비판에 대응했던 것 못지않게 루터교 신학자도 그렇게 했다.[101]
젠슨에 대한 그의 답변은 동일하게 몰트만에게 적용할 수 있다. 즉, "마르틴 루터가 에라스무스에게 깜짝 놀랄 만한 의견을 제시하고 위엄 속에 숨

---

[101] 나는 "진정한"이란 언급을 리처드 멀러(Richard Muller)가 가했던 유사한 비판에서 가져왔다. 그는 *The Unaccommodated Calvin: Studies in the Formation of a Theological Tradition* (New York: Oxford University Press, 2000)에서 현대 신학자들이 칼빈을 불합리하게 많이 사용해 온 것에 대해 비판했다.

겨진 하나님은 자신을 말씀에 스스로 구속하셨던 것이 아니라 만물에 대해 계속 자신을 자유롭게 하셨다고 진술했을 때 나는 그가 단순히 하나님을 예수님에게로 합치는 것의 불가능성을 주장하고 있었다고 생각한다."[102]

루터의 신학에서 신적 필연성, 불변성, 영원성, 불감성 등과 같은 신성의 속성들은 감추어진 하나님의 가면들로서 역할을 한다. 한편, 이것은 그 속성들이 진노로서 즉 인간의 가식에 대한 공격으로서 역할을 하고 다른 한편 위로로서 즉 선포에 대한 지지로서 역할을 한다는 것을 의미한다. 하지만 그 속성들은 결코 단순히 사라지지 않는다. 조직신학은 그 속성들을 사라지게 할 수도 없다. 그것들은 "양심"을 놀라게 하기 위해 계속해서 다시 온다.

따라서 많은 것이 지금은 명확해야 한다. 예를 들어, 하나님의 불변성에 대한 이야기를 해결하려는 시도들은 수없이 많다. 그러나 그런 시도들은 일반적으로 학식이 부족해서가 아니라 적당한 무기를 사용하지 못하므로 결국 결코 효과가 없다. 루터는 아무도 감추어진 하나님의 얼굴에서 가면을 벗겨 낼 수 없음을 알았다. 하지만 그는 또한 하나님의 이름들 안에는 궁극적인 위로가 있다는 것을 종말론적 관점에서 알았다 …. 루터는 다음과 같이 질문한다.

"만일 하나님이 불변하지 않다면 누가 하나님의 약속을 믿을 수 있겠는가?"

아들 안에서 하나님의 "가변성(mutability)은 변하지 않을 분은 그런데도 인격적 연합과 속성 교류(communicatio idiomatum)로 인해 변한다는 사실에서 파토스(pathos)를 얻는다. 죽을 수 없는 하나님은 그런데도 죽으신다. 만약 우리가 단순히 체계적으로 불변성을 지운다면 가변성은 스스로 자명해진다. 하나님은 우리의 불행을 공유함으로써 부유하게 되는 단지 어수룩한 자가 되겠다고 위협한다."[103]

---

[102] Gerhard O. Forde, "Robert Jenson's Soteriology," in *Trinity, Time, and Church*, ed. Colin Gunton (Grand Rapids: Eerdmans, 2000), 136.
[103] 위의 책., 137.

젠슨이 여기서 그리고 다른 지점에서 자신의 정식화와 일관되지 않는다고 결론을 내리는 데 있어서 포르데는 혼자가 아니다.[104] 루터의 그림자가 아니라 헤겔의 그림자가 이런 제안들 위에 크게 보인다.

하지만 젠슨조차도 다음과 같이 인정한다.

> 우리는 고대 이교도의 형이상학적 편견에서 우리 자신을 벗어나게 하려고 노력할 수도 있다. 고대 형이상학에 의하면 하나님은 본질적으로 고통을 느낄 수 없다(impassible). 하지만 이런 종교적 충격 자체가 없다면 우리는 우선 하나님에 대해 걱정하지 않아도 되는데, 이런 종교적 충격 자체는 희생자로서 하나님의 자기제시에 대한 모욕을 결코 그만두지 않을 것이다. 하나님은 강력하고 그 앞에 있는 모든 것을 일소해야 한다.
> 그렇지 않으면 왜 우리가 그를 필요로 하는가?"[105]

따라서 언약의 주로서 하나님은 피조물을 위해서뿐만 아니라 피조물에게서도 자유롭다는 어떤 의미가 있어야 한다.

그렇다면 우리는 어떻게 부사와 명사로 이어지는 강변화 동사라는 목재로 신론을 구축할 수 있을까?

성경에서 하나님에 대해 그렇게 이야기된 정체성에는 적어도 다음과 같은 결론을 정당화하는 많은 직접적인 주장과 타당한 추론이 등장한다. 즉, 역사적 드라마에서 실제 배우를 연기하는 그런 신인동형론적 유비에도 불구하고 하나님은 놀라움에 압도당할 수 없다. 왜냐하면, 그분의 지식은 완벽하고 과거, 현재 그리고 미래를 아우르기 때문이다(출 7:1 - 7, 14; 8:15, 19; 9:16; 엡 1:11). 우리가 하나님을 반대할 수 있지만 궁극적으로 하나님은 반

104　George Hunsinger, "Robert Jesnson's Systematic Theology: A Review Essay," *Scottish Journal of Theology* 55, no. 2 (2002); 161 - 200.
105　ST 1:234를 인용하는 위의 책,. 138.

대에 의해 압도당할 수 없다(단 4:17 - 37; 출 15:1 - 23; 8:11; 시 22:28 - 31; 47:2 - 8; 115:3; 135:5 - 21; 렘 27:5; 행 17:24 - 26; 롬 9:17 - 21; 계 11:15 - 19). 그리고 하나님은 특정한 장소와 시간에 존재할 수 있지만 그런 제한에 압도될 수는 없다(시 139:7 - 12).

성경적 증언의 초점은 진정으로 관련시킬 수 있는 하나님의 능력이 아닌 하나님의 속성에 대해 어떤 제한을 두려는 것을 금지하는 것에 맞추어져 있는 것처럼 보인다.

마찬가지로 하나님은 자기 백성의 기쁨과 슬픔에 참여하는데, 그렇지 않다면 하나님의 도덕적 속성은 공허한 것이 될 것이다. 그러나 하나님은 결코 고통에 압도되지 않는다. 따라서 하나님을 조급하거나 격노한 분으로 표현하는 이야기들은 하나님이 자기 언약을 위반하신다는 심각성을 드러내지만 하나님의 존재 자체에 대한 어떤 일의적 묘사도 제공하지 않는다.

하나님은 우리와는 다르기 때문에 결코 고통에 압도되지 않는다. 이것은 하나님이 긍휼을 가지고 있을 뿐만 아니라 분노를 품고 있는 사람들에게는 환영의 소식으로 다루어진다.

> 내가 나의 맹렬한 진노를 나타내지 아니하며 내가 다시는 에브라임을 멸하지 아니하리니 이는 내가 하나님이요 사람이 아님이라 네 가운데 있는 거룩한 이니 진노함으로 네게 임하지 아니하리라(호 11:9).

같은 것이 말라기 3:6에서도 확인된다.

> 나 여호와는 변하지 아니하나니 그러므로 야곱의 자손들아 너희가 소멸되지 아니하느니라(말 3:6).

하나님의 불변성(immutability)은 헬라의 부동성(immobility) 개념과 확실히 구별해야 하지만 하나님이 세상에서 독립되어 있다는 그분의 독립성은 정확하게 세상에 대한 그분의 관여에서 또한 관여와 함께 유지된다. 단지 하나님은 변하시지 않기 때문에 자기 피조물로부터의 끊임없는 보복에도 내재하는 재난의 위협 없이 매일을 맞이하는 자신감이 있을 수 있다.

> 너희가 나를 누구에게 비기며 누구와 짝하며 누구와 비교하여 서로 같다 하겠느냐
> (사 46:5; 55:8-9; 민 23:19; 삼상 15:29; 호 11:9).

사실은 다음과 같다. 즉, 하나님은 마치 우리가 비슷한 것처럼 자신을 인간과 비교했다는 것이다. 그런데도 (유비적인 단서) 하나님은 자신의 초월성을 유지하고 있다. 자신의 계시에서 참되게 알려졌지만 하나님은 그 계시에 의해 담겨질 수 없다(유한은 무한을 담을 수 없다, *finitum non capax infiniti*). 유비를 진지하게 고려하는 것은 그것을 일의적으로 받아들이지 않는 것이다.

성경은 하나님을 단지 돌이키는 분으로 표현할 때 유비적인 것 못지 않게 하나님을 돌이키지 않은 분으로 말할 때도 유비이다. 모형은 비유이고 "실체를 묘사하기"(reality-depicting)에 대한 대안이라기보다는 오히려 그것들은 실체를 나타내는 바로 그 수단들이다. 이것은 신학에서만큼이나 자연 과학에서도 사실이다.[106]

하나님의 불가해성에도 하나님은 자기 피조물과의 관계를 맺으려고 의도하신다. 언약은 그것이 가능해지는 맥락이다. 하나님을 단순히 예수님과 계시를, 신적 본질과 내재적 삼위일체를, 경세적 삼위일체와 영원한 작정(숨겨진 일들)을 시간적 실행(드러난 일들)에 합치지 않고 세상적 관계를 맺으신다.

이 언약적(유비적) 담론의 예, 특별히 이 논쟁을 언급하므로 잠시 주의를

---

[106] Janet Martin Soskice, *Metaphor and Religious Language* (Oxford: Oxford University Press, 1984)를 보라.

기울이겠다. 나는 전통적으로 하나님을 단정하는 (그리고 현대의 비판을 받는) 일단의 속성의 일부분으로서 불변성의 문제를 제기했으므로 이 시점에서 특별히 최근 복음적 논의 안에 있는 "열린 유신론"으로 부르게 되었던 것의 주장과 상호 소통할 것이다. 나는 이미 열린 유신론의 대표 저술 중 일부를 언급했다.

명백한 예는 하나님이 뜻을 돌이키시는 것(relenting)과 후회하시는 것(repenting)과 관련이 있다. 열린 유신론자들은 하나님이 뜻을 돌이키시는 것과 후회하시는 것은 하나님은 변하시고 독립적이지 않고 전지적이지 않다는 것을 입증한다고 주장한다 - 적어도 이런 용어들을 역사적으로 이해했던 것처럼[107]- 예를 들어 사무엘상 15:11에서 하나님은 사울을 왕으로 세웠던 것에 대해 후회하시지만 사무엘상 15:29에서 우리는 다음과 같은 내용을 읽는다.

> 이스라엘의 지존자는 거짓이나 변개함이 없으시니 그는 사람이 아니시므로 결코 변개하지 않으심이니이다 (삼상 15:29).

하나님의 본성이나 은밀한 계획도 변하지 않는다. 또한, 이런 이유로 믿는 자들은 "우리는 미쁨이 없을지라도 주는 항상 미쁘시니 자기를 부인하실 수 없으시리라"(딤후 2:13; cf. 같은 요점으로 말 3:6)는 내용을 확신할 수 있다.

따라서 하나님의 은밀한 계획들이 아니라면 무엇이 변하는가?

변하는 것은 그분의 드러난 계획들이다. 즉, 하나님이 백성에게 내릴 것이라고 경고했던 심판은 - 정확하게 하나님이 만세 전에 미리 예정하셨던 것처럼 - 돌이켜진다. 언약 역사에서의 이런 역동적인 주고받음은 성경이

---

[107] 열린 유신론자들에 의하면 하나님은 아마 알려질 수 있는 모든 것을 아신다. 그러나 그것은 자유로운 피조물의 결정과 행동은 배제한다. 나는 전지와의 동일성을 확장하는지 아니면 깨는지에 관해 결정하는 것은 독자에게 맡긴다.

또한 변하지 않고 접근할 수 없는 하나님의 경륜 안에 숨겨진 것으로 선포하는 영원한 작정(the eternal decree)과 구별해야 한다(엡 1:4 - 11).

이것들은 두 개의 모순되는 증거 본문 즉 하나는 열린 유신론을 지지하고 다른 하나는 고전적 유신론을 지지하는 증거 본문들이 아니다. 오히려 이 본문들은 우리를 올바른 길로 인도하기 위한 난간(guardrail) 역할을 하는 두 종류의 유비다. 이런 언약에는 진정한 변화, 역동적인 상호작용, 동반자 관계가 있다(Deus revalatus pro nos). 동시에 하나님은 인간이 후회하는 방식으로 후회하시지 않는다는 점에서 인간 파트너와 같지는 않다.

즉, 하나님은 심지어 유비 안에서 그리고 유비를 통해서 자신을 계시하는 동안에도 하나님은 유비를 초월하신다(Deus absconditus in se). 한편 성경으로 우리는 하나님의 계시된 뜻과 반대되는 것으로서 그런데도 하나님의 은밀한 계획 안에 이해된 타락에 대해 말한다(롬 8:20 - 21).

이런 견해에서 우리는 열린 유신론자들이 침묵함으로써 "후회하지 않은"(nonrepentance) 구절로 부담을 받는 것처럼 보이는 방식으로 "후회" 구절에 어려움을 겪을 필요가 없다. 극단적 칼빈주의(hyper - Calvinism)와 열린 신학에 반대해 우리는 모든 것을 감추어진 하나님의 영원한 작정이나 계시된 하나님의 역사적 언약으로 환원할 필요가 없다.[108]

---

[108] 피녹(Pinnock)과 그의 동료는 이중 작인(作因)(double agency)에 대한 개혁파의 설명을 인정하지 않을 수도 있다. 하지만 그들이 이 전통을 "전인과관계"(omnicausality)로 반복해서 잘못 표현하고 언약에서 인간 동반자 관계를 제거하는 것은 그들이 구사하는 주장이 가진 지속적인 약점이다. 이중 작인에 대한 이런 개념은 철학의 갑작스러운 등장이 아니라 그런 수많은 구절에서 나오는 선하고 필연적인 추론이다. 익숙한 요셉 이야기에서 같은 사건 - 형들이 요셉을 잔인하게 대우함 - 은 뚜렷한 두 개의 의도가 있는 두 명의 창시자가 있다. 즉, "요셉이 그들에게 이르되 두려워하지 마소서 내가 하나님을 대신 하리이까 당신들은 나를 해하려 하였으나 하나님은 그것을 선으로 바꾸사 오늘과 같이 많은 백성의 생명을 구원하게 하시려 하셨나니"(창 50:19 - 20 NKJV). 베드로도 정확하게 십자가 처형에 대해 같은 근거를 제시한다. 즉, "그가 하나님께서 정하신 뜻과 미리 아신 대로 내준 바 되었거늘 너희가 법 없는 자들의 손을 빌려 못 박아 죽였으나"(행 2:23).

유비적 설명은 거짓 딜레마 안에 있는 이런 수수께끼를 해결하지 않고도 하나님이 피조 세계에서 독립해 계신 것과 피조 세계와 관계를 맺고 계신 것이 진지하게 확언될 수도 있는 패러다임을 제공한다. 몰트만은 예외지만 젠슨, 피녹, 샌더스는 모두 유비에 대해 그들이 참지 못하는 것과 함께 역설에 대해 그들이 참지 못한다는 것을 반영한다.[109]

이런 합리주의 경향성은 아이러니하게도 논쟁의 양쪽에 고전적 유신론에 대한 옹호자와 비평가 모두 볼 수 있는데, 거기서 어떤 속성은 일의적인 의미로 확언되거나 부정된다.

하지만 하나님에 대한 추상적 묘사를 하나님에 대한 구체적인 묘사로 바꾸라는 요구에도 하나님의 독립성의 전통적 단언에 대해 비판하는 많은 비평가는 상당히 추상적이고 정적이고 일반적인 용어로 결국 초월성과 내재성에 대해 언급하게 된다. 그들의 표현 중 어떤 표현은 고대와 현대 이원론(그리고 이원론적 일원론)의 익숙한 반정립(反定立)에서 도출된 무시간적 개념인 것처럼 보인다.

그리고 이것은 종종 거짓 딜레마로 이어진다. 우리는 "모든 것을 통제하는 것이 아니라 피조물에게 존재할 여지와 사랑할 자유를 주시기" 원하는 하나님을 예배하거나 아니면 "어떤 저항도 용납할 수 없는 모든 것을 통제하는 절대 군주(칼빈)"를 예배한다. 그런데 후자는 칼빈이 이런 입장을 주장했다는 잘못된 인상을 준다.[110] 게다가 우리는 "부동적인"(immobile)("고독한 단자"[a solitary monar]) 하나님과 자신의 행복을 위해 피조물에게 의존하는

---

[109] 예를 들어, 헌싱어(Hunsinger)는 젠슨에 관해 다음과 같이 지적한다. "반복해서 그의 경력 전체에 걸쳐서 그는 역설을 '공허함이라는 경건한 신비를 파는 행위'라고 비난했다. 역설을 통해 '우리는 그 어떤 것도 전달하지 않는다'고 그는 믿는다(Triune Identity, 126).…이런 비판은 젠슨이 합리주의적 형이상학의 의존에 기초가 되는 것처럼 보인다"(Hunsinger, "Review Essay," 199).

[110] Pinnock, *Most Moved Mover*, 4.

"살아계신 하나님" 사이에서 선택해야 한다.[111] 이것은 중요하다. 왜냐하면, 피녹의 책 제목 자체가 그가 비판하고 있는 입장이 다름 아닌 아리스토텔레스의 부동의 동자(Unmoved Mover)에 대한 종교적 해설에 지나지 않는다는 것을 암시한다.

하지만 우리는 이미 불변성(immutability)이 결코 부동성(immobility)을 필요로 하지 않는다는 것을 살펴보았기 때문에 여기서 이런 주장들을 반복할 필요는 없다.

이런 점에서 기독교 교리가 아무리 많이 아리스토텔레스의 부동의 동자와 유사하게 들린다 하더라도 차이점들이 더 크다. 예를 들어, 찰스 하지(Charles Hodge)는 우리에게 고전적 견해에서 하나님은 불변하지만 "그런데도 하나님은 정지한 대양이 아니라 항상 살아 계시고 항상 생각하시고 항상 행동하시고 피조물의 긴박한 필요성과 지혜가 무한한 자신의 목적 성취에 항상 자기 행동을 맞추신다는 것을 상기시켜 준다."

그는 어떻게 이것이 그러한가에 대해 결코 추론하지 않는다. 그런데 이 논쟁의 양측의 극단적 표현이 종종 그렇게 하려고 유혹을 받는다. 그는 다음과 같이 덧붙인다.

> 우리가 이런 사실들을 조화시킬 수 있는지 없는지는 사소한 문제다. 우리는 사물들이 존재하는 것, 어떻게 그 사물들이 존재하는지 또는 심지어 어떻게 그 사물들이 존재할 수 있는지를 구별할 수 없이 믿으라고 끊임없이 요구받는다. 철학적 언어로 하나님의 불변성에 대한 성경의 교리를 진술하려는 시도에서 신학자들은 불변성을 부동성과 혼동하기 쉽다. 하나님이 변할 수 있다는 것을 부인할 때 그들은 그가 행동할 수 있다는 것을 부정

---

[111] 위의 책., 6.

하는 것처럼 보인다.[112]

불변성은 부동성과 혼동하지 말아야 한다. 또한, 여기에 다양한 개혁파 교의학 가운데 의견 일치가 있다.[113] 비슷한 맥락에서 반 틸(Cornelius Van Til)은 다음과 같이 쓴다.

> 확실히 아리스토텔레스의 경우 신적 존재의 불변성은 공허함과 내적 부동성에 기인했다. 아리스토텔레스의 부동의 사유의 사유(unmoved noesis noeseoos)와 기독교의 하나님 사이의 대조보다 더 큰 대조는 생각할 수 없다. 특히, 이것은 성경이 모든 종류의 활동을 하나님에게 돌리는 것을 주저하지 않는다는 사실에서 나타난다 …. 여기에 기독교 신론의 영광이 놓여 있다. 즉, 불변하는 분이 우주의 변화를 통제하는 분이다.[114]

따라서 여호와 하나님(YHWH)은 자기 명상에 빠진 고독한 단자(solitary monad) 즉 자기 자신의 지복(至福)을 명상하기 위해 세상을 향해 눈을 감는 부처 같은 인물이 아니다. 하지만 여호와 하나님은 또한 자신을 제외하고 자신이 창조했던 실재에 갇히거나 제한받는 피조물이 아니다. 더글러스 패로우(Douglas Farrow)가 로버트 젠슨(Robert Jesson)의 견해를 비판하면

---

112 Hodge, *Systematic Theology*, 1:390-91.
113 위의 책., 392. 여기서 하지(Hodge)는 그런 취지로 특별히 아우구스티누스의 일부 진술을 비판하면서 그가 주해의 한계를 넘어 추론했다고 비난한다. 하지만 그는 현대 신학은 철학적 가정에 훨씬 많은 빚을 지고 있다고 주장한다. "우리는 성경의 가르침을 준수해야 하며 성경 가르침의 권위와 우리의 도덕적이고 종교적 본성의 직관적 확신을 어떤 철학적 체계가 가진 자의(恣意)적 정의에 종속시키기를 거절해야 한다." 바빙크(Bavinck)는 동의한다. 즉, "하나님이 불변하다는 사실이 그가 활동하지 않으신다는 것을 의미하지 않는다. 즉, 불변성을 부동성과 혼동하지 말아야 한다"(신론 [*Doctrine of God*], 151).
114 멀러(Muller)가 "성육신(Incarnation)," 30에서 인용함.

서 말했던 것은 몰트만의 견해와 열린 유신론에도 적용될 수 있다.

> 우리가 없다면 하나님이 되지 않기로 했던 하나님은 따라서 단지 우리와 함께 하나님이 되어 주심으로서만 하나님이심을 암시하는 것은 독단적인 전통에 관한 것처럼 성경 내러티브를 이용하는 것이다.[115]

한편 우리는 하나님이 피조물의 고통에 의해 마음이 흔들리지 않거나 움직여지지 않는다는 결론을 피해야 한다. 그렇지 않으면 유비는 어떤 내용물도 전달할 수 없다. 또한, 우리가 예수 그리스도 안에서 계시된 하나님 뒤에 있는 하나의 신에게 굴복했다는 불길한 두려움은 정당화된다.

따라서 하나님이 자신의 사랑 어린 계획에 대한 반대를 경험하지만 우리가 경험하는 것처럼은 아니라고 말할 때 우리는 정당화되지 않는가? 그가 시간을 경험하지만, 우리가 경험하는 순간들의 지나감으로써가 아니라고 말할 때 우리는 정당화되지 않는가?
인간과 그분의 언약 백성을 위한 가능성을 제시하지만, 단순히 한 사람이 인간적 경험에서 다른 사람과 협력하는 것으로서는 아니라고 말할 때 우리는 정당화되지 않는가?

몰트만, 판넨베르크, 젠슨과 다른 신학자가 제기한 우려에 너무 빨리 반응하기 전에 우리는 헬라 철학에 의해 유발된 불감성(피비동성) 전통이 있다는 것을 인식해야 한다.
또한, 우리는 의심할 여지 없이 헬라 철학에 의해 유발된 불감성 전통이

---

115 Douglas Farrow, "Robert Jenson's Systematic Theology, Three Responses," *International Journal of Systematic Theology* 1, no. 1 (1999): 91.

유대 신학과 기독교 신학에서 이 교리에 대한 특정 설명에 영향을 미쳤다는 것을 인식해야 한다. 예를 들어, 몰트만은 마이모니데스(Maimonides)를 인용한다.

> 신은 걱정에서 자유롭다. 또한, 신은 기쁨의 감정이나 고통의 감정에 의해 움직여지지 않는다. 스피노자가 '신은 사랑하지도 증오하지도 않는다'라는 논지를 제기했을 때 같은 노선을 따랐다.[116]

참된 기독교 신학은 이런 주장을 할 수는 없지만, 신적 감정과 인간의 감정 그리고 의존 사이의 일의적인 동일성을 포용할 수도 없다. 우리가 하나님은 압도당하지 않음을 변호하기 위해 무슨 말을 하든 우리는 이런 두 영역의 도전을 받아들여야 한다. 즉, 하나님의 초월적 자유뿐만 아니라 그의 언약적 관계와 인격에 대한 비판을 받아들여야 한다.

다른 한편 우리는 하나님이 그분의 영원한 본성이나 의지 안에서 자신이 창조했던 것에 압도되고 좌우된다는 결론을 피해야 한다. 왜냐하면, 하나님이 창조하셨던 것은 매 순간 그분의 자유롭고 무조건적 유지에 의존하기 때문이다. 이것을 넘어서 우리는 아마 하나의 형이상학적 도식이나 또 다른 형이상학적 도식에 호소함으로써 하나님의 본성에 "가치 있는 것"이나 "적절한" 것을 추론할 수 있을 것이다.

하지만 그 정도까지 우리는 낯선 존재로서 그리고 사실 그리스도와는 별도로 심판자로서 우리와 대면하는 이스라엘의 하나님과의 관계를 상실한다. 우상 숭배는 우리가 완전성에 대한 우리 자신의 이상을 형이상학적 도해(圖解)에 투영할 때 발생한다.

---

[116] Moltmann, *Trinity and the Kingdom*, 26.

신적 지복에 대한 파르메니데스적 치환(置換)과 신적인 끊임없는 변화에 대한 헤라클레이토스적 버전과 대조해서 성경적 소망은 샬롬(*shalom*)이라는 종말론적 범주를 끼워 넣는다. 이것은 확실히 스토아주의적 부동성과 아파테이아(*apatheia*)가 아니지만 그런데도 평화로운 현존이다. 하지만 이것은 이스라엘과 이스라엘의 하나님 중심적인 법들의 유비와 최고로 하나님 나라에 대한 그리스도의 선포 안에 계신 하나님에 의해 정의된 종류의 평화다.

즉, 투쟁, 고통, 악, 불의가 없는 평화다. 어떤 움직임도 없어서가 아니라 하나님과의 적당한 관계에서 이탈이 없기 때문에 이것은 심지어 안식일 휴식(Sabbath rest)으로 불린다. 격정이 없기 때문이 아니라 하나님 자신의 풍부한 삶과 기쁨의 격정이 끊임없이 주민들에게 활력을 불어넣고 생기를 되찾게 하기 때문이다.

만약 하나님이 안식 안에 거하신다면(그리고 만약 그분이 그렇지 않다면 어떻게 하나님이 우리에게 그 안식을 가져올 수 있을까) 그분은 이미 완전한 주고받음, 사랑하고 사랑받는 삼위일체의 교제에서 영원한 평화, 기쁨, 의를 즐기고 있다. 하나님은 이런 안식일적 실체를 이미 최대한 즐기시는 것뿐만 아니라 우리를 위해 그것을 가져오려고 일하시고 있다. 안식일에 병자를 치료한 것에 대한 비판에 대해 예수님은 "내 아버지께서 이제까지 일하시니 나도 일한다"(요 5:17)라고 답변했다. 이런 일하심은 정말 투쟁이지만, 여호와 하나님(YHWH)이 최종적으로 승리하는 투쟁이다.

왜냐하면, 하나님의 어떤 목적도 좌절시킬 수 없기 때문이다. 정확하게 하나님은 독립적이시고 그분의 안식적 다스림에서도 제한 받지 않으시기 때문에 그분은 피해자들과 가해자들에게 희망을 가져다 줄 수 있다. 정확하게 하나님이 자유롭게 피조물과 언약 관계를 맺으셨으므로 우리는 그분이 기꺼이 그렇게 하시는 것을 신뢰할 수 있다. 이것은 우리를 공유적 속성 또는 도덕적 속성으로 이끈다.

3. 제한적인 주 되심(Qualified Lordship)

"비공유적" 속성(즉 심지어 인간의 특성과 유비적 관계도 없는 속성들)은 성경적 설명을 분명하게 표현하는 데 있어서 매우 중요하지만 "공유적"(또는 도덕적) 속성이 성경 드라마에서 가진 집중적인 주목을 받지 못한다. 놀랄 것도 없이 칼빈은 자신의 기독교 강요(Institutes)에서 단지 하나님의 비공유적 완전성을 지나가는 말로 언급한다. 왜냐하면, 이것은 하나님의 본질에 관한 사변에 가깝기 때문이다.

> 하나님의 무한하시고 영적 본질에 관한 성경의 가르침은 일반 사람들의 헛된 망상을 물리치는 데에는 물론 세속 철학의 교묘한 이론들을 반박하는 데에도 충분하다. 하지만 하나님은 우리를 건전한 상태로 지키시기 위해 그의 본질에 대해서는 별로 말씀하지 않으시지만, 앞에서 언급한 두 가지 속성들로서 인간의 어리석은 상상을 모두 제거하시고 또한 인간의 마음의 대담무쌍함을 억제하시는 것이다.[117]

나는 이런 공유적 속성을 제한적 주 되심이라는 표제 아래 분류한다. 이것은 하나님의 권능이 자신의 본성에 구속받는다는 요점을 강조하기 위한 것이고 하나님의 완전성을 단순히 하나님의 의지에 묶여 있는 전능성(절대 권능)으로 환원하는 현대 신학의 유명론적 궤도에 반대하는 것이다.

예를 들어, 칼빈은 "궤변가들이 불경스럽게도 하나님의 정의와 그의 권능을 구별하며 지껄이는 그 절대적인 의지가 아니라"라고 기록한다.[118]

유명론에 뒤이어 현대성은 자유를 의지와 동일시했지만 이 맹목적이고

---

[117] Calvin, *Institutes 1.* 13.1.
[118] Calvin, *Institutes 1.* 17.2; cf. CR XXXIV. 339f: "하나님은 절대 권능을 가지고 있다고 소르본 대학 박사들이 말하는 것은 지옥에서 만들어졌던 악마적 신성 모독이다."

임의적인 자유가 하나님이나 인간의 속성을 나타내든지 간에 현대성은 자유를 자발적인 행위자(willing agent)의 성품과 분리함으로서 자유를 비인격화한다. 그런 극단적이고도 자유의지적 견해는 언약의 전제인 행위자들 사이의 진정한 신뢰성을 훼손한다.

하지만 가령 하나님의 의지가 순수한 자유를 가진 독립적인 능력이라기보다는 오히려 그분의 성품의 외적 표현이라면 심지어 하나님조차도 자신의 도덕적 성향에 반해 행동할 수 없다. 하나님과 인간에게 있어서 자유는 자연스러운 자유, 즉 존재할 수 있는 자유 - 자신의 본질에 따라 의도할 수 있는 자유다. 절대적 권능이나 추상적 의지(abstract willing) 같은 그런 것은 존재하지 않는다(그런데 이것은 훨씬 더 악의적이고 많이 남용된 단순성 교리를 위한 또 다른 용도다).

첫째, 하나님의 주되신 자유는 제한적이거나 더 좋게는 하나님의 지식과 지혜에 의해 도덕적 방향이 주어진다. 이것은 단순히 하나님이 더 많은 생각, 더 나은 생각, 더 깊은 생각을 가지고 있다는 것이 아니라 그분의 앎의 방식이 그분 자신의 것이며, 어떤 지점에서도 피조물의 지식과 결코 동일하지 않다는 것이다.

> 이는 내 생각이 너희의 생각과 다르며 내 길은 너희의 길과 다름이니라 여호와의 말씀이니라. 이는 하늘이 땅보다 높음 같이 내 길은 너희의 길보다 높으며 내 생각은 너희의 생각보다 높음이니라(사 55:8-9).

사실 선택에서 하나님의 자유에 대한 바울의 부가 설명은 송영으로 이어진다.

> 깊도다 하나님의 지혜와 지식의 풍성함이여, 그의 판단은 헤아리지 못할 것이며 그

의 길은 찾지 못할 것이로다 누가 주의 마음을 알았느냐 누가 그의 모사가 되었느냐 누가 주께 먼저 드려서 갚으심을 받겠느냐 이는 만물이 주에게서 나오고 주로 말미암고 주에게로 돌아감이라 그에게 영광이 세세에 있을지어다 아멘(롬 11:33 - 36).

비밀은 그의 영광처럼 어떤 피조물에게도 양보하지 않을 신적 특권이다(신 29:29). 하나님은 우리의 생각을 철저하게 알고 있지만(시 44:21; 94:11) 우리는 계시 없이 하나님의 생각에 접근할 수 없다.

하지만 위에서 바울의 송영의 맥락이 강조하는 것처럼(롬 11:33) 하나님의 지식과 지혜는 특히 구속사에서 분명하다. 하나님의 지혜는 이 마지막 날에 그리스도 신비의 계시에서 볼 수 있는데, 이 지혜는 인간의 사변과 박학다식을 어리석음으로 격하시키는 지혜다(고전 2:7; 골 1:16; 엡 3:10 - 11).

모든 일을 그의 뜻의 결정대로 일하시는 이의 계획을 따라 우리가 예정을 입어 그 안에서 기업이 되었으니(엡 1:11).

그렇다면 하나님의 지식과 지혜는 추상적 개념이 아니라 주로 하나님의 구속 언약의 실행에서, 즉 그리스도 안에 있는 하나님의 목적이 전개되는 신비 속에서 증명된다. 하나님이 자신의 선지자들에게 계시하시는 것은 바로 이 지혜와 지식이다(암 3:7; 사 42:9). 사실 그리스도 자신이 그런 지혜와 지식의 내용이다(고전 1:30). 성부 자신은 성자에 대한 지식보다 더 높거나 소중한 지식은 없다. 성령은 그리스도에 대한 이런 계시의 한계 내에서 경세적으로 자신의 임무를 수행하시는 데 만족하신다.

특히, 우리는 하나님이 자신의 권능을 발휘하시는 데서 그분의 지식과 지혜를 목격한다. 도너(Dorner)는 하나님의 전능성은 결코 우리 자신의 자유와 대립하는 것이 아니라 우리 자신의 자유를 위해 필요하다고 지적한다.[119] 이것은 삼위일체 개념이 필요하다. 왜냐하면, 비록 전지, 전능과 편재는 동일하게 삼위 위격의 속성이지만 하나님은 이 세상 위에서뿐만 아니라 이 세계 안에서도 일하신다. 왜냐하면, 이 세계는 성자 안에서 끊임없이 언급되고 성령에 의해 효과적으로 형성되기 때문이다.

판넨베르크는 전능, 전지, 편재를 종합하고 이것을 훌륭하게 지지한다. 어떤 권능이 아무리 그 권능이 크다 해도 그 대상에 제시되지 않는 한 효력을 발휘할 수 없다. 따라서 편재는 전능의 조건이다. 하지만 전능은 성령에 의해 편재가 실제로 무엇을 의미하는지를 보여준다.[120]

다마스쿠스의 요한도 비슷한 점을 지적했다.

왜냐하면, 하나님은 만물이 존재하기 전에 만물을 아셨고 자기 생각 속에서 만물을 영원히 그리고 각각을 자신의 임의적이고 영원한 사고에 적합하게 붙들고 계신다. 그리고 하나님의 사고는 예정과 형상과 모범을 구성하며 예정된 시간에 존재하게 된다.[121]

편재는 이것에 대한 근거다.

왜냐하면, 하나님은 만물을 채우시는 자신만의 장소이자 만물 위의 존재이며 스스로 만물을 유지하시기 때문이다. 하지만 우리는 장소를 차지하시는 하나님과 하나님의 에너지가 분명히 드러나는 하나님의 장소에 대해 말한다. …

---

[119] Dorner, *Divine Immutability*, 147.
[120] Pannenberg, *ST* 1:415.
[121] John of Damascus, "Exact Exposition," 12.

그리고 하나님의 신성한 육신은 하나님의 발이라고 이름 붙여졌다. 교회도 하나님의 장소라고 언급된다. 즉, 우리는 하나님을 영화롭게 하기 위해 하나님과 대화를 나누는 일종의 성별된 장소로서 교회를 구별했기 때문이다.[122]

이런 전능을 폭압과 혼동하는 것은 하나님의 권능을 "어떤 권능도 없는 타자들에 대한 대립 안에" 있는 것으로 잘못 이해하는 것의 결과다. 폭압은 전능을 얻으려고 분투하지만 그런 분투는 전능하지 못한 것으로 인해 분노를 무심코 드러낸다. 판넨베르크는 다음과 같이 언급한다.

> 폭압의 권능의 대상은 자신의 활동의 외부 전제조건이다. 하지만 하나님의 권능은 그 자체밖에 전제조건이 없다. 하나님 권능의 특징 중 하나는 다음과 같다. 즉, 하나님의 권능은 하나님의 권능이 지배하는 그것을 낳으신다는 것이다. 하나님만이 단지 창조주로서 전능하실 수 있다. 이런 이유로 성경은 일관되게 하나님의 전능에 대해 언급하는 것을 그분의 창조적 사역에 대한 언급과 연관시킨다 … 단지 창조주만이 죽은 자들을 깨울 수 있고, 죽은 자들로부터 부활은 창조주가 되는 것이 무엇을 의미하는지 보여준다.[123]

신적 전지성은 말브랑슈(Malebranche)와 조나단 에드워즈(Jonathan Edwards)의 정교한 철학적 신학과 2차 원인이 필요하지 않은 많은 이의 대중적인 경건을 괴롭히는 (아마 전원인론[omnicausalism]으로 더 잘 동일시되는) "기회 원인론"(機會原因論, occasionalism)을 수반하지 않는다. 예를 들어, 에드워즈는 모든 것이 "하나님의 권능의 즉각적인 발휘에서" 하나님에 의해 이루어진다고 주장했다.[124] 하지만 만약 하나님이 모든 사건에서 직접 그리고 즉시 일

---

122 위의 책., 15.
123 Pannenberg, *ST* 1:416.
124 Jonathan Edwards, *Scientific and Philosophical Writings*, ed. Wallace E. Anderson, Works

한다면 전능은 사실 피조물의 참된 자유의 불가능성을 의미할 것이다.

하나님은 피조물의 자유(책임 있는 동인)를 확보하기 위해 창조주의 자유(주권)를 조금이라도 포기할 필요가 없다. 인간이 자유로워지기 위해서는 하나님이 자신의 자유를 제한해야 한다는 가정은 존재의 일의성(a univocity of being)에 의존한다. 하지만 존재가 유비적이라면 할당해야 할 자유의 공통 보고(寶庫)는 존재하지 않는다. 대신 창조주의 자유와 피조물의 자유가 존재한다. 어떤 지점에서도 이런 자유는 일의적이지 않다. 하지만 그들의 유비적 관계는 언약적 동반자 관계를 확립하기에 충분하다. 다시 한번 언약은 우리에게 다음과 같은 사실을 상기시켜준다.

즉, 하나님의 주권은 무한하고 정의상 제한될 수 없지만(심지어 자체적으로 제약될 수 없다) 하나님의 주권이 그리스도 안에서 우리에게 맹목적 위엄이 아니라 우리를 구원하고 보존하겠다는 믿을 만한 유대감과 맹세로 나타난다. 하나님의 권능은 그분의 지식, 지혜, 사랑, 선함과 정의뿐만 아니라 그분의 언약에도 묶여 있다.

하나님의 지혜와 지식과 밀접한 관련이 있는 것은 그의 진실성(veracity)이다. 또한, 이것은 언약의 맥락과 더욱 밀접하게 연관되어 있고 더 구체적으로는 심판자, 피고인 그리고 선지자들이 중재한 증인과 증언 그리고 반대 증언의 상호 교환 역할에서 이스라엘과 여호와 하나님(YHWH)이 관여하는 재판과 더욱 밀접하게 연관되어 있다. 구약성경에서 에메트(emet), 에뮤냐(emunah) 그리고 아멘(amen)이라는 단어들이 이런 언약 소송의 맥락에서 등장한다.

또한, 신약성경은 이것을 우주적 재판의 절정으로서 그리스도의 인격 안에서 진척시켜 나가고 진리의 본질 자체로서 예수 그리스도와 함께 진리(aletheia)와 진리와 같은 것에 호소한다(요 14:6). 여호와 하나님(YHWH)

---

of Jonathan Edwards 6 (New Haven, CT: Yale University Press, 1960), 214.

은 진리다. 즉, 윤리적 의미(민 23:19; 롬 3:4; 히 6:18)와 논리적 의미(사물들이 실제로 어떤지 존재하는지를 아는 것)에서 여호와는 진리다. 하나님의 언약적 성실함(헤세드)은 이 모든 개념을 하나로 묶어 주는 접착제다. 하나님은 현실에 충실하실 것이다. 왜냐하면, 필연적으로 진리이신 하나님은 현실의 창조자이고 현실 왜곡의 심판자다.

하나님의 다른 속성처럼 선함과 사랑은 재판의 맥락에서 명사로 이어지는 강변화 동사의 맥락에서 드러난다. 예를 들어, 우리는 예레미야 12장에서 이런 재판에 대한 구경꾼들의 좌석에 합류한다. 예레미야 12장에서 선지자는 다음과 같이 선포한다.

> 여호와여 내가 주와 변론할 때에는 주께서 의로우시니이다 그러나 내가 주께 질문하옵나니 악한 자의 길이 형통하며 반역한 자가 다 평안함은 무슨 까닭이니이까 (렘 12:1).

하나님의 단순성이 함유한 또 다른 함의는 다음과 같다. 즉, 우리가 하나님의 의지를 그분의 본성에서 추출할 수 없다. 그뿐만 아니라 우리는 우리가 좋아하는 속성을 가장 본질적인 속성으로 골라낼 수 없고 하나님의 성품의 다양한 표현을 억지로 한 개념에 넘겨 줄 수 없다. 이것은 특별히 우리가 하나님의 사랑을 분명히 표현하려고 할 때 사실이다.

특히, 우리 시대에 "하나님은 사랑이다"에서 "사랑은 하나님이다"까지 그리 멀지 않다. 대인관계에서 사랑은 모든 불성실, 부정, 자기추구 행위를 위한 합리화가 되었다. 상대방에 대한 우리의 욕망이 우리가 얻을 수 있는 것 또는 소유할 수 있는 것에 의해 결정될 때 사랑은 정욕이 되고 그 대상은 우상이 된다. 또한, 상대방에 대한 우리의 욕망이 전달하지 못하면 정복해야 할 악마가 된다. 즉, 바로 자신의 존재에 대한 위협이다.

따라서 하나님의 사랑을 그렇게 위로적인 것으로 하는 것은 하나님의 사랑이 정욕으로 왜곡되지 않았다는 명확한 요점이다. 그뿐만 아니라 정확하게 하나님의 사랑이 피조물의 어떤 것에 의해서도 좌우되지 않기 때문에 하나님의 사랑은 위로적이라는 더 기본적 사실이기도 하다.

물론 이것은 삼위일체 내에서 삼위 간의 교제 안에서는(intra - Trinitarian communion) 사실이 아니다. 삼위일체 내에서 삼위 간의 교제에서 성부는 성자의 영원한 나심(eternal generation)과 성령의 영원한 나오심(eternal procession)을 통한 하나님의 목적 실현에서 자신의 아버지 됨을 이끌어 내신다.

이 영원한 내적 주고받음에서 누구도 결코 실망시키지 않는다. 자신의 행복을 다른 사람에게 맡기는 것에 대한 스토아주의적인 거부는 없다. 판넨베르크가 융엘("하나님은 영원히 자신을 사랑하는 분이다")에 대한 교정에서 언급하는 것처럼 다시 한번 하나님의 속성에 대한 삼위일체적 정식화가 핵심이다.

> 하지만 만약 한 사람이 다른 사람을 타자로서 사랑하는 대신 다른 사람 안에 있는 자신을 사랑한다면 사랑은 완전한 자기희생적 사랑에 미치지 못한다. 그런데 완전한 자기희생적 사랑은 사랑을 하는 한 사람에게 사랑받는 다른 사람의 반응적 사랑 안에서 새롭게 자신이 주어지는 조건이다.[125]

이것은 아우구스티누스 - 아퀴나스주의 정식화가 가진 약점이다. 아우구스티누스 - 아퀴나스주의 정식화에서 하나님의 불감성(피동성)은 오직 그 자신을 사랑하는 수단으로서만 다른 이에 대한 하나님의 사랑을 수반하는 것으로 이해된다.

하지만 정확히 이런 완전한 주고받음이 하나님 자신의 행복을 결정하기 때문에 하나님은 사랑하는 하나님이 되기 위해 세상이 필요하지 않다. 단지

---

[125] Pannenberg, *ST* 1:426.

삼위일체의 위격들의 완전한 사랑으로만 좌우되는 하나님의 사랑은 창조하고 유지하신다.

또한, 하나님의 사랑은 사랑을 적절하게 돌려주지 못했을 뿐만 아니라 아우구스티누스의 적절한 표현으로 그들 자신 안에서 비비 꼬였던 인간을 심지어 구원하기 위해 손을 뻗는다. 하나님의 모든 비공유적 속성 안에 있는 하나님의 독립성은 다시 한번 하나님 사랑의 완전한 주어짐을 강조하기 위해 돌아온다.

우리가 계속해서 존재하는 것은 그분이 결여하고 있는 것 즉 그분의 존재 안에 부족 또는 그분에게 부과된 필요성에 대한 갈망에서가 아니라 황홀한 사랑의 넘쳐나는 풍부함에서다. 하물며 우리가 명랑한 사람들이 되고 하나님과 그리고 서로 화목하게 되었던 것이 우리 자신에게서 나오지 않은 것은 물론이다. 어떤 시점에서든 자기 존재나 의지를 위해 피조물에게 의존하는 신은 결코 자유 가운데 사랑할 수 없다. 즉, 그런 신의 욕망의 대상이 그 신의 욕망에 반대해 자유를 행사할 때 우상을 만든 그 피조물은 강렬한 원망과 증오의 대상이 된다.

하나님의 선함은 우리의 왜곡된 개념 안에서 그 선함에 적대하는 것처럼 보이는 주권, 정의, 분노와 같은 다른 속성들에 대한 평형추(平衡錘)가 아니다. 어떤 경우도 하나님은 자신의 선함을 위반했던 방식으로 그의 힘을 행사하거나 그의 거룩함을 만족하거나 그의 의로운 분노를 드러내지 않았다. 우리가 하나님의 선함을 명시적으로 인식하든 아니든 하나님의 선함에 대한 우리의 신뢰는 악과 고통을 주관하시는 그의 주 되심, 모든 잘못을 바로잡는 것 그리고 우리의 구속과 그분과의 교제를 방해하는 모든 것에 종지부를 찍는 것에 의존한다.

창조와 섭리에서 하나님의 보편적 선함을 넘어 만약 우리가 하나님의 주권, 정의 또는 의를 하나님의 선함에서 끌어내고 싶다면 우리는 십자가로 다시 향하게 된다. 십자가에서 우리는 비길 데 없는 명료함으로 "다 이루었다"라고 외치시는 그리스도의 얼굴에서 하나님의 선함의 승리를 본다.

만약 우리가 하나님의 선함에 저항하는 적대감에 비추어 하나님이 자신의 선하심이 얼마나 멀리 갈 것인지에 대해 의심한다면 우리는 "하나님이 세상을 이처럼 사랑하사 독생자를 주셨으니"(요 3:16)라는 구절을 읽는다. 바르트가 주의를 주는 것처럼 이것은 여기서 분명한 사랑에 관한 "일반적 개념"이 아니라 예수 그리스도 안에서 행하신 하나님의 구체적 행동이다.**126**

그러므로 "하나님은 사랑이다"는 완전한 신적 본성에서 결코 분리되어서는 안 된다. 하나님의 사랑은 그분의 존재에 필수적이라고 데이비드 트레이시(David Tracy)는 지적한다.

> 하지만 "하나님은 사랑이시다"라는 이 고전적 요한 문헌의 은유가 우리에게 향하신 사랑으로서 하나님의 얼굴을 드러내셨던 이 대체할 수 없는 그리스도로서 예수님의 메시지와 사역, 십자가와 부활의 가혹하며 많은 것을 요구하는 실재에 근거하고 그로 인해 그 실재를 통해 해석되지 않는다면, 기독교인들은 이 은유를 "사랑은 하나님이다"로 뒤바꿈으로써 이 은유를 감상적인 것이 되게 하려는 유혹을 받을지도 모른다. 하지만 기독교 내적 관점에서 이런 큰 뒤바뀜은 해석학적으로 불가능하다. "하나님은 사랑이시라." 즉, 하나님의 이 정체성을 그리스도인들은 하나님의 비유요 얼굴이신 예수 그리스도 안에서 사랑이신 하나님으로서의 자기 공개와 하나님 행동의 역사 안에서 그리고 역사를 통해서 경험한다.**127**

---

126 Barth, CD II/1:352.
127 David Tracy, "Trinitrian Speculation and the Forms of Divine Disclosure," in *The Trinity: An Interdisciplinary Symposium on the Trinity*, ed. Stephen T. Davis, Daniel Kendall, SJ, and Gerald O'Collins, SJ (Oxford: Oxford University Press, 1999), 285 - 86.

하지만 특별히 인간의 죄성에 비추어 볼 때 우리는 "하나님 한 분 외에는 선한 이가 없느니라"(막 10:18)라는 말씀을 확언할 수 있다. 하나님은 자신이 만드셨던 모든 것(시 145:9, 15-16) 심지어 자신에게 선 대신 악으로 갚는 자들에게도 자선을 베푸신다. 하나님의 선함은 우리가 전형적으로 타인들에 대해 어리석고 순진하며 지나치게 관대한 관용으로 간주하는 지점까지 과도하다. 하지만 하나님의 선함은 우리에게 관대한 하나님의 자유의 특징이다.

다시 말해, 다른 속성들에서처럼 하나님은 사랑하시거나 사랑을 속성으로 소유하실 뿐만 아니라 하나님은 사랑이시다(요일 3:1). 하나님은 절대적으로 사랑하며, 사랑의 대상으로부터 어떤 강요도 없이 사랑하신다(요 3:16; 마 5:44-45; 요 16:27; 롬 5:8). 하나님 성품의 이런 무조건성은 결코 우리와 함께하시는 하나님에 대한 우리의 신뢰를 억제하는 것이 아니라 그 신뢰를 확고히 뒷받침한다.

다른 속성들의 경우에서처럼 은혜와 자비는 정적 잠재력을 가진 것이 아니라 하나님 본성의 완전히 실현된 실재(實在)다. 다시 한번 말하지만 이것은 이런 성품을 드러내는 구속사에서 하나님의 행동을 알리는 강변화 동사들이다. B. A. 게리시(B. A. Gerrish)는 다음과 같이 지적한다. 즉, 디모데후서 1:9-10에 의하면 "하나님의 은혜가 나타났다 ···. '은혜,'(바울)에게 있어서 은혜는 신적 속성 이상의 것을 의미한다. 즉, 요한복음 1:17에서처럼 은혜는 발생해서 역사 안으로 들어온 무언가를 의미한다."

즉, "은혜와 진리가 예수 그리스도를 통해서 왔다(에게네토[egeneto])."[128]
우리는 디모데후서 1:9-10을 추가해야 한다.

---

[128] B. A. Gerrish, "Sovereign Grace: Is Reformed Theology Obsolete?" *Interpretation* 57, no. 1 (2003):45.

> 하나님이 우리를 구원하사 거룩하신 소명으로 부르심은 우리의 행위대로 하심이 아니요 오직 자기의 뜻과 영원 전부터 그리스도 예수 안에서 우리에게 주신 은혜대로 하심이라 이제는 우리 구주 그리스도 예수의 나타나심으로 말미암아 나타났으니 그는 사망을 폐하시고 복음으로써 생명과 썩지 아니할 것을 드러내신지라 (딤후 1:9-10).

이것이 우리가 하나님이 은혜롭다는 것을 아는 방법이다. 사실 이것이 우리가 은혜를 정의하는 방법이다. 즉, 선택, 언약, 성육신과 구속을 통해서 말이다.

어떤 의미에서 아마도 분노와 심판과 마찬가지로 결함을 전제하기 때문에 은혜와 자비를 신적 속성(적어도 절대적 속성)으로 간주해서는 안 된다. 또한, 긍휼을 가질 기회가 없더라도 하나님은 하나님일 것이다.

하지만 심지어 창조 이전의 삼위일체 내에서 삼위 간의 교제나 타락 이전에 아담과 이브와의 관계에서도 "하나님은 자비롭고 긍휼이 가득하시다." 자비를 베풀 기회가 있는지 간에 "은혜로우시며 자비로우시며 노하기를 더디하시며 인애가 크신"(욜 2:13) 자비로운 하나님이신 것은 하나님의 영원한 성품에 속한다.

우리는 심지어 다음과 같이 주장할 수 있다. 즉, 하나님의 은혜가 "영원 전부터 그리스도 예수 안에서 우리에게 주셨다"라는 바울이 이미 인용한 본문(딤후 1:9 - 10)에서 언급할 때처럼 하나님의 영원한 작정으로 인해 삼위일체 내에서의 구속 언약에서(팩텀 살루터스[pactum salutis]) 하나님은 항상 은혜롭고 자비로웠다. 이런 의미에서 성부는 항상 은혜로 선택했고 성자는 항상 그 은혜의 중재자였으며, 성령은 항상 그 은혜의 보증과 전달자였다. 그런데도 이 영원한 작정은 하나님 편에서 자유로운 결정이다. 하나님은 자유롭게 구속하거나 구속하지 않으신다(은혜와 자비라는 바로 그 개념의 본질적인 전제).

내가 긍휼히 여길 자를 긍휼히 여기고 불쌍히 여길 자를 불쌍히 여기리라(출 33:19
을 인용하는 롬 9:15).

바르트(Barth)는 폴라누스(Polanus)와 다른 개혁파 스콜라주의(Reformed Scholastics)에 호소하면서 은혜를 "하나님 존재의 독특한 양태로 정의한다. 즉, 은혜가 사랑받는 자 안에서 어떤 공로나 권리에 의해 좌우되지 않지만 또한 사랑받는 자 안에서 어떤 합당하지 않음이나 반대에 의해 방해받지 않은 그 자체의 자유로운 성향과 호의에 의해 교제를 추구하고 만들어내는 한에 있어서 말이다."[129]

바르트가 반대하는 것은 은혜를 그 자신이라는 하나님 자신의 선물이라기보다는 오히려 중재적인 물질로 보는 것이다. 은혜는 중재되는 제3의 "것"이 아니라 예수 그리스도시다. 하나님은 우리에게 은혜로우시다.

> 은혜는 포괄적으로 하나님이 그분의 본질적 존재 안에서 우리에게로 향하시는 방법을 의미한다 …. 이제 이것은 은혜가 누구도 또한 어떤 것도 권리가 없는 하나님의 존재이고 행동이다. (하나님은) 어떤 것도 상대방에게 빚지지 않으신다 …. 은혜는 구속을 의미한다.[130]

하나님이 은혜로 주시는 선물은 다름 아닌 하나님 자신이다.

> 우리는 로마 가톨릭 교리를 따라서는 안 된다 …. 은혜를 초자연적 선물로서 연역적이고 확고한 정의를 하고 그런 후에 계속해서 은혜를 하나님과 그분의 피조물 사이의 제3의 요소로 특징 짓는다. 은혜는 확실히 선물이

---

[129] Barth, *CD* II/ 1:353.
[130] 위의 책,. 354 - 55.

다 - 그리고 사실 매우 초자연적 선물이다. 사실 은혜는 계시, 화목과 구속뿐만 아니라 창조와 같은 하나님의 모든 선물을 전형적으로 보여 준다.[131]

바르트의 논의에는 가치 있는 것이 많다. 사실 은혜에 대한 그의 정의는 은혜를 단순히 "받을 만한 자격이 없는 호의"로 일반적으로 이해하는 것에 있어서 중요하게 발전한 것이다. "은혜는 구속을 의미한다"고 그는 올바르게 언급한다.

"은혜는 이런 호의를 받을 자격이 없을 뿐만 아니라 그 반대를 받아 마땅한 자들을 향해 하나님이 시선을 돌리시는 것이다."[132]

사실 "은혜 자체는 긍휼이다."[133]

하지만 그렇다면 창조 자체가 구속의 행위이고 단순히 인간으로서 인류가 정죄를 받아 마땅하다고 제안하는 것은 한층 더 놀라운 것이다.

하지만 단지 이런 정의로 인해 어떻게 이 정의를 세상을 향하시는 모든 신적 행위에 적용할 수 있는가?

예를 들어, 은혜는 창조 행위에서 우리를 향하시는 하나님을 포괄할 수 없다. 왜냐하면, 어떤 윤리적 결함도 존재하지 않기 때문이다. 창조가 신적 낮아지심의 행위이고 따라서 받을 자격이 있는 선물이지만 창조는 또한 긍휼의 행위는 아니다. 물론 이 세상과 우리를 하나님이 창조하신 것은 결코 우리에 의해 좌우되지 않는 것이 사실이지만 이것이 창조를 은혜로운 것으로 만들지 않는다.

아담과 이브는 어떤 외부적 의무에서 창조되지 않았다. 따라서 이것은 완전히 자유로운 결정이다. 하지만 이것은 은혜와 구속이라기보다는 오히려 낮아지심, 사랑 그리고 선함이다. 바르트는 이런 정식화에서 비일관성으로

---

[131] 위의 책., 353 - 54.
[132] 위의 책., 356.
[133] 위의 책., 369.

빠져들지 않았다. 그는 은혜는 죄를 전제한다고 단호히 주장한다.[134]

하지만 예정에 관한 타락 전 선택설 버전은 영원으로 하여금 언약의 역사적 전개의 지평을 집어삼키게 한다. 즉, "전"과 "후"는 존재론적 지위를 상실한다.

"은혜가 분명하고 효과적인 곳에서 이것은 항상 인간 불행의 문제다."[135]
은혜는 "하나님이 사랑하는 방법이다."[136]

하지만 우리가 이것을 삼위일체의 내적 삶에 적용한다면 어떻게 될까? 게다가 선함, 사랑, 피조물과의 교제를 갈망, 낮아지심에 무엇이 일어났는가?
이런 것들이 타락전 피조물과의 언약 관계를 위한 기초로 충분하지 않는가?

신학은 절실하게 하나님의 친절함과 관대함에 대한 의미를 회복할 필요가 있다. 왜냐하면, 하나님의 친절함과 관대함은 심지어 비참함 가운데 있는 죄인들에게 주어지는 특정한 종류의 친절함과 관대함보다 앞서는 또는 구별되는 창조의 순서에 적절하게 속하기 때문이다. 심지어 바르트에게 있어서 삼위일체 내의 관계도 은혜에 의해 정의된다.[137]

하지만 어떻게 과실(바르트 자신의 정의의 일부분)이 신적 위격들에 돌려질 수 있겠는가?(바르트는 은혜는 죄를 전제한다고 말했다 - 역자 주)
이것과 관련해서 그것은 은혜가 " - 에게로 시선을 향하는" 것이기 때문이지만 또한 위에서 은혜에 대한 그의 다른 정의도 고려해야 한다. 이런 은혜의 승리에 대한 모든 논의에 있어서 이것은 실제로 은혜의 승리라는

---

134 위의 책., 355.
135 위의 책., 371.
136 위의 책., 357.
137 위의 책., 358.

새로운 용어를 약화시키는 것처럼 보일 것이다.

동시에 (은혜에 대한 바르트의 정의 아래에서 – 역자 주) 이것은 창조계를 위한 공간을 구속됨 없이 하나님이 창조하셨던 것처럼 그 자체가 되도록 내어주는 것이다.

바르트에 의하면 사랑과 은혜가 단순히 동일할 뿐만 아니라 또한 은혜와 거룩함도 마찬가지다.

> 그렇다면 우리가 계속해서 하나님의 거룩함에 관해 말할 때 우리는 주제에 대한 어떤 중대한 변화를 만드는 것이 아니다. 우리는 단지 하나님의 은혜에 대해 계속 말하고 있을 뿐이다.[138]

다시 말해, 우리가 은혜에 대한 그의 정의와 함께 은혜를 받을 자격이 없을 뿐만 아니라 그 반대를 받아 마땅한 자들에게 주시는 그 자신이라는 하나님의 선물로 받아들인다면 이런 진술이 함유한 의미는 무엇인가?

> 은혜 속에서 하나님은 타자에게로 시선을 돌리시고 동시에 거룩함 속에서 자신에게 참되시다 …. 은혜를 말하는 것은 죄의 용서를 말하는 것이고, 거룩함을 말하는 것은 죄에 대한 심판을 말하는 것이다.[139]

이것에 대해 매우 특이한 것은 다음과 같다. 즉, 바르트 자신은 앞에서 하나님의 속성에 대한 전통적 접근방식은 뚜렷한 특징에서 각각의 완전성을 파악하지 못했다고 너무 강조해서 진술했다는 것이다. 하지만 여기(다른 곳과 마찬가지로)에서 은혜는 거룩함과 거룩함은 죄에 대한 심판과 상관

---

138 위의 책., 359.
139 위의 책., 360.

관계가 있을 뿐만 아니라 은혜는 또한 정죄이기도 하다.

이것은 결코 진정으로 변증법적 관점은 아니다. 오히려 은혜는 인간의 잘못에 대한 하나님의 무조건적 대응의 자유에서 그분이 보여 주시는 속성으로 이해해야 한다. 은혜는 언약 위반자들에게 제시된다. 이 사건은 하나의 신적 속성을 창조하거나 활성화하는 것이 아니라 이 신적 속성을 보여줄 기회를 제공하는 것이다.

하나님의 거룩함과 함께 우리가 특별히 하나님의 언약적 사랑/신실함(헤세드)과 상관관계에 있을 때 우리는 다시 한번 언약의 영역 깊숙이 들어간다. 성경에서 거룩함은 피조물과 구별되는 하나님의 존재론적 구별과 타락한 인간과 구별되는 그분의 윤리적 구별의 표지로 다루어진다.

따라서 하나님이 이스라엘을 택하시고 아브라함을 갈대아 우르에서 불러내실 때 그분은 그 자체가 불경스러운 것을 "거룩하게" 하시는 것이다. 하나님이 명령하는 절단 의식(할례, 희생제사, 음식법과 위생법과 같은 더 광범위한 신정 정치의 종교 생활)은 하나님 백성들을 이 세상과 단호하게 분리하는 것으로 규정한다. 민족들은 신성한 신들과 초자연적 힘으로 가득 찬 매혹적인 우주에 살고 있지만 이스라엘은 단지 여호와 하나님(YHWH)만을 거룩하신 분으로 그리고 그분이 이스라엘을 선택하신 것을 안다. 바르트는 올바르게 다음과 같이 언급한다.

> 성경의 거룩한 하나님은 오토(Rud Otto)의 거룩한 것, 즉 두려운 신비(tremendum)로서 그것의 측면에서 그 자체인 신성한 요소와 그 자체로서 신적 요소가 아니다. 그러나 성경의 거룩한 하나님은 이스라엘의 거룩한 분이다.[140]

---

[140] 위의 책.

하나님의 거룩함과 밀접한 관련이 있는 것은 그분의 영광 또는 위엄이다. 즉, 카보드(kabod)는 그 자체가 그의 백성들 가운데서 또한 언젠가 이 땅 전체에 걸쳐서 임하는 하나님의 쉐키나 임재로서 성령과 밀접한 관련이 있다. 이사야의 환상에서 이것을 엿볼 수 있다.

> 웃시야 왕이 죽던 해에 내가 본즉 주께서 높이 들린 보좌에 앉으셨는데 그의 옷자락은 성전에 가득하였고 스랍들이 모시고 섰는데 각기 여섯 날개가 있어 그 둘로는 자기의 얼굴을 가리었고 그 둘로는 자기의 발을 가리었고 그 둘로는 날며 서로 불러 이르되 거룩하다 거룩하다 거룩하다 만군의 여호와여 그의 영광이 온 땅에 충만하도다 하더라 이같이 화답하는 자의 소리로 말미암아 문지방의 터가 요동하며 성전에 연기가 충만한지라 그 때에 내가 말하되 화로다 나여 망하게 되었도다 나는 입술이 부정한 사람이요 나는 입술이 부정한 백성 중에 거주하면서 만군의 여호와이신 왕을 뵈었음이로다 하였더라 (사 6:1-5).

예수님이 베드로의 그물에 고기를 채우시는 것에 대해 베드로가 "주여 나를 떠나소서 나는 죄인이로소이다"(눅 5:8)라고 반응할 때처럼 거룩한 하나님과의 모든 만남이 그런 것처럼 지금까지 이런 환상은 두려움을 불러일으켰다.

다른 점에서 즐거운 사건은 불길하다. 왜냐하면, 이런 사건은 베드로를 자신 쪽으로 부르시는 낯선 존재에게서 베드로를 분리하는 심연(深淵)을 측정하기 때문이다. 이런 사건에서 거룩함과 영광은 같은 의미를 갖게 된다. 이런 사건에서 인간은 자신들이 성전을 가득 채우지만 베일 뒤에 가려진 쉐키나-영광의 앞에 있다는 것을 깨닫는다.

우리는 복음의 렌즈를 통해 이 거룩함을 해석해야 한다. 그렇지 않다면 그것은 맹목적 영광이 되고, 죄성 있는 피조물을 죽음으로 만드는 압도적 존재가 된다. 이것이 정확하게 이사야의 환상이 이끄는 곳이다. 다른 사람들에 대한 하나님의 "화" 즉 언약 소송의 평결을 선언하도록 위임받았을 때 그는 이제 하나님의 눈부신 영광의 무게에 갇힌 자신을 발견한다.

"화로다 나여 망하게 되었도다 … 만군의 여호와이신 왕을 뵈었음이로다"

> 그 때에 그 스랍 중의 하나가 부젓가락으로 제단에서 집은 바 핀 숯을 손에 가지고 내게로 날아와서 그것을 내 입술에 대며 이르되 보라 이것이 네 입에 닿았으니 네 악이 제하여졌고 네 죄가 사하여졌느니라 하더라 내가 또 주의 목소리를 들으니 주께서 이르시되 내가 누구를 보내며 누가 우리를 위하여 갈꼬 하시니 그 때에 내가 이르되 내가 여기 있나이다 나를 보내소서 하였더니(사 6:6-8).

오직 그리스도 안에서만 거룩하지 않은 자들이 거룩하고 선택받고 그분의 영광이 가득한 성전으로 이 세상에서 구별되게 된다. 신약성경은 결코 거룩과 불경 사이의 이런 구별을 부정하지 않고 오히려 하나님의 거룩함은 이방인을 포함하기 위해 넓어진다. 그래서 이전의 "깨끗함"과 "불결함"의 구별은 새로운 언약 공동체에서는 더 이상 규범적이지 않다(즉 효력이 없다)(행 10:9-48). 따라서 우리가 하나님의 초월성과 관련 있는 다른 속성들에서 살펴보았듯이 하나님의 거룩함은 피조물과 구별되는 하나님의 구별의 표지일 뿐만 아니라 이 땅 전체를 자신의 거룩한 처소로 삼으려는 하나님의 강력한 열정이기도 하다.

하나님의 거룩함과 의는 윤리적 완전성을 표현한다. 그런데 이런 윤리적 완전성을 현대의 지적, 실용적 습관으로 옮기기가 항상 쉬운 것은 아니다. "거룩성"(코데스)이라는 명사는 동사 콰다스(자르다 또는 분리하다)에서 나온다. 다시 한번 이런 거룩성은 추상적으로 사유되기보다는 행동에서 더 잘 이해된다. 이런 "절단" 또는 "분리"가 이스라엘의 가장 중요한 종교적 관행의 핵심에 놓여 있다.

즉, 할례, 성막과 성전에서 사용될 그릇의 의식상 분리, "정결"한 동물과 "불결한" 동물을 규제하는 의식법, 이 모든 것은 여호와 하나님(YHWH)에게 속하고 그분의 거룩성과 의를 공유하기 위해 이 세상으로부터 구별된 전체 백성의 연대를 보여준다. 신약성경에서 거룩성에 대한 이런 이해에서 현저하게 벗어나는 것은 없다. 하나님의 거룩함은 그분의 존재론적 초월(창조주 - 피조물 구별)과 윤리적 비교 불가능성을 의미하지만 또한 그들 스스로는 거룩하지 않지만 "하나님으로부터 나와서 우리에게 지혜와 의로움과 거룩함과 구원함이 되셨던"(고전 1:30) 그리스도 안에서 받아들일 수 있는 백성을 그 자신에게로 받아들이는 데 있어서의 그분의 내재성을 의미한다.

의는 특별히 구약성경에서 그 의미에 관하여 가장 널리 논의된 술어 중 하나였다. 앞에서 아이히로트(Eichrodt)가 언급하는 것처럼 "어근 '체데크'(sdq)의 원 의미를 회복할 수 없을 만큼 상실했다는 것은 신적 의의 개념을 정의하려는 시도에 있어서 결정적 장애물이다."[141] 지배적인 용도는 올바른 행위다.

"하나님의 행위에 적용할 때 이 개념은 좁혀지고 거의 오로지 법정적 의미로 사용된다. 하나님의 '체다카' 또는 '체데크'는 언약 조건에 따라 그분의 법을 지키는 것이다."[142]

하지만 이것은 로마법의 분배적 정의가 아니다. 왜냐하면, 로마법의 분배적 정의는 너무 형식적이고 추상적이어서 이스라엘의 생각을 묘사할 수 없다. 아이히로트는 크레머(Cremer)의 획기적 연구를 따르고 있다. 크레머의 획기적 연구는 의를 사람들 사이에 올바른 관계를 보여 주는 것과 동일시한다. 이것은 미쉬파트 즉 "공의"와 밀접하게 관련이 있다. 또한, (크레머를 따라) 이것은 구원을 베푸는 의(iustitia salutifera)다.[143]

---

[141] Eichrodt, *Theology*, 1:240.
[142] 위의 책.
[143] 위의 책., 241.

시편에서는 의와 긍휼이 또한 함께 간다. 의는 인간의 죄에도 자신의 목적을 실현하려는 하나님의 끈질긴 결심을 중심적으로 수반한다. 이제 이런 교제의 유지는 불경건한 자들의 칭의가 된다. 인간 노력의 어떤 방법이 아닌 단지 하나님의 선물인 그런 의만이 진정으로 언약과 부합하는 그런 행동으로 이어질 수 있다.[144]

따라서 바르트가 지적하는 것처럼 의와 자비 사이의 연관성은 클레르보의 베르나르(Bernard of Clairvaux)의 묘사("하나님의 두 발")보다 더 가깝다.[145] 하지만 리츨이 하는 것처럼 우리는 단순히 의와 자비를 하나로 합칠 수는 없다.[146] 하지만 이런 논의 어디에서도 바르트는 동시에 자비롭지 않은 신적 의의 행사를 허용하지 않는다. 하나님의 의에는 판단하고 따라서 무죄를 입증하고 보상하고 또한 벌을 주는 의 즉 "배분적 정의(iustitia distributiva)라는 개념을 포함한다 …. 하지만 자비와 은혜와 사랑으로서 의는 이제 정죄하고 처벌하는 의다."[147] 이것은 정통주의와 리츨의 오류를 모두 피한다고 바르트는 추측한다.[148] 하지만 성경의 의에 대한 이해를 성경이 이끌 수도 있는 두려움에서 추론하지 말아야 한다. 의(체데크)와 이것의 어원이 같은 말들이 칭의와 구원뿐만 아니라 심판과 진노의 맥락에서 등장한다.

따라서 위반에 직면해 "잠시 불타오를 수 있는 분노"는 말할 것도 없고, 하나님의 질투, 분노, 인내 가운데 역사에서의 상호작용이 의와 거룩함과 밀접하게 관련이 있다. 분노와 마찬가지로 질투는 우리 대부분에게 특히 인간의 악행에 대한 경험과의 연관성 때문에 하나님에게는 어울리지 않는다는 인상을 준다. 분노가 우리의 말투에서 일반적으로 복수에 대한 갈망이나 약

---

144 위의 책., 247.
145 Barth, *CD* II/1:380.
146 위의 책., 382.
147 위의 책., 391.
148 위의 책.

자에 대한 권력자의 분노 발작을 암시하기 때문에 질투는 거의 보편적으로 부정적 인간의 특성으로 간주한다.

하지만 질투를 버리거나 그것을 우리 자신의 경험으로 옮기려고 시도하는 것 대신(즉 그것을 수용하려는) 하나님의 질투에 대한 성경적 표현은 우리의 경험에 도전하고 잠재적으로 치유할 수 있는 용어에 대한 새로운 이해를 우리에게 열어줄 수 있다. 도너가 언급하는 것처럼 "하나님의 질투는 거룩한 질투이지 샘내는 질투는 아니다."[149]

로버트 젠슨(Robert Jenson)과 함께 "성경에서 … 하나님은 '질투하는 하나님'이다는 하나님의 속성들 가운데 첫 번째"라고 제안하는 것은 아마도 지나친 과장은 아닐 것이다.[150] 정치적 관용은 민주주의 문화가 주는 유익이지만 여호와 하나님(YHWH)은 십계명에 고이 간직된 것처럼 자신의 언약 백성을 위한 규약에서 종교 다원주의를 가장 큰 적으로 순위를 매기신다. 우리가 살펴보았던 것처럼 여호와 하나님(YHWH)의 유일한 주 되심은 성경적 신앙의 전제다. 또한, 여호와 하나님의 유일한 주 되심은 예수 그리스도에게 적용되는 여호와 하나님(YHWH)의 정체성의 완전한 계시로 나아간다.

> 내가 곧 길이요 진리요 생명이니 나로 말미암지 않고는 아버지께로 올 자가 없느니라(요 14:6).

> 이러므로 하나님이 그를 지극히 높여 모든 이름 위에 뛰어난 이름을 주사 하늘에 있는 자들과 땅에 있는 자들과 땅 아래에 있는 자들로 모든 무릎을 예수의 이름에 꿇게 하시고(빌 2:9-10).

---

[149] Dorner, *Divine Immutability*, 178.
[150] Jenson, ST 1:47, 출 34:14을 언급.

하나님은 예수님을 죽은 자들 가운데서 일으키셨다.

> 다른 이로써는 구원을 받을 수 없나니 천하 사람 중에 구원을 받을 만한 다른 이름을 우리에게 주신 일이 없음이라 하였더라(행 4:12).

하나님은 자신의 이름을 위해 또한 자신의 이름을 부르고 자신의 이름으로 불리는 사람들을 위해 질투하신다. 하나님은 다른 사람에게 자기 영광을 주지 않을 것이다.

인간의 질투는 왜곡된 것이다. 왜냐하면, 그것은 우리에게 속하지 않는 권리를 암시하기 때문이다. 우리는 소유물을 비축하고, 관계, 생물 그리고 다른 사람들조차도 진정한 타자들로 인정하기보다는 소유물이 될 수 있을 정도로 질투심은 우리의 억압적 태도를 확인시켜 준다. 그러나 하나님은 창조의 권리와 일상의 유지로 분명히 이 세상과 이 세상 안에 있는 모든 것을 소유하고 있다.

그런데도 하나님은 소유하기보다는 오히려 주심으로서 비축하기보다는 희생하심으로서 자신의 부를 저축하기보다는 사용하심으로서 언약적 주 되심을 행사하신다. 그분의 사랑을 강조하고 결국 그들의 구원으로 이르게 하는 것은 다름 아닌 자기 백성을 향한 하나님의 질투다. 하나님의 질투는 그분의 열정이다. 헌신적인 배우자나 부모처럼 하나님은 자신의 언약에 열정적으로 헌신한다. 어떤 것도 그분의 마음을 언약에서 딴 데로 돌리게 할 수 없다. 그분은 자신을 "그의 뜻대로 부르심을 입은"(롬 8:28) 사랑하는 사람들의 유익을 위해 모든 일을 함께한다.

이사야 9장의 메시아에 관한 유명한 예언은 다음과 같이 결론을 내린다. 즉, "여호와의 열심이 이를 이루시리라"(사 9:7). 시편 기자를 사로잡았던 것은 다름 아닌 하나님의 이름과 하나님의 집을 위한 질투나 열정이다(시 119:139). 이 구절은 예수님의 성전 청소와 관련해 제자들이 회상한 구절이다(요 2:17). 그런 질투나 열정은 인간 언약 파트너의 변덕스러운 성격과는 정반대다. 이사야는 온 세상이 "백성을 위하시는 주의 열성"(사 26:11)을 인정하는 날을 자신이 갈망한다고 하나님에게 말한다.

마찬가지로 하나님의 진노는 특정한 역사적 상황을 전제로 하고 하나님의 본성 안에 어떤 변덕도 전제하지 않는다. 자율성과 정의에 대한 현대의 가정들이 때때로 자아내는 도덕적 혐오에도 성경 텍스트는 역사에서 하나님의 분노 가능성과 실체에 대한 풍부한 증언을 제공한다. 만약 하나님이 단지 사랑일 뿐이거나 다른 모든 속성이 사랑과 특정한 갈등 관계에서 포기되어야 한다면 오래 참으심과 인내가 전체 이야기를 결정할 것이다.

하지만 이것은 분명히 사실이 아니다. 또한, 우리가 이런 넓은 열린 공간에서 대체할 수도 있는 어떤 이론적 해석도 이 이야기로 하여금 이 이야기가 말하는 것 외에 다르게 말하게 할 수 없다.

하나님의 정의와 의를 뒷받침하는 주제와 함께 하나님의 진노는 두드러진 주제임에도, 나는 여기서 하나님의 진노가 번영하는 민주주의 국가에서 주장하는 것이 매우 어려우면서도 다양한 이유를 여기서 탐구할 수 없다. 적어도 아모스의 시대 이후로 만족해하는 자들은 정의의 하나님으로 인해 애를 먹어왔고 약자들은 정의의 하나님에 의해 힘을 얻었다.

> 하나님의 진노가 불의로 진리를 막는 사람들의 모든 경건하지 않음과 불의에 대하여 하늘로부터 나타나는(롬 1:18).

이것이 사실이지만 가령 하나님의 오래 참으심이 심판을 지연시키고 있는 것을 어떤 최종 심판도 없는 증거로 받아들인다 해도(벧후 3:1 - 10) 오래 참으시는 하나님은 자신의 구원 목적을 이루기 위해 심판을 지연시키고 있다(벧후 3:9). 하나님은 구속하기 위해 선하지도 않고 공의롭지도 않다고 오해받을 위험을 감수하신다. 우리는 이미 예레미야의 항의를 언급했다.

여호와여 내가 주와 변론할 때에는 주께서 의로우시니이다 그러나 내가 주께 질문 하옵나니 악한 자의 길이 형통하며 반역한 자가 다 평안함은 무슨 까닭이니이까 (렘 12:1).

이것은 만족하는 사람들이 아니라 고통 받는 사람들이 하나님에게 하는 불평이다. 그들에게 문제는 심판의 하나님에게 있는 것이 아니라 행동하기에 너무 오래 기다리는 하나님에게 있다.

우리가 심판과 진노와 같은 말들 - 즉 만약 우리가 학대하는 아버지나 남편이 있었고, 끔찍한 독재자의 지배 아래 살았고, 그리고 이념적 개혁 운동가, 연애 정치의 소리 높여 외치는 담론에 영향을 받았다면 - 을 듣는 방법에 영향을 주는 데 있어서 우리는 우리 자신이 했던 경험을 피할 수 없다. 하지만 우리는 해석학적 변형의 가능성을 허용해야 한다.

우리가 이것을 고려한다면 우리는 하나님의 심판은 정확하게 모든 인간의 폭력과 억압에 대한 위협이라는 것을 알게 될 것이다. 왕과 왕국, 주와 종, 힘과 약함에 관한 성경적 이미지에서처럼 우리의 왜곡된 가장 중요한 내러티브와 은유를 치유하려는 바로 그 희망은 만약 우리가 이 내러티브 드라마가 내러티브와 은유와 함께 또한 내러티브와 은유에게 그리고 이것들을 통해서 하는 일에 귀를 기울이기보다는 이것들을 무시한다면 좌절된다.

십자가와 부활의 신학은 권력을 부정하거나 내세의 평화를 위해 이 세상의 불의에 체념함으로써 (이것이 정확하게 니체가 살던 시대의 문화 기독교에 대한 니체의 틀림없이 충분히 근거가 있는 풍자적 희화[戱畵]였다) 특히 현대 서구에서 그렇게 명백하게 드러난 권력에 대한 의지에 반응하지 않는다. 이와는 반대로 미로슬라프 볼프(Miroslav Volf)가 주장하는 것처럼 하나님 말씀

은 세속 체제의 기반(基盤)과 구조에 새로운 힘을 집어넣는다.[151]

이것 이상으로 하나님의 진노와 심판에 대한 논의 안에 있는 중요한 특징은 종말론이다. 종말론에 비추어 우리는 구속 역사의 다양한 심판을 영원한 안식일에 공표되는 마지막 심판의 예상할 수 있는 "침입"으로 인식할 수 있다. 하나님은 정적이고 영원한 한순간에 자신의 진노를 쏟아 붓지 않고 마지막 날을 위해 "진노를 쌓아 놓으시고" 이따금 종말적 심판의 분리된 순간에 그 진노를 예상하신다. 하나님의 본성은 영원하고 변하지 않지만 하나님이 역사에서 자신의 본성을 표현하는 방식은 펼쳐지는 이야기의 특별한 장소로 향하고 있다.

하나님의 진노에 대한 이런 서사적이고 언약적이고 종말론적 설명을 통해 우리는 (신정정치를 기대하면서) 영광의 왕국에서 인간 대리인을 통해 실행된 하나님의 진노의 적절성과 이 시대에 하나님의 진노에 대한 완전히 부적절한 갈망 – 아마 개인적으로 실행된다는 착각 – 을 구별할 수 있다.

독선적인 종교적 폭력에 대한 답은 하나님의 진노를 부정하는 것이 아니라 진노를 성경적 드라마가 표현하는 곳(하나님의 손 안에)과 때(마지막 날에)에 놓는 것이다. 죄인들은 – 심지어 기독교 죄인들까지도 – 다른 죄인들에게 천벌이 내리기를 빌 자격이 없다.

이런 종말론적 차원의 부재는 그것이 자신들을 가나안 족속들을 몰아내고 하나님의 최종 심판을 안내하는 이스라엘 군대라고 상상하는 기독교 십자군이든지 아니면 알라의 전사들로 행동하는 과격 이슬람 분자들이든지 간에 의심할 여지없이 종교 폭력의 핵심에 있다. 기독교는 희생자들의 부르짖음을 억누르는 관용과 사랑의 종교로 가장한 무관심한 감상주의가 아니라 오직 여호와 하나님(YHWH)만이 공의롭고 최후 심판은 그분에게

---

[151] MIroslav Volf, "Theology, Meaning, and Power," in *The Future of Theology: Essays in Honor of Jurgen Moltmann*, ed. Miroslav Volf, Carmen Krieg, and Thomas Kucharz (Grand Rapids: Eerdmans, 1996), 109.

만 속해 있다는 인식으로 구별된다.

　또한, 하나님은 오래 참으시거나 인내하시는 분으로 언급된다(출 34:6; 시 86:15; 롬 2:4; 9:22; 벧전 3:20; 벧후 3:15). 다시 말해, 이런 속성은 단지 언약 위반이라는 맥락에서만 적용될 수 있다. 우리는 삼위일체의 각 위격이 서로의 죄를 인내하며 견디고 있다고 상상해서는 안 된다. 또한, 우리는 삼위일체의 각 위격이 피조물들의 죄를 책임 없는 것으로 간주한다고 상상해서는 안 된다.

　하나님의 사랑과 진노에 대한 우리의 이해가 균형을 잘 이루지 않는다는 것이 중요하다. 왜냐하면, 이것은 보통 우리의 맥락에서 다음과 같은 결론에 해당하기 때문이다. 즉, 하나님의 거룩성과 정의가 특정한 상황에서 그분의 사랑과 충돌할 때 사랑이 진노를 능가한다. 이런 성경 이야기가 우리로 하여금 그렇게 단순하게 움직이게 하지 못한다면 성경 이야기는 또한 마치 하나님이 부당하게 진노를 표출할 수 있는 것처럼 우리로 하여금 하나님을 변덕스러운 분으로 보지 못하게 한다.

　하나님의 사랑이 그분으로 하여금 죄인에 대한 긍휼로 옮기게 하는 것처럼 하나님이 사랑하는 것과 사랑하는 사람들이 위협받을 때 그분을 진노로 움직이게 하는 것은 다름 아닌 하나님의 거룩, 의 그리고 정의다.

　이런 언약 안에서 이스라엘은 자신들이 언약을 깼음에도 하나님이 자신들을 완전히 쫓아내지 않으리라고 확신한다. 죄를 짓는 인간의 성향에 비추어 볼 때, 그들은 자신들이 하나님의 자비에 의지할 수 있는 것은 단지 은혜 언약 때문임을 깨달았다. 긍휼과 은혜가 대중 종교의 널리 유행하는 치료하는 신성 안에서 너무 익숙해졌던 것처럼 하나님의 공의로운 진노가 없다면 긍휼과 은혜는 어떤 의미도 없다.

　내가 주장했던 것처럼 하나님의 초월성과 내재성을 모두 표현하는 것은 다름 아닌 하나님의 비공유적 속성일 뿐만 아니라 그분의 공유적 속성이기도 하다. 게다가 이런 속성들 모두 하나님에 대한 우리 이해의 한 측면으로 함께 받아들여야 한다.

나는 부사와 형용사로 이어지고 결국 명사에서 확립되는 브루그만의 이해를 돕는 강변화 동사 패턴이 비혼합적 하나님에 대한 혼합적 설명을 산출하는 핵심적 장소들을 보여 주었다. 주권이나 사랑도, 권능이나 긍휼도, 진노나 오래 참음도, 정의나 긍휼도 신적이지 않다. 오히려 삼위일체 하나님은 하나님이시고 우리의 신뢰와 우리의 헤세드(hesed, 자비)나 언약적 성실함을 이끌어내는 이런 방식에서 자신을 밝혀 오셨다.

제3장

영광의 활동 무대:
영원, 자연과 역사에서의 삼위일체의 주 되심

역사에서 삼위일체 하나님의 사역을 보여 주는 드라마는 창조와 은혜의 시간적 언약에서 실행되는 하나님의 위격들의 영원한 관계에서(구속 언약) 시작된다. 이것은 하나님과 존재론적으로 타자인 세상 사이의 가장 가까운 유대감을 강조한다. 언약 개념이 하나님과 세계와의 관계를 설명해야 하는 전적 책임을 질 수 없지만 타자성과 연합, 초월성과 내재성이 모두 구체적으로 분명히 표현할 수 있는 맥락을 제공한다.

구속 언약(영원한 삼위일체 내 협약)에서 우리는 내재적 삼위일체와 경세적 삼위일체, 영원한 작정과 하나님 자신 밖에서(ad extra) 하나님 사역의 시간적 실행 사이의 가능한 가장 밀접한 관계를 인식한다. 창조 언약에서 자연은 그 온전함에서 확증된다. 즉, 신적이거나 악마적이지도 않고 삼위일체 하나님의 창조적 말씀에 "답변"할 수 있는 그 자체의 능력을 가지고 있다. 결코 하나님에 대한 경쟁자이거나 신성의 유출이 아닌 자연과 역사는 그 자신의 방식과 그 자신의 특별한 능력 안에서 우리가 낯선 존재를 만나는 장소가 된다. 따라서 칼빈은 다음과 같이 언급한다.

"그 분명하고도 확실하게 드러나는 하나님의 솜씨에 대해 경건한 즐거움을 누리기를 부끄럽게 여기지 말자."[1]

---

[1] Calvin, *Institutes* 1. 14. 20.

1. 1막: 자연의 언약의 주님

이원론적 존재론(즉 마니교)이 있지만 동양과 서양에서 가장 널리 퍼져 있는 실체에 관한 비기독교적 견해들은 궁극적으로 더 높은 일원론을 지양하는 어떤 형태의 이원론인 경향이 있다. 예를 들어, 에누마 엘리쉬(Enuma elish), 플라톤, 헤겔에게서 그들의 큰 차이점에도 모든 실체는 각각 영/영원/일체성 그리고 물질/시간/차이에 상응하는 더 높고 낮은 (또는 대립하는) 형태의 존재를 가진 궁극적으로 하나다.

고대의 우주 창조 신화(뿐만 아니라 영지주의와 마니교의 기독교 이단들)에서 창조된 세계는 일반적으로 재난, 악, 혼돈에서 비롯된 실체의 한 조각으로 묘사된다. 반면 신성의 불꽃이 어떻게든 타락한 자아의 마음속에 남아 있다(한스 조나스[Hans Jonas]는 자신의 책 영지주의 종교[The Gnostic Religion]에 대해 그가 나중에 쓴 후기가 유명하게 또는 악명 높게 암시하는 것처럼 현대 실존주의의 "던져진 존재"[thrownness of Being]는 고대 영지주의와의 놀라운 친분을 공유한다).[2]

하지만 더 광범위하게 보면 우리의 서구 문화는 수 세기 동안 실체를 자력으로 활동할 수 없고 영향을 받고 조종되고 이용되는 "몸"(body)(일반적으로 물질적 창조)과 자유롭고 비합리적이고 우주적 심장 박동과 연결된 "영혼" 또는 "마음"으로 분리했다. 계몽주의와 낭만주의는 소위 포스트모던 시대에도 공동 의존적인 경쟁자로 남아 있다.

이스라엘의 하나님이 무에서 우주를 창조한다고 말해지는 것은 이런 사고의 습관에 어긋난다. 차일즈(Child)의 요약을 반복하기 위해 게르하르트 폰 라드(Gerhard von Rad)는 다음과 같은 결론을 내렸다. 그것은 결코 고대

---

[2] Hans Jonas, *The Gnostic Religion: The Message of the Alien God and the Beginnings of Christianity*, 2nd ed. (Boston: Beacon, 1958): Edwin Yamanuchi, *Pre - Christian Gnosticism: A Survey of Proposed Evidence*, rev. ed. (Grand Rapids: Baker, 1983); Giovanni Filoramo, *A History of Gnosticism* (Oxford: Basil Blackwell, 1990).

근동 신화에 의존하지 않는다는 것이다.

> 이스라엘의 세계관은 하나님과 세상 사이에 뚜렷한 경계선을 긋는 데 있어서 또한 물질세계에서 신적 요소와 악마적 요소를 정화함으로써 중요한 역할을 했다. 이 세상에서 나오는 창조주의 신비에 직접적으로 접근할 방법은 없었고 확실히 이런 이미지에 의해서가 아니라 여호와 하나님은 역사의 행위에서 자신의 살아있는 말씀 안에 임재하셨다.[3]

발출은 영원한 회귀의 신화를 낳고 창조에 대한 성경적 신앙은 역사를 낳는다. 다시 한번 "낯선 존재 만나기" 대 "소외 극복하기"라는 대조되는 모형론이 시야에 들어온다.

헬라판 이교도 우주론은 초기 기독교의 성찰 특별히 유대인 학자이고 플라톤주의 중재자인 필로가 중재했던 초기 기독교 성찰에 매력을 주었다. 예를 들어, 오리겐(Origen)은 불변하는 하나님이 어떤 것과도 새로운 관계를 가질 수 없었기 때문에 창조는 영원하다고 주장했다. 하나님은 영원히 창조주임이 틀림없다. 따라서 창조는 영원함이 틀림없다.[4]

하지만 구속을 하나님의 존재에 필요한 것으로 만드는 것이(몰트만) 성경에 이질적인 것처럼 창조를 하나님의 존재에 필요한 것으로 만드는 것은 성경에 이질적이다(오리겐). 구속 언약이 성육신의 상대적 필요성을 위한 장소이기 때문에 창조 언약은 이 세계의 상대적 필요성을 위한 장소이다. 이 세계라는 실재가 반드시 하나님 존재의 결과인 것은 아니다.

하지만 오히려 이 세계의 실재는 하나님의 자유로운 삼위일체 내(intra-Trinitarian)의 결정이다. 하지만 이것은 유명론적 주제는 아니다. 왜냐하면,

---

[3] Childs, *Biblical Theology*, 386. 폰 라드(von Rad)의 논문 "Some Aspects of the Old Testament World-View"를 보라.

[4] Origen, *De principiis* 2.4.

신적 결정이 하나님의 성품과 일치하기 위해서 하나님은 구속을 창조하거나 제공해야 하는 그분의 본성에 의해 반드시 강요받는다는 더 강한 주장 없이 이것은 어떤 신적 결정도 하나님의 성품과 일치해야 한다는 것을 단언하기 때문이다.

게다가 우리가 살펴보겠지만 비록 오리겐의 견해가 아인슈타인을 포함하는 현대 과학과 더 잘 어울리지만 이것은 현대 과학의 합의에서 근본적으로 역전되는 과정에 있다. 왜냐하면, 현대 과학의 합의는 끊임없이 우연성의 명백한 징후뿐만 아니라 시간적 시작을 강조하고 있기 때문이다. 과학이 무로부터의 창조를 증명할 것으로 거의 기대할 수 없지만 과학의 현재 패러다임은 그런데도 무로부터의 창조와 일관성이 있다.

아테네에서 이방인의 사도인 바울이 마주쳤던 전형적인 대안들에서 하나님과 세계와의 관계는 극단적 내재성(스토아적 범신론)이나 극단적 초월성(에피쿠로스적 이신론)의 측면에서 이해되었다. 즉, 전자는 하나님이 세상을 동일하게 필요하게 만드는 반면 후자는 적어도 자연의 지속과 보존을 위해 신적 대리인을 불필요한 것으로 간주했다. 이것은 특별히 각각 스피노자와 칸트 이후로 현대 시대에 변형된 형태로 반복되었다. 내가 제1장에서 주장했듯이 하나님의 자유와 파조물의 타자성은 이런 합의에서 사라졌다.

1) 절대적 시작(Absolute Beginning)

태초에 하나님이 천지를 창조하시니라(창 1:1).

따라서 중요하게는 창조 조약의 역사적 프롤로그가 시작된다. 결국 이것은 하나님의 삼위일체적 삶이 하나님 이외의 것으로 열린 가운데 황홀하게 뻗어 나가는 곳이다.

바르트가 우리에게 상기시켜 주었듯이 창조는 언약의 바깥쪽이다(하지만 중요하게 그는 창조 언약과 은혜 언약 사이의 옛 구분을 거절했다). 만약 창조 이야기를 이 세계 시작에 대한 많은 우주적 신화 가운데 하나이나 설명이 아닌 언약 자체의 역사적 서막으로 간주한다면 이런 신학적 요점은 더욱 뒷받침된다. 인간 기원에 대한 현대의 논쟁에서 창세기의 첫 두 장이 종종 언약적 맥락에서 분리되는 방식을 고려할 때 이것은 중요한 요점이다.

창세기 1:1의 구문을 관계절 (즉, 이야기할 특정 역사의 시작으로서) 또는 독립절(즉, 창조의 시작으로서)로 해석할 수 있다.[5] 인간 창조와 계속적 창조(*creatio continua*) 사이에 어떤 유비가 있을지라도 무로부터의 창조(*ex nihilo*)에서 하나님의 이런 처음 행동을 지정하기 위해 전문적인 동사 바라(*barah*)를 선택한 것은 하나님에 대한 유일성을 강조하는 것이다.[6]

"어휘 조사는 여기서 도움이 되지 않는다"라고 젠슨은 올바르게 관찰한다." 왜냐하면, 성경은 이런 한 번의 사용을 위해 '창조하다'(바라, *barah*)로 번역된 동사를 따로 떼어 두고 있기 때문이다. 다시 말해, '창조하는 것'은 단지 하나님만이 하시는 중요한 무언가다."[7]

하지만 이런 절대적 시작이 어떻게 일어나는지가 그만큼 중요하다. 인과적 유비가 완전히 부재한 것은 아니지만 지배적 유비는 의사소통적이다. 나는 이것이 삼위일체 내의 과정의 패턴을 따른다고 주장할 것이다. 다시 말해, 빈번하게 종속론(subordinationism)과 양태론(modalism)의 혐의로 끝나는 삼위일체 내에서의 인과적 관계(특히 필리오쿠에[filioque] 논쟁)를 논하는 대신에 우리는 사실 성령 안에서 성자에게 말씀하시는 성부라는 의

---

5 Childs, *Biblical Theology*, 111: 한편 1절을 관계절로서 해석하는 것의 장점은 처음 시간 구절에 사용되는 고대 근동의 전통적인 형식과의 유사점에 의해 지지된다. 반면 아이히로트(Eichrodt)("태초에")는 명확하게 절대적 시작을 묘사하는 관련된 용어(사 40:21; 잠 8:23 등)에 대한 주의 깊은 연구를 통해 이 용어의 독립된 사용을 강하게 지지했다.
6 위의 책.
7 Jenson, ST 2:5.

사소통 관계(communicative relations)를 생각할 수 있는 더 나은 주해적 근거에 있다(이것은 또한 성령을 아버지와 아들 사이의 "유대"로 축소하고 따라서 위격 대신에 원리로 축소하려는 서방 신학의 경향을 피한다).

유비적으로 삼위일체 하나님은 우주를 아들 안에서 그리고 성령에 의해 존재하는 것으로 말씀한다. 또한, 이런 진술로 창조에 관한 성경적 이해를 민족들의 우주론과 분리하는 차이점이 평가된다. 이스라엘은 창조자와 창조의 이원성만을 안다. 또한, 심지어 여기서 차이에도 어떤 내재된 대립이 존재하지 않는다. 민족들의 신들에 반대하는 논쟁에서 반복되는 말은 다음과 같다.

즉, 우주적 또는 존재론적 이원론은 존재하지 않는다. 즉, 동일하게 궁극적인 선과 악의 원리는 존재하지 않는다. 여호와 하나님(YHWH)은 주님이시다. 다양성은 존재로부터의 떨어짐이 아니라 창조적 풍부함의 표시다.

> 여호와여 주께서 하신 일이 어찌 그리 많은지요 주께서 지혜로 그들을 다 지으셨으니 주께서 지으신 것들이 땅에 가득하니이다(시 103:24).

단지 이스라엘이 아니라 역사와 전 세계에 걸쳐서뿐만 아니라 자연에서 하나님의 보편적인 주 되심을 또한 강조한다. 이스라엘의 하나님은 보편적인 주님이시고 지리, 혈연, 이데올로기에 의해 제한되는 하나의 주가 아니다. 또한, 이스라엘의 하나님은 사실 특정한 신성한 신들의 우두머리 신도 아니다. 브루그만은 "창조주로서 여호와 하나님(Yahweh)에 대한 이스라엘의 증언이 이스라엘의 더 큰 언약적 증거 안에 충만하게 깊이 간직되어 있다"라고 언급한다.

"이스라엘은 자신의 삶이 언약적으로 명령되어 있다고 믿는 것처럼 이스라엘은 창조가 언약적으로 명령되어 있다고 믿는다. 즉, 선물과 감사,

통치와 순종의 계속되는 상호 작용에 의해 형성된다."[8]

이것은 "끊임없는 윤리적 차원"을 표현한다.[9] 이스라엘과 맺은 하나님의 언약 이야기가 창조와 함께하는 하나님의 언약 이야기에서 나온다는 것은 보편적인 것과 개별적인 것 사이의 통합적 관계를 강조한다. 첫 장에서 "소외 극복하기"와 "낯선 존재 만나기" 사이의 탐구된 대조가 다시 한 번 적절하다.

소위 자연 시편은 "그분의 말씀으로" 만물을 창조하신 하나님에 대한 이스라엘의 독특한 증언에 대해 더 많은 통찰력을 준다. 이 점에서 브루그만은 시편 33편이 특별히 흥미롭다고 지적한다. 왜냐하면, 여호와 하나님이 말씀으로 창조하신다는 주장 때문이다.

> 여호와의 말씀으로 하늘이 지음이 되었으며 그 만상을 그의 입 기운으로 이루었도다 그가 말씀하시매 이루어졌으며 명령하시매 견고히 섰도다(시 33:6, 9).[10]

"말씀을 보내어 그들을 고치시고 위험한 지경에서 건지시는"(시 107:20) 주님이 이 세계와 이 세계 안에 있는 만물을 창조하시기 위해 자신의 말씀을 보내셨다. 구원을 가져오는 "살아 있고 활력이 있는" 말씀은(히 4:12) 태초에 발화된 동일한 말씀이다. 창조하고 유지하고 구속하고 완성하는 것은 다름 아닌 수행적 발화(遂行的 發話)다. 따라서 여호와 하나님(YHWH)은 알파 - 창조자(Alpa - Creator)와 오메가 - 완성자(Omega - Consummator)이시다.[11]

8　Walter Brueggemann, *Theology of the Old Testament: Testimony, Dispute, Advocacy* (Mineapolis: Fortress, 1997), 158 - 59.
9　위의 책., 158.
10　위의 책., 154.
11　나는 클라인(M. G. Kline)에게서 이 용어를 가져온다.

이 이야기를 정경적 차원에서 해석할 때 우리는 성부는 명령하시고 성자는 창조를 위해 그 명령에 순종하시고 따라서 성령은 명령받아 만들어진 피조물을 지정된 목적으로 이끌어 가신다고 언급할 수 있다. 따라서 성경 학계에서 하나님의 창조 사역의 근원으로서 행동(act, Tatbericht)과 대비되는 말씀(word, Wortbericht)을 놓고 벌이는 논쟁은 잘못된 딜레마가 된다. 하나님의 다른 사역에서처럼 창조에서 하나님의 활동적 작인(作因, active agency)은 그분의 발화 행위(speech - act)다. 성령 안에서 영원히 성자를 계시하는(speak forth) 성부는 성자와 성령을 통해 이 세계를 말씀으로 존재하게 하신다. 비록 (몰트만, 젠슨과 다른 신학자에게는 죄송하지만) 하나님과 세계의 소통적인 춤이 항상 유비로 남아 있지만 하나님과 세계의 소통적인 춤은 내적 삼위일체의 삶에 해당하는 광범위한 유비의 표지를 보여 준다.

전능하신 이 여호와 하나님께서 말씀하사 해 돋는 데서부터 지는 데까지 세상을 부르셨도다(시 50:1).

이것은 틀림없이 언약의 언어다. 위대한 왕이 말씀하시고 종은 순종한다.

그가 말씀하시매 이루어졌으며 명령하시매 견고히 섰도다(시 33:9).

창조는 이미 언약이라는 지울 수 없는 각인을 지니고 있다. 다시 말해, 창조는 그 자체가 헌장이다. 처음에는 창조가 있고 그런 후에 언약이 있지 않다. 자연은 "선포하셨던" 하나님에게 찬송으로 "화답"(和答)한다.

따라서 브루그만이 관찰하는 것처럼 "창조는 그 안에 하나님의 주권적 진지함이 있다. 그리고 하나님은 선물, 의존, 화려함이라는 창조 조건의 위반을 용납하지 않을 것이다. 따라서 여호와 하나님을 송축하는 송영을 일깨

우는 주권을 거부하는 자들에게 있어서 창조는 불길한 경고로 끝난다."[12]

자연 세계가 (시 19편에서와 같이) 이 언약에 대해 증언한다. 또한, 여호와 하나님(YHWH)은 심지어 자연 세계가 역사상 자신의 언약 백성에게 유리한 증언(창 15:5-6; 8:22; 9:8-17; 마 2:10)을 하고 불리한 증언하기를(마 24:28; 27:45; 행 2:20) 요구하신다. 이런 자연적 요소들은 민족들의 종주-봉신 조약에서 민족들에 의해 신들로서 요구되지만 이스라엘에서 이런 자연적 요소들은 삼위일체 하나님의 효과적 목적에 대한 창조된 증인으로 요구된다.

다시 한번 하나님과 세계의 관계는 인과적 유비로 축소될 수 있는 것이 아니라 텍스트 자체가 강조하는 의사소통적 작용으로 보완되어야 한다. 브루그만은 "하나님의 말씀으로 하나님의 피조물과의 관계가 결정된다"라고 언급한다.

하나님은 "이 세계를 존재하게 하신다" (cf. 롬 4:17; 벧후 3:5) …. 하나님은 자신이 창조하신 세상과 함께하는 방식은 언어의 방식이다. 하나님은 전에 존재하지 않았던 새로운 것을 말씀하신다. 하나님은 "말씀의 피조물"(speech-creature)로서 이 세계는 자신의 뜻대로 하실 이런 부르시는 하나님에 의해 불러내어진다 …. (창세기)가 오래된 자료를 활용한다는 것은 의심의 여지가 없다.

창세기는 이집트와 메소포타미아의 창조 이야기와 우주론을 반영한다. 하지만 우리 앞에 있는 텍스트는 매우 새로운 목적 즉 이스라엘의 언약적 경험과 가장 친밀하게 관련 있는 목적에 소용이 되게 이 오래된 자료들을 변형한다 …. 이스라엘은 하나님의 기술이 아니라 하나님의 주 되신 의도에 관심이 있다 …. 이것은 이 세계를 재정의하는 거래에 관한 소식이다.[13]

차일즈에 의하면 "창조에 대한 이런 이해의 효과는" "세상에서 모든 악

---

[12] 위의 책., 156.
[13] Walter Brueggemann, *Genesis, Interpretaion* (Atlanta: John Knox Press, 1982), 24, 26.

마적이고 신비적인 힘을 제거함으로써 또한 모든 악마적이고 신비적인 힘을 창조주 한 분의 유일한 힘에 종속시킴으로써 이 세계를 비신성화하는 것이었다. 이와 유사하게 신약성경에서 예수님은 영적 권세들에 대해 최고의 힘을 발휘했다. 또한, 귀신들을 정복할 때 창조주로서 자신의 통치를 보여 주었다."[14]

이런 개념이 가진 가장 논란이 되는 측면은 창조가 절대적 시작인 무로부터 비롯되었다는 것이다. 이 주장의 핵심은 원 창조는 하나님의 명령에 그 근원이 있다는 것이다. 하나님은 단지 기존에 존재하는 물질을 조작해서 별개의 형태가 되게 하셨을 뿐만 아니라 그 뒤에 자신이 특정한 사물과 생존 가능한 생명 체계로 형성할 수 있는 모든 것을 존재하게 하셨다.

다시 한번 우리는 창세기의 맥락이 논쟁적 신학의 한 부분이라는 것을 상기해야 한다. 즉, 하나님은 이스라엘의 종주로서 민족들의 신들에 대한 주권을 갖고 있다고 주장한다. 존재하는 모든 것을 창조하셨던 분은 다름 아닌 이스라엘의 하나님이다.[15] 세계는 창조와 보존을 위해 여호와 하나님(YHWH)에게 의존하지만 하나님은 결코 이 세계에 의존하지 않으신다. 이것은 바울이 살던 시대까지 내려오는 열방의 우상들에 반대하는 신앙 고백이다.

> 우주와 그 가운데 있는 만물을 지으신 하나님께서는 천지의 주재시니 손으로 지은 전에 계시지 아니하시고 또 무엇이 부족한 것처럼 사람의 손으로 섬김을 받으시는 것이 아니니 이는 만민에게 생명과 호흡과 만물을 친히 주시는 이심이라 (행 17:24 - 25).

14　Childs, *Biblical Theology*, 399.
15　건튼(Gunton)은 *Triune Creator*, 127에서 Claus Westermann, *Genesis 1 - 11*, trans. John J. Scullion (Minneapolis: Augsburg, 1984), 16 - 17을 언급한다. "고대 근동의 많은 창조 이야기 중에서 창조에 대한 제사장적 설명을 구별하는 것은 다음과 같다. 즉, 제사장계 문서(P)에 있어서 단지 한 분의 창조주가 있을 수 있고 존재하거나 존재할 수 있는 다른 모든 것은 결코 피조물 외에 어떤 것이 될 수 없다는 것이다."

하지만 이것이 무로부터의 창조를 필요로 하는가?

브루그만은 이 교리와 관련해 일부 성서학자의 망설임(tentativenss)을 공유한다. 그는 성경 전통에서의 증거가 마카비 2서만큼 늦는다고 주장한다.

다른 텍스트들, 아마도 심지어 창세기 1:1 - 2도 그런 해석을 허용하지만 요구하지 않는다 …. 그리고 무로부터가 아니라면 우리는 다음과 같은 결론을 내릴 수밖에 없다. 즉, 이스라엘은 여호와 하나님의 창조 활동을 이미 거기에 존재했던 "혼돈의 물질"에서 나온 피조된 세계를 형성하고 만들고 다스리고 명령하고 지탱하는 활동 가운데 하나로 이해했다. 일부 사변 전통과 달리 이스라엘은 "창조 물질"의 기원에 관해 관심이나 호기심을 분명히 보이지 않는다. 창조 물질은 기정사실로서 거기에 존재하면 여호와 하나님은 주권적인 방식으로 그것을 다루신다.[16]

브루그만이 옳다면 그가 암시하는 것처럼 이스라엘은 피조된 실체의 기원에 관한 질문에 대해 불가지론적이었을 뿐만 아니라 그가 암시하는 것처럼 하나님은 단순히 기존에 존재하는 물질의 조직자였다는 것을 실제로 확언했다. 따라서 부루그만은 창조와 섭리를 통합한다. 즉, 창조에서 하나님의 힘은 자연에서 하나님의 지속적 창조 사역과 구별되지 않는다.

브루그만이 창조 자체의 바로 그 구조 안에 악을 포함할 때 창조와 섭리를 혼동하는 이런 경향은 더 분명해진다. 그는 다음과 같이 믿는다. 즉, 이스라엘은 "길들지 않고 제멋대로인 것처럼 보이는 성가심, 곤란 그리고 파괴성"을 포함하는 거기 존재하는 세계는 단지 이스라엘에게 있어서 창조된 기정사실들이라고 가정했다.

우리는 그런 모든 악이 죄의 결과라고 말할 수도 있다. 하지만 죄가 인간의 실패를 의미한다면 이스라엘은 그런 결론에 저항한다. 악은 단순히 때로는 인간의 죄의 결과로, 때로는 주어진 것으로 그리고 가끔은 하나님

---

[16] Brueggemann, *Theology of the Old Testament*, 158.

에게 책임을 돌리는 것으로 단순히 거기에 존재한다.

존 레벤슨은 다음과 같이 강력하게 주장했다. 즉, 구약성경 텍스트에 의하면 이 세계에는 여전히 여호와 하나님(*Yahweh*)의 지배를 받지 않았던 길들여지지 않고 제멋대로인 무언가가 존재한다. 여호와 하나님이 그런 대항 세력에 대해 승리하실 것이라고 약속하셨지만 그분은 아직 그런 승리를 얻지 못했고 지금 이기지 못하시는 것이 분명하다. 게다가 프레드릭 린드스톰(Fredrik Lindstorm)은 어떻게 많은 시편에서 그런 죽음의 상태 (deathliness)가 단지 여호와 하나님이 부재하고 무관심하거나 소홀히 하는 곳과 여호와 하나님이 부재하고 무관심하고 소홀히 할 때 이스라엘 한가운데서 진행되는지를 보여 주었다.[17]

하지만 반응으로 두 가지 점에 주목해야 한다.

첫째, 이스라엘이 악을 알고 있는 것처럼 "악은 단순히 거기에 있다"라고 말하는 것과 이스라엘을 포함한 누구도 타락 이후에 그 악을 알지 못했던 것으로 악이 이 세계 거기에 존재한다고 제안하는 것은 별개의 것이다.

성경적 시작에서 힘들여 – 이교 사상의 우주적 이원론과 대조해서 – 모든 실체, 창조의 선함과 악의 부재에 하나님이 직접 관여하심과 그런 것들에 대한 통치권을 강조한다. 이런 서막(序幕)에서 창조 이야기는 자연 종교의 창조주 – 피조물 혼동과는 반대로 창조 명령의 기원을 선한 것으로서 또한 인간이 죄로 이어지는 타락을 아담의 불순종의 결과로 강조한다. 특별히 시편에서 성경의 증인이 계속해서 증명하는 것처럼 이것은 자연 그 자체 안에서가 아니라 역사에서 일어나는 타락이다.

우리가 구약성경과 신약성경에서 발견하는 창조, 타락, 구속과 완성의 이어지는 이야기 구조는 창세기의 이런 첫 장들에 기반을 두고 있다. 브루

---

17 위의 책., 159.

그만은 시편 146편과 같은 시편은 "여호와 하나님의 창조 사역은 원시적인 힘이 아니라 정확하게 압제 받는 자들, 배고픈 자들, 맹인들, 굴복당한 자들, 의인들, 낯선 자들, 과부와 고아들에게 행복을 의도하고 제공하는 것"임을 상기시켜 준다고 말한다(cf. 잠 17:5).[18]

우리는 하나님의 창조 사역에서 이 세상에 의해 "아무것도 아닌 것들"로 간주되는 자들에 대한 하나님의 관심을 타당하게 추론할 수도 있다. 또한, 확실히 이런 사역은 결코 "원시적인 힘"이 아니라 시편 146편이 태초에 창조보다는 하나님의 섭리와 구속 목적을 묘사하고 있는 사례로 남아 있다.

둘째, 언약 백성들이 하나님은 궁극적으로 주권자이심을 알고 심지어 그분의 신비한 방식을 설명해 달라고 요구하는 상황에서 그들이 고통 속에서 부르짖는 많은 예가 있지만 나는 타락한 피조계에서 악을 "가끔 하나님에게 책임을 돌리는" 단 하나의 본문도 알지 못한다.

"여전히 여호와 하나님(Yahweh)의 지배를 받지 않았던 길들여지지 않는 무언가 … 이 세계에 제멋대로인" 주권의 다른 원칙이 정확하게 없다는 점에서 열방과는 다른 분이 바로 이스라엘의 여호와 하나님(YHWH)이시다. 결국, 이것이 여호와 하나님(YHWH)이 신들로 의인화된 모든 신비한 세력들에 대해 주권을 주장하는 문제들에서의 요점이 아닌가?

이 점에 대해 논하는 것은 섭리와 관련된 "길들여지지 않는 무언가"에 관한 것이다. 하지만 악을 창조로서 피조계에서 활동하는 하나의 원리로 간주하는 것은 이스라엘의 이웃 국가들이 더 원시적인 형태로 인정했었을 마니교의 이원론으로 향하는 것이다.

악을 여호와 하나님(YHWH)에 대한 "대항 세력"으로 존재한다고 주장하는 것은 적어도 미묘한 의미의 차이를 요구한다. 왜냐하면, 하나님의 통

---

[18] 위의 책., 155.

치에 대한 윤리적 반대로서 악은 실재했고 그런데도 욥기가 훌륭하게 증명하는 것처럼 악은 하나님이 가하시는 제한 하에 있었다는 것이 동시에 존재하는 이스라엘의 증언이었기 때문이다. 그런데도 이것은 창조가 아니라 섭리에 관해 주장하는 것이다. 창조와 타락이 동등해지고 악이 언약(윤리적 소외)의 위반보다는 근본적 요소("존재론적 방식")에 위치할 때 내가 암시했던 우주적 이원론의 위협은 심각하게 남는다.

셋째, 절대적 시작에 대한 비판이 어느 정도 현대 과학과는 양립할 수 없었다는 견해 때문이었지만, 등장하는 과학적 합의는 더는 그런 반대를 지지하지 않는다.[19]

브루그만의 관점이 가진 전제가 무엇이든지 간에 그 견해는 성경적 설명과 조화될 수 없다. 차일즈(Childs)는 다음과 같이 주장한다.

> (창세기 1장)의 구조에 의하면 창조는 혼돈의 재편성(再編成)에서 비롯되었다고 제안하는 것은 불가능하다(웰커[Welker]).
> "창조란 무엇인가?"([Was ist 'shopfung'], 209ff에 반대해)
> 성경 저자는 하나님의 창조를 단지 "구성 요소적 관계"나 창조주와 피조물을 특징 짓는 "존재 양태"의 표현으로 이해해서는 안 된다는 것을 입증하기 위해 "태초에"의 행위를 설정했다. 오히려 창조는 시간의 시작, 진행 중인 역사의 시작 그리고 하나님 없이 그런 실체가 존재하지 않기 전에 기

---

[19] 과학과 종교 사이의 전쟁은 종종 최근의 갈등에 비추어 볼 때 과장되었지만 일반 기독교인과 과학자들이 서로의 다른 연구 프로그램과 방법의 가치를 이해하려는 시도를 방해했다. 하버드 천체물리학자 오웬 진저리치(Owen Gingerich)는 옳았다. 즉, "철학적 문제들을 차치하고라도 성경은 그 관점에서 완전히 역사적이고 하나님과 언약 관계를 맺었던 한 민족의 특별한 사건에 관한 연대기다. 과학적인 이런 모습은 우선 역사적이지 않았다"("The Universe as Theater for God's Action", *Theology Today* 55, no. 3. 307). Cf. Holmes Roston III in the same issue, 425.

원의 순간을 나타냈다. 게다가 하나님은 자신의 작품을 좋다고 선포했고 그것을 축복하셨다. 창조물은 그 완전성에서 안식을 누렸고 어떤 추가적 작업이 필요하지 않았다.[20]

이것은 피조물의 번영과 진행을 위해 추가적인 일이 필요하지 않다는 것을 의미하는 것으로 해석하지 말아야 한다. 하지만 이것은 단순히 원 피조물과 그것의 섭리적 발전과 지속을 구별해야 한다. 창조는 태초에 하나님의 분명한 행동일 뿐만 아니라 자유로운 행동이다.

또한, 이것은 하나님의 자유는 - 로부터(from)의 자유일 뿐만 아니라 - 을 위한(for) 자유이기도 하다는 바르트의 중요한 요점을 다시 인식하는 것이다. 예술 작품과는 다르게 하나님은 자신의 즐거움을 위해서 합법적으로 땅을 창조하셨지만 하나님은 이 땅을 위한 추가적 목적 즉 언약을 염두에 두셨다.

> 그는 사람이 거주하게 그것을 지으셨으니 (사 45:18).

예를 들어, 고대 바빌로니아 창조 신화인 에누마 엘리쉬(Enuma elish)에서 세계 창조는 가족 싸움에서 비롯된다. 우주적 투쟁에서 아버지 아푸스(Apus)와 어머니 티아마트(Tiamat)는 살해된다. 티아마트의 시체는 우주를 창조하기 위해 두 부분으로 찢긴다. 다른 신들은 승리자들에게 강제로 예속되었다. 하지만 그들이 신들의 왕인 마르두크(Marduk)에게 부르짖었을 때 천한 노역을 하는 반역했던 신들을 대신하기 위해 반란 주동자의 피에서 인간이 창조되었다. 방종한 신들을 강제적으로 섬겨야 하는 부담은 이

---

20 Childs, *Biblical Theology*, 385.

제 패배한 신들에게서 인간들에게 옮겨졌다.²¹

형태에서 분명한 유사점에도 성경의 창조 이야기는 그런 세계관에 대한 비난에서 논쟁적으로 격앙되어 있다. 세상은 하나님이 아니고 하나님의 일부도 아니고 하나님의 유출도 아니다. 하지만 세상은 또한 갈등, 반역, 투쟁과 악에서 창조된 "물질"도 아니다. 가령 세상이 심지어 신적인 것에 미치지는 않아도 창조는 "매우 선하다."

폴 리쾨르(Paul Ricoeur)의 바빌로니아 창조 신화와 성경 사이의 대조에 호소하면서 콜린 건튼(Colin Gunton)은 왕들과 정복자들의 폭력을 승인하는 원초적 폭력과 언약적 사랑에서 발견되는 것으로서 성경적 창조 설명 사이의 주목할 만한 차이점을 지적한다.

> 따라서 창조는 그 기원이 하나님의 언약적인 사랑에 있다는 성경적 관점은 고대 세계의 신화나 거기에 뿌리를 둔 대부분의 헬라 철학에서 나온 원리와는 다르게 세상을 이해하는 하나의 방식이다. 결과적으로 … 성경적 관점은 다른 윤리 즉 세상에 거하는 방식과 사람들을 대하는 다른 방식을 낳는다. 이런 대조적인 세계관의 지속적 중요성은 다음과 같은 사실에서 발견된다. 즉, 창조를 신격화된 갈등으로 보는 관점이 인간의 문화 속에서 늘 새롭게 등장하며 가장 최근에는 아마도 헤겔과 마르크스 그리고 그들의 많은 제자에게서 나타난다는 사실이다.²²

이와 유사하게 바실리우스(Basil)에 호소하면서 젠슨(Jenson)은 절대적 시작에 기반하는 창세기 이야기의 역사적 강조를 신화적 우주론과 대조한다.

---

21 Alexander Heidel, *The Babylonian Genesis*, 2nd ed. (Chicago: University of Chicago Press, 1963); idem, *The Gilgamesh Epic and Old Testament Parallels* (Chicago: University of Chicago Press, 1949).

22 Gunton, *Triune Creator*, 26.

창세기의 이야기는 신화가 아니다. 왜냐하면, 창세기는 사실 사물들이 존재하지 않았을 때 상황에 어떠했는가에 대해 어떤 것도 말해 주지 않기 때문이다. 창세기의 "토후 와보후"(혼돈하고 공허하며)는 바벨론의 마르두크 신이 해체한 거대한 진흙 덩이(the Great Slime)와 같은 선행하는 무의 실재(antecedent nothingness - actuality)도 아니며 영원한 알이나 자궁이나 원시적인 물질의 순수한 가능성도 아니다.

교부들은 이 점에 대해 명확했다. 즉, "이단들은 '그러나 깊음 위에 … 흑암도 존재했다'고 말한다. 다시 말해, 신화가 생겨날 새로운 기회다 …. '깊음'은 어떤 이들이 공상하는 것처럼 대립하는 세력들의 충만이 아니며 또한 암흑도 선에 맞서 정렬된 원래의 악한 힘이 아니다."

혼돈과 공허, 흑암과 혼돈의 '물'에 대한 창세기의 언급은 창조의 전제 조건에 대한 언급이 아니라 전제 조건의 부재를 통해서는 상상할 수 없게 된 상상할 수 없는 창조의 시작에 대한 언급이다. 아우구스티누스는 창세기를 다음과 같이 정확히 해석한다.

즉, "당신은 모든 시간을 만드셨습니다. 그리고 모든 시간 이전에는 당신만이 존재하며 또한 시간도 그 자체에 선행하지도 않습니다."[23]

하나님의 루아흐(Ruah)는 성령이시다. 일부 현대 번역본이 하는 것처럼 "이 구절을 '하나님으로부터 나온 바람'으로 번역한다면 다시 말하지만 이야기는 신화적인 것이 될 것이다." 하지만 그런 번역은 단지 번역자들의 편견을 보여준다. 하나님의 성령(루아흐 엘로힘, Ruah Elohim)을 의도하지 않았다고 믿어야 할 어떤 이유도 없다.[24]

하나님은 "피조계 안에 있는 '무언가로부터가 아니라"(마카비 2장; 7:28) 자신의 성령으로 창조하신다. 창세기에 있는 이런 두 설명에서 창조가 역사

---

23 Jenson, ST 2:11, Basil's Hexaemeron 2.4를 인용.
24 위의 책., 11 - 12.

로서 존재하게 된다는 것이 분명하다.[25]

이 견해가 함유한 필연적 함의는 다음과 같다. 즉, 하나님은 그 자신의 존재 내부에 어떤 필요성이나 필연성(에크하르트[Meister Eckhart]와 심지어 아르미니우스주의적 설명 안에 있은 어떤 경향성이나 더 최근의 범재신론적 제안에는 죄송하지만)이 아니라 그 자신의 영광을 위해 이 세계를 창조하셨다. 다시 말해, 언약적 참여가 유출적인 참여 도식을 대체하고 이 세계에는 그 자체의 합법적 공간이 주어졌다.

필자의 경험에 의하면 이런 질문에 대한 많은 인기 있는 기독교적 논의가 하나님 안에 어떤 결핍(lack)(교제, 사귐 등)에 초점을 맞춘다. 하지만 이 문제에서 무로부터의 창조 교리는 하나님의 완전한 자유에 초점을 맞추는 것을 강조하고 결과적으로 하나님의 충만함에서 창조의 이유를 발견한다.

따라서 창조의 동기는 순전한 사랑(agape)이다. 마치 하나님은 어찌된 일인지 너무 광대해서 만약 자신을 제한하지 않는다면 자신의 존재가 피조물을 위협할 수 있는 것처럼 하나님은 우리를 위해 "공간을 창조"하실 필요가 없었다.

오히려 바울은 이런 것을 전복하기 위해 헬라 시인에 대한 호소에서 "우리가 그를 힘입어 살며 기동하며 존재하느니라"(행 17:22)라고 말한다. 이것은 몰트만의 정식화에서 하나님이 자신 안에 창조 공간을 주기 위해 자기 존재의 케노시스(자기비움)을 경험해야 한다는 취지에서 이미 마주쳤던 특이함을 강조한다. 아이러니하게도 성경적 그림이 또한 어떤 본질적인 반대에 도전하는 창조주 - 피조물 구분을 인식할 때 성경적 그림은 신적 내재성에 대해 더 긍정적이다.

우리는 독립적인 하나님의 완전한 자존성과 삼위일체성에서 하나님이 창조하시기로 선택하셨던 형태들을 포함해서 모든 신적이지 않은 생명체

---

25 위의 책., 14.

를 지지하기에 충분한 충만함을 발견한다. 선하신 하나님 안에서 확언된 차이(다양성)(즉 삼위 위격)는 하나님과 세상과의 관계 안에서 차이를 긍정하기 위한 기초다.

하나님은 자신의 영광 즉 하나님이 하시는 모든 것을 위한 최종 목적을 위해 세상을 창조하셨다. 신적이지 않은 피조물을 창조하는 것은 하나님에게 즐거움과 명예를 가져다 준다. 피조물들 가운데 일부는 사랑스럽고 목적 있는 관계에서 하나님에게 반응할 수 있는 필요한 능력을 갖고 있다. 젠슨은 올바르게 다음과 같이 주장한다. 즉, 우리가 창조의 동기와 최종 목적으로 하나님의 영광을 하나님의 사랑으로 대체할 수 없다. 그것은 "재앙적인" 행보이고 의심할 여지없이 신성을 우리의 자력 구제를 돕는 종으로 저하시키는 후기 근대성의 원인이다.[26]

창조주 - 피조물 관계는 하나님의 주권을 수반한다. 하지만 "자유 의지"의 발동은 결국 하나님의 주권을 전복시킬 수 없다.[27] 이것은 하나님의 의지와 우리의 의지 사이에 경쟁이 아니다. 왜냐하면, 하나님의 의지는 절대적이고 우리의 의지는 우연적이어서 "내가 결정을 내릴 때 하나님이 결정을 덜 내리거나 반대로 하나님이 결정을 내릴 때 내가 결정을 덜 내린다는 어떤 산술적인 셈법은 없다."[28]

단지 성경의 하나님만이 이런 종류의 신적 자유를 가지고 있기 때문에 그분의 피조물들이 피조적 자유를 가질 수 있다.[29] 자유를 일의적으로(univocally) 하나님과 인간의 속성이 아닌 유비적으로(analogically) 하나님과 인간의 속성으로 단정한다.

무로부터의 창조론은 무엇보다도 피조물을 위한 것뿐만 아니라 피조물

---

26 위의 책., 18.
27 위의 책., 22.
28 위의 책.
29 위의 책., 22 - 23

로부터의 하나님의 자유를 강조한다.

> 태초에 하나님이 천지를 창조하시니라(창 1:1).

시편 기자는 다음과 같이 선언한다.

> 산이 생기기 전, 땅과 세계도 주께서 조성하시기 전 곧 영원부터 영원까지 주는 하나님이시니이다(시 90:2).

우주는 하나님의 몸이 아니라, 하나님의 창조적인 소환의 결과다. 즉, 차이가 장애물이 아니라 오히려 하나님과의 관계의 전제 조건인 타자다. 게다가 창조는 대조적인 "하늘"과 "땅"의 영역으로 나누어지지 않는다. 왜냐하면, 심지어 "하늘도 주의 손으로 지으신 바니이다"(시 102:25)이기 때문이다. 이런 분리는 하늘과 땅, 영적인 것과 물질적인 것 등 다른 것들 사이가 아니라 창조주와 피조물 사이의 분리다. 심지어 여기서 분리는 본질적 대립이 아니라 구분이다. 우리는 창세 전에 하나님이 무엇을 하고 계셨는지 알지 못한다(아우구스티누스와 칼빈은 "호기심이 많은 사람을 위해 지옥을 창조하고 계셨다고" 답했다[30]). 하지만 우리는 하나님이 "항상 일하시고"(요 5:17) 계시다는 것을 분명히 안다.

창조 전 하나님의 존재는 따라서 비활동적일 수 없었다. 제임스 오르(James Orr)는 올바르게 다음과 같이 결론을 내리고 있다. 즉, 이런 질문은 시간과 영원의 관계에 달려 있다. 또한, 이런 질문은 "하나님의 영원성은 무한 확장된 시간이 아니라 우리가 어떤 개념도 형성할 수 없는 본질적으로

---

[30] Calvin, *Institutes 1*. 14.1.

다른 무언가"라는 깨달음에 달려 있다.[31] 이런 창조는 하나님 안에 어떤 변화도 없다는 것을 암시한다. 왜냐하면, 하나님은 창조된 분이 아니기 때문이다.

무로부터의 창조는 창조가 원인이 없는 것이 아니라 하나님이 기존에 존재하는 어떤 물질 없이 하나님이 그것을 존재하게 했다는 것을 의미한다. 하나님을 제외한 모든 것은 하나님의 의지와 행동 때문에 의존적으로 존재한다.

> 믿음으로 모든 세계가 하나님의 말씀으로 지어진 줄을 우리가 아나니 보이는 것은 나타난 것으로 말미암아 된 것이 아니니라(히 11:3).

창세기의 첫 장에서 하나님이 존재하지 않은 것에 대해 말씀하신 언어가 바로 이런 능력 있는 말씀이다. 또한, 무로부터의 창조라는 이런 패턴이 구속사에서 이어지는 "새로운 창조"에 대해 끊임없이 평행하는 것으로서 역할을 한다.

2) 다양한 세계(A Word of Difference)

무로부터의 창조론은 다음과 같은 것을 말할 수 있게 해 준다. 즉, 물질성, 시간성, 우연성, 변화는 하나님에게는 적절하지 않지만 이런 것들은 피조적 존재에게 적절하고 위엄 있는 측면이다.

여기서 우리는 모든 이원론을 종식하기 위한 이중성을 발견한다. 다른 하나는 완전히 다르고 좋을 수 있다. 영과 물질, 영원과 시간, 불변성과 가변성, 지적인 것과 감각적인 것 사이의 전체 그리스(특히 플라톤적인) 이원

---

[31] Berkhof, *Systematic Theology*, 131에서 인용.

론은 모든 실체가 단일 존재 등급에 참여하는 이런 유출 이론에 의존한다.

오늘날 많은 사람은 창조주와 피조물 사이의 뚜렷한 구별이 반드시 환경의 남용으로 이어진다고 가정한다. 결과적으로 범신론적 또는 만유재신론적 형이상학이 생태학적 관심을 위한 유일한 희망으로 보인다.

하지만 이런 창조주 – 피조물 혼동이 자연에 그 자체의 온전함과 상대적으로 독립된 그 차제의 지위를 허용할 수 있을까?

어째서 자연은 신적이거나 악마적이어야 하는가?

젠슨은 다음과 같이 관찰한다.

> 이 글을 쓸 당시 학문적으로나 교회 정치적으로 강력한 '페미니스트/여성주의/여성신학'(feminist/womanist/mulierist theology)은 하나님과 피조물의 어떤 '이원론'은 '가부장적'(patriarchal)이라고 이상하게 가정한다.[32]

하지만 이스라엘의 하나님이 자연 종교의 우주적 이원론 대신 넣는 것은 정확하게 바로 이런 창조주 – 피조물이라는 이원성이다. 일원론은 다양성을 설명할 수 없다. 차이와 타자성은 단지 동일성이 가진 많은 다른 면이 된다. 이원론을 참을 수 없는 대부분의 포스트모던 사상은 이미 현대성을 괴롭혀 왔고 단순히 특권적인 용어들을 뒤바꾸어 왔던 유사한 종류의 일원론으로 추락할 위험이 있다. 환경에 대한 인간의 잘못된 반대(부분적으로 플라톤적 인간론에서 유래하는 반대 자체)를 비판할 어떤 근거가 없는 것이 아니라 만약 참된 복수성을 존재론적 반정립(反定立)을 구축함이 없이 확증하려면 단지 창조주와 피조물 사이의 이런 차별적인 이원성만이 – 긍정적으로 해석된 – 다양한 형태의 피조물을 서로 경쟁시키는 대립적인 이원론들을 전복시킬 수 있다.

---

[32] Jenson, ST 2:6.

일원론적 도식에서 어떻게 피조물의 속성이 피조물에 완전히 적합하고 적합할 수 있는지를 논의할 방법이 없지만 창조자에게는 그렇지 않다. 하지만 기독교인들에게 있어서 그런 차이는 정신과 물질, 은혜와 자연 등이 가진 본질적 대립이라기보다는 오히려 창조주 - 피조물 구분(무로부터의 창조)으로 돌려진다. 바르트는 우리에게 다음과 같이 상기시킨다.

> 성경에서 신적 사건과 비신적 사건의 구별은 자연과 은혜, 영혼과 몸, 내면과 외면, 가시적인 것과 비가시적인 것 사이의 구별과 일치하지 않는다. 이와는 반대로 성경에서 묘사되는 계시 사건은 모든 곳에 자연적, 육신적, 외적, 가시적인 요소들을 지닌다. 즉, 창조(하늘 뿐만 아니라 땅도)에서부터 팔레스타인에서 이스라엘 백성의 구체적 실존을 거쳐서, 예수 그리스도의 탄생, 그의 물리적인 기적들, 본디오 빌라도 아래서 그의 고난과 죽음, 그의 육신적 부활을 거쳐서 그의 재림과 몸의 부활에 이르기까지.[33]

하나님을 자연과는 반대되는 것으로 일반적인 "절대 정신"과 혼동하는 것은 창조자와 피조물을 동일시하는 것이다. 왜냐하면, 심지어 영적 세계의 "최고의 정점"에서도 "영적 세계"는 또한 하나의 피조물이지 신적인 것은 아니기 때문이다.[34]

"사실 성경에 의하면 계시에서 일어나는 모든 일의 절정은 하나님이 나로서 말씀하시고 하나님이 말을 거는 너희(thou)가 하나님의 말씀을 듣는다는 사실에 놓여 있다. 이런 사건의 전체 내용은 하나님의 말씀이 육신이 되었고 그분의 성령이 모든 육체에 부어진다는 사실에 놓여 있다."[35]

하나님은 우리가 없이도 하나님이지만 자유롭게 우리의 하나님이 되기

---

33 Barth, *CD* II/1:265.
34 위의 책., 256 - 57.
35 위의 책., 257.

로 선택한다. 그래서 우리는 존재한다.

　선함, 참된 그리고 아름다움은 영성이나 신성에 이것들이 존재론적으로 참여하는 측면에 의해서가 아니라 신적 은총을 지닌 신적 피조물로서 정당화되어야 한다는 깨달음이 이 교리의 실질적인 이점들 가운데 포함되어 있다. 실제 의미에서 이것들은 가령 영원한 형태가 하나님이 되어야 한다 하더라도 이것들이 영원한 형태에 참여하는 정도까지가 아니라 이것들 자체가 선하다.

　플라톤적이기보다 아리스토텔레스적인 이 질문은 인간을 포함해서 창조된 사물이나 인격들이 하기로 한 것을 그들이 하는가이다. 그런데 그것은 "더 높은" 또는 "더 낮은" 형태의 생명의 보호하는 관계라기보다는 오히려 하나님으로부터 더 윤리적 임무(청지기직)를 가리킨다. 생태학적인 함축도 또한 분명하다. 왜냐하면, 실체는 더 높고 낮은 형태의 생명이 아닌 창조주와 피조물 사이로 나누어지기 때문이다.

　무로부터의 창조 교리의 핵심은 피조물은 그 자신의 공간이 있다는 것이다. 즉, 하나님과 경쟁자가 아니라는 것은 말할 것도 없이 피조물이 하나님과 독립되어 있다는 것이 아니라 피조물은 하나님과 다르지만 그런데도 그런 차이에서 긍정된다는 확신이다. 피조물은 광선이 태양으로부터 나오는 것처럼 하나님에게서 유출되지 않는다.

　이런 특별한 요점에 대한 바르트와 대부분의 현대 신학과는 대조적으로 나는 더 나아가서 다음과 같이 제안할 것이다. 즉, 창조의 기초를 이해하는 적절한 범주는 은혜가 아니라 낮추심(condescension)이다.

　피조물이 하나님과 엄밀한 의미의 그런 선함과의 차이점을 동시적으로 긍정을 허락하는 데 있어서 이것은 너무 지나친 것인가?

　나는 다음과 같이 주장할 것이다. 즉, 만약 은혜가 이미 역사적 경륜에서 창조의 토대가 되고(물론 은혜가 영원한 작정 안에 있다는 것은 인정하지만) 은혜가 하나님이 죄인들에게 보여 주시는 긍휼이지만 피조물로서 피조물은 선한 것으로 간주할 수 없다.

무엇보다도 이런 선택은 받을 자격이 없는 자에게 주는 호의(unmerited favor) 뿐만 아니라 벌을 받아 마땅한 자에게 주시는 호의(demerited favor)로서도 엄격한 정의에 기초한다.

우리가 살펴보았던 것처럼 바르트 자신은 은혜에 대한 이런 정의를 범죄라는 측면에서 하나님이 베풀어 주는 것(즉 긍휼과 동일한 의미)으로 확증하지만 하나님은 바로 처음부터 피조물에게 긍휼을 베풀어 오셨다고 일관되게 주장한다. 하지만 긍휼이 단지 잘못에 대한 반응으로 주어진다면 설득력이 약한 창조 교리기 발생한다. 이 점은 더 자세한 설명이 필요하다.

창조가 하나님의 은혜보다는 하나님의 선함과 자유 그리고 낮추심에 기초한다고 주장하는 중요한 동기 중 하나는 다음과 같다. 즉, 창조는 창조로서의 자연의 실체와 온전함을 긍정한다는 것이다. 다른 표현에도 불구하고 전통적 로마 가톨릭 가르침과 바르트 이후 대부분 개신교 해석은 예수 그리스도 안에 있는 하나님의 은혜가 창조의 기초라고 주장했다. 로마 가톨릭에 의하면 오리겐 이후 창조는 부패의 가능성을 소유한 것으로 간주되었다(물론 나도 이것을 긍정할 것이다).

그뿐만 아니라 창조는 더 높은 영역과 더 낮은 영역 사이에 걸려 있었고 영원하고 변하지 않는 선의 지적인 사유와 일시적이고 변동하는 감정 사이의 이원론에 집중되어 있었다.[36]

육체와 육체의 감정(열정)에 있는 인간 본성의 약점에 관한 교부들의 합의에 대한 중요한 일치에도 불구하고 아우구스티누스는 또한 플라톤주의

---

[36] 물론 이런 플라톤적 - 필론적 - 플로티누스적 영향력은 아우쿠스티누스보다 앞선다. 오리겐이 두드러진 예다. 즉, "성경이 이상스럽고 견고한 육체와 대조되는 무언가를 지정하고 싶을 때 '의문은 죽이는 것이요 영은 살리는 것임이니라'의 표현에서처럼 그것을 영으로 부르는 것이 성경의 관습이다. 거기서 '의문'(letter)은 육체적인 것들이고 '영'은 지적인 것들을 의미한다는 것에 어떤 의심도 있을 수 없다. 우리는 또한 '영'을 '영적인'으로 부른다"(De principiis, 1.2, 242).

를 비판했다. 그는 비난받아야 하는 것은 육체 자체가 아니라 죄로 인한 육체의 부패와 죽음이라고 주장했다.[37]

하지만 그는 아담의 생존 – 따라서 창조된 질서의 생존 – 은 매순간 창조된 의 안에 있는 자유의 온전함이 아니라 자연에 추가된 은혜의 선물(donum superadditum)에 의존했다고 주장한다.[38] 따라서 아우구스티누스 자신이 암시하는 것처럼 이런 은혜의 선물이 제거되었을 때 인간적 온전함과 더 일반적으로 피조적 온전함은 상실되었다고 결론을 내리기는 어렵지 않다. 신정론(theodicy)의 문제와는 별도로 이런 이해는 사실 "스스로 서게 하면서" 진정으로 자신의 주권적 손의 결과물이었던 세계를 창조함으로써 하나님이 하고 계셨던 것의 중요성을 모호하게 하지 않을 수 없다. 따라서 무로부터의 창조는 약화된다.

바르트의 정식화에서 기독론 – 기독론뿐만 아니라 어떤 순간에 영원이 시간을 집어삼키고, 신성이 인간을 집어삼키고, 창조주가 피조물을 집어삼키고, 구속이 창조를 집어삼키려고 위협하는 기독론도 – 이 자연에 추가된 은혜를 대신하지만 비슷한 결과를 가져온다. 나는 전적으로 예수 그리스도를 창조의 존재론적 근거로서 단언하지만 나는 다음과 같이 주장하길 원할 것이다.

즉, 내적 삼위일체의 구속 언약 안에서 예수 그리스도는 중재자 직분을 맡고 역사에서 아담의 후손인 인류가 어긴 행위 언약을 "죽기까지 복종하는"(빌 2:8) 단지 이런 방식으로 역사에서 완성하고 우리를 위해 은혜 언약인 것 안에서 완성으로 이어지는 구원을 집행하신다. 전체적인 역사적 경륜을 구속으로 축소할 수 있다는 것을 옹호하기 위해 바르트의 시각을 통해서 칼빈은 잘못 해석되어 왔다.

---

37 Augustine, *The City of God*, ed. David Knowles (New York: Penguin, 1972), 550 – 53.
38 Leo Scheffczyk, "Concupiscence," in *Sacramentum Mundi: An Encyclopedia of Theology*, ed. Karl Rahner, SJ, et al., vol. 1 (New York: Herder & Herder, 1968), 403 – 5를 보라.

존 헤이우드 토마스(John Heywood Thomas)의 평가는 정확하다. 즉, "칼빈에게 있어서 하나님의 모든 사역은 그리스도의 얼굴에서 예정을 포함하는 우리 구원이 함유한 이런 모든 편안한 진리를 우리가 보는 한에 있어서 하나님의 모든 사역은 그리스도 안에서 계시된다는 것에 나는 이의를 제기하지 않는다. 하지만 할 수 있거든 모든 사람이 기독교 강요의 첫 장들을 읽어보고 칼빈에게 있어서 창조는 논리적으로 우리 구원과 구분되고 우리 구원보다 앞선다는 것에 동의하지 않을 수 있는지 한번 해 보라(절대 그럴 수 없다는 의미를 강조 - 역자 주)."[39]

따라서 개혁 신학의 외침은 "하나님을 하나님 되게 하라"일 뿐만 아니라 "피조물이 피조물 되게 하라"이어야 한다. 시원론(protology)과 종말론은 구원론보다 앞선다. 역사에는 죄와 구속보다 앞서지만 완성이 부족한 때가 존재한다.

3) 창조 종말론(Creation Eschatology)

이 해석은 무로부터의 창조와 더 어두운 경계에서 원래 창조의 선함을 끌어낼 뿐만 아니라 창조에 대한 더 철저한 종말론을 제공하기도 한다. 하나님의 뚜렷한 작품으로서 창조는 분명한 시작과 결말이 있다. 그런데도 안식일이 기다렸다. 이것은 영원한 "7번째 날"이 따라오는 "6일"이라는 유비적 패턴이 함유한 의미다.

다시 말하지만 종말론이 구원론을 앞선다. 심지어 타락과 구원의 이야기 이전에도 창조와 완성의 이야기가 존재한다. 즉, 그것은 의 안에서 확증과 영원한 샬롬, 하나님 자신의 공의와 평화에 참여함으로서의 창조 목적이다.

---

[39] John Heywood Thomas, "Trinity, Logic and Ontology," in *Trinitarian Theology Today: Essays on Divine Being and Act*, ed. Christoph Schwobel (Edinburgh: T&T Clark, 1995), 75.

영원한 이데아의 불완전한 모사나 그림자로서 일시적 존재를 보는 것 대신에 이것은 의존적이지만 구별되는 것으로 인식된다. 오리겐에게 있어서 종말론의 알파 요점과 오메가 요점은 동일하다. 즉, 원 상태로의 복원이다.[40] 아우구스티누스의 종말론은 매우 종말론적이지 않고 하나님의 마음속에 영원한 생각과 함께 하는 것에 몰두한다. 하지만 성경 드라마에 의하면 종말론이 선언하는 것은 에덴으로의 귀환과 저주를 걷어내는 것이 아니라 역사와 자연에서 하나님의 통치라는 왕의 안식을 환영하는 것이다.

클라인(Meredith Kline)은 언약신학의 중요한 특징을 이용해 창세기 1장과 2장의 두 창조 이야기에서 사용된 주목할 만한 전략에 관해 광범위하게 썼다.[41] 기원의 연대기에 대한 보고서를 시도하기보다는 오히려 "이 장들은 이교도의 우주론 신화를 무력화한다. 즉, 영웅 신이 용을 살해하고 그의 승리의 결과로서 지어진 왕궁에서 그의 영광의 축하가 이어진다."[42]

하나님은 안식일로 마지막 날을 장식하는 한 주(a Sabbath-crowned week)라는 그림 같이 생생한 틀 안에서 자신의 창조 활동을 개시하신다. 또한, 이 안식일 패턴으로 그는 자신을 오메가(Omega) 즉 존재하고 창조된 모든 것이 그를 위해 존재하는 분, 영광과 명예와 찬송을 받기에 합당한 주님으로 밝히신다(cf 계 4:11).

창조 사건의 과정이 이동해 가며 또한 전체적으로 날들로 이루어진 한 주의 패턴에 특징적인 안식일적 성격을 부여하는 것은 창조의 주의 일곱 번째 날, 정점이 되는 안식일이다. 또한, 오메가라는 하나님의 이름에 대한 계시가 바로 안식일의 의미가 드러나는 가운데서 발견된다.

이런 두 이야기 자체가 이 해석을 뒷받침하고 이 두 이야기가 하는 것처

---

[40] Origen, De principiis 1.6: "왜냐하면 종말은 항상 시작과 같기 때문이다."
[41] Meredith G. Kline, *Kingdom Prologue: Genesis Foundations for a Covenantal Worldview*, vol. 1 (Overland Park, KS: Two Age Press, 2000), 26-31.
[42] 특별히 여기서 보이는 것은 내가 위에서 언급했던 바벨론 길가메시 서사시이다.

럼 이 해석은 자신의 책임 아래에 놓일 영역들을 다스릴 다양한 봉신 왕의 임명에 초점을 맞춘다.

처음 3일의 틀 속 안에 통치가 행해질 광대한 세 영역의 기원이 기술된다 …. 넷째 날의 틀은 해와 달의 창조와 이와 병행하는 첫째 날의 틀 속에서 기술된 영역인 낮과 밤을 "주관" 하도록 임명된 일을 묘사한다. 해와 달의 통치는 그것들이 빛과 어둠을 "나뉘게" 할 때 각자 영역의 경계를 규정하는 것으로 표현된다(창 1:16 - 18).

그런 후에 이와 병행하는 둘째 날의 틀의 영역인 아래의 물과 위의 하늘의 주인인 다섯째 날의 물고기와 새들에게 자신들의 영역을 최대한도까지 소유하는 복과 사명이 주어진다. 그것들의 사명을 묘사하는 표현 – 생육하고 번성하여 충만해지는 것(창 1:22) – 은 인간에게 주어질 왕적 명령을 예견한다. 여섯째 날의 틀은 이와 병행하는 셋째 날의 마른 땅을 통치할 자들 즉 육상 동물들과 인간을 소개한다.

땅을 다스리는 짐승들은 자기들이 다스리는 영역인 땅의 자연적 조공물인 식물로 섬김을 받을 권리를 얻는데(창 1:30) 이는 짐승들이 인간과 공유하는 특권이다(창 1:29).

물론 피조적 영역을 각각의 통치자들로 짝을 지우는 것이 인간 피조물로 끝이 나지 않는다.

심지어 넷째 날부터 여섯째 날까지의 이야기에서 피조물 왕들의 행진이 벌어지는 동안에도 그들의 왕적 위엄은 그들을 존재하도록 명령하시고 그들을 명명하심 가운데 그들을 식별하시며 그들에게 종족적 통치 영역을 부여하시는 창조주 왕의 탁월한 영광에 가려 빛을 잃는다.

또한, 그런 후에 창조 계시가 여섯째 날의 하나님과 같은 피조물 왕의 대리 통치에 이르렀고 그것을 넘어 진행할 때 우리는 6일 전체의 모든 피조물 왕국의 영광이 안식일의 관문들 안에서 이제 안식일의 주인으로 신현의 광채 가운데 보이는 창조주 왕의 발 앞에 놓일 조공으로 바쳐지는 것을 관찰한다 …. 인간은 피조물을 다스리는 왕이지만 봉신 왕이다. 그는 창조주의 지배 아래에 있는 왕으로서 다스리고 위대한 왕에게 자기 왕국을 바칠 의무가 있다.[43]

고대 근동의 종주권 조약에 대한 최근 연구에 의해 강화된 이 해석은 이스라엘이 직면해야 하는 민족들의 우상들에 반대하는 강력한 논쟁을 나타낸다. 따라서 이 창조 이야기는 여호와 하나님(YHWH)의 주권을 주장하는 창조 조약의 역사적 프롤로그를 구성한다. 그것은 또한 창조 자체의 틀림없는 언약적 성격을 보여 준다.

창세기 1장과 2장에 대한 클라인의 "틀" 해석은 이 장들에 대한 바르트의 논의를 "창세기는 인간이 아닌 피조물과 언약 관계를 맺는 방식"을 경시하는 것으로서 보는 사람들에 의해 제기된 우려와 잘 들어맞는다. 건튼(Gunton)은 앤드류 린제이(Andrew Linzey)의 분석에 호소하며 "우리는 창세기 1:26 이하에 대한 확장된 주석 이상의 것이 필요하다. 만약 우리가 실제로 하나님의 형상(imago dei) 개념에 대해 더 만족하게 사용하려면 특별히 이 주제에 대해 더 광범위한 논의가 필요하다"라고 말한다.[44]

클라인의 해석은 수호자로서 또한 위대한 왕의 대리로서 인간이 관리하는 언약에 참여하는 더 광범위한 맥락을 제공한다. 홍수 이후 모든 창조물과의 언약은 그만큼 포괄적이다. 인간은 "생육하고 번성하라"(창 9:1)라는 새로운 명령으로 다루어진다. 그뿐만 아니라 하나님의 맹세는 다음과 같다.

> 내가 내 언약을 너희와 너희 후손과. 너희와 함께 한 모든 생물 곧 너희와 함께 한 새와 가축과 땅의 모든 생물에게 세우리니 방주에서 나온 모든 것 곧 땅의 모든 짐승에게니라(창 1:9-10).

---

[43] Kline, *Kingdom Prologue*, 18-30.
[44] Gunton, "Trinity, Ontology and Anthropology," in *Persons, Divine, and Human*, ed. Christoph Schwobel and Colin Gunton (Edinburgh: T&T Clark, 1991), 58.

무지개는 하나님에게 표지가 될 것이다.

> 무지개가 구름 사이에 있으니 내가 보고 나 하나님과 모든 육체를 가진 땅의 모든 생물 사이의 영원한 언약을 기억하리라(창 1:16).

이런 종말론에서 땅의 운명은 인간의 손에 있지만 궁극적으로는 하나님의 충실함에 달려 있다. 땅은 인간이 착취하기 위해서가 아니라 오히려 하나님의 영광의 극장이며 하나님 자신의 안식일 휴식의 유비다. 그런데 인류는 하나님의 안식일 휴식에 미치지 못하고 따라서 결과적으로 창조를 일으키지 못한다.

4) 하나님과 세계와의 관계: 삼위일체와 중재

내적 삼위일체의 교제는 역동적이고 희열에 넘치고 관계적이었기 때문에 하나님의 세상 창조는 인격적이다. E. J. 카넬(E. J. Carnell)이 언급했던 것처럼 "우주는 논리가 아니라 인격적 관심에 의해 질서 지워진다."[45] 세상을 창조한 로고스는 침묵의 원리나 반신적인 유출이 아니라 성령 안에서 성부에 의해 영원히 말씀하는 제2위격이시다. 벌코프(Berkhof)에 의하면 창조에 대해 언급해야 할 첫 번째 것은 창조는 "삼위일체 하나님의 행위"라는 것이다.

> 비록 성부가 창조 사역에서 중요한 위치에 계시지만(고전 8:6) 창조 사역은 또한 성자와 성령의 사역으로 분명히 인식된다. 창조 사역에 성자가 참여한 것은 요한복음 1:3, 고린도전서 8:6, 골로새서 1:15 - 17 안에 나타난다.

---

[45] E. J. Carnell, *Christian Commitment: An Apologetic* (New York: Macmillan, 1957), 247.

또한, 창조 사역에 성령이 참여한 것은 창세기 1:2, 욥기 26:13, 욥기 33:4, 시편 104:30, 이사야 40:12-13에서 발견된다.[46]

삼위일체에 관해 앞에서 논의한 것에 비추어 볼 때 교훈적이다. 벌코프는 다음과 같이 덧붙인다.

> 제2위격과 제3위격은 의존적인 힘이나 단순한 중재자들이 아니라 성부와 함께 하시는 독립적인 조성자들이시다. 사역은 세 위격 사이에 나누어지는 것이 아니라 비록 다른 측면에서이지만 전체 사역은 각각의 위격에게 돌려진다. 만물이 성자를 통해 그리고 성령 안에서 즉시 성부에게서 생겨난다. 일반적으로 존재는 성부, 사상 또는 관념은 성부에게서 그리고 생명은 성령에게서 나온다고 말해질 수 있다. 성부가 창조 사역에서 주도권을 발휘하시므로 창조 사역은 경륜적으로 그분에게 돌려진다.[47]

우리가 성부를 창조의 동인(動因)으로 성자를 구속에서 동인 그리고 성령을 성화에서 동인으로 생각할 때 모든 사역에서 삼위의 상호 협력에 대한 이런 의미를 잃기 쉽다. 특별히 삼위일체가 공식적으로 확언되는 곳에서도 창조를 일원론적으로 용어(성부의 사역처럼)로 쉽게 생각할 수 있다.

따라서 나는 칼빈의 충고를 받아들였다. 즉, 성부, 성자, 성령을 창조, 구속 그리고 성화로 조화시키는 것 대신 나는 성부를 시작으로 성자를 토대로 그리고 성령을 모든 외적 사역에서 하나님의 소통적 작용의 효과성으로 본다.

우리는 하나님이 이 세계를 완전히 인과 관계라기보다는 오히려 소통하는 것으로 창조하는 것에 대해 많은 성경 구절이 증거하는 것을 이미 살펴

---

[46] Berkhof, *Systematic Theology*, 129.
[47] 위의 책.

보았다. 나는 창조에서 성령이 수면 위에 운행하시는 것은 "(우리가 지금 지각하고 있는) 우주의 아름다움은 그 능력과 보존이 성령 덕분일 뿐만 아니라 심지어 이런 장식이 가미되기 전의 혼돈스러운 덩어리도 성령이 돌보신다는 것을 보여 주는 것이다."[48]

이런 방식으로 칼빈은 여기서 절대적 시작을 부정하는 것이 아니라 창세기 설명에 기초해 초기 명령과 물질이 다양한 종류로 형성된 것 사이에 토부 와보후(tobu wabohu)(혼돈하고 공허하며)를 인정하고 있다.

> 그는 모든 곳에 퍼져 계심으로 만물을 보존하시고, 자라게 하시며, 하늘과 땅 가운데서 생육하게 하시는 분이기 때문이다…. 만물 가운데 자기 힘이 두루 퍼지게 하시고 그 속에 본질, 생명, 운동을 불어넣으신다. 그는 사실 분명한 하나님이시다.[49]

시편 33: 6을 주해하면서 칼빈은 이렇게 쓰고 있다.

> 하지만 시편 기자가 하나님 말씀과 하나님 입의 호흡을 모든 외부 수단과 하나님 편에서 수고스러운 노동에 대한 모든 생각과 대비시키지만 우리는 이 구절에서 진실하고 확실하게 다음과 같은 사실을 추론해야 한다. 즉, 세계는 하나님의 영원한 말씀 즉 그분의 독생자(only begotten Son)에 의해 조성되었다.[50]

삼위일체의 외적 사역(opera ad extra)에 대한 아우구스티누스의 논의는 결

---

[48] Calvin, *Institutes 1*. 13.14.
[49] 위의 책.
[50] Calvin, Commentary upon Psalm XXXIII, in *Commentary on the Book of Psalms*, trans. James Anderson, vol. 1(repr., Grand Rapids: Baker, 1996), 542‒43.

국 미묘하지만 현저하게 다르다. 아우구스티누스의 논의에 의하면 각 위격의 뚜렷한 행동은 종종 더 기본적인 일체성에 종속된다.

칼빈은 다른 위격과 함께 각각의 위격에 의해 행해지는 외적 사역에 대해 말한다. 예를 들어, 성육신에서 세 위격이 관여하지만 같은 방식으로는 아니다. 그런데도 우리 유익을 위해 다양성은 분명히 거기에 있지만 신성(Godhead)의 한 가지 행동만큼 실제적이지 않다.

아우구스티누스는 "무슨 이유로"라고 묻는다.

> 만물 안에서 신성의 위격들(the Divine Persons)은 완벽하게 공동으로 행동하시고 분리의 가능성 없이 그런데도 일체성에서 다양성으로 떨어졌던 우리 안에 있는 연약함으로 인해 서로 구별되어야 하는 그런 방식으로 각 위격들의 활동이 드러날 필요가 있었다.[51]

그런데도 이 시점에서 신플라톤주의의 영향 아래 – 무로부터의 창조에 대한 아우구스티누스의 강한 믿음에도 – 그는 기독교 신학에서 일체성을 기본으로 그리고 다양성을 우연적인 것으로 생각하는 더 일반적인 경향을 반영한다. 그의 삼위일체론처럼 이런 특정한 점에서 그의 창조에 대한 이해는 단지 하나님 안에 일체성과 삼위일체의 동등한 근본원리를 훼손할 수 있고 창조 안에서의 다양성을 근본적인 일체성으로부터 "줄어들게 만들 수" 있다. 위격들 자신들은 말할 것도 없이 행동의 다양성은 적어도 이런 표현에서 하나님의 존재론적 복수성의 계시라기보다는 오히려 현상의 영역 – 어떻게 사물이 우리에게 보이는가 – 에 속한 것처럼 보인다.

더 철저한 삼위일체 신학을 회복함으로써만 우리는 하나를 다른 하나

---

51 Augustine, Letter XI, to Nebrdius, 389, "Letters of St. Augustine," in *A Select Library of the Nicene and Post - Nicene Father*, vol. 1. 229 – 31 (강조는 첨가됨).

로 축소함이 없이 복수성과 일체성을 함께 존중하는 창조론을 제공할 수 있다. 자연과학계에 있는 기독교인들 가운데서 우리는 창조에서 신적 작용의 개입과 동일시하는 사람들과 하나님은 창조에 그 자신의 내재적 잠재력을 주셨으므로 개입이 필요하지 않다고 주장하는 사람들 사이 충돌이 있음을 분별한다.

하지만 어떤 방식으로 이것은 극단적 초자연주의(철학적으로 "기회우연론"[occasionalism]으로 알려진)와 이신론의 잘못된 대안을 영구화하는 것이다.

하지만 성경적 창조 신학 – 특별히 언약적 관점 – 은 하나님이 자연에 그 자체의 은사(恩賜)를 갖추게 했고 이런 잠재력 가운데 어떤 것도 성령의 사역 안에서 그리고 성령의 사역을 통해서 성부가 계속해서 자신의 말씀(his Word)에 대해 말하지 않으면 특별히 실현될 수 없다는 두 가지 진리를 확증하지 않는가?

완전히 인과 관계적 설명에서 한 분 하나님이 이 세계에 영향을 미친다. 하지만 삼위일체적 관점에서 세 분의 위격이 이 세계 안에서 활동하시는 것으로 보이고 인과적 행동을 통해서 어떤 결과를 일으키시는 것처럼 보이지만 세계 안에서 창조적 능력을 만들어 냄을 통해 또한 창조된 능력을 끌어냄으로써 많은(아마 대부분 결과) 결과를 일으킨다.

중재 신학은 올바르게 성자와 성령을 성부의 말씀에 형체와 효과를 제공하는 창조 안에서 성부의 두 손으로 본다. 예를 들어, 칼빈에 의하면 "성령이 세상에 가득하여 만물을 지탱시키고 자라게 하고 하늘과 땅에서 만물을 살리는 일을 하신다."[52] 개혁파 스콜라주의 학자인 베네마(Venema)의 말로 표현하자면 창조의 "아름다움, 조화 그리고 움직임"은 성령의 사역으로 돌려진다. 이것은 "세상을 채우시는 말씀과 세상을 완전하게 하시는

---

[52] Calvin, *Institutes* 1. 13. 14.

성령"이라는 다마스쿠스의 요한의 표현 구절과 잘 들어맞는다.[53]

나는 이런 중재를 위한 필연적 결론으로 삼위일체에 언약을 추가할 것이다. 모든 사람은 초월성과 내재성 사이의 연결점을 찾고 있다. 셸링(Schelling), 헤겔(Hegel), 슐라이어마허(Schleiermacher)와 함께 하는 범신론적 전환에서 핵심 사상은 하나님이 세계와 자아와 맺고 있는 존재론적 일체성이다. 또한, 일부 현대 신학은 종종 이 주제에 대한 단순한 변형들이다. 하지만 언약은 적절한 지점이다. 심지어 성육신도 이 지점에서는 충분하지 않다. 왜냐하면, 언약은 창조자와 피조물의 존재론적 일체의 독특한 예이기 때문이다. 게다가 성육신 자체는 언약의 주와 종이 한 인격임을 나타내는 언약적 사건이다.

우리 나머지에게 있어서 하나님과 세계와의 유대는 존재론적이 아니라 언약적으로 이루어져 있다. 독립적이거나(이신론) 흡수도(범신론)도 아닌 관계다. 즉, 이것은 존재론적이 아니라 윤리적이다. 세상은 신적이지 않고 악마적이거나 환상이 아니다. 그것은 또한 하나님의 유출이거나 하나님의 적도 아니다. 세계는 하나님이 윤리적 교제를 위해 파트너로 창조한 타자다.

하나님이 피조물에 의해 "영향을 받는 것"은 하나님의 존재 안에서가 아니라 하나님의 언약 안에서다. 이것은 아마도 그 자신으로서의 하나님(deus in se est)과 우리를 위한(pro nobis) 것 사이의 구별보다 더 좋은 구별일 것이다. 또한 이것은 더 구체적일 뿐만 아니라 그 사실 때문에 우리는 하나님 뒤에 한 분 "하나님"에 대해 궁금할 필요가 없기도 하다. 언약에서 하나님은 자신에게 맹세하셨다.

삼위일체의 각 위격은 각각의 내적 삼위일체 내 협약을 발생시키는 독특한 행동을 하겠다고 맹세하셨다. 이것은 계시에서의 하나님(경륜적 삼위

---

53 John of Damascus, "Exact Exposition," 18.

일체)과 실체에 있어서의 하나님(내재적 삼위일체)은 별개라는 일반적 진술이 아니다. 유비론은 다의성(equivocity)에 자리를 내주는 것을 허용할 수 없다. 하나님의 숨겨짐과 드러냄 사이의 관계를 악화되지 않게 하는 것은 언약이다.

단지 하나님이 "첫 번째 원인"으로서뿐만 아니라 자연에 특별한 형태를 제공하고 신성의 특별한 위격들을 통해 중재된 내재된 생명으로서 활동하시는 분으로 보일 때에만 우리는 - 부터의 하나님의 자유와 - 를 위한 하나님의 자유를 보존할 수 있다. 또한, 나는 안에서의 자유 즉 세계 안에서의 자유를 첨가해야 한다. 이것은 삼위일체적 중재가 가진 소통적이고 언약적 형태다.

따라서 우리가 하나님의 세계 창조에서 인식하는 전능함은 성부, 성자 그리고 성령 사이의 상호 협력의 힘이다. 젠슨(Jenson)의 표현에서 "우리는 세 위격의 협력적인 사역 가운데 '존재하게 되었다.'"[54] 젠슨과 판넨베르크에 따르면 로고스는 침묵의 파트너, 신적 정신으로 옮겨지는 플라톤적 이데아가 아니라고 올바르게 주장한다.[55]

> 성령은 생명의 창조주이다. 왜냐하면, 성령은 그 자신으로 모든 존재를 유지하는 것에서 성부를 자유롭게 하시기 때문이다. 따라서 성령은 성부가 시작하신 것이 만약 성부만이 스스로 존재하는 하나님이라면 그가 시작하신 것이 되었을 단순한 유출이 되는 것에서 자유롭게 하신다 …. 우리는 창조적 대화에서 성령의 특별한 말씀을 "… 있으라 … 좋았더라"로 생각할 수도 있다.[56]

---

54 Jenson, ST 2:25.
55 위의 책., 7 - 8; Pannenberg, ST 2:41 - 42.
56 Jenson, ST 2:26.

내적 삼위일체의 교제 유비로서 창조 개념은 구속 언약의 함의를 파악하게 할 뿐만 아니라 영원한 원형이 한 분 하나님의 마음 안에 있는 생각이 아니라 단지 성령 안에서 그리고 성령을 통해 실현될 수 있는 성자 자신임을 보여 주는 장점이 있다. 그런데도 성육신하셨던 분은 성자이고 따라서 단지 성자만이 창조주와 피조물 사이의 존재론적 가교이다. 따라서 몰트만에게서 다음과 같은 내용을 읽는 것은 놀랄 만하다.

> 창조주와 피조물, 행위자와 행동, 주인과 일 사이의 차이 – 다른 방식으로는 어떤 관계에 의해서도 극복되지 않을 것처럼 보이는 차이 – 를 극복하는 것은 성령의 능력이고 에너지다.[57]

성자보다는 오히려 성령이 이런 존재론적 가교로 보인다면 성육신적 패러다임보다는 오히려 유출적 패러다임으로 빠져들기 쉽다. 왜냐하면, 몰트만 자신이 범신론과 유신론을 조화시키려는 시도에서 증거를 제시하는 것처럼 보이고 신플라톤적 유출 교리에 대해 성령론적 견해를 제공하기 때문이다.[58]

그런 접근방식에서 심지어 복수성이라는 이름에서도 일원론이 승리한다. 그레이엄 워드(Graham Ward)가 관찰한 것처럼 이것은 헤겔의 체계에서 특히 사실이다.

57　Motlmann, *Trinity and the Kingdom*, 113.
58　위의 책., 삼위일체적 창조론은 창조를 하나님의 "사역"으로 생각하는 표상과 창조를 하나님의 "넘침" 또는 유출로 보는 개념 안에 있는 진리의 요소들을 받아들일 수 있다. 성령은 "부어진다." 유출의 은유는 성령론의 언어에 속한다. 따라서 기독교의 창조론을 고려할 때 신플라톤주의의 유출설을 항상 공박하는 것은 잘못된 것이다. 성령 안에 있는 창조는 행위가 행위자와 맺고 있는 관계 또는 일이 주인과 맺고 있는 관계보다 더 밀접한 관계를 가진다. 그런데도 하나님에 의해 낳으심을 입은 성자처럼 이 세계는 하나님에 의해 "낳아지지" 않는다.

> 최종 합(合)은 … 내재성의 승리다. 왜냐하면, 타자, 외적인 것은 근본적으로 내적인 것에 속한 것으로 보이기 때문이다. 그렇다면 부정의 긍정적인 일은 완전함으로 이끈다. 또한, 다자(the many)는 일자(the One)에 속한다. 즉, 정신('영' 또는 '마음')은 그 자체를 안다. 이것은 '이제 극복된 차이다.'[59]

그의 의도에도 몰트만의 설명에서 실제 차이는 최종 합(合)에 굴복한다. 그런데도 몰트만이 소외 극복하기의 영향을 반영하면서 우리는 다시 낯선 존재를 만나는 것과 소외를 극복하는 것 사이의 차이점에 마주친다.

무로부터의 창조 교리는 우리로 하여금 신적 초월성과 내재성을 모두 유지하게 해 준다. 왜냐하면, 결코 세상의 일부가 아니거나 세상에 의존하지 않는 하나님은 그런데도 세계를 창조하셨고 세계 안에 거주하시고 세계의 모든 구석구석을 자신의 임재로 채우시기 때문이다. 즉, 세계를 초월하고 세계를 위하고 세계 안에 계신다.

하나님은 모든 국면에 관여하고 계시지만 또한 피조물에게 그 자체의 상대적 독립성과 자유를 제공하시고 심지어 결실을 맺고 번성하게 하고, 식물과 아이들을 낳게 하고, 모든 것을 풍성한 다양성으로 "그 종류를 따라" 제공하신다. 창조계가 결실을 풍성히 맺는 것이 이 세계 안에서 항상 하나님의 직접적 행동 결과인 것은 아니다. 성부는 "빛이 있으라"(창 1:3)라고 명령하실 뿐만 아니라 "땅은 풀과 씨 맺는 채소와 각기 종류대로 씨 가진 열매 맺는 나무를 내라"(창 1:11)고 명하신다.

결과는 "땅이 풀과 각기 종류대로 씨 맺는 채소와 각기 종류대로 씨가진 열매 맺는 나무를 내니"였다. 이런 명령과 반응은 범신론이나 이신론을 허용하지 않는다. 하나님이 인간 세대와 유사한 그 자신의 씨앗을 가지

---

[59] Graham Ward, "Introduction," in *The Postmodern God A Theological Reader*, ed. Graham Ward(Oxford: Blackwell, 1997), xxvii.

거나 그 자신의 번식하는 수단을 가진 열매를 창조하셨다는 사실은 하나님이 그 자신의 내재적이고 생성하는 능력이 없는 세계 즉, 그 자체의 공간이 없는 세계를 창조하는 데 관심이 없었다는 것을 보여준다.

마찬가지로 하나님은 "물들은 생물을 번성하게 하라"(창 1:20)고 명령하셨고 그들에게 "생육하고 번성하라고" 명령하셨다(창 1:20, 22). 또한 ,하나님은 "땅은 생물을 그 종류대로 내되 가축과 기는 것과 땅의 짐승을 종류대로 내라"고 명령하셨다(창 1:24).

결코 생태학적 착취를 수반하지 않는 무로부터의 창조(ex nihilo creation)와 창조주 - 피조물 구분은 측정할 수 없는 유한한 가능성이 피조계에 주어진 채 사실 이 세계가 그 자체가 될 수 있는 공간을 허락한다. 성부가 이런 잠재성을 안식일 휴식에서 의도하신 목적으로 이끄시는 것은 다름 아닌 성자와 성령이라는 그분의 "두 손"에 의해서다. 그런데도 이런 중재 안에는 결코 하나님의 타자성과 피조물을 포기하지 않는 " - 가 있으라 하는 것"(letting be)이 있다.

성경은 삼위일체 내의 교류(intra - Trinitarian exchange)를 성부가 영원히 성자를 계시하시고(speak forth) 성령을 발출하게 하는(spirating) 측면에서 묘사할 뿐만 아니라 구속 계시에서는 성자가 구두로 성부를 증거하시고 성령이 성자를 증거하시는 것으로 묘사한다. 심지어 창조계에서도 창조계가 언약적 반응으로 화답하면서 삼위일체 하나님이 자연 세계를 말씀으로 존재하게 하고 매일 지탱하신다는 이런 반복되는 주제가 있다.

> 하늘이 하나님의 영광을 선포하고 궁창이 그의 손으로 하신 일을 나타내는도다 날은 날에게 말하고 밤은 밤에게 지식을 전하니 언어도 없고 말씀도 없으며 들리는 소리도 없으나 그의 소리가 온 땅에 통하고 그의 말씀이 세상 끝까지 이르도다 하나님이 해를 위하여 하늘에 장막을 베푸셨도다 (시 19:1 - 4).

시편 기자는 자연의 증언과 하나님 역사 계시의 증언 사이를 쉽게 넘나든다(시 19:7-14).

성자는 구속에서의 성부의 말씀이시다. 그뿐만이 아니다.

> 만물이 그에게서 창조되되 하늘과 땅에서 보이는 것들과 보이지 않는 것들과 혹은 왕권들이나 주권들이나 통치자들이나 권세들이나 만물이 다 그로 말미암고 그를 위하여 창조되었고. 또한 그가 만물보다 먼저 계시고 만물이 그 안에 함께 섰느니라(골 1:16-17; cf. 요 1:3).

나는 창조에 대한 삼위일체적 설명은 의사소통적 행동이 가장 중요할 언약적 접근법을 수반한다고 주장했다. 예를 들어, 이 설명은 성자를 영원히 낳으심을 입은 말씀으로서라는 주제를 더 자세하게 설명하는 데 크게 도움이 될 수 있다. 이것은 그렇게 전통적 신학이 아닌 것을 지속하게 하는 전통적 신학의 플라톤화하는 로고스 기독론과 대조가 된다.

내가 앞에서 어느 정도 자세하게 논의했던 것처럼 틸리히(Tillich)는 존재론적 접근 방식(소외 극복하기)과 내가 언약적-윤리적 접근 방식(낯선 존재 만나기)과 같은 두 개의 근본적 접근 방식을 종교 철학과 대조했다. 틸리히 자신이 옹호했던 존재론적 접근 방식에 의하면 창조는 고대 신화의 무역사적 기원(ahistorical origin)으로 되돌아간다. "창조 교리는 '옛날에' 일어났던 사건의 이야기가 아니다. 그것은 하나님과 세계 사이의 관계에 대한 기본적인 설명이고" 인간 유한성이라는 질문에 답한다.[60]

이와는 대조적으로 나는 창조 교리의 의미는 철학적(관념론주의자 또는 실존주의자든지 간에)이지도 않고 과학적이지도 않다고 주장하고 싶다. 비록 이 두 가지를 위한 분명한 함축적 의미가 있지만 말이다. 나는 다음과 같

---

[60] Paul Tillich, *Systematic Theology* (Chicago: University of Chicago Press, 1967), 1:60.

은 벌코프(Berhof)의 제안에 동의하고 싶다.

> 창조 교리는 이 세상의 문제에 대한 철학적 해결책으로서 성경에 명시된 것이 아니라 인간이 하나님과 맺고 있는 관계를 계시하는 것으로서 윤리적, 종교적 의미로 명시되어 있다.[61]

다시 말해, 우리는 소외를 극복하는 것보다는 오히려 낯선 존재를 만나는 것, 유출이나 하나님의 존재 안으로 확장 또는 수축보다는 오히려 언약적 관계에 대해 논의하는 것이다.[62]

최근 과학이 보여 주었던 것처럼 우리의 말은 세계 자체에 대해 실제적인 무언가을 파악할 수 있다. 신학도 마찬가지지만 건튼(Gunton)이 우리에게 상기시켜 주는 것처럼 단지 참된 삼위일체 창조 신학만이 플라톤과 칸트를 극복할 수 있다.[63] 또한, 어쩌면 심지어 헤겔도 극복할 수 있을 것이다.

---

[61] Berkhof, *Systematic Theology*, 126.
[62] 특별히 Moltmann, *Trinity and the Kingdom*, 99 - 113을 보라.
[63] Gunton, *Triune Creator*, 156 - 57.

제2부

종

제4장 "내가 여기 있사오니": 언약적 인간론
제5장 "아담아, 네가 어디 있느냐?": 언약 종의 재판

제4장

"내가 여기 있사오니":
언약적 인간론

마치 "존재론적 방법"이 하나님의 작용(누구임)보다 존재(무엇 됨)에 더 집중하는 것처럼 이것의 인간론적 추론은 인간을 다르고 독특하게 하는 것은 무엇인가를 묻는 것이다. 그런데 이것은 일반적으로 지적 영적(intel-lectual - spiritual) 본질에서 신성 - 인성의 정체성을 찾는 것으로 귀결된다. 결과적으로 기독교 신학의 많은 부분에서 하나님의 형상(imago Dei)은 창조주와 피조물 사이의 직접적 교제의 장소와 심지어 존재론적 참여로 간주했다. 이런 기록의 천상적 측면에 참여하고 인간과 동물을 구별하는 것은 다름 아닌 지성과 영혼이다. 영혼/정신/지성은 그 유한한 구현체를 초월하는 진정한 자아다.

데카르트 이후 현전의 형이상학(a metaphysics of presence)이 제약하는 자아 개념이 근대성을 지배했다. 그런데도 이런 점에서 아우구스티누스부터 데카르트까지 종종 구분한다(완전히 근거가 없는 것은 아니다). 다른 사람들 가운데 찰스 테일러(Charles Taylor)는 이 복잡한 관계에 대한 신뢰할 수 있는 요약을 제공하므로 나는 여기서 이것을 다루지는 않을 것이다.[1]

성경적 범주보다는 오히려 고전으로 더 직접적으로 돌아갔던 근대성은 특별히 자율성에 대해 더 예리한 강조를 추가하며 이런 존재론적 계획을

---

[1] Charles Taylor, *Sources of the Self* (Cambridge, MA: Harvard University Press, 1989). 또한 Phillip Cary, *Augustine's Invention of the Inner Self: The Legacy of a Christian Platonist* (New York: Oxford University Press, 2000)를 보라.

급진화시켰고 세속화시켰다. 따라서 인격성은 인식, 의무, 느낌, 노력, 극복하기, 확실성 등으로 환원되었다. 타자성, 관련성, 윤리적 책임, 구현 - 그리고 언약(이런 다른 범주에 구체적 형태를 부여하는) - 은 그런 담론과 무관했다. 하나님의 형상은 무아경의 자아보다는 오히려 내성적 자아에 관한 질문이었는데 이는 삼위일체에 대한 아우구스티누스의 심리적 접근방식의 결과였다.² "몸이 아니라 마음 안에서 인간은 하나님의 형상으로 만들어졌기 때문이다"라고 아우구스티누스는 말했다.³

이 장을 통해 살펴보는 작품의 숨겨진 의미는 인간론에 적용되는 것으로서 낯선 존재를 만나기 대 소외 극복하기의 모형론과 같은 것이다.

모든 근대적 형태에서 이런 "존재론적 방식"은 자아를 언어, 문화, 역사를 통해 "살았던 경험"에 재위치시키려는 시도에도 테일러의 용어를 빌리자면 유리(disengagement)를 포함한다.

우리가 보지 못하는 것은 언약과 종말론의 "살았던 경험"에서 자아성을 재위치시키려는 이와 상응하는 성경적 - 신학적 노력이다. 딜타이(Dilthey)는 계몽주의 시대(Enlightenment period)의 경험주의와 관념주의에서는 "로크, 흄, 칸트가 구성했던 인식 주체의 혈관에서는 어떤 진짜 피도 흐르지 않는다"고 올바르게 식별했다.⁴

우리의 질문에 대한 이런 접근 방식의 고전적이고 근대적 뿌리에도 불구하고 나는 이 제안이 반동적 환원주의(즉 자아성이 관계나 언어로 환원되는)의 품에 안기지 않고 더 많은 신플라톤주의 경쟁자와 세속화된 그들의 후

---

2 아우구스티누스는 이런 전적인 부담을 감당하지 말아야 한다. 왜냐하면, 하나님의 형상을 기본적으로 플라톤적인 도식 안에서 지성과 동일시 하는 것은 교부 사상의 공통된 유산이었기 때문이다. cf. Gregory of Nysssa, *A Selected Library of Nicene and Post - Nicene Fathers*, 2nd series, ed. Philip Schaff and Henry Wace, vol 5 (Grand Rapids: Eerdmans, 1972), 390 - 442.
3 Augustine, *Commentary on John's Gospel*, XXIII, 19.
4 Anthony Thiselton, *Interpreting God and the Postmodern Self: On Meaning, Manipulation and Promise* (Edinburgh: T&T Clark, 1995), 47.

계자들과 대비되는 인간론을 위한 대안적 패러다임을 제공하길 희망한다. 반동적 환원주의에서 "인간"은 "바다 끝 모래벌판에 그려진 얼굴처럼 막 지워질" 것이라는 미셸 푸코(Michel Foucault)의 예측이 실현된다.[5]

이 장에서 나의 목표는 주님과 종이라는 언약 주제를 인간론 특별히 하나님의 형상과 관련시키는 것이다. 나는 두 개의 동심원의 관점에서 이 주제에 접근한다. 즉, 더 일반적으로는 인간됨과 구체적으로는 형상 그리고 언약과 종말론의 맥락에서 하나님의 형상(the imago Dei)의 특성을 식별하는 것이다.

그런 후에 나는 이런 관점이 "탈근대적 자아"의 문제가 되는 지위에 대한 최근의 접근 방식과 유익하게 상호 작용할 수 있는 몇 가지 방법을 제안한다. 언약과 종말론은 인간의 의미를 철저히 다루지는 않지만, 그것을 상당히 맥락화하고 방향을 정한다.

1. 종으로서 자아(The self as Servant)

스탠리 그렌츠(Stanley Grenz)에 의하면, 일반적으로 종교개혁과 특별히 칼빈은 "관계적 형상의 탄생"을 나타낸다.[6] 인격성에 대한 완전한 관계적 이해를 위한 근거를 마련하기 위한 것이 거의 그들의 의도는 아니었다. 하지만 칼빈과 그의 신학적 상속자들이 우리 앞에 놓인 논의에 크게 기여했

---

5   Michel Foucault, trans. Alan Sheridan - Smith, *The Order of Things: An Archeology of the Human Sciences* (New York: Random House, 1970), 387. 근대성이 결코 전적으로 개인주의적인 것은 아니었다는 것을 잊지 말자(즉, 스피노자, 헤겔, 피히테, 쇼펜하우어, 마르크스, 프로이드). 게다가 탈근대성은 공산 사회주의만큼이나 자주 원자론적 개인주의를 기념한다. 근대성과 탈근대성 모두 그 안에 많은 저택이 있다.
6   Stanley Grenz, *The Social God and the Relational Self* (Louisville, KY: Westminster John Knox, 2001), 162.

고 그들이 교부 시대와 중세 시대로부터 물려받았던 전통을 영유하고 비판하기 위해 기꺼이 그렇게 했다는 것에는 의심의 여지가 거의 없다. 하나님의 형상이 인간의 마음이나 영혼에 어떤 식으로든지 붙어 있는 속성인지에 대해 추론하기보다는 오히려 종교개혁자들은 성경에 계시된 하나님과 인간 사이의 구체적 관계에 더 많은 관심을 기울였다. 이들의 여파로 이들 개혁 교회의 신학자들은 언약신학의 관점에서 타락 전후의 인간 본성에 대한 그들의 이해를 고려하는 데까지 더 나아갔다.

2. 언약(Covenant)

우리가 살펴보았듯이 성숙한 언약신학은 일반적으로 세 개의 언약을 발전시켰다. 즉, 영원한 삼위일체 내의 구속 언약과 시간에서 실행된 하나님과 인간 사이에 맺어진 두 개의 언약. 창조 언약("행위", "자연", 또는 "법"의 언약으로 지정된)은 아담과 하와가 창조된 자연 상태이고 그런 자연 상태 아래서 "아담 안에서"의 인류가 원래의 언약 저주에 의해 정죄를 받는다.

하지만 원시 복음(protoevangelion)(창 3:15 - 복음의 첫 번째 선언)은 은혜로운 언약을 선포한다. 원 언약을 제쳐두지 않고 하나님은 자신이 보낼 제2의 아담을 기대하는 가운데 은혜 언약을 공표하신다. 생명나무가 창조 언약의 성례였으므로 하나님이 아담과 하와를 성례적으로 동물 가죽으로 옷을 입힌다. 이것은 "세상 죄를 지고 가는 하나님의 어린양"을 예표하기 위한 것이다(요 1:29).

아브라함을 통해 하나님은 사도 바울이 예수 그리스도로 식별하는 아브라함의 씨를 위해 그에게 조건 없는 성실함으로 맹세함으로써 이런 은혜로운 언약을 더 명확하게 한다(창 3:16). 또한, 하나님은 옛 언약의 성례를 포함하는 새 언약의 성례로서의 세례로 옛 언약 집행의 표지와 보증으로 할례를 명하신다(마 28:18 - 20; 마 16:15 - 16; 골 2:11 - 12).

따라서 심지어 타락 이후에도 비록 인간 존재가 가인의 교만한 도성(창 4:17 - 24)과 셋으로 대표되는 하나님 도성 사이로 나누지만 인간 존재는 본질적으로 언약적으로 남아 있다. 그리고 셋의 후손은 구원을 위해 그들이 위대한 왕을 부르는 것으로 구별된다. 즉, "그 때에 사람들이 비로소 여호와의 이름을 불렀더라"(창 4:26). 하나님을 부르지 않거나 그분의 은혜 언약을 받아들이지 않는 사람들은 원 언약 아래에서 "아담 안에" 있지만 은혜 언약 안에서 선포된 하나님 약속에 대해 그들이 낯선 자들임에도 일반 은총에 의해 보존되고 있다.

인간 됨 특별히 하나님의 형상에 본질적인 것은 언약적 지위나 임무인데 모든 사람은 이런 언약적 지위나 임무 안으로 태어난다. 따라서 이것은 동일하게 보편적 현상으로서 심지어 특별 계시 없이도 인류에 대한 하나님의 의로운 심판을 위한 기초다(롬 1장과 2장). 이것은 다음과 같은 사실을 말하는 것이다. 즉 "법" - 특별히 신적인 언약법 - 은 자연스럽고 아직 마음 안에서 울리지만 양심과 동일하지 않은 내적 말씀(verbum internum)이다. 창조 언약은 모든 사람을 위엄 있고 따라서 하나님의 책임 있는 형상 담지자(image - bearer)로 만든다.

심지어 타락도 양심에 대한 하나님의 의로운 법의 원 계시를 제거하지 않았다. 사실 오늘날까지 이 법의 언약은 시행되고 있다. 이 법이 양심에 기록되어 있는지 아니면 석판에 기록되어 있든지 간에 "우리는 무릇 율법이 말하는 바를 안다."

> 율법 아래에 있는 자들에게 말하는 것이니 이는 모든 입을 막고 온 세상으로 하나님의 심판 아래에 있게 하려 함이라(롬 3:19).

율법은 구원에 대한 어떤 희망도 가져오지 않고 단지 법을 위반했다는 것만을 알게 한다. 이와는 대조적으로 복음은 이런 자연 상태에서 인간에게 전적으로 외래적이다. 이것은 타락을 고려해 하나님 편에서의 자유로운 결정으로 오고 단지 외적 말씀(verbum externum)으로만 올 수 있다. 이 외적 말씀은 하나님 앞에 서 있는 우리 안에 희망과 확신을 가져오는 선포된 놀라운 선언이다(롬 3:21-26).

적어도 성경 저자들에게 있어서 인간이 되는 것은 궁극적으로 형이상학적 - 존재론적 질문이라기보다는 오히려 이야기 - 윤리적 질문이다. 이것은 나의 설명이 그 자체의 존재론적/형이상학적 도식(내가 전에 주장했던 것처럼 불충분하게 인식된다는 불가능성)을 피한다고 가정하는 것이 아니다. 그런데도 이것은 적어도 이런 전제는 하나님과 인간성의 구체적 계시에 근거하려고 애쓰는 것을 의미한다. 왜냐하면, 우리는 인류학의 겉보기에 보편적인 기정사실로 시작하기보다는 오히려 성경 드라마에 등장하는 등장인물들과 이 드라마의 교훈적인 기록을 선택하기 때문이다. 창조, 타락, 구속과 완성의 드라마 없이는 창조주나 피조물을 거명할 수 없다.

3. 종말론(Eschatology)

언약과 종말론의 개념은 성경신학에서 밀접하게 연관되어 있다. 둘 다 약속과 성취를 지향한다. 게다가 둘 다 존재론적 이원론을 피한다. 성경의 언약적 개념은 자연 - 은혜의 대립을 배제하고 대신 윤리적 대립(죄 - 은혜)을 강조한다. 마찬가지로 성경적 종말론은 "이 현 시대"와 "다가올 시대"를 각각 "육신"과 "영" 사이 대립에 집중한다. 하나님의 심판 아래에 있는 것은 윤리적 반역 가운데 있는 이 세상이다.

또한, 두 번째 아담의 사역이 그 안에서 만물에 대한 성령의 완성으로 이어질 때 결국 자유롭게 되는 것은 다름 아닌 -저주가 발견되는 - 동일한 이 세계다. 따라서 육체와 영혼은 모두 이런 형상을 보유하는 임무 안에 포함되고 단지 심신(心身)의 일체(psychosomatic unity) 안에서만 육체와 영혼은 예수 그리스도 안에서의 완성을 즐길 수 있다.

옛 개혁파 신학자들의 논리를 확장함으로써 또한 이레니우스와 카파도키아 교부들과의 심오한 연속성에서 내가 제안하는 이런 종말론적 관점에 의하면 창조는 목적이 아니라 구체적으로 인류와 일반적으로 자연 세계를 위한 하나님 목적의 시작이었다. 게할더스 보스(Geerhardus Vos)가 우리에게 상기시켜 주는 것처럼 성경에서 발견되는 이런 특별한 언약적이고 종말론적인 지향은 추상적 형이상학과 존재론이 아닌 윤리적이고 인격적 영역과 철저히 관련 있다.

"창조된 것으로서의 우주는 단지 시작에 불과했는데 이것의 의미는 영속성이 아니라 성취였다."[7]

따라서 종말론은 구원론보다 앞선다. 즉, 창조는 그 앞에 놓여 있는 더 큰 운명과 함께 시작되었다. 창조는 하나님의 드라마를 위한 "아름다운 극장"이지 그 자체가 목적이 아니다.

이것에는 인간 불멸성의 개념을 위한 분명한 함의가 있다. 인간의 죽음을 단순히 "연약성, 일시적 창조의 특징"으로 간주하지 말아야 한다.[8] 하지만 몰트만은 생육하고 번성하라는 하나님 명령에 기초해 "인간은 시작부터 죽을 수밖에 없었다"라고 옳게 지적한다.[9]

---

[7] Geerhardus Vos, *The Eschatology of the Old Testament*, ed. James T. Dennison Jr. (repr., Phillipsburg, NJ: Presbyterian & Reformed, 2001), 73 - 74: " 창조된 것으로서의 우주는 단지 시작에 불과했는데 이것의 의미는 영속성이 아니라 성취였다.… 종말론은 회복이라기보다는 오히려 완성을 목표로 한다.… 종말론은 원 상태가 아니라 인간의 초월적 상태를 목표로 한다."

[8] Jurgen Moltmann, *The Coming of God: Christian Eschatology*, trans. Margaret Kohl (Mineapolis: Fortress, 1996), 78.

[9] 위의 책., 91.

미로슬라프 볼프는 몰트만의 해석에서 각각 타락과 완성 그리고 죄와 구속의 패러다임으로 동양의 접근 방식과 서양의 접근 방식 사이의 고전적인 논쟁을 본다.[10] 하지만 심지어 타락 이전에도 창조계는 아담 지배하에 완성을 기다리고 있었고 이런 완성은 완전성(indefectibility) 뿐만 아니라 불멸성의 수여를 포함함으로써 언약신학은 종말론적이고 구원론적 불멸성과 구속과 같은 이 두 가지 요소를 통합할 수 있다.

따라서 고려해 볼 때 죽음은 단순한 인간 유한성의 결과로 오는 것도 아니고 불멸은 처음부터 인간의 소유(특별히 불멸의 영혼 때문이 아니다)가 아니었다. 불멸은 기원이 아니라 목표였다. 생명나무는 인간 존재에 대한 전제가 아니라 가능성이었다. 타락 이전에 아담과 하와는 두 나무 사이에 살았다. 즉, 영원한 안식일에 들어가는 것(완성의 축복)과 영원한 죽음 죄의 저주)이라는 두 나무 사이에 살았다. 에덴은 하나의 시험이었다.

따라서 인간은 천성적으로 언약적이므로 타락한 인류가 하나님 없이 그리고 심지어 하나님에 대항해 그 영광을 얻기 위해 애쓰는 왜곡된 방식에도 불구하고 그들은 또한 체질적으로 앞날을 기대하고 심지어 유토피아적이기도 하다. 아담과 하와가 대표해서 하나님의 형상으로 창조되었지만 미래에 그런 형상의 완전성과 완성은 아직 달성했어야 한다는 사실은 인간의 인격성에 회고적이고 예상적인 종말론적 정체성을 부여한다. 이 사실은 내가 아래에서 극적인 이야기와 사건의 줄거리 짜기(emplotment)라는 측면에서 자세히 설명하는 개인 정체성에 대한 설명에 중요한 것이 된다.

---

10 Miroslav Volf, "After Moltmann: Reflections on the Future of Eschatology," in *God Will Be All in All*, ed. Richard Bauckham (Edinburgh: T&T Clark, 1999), 249–50.

4. 인격과 형상(Person and Image)

인격성(personhood)은 관계로 구성되도록 만들어질 수 없지만 인간들의 실제 존재는 관계 없이는 이해할 수 없다. 하나님의 형상으로 창조되는 것은 인간을 교제 안으로 부르는 것이다.[11] 이 교제(koinonia)는 원래 창조 언약으로 구성되어 있다. 이 창조 언약에서 모든 인류는 인류의 대표로서 아담 안에 참여한다.

1) "내가 여기 있사오니"

로버트 젠슨(Robert Jenson)은 하나님과 인간을 보는 것보다도 듣는 방식을 따라 비교했다. 하나님은 "대화, 둔주곡(遁走曲, 하나의 성부[聲部]가 주제를 나타내면 다른 성부가 그것을 모방하면서 대위법에 따라 좇아가는 악곡 형식. 바흐의 작품에 이르러 절정에 달했다 - 역자 주) 인격적 사건이다."

> 피조물로서 존재한다는 것은 삼위 하나님의 도덕 대화 속에서 그 대화를 나누는 자들 이외의 무언가로서 언급되는 것이다. 서구 지성사는 대체로 '존재한다'는 것이 형상을 가지고 있어서 육안으로든지 마음의 눈으로든 간에 나타나고 보인다는 것을 의미하는 헬라적 전통을 지속시켜 왔다. 하지만 분명히 또 다른 가능성이 존재한다. 즉, 존재한다는 것은 곧 들려지게 하는 것이다. 또한, 창조 교리가 요구하는 것은 다름 아닌 바로 이런 해석이다.[12]

---

11 Colin Gunton, "Trinity, Ontology and Anthropology," in *Persons, Divine and Human*, ed. Christoph Schwobel and Colin E. Gunton (Edinburgh T&T Clark, 1991), 47 - 61. 동시에 나는 (인간에 대한 완전히 관계적 존재론에 반대하는) Harriet A. Harris가 사용하는 주장들로서 그런 주장들이 설득력이 있다고 생각한다("Should We say that Personhood Is Relational?" *Scottish Journal of Theology* 51, no. 2(1998), 222 - 23).

12 Jenson, ST 2:35 - 36. 이런 언급 안에서 젠슨은 Franz K. Mayr, "Philosophie im Wan-

따라서 토마스 아퀴나스(Thomas Aquinas)(그리고 개신교 스콜라주의)에게 있어서 관계의 언어는 원형과 모형 즉 형상들이다.

하지만 하나님의 창조적 말씀이 의지에 의해 실현된 무언의 정신적 형태가 아니라 실제적 발화라면 이 문제는 확실히 이런 방식으로 해석될 수 없다.

피조물은 하나님이 이행하는 방식으로 " - 가 있으라"라고 말씀하실 때 정확하게 존재를 가진다 …. 따라서 "존재"가 하나님이나 피조물에 대해 무언가를 말하는 한 "존재"는 결국 유비적이기보다는 오히려 일의적이어야 한다. 그러나 "하나님은 - 이다"와 "피조물들은 - 이다."

사이에는 얼마만큼 단절이 있어야 한다. 토마스 아퀴나스의 통찰력의 효력은 남아 있다. 아마 우리는 오스틴(J. L. Austine)의 범주를 채택해 다음과 같이 제안할 수 있을 것이다.

즉, x에 대해 말하는 것 안에 "x는 - 이다"는 "발화 의미"(locutionary sense)에서 일의적이지만 그것을 말할 때 행해지는 것 안에는 "발화 수반적 의미"(illoctionary sense)에서는 다의적이다. 이런 발화가 사실 일종의 유비성으로 구성된다. 그리고 사실 이것은 결국 토마스 아퀴나스가 상정했던 것과 매우 비슷하게 될 수도 있다.[13]

답변으로 내가 주장하는 주요 요점에 도달하기 전 나는 먼저 젠슨이 주장하는 논증이 가진 약점은 자아성(selfhood)을 관계로 환원하는 그의 전제에 놓여 있다고 우선 제안하겠다. 즉, 하나님을 "둔주곡(遁走曲), 대화, 인격적 사건"으로서 말이다. 삼위일체 하나님이 영원한 둔주곡에 참여하는 세 위격이라고 말하는 것과 하나님은 단지 둔주곡, 대화, 영원한 사건이라고 말하는 것은 전혀 다른 것이다.

---

del der Sprache," *Zeitschrift fur Theologie und Kirche* 61(1964):439 - 91에 의해 영향을 받았다.
[13] Jenson, ST 2:38.

나는 이것이 논점 회피라는 것을 깨달았다. 즉, 젠슨이 그의 주장에서 중요한 결함을 놓쳤다는 것은 거의 사실이 아니다. 오히려 그는 관계적 자아라는 강한 견해를 일관되게 고수한다. 하나님이 단지 대화일 뿐이라면 성부가 성자, 성령과 관계를 맺으려고 의도하시지 않는 한 또한 그렇게 할 때까지 성자와 성령은 신적 파트너라고 믿을 어떤 이유도 없다. 이것이 젠슨 자신이 채택하려고 보이는 논리적 결론이다.

하지만 젠슨의 추가 주장이 가진 장점들, 특별히 인간 정체성에 관한 장점은 이 주제와 관련해 고려할 가치가 있다. 여러 곳에서 젠슨은 신학이 보는 은유보다 듣는 은유를 채택한다면 어떤 것처럼 보일지 연구한다. 이는 종교개혁 신학에서의 전형적 움직임이다.

또한, 나는 이런 계획 내내 이런 편견을 변호했지만 아직 이런 적용까지는 아니다. 위의 인용에서 젠슨 자신은 (시각적 함축성을 가지고) "존재"보다는 오히려 " - 에 대해 들려진다는" 측면에서 신적 위격과 인간을 식별하는 끝자락에 이르지만 단지 (적절하게) 그것에서 물러난다. 하지만 인간 "존재"는 우리가 누군가 다른 사람 즉 하나님에 의해 말해진 존재의 결과임을 제안하기 위해 내가 추구하는 언약적 접근방식에 아주 부합하는 것처럼 보인다. 이런 경우 존재하는 것은 언급되어지는 것이다.[14]

다시 한번 우리는 이것을 사람 앞에서(coram bominibus)라는 일반 원칙으로 받아들이지 않도록 조심해야 한다. 왜냐하면, 이것은 사람으로서의 우리 지위가 사람이 언급되는가에 의존하고 있다는 제안으로 쉽게 이어질 수 있기 때문이다. 소외된 사람들은 우리가 듣지 못하는 목소리를 가진 사람들뿐만 아니라 우리가 언급하지 않는 사람들이기도 하다. 그런데도 이런 요점은 하나님의 창조적 작용에도(하나님 앞에서, coram Deo) 적용된다. 그리고 사실 하나님의 창조 작용은 우리의 발화를 판단한다.

---

14 위의 책., 2:348.

우리가 이런 숙고를 확장한다면 우리는 인간이 그들이 본질에서 누구인가에서 뿐만 아니라 그들이 윤리적으로 답변하는 방식에서도 하나님의 형상을 반영하는 존재라고 말할 수 있다.

또한, 이것은 우리를 아래에서 주장하는 논증과 일치하게 한다. 하나님의 형상으로서 그들을 창조했다는 단순한 사실에 의해 그들이 인간으로서 결정되지만 그들의 인격성(personhood)의 목적 실현은 그들이 하나님의 목적에 부합하는가에 달려 있다.

여기서 우리는 잠시 "선"을 목적론적으로 정의한 아리스토텔레스를 불쑥 끼워 넣을 수 있다. 좋은 시계는 시간을 잘 알려주는 시계다. 마찬가지로 하나님은 매 단계에서 피조물을 좋다고 선언하셨다. 왜냐하면, 피조물은 적절하게 "응답했기" 때문이다.

다양한 생물계로 분류된 피조물의 모든 측면은 "x가 있으라"라는 선언에서 명령되었던 대로 기능했다. 우리는 태양이 "대꾸하지" 않았다고 말할 수도 있지만, 태양은 자신의 약속을 성취했다. 피조물의 목적을 성취하는 것은 윤리적으로 미적인 조건에서 확인되었다. 따라서 인간을 창조했을 때 최고의 축복은 하나님이 들으셨던 "응답"에 대한 하나님의 평가였다.

가령 우리가 창조 이야기 자체에서 나온 이런 결론에 대한 주석적 근거가 없다 하더라도, 우리는 야훼의 종을 "내가 여기 있사옵니다"라는 신적 명령에 대해 답변하는 자라는 분명한 성경적 주제에서 그런 주석적 근거를 발견한다.

따라서 인간 실존은 여하튼 이것과 무관하게 인간적이지만 인간이 그들의 존재 목적에 따라 답변하는 한 인간 존재는 "매우 좋다"는 것이다. 인간의 인격성은 황홀한 품성 안에 있는 하나님의 위격성과 유사하다. 그런 이해가 함의하는 근본적인 박탈이 있는데 이는 우리가 특별히 근대(데카르트와 관념주의) 인간론에서 발견하는 소유된 자아와는 극명한 대조를 이룬다.

데카르트가 사회로부터 자신을 분리하고 자신에게서(어쨌든 그는 생각했다) 이전의 모든 역사적 성찰을 제거함으로써 자신의 고기토(cogito, 나는 생각한다)를 전개했다는 사실에는 무언가 중요한 것이 있다. 하지만 인간에 대한 성경적 이해는 역사적이고 언약적 드라마의 맥락에서 발생했다. 나는 타자에 대한 응답으로 "내가 여기 있습니다"라는 답변은 자신의 내성적 반성의 산물인 자율적 자아에 대해 완전히 정반대라고 주장할 것이다. 우리는 우리 자신 이외의 누군가를 알 때까지는 우리 자신을 정말로 알고 있다고 생각할 수 없다. 젠슨이 설명하는 것처럼 삼위일체적 측면에서 설명하자면 다음과 같다.

> 창조 명령이 확실한 내용을 가진 말씀이라는 것은 성자의 삼위일체적 역할에 의해서다 …. 그렇다면 우리는 다음과 같이 말할 것이다. 즉, 기독론적 측면에서 피조물이 되는 것은 하나님 뜻의 계시가 되는 것이다. 우리가 루터(Luther)에게서 발견했던 더 극적이고 따라서 더 정확한 언어에서 피조물이 되는 것은 하나님으로부터의 "창조된 말씀"이 되는 것이다.[15]

건설적 제안을 하기 전 나는 특별히 개혁파 전통 안에서 하나님의 형상 교리 발전에 대해 진술하겠다. 왜냐하면, 옛 신학자들은 현대 논의에서 우리가 종종 놓치는 몇 가지 놀라운 통찰력을 제공하기 때문이다.

칼빈 사고의 변증법적 특징은 마침내 당연히 받아야 할 주목을 받고 있다.[16] 타락한 인간성에 대한 그의 희미한 견해는 창조된 인간성에 대한 때때로 그의 놀라운 존경과 비교해 평가되어야 한다.[17]

---

[15] 위의 책., ST 2:45; cf. *The Promise of Trinitarian Theology*, 2nd ed., 118 – 36에서 젠슨(Jenson)에 대한 건튼(Gunton)의 비판.

[16] 특별히 이와 관련하여 Kilian McDonnell, OSB, John Calvin, *the Church, and the Eucharist* (Princeton, NJ: Princeton University Press, 1976)를 보라.

[17] 칼빈은 인류를 "소우주"(microcosm)라고 말한 아리스토텔레스의 언급에 동의한다. 왜

타락과 그에 따른 구속의 필요성을 처음부터 필요하게 만들 수도 있는 인간 안에 있는 가장 작은 약점이나 결함을 찾기를 거절하는 것은 칼빈에게 완전히 본질에서 중요하다 - 그리고 우리에게 유익하다.

"인간의 부패와 악의와 마귀의 부패와 악의는 또는 이것들로부터 나오는 죄성은 본성에서 나오는 것이 아니라 오히려 본성의 부패에서 나온다."[18]

칼빈은 이것을 "마니교의 오류"와 구별한다.

"왜냐하면, 어떤 결함이 본성 안에 내재한다고 증명된다면 이것은 하나님에 대한 비난으로 귀결될 것이기 때문이다."[19]

정욕(concupiscence)과 초자연적 선물(donum superadditum)에 관한 아우구스티누스 전통의 생각과는 반대로 칼빈은 이런 인간을 주목할 만한 긍정적 용어로 인간을 간주한다. 본성으로서 본성은 완전함을 위해 추가적 은혜가 전혀 필요하지 않고 이미 아담의 능력 안에는 달성할 완전함 쪽으로 방향지워져 있다.

> 마지막으로 우리는 하나님이 사람을 조성하시고 그렇게 좋은 아름다움과 그렇게 많고 뛰어난 은사들을 새겨주실 때 하나님은 인간을 자기의 작품 중에 최고의 표본으로 나타나게 하셨다는 사실을 배울 것이다.[20]

냐하면, "인간은 하나님의 능력, 선함, 지혜의 드문 표본이고 단지 우리가 이것들에 주의를 기울이는 것에 싫증을 내지만 않는다면 우리 마음을 사로잡을 만한 기적을 그 자신 안에 포함하고 있기" 때문이다(*Institutes* 1.5. 3). 그는 "인간의 몸"을 "정교한" 것으로 칭찬한다(1.5.2). 그런데도 이 모든 것에서 인간은 "그렇게 눈부신 극장 안에 있으면서도 눈이 먼" 상태로 있다(1.5.8). 우리가 하나님의 작품 안에 우리를 위해 빛나는 이런 "등불"을 힐끗 볼 때 우리는 그것들의 빛을 덮어 가린다(1.5.14). 여기서 이런 논증은 본성의 절묘한 특징과 인간이 기울어진 그 본성의 똑같이 헤아릴 수 없는 파멸 사이를 오간다.

18 Calvin, *Institutes* 1. 14.3.
19 위의 책., 1. 15.1.
20 위의 책., 1.14.20.

그렇다면 "형상"을 구성하는 것은 무엇인가?

첫째, 형상 - 모양(imgage - likeness)의 고유한 좌소(座所)(칼빈은 히브리어 첼렘[selem]과 데무트[demut]를 동의어로 판단한다)는 영혼이지만 그는 형상과 모양의 영광을 전인에게 귀속시키는 데 있어서 이전 전통을 넘어선다.[21] 결과적으로 "인간의 어느 부분에서도 심지어는 육체 자체에도 그 섬광의 얼마가 반짝이지 않는 곳은 없다."[22]

이런 이유로 "철학자들로부터 영혼의 정의를 찾는 것은 어리석은 일일 것이다"라고 칼빈은 언급한다. 또한, 그런 후에 철학자들의 정의를 우리가 형상을 이해하는 기초로 하는 것도 어리석은 일일 것이다.[23]

둘째, 이 형상의 진정한 본질은 "사람의 부패한 본성의 복원에서보다 이를 더 잘 인식할 길은 어디에도 있을 수 없다." 아담은 하나님에게서 소외되었다.

> 따라서 비록 우리가 하나님의 형상이 아담 안에서 전적으로 소멸하고 지워지지는 않았다는 것을 인정한다 하더라도 그것은 너무 부패해 남아 있는 것은 무엇이든 무서울 만큼 흉측한 것이 되었다. 따라서 우리 구원의 회복 시작은 우리가 그리스도를 통해 얻는 그런 회복 안에서다. 그리스도는 우리를 참 되고 완전한 순전함으로 회복시킨다는 이유에서 그를 둘째 아담이라고 불린다.[24]

---

21 위의 책., 1.15.3.
22 위의 책.
23 위의 책., 1.15.6.
24 위의 책., 1.15.4.

이런 형상의 고의적 왜곡은 근절할 수 없는 이 형상의 지위와 인간 부패의 척도이고 따라서 구속은 적어도 "그리스도"를 옷 입는 측면에서 부분적으로 이해된다.

> 하나님을 따라 의와 진리의 거룩함으로 지으심을 받은 새 사람을 입으라 (엡 4:24).[25]

따라서 "형상"에 대한 이런 이해는 창세기의 첼렘(*selem*)과 데무트(*demut*)의 의미에 대한 사변을 통해서가 아니라 종말론 즉 이런 형상이 완전히 표현된 둘째 아담의 정체성을 배움으로 찾아져야 한다.

"이제 우리는 그리스도가 가장 완전한 하나님 형상임을 안다. 따라서 만약 우리가 그것에 따라 조성된다는 우리는 참 경건, 의, 순수함, 지성으로 회복되어 우리는 하나님의 형상을 담게 된다."[26]

칼빈은 "마치 측량할 수 없는 신성의 어떤 부분이 사람에게 흘러 들어갔던 것처럼" 여기는 신플라톤주의의 "유출" 뿐만 아니라 영혼의 "삼위일체"에 관한 아우구스티누스의 사변도 거절한다.[27]

칼빈처럼 개혁파 스콜라주의(the Reformed scholastics)는 인간을 현저하게 하나님의 외적 사역을 보여 주는 일종의 소우주와 동일시하는 고전적 (아리스토텔레스) 관점에 호소한다. 마스트리히트(Mastrich)에 의하면 인간 안에 있는 하나님의 모양은 "인간이 그 자신의 방식으로(즉 피조물로서) 가장 높은 하나님의 완전하심을 재현하는 인간의 그런 유사성이다."[28]

---

25 위의 책.
26 위의 책.
27 위의 책., 1.15.5.
28 Heinrich Heppe, *Reformed Dogmatics*, rev. and ed. ernst Bizer, trans. G. T. Thomson (London: Allen & Unwin, 1950), 232.

따라서 이것은 형이상학보다는 오히려 윤리적이다. 즉, 하나의 말씀을 듣고 복종하는 것이지 신적 존재와 인간 사이의 존재론적 접촉점을 찾는 문제가 아니다.

"인간 안에 있는 하나님 형상에 관한 개혁파 교회론의 이해에 관해서" 헤페(Heppe)는 다음과 같이 관련시킨다.

> 즉, "인간 안에 있는 하나님의 형상은 엄밀한 의미의 인간과 완전히 관련이 있고 사실 전인, 인간의 영과 몸의 전인적 존재와 관련되어 있다는 것에 주목해야 한다."[29]

전통의 특징을 보여 주는 버미글리(Peter Martyr Vermigli)는 칼빈의 분석을 아주 면밀히 따라가며 다음과 같이 주장한다. 즉, 형상에 대한 적절한 해석은 그리스도와 성령에 의해 그리스도 안에서 우리가 새롭게 됨을 보아야 한다고 주장한다. 우리는 타락 후 더는 인간이 아니라는 것이 아니라 우리는 이기심 가운데 우리 직분을 남용한다는 것이다. 우리의 타락한 상태에서는 우리는 더는 적절한 지배권을 행사하지 않고 "대신 사물에 대한 폭정을 행사한다." 바로 처음부터 이런 형상은 목적론적으로뿐만 아니라 종말론적으로 지향되어 있다.

> 하나님의 형상은 새로운 사람이고 그는 하나님의 진리를 이해하고 의를 바란다. 따라서 바울이 골로새 성도들에게 편지를 쓸 때 그는 우리에게 다음과 같은 사실을 가르쳤다. 즉, '새 사람을 입었으니 이는 자기를 창조하신 이의 형상을 따라 지식에까지 새롭게 하심을 입은 자니라.'[30]

---

29 위의 책.
30 위의 책.

우리는 하나님의 형상으로 새롭게 될 수도 있지만, 그리스도는 하나님의 "하나님의 참된 본래 형상"이다.[31]

하이델베르크 교리 문답(the Heidelberg Catechism)에서 우리가 발견한 유일한 언급은 형상을 창조된 아담 안에 있는 "참된 의와 거룩함"과 동일시한다(Q. 6).[32] 웨스트민스터 신앙 고백(the Westminster Confession)은 같은 노선을 따라 정교하게 설명하면서 하나님의 법이 양심에 새겨진 것과 "그 법을 성취할 능력을 첨가한다. 그런데도 하나님은 그 능력을 변할 수 있는 사람들 자신의 자유 의지에 맡겨 죄를 범할 가능성 아래 있게 하셨다." 이런 자연법과 자유 외에도 "선악과를 먹지 말라"는 특별한 명령이 있었다(창 4장). 따라서 존재론적 참여의 틀에 매달려 있는 사변적 인간론은 이 저자들에게 있어서 쇠퇴하고 있다.

헤페는 다음과 같이 말한다.

> 코케이우스(Cocceius)(Sum, theol, XVII)는 신적 형상을 "영혼의 실체"에서도 "영혼의 기능"에서도, "인간이 살아 있는 것에 대해 가졌던 지배권에서도 찾지 않고 그가 설명하는 올바름(rectitudo) 즉 인간의 모든 부분에서 하나님과의 도덕적 상호 관계에서 당연히 통치자(hegmonikon)로서의 영혼과 그릇(skeuos)으로서의 몸과 사지 속에서 올바름을 찾는다. 하이데거(Heidegger)(VI, 19), 브라운(Braun)(I, ii, 15), 리센(Riissen)(VI, 60), 등등.[33]

다른 신학자들은 이런 지배권 안에 있는 형상을 보지만 이것은 전제적인 주권보다는 오히려 인류에게 부과된 윤리적 의무로 남아있다. 버미글

---

[31] 위의 책, 44.
[32] "하나님은 사람을 선하게, 또한 자신의 형상, 곧 참된 의와 거룩함으로 창조하셨습니다. 이것은 사람이 자신의 창조주 하나님을 바르게 알고, 마음으로 사랑하며, 영원한 복락 가운데서 그와 함께 살고, 그리하여 그분께 찬양과 영광을 돌리기 위함이다."
[33] Heppe, *Reformed Dogmatics*, 232.

리(Vermigli)에 의하면 이것은 사람을 "일종의 하나님 대표(대리)로 만든다."[34] 따라서 실체 형이상학과 존재론적 이원론에 대한 비판이 있기 훨씬 전 개혁파 전통은 일반적으로 – 칼빈보다 더 끈질기게 – 형상에 대한 논의를 기독교 플라톤주의의 일반적 가정에서 벗어나 더욱 윤리적 개념 쪽으로 향하게 했다.

아래에 있는 루터교 교의학과의 결론적 상호 작용에서 살펴보겠지만 형상에 대한 이런 정의는 형상이 타락 이후 완전히 폐지되었는지를 결정하는 데 있어서 매우 중요하다. 우르시누스는 형상이 상실되고 유지된다는 의미를 세심하게 구별하는 데 있어서 개혁파 합의를 반영한다. 즉, "하지만 타락 이후 인간은 하나님의 영광스러운 이런 형상을 상실했다."[35]

그런데도 그는 서둘러 덧붙여 다음과 같이 언급한다. "하지만 인간 타락 이후 인간 안에는 여전히 하나님 형상의 일부 잔재와 불꽃이 남아 있었다. 또한, 심지어 아직 중생되지 않은 사람에게도 계속해서 남아 있다." 이것은 이성적인 영혼과 의지, 예술과 학문에 대한 지식, 시민적 미덕의 "흔적과 잔재," "많은 일시적 복을 즐기는 것" 그리고 다른 피조물들에 대한 폭정보다는 청지기라는 어떤 기준이 포함된다.

하지만 상실된 것은 형상에 속하는 가장 중요한 것, 즉 하나님을 아는 참된 지식, 그분의 뜻과 사역을 아는 지식을 상실했다. 또한, 하나님의 법에 따라 사랑과 행동을 규제하는 것, 피조물에 대한 진정한 청지기 직분, 이생과 내세에서 참된 행복을 상실했다. 하지만 이런 창조 언약의 위반에도 하나님은 은혜 언약을 공포했다.

---

[34] 위의 책., 233. 그러나 (멜란크톤를 통해) 우세하게 되었던 이 견해는 실체(인간의 인격적 본성 안에 있는)와 실제 재능(원래의 의) 사이에 구별이었다. "형상"과 "모양" 사이의 의미론적 차이에 대한 공식적인 거부에도 불구하고 이것은 교부들의 구별에 근접한다.

[35] Zacharias Ursinus, *The Commentary on the Heidelberg Catechism*, trans. G. W. Williard (Phillipsburg, NJ: Presbyterian and Reformed Publishing Co., 1852), 32.

성부 하나님은 성자를 통해 이 형상을 회복한다. 왜냐하면, "예수는 하나님에게서 나와서 우리에게 지혜와 의로움과 거룩함과 구원함이 되셨기" 때문이다(고전 1:30). 성령을 통해 성자는 우리를 "그와 같은 형상으로 변화하여 영광에서 영광에 이르니 곧 주의 영으로 말미암음이니라"(고후 3:18). 그리고 성령은 말씀과 성례의 사용에 의해 시작된 것을 진척시키시고 완성하신다.[36]

따라서 우르시누스에게 있어서 "하나님의 형상은 영혼의 유일한 실체에서 찾아지는 것이 아니라 특별히 창조에서 하나님이 장식했던 덕목과 은사에서 찾아져야 한다."[37]

이 저자들로부터 우리는 형상이 주로 올바름 즉 양심에 기록된 율법임을 배운다. 이것은 율법이 단순히 어떤 다른 (자율적인) 기초에 근거해 이미 인간들로 여겨진 자에게 부과된 외부적 규칙 목록이 아니라 하나님과 그분의 사역을 정의하는 그런 의로서 이해해야 한다는 요점을 강조한다. 하나님 자신에게서처럼 율법은 이질적 권위로서 피조물에 대항하는 것이 아니라 피조물 자신의 정체성에 속해 있다. 비미글리는 다음과 같이 말한다.

따라서 하나님의 율법과 형상은 같은 동전이 가진 양면이다. 심지어 그리스도조차도 이런 원형적인 형상으로서 하나님의 성육신한 율법이라고 말할 수 있다. 왜냐하면, 그리스도는 하나님으로서 이런 뜻을 완전하게 나타내며 또한 인간으로서 이런 뜻을 완성하기 때문이다. 따라서 이것은 영혼이나 마음 안에 있는 어떤 내적 능력이나 속성의 문제가 아니다. 또한, 이것은 자연에 추가된 초자연적 선물의 문제도 아니다. 이런 원래의 올바름

---

36 위의 책., 32 – 33.
37 Heppe, *Reformed Dogmatics*, 233.

은 상실되었다. 하지만 하나님의 율법을 아는 지식은 완전히 상실된 것은 아니다. 그런데도 이것은 인간을 위한 구원하는 지식이 아니다. 즉, "자연법의 지식은 인간을 더 좋게 만들지 않았다."

왜냐하면, 가령 율법이 알려진다 하더라도 율법은 우리를 변화시킬 수 없고 또한 우리에게 올바로 행할 힘을 줄 수 없기 때문이다. 따라서 우리는 그리스도에게로 달려가야 한다.[38]

율법은 올바름 안에 있는 인류와 맺었던 하나님 언약의 충분한 계시였다. 하지만 복음은 인간의 잘못 때문에 후에 단지 경륜적으로 필요하다.

분명히 개혁파 신학자들과 루터파 신학자들은 비슷한 자원을 활용하고 있지만 다른 개념상의 꼬리표로 그렇게 하고 있었다. 사실 루터와 루터파 스콜라주의를 이용하면서 로버트 젠슨은 내가 개혁파 스콜라주의를 통해 하는 요점과 매우 비슷한 주장을 한다. 즉, 하나님 명령이 인간 공동체를 지탱해 주고 있다.

이런 "용도"는 종종 모든 인간의 "마음에 쓰인" 자연법과 동일시된다. 또한, 마틴 루터(Martin Luther) 자신에게 있어 그가 이 개념을 과감하게 사용하는 것은 이어지는 개념의 주된 동기이고 이 세상에서 사는 것과 "율법 아래에" 있는 것은 같은 것이다. 즉, 그렇다면 교회에서 복음에 의한 하나님 통치와 세상에서 그분의 율법에 의한 통치는 하나님의 두 "체제" 즉 하나님의 외부로 향한(ad extra) 뜻을 확립하는 두 가지 방식이다.[39]

율법과 복음이 추상적인 반대어로서 서로 대립하는 것이 아니라 율법과 복음은 다른 기능에 따라 구별된다(그리고 나는 경륜과 언약을 추가할 것이다).

그러므로 우리 인간이 이왕 서로에게 말을 한다면 우리는 율법을 말한

---

[38] Vermigli, 위의 책에서 인용., 24.
[39] Jenson, ST 2:62.

다. 왜냐하면, 우리가 살펴보았던 것처럼 모든 말은 어떻게든 미래를 연다. 그리고 말은 단지 드물게 그리고 믿을 수 없게 약속이 될 수 있다. 우리는 유한하기 때문에 우리는 다른 사람들에게 제시하는 미래를 위한 조건의 극히 일부만 떠맡을 수 있으며 또한 심지어 그렇게 신뢰할 수 있는 것도 아니다. 우리가 말을 거는 사람들에게 가령 "나는 너에게 얼마만큼 음식을 제공할 것이다"라는 약속과 "미안하네, 친구, 나는 최선을 다했네. 하지만 알다시피 너는 정말로 마음을 가다듬어야 해"라는 율법 사이에 어떤 확고한 장애물도 있을 수 없다.[40]

"따라서 서로에 대한 우리 모든 말은 어떻게든 의무를 지운다. '율법'은 모든 공동체의 필연적 담론이다."

그리고 율법은 하나님 말씀인 그분의 명령에 뿌리를 두고 있다.[41] 그것으로 자율성은 배제된다. 즉, 하나님이 우리에게 말씀하시기 때문에 우리는 존재한다. 또한, "만약 우리가 하나님에게 반응하는 자들로서 우리의 구체적인 정체성을 갖는다면 우리는 우리 자신을 소유하지 않는다."[42] 따라서 "하나님 말씀으로 성취되는 것은 우리의 구원뿐만 아니라 엄밀한 의미의 우리 존재 자체이기도 하다."[43]

이런 요점들을 주장하는 그들만의 방식을 고려할 때, 초기 개혁파 신학자들은 형상의 이런 언약적 차원을 포함했다는 것은 놀랄만한 것이 아니다.

> 마스트리히트(Mastricht, III, ix, 33): "원의(original righteousness)는 사인이 아닌 공인으로서의 아담에게, 또는 아담 안에 있는 같은 것이 인간 본성 전체에

---

[40] Jesnson, ST 2:62.
[41] 위의 책., 63.
[42] 위의 책.
[43] 위의 책., 68.

주어졌다. 따라서 아담의 모든 후손에게 전달되었을 것이다. 하지만 이 원의는 일리리쿠스(Illyricus)가 떠들어댄 것처럼 어떤 실체가 아니라 말하자면 모든 실체를 통해 확산하고 그래서 몸과 영혼과 정신에 의지와 감정에도 공통된 어떤 성질이다."[44]

그래서 교부적 전통과 중세 전통의 더 많은 신플라톤적 성향이 칼빈의 사고에 미친 남아 있는 어떤 영향에도 칼빈과 그의 신학적 동료들 그리고 후계자들은 형상의 심신(心身) 일체성을 분명히 확언하게 되었다. 최근 존 머레이는 이 합의를 반영했다.

> 인간은 육체이며 따라서 이 진리를 표현하는 성경적 방식은 인간이 육체를 가지고 있는 것이 아니라 인간은 육체라는 것이다. 성경은 먼저 창조된 것으로서 인간의 영혼이나 정신 그리고 그런 후에 육체 안에 이것이 넣어지는 것으로 표현하지 않는다 …. 육체는 부속물이 아니다.[45]

개혁파 스콜라주의가 영혼을 형상의 적당한 좌소로서 구분하는 데 있어서 옛 전통을 따르지만, 그들이 본성으로서 본성의 선함과 인간으로서 인간됨을 강조하는 것은 그들로 하여금 중세적 종합의 그렇게 많은 부분을 특징짓고 망치고 있는 자연 - 은혜라는 이원론에서 그들을 지켜준다는 것은 주목할 만하다. 투레티누스(Turretin)은 다음과 같이 설명한다.

> (물리적으로 볼 때) 육체와 영혼은 상반되는 것들이 아니라 다른 것들이듯이 육체와 영혼 그 자체의 욕구, 성향과 습관도 마찬가지다. 이제 육체와 영

---

44 Heppe, *Reformed Dogmatics*, 240.
45 John Murray, *Collected Writings of John Murray*, 4 vols. (Carlistle, PA: Banner of Truth, 1976), 2:14.

혼 안에서 발견되는 이런 반감은 죄로부터 우연히 발생한다.[46]

이런 방식으로 인간론은 엄밀한 의미의 그런 존재론이나 형이상학보다는 오히려 윤리학의 담론으로 명확하게 표현되었다. 차이는 투쟁(대립은 말할 것도 없이)을 암시하지 않는다. 또한, 죄는 겉보기에 더 약하거나 결점에 취약한 인간 본성의 어떤 측면으로 귀속될 수 없다.

우리가 이런 더 큰 문제 안에서 형상의 특징을 명확히 상술함으로써 인간의 인격성이라는 골치 아픈 문제에 대해 언약적 - 종말론적 접근 방식을 통해 나아갈 때 우리는 소위 형상 담지(image - bearing)를 위한 전제 조건과 엄밀한 의미의 형상 사이를 구분함으로써 시작할 수도 있다. 이것은 엄밀한 의미 형상의 더 협소한 원을 아우르는 더 넓은 동심원이다.

5. 형상과 사명 (Image and Embassy)

이런 전개를 염두에 두고 우리는 형상의 특징을 식별하기 위한 건설적인 분석과 제안을 제공할 준비가 더 잘 되어 있다. 언약신학의 논리를 전통적인 한계를 넘어 확장하면서 나는 하나님의 형상(the imago Dei)은 인간의 특별한 능력의 속성이 아니라고 주장할 것이다. 동시에 나는 형상이 다름 아닌 관계적인 것에 지나지 않게 만드는 정반대의 환원주의를 피하려

---

46 Heppe, *Reformed Dogmatics*, 468에서 인용. 이런 언급은 버미글리(Peter Martyr Vermigli)를 생각나게 한다. 그는 창 9:4를 바탕으로 "피는 영혼이다"라고 주장한다. 이것은 환유법을 나타낸다. 즉, "피는 영혼의 존재의 표시이기 때문에 피는 영혼 그 자체라고 불릴 수도 있다.… 나는 마치 내가 이것을 하나님이 그 명령(동물의 피를 먹는 것에 반대하여)을 주셨던 이유로 이것을 받아들이는 것처럼 제시하는 것이 아니라 인간의 영혼은 몸과의 교제를 보여 주기 위해 제시한다."(*The Peter Martyr Library*, vol. 4: Philosophical Works, trans. and ed. Joseph C. McLelland [Kirksville, MO: Sixteenth Century Essays and Studies, 1996], 42).

고 한다. 이런 입장을 논하기 위해 나는 인간을 신적 형상을 지닌 적당한 후보자로 만드는 인간 됨의 필수 불가결한 속성과 형상 그 자체의 본성 사이를 구별할 것이다.

1) 인간의 형상 담지를 위한 필수 불가결한 특징들

최근 비판들이 강조했던 것처럼 이성 안에 있는 이런 형상의 플라톤주의적 뿌리는 파괴적 영향을 미쳐왔다. 게다가 성경에는 인간이 하나님의 모양인 것이 공유된 "영성"과 관계가 있다는 종종 반복되는 신학 원리에 대한 어떤 암시도 없다. 왜냐하면, 무로부터의 창조 개념은 존재의 사슬이 있는 유출적 도식을 차단하기 때문이다. 인간의 영성은 또한 신적 유출보다는 오히려 창조된 것이기 때문에 인간의 영혼이 인간의 몸과 동일시되지 말아야 하는 것처럼 인간의 영혼은 하나님과 동일시될 수 없다. 나의 제안이 하나님의 형상을 정신적이거나 육체적인 어떤 능력이나 실체와 동일시하는 것을 거절하는 것이다.

하지만 인간이 하나님과 언약 파트너가 되는 피조물 중에서 유일하게 적합하다는 것에 어떤 의심이 있을 수 있을까? 그리고 우리는 사려 깊은 추론을 위한 어떤 자연적 능력, 의도적 관계성, 도덕적 동인, 언어성과 같은 상당히 명백한 전제 조건을 지적할 수 없을까? 그런데도 이런 능력 가운데 어떤 것도 창조 언약 이전에 존재하지 않는다. 하지만 이 모든 것이 이미 창조 언약에 의해 전제되어 있다. 만약 이런 인간의 인격성이 언약적 인격성으로 해석될 수 있다면 인간 인격성은 이런 특징이 필요하다고 말하는 것으로 충분하다. 그런데도 적절하게 고려된 형상을 이런 것들과 동일시할 수 없다. 오히려 내가 주장하겠지만 이런 설명에서 이 형상은 하나의 직분이나 사명 즉 종말론적 지향을 가진 언약적 사명으로 이해되어야 한다. 확실히 인간을 나머지 피조물과 구분하는 존재론적 특징이 있지만 이런 것들이 형상 자체를 정의하지 않는다.

이런 접근 방식은 반드시 우리의 관심을 내면의 탐구로부터 상호 의무에 의해 정의된 특정한 "삶의 형태" 안에 있는 외적 관계로 환원시키지는 않지만 그런 외적 관계와 분리할 수 없는 자아 개념 쪽으로 향하게 한다. 언약은 이 세상에서 인간의 존재 방식이라는 언어 게임이다. 칼빈 자신은 자신의 사고의 이런 측면을 발전시키지 않았지만, 언약 신약은 관계적 범주에 대해 기본적 헌신 없이는 생각할 수 없다. 가령 종교개혁 (그리고 특별히 칼빈)에서 "관계적 자아의 탄생"에 관해 위에서 인용한 그렌츠(Grenz)의 제안이 과장되었다 하더라도 "종교는 개인이 그 자신의 고독을 다루는 것이다"라는 화이트헤드의 유명한 경구는 자아를 언약적으로 지향되는 것으로 보는 견해와는 매우 거리가 멀다는 것은 사실이다.[47]

2) 하나님의 형상(The Image of God)

지금까지 나는 일반적으로 인간의 인격성이라는 주제를 다룰 때 언약적 인간론의 본질적 특징을 개략적으로 설명했다. 이제 나는 내가 "엄밀한 의미의 형상"으로 간주하는 것으로 관심을 돌릴 것이다. 적절하게 말하자면 나는 형상이 아들 됨/왕적인 지배권, 대표, 영광과 선지자적 증언이라는 네 가지 특징으로 구성된다고 주장할 것이다.

(1) 아들 됨/ 왕의 지배권

적어도 "형상"과 "모양"으로서 형상이 갖는 중요성 일부는 그 형상은 종 - 아들의 왕적인 자격 부여라는 것이다. 자신의 인격과 사역에서 예수 그리스도는 타락한 아담을 대신해 일곱째 날에 하나님의 형상 - 아들로서 자신의 왕

---

[47] A. N. Whitehead, *Religion in the Making* (New York: Meridian, 1960), 16.

적인 자격 부여를 받는다. 따라서 우리가 첫째 아담과 둘째 아담을 함께 생각할 때 (다른 것들처럼) 형상의 이런 측면이 나타날 수 있도록 허용해야 한다.

이 점에서 우리는 인간 창조뿐만 아니라 비인간적인 억압으로 이어졌던 것은 성경적 창조 교리가 아니라 성경적 타락 교리가 묘사하는 죄의 실체라는 것을 삽입 어구로 제시된 언급으로 덧붙여야 한다. 차일즈는 이 점을 잘 표현한다.

즉, "성경이 세계를 소유하고 착취해야 하는 대상으로 보는 것을 거부하지만 성경은 또한 하나님과 세상의 근본적인 구별을 흐리려는 모든 시도에 강하게 저항한다."[48]

"땅은 주님의 것"이라고 말하는 것은 두 가지를 말하는 것이다. 즉, 땅은 하나님이 아니다. 또한, 땅은 우리의 것이 아니다. 정확하게 "땅과 거기에 충만한 것이 … 다 여호와의 것"이기 때문에 인간은 (a) 피조물로서 자연의 나머지 부분과 함께 자기 자리를 차지하고 (b) 그들의 취하는 것을 그들 자신의 소유로 소비하는 소비자와 착취자가 아니라 그들의 사명을 하나님이 창조하신 세계의 청지기로 인식한다.

위의 버미글리의 언급은 나에게 다음과 같은 것을 상기시킨다. 즉, 인간의 지배권(청지기직으로서 고려된)을 폭정으로 변형시키는 것은 다름 아닌 타락이다. 단지 인간의 기술 밖에 창조자이자 심판주가 서 있기 때문에 우리는 착취가 결국 제지받을 것이라고 언급할 수 있다. 디트리히 본회퍼(Dietrich Bonhoeffer)는 이 점을 강조한다.

> 이 지배의 자유는 지배를 받는 피조물과 맺고 있는 우리 관계를 직접 내포한다. 내가 주인 역할을 하는 토양과 동물들은 내가 사는 세상이며 이 세상 없이는 나도 존재하지 않는다 …. 세상은 나를 낳고 양육하며 나를 지

---

[48] Childs, *Biblical Theology*, 400.

탱한다. 하지만 세상으로부터 나의 자유는 주인이 그의 종과 결합해 있고 농부가 흙과 결합해 있듯이 내가 결합해 있는 이 세상이 나에게 복종하며, 내가 나의 땅이며 나의 땅으로 남아 있는 이 땅을 지배해야 한다는 사실에 놓여 있다 …. 그것은 하나님 말씀이 인간에 부여한 권위 외에 다른 어떤 위임된 권위에 의한 것도 아니다. 따라서 이 권위는 독특하게 인간을 구속하며 다른 피조물들과 대조되게 한다.[49]

기술은 우리에게 우리가 지배한다는 환상을 주지만 바로 그 반대 즉 우리가 지배받는 것이 실제로 사실이다.

우리는 세상을 하나님의 창조물로 알지 못하기 때문에 또한 우리는 하나님이 주신 것으로서 지배권을 받는 것이 아니라 우리 자신을 위해 그 지배권을 장악하기 때문에 우리는 다스리지 않는다. " - 를 위한 자유로움"이 없다면 " - 에서 자유로움"이 없다. 하나님을 섬기는 것 없이 어떤 지배권도 없다 …. 처음부터 땅에 대한 인간의 방식은 단지 하나님에 대한 인간의 방식으로서 가능했다 …. 하나님과 타자를 위한, 인간을 위한 자유와 피조물을 다스리는 그의 지배권 안에서 피조물로부터의 인간의 자유는 첫 번째 인간 안에 있는 하나님 형상이다.[50]

형상에 대한 플라톤주의적 해석은 아무리 의도하지 않은 것이라도 무책임한 생태 윤리를 쉽게 허용한다. 예를 들어, 다마스쿠스의 요한은 자신의 인간론에서 아우구스티누스만큼 플라톤적이다.[51] 이런 과정에서 우리

---

49 Dietrich Bonhoeffer, *Creation and Fall: A Theological Interpretation of Genesis* 1 - 3, trans. John C. Fletcher (London: SCM, 1959), 39.
50 위의 책., 38.
51 John of Damascus, "Exact Exposition of the Orthodox Faith," 29 - 37.

는 청지기로서 피조물 안에 참여하는 것 대신 피조물과 떨어진 먼 거리에서 하나님과의 친밀감을 찾아낸다. 합리주의적이고 이원론적 설명에 도전하기 위해 언약적 형상이 절실히 필요하다.

예를 들어, 다마스쿠스의 요한은 다음과 같이 덧붙인다.

> 즉, '그분의 형상을 따라서'라는 어구는 마음과 자유 의지로 구성된 그분의 본성의 측면을 분명히 가리키는 반면, '그분의 모양을 따라서'라는 어구는 가능한 미덕에서의 유사성을 의미한다. 따라서 인간은 위대함과 보잘 것 없음, 영과 육체의 중간에 서 있다. 즉, 그는 은혜로는 영이지만 지나친 교만으로는 육신이다. 영으로 그는 자신에게 은혜 베푸시는 분 안에 거하고 영화롭게 하고 육으로 그는 고난을 받는다. 그가 자신의 위대함을 자랑할 때 고난으로 훈계되고 고난으로 규율될 수도 있다.[52]

따라서 공동체는 차이가 아니라 동일성에 의해 결정된다(언약에서처럼).

인간은 무생물과 공동체를 이루고 이성 없는 피조물의 삶에 참여하며 이성이 부여된 사람들의 정신적 과정을 공유한다는 것에 주목해야 한다. 인간과 무생물 사이의 결합은 몸이고 네 가지 요소로부터의 몸의 구성이다. 즉, 이런 것들 외에도 인간과 식물 사이의 결합은 영양분과 성장과 씨앗의 힘, 즉 발생으로 구성되어 있다. 그리고 마지막으로 이런 관계에 덧붙여 인간은 욕구 즉 분노와 욕망 그리고 감각과 충동적 움직임으로 이성 없는 동물들과 연결되어 있다.[53]

---

[52] 위의 책., 31.
[53] 위의 책., 32.

하지만, 인간 피조물과 인간이 아닌 피조물의 공통성을 본질적 속성의 가장 낮은 공통분모에 부여함으로써 타자성은 진실로 존중되지 않는다. 하지만 만약 이들을 하나로 모으는 것이 언약이라면 인간이 동료 피조물과의 환경과 맺고 있는 관계는 유사성만큼이나 차이점을 인식한다.

따라서 지배권은 하나님의 위임에 달려 있지 인간 본질의 특징적 속성에 달려 있지 않다. 이것은 생태학적 폭력에 대한 유대교 - 기독교의 근거를 비판하는 데 있어서 종종 간과되는 일부 신학 전제를 극복하기 위한 엄청난 잠재력을 제공한다.

브루그만은 우리에게 성경 이야기에서 이 지배권을 사용하는 내내 이런 지배권은 목자 - 왕(shepherd - king)의 지배권임을 상기시킨다(겔 34장).

> 게다가 지배권에 대한 기독교적 이해는 나사렛 예수의 방식으로 분별되어야 한다. 다스리는 자는 섬기는 자이다. 주권은 종 됨(servanthood)을 의미한다. 다스리는 것이 아니 자기 양을 위해 목숨을 버리는 것이 목자의 임무다.[54]

표면적 유사성에도 불구하고 창세기 1:26 - 28의 왕적 아들 됨이라는 주제는 고대 이집트와 메소포타미아 신화와는 현저하게 다르다. 예를 들어, 이런 신화에 나오는 왕은 최고신의 아들로 대표되는 - 사실 신의 성육신 - 유대인들은 결코 아담과 이브를 신의 성육신으로 간주하지 않았다. 게다가 창세기에서 이런 왕적 자격 부여는 단지 한 명의 통치자가 아니라 "남자와 여자"인 모든 인간을 포함했다.[55]

---

54 Walter Brueggemann, *Genesis, Interpretation* (Atlanta: John Knox Press, 1982), 33.
55 Phyllis A. Bird, "Male and Female He Created Them': Gen. 1:27b in the Context of the Priestly Account of Creation," *Harvard Theological Review* 74, no. 2(1981): 144: "창 1:26의 표현의 발상(發祥)은 메소포타미아적인(가나안 민족의) 인간론의 공통된 이미지, 즉 신들의 종으로서의 인간 이미지, 메소포타미아 창조 신화들의 지배적 이미지에 대항하기 위해 메소포타미아적인(가나안 민족의) 제왕 신화의 공통된 표현과 이미지를

메러디스 클라인(Meredith Kline)이 언급하는 것처럼 왕의 아들이 나타날 때 그들이 풍기는 온갖 향기에서 분명한 모양의 세 가지 주요한 요소는 다음과 같다. 즉, 성전의 이미지(지배권, 왕권), 윤리적 임무(성전의 근간은 공의, 형평성, 진리, 의, 거룩함, 선함)와 영광(물리적 아름다움)이다.[56] "하나님의 형상이 되는 것은 하나님의 아들이 되는 것이다."[57]

마찬가지로, 필리스 버드(Phyllis Bird)는 다음과 같이 관찰한다. 형상(첼렘) 자체가 우리에게 어떤 것도 말해 주지 않지만, "창세기 1장의 하나님 형상(첼렘 엘로힘)은 그에 따라 왕적 지정, 통치를 위한 전제조건 또는 요건이다."[58] 이런 해석은 대관식 언어와 지배 언어가 한 번 더 수렴되는 시편 8편에서 병행 구절과 잘 들어맞는다고 버드(Bird)는 주장한다.

물론 이런 아들 됨 - 모양(sonship - likeness)은 예수 그리스도 안에서 가장 분명하게 보인다. 아담 자신은 예수 그리스도를 예상하는 반영이었다. 이런 의미에서 성육신하신 언약의 주님은 언약의 종이라는 것을 인식하는 것이 본질적으로 중요하다.

또한, 새로운 아담으로서 예수 그리스도의 아들 됨 - 모양(sonship-likeness)은 그분의 영원한 아들 됨과 같지 않다. 그리스도의 낮아지심에서 그분은 자신의 형제와 자매들을 대표해서 이런 아들 됨 - 모양(sonship-likeness) 이런 왕적 형상을 얻어야 한다. 이것이 우리가 히브리서 1:5에서 반복되는 시편 2:7과 시편 89:26과 같은 참조 구절을 이해할 수 있는 방법이다.

사용하는 데서 볼 수 있다. 왕을 신적 세계와 특별한 관계를 맺고 있는 자로 묘사하는 이런 언어는 (아마도 이집트 지혜 전승의 영향을 받아) 창 1장 저자의 본질적 인간의 본성 안에서 전체로서의 인류, 아담으로서의 아담(adam qua adam)을 묘사하기 위해 선택한 것이다."

56 Meredith G. Kline, *Images of the Spirit* (Eugene, OR: Wipf & Stock, 1999), 35.
57 위의 책., 36.
58 Bird, "Male and Female," 140.

하나님께서 어느 때에 천사 중 누구에게 너는 내 아들이라 오늘 내가 너를 낳았다 하셨으며 또다시 나는 그에게 아버지가 되고 그는 내게 아들이 되리라 하셨느냐

(히 1:5)

특별히 요한복음에서 왕적 아들 됨의 이런 운명을 예수님이 성취하는 것을 반복해서 강조한다(cf. 요 5:17 - 21). 나는 제6장에서 이 주제를 다룰 것이다.

(2) 대표(Representation)

하나님의 형상을 대표로 말하는 것은 하나님의 형상을 더 전통적 이해에서처럼 신적 본질의 거울(존재론)보다는 오히려 사법적 위임의 영역에 놓는 것이다. 이것은 속성(심지어 소위 공유적 속성)에서의 하나의 대응을 가리키는 것이 아니라 공적 사명을 가리킨다. 그런데도 인간은 창조된 본성에 의해 이런 공적 사명을 위해 적합하게 되었다. 나는 또한 이것을 후반장에서 더 완전히 다룰 것이다.

(3) 영광(Glory)

성경에서 왕적 아들 됨, 대표 그리고 상호성이 상당한 근거가 발견되지만 아마 관련된 구절과 가장 밀접하게 관계된 주제는 "영광"(카보드)이라는 주제다.[59] 이런 개념은 구약성경과 신약성경을 가장 잘 밀접하게 연결하고 언약과 특별히 인간론과 관련 있는 종말론 사이의 가장 밀접한 관계를 보여 준다.

---

[59] 리쾨르(Ricoeur)는 또한 하나님의 형상이란 주제에 대한 바울의 전개가 하나님의 형상으로의 창조라는 구약의 개념이 아니라 구약의 영광이라는 주제에 근거를 두고 있다고 관찰한다(Figuring the Sacred, 267 - 68). 그런 견해를 지지하는 많은 주석적 근거가 존재한다. 또한, 이것은 성경에 나오는 하나님의 형상 개념의 중요성이 어떻게 형상 그 자체에 관한 직접적 진술보다 형상의 필연적 결과나 구성적 측면으로 인해 결정될지를 강조한다.

고대 우주론 신화를 빼앗으면서 창조 이야기는 위대한 왕이 자신의 우주적 집을 완성하고 그런 후에 자신의 영광스러운 처소로서 그 집을 자신의 영광스러운 영으로 채우시는 것에 대해 이야기한다. 이 설명이 주는 유익 가운데 하나는 기독론과 성령론의 위대한 통합이다. 왜냐하면, 하나님의 영광은 성령과 아들과 직접 동일시되기 때문이다.

또한, 하나님의 영광은 성령이 사람들에게 생명의 숨을 불어넣고 사람들을 그들 자신이 반영하는 영광에 대한 예언적 증인으로 만듦으로써 성령이 낳은 자들과 간접적으로/반영하는 것으로 동일시되기 때문이다. 아담과 하와가 창세기 1:2에서 확인되는 동일한 영광스러운 영의 성전으로 창조되었다. 아담이 성령의 "신적 불어넣음"에 의해 창조되었던 것을 대표하는 것처럼 마리아는 "성령이 네게 임하시고 지극히 높으신 이의 능력이 너를 덮으시리니 이러므로 나실 바 거룩한 이는 하나님의 아들이라 일컬어지리라"는 말씀을 들었다(눅 1:35).

예수님은 새로운 창조를 시작하면서 주님은 제자들에게 숨을 내쉬며 "성령을 받으라"라고 말씀하신다(요 20:22). 따라서 개별 신자들과 공동체적 교회는 그리스도의 형상에서 재창조이고 영광의 성령(glory - Spirit)으로 가득한 참된 성전이다.

이 모든 것은 물론 창세기 이야기를 이해하기 쉽게 설명하기 위해 소급적으로 역할을 한다. "창세기 2:7이 이런 모습을 보여 주는 것처럼 성령 - 원형은 적극적으로 인간 모형을 창시했고," 아담의 형상으로 셋(Seth)이 출생한 것이 확증하는 것처럼(창 5:1 - 3) "따라서 하나님의 형상과 하나님의 아들은 짝을 이루는 쌍둥이 개념이다."[60]

영원한 맏아들은 성부의 왕적 영광의 형상으로서 인간을 위한 하나의 모형을 제공했다. 로고스가 인간들의 빛인 생명이었던 분으로서 자신을

---

[60] Kline, *Image of the Spirit*, 23.

계시하셨던 것은 영광의 영 안에 임재하시고 사람들을 자기 아들의 형상으로 만드시는 아들로서 그분의 창조적인 활동 안에서였다. 처음 인간들에게 성령을 불어넣고 자신의 하늘 형상으로 그들을 재창조하는 성육신한 말씀으로서가 아니라 바로 처음부터 그분은 영을 한층 활발하게 하시고 인간을 자신의 형상과 영광으로 창조하셨다.

그것은 "영광의 영의 모양으로 인간을 만드는 것"이다.[61] 그렇다면 성자가 하나님과 영화롭게 된 새로운 아담으로서 그 자신의 영광의 모형 위에서 새 창조를 개시하기 위해 성령을 보내신다는 것은 당연하다.

따라서 "기록된 바 첫 사람 아담은 생령이 되었다 함과 같이 마지막 아담은 살려 주는 영이 되었나니 … 무릇 흙에 속한 자들은 저 흙에 속한 자와 같고 무릇 하늘에 속한 자들은 저 하늘에 속한 이와 같으니"(고전 15:45, 49)라고 바울이 언급할 때처럼 종말론적인 것과 기원론적인 것은 서로 조화된다.

그렌츠(Grenz)가 언급하는 것처럼 고린도전서 11:7에서 "사도는 하나님의 형상을 신적 영광(doxa)의 개념과 연결한다. 이런 방식은 구약성경에 의해 조성되었는데 가장 직접적으로는 하나님이 인간을 '영광과 존귀'로 관을 씌웠다는 시편 8:5에서의 선포에 의해 조성되었다."[62]

이런 기원론적 형상은 비록 인간의 죄로 인해 훼손되고 망가졌지만, 종말론적으로 새로운 창조에서 완성될 것이다. 즉, 태초에 그분의 영에 의해 그분의 형상으로 우리를 창조하셨던 분이 종말에 동일한 영에 의해 같은 형상으로 우리를 재창조하실 것이다.

따라서 그리스도는 자신을 다름 아닌 창조자이자 완성자, 즉 "알파와 오메가라 이제도 있고 전에도 있었고 장차 올 자"(계 1:8), 하나님의 언약

---

[61] 위의 책., 23 - 24.
[62] Grenz, *Social God*, 205.

에 대한 "충성된 증인"(계 1:5)과 동일시한다. 그렇다면 교회는 하늘 도성의 모양에 따라 지어진 성전이다. 교회는 그리스도를 증거한다. 즉, 교회는 그리스도의 영광 형상이다. 또한, 교회의 영화된 상태에서 이런 증거는 정당화된다.

이 모든 것은 언약, 종말론 그리고 신적 형상의 사법적 - 공적 특징 가운데 불가분의 관계를 보여 주는 역할을 한다.[63] 다시 말해, 이 영광은 인간 구조의 특별한 본질에 부합하기보다는 오히려 윤리적이고 공적이다. "하나님의 형상으로서 인간은 왕의 직책에 속하는 사법적 역할이 있는 왕의 아들이다. 인간 안에서 이런 신적 형상의 갱신은 인간에게 그리스도의 원형적 영광의 형상을 나누어 주는 것이다.[64]

이런 다양한 부분을 종합할 때 우리는 인간 창조는 형상을 담지한 "아들"(신적 성육신이 아니라 입양된)의 모습을 나타낸다고 말할 수 있다. 하지만 왕적 직책의 수여는 어떤 의미에서 종말론적으로 이미 완성을 향한 창조를 지향하고 있다. 다시 말해, 아담은 아직 안식일의 영광 속에서 하나님의 다스림 가운데 이런 보좌를 차지하지 못했다. 이제 심지어 타락 이후에도 여전히 공적인 영광을 지닌 사람들은 성령의 능력 안에서 아들의 윤리적 영광을 반영하기 위해 재창조된다. (고후 3:7 - 18; 4:4 - 6; 엡 4:25; 골 3:10에서 "그리스도로 옷을 입고"라는 수여식의 모습과 함께; 롬 13:14; 갈 3:27; 고전 15:53; 고후 5:22ff를 보라).

따라서 리쾨르가 그리스도를 본받는 것이 아니라 그리스도와의 연합을 구약성경의 선지자적 사상을 신약성경이 계승하는 것으로 볼 때 그는 정당화된다. 즉, 선지자적 이야기들의 소환된 주제는 "그리스도 모형적 자

---

63 클라인(Kline)은 "이것의 공식적 - 기능적 측면이 신적 영광의 핵심이다"라고 말한다. 즉, 이것은 "윤리적 차원"일 뿐만 아니라 왕적 - 사법적 직분의 영광이기도 하다.(Images of the Spirit, 27).
64 위의 책., 28.

아(christomorphic self)"다.⁶⁵ 이것은 성령에 의해 성부의 영원한 아들의 원형적 형상으로 재창조하는 것이다(롬 8:29 - 30).

또한, 영광의 형상을 담고 있는 이 언약과 관련 있는 것은 "이름"이라는 개념이다. 하나님이 아담과 하와라는 이름을 짓지만(이것은 창조에서 그들의 동등성과 형상을 지닌 직분자들로서의 분명한 모습을 분명히 보여줌) 아담은 동물의 이름을 짓는 중요한 임무를 부여받는다. 마찬가지로 신자들은 "'하나님의 아들'로 명명된다. 이는 마치 사람들이 관습적으로 조상의 이름을 따서 성을 지은 것처럼 말이다."⁶⁶ 우리가 살펴보았던 것처럼 이런 "이름을 짓는" 관행은 또한 조약을 맺는 관행이다.

"'기독교인'이라는 이름은 새 언약의 종이며 아들(servant - son)인 백성을 위한 언약 상의 신원 확인이다."⁶⁷

우리가 창조되었을 뿐만 아니라 언약 안에서 창조되었다는 것과 우리가 창조에서(아담), 그런 후에 구속에서(그리스도) 이름지어져 있다는 것은 자율적 자기 창조라는 모든 개념을 약화시킨다. (창조뿐만 아니라) 이 구속의 언약적 특징은 모든 인간론적 개인주의를 약화한다.

앤서니 시슬턴(Anthony Thiselton)은 또한 성경적 자아 개념을 결정하는 데 있어서 이름을 짓는 이런 의사소통적 행위의 중요성을 보여준다. 즉, "독특한 신학적 의미에서 성경 텍스트는 … 변화시키는 효과로 독자의 자아성을 다룬다고 말해질 수 있다. 이로써 성경 텍스트는 사랑과 변화의 말

---

65 Paul Ricoeur, *Figuring the Sacred* (Minneapolis: Fortress, 1995), 268.
66 Kline, Images of the Spirit, 54. 여기서 클라인(Kline)은 제사장들의 제의(祭衣)가 그 자체로서 "영광의 신현을 담고 있는 성막 - 성전의 모형"으로서의 중요성을 자세히 설명한다. 이는 "성막에서 제의를 입은 제사장들이 자신의 이마에 야훼의 이름을 지닌 것과 같다. 이런 생각은 다음과 같은 것을 보여 준다. 즉, 이 사람들과 물건들은 거룩하다 … 교회가 그리스도의 새로운 이름을 지니고 있다는 것은 새로운 도시 - 성전, 성막 - 영광으로 입혀진 제사장 - 신부, 영광 - 성령 - 주님의 형상, 신랑 - 아들의 영광으로서 교회가 가진 새로운 본성을 전형적으로 보여 준다.
67 위의 책., 55.

을 받는 수혜자로서 자아에게 정체성과 중요성을 부여한다. 주체로서 정체성과 의미를 부여한다. 이런 의미에서 성경 텍스트는 자아에게 '이름을 짓는다.'"[68]

세례에서 그리스도는 신자들과 그들의 아이들에 대한 권리를 주장하며, 그들의 이마에 자신의 이름을 쓰고, 자신을 위해 자기 영광의 형상으로서 그들을 구별한다. 하나님의 이름을 지니는 것은 하나님의 영광, 즉 하나님의 성령을 지니는 것이다. 클라인은 여기에 다음과 같이 덧붙인다.

> 하나님의 이름을 지니는 것과 하나님의 형상을 지니는 것의 등가성은 요한계시록 22:4에서 두드러지게 나타난다. 여기서 주님의 형상을 따라 새롭게 된, 영화롭게 된 언약 공동체를 묘사하는 가운데 다음과 같이 언급된다. '그의 얼굴을 볼 터이요 그의 이름도 이마에 있으리라' ⋯ 새 예루살렘에 있는 이긴 자들이 그들의 이마에 그리스도의 이름을 지니고 있다고 말하는 것은 그들이 그리스도의 영광을 반영한다고 말하는 것이며 이는 그들이 영화롭게 된 그리스도의 형상을 지니고 있다고 말하는 것이다.[69]

이렇게 명명된 피조물은 명령과 약속이라는 하나님의 말씀을 선포할 권한을 부여받은 선지자적 증인이다. 아담 안에서 인류는 요단강의 경계에 있는 불순종하는 동료 여행자와 함께 있는 모세처럼 안식일 완성에 결코 들어가지 않았고 따라서 왕적 수여가 보여 주는 영화를 아직 소유하지 못하고 있다는 것을 인식하는 것이 중요하다.

"원래 창조된 것처럼 인간은 아직 이런(육체적) 형태의 영광 - 모양을 부여받지 못했다. 육체적 영화는 단지 종말론적 희망에서만 고려될 수 있다."[70]

---

[68] 위의 책., 63.
[69] 위의 책., 54.
[70] 위의 책., 61.

양자 됨은 우리의 육체적 부활과 영화에서 우리를 위해서 단지 최종적으로 그리고 완전히 실현된다. 우리의 육체적 부활과 미화 속에서 마침내 완전히 실현된다(롬 8:23).

(4) 선지자적 증인

이런 형상이 담고 있는 증거하는 특징에 대한 중요한 무언가를 언급했지만 나는 중요한 이런 측면에 대해 조금 더 덧붙여야 한다. 클라인은 다음과 같이 관찰한다.

> 성령에 사로잡힌 선지자들의 삶은 하나님의 형상으로 재창조된 인류의 종말론적 운명에 대한 예언이었다 …. 태초에 인간은 신현적인 영광 - 영(Glory - Spirit)이라는 패러다임을 따라 창조 명령의 권능으로 하나님의 형상으로 창조되었다. 구속사에서 새 인류 안에서의 하나님 형상의 재현은 예수 그리스도의 중보자적 활동을 통해 발생한다. 예수 그리스도의 중보자적 활동에서 신적 영광은 구체화되었다. 그리스도는 영광의 형상의 패러다임이며 또한 신적 형상을 모사하는 과정에서 성령의 중재자다.[71]

그렇다면 새로운 창조로서 오순절은 다름 아닌 "창세기 1:2과 1:27의 구속적 요약이다."[72]

" '그의 모든 말을 들을 것이라' 라는 하늘로부터의 명령에서, 베드로는 이스라엘은 하나님의 선지자에게 순종하라는 신명기적 요구 사항의 궁극적 적용을 인식했다(행 3:22). 그것은 하나님 자신이 예수님을 모세와 같은 선지자로 동일시하는 것이었다."[73]

---

71 위의 책., 70.
72 위의 책., 70.
73 위의 책., 81 - 82.

"언약의 천사"(말 3:1; 스 3장) 성육신하기 전의 아들은 "인간 선지자 패러다임 이면에 있는 그런 원형적 선지자였다."[74]

부활절과 오순절에 영광의 성령이 내려오심을 통해서 "새로운 창조"는 시작되었고 전에 "허물과 죄로 죽었던"(엡 2:1; cf. 겔 37:1 - 15) 자들을 땅 끝까지 증인이 되도록 준비시킨다. 아들이 보낸 성령이 타락한 직분 담지자들을 부활한 선지자적 제사장직으로 만드는 것처럼 아들은 아버지를 증거하고 아버지와 성령은 아들을 증거한다. 클라인은 다음과 같이 관찰한다.

> 고린도후서 3장과 4장에서 바울은 모세의 변화(transfiguration)라는 측면에서 기독교인이 주님 영광의 형상으로 변화하는 것을 묘사한다 …. 고린도후서 3장과 4장에서 그리스도가 교회를 자신의 신적 형상으로 재창조하는 것은 선지자적 교회를 창조하는 것이다."[75]

"그리스도는 원 빛이다. 그가 자신의 형상으로 창조하는 교회는 반사하는 빛, 선지자적 증인이다."[76]

아들은 천상 회의에서 자신이 보고 들었던 것을 증거했다. 이는 거짓 선지자들과는 다르게 예수님이 사역하는 동안 회의에 있었던 제자들처럼 "야훼의 회의에 서 있었던" 구약 선지자들을 위한 패러다임이다. 요한은 환상을 통해 하나님의 회의에 끌려감으로써 자신의 계시를 받았다. 이제 예수님의 제자들은 3년 동안 그들 가운데 성육신한 주님 자신과 함께 하는 그런 동일한 회의에서 그들이 본 것과 들었던 것을 증거해야 한다. 그런 후 성령은 그리스도의 중재를 통해서 지성소에 들어갔던 사람들처럼 우리를 증인으로 만들기 위해 보내진다.

---

74 위의 책., 83.
75 위의 책., 84.
76 위의 책., 85.

요한계시록 11장에서 "그리스도의 형상을 재현하는 인물들은 증인들(계 11:3)과 선지자들(계 11:10, 18)로 분명하게 표현되고 그들의 임무를 예언하는 것(계 11:3), 예언(계 11:6) 그리고 증언(계 11:7) 가운데 하나로 묘사한다."[77]

이제 모든 신자는 (그들의 대제사장과 함께) 지성소에 들어가고 성령 안에서 선지자들이고 남편을 위해 단장한 신부로서 성령의 옷을 입고 있다. 하지만 가시적 교회는 아내가 아니라 그리스도의 신부다. 의 안에서 확증과 왕적 자격 부여를 구성하는 영광 – 형상의 완성이 소망 가운데 있는 신자들을 기다리고 있다.

형상이 반드시 – 심지어 핵심적으로 – 이런 윤리적 차원을 수반하고 있다는 것은 형상이 하나님 사역의 반복과 7일 패턴의 휴식과 맺고 있는 밀접한 관계에서 분명히 드러난다. 그런데도 이것은 단지 이미 – 아직(already – not yet)의 경계 상태에서만 사실이다. 왜냐하면, 신자들은 – 피조물 전체와 함께 – 죽은 자들로부터 그들 자신의 부활과 확증된 의 안으로 왕 같이 입장하는 것을 기다리기 때문이다. 계약금으로서 성령의 소유에서 이미 부분적으로 실현된 영화(동방 교회가 신성화[theosis]로 부르는)는 "남자와 여자"인 모든 신자를 왕의 "아들"로서 완전한 몸과 마음의 자격 부여일 것이다. 이것이 바울(롬 8:18 - 25)이 양자 됨에 대해 종말론적 의견을 내놓고 전체 피조물이 구속된 인간과 함께 하나님의 안식적 즉위식에 참여할 수 있을 때까지 완전한 성취를 미루는 이유일 것이다.

온 땅이 하나님의 영광으로 가득차겠지만 인간은 신학적 이유로 이런 구성에서 핵심적이다. 소위 성경의 인간 중심주의는 어떤 추상적 우주론 개념이 아니라 하나님과 하나님 백성들 사이의 언약 중심성에 기인한다. 즉, 성경의 인간 중심주의는 특정한 신학적 지향성을 가지고 있다.

---

[77] 위의 책., 91.

또한, 이것은 자연의 역사나 인류가 환경과 맺고 있는 관계에 관한 포괄적 설명으로 다루어지도록 의도되지 않는다. 마치 하나님의 영광이 땅을 가득 채운다는 핵심이 이스라엘이 가진 사명으로서 그 사명의 종말론적 완성에서처럼 회복된 형상 - 담지자 안에서 하나님 영광의 인간적 매개가 가진 종말론적 목적은 모든 피조된 실체를 안식적 완성으로 이끄는 것이다.

또한, 나는 앞 단락에서 기원론이 구원론으로 정리하지 않고 어떻게 기독론이 이런 주제에 관한 우리의 이해에 영향을 주는가를 보여 주었기를 희망한다. 언약 관계의 전제 조건으로 인간의 본질적(존재론적) 구조를 위한 공간을 허용했으므로 나의 결론은 다음과 같다. 즉, 인간 안에 있는 하나님의 형상 그 자체는 본질적인 것보다는 오히려 공적이고 존재론적이기보다는 윤리적이고 형이상학적이기보다는 오히려 종말론적이다.

6. 내가 여기 있사오니: 관계적 자아와 실천 지향적인 자아

담화, 행동, 타자와 함께 하는 것, 초월성의 경험에서 그 자체에 대한 이해를 지향하는 소통적 관행에 의해 정의되는 "실천 지향적인 자아"를 주장하면서 칼빈 오 쉬라그(Calvin O. Schrag)는 내가 이미 보여 주었던 것처럼 내 제안에 상당히 부합하는 내러티브 접근 방식으로부터 통찰력을 종합한다.[78]

찰스 테일러(Charles Taylor), 알리스데어 맥인타입(Alisdair MacIntyre), 폴 리쾨르(Paul Ricoeur)와 다른 신학자에 의한 유사한 접근 방식과 보조를 맞추어 - 이들 모두 어떤 지점에서 마틴 하이데거(Martin Heidegger)의 분석과 중요한 유사점을 공유한다 - 쉬라그는 인격성을 데카르트가 제기한 "무엇"

---

[78] Calvin O. Schrag, *The Self after Postmodernity* (New Haven, CT: Yale University Press, 1997).

이라는 질문에서 "누구"라는 질문으로 구하려고 하며 "우리로 하여금 추상적인 보편적 본성을 찾는 것이 아니라 구체적이고 역사적으로 특정한 질문자를 찾게 한다."[79]

따라서 "누구"에 대한 물음이 질문자에 대한 물음이 된다. 나는 이미 하나님과 관련해 이런 접근 방식을 주장했다. 마찬가지로 인간이 되는 것은 무엇인가라는 물음 대신에 나는 누구인가라는 물음이 된다.[80] 우리는 앞에서 이런 내러티브 접근 방식은 근대성의 "무언의 그리고 스스로 고립된" 개인과 극명하게 대조를 이루고 있다는 것을 살펴보았다. 대신 "담화의 사람은 성취, 달성, 성과이고, 그 자체에 대한 그의 존재는 확실히 깨지기 쉽고, 망각과 의미론적 모호함의 대상이다."[81]

따라서 "누가 말하고 있는가?"

이런 물음은 자기 동일성(ipse - identity)에 관한 것인 반면 실리콘의 원자량은 자체 동일성(idem - identity) 물음이다.[82] 자기 동일성의 주제는 특정한 이야기의 시간화 된 자아다. 쉬라그에 의하면 "기억할 어떤 것도 없고 희망할 어떤 것도 없는 자아는 정체성이 위험에 처한 자아다."

---

[79] Martin Heidegger, *Being and Time*, trans. Joan Stambaugh (Albany, NY: SUNY Press, 1996), 108ff를 보라.

[80] Schrag, Self after Postmodernity, 13. 시편 8편이 "인간은 무엇인가" - 추상적 형이상학적 질문 - 라고 묻지 않고 "사람이 무엇이기에 주께서 그를 생각하시며"라고 묻는 것에 주목할 가치가 있다. 이것은 시편 기자 자신의 작음에 대한 실존적 의식에 대한 신학적 질문이다(아마 우주론적 조건뿐만 아니라 윤리적 조건이기도 한).

[81] 나는 물론 위에서 왓슨(Watson)의 언급이 분명히 보여 주는 것처럼 죄를 덧붙일 것이다. 쉬라그는 신학적 성찰을 포함하지 않는다. 또한, 그의 설명은 분명히 인간의 자율성에 무게를 두고 있다. 동시에 그는 성취, 얻거나 잃을 무언가로서 자아 정체성의 중요성을 보여준다. 경건하지 않은 자들의 칭의가 선물이고 결코 "성취, 달성, 성과"가 아니라는 것이 확실히 사실이지만 융엘(Eberhard Jungel)(바르트[Barth]처럼)은 인간의 정체성을 남김없이 구원론으로 축소하는 것처럼 보인다("On Becoming Truly Human," in *Theological Essays* II, ed. J.B. Webster, trans. Arnold Neufeldt –Fast and J. B. Webster (Edinburgh: T&T Clark, 1995). 이곳이 다시 한번 언약적 모델이 이 주제에 대해 더 광범위한 주해를 위한 더 많은 개념적 공간을 제공하는 것처럼 보이는 곳이다.

[82] Schrag, Self after Postmodernity, 36.

이것은 종말론적으로 미래를 지향하는 것 - 사실 더 나은 세계 - 이 인간 됨에 본질적이라는 나의 견해를 뒷받침해 주는 것처럼 보인다.

> 자아의 이야기는 발전하는 이야기, 창조적 발전 대상이 되는 이야기다. 이 이야기 안에서 과거는 단순히 비존재로 전락한 일련의 현재가 아니라, 새로운 해석과 새로운 의미의 관점에 열려 있는 텍스트, 사건과 경험을 담은 비문(碑文)이다. 이와 상응해 미래는 아직 존재하지 않는 일련의 지금이 아니다. 이야기 시간의 미래는 가능성으로서의 자아 즉 이미 새겨 넣었던 글에 대한 새로운 해석을 제공하고 만들어지고 있는 글의 새로운 비문을 표시하는 힘으로서의 자아다.[83]

이 내러티브 구성에서 자아는 완전히 자기 결정적이지도 않고(합리적으로든 의지적으로든) 과거나 현재에 의해 완전히 결정되지도 않지만, 상대적으로 미래에 개방되어 있다.[84] 말씀으로 창조되고 말씀으로 유지되는 인간의 인격은 종말론적으로 미래에서 부르시는 말씀에 본질적으로 지향한다. 심지어 그 말씀을 운명론, 결정론, 유토피아주의 등으로 변형시키는 우리의 타락한 왜곡조차도 이런 지울 수 없는 지향의 증거다. 게다가 "이런 공동체화된 자아는 역사에 속한 것이 아니라 역사 안에 있다. 이것은 이 세계의 무조건적이고 탈맥락화된 비전을 침해함 없이 이런 역사적 특징을 초월할 자원을 하고 있다."[85]

---

[83] 위의 책., 37.
[84] '맥락에 의해 조건화된 것'과 '맥락에 의해 결정된 것' 사이를 구별하지 못하는 것이 문화에 대해 도덕적 판단을 하고 비판을 제공하기 위해 필요한 초월성의 정도와 초월성의 속성의 문제들에 관해 심오한 혼란을 예고했다.
[85] 위의 책., 109.

쉬라그는 "판정상의(도전받는) 주체"(a subject on trial)로서 자아에 대한 줄리아 크리스테바(Julia Kristeva)의 제안하는 표현에 의존한다.[86] 여기서 증거에 관한 리쾨르의 해석학에서처럼 내러티브는 쉽게 언약을 만난다. 즉 "크리스테바가 우리에게 상기시켜주는 것처럼 주체는 공통의 목표와 제도적 관여가 있는 특정 집단의 정신(ethos)과 정치적 통일체를 배경으로 동시에 말하고 행위하는 주체로서 자신을 구성한다."[87]

쉬라그의 설명은 명시적으로 신학적이지는 않지만, 그 설명은 전통적이고 더 신플라톤적 (즉 "존재론적") 접근 방식보다 성경적 지향성과 더 밀접한 관련성을 갖는다. 추상적으로 묻거나 답변이 이루어진 인간 정체성에 대한 물음은 성경 어디에도 없다. 하지만 단지 언약적 위임 즉 명시적으로 내러티브 구성을 취하는 윤리적 위임의 측면에서만 묻거나 답변이 이루어지는 인간 정체성에 관한 물음이 있다. 고대 근동 조약의 구조를 상기시키는 성경적 언약 형성은 후속 규정과 제재를 상세히 설명하는 역사적 서언으로 시작한다.

따라서 이것은 결코 시간을 초월한 영원한 도덕적 진리인 기본적 윤리학의 문제가 아니라 구체적인 내러티브 구성(narrative emplotment)에서 비롯되는 특정한 형태의 현존 문제다.

나는 너를 애굽 땅, 종 되었던 집에서 인도하여 낸 네 하나님 여호와니라(출 20:2).

창세기 첫 부분의 내러티브는 창조 언약에 해당하는 동일한 것을 시사한다. "야훼와 이스라엘 사이의 언약적 연합은 모든 출처 심지어 가장 이른 출처에서도 원 요소"라는 발터 아이히로트의 판단은 이전보다 더 광범

---

[86] 위의 책., 40. Julia Kristeva, "The System and the Speaking Subject," in *the Kristeva Reader*, ed. Toril Moi (New York: Columbia University Press, 1986), 24 - 33.
[87] Schrag, *Self after Postmodernity*, 41.

위하게 성경신학계에 걸쳐서 공유된다.[88] "삶의 목표와 역사에 의미를 제공하는 것"은 이 언약이 가진 약속적 성격이다.[89]

현대 인간론은 자율성을 내적 본질에 더하는 것에서 이런 성경적 사고방식에서 더 멀리 떨어져 있다.[90] 우주의 광대함에 빠져 있는 시편 기자가 자신의 위치 즉 다른 점에서 그에게 이해가 되지 않을 서술적 중요성의 장소를 그에게 제공하는 "내가 여기 있나이다"라는 그의 위치를 재발견하는 것은 다름 아닌 언약적 피조물("천사보다 못하게 하시며 영광과 존귀로 관을 씌우시며")이 되는 이런 맥락 안에서다. 융엘(Eberhard Jungel)은 다음과 같이 언급한다.

> 성경 텍스트는 확실히 사람들에게 그들 자신에 관해 말하면 동시에 그들에게 그밖에 다른 무언가에 대해 반드시 말한다. 이것은 인간의 진정한 인간성에 대한 적절한 이해를 위한 결정적 단서다. 우리가 정말로 엄밀한 의미의 인간 "나"에 대해 말하는 것은 인간 "나"에게 그 자체에 대해 말할 뿐만 아니라 인간 "나" 그 자체 밖에 있는 무언가에 의해 동시에 주장되는 그런 방식으로 단지 인간 "나"에게 말할 때다.[91]

좀 더 미묘한 내러티브 접근 방식에 관한 쉬라그의 특별한 구성에 대해 내가 인식하는 것은 다음과 같다. 즉, 리쾨르처럼 그는 인격성을 관계나 고기토(cogito)에 넘겨 주는 것을 거절한다. 그는 올바르게 다음과 같이 주장한다.

---

[88] 위의 책., 1:37.
[89] Walther Eichrodt, *Theology of the Old Testament*, trans. J. A. Baker, 2 vols., Old Testament Library (Philadelphia: Westminster Press, 1961 - 67), 1:36.
[90] Grenz, Social God, 98.
[91] Jungel, "On Becoming Truly Human," 220. 융겔의 신학적 인간론의 중요한 요점에 대한 인식에도 나의 설명은 "참된 인간다움"에 대한 우리의 이해에 있어서 분명하게 다르다.

우리가 경험하는 것(we - experience)과 내가 경험하는 것(I - experience)은 사회적 자아론이나 개인적 자아론를 지지하는 사람들이 인정했던 것보다 더 복잡하게 얽혀 있다 …. 요점은 이 두 교리 모두 세계 - 경험의 나누어지지 않은 부분을 분리하고 그런 후에 이런 분리된 요소들을 구체화하는 공동적인 실수를 이용한다는 것이다.[92]

내가 이미 상세히 설명했던 여러 가지 이유로 기독교 신학은 그런 살았던 경험의 양 측면이 반드시 필요하다는 것이다.

나는 나의 제안과 일관성이 없다고 생각하는 쉬라그 설명의 측면들을 편리하게 배제했다. 하지만 그의 접근방식은 분명히 방향성을 보여 주는 데 도움이 된다. 이런 방향성에서 인간의 인격성에 관한 언약적 설명을 해석할 수도 있다. 그런 설명에서 자율성을 중심으로 하는 자아성에 대한 근대적 개념이 쉬라그가 고려하는 것보다 더 격렬히 단호하게 도전받는다. 우리는 데카르트식 주체의 해체를 만족스럽게 목격했다.

하지만 동일하게 환원주의적 반응이 그 공백을 채웠다. 나는 우리 자신의 의식에 필수적인 "우리가 경험하는 것"이 적어도 우리 앞에 놓인 이 주제와 관련해서 적어도 언약에 의해 신학적으로 구성된다고 제안할 것이다.

첫째, 창조 언약은 우리를 신적 타자, 따라서 모든 인간 타자 그리고 사실 돌봄이 우리에게 맡겨졌던 피조물 전체에 대한 책임을 지게 한다.

둘째, 올바르게 질서 지워진 자아는 은혜 언약에 의해 구성되며 말씀과 성령의 능력 안에서 성례를 통해 자기 백성과 함께하는 언약의 주님에 의해 부여된다. 광범위한 범위의 성경적 가르침에 충분히 주목하는 어떤 설명은 하나를 다른 하나로 환원하지 않고 이런 "우리가 경험하는 것"의 양

---

[92] Schrag, *Self after Postmodernity*, 79 - 80.

측면을 인식해야 할 것이다.

창조 언약은 인간 종족의 통일성을 위한 기초를 제공한다. 또한, 타락 이후에도 이런 원래 인간적 피조성의 특징들은 어떤 방식으로 변한 것이 아니라 그들의 원 목적을 윤리적으로 파괴하는 방식으로 이용된다. 이와 유사하게 은혜 언약은 인간 존재를 결정하지만, 이번에는 전적으로 구속, 기독론, 교회론의 영역과 관련이 있다. 이 시점에서 바르트, 윙겔, 지지울라스 외 다른 신학자에게는 미안하지만 우리는 참된 인간 됨(존재론적으로 고려된)이 아니라 적당하게 지향되고 경험된 참된 인간 됨(언약적으로 고려된)의 형태를 인식한다.[93]

여기서 신인 협력설(synergism)은 배제된다. 즉, 우리는 구출되어야 할 타락한 형상 보유자들이고, 더는 피조물을 완성으로 이끄는 임무에 협력할 수 있는 무고한 언약 파트너가 아니다. 어느 날 하나님의 형상이 최종적으로 완전하게 회복되고 영원한 의 가운데 확증될 때까지 언약 위반자들은 단지 교회에서 은혜의 방편들을 통해 일하시는 성령의 능력으로 예수 그리스도 안에서 하나님과 화목됨으로써만 언약을 지키는 자들이 될 수 있다.

바울의 종말론에서 "내가 경험하는 것"(구원의 서정 [ordo solutis])과 "우리가 경험하는 것"(구속사 [historia salutis])이 자기 정체성에 대한 배타적 사회

---

[93] 창조 - 타락 - 구속을 이원론적으로 존재화하는 것이 가진 주요 위험 가운데는 예를 들어 아타나시우스(Athanasius), 아우구스티누스(Augustine), 바르트(Barth)에게서 보이는 자연적인 끌림 - 인간의 부패 문제를 신플라톤적 존재 - 무의 문제로 교환하는 경향성이다. 아타나시우스에게 있어서 타락은 인류를 "그들의 본성에 따라 다시 돌아가게 했고 그들이 처음에 비존재에서 존재하게 되었던 것처럼 그들은 부패를 통해서 다시 비존재로 돌아가고 있었다" (*On the Incarnation*, trans. Sister Penelope Lawson [New York: Macmillan, 1946], 8). 교부적이고 중세 전통의 상당 부분에서 "무," "부패," 그리고 "자연 상태"는 사실상 같은 의미가 되고 인간의 상태를 기껏해야 모호한 상태가 되게 한다.

적 이해나 개인적 이해에 굴복함이 없이 완전히 통합되어 있다. 언약적 자아 경험은 자신의 삶의 내러티브 통일성뿐만 아니라 하나님의 언약 백성의 역사에서 삶을 살았던 모든 사람의 내러티브 통일성에서 나타난다. 우리가 창조, 타락, 구원, 완성의 드라마에서 우리 자신을 발견할 때 하나님이 다시 그런 삶을 우리에게 말씀하신다.

사실 "어떤 다른 민족도 이스라엘이 그 자신에 대해 말했던 이야기에 의해 그렇게 압도적으로 깊이 감동하지 않았기 때문에" 리쾨르는 이스라엘을 선별한다.[94] 이 드라마가 전개되고 우리를 포함할 때 우리는 우리 자신이 이 이야기 속의 등장인물들을 본받을 뿐만 아니라 전개되는 줄거리에서 등장인물로서 성령에 의해 대본이 쓰이고 있는 자신을 발견한다.

심지어 이방인들도 더는 "나그네와 외국인들"이 아닌 "아브라함의 자녀들"로 이 대본 안에 기록될 수 있다. 우리는 우리 자신의 정체성의 주인이나 자기 구성적이고 자기 해석적인 조성자들은 아니지만 그런데도 우리는 언약의 파트너이고 따라서 의미 있게 언약의 발전에 기여한다. 이것은 "여기에 내가 있사오니"라는 답변이 그런 언약적 자아의 조건을 수용한다는 것을 반영하는 자아 정체성의 변증법적 발전을 나타낸다.[95]

지면상의 제한으로 인해 이 주제에 대한 주석적 논의를 할 수 없지만 이 지점에서 이런 반응이 담고 있는 반복적인 특징에 대해 많은 것을 언급

---

[94] Dan R. Striver, *Theology after Ricoeur: New Directions in Hermeneutical Theology* (Lousiville, KY: Westminster John Knox, 2001), 172에 인용됨.

[95] "여기에 내가 있사오니"라는 공식은 어떤 것도 하나님의 호의를 받을 만한 자격이 있는 것으로 고려할 수도 있는 것에 기여하지 못한다는 사실은 주목할 만한 가치가 있을 것이다. 다시 말해, 그것은 다름 아닌 바로 믿음 그 자체다. 웨스터민스터 대교리 문답(The Westminster Larger Catechism)은 이런 내용을 다음과 같이 잘 표현한다. "믿음이 하나님 앞에서 죄인을 의롭다 하는 것은, 믿음에 언제나 동반되는 다른 은혜들이나 믿음의 열매인 선행 때문이 아니다. 또한, 마치 믿음의 은혜나 믿음의 무슨 행위가 그에게 전가(轉嫁)되어 그가 의롭다 하심을 얻는 것이 아니고, 오직 믿음이 그리스도와 그분의 의를 받고 적용하는 수단이기 때문이다"(Q. 73, *Book of Confessions* [Louisville, KY: Office of the General Assembly, Presbyterian Church (U.S.A.). 1991], 7.183).

할 수 있다. "여기에 내가 있사오니"(히브리어 비네[*binneh*], "보다," 히브리어 니[*ni*], "나를") 그리고 신약성경의 같은 어구(헬라어 이도우[*idou*], "보다," 헬라어 에고[*ego*], "나를")는 하나님 종들의 편에서 보이는 언약적 반응의 전형적 표시다.

사실 아담과 하와가 "아담아, 네가 어디 있느냐?"(창 3:9)라는 하나님의 부름에서 도망간 것은 아브라함, 모세, 사무엘, 이사야, 마리아 그리고 예수님의 "여기에 내가 있사옵니다"라는 답변과 대조된다. 천사가 상서롭게 알린 후에 마리아는 "주의 여종이오니 말씀대로 내게 이루어지이다"라고 답변한다(눅 1:38).

예수님이 "나와 및 하나님께서 내게 주신 자녀라"라는 말씀으로 자신의 승리의 하늘 입성을 선포하시는 것은 주목할 만하다(히 2:13).[96] 인간은 하나님 말씀으로 창조되었기 때문에 인간은 하나님 말씀을 그 자신의 말씀으로 다시 반복함으로써 하나님 말씀에 반응하도록 의도되었다. 이런 첫 번째 사례에서 "응답하는 것"은 창조 그 자체였다. 하지만 이것은 비록 무수히 다양한 방식으로 표현되었지만 계속되는 반응으로 의도되었다.

이 모든 것은 위에서 언급했던 요점을 강조한다. 즉, 자아는 하나님처럼 자기 본질이 아닌 자기 행동으로 알려지는 특정한 상황에 직면해 있고 이야기되는 주체 즉 행위자라는 것이다. 하지만 인간 자아는 해석학적으로 봉인된 문화적 - 언어적 장소에 있다. 그뿐만 아니라 인간 자아는 성령의 수직적인 "침입"을 통해 모든 시대와 장소를 가로지르는 대본에 기록되는 자아 정체성이라는 완전히 평범하고 연대기적이며 또한 내재적 맥락에서 이끌어져 나올 수 있다.

성경적 내러티브는 '인간 됨이라는 무엇인가?'

---

[96] 나는 이런 방향을 따라 나의 직관을 확인해주고 문법적 근거를 강화해 준 것으로 인해 나의 동료인 구약학 교수 브라이언 에스텔(Bryan Estelle)의 유능한 도움에 감사를 표한다.

이런 물음이 '나는 누구인가?'

이런 물음으로 대체되어야 한다는 쉬라그의 제안을 지지하는 것처럼 보인다. 신학적 관점에서 답변할 수 있는 것은 말할 것도 없이 이런 물음을 심지어 적당하게 할 수 있는 것은 언약이라는 맥락 안에서다. 댄 스티버(Dan Stiver)는 다음과 같이 기록한다.

"무언가에 자아가 헌신하는 것은 정체성이라는 물음에 답변을 제공하는 일종의 자기 일관성(self‐constancy)을 제공한다."[97]

이런 방식으로 내러티브(하나님의 강력한 행동을 나타내는 것에 기초하는)와 윤리("하나님의 자비의 관점에서" 제공되는 "합리적인 섬김"을 묘사하는 의무, 롬 12:1‐2)는 하나가 다른 것으로 환원되지 않고 통합된다.

따라서 리쾨르의 표현을 빌리자면 언약적 자아는 "선지자적 소명의 내러티브 학교에 있는 부르심을 받은 주체"다.[98] 이런 "소명의 내러티브"가 선지자의 자아 정체성을 구성한다. 그리고 우리는 이런 소명을 협소한 의미(성경적 선지자들)와 더 광범위한 의미(창조에서 모든 인간의 일반적 직분과 구속에서 모든 신자의 일반적 직분)에서 이해해야 한다는 것을 명심해야 한다.

심지어 콜린 건튼(Colin Gunton)도 최근 신학에서 인격성의 이런 관계적 특징을 강조하는 경향을 반영한다. 또한, 그는 "우리는 하나님과 올바른 관계에 있는 한에 있어서 인격이다"라고 언급할 정도로 하나님과 적절하게 관계 맺는 것과 관련해 그런 경향을 반영한다.[99]

그런데도 그는 여전히 인격성의 두 기둥으로서 "타자성과 관계"를 유지하

---

[97] Stiver, *Theology after Ricouer*, 175‐76; cf. Ricoeur, *Figuring the Sacred*, 170.
[98] Ricouer, *Figuring the Sacred*, 262. 리쾨르에 의하면 선지자적 소명의 내러티브는 세 단계를 포함한다. 즉, 하나님과의 대면, 신적 자기 신원에 대한 도입적인 말씀("나는 네 조상의 하나님이니 아브라함의 하나님이다."; "나는 스스로 있는 자이니라" 등), 그리고 그런 후에 최종적으로 "선포될 수 있는 결정적인 말씀 즉 '내가 너를 보낸다' '가서 그들에게 말하라. …'"(265‐66)
[99] Gunton, "Trinity, Ontology and Anthropology," 58.

길 원한다. 나는 다음과 같이 주장할 것이다. 즉, 내가 인격이 관계보다 우선한다고 주장할 때 타자성은 내가 이해하는 것이다. 하지만 건튼은 계속해서 다음과 같이 주장한다.

> 우선 우리는 하나님과 올바른 관계에 있는 한에서 인간이다. 죄의 조건 아래에서 그것은 물론 형상이 그리스도 안에서 재형성되고 실현되는 한에 있어서 … 따라서 하나님의 형상 안에 있다는 것은 그리스도의 인격과 일치하게 되는 것을 의미한다.[100]

그는 분명히 종말론뿐만 아니라 기원론을 위한 중요한 자리를 인정하지만, 마침내 종말론이 기원론보다 더 우세한 것처럼 보인다. 즉, "이 모든 것에서 인격은 종말론적 개념이라는 존 지지울루스(John Zizioulus)의 요점을 계속해서 명심해야 한다. 이렇게 말하는 것은 인격성은 실현되어야 할 존재라고 말하는 것이고 인격성의 최종 실현은 단지 하나님이 모든 것이 되실 때만 실현될 것이다. 또한,… 이것은 또한 기원론적 개념이며 또한 일관되게 기원론적 개념이라는 사실을 약화시킬 필요는 없다."[101]

이런 기원론을 상기하면서 건튼은 자신의 초기 요점에 미묘한 차이를 덧붙이는 것처럼 보인다. 즉, "하나님의 형상이 되는 것은 즉시 특별한 종류의 존재 즉 인격으로 창조되는 것이고 어떤 운명을 실현하기 위해 요구되는 것이다."[102]

이것은 내가 그의 이전 진술들과 대조해서 단언할 마지막 진술이다. 인간 인격이 되는 것은 그 자체로 그리스도를 따르는 것의 실현과 형상의 회복에 의존하지 않는다. 가장 단호한 무신론자는 다른 누구 못지않게 참된

---

[100] 위의 책., 58 – 59.
[101] 위의 책., 60.
[102] 위의 책., 61.

하나님의 형상 보유자이고 따라서 책임 있는 형상 보유자다.

이것은 지울 수 없는 지위, 위임이고 직분이다. 공금에 손을 대다가 붙잡힌 선출된 관리와는 다르게 어떤 사람도 그런 직분에서 면제되지 않는다. 대신 심지어 이것은 또한 우리가 그리스도 안에서 하나님과 맺고 있는 관계와 상관없이 모든 인간 생명에 대한 존중을 요구할 때도 이것은 우리 각자에 대해 불리한 증언을 한다.

창조주와 피조물의 구분이 비록 상대적이지만 진정한 독립성을 세상에 부여하는 것처럼 창조 언약은 인격성이 믿음에 의해 그리스도와 연합되는 것이 아닌 태초에 성령의 동인을 통해 아들의 형상 안에서 성부가 창조한 존재에 의해 모든 인간에게 속해 있다는 것을 보장한다. 불신자들이 신학적(또는 다른 어떤 의미에서) 의미에서 참된 "인격"이 아니라는 것은 사실이 아니다. 왜냐하면, 그들이 원 창조 언약의 조건 아래에 있지만, 그들 또한 하나님과의 인격적 언약 관계에 있기 때문이다.

이 장 전체에 걸쳐 나는 아담과 하와의 역사성을 가정했다. 역사적 아담(우리가 이런 주장으로 도달하는 설명이 무엇이든지 간에)이 없다면 두 명의 아담에 대한 바울의 대조 - 신화적 인물이나 종교적 상징이 아닌 심판과 칭의의 역사적 위치로서 - 에 이르기까지 성경 저자들이 가정하는 인간론은 무의미하다. 이것은 하나의 종교가 확증하길 원하는 모든 것이 역사적으로 신뢰할 만한 주장의 형태가 되어야 하기 때문이 아니라 성경 자체가 현실적인 내러티브 장르에서 타락을 제시하고 이어지는 성경에서 윤리적이고 교리적인 진술들이(예수님이 이런 역사를 언급하는 것을 포함해서) 이런 역사성을 특별히 두 아담의 대조에서 우연적이라기보다는 오히려 본질적으로 중요한 것으로 만들기 때문에 무의미하게 된다.

아담과 하와의 즉각적인 창조는 텍스트나 그다음 해석에 의해서 명시적으로 요구되지는 않는다. 하지만 하나님이 언약을 맺었던 첫 번째 인간 부부의 역사성은 거의 모든 장소의 중요한 지점에서 신학에 필수적이다.

헤겔, 슐라이어마허, 리츨, 불트만, 라인홀드 니버, 바르트와 같은 신학자가 모두 아담의 역사성을 부정하고 그것을 진정으로 현실화된 인격의 패러다임으로서 예수의 이야기로 대체했던 것을 언급한 후 차일즈(Childs)는 주석에 대한 진지한 관심 없이 단지 이런 행보가 이루어질 수 있다고 올바르게 인식한다. 즉, "문제"는 성경적인 것이 아니라 현대적인 것이다.[103]

그렇다면 결론적으로 이것은 자신을 표현하는 내러티브일 뿐만 아니라 구속력 있는 말에서 타인의 얼굴이기도 하다.

나는 누구인가?

나는 하나님이 말씀하는 것의 결과물로 존재하는 사람이다. 게다가 나는 하나님이 애굽, 죄와 사망에서 구원하셨던 하나님 언약의 자녀들 가운데 한 명이다. 나는 그분의 명령을 들었지만 그 명령을 성취하지 못했던 사람 즉 복음의 선포를 통해 성령으로 믿음을 낳았던 사람이다. 레비나스(Levinas)를 이용하는 데리다의 말로 표현해 보자.

> 언어는 우리 없이 우리 안에서 그리고 우리보다 앞서 시작되었다. 이것은 신학이 하나님이라고 부르는 것이다 …. 명령이나 약속, 이 명령은 (나에게) 엄격하게 비균형적 방식으로, 심지어 내가 나는(I) … 이라고 말할 수 있기 전부터 나 자신을 위해 그런 명령을 받아들이고 균형을 회복하기 위해 그런 명령에 동의하라고 의무를 지운다. 이것은 결코 나의 책임을 완화하지 않는다. 오히려 그 반대다. 이런 흔적의 우선하는 이런 도착(세심한 배려, prevenance)이 없거나 자율성이 우선적이거나 절대적인 경우라면 어떤 책임도 없을 것이다. 자율성 자체는 불가능할 것이고 또한 법에 대한 존중도 불가능할 것이다 ….

---

[103] Childs, *Biblical Theology*, 593.

이런 말들에 대한 엄격하게 칸트적인 의미에서는 인간은 본성적으로 하나님과 언약 안에서 창조되기 때문에 가령 우리가 그런 관계를 부정하거나 그리스도 안에서 하나님과 올바르게 관련되지 않더라도 자아 정체성 자체는 우리가 하나님과 맺은 관계에 의존한다. 어떤 형태의 포스트모던 사상이 올바르게 결론을 내렸던 것처럼 "자율적 자아"는 존재하지 않지만 이것은 종종 따라서 "자아"는 전혀 존재하지 않는다는 것을 의미했다.

하지만 이런 결론은 단지 근대성의 전제가 우선 옳을 경우에만 나온다. 그런 전제가 옳다는 것을 부정할 때 기독교 신학은 근대 자율성을 해체하는 데 있어서 더 깊이 들어갈 수 있으며 또한 관계적 형상에 대한 성경적 주장을 재구성하는데 있어 더 깊이 들어갈 수 있다. 그런 관계를 부정하거나 그것의 진실이 억압될 때 삶이 계획되는 내러티브는 불가피하게 하나님 중심에 머물러 있게 된다. 누구도 자신의 경험에서 하나님이라는 실체를 피할 수 없다.

왜냐하면, 우리가 그런 부르심에서 도망가든지 아니면 "여기에 내가 있나이다"라고 답변하든지 간에 우리 모두에게 속한 이런 지울 수 없는 언약적 정체성 없이는 어떤 인간 실존도 가능하거나 실제할 수 없기 때문이다.

제5장

"아담아, 네가 어디 있느냐?":
언약 종의 재판

언약적 인간론의 가장 중심적인 특징 중 일부를 간략하게 설명했으므로 이제 나는 큰 재판, 타락한 상태에 있는 모든 인간의 연대 그리고 연극 안에서의 연극으로서 이스라엘의 이야기라는 측면에서 타락에 관한 논의로 관심을 돌리겠다. 즉, 더 위치적으로 인간의 보편적인 재판을 요약하는 것으로서의 이스라엘의 재판 그리고 언약 관계에서의 하나님에게 관심을 돌리겠다.

1. 법정

첫째, 무엇보다도 다른 중요 인물 가운데 칼빈과 셰익스피어가 우리에게 말했던 것처럼 이 세상이 극장이나 무대라면 연극은 법정 드라마다. 햄릿(Hamlet)이라는 극 속에서 행해지는 연극처럼 이스라엘의 이야기를 인류와의 원 언약의 간략한 버전으로 읽을 수 있다. 하지만 이 이야기를 또한 다른 방향으로 읽을 수 있다. 즉, 인류의 창조, 타락 그리고 구속을 이스라엘의 더 큰 내러티브 줄거리 안에서 연극으로 볼 수 있다.[1]

---

[1] 교통이 양방향으로 움직이는 한 이 두 전략 모두 주석적으로 근거가 충분한 것처럼 보인다. 하지만 톰 라이트(N. T. Wright)는 성경에서 어떤 보편적 지평을 의심스러워하는 것처럼 보인다. "특별히 우리는 아담과 보편적인 죄와의 관계를 논의할 수 없다. 따라서 롬 1:18ff.; 3:23; 5:12; 7:7ff와 같은 어떤 중요 구절들을 여기서(보편적인 죄와 관련해서) 다룰 수 없다."(N. T. Wright, *The Climax of the Covenant; Christ and the Law in*

어느 경우든 우리는 우리 자신이 단지 관객이 아니라 배우라는 위대한 재판 앞에 있다. 물론 법정 유비만이 사용되는 유일한 유비는 아니다. 즉, 부모 - 자녀 관계도 그만큼 명백하므로 우리는 관계적인 것과 합법적인 관계가 서로의 이익을 위해 이용하는 것이 아니라 둘 다 언약적 설명에 필수적이라는 것을 인식해야 한다. 양자 됨은 동시에 법적이고 관계적 사건이다.

신약성경은 맺어진 언약과 깨어진 언약 이야기로서 역사에 관한 구약 성경적 해석을 바탕으로 한다. 자크 라캉(Jacques Lacan)은 "이런 전통만이 근원적 법에 대한 최초의 범죄에 관련된 것을 밝히는 임무를 끝까지 추구한다"라고 썼다.[2]

2. 거짓 증인

둘째, 성경의 초반 장들에서 이미 거짓 증인의 범주가 나타난다. 아들을 대신해 증언할 것을 반복해서 요구되는 인간이 아닌 피조물과 창조된 영역들이 우주적 재판에서 참되고 신실한 증인이듯이 아들과 성령은 이 우주 재판에서 진실하고 충실한 증인이다.

하지만 거짓 증인도 있다. 즉, 하나님의 백성들에 대한 박해와 관련해 정체가 드러날 자, "우리 하나님 앞에서 밤낮 참소하던 자"(계 12:10)이다. 그는 "거짓말쟁이요 거짓의 아비"다(요 8:44). 한때 하늘에서 하나님 아래에서 천사장이었다. 그는 이 땅에서 전형적인 거짓 증인들의 아비가 되었다.

 Pauline Theology (Edinburgh: T&T; Clark, 1991), 26.
2 Jacques Lacan, "The Death of God," trans. D. Porter in *The Postmodern God: A Theological Reader*, ed. Graham Ward (Oxford: Blackwell, 1997), 41.

창세기의 익숙한 타락 이야기에서 이것을 분명하게 볼 수 있다. 한 나무의 열매만 제외하고 정원 전체를 인류의 마음대로 처리하게 한 창조주의 명확한 가르침에 반해 뱀은 먼저 하나님의 규정을 잘못 해석한다("하나님이 참으로 너희에게 동산 모든 나무의 열매를 먹지 말라 하시더냐" 창 3:1).

이것이 실패하자 그는 아담과 하와가 죽지 않을 것이고 사실 하나님과 같이 되고 스스로 선과 악을 결정할 만큼 자율적이고 자충족적인 존재가 될 것이라고 직접적으로 주장한다(창 3:4-5).

디트리히트 본회퍼(Dietrich Bonhoeffer)는 다음과 같이 언급한다.

> 결정적인 요점은 이런 질문은 인간에게 하나님의 말씀 이면으로 가서 하나님의 존재에 대한 그의 이해에서 스스로 이 질문이 무엇인지를 규명해야 한다는 것을 암시한다 … 이런 특정한 하나님 말씀을 넘어 뱀은 이런 인간의 말 안에 그렇게 심하게 잘못 전해지는 참된 하나님의 심오함에 대해 무언가를 어떻게든 알고 있는 척한다.

뱀은 말씀 배후에 계신 참된 하나님이 가진 지식으로 이르는 길을 주장한다.[3] 뱀이 소개하는 것은 무신론이 아니라 종교라고 본회퍼는 언급한다.[4]

> 양의 옷을 입은 늑대, 천사의 빛의 형상을 한 사탄. 이것이 악에 적합한 모양이다.
> 하나님이 그렇게 말씀하셨는가?
> 이는 분명히 불경(不敬)한 질문이다.

---

3 Dietrich Bonheffer, *Creation and Fall*, 66.
4 위의 책., 67.

하나님은 사랑이시고 하나님은 우리 죄를 용서하기를 바라시고, 우리는 단지 하나님을 믿기만 하면 되고 우리는 어떤 행위도 필요 없고 그리스도가 우리를 위해 죽으시고 부활하셨고 우리는 하나님 나라에서 영생을 얻게 될 것이고 더는 혼자가 아니라 하나님 은혜로 유지되고 언젠가 모든 슬픔과 울부짖음이 끝이 날 것이라고 "하나님이 말씀하셨는가?"

도둑질하지 말라, 간음하지 말라, 거짓 증인하지 말라고 "하나님이 말씀하셨는가?

하나님이 정말 그것을 내게 말씀하셨는가?

아마도 그것은 나의 특별한 사례에는 적용되지 않지 않는가?

하나님은 자신의 계명을 지키지 않는 자들에게 진노하시는 하나님이라고 "하나님이 말씀하셨는가?"

하나님은 그리스도의 희생을 요구하셨는가?

나는 그분이 무한히 선하시고 사랑이 많으신 아버지라는 것을 더 잘 안다. 이것은 무해해 보이는 질문이지만 이런 질문을 통해 악은 우리 안에서 힘을 얻고 이런 질문을 통해 우리는 하나님께 불순종하게 된다 …. 인간이 하나의 원리라는 무기로, 하나님에 대한 하나의 관념을 가지고 구체적인 하나님 말씀에 소송을 제기할 때 그는 처음부터 옳으며 하나님의 주인이 되고 그는 순종의 길에서 떠나고 자신에게 말씀하는 하나님에게서 후퇴한다.[5]

사실 언약의 종을 종주의 처분에 두는 "여기에 내가 있나이다"라는 표현에서 "나"는 내향적으로 되고 자율성을 요구한다. 이런 과정에서 아담과 하와는 뱀과 함께 거짓 증인이 되었다. 이런 대화에서 하와는 하나님의 명령에 대한 뱀의 왜곡을 거부하지만 그녀조차도 " … 만지지도 말라"(창

---

[5] 위의 책., 68.

3:3)는 말을 그 명령에 추가한다. 게다가 그녀와 아담은 자청해서 그들에게 무엇이 좋거나 해로운지를 결정한다(창 3:6). 그들은 이미 하나님과 유사하게 창조되었지만 "하나님처럼" 되기를 원했다. 하지만 유사함은 존재론(그들이 신적인 것이 되길 원했다)이나 인식론(그들은 원형 지식을 갖고 싶어했다)을 위해 충분하지 않았다. 요컨대 그들은 하나님을 내려오셨던 하나님으로 수용하는 대신에 그들 자신이 하늘로 올라가길 원했다.

> 이에 그들의 눈이 밝아져 자기들이 벗은 줄을 알고 무화과나무 잎을 엮어 치마로 삼았더라(창 3:7).

그들은 자신들이 재판을 받고 있고 이제 창조 언약의 제재를 받았다는 것을 알고 있었으므로 그들은 벌거벗은 것을 은폐하고 하나님의 임재로부터 도망침으로써 거짓 증인이 되었다. 아담은 "내가 동산에서 하나님의 소리를 듣고 내가 벗었으므로 두려워하여 숨었나이다"라고 하나님에게 답했다(창 3: 9-10). 이것은 이제 하나님의 임재 안에서 인간 양심의 비극적인 반응이 될 것이다.

이스라엘 백성들은 시내 산기슭에 모여 있고 하나님의 말씀에 공포로 가득 차서 "당신이 우리에게 말씀하소서 우리가 들으리이다 하나님이 우리에게 말씀하시지 말게 하소서 우리가 죽을까 하나이다"라고 모세에게 간청했다(출 20:19).

모세는 심지어 이것을 시험이라고 부르며 대답한다. 거룩한 영광 가운데 계신 하나님의 환상에 사로잡혀 있는 이사야는 단지 "화로다 나여 망하게 되었도다"(사 6:5)라고만 답할 수 있었다. 예수님이 폭풍을 진정시킨 후 베드로가 단지 "주여 나를 떠나소서 나는 죄인이로소이다"(눅 5:8)라는 말을 했을 때 베드로의 양심을 사로잡았던 것도 다름 아닌 바로 이런 동일한 공포였다.

정복과 군주제에 대한 선지자의 비판을 상기시키는 것으로 해석할 때 아담의 첫 번째 죄는 금지된 과일을 먹는 것이 아니라 애초에 에덴동산에서 거짓 증인을 몰아내지 못한 것이었다.

하나님의 신실한 종과 아들로서 하나님의 성전인 정원을 청소하는 것 대신에 그는 심지어 사탄이 이런 성소에 들어오는 것을 허락했다. 언약 백성이 토착 민족의 우상을 용납하고 심지어 수용하는 것처럼 이것은 또한 이스라엘의 이야기에서도 끊임없는 반복되는 것이 될 것이다. 왜냐하면, 왕들은 악, 억압, 우상 숭배를 그 땅에서 몰아내기를 꺼렸기 때문이다.

창조 언약 구조와 그에 따른 시험은 이 상황의 윤리적 성격을 강조한다. 창조 전체라는 증인에 대해 구두 증언을 추가하는 하나님의 증인으로 섬기기보다는 오히려 아담은 하나님에 반대해 증언하는 증인석에 섰다. 그는 자신의 높은 직분을 포함해서 창조 증거에 대해 위증했다.

아우구스티누스는 자신이 아담의 타락에 참여하는 것을 설명할 때 "나는 사악함이 무엇인지를 물었다. 그리고 나는 하나의 실체가 아닌 최고의 실체인 하나님 당신에게서 멀어져 열등한 사물들로 향하는 삐뚤어진 의지의 왜곡을 발견했다."[6] 간단히 말해 이것은 존재론적이 아니라 윤리론적이다. 하지만 아우구스티누스는 "열등한 것들"을 그 자체로 시간적 창조와 동일시하는 더 일반적인 교부적 경향을 공유했다. 이것은 이런 타락이나 이것의 경험적 결과(죄, 악 그리고 사법적 죽음)가 귀속될 수 있는 창조 그 자체 안에 있는 어떤 내재적 약점이나 결함 때문이 아니다.

오히려 선한 것을 왜곡하고 고귀한 것을 일그러지게 하고 옳은 것을 억압하고 하나님의 모든 선물을 공개적인 반역으로 하나님을 대적하게 하는 의지의 행동을 통해서다.

아담의 거짓 증인의 역할은 하나님뿐만 아니라 창조 전체와도 관련이 있다. 왜냐하면, 그는 하나님 앞에서 자연 세계를 대표하는 공식적인 형상

---

[6] Augustine, *Confessions* 7. 15.22.

보유자이기 때문이다. 피조계는 온전한 상태에서 환경의 청지기가 되어야 할 사명을 지닌 인간의 재량에 맡겨졌었다. 하지만 이제 이런 힘은 의지의 왜곡으로 인해 일그러져 있다. 우리는 이전 장에서 버미글리(Peter Marty Vermigli)의 요점을 다시 한번 상기한다. 즉, 인류는 이제 청지기 직분보다는 오히려 폭정을 행사했다.

출산의 고통은 추상적 제재가 아니라, 세상에 새로 태어나는 각각의 생명이 하나님의 주권에 대한 새로운 반대와 언약적 순종과 교제의 자유를 깨뜨린다는 사실과 직접 연관되어 있다. 또한, 출산의 고통은 확실히 즐거운 일이다. 왜냐하면, 하나님이 인간을 자기 마음대로 내버려 두시지 않았기 때문이다. 피조계는 하나님의 손에 의해 유지된다. 하지만 출산은 혼합된 축복이다. 출산은 처음뿐만 아니라 중간과 마지막에도 고통을 수반한다.

마찬가지로 아담과 땅에 가해진 저주는 인간의 경험에 이제 생명이 낳는 무결실과 "허무"와 상응한다. 땅의 결실을 맺기 위해 땅을 지배하기 위해 창조된 인류 자체는 언약의 주님에게 등을 돌렸던 자들에게서 등을 돌렸다. "아담은 죽기 전에 죽은 상태였다"고 본회퍼는 말한다.

"인간은 죽었다. 왜냐하면, 그는 생명 나무에서 자신을 잘라냈고 그 자신의 자아로 살지만 그런데도 그는 살 수 없다. 그는 살아야 하지만 살 수 없다. 이것은 그가 죽었다는 것을 의미한다."[7]

바울은 "허물과 죄로 죽어 있는" 아담 안에서 바로 이런 언어를 사용한다(엡 2:1).

아담은 하와를 탓했고 하와는 뱀을 탓했고 뱀은 하나님을 탓했다. 결국, 모든 사람이 하나님을 탓했다. 그리고 그 이후로 우리도 하나님을 탓한다. 근대의 이원론에서처럼 고대에도 악의 문제는 죄를 "타자" – "하나님이

---

[7] Bonheffer, *Creation and Fall*, 88.

주셔서 나와 함께 있게 하신 여자," 인간이 아닌 피조물, 하지만 궁극적으로 하나님 – 에게 돌림으로써 죄를 외적 원인으로 돌리려는 시도에서 창조된 자연과 동일시한다.

우리 자신의 죄의 문제에서 하나님(즉 악을 창조 자체에 돌림으로써)에게 옮기는 것은 고대와 근대의 이원론의 원천들 가운데 하나다. 대신 우리는 근거를 다시 존재론적 결함보다는 오히려 언약적 범죄로 옮겨야 한다. 코넬리우스 반 틸(Cornelius Van Til)은 다음과 같이 관찰한다.

> 인간은 플라톤의 동굴 속에 있지 않다 …. 인간은 원래 진리를 받아들일 능력뿐만 아니라 인간은 진리를 실제로 소유하고 있었다. 진리의 세계는 인간에게서 멀리 떨어진 어떤 영역에서 발견되지 않았다. 오히려 그 세계는 인간 바로 앞에 있었다. 인간 지성에 말을 걸었던 것 못지 않게 인간의 감각에 말을 걸었던 것은 하나님의 음성이었다 …. 자기 인식에 대한 인간의 첫 감각은 하나님의 임재 의식을 암시했다. 인간은 하나님을 위해 성취해야 할 큰 임무가 있었다.[8]

진리는 언약적 개념이고 따라서 윤리적 개념이다.

로마서 1 – 3장을 고전적인 장소로 가진 구원론과 인식론을 연결하는 것은 다름 아닌 바로 언약 파기로 해석되는 불신앙에 대한 이런 강조다. 아담 안에서 우리는 모두 거짓 증인이 되었다. 메럴드 웨스트팔(Merold Westphal)이 관찰하는 것처럼 "의심의 해석학"은 "죄의 인지적 결과에 대한 바울의 가르침, 우리가 악함 가운데 '진리를 막는다' 는 생각에 참된 출처"가 있다(롬 1:18).[9]

---

8 Cornelius Van Til, *Defense of the Faith* (Philadelphia: Presbyterian & Reformed, 1955), 90.
9 Merold Westphal, *Overcoming Onto - theology*, 105.

3. 거짓 대표

셋째, 이런 법정 재판은 정의와 가장 근본적인 관계를 맺고 있는 피고를 제시한다. 그런데 이 정의는 추상적 정의가 아닌 인류가 창조되었던 개인적 의와 인류가 그 의로 완성된 안식 속에서 깨어지지 않은 교제를 즐길 수 있었던 그런 개인적 의다. 피고는 증거를 은폐하며 범행 현장에서 도망치면서 발견된다.

이런 일이 일어난 후에 모든 인간은 "허물과 죄로 죽었고," "본질상 진노의 자녀"(엡 2:1, 3)로 이 세상에 태어날 것이다. 덤불 속 깊이 빠져 진리를 억누르기로 했고 "의인은 없나니 하나도 없으며 깨닫는 자도 없고 하나님을 찾는 자도 없다"(롬 3:10-11). 바울은 특별히 시편에서 다음과 같은 내용으로 자신의 설명에 덧붙인다.

> 그러면 어떠하냐 우리는 나으냐 결코 아니라 유대인이나 헬라인이나 다 죄 아래에 있다고 우리가 이미 선언하였느니라 기록된바 의인은 없나니 하나도 없으며 깨닫는 자도 없고 하나님을 찾는 자도 없고 다 치우쳐 함께 무익하게 되고 선을 행하는 자는 없나니 하나도 없도다 그들의 목구멍은 열린 무덤이요 그 혀로는 속임을 일삼으며 그 입술에는 독사의 독이 있고 그 입에는 저주와 악독이 가득하고 그 발은 피 흘리는 데 빠른지라 파멸과 고생이 그 길에 있어 평강의 길을 알지 못하였고 그들의 눈앞에 하나님을 두려워함이 없느니라 함과 같으니라(롬 3:9-18).

전에 영생으로 가는 길로 주어졌던 율법을 통해 지금은 죄 때문에 단지 사망과 심판에 대한 예상만 있다. 율법은 율법 아래에 있는 모든 사람에게 기록된 형태이든지 아니면 양심에 새겨진 대로든지 "모든 입을 막고 온 세상으로 하나님의 심판 아래에 있게 하려고"(롬 3:19) 이런 사실을 공표한다.

이런 원 언약 관계와 계시 때문에 알도 가르가니(Aldo Gargani)의 생생한 표현에서처럼 "모든 살아 있는 인간은 하나님에 대한 향수"가 있다.[10] 이런 향수는 하나님 아들의 계시를 통한 하나님의 팔 즉 하나님의 약속으로 판단하는 십자가의 신학보다는 오히려 우리를 우상 숭배와 진리의 억압 즉 겉모양으로 판단하는 영광의 신학으로 몰아간다. 다시 한번 말하지만 그런 범주에 대한 언약적이고 종말론적 호소(영광의 신학 대 십자가의 신학)는 추상적이거나 정적인 것이 아니라는 것에 주목하는 것이 중요하다.

세상에는 원 영광의 신학을 위한 모든 근거가 존재했다. 즉, 시험을 통해 순종의 사다리를 올라가서 피조계 전체를 대표해서 영생과 샬롬의 상을 얻는 지점까지 가는 것이다. 인간 양심에 자연스럽고 또한 자연스럽게 남아 있는 것은 바로 이런 계시다. 이것은 모든 영광의 신학, 진보와 계몽을 가진 모든 민족적이거나 이념적인 거대 담론 안에 전제되어 있다. 하지만 아담의 과정을 따를 때 이제 위쪽을 향한 상승을 시도하는 것은 말씀에 순종하는 것으로가 아니라 하나님 말씀을 왜곡하고 억누름에 의해서다.

타락을 무시할 때 이런 영광의 신학은 여전히 양심 안에서 울리는 율법의 계시인데 이런 상황에서 인간 행위자라는 거짓 증인은 자기 확신적 자율성 안에서 반박하면서 항상 필연적 평결을 연기하려고 애쓴다. 타락 이후 영광의 신학은 이런 위기와 직면하는 것을 거부하는 것이며 또한 자신, 자신의 집단, 자신의 이념이나 자신의 능력 밖에서 구속을 얻으려는 것을 거부하는 것이다.

아무리 이런 고발을 거절하고 합리화하고 치유목적으로 억압하고 기분전환을 통해 무시한다 하더라도 이런 고발은 양심에서 울려 퍼진다. 또한, 심리학자 로버트 제이 리프턴(Robert Jay Lifton)이 관찰하는 것처럼 그 원천

---

[10] Aldo Gargani, "Religious Experience," in *Religion*, ed. Jacques Derrida and Gianni Vattimo (Palo Alto, CA: Standford University Press, 1996), 132. 또한, 132 - 33에 있는 그의 훌륭한 체홉(Chekhove)의 인용문을 보라.

이 영원히 모호해 보이는 것처럼 보이는 어떤 잘못에 대한 죄책감을 일으킨다.[11] 자신들의 문제는 죄책보다는 단지 수치심일 뿐이라고 생각하면서 아담과 하와는 치마로 몸을 덮었다.

그리고 그 이후로 우리는 우리 자신의 부패에 대한 과격한 진단을 우리 자신이 받아들일 수 없다 - 아니 오히려 꺼린다 - 는 것을 알게 되었다. 우리는 우리 밖에 있는 악 - "타자들," 타자들이 누구이든지 간에 - 나쁜 장소, 힘과 원리에 대해 말할 수 있다. 하지만 예수님이 도전했던 종교 지도자들처럼 우리는 우리 자신 안에서 악을 찾아내는 것을 거부한다(마 12:33 - 37; 15:10 - 20; 23:25 - 28).

4. 판결

넷째, 잘못에 대해 서로에게 책임을 전가한 후에 피고는 이제 판결에 직면한다(창 3:15 - 16). 이런 모든 제재에서 하나님의 자연 질서에 내재된 후한 주고받음은 모든 차원에서 투쟁, 통제, 착취와 조종에 굴복할 것이다. 마지막으로 의와 영원한 삶 속에서 확증되는 대신에 아담과 그의 후손은 먼지로 돌아갈 것이다(창 3:19). 이것은 이교도의 우주론 신화에서처럼 창조 자체에 대한 묘사가 아니라 타락에 대한 묘사다.

이런 판결에서 죄책, 투쟁, 허무가 지배적인 용어인 것 같다. 종말론적으로 하나님, 서로 그리고 창조계 전체와 함께 안식적 삶을 지향하는 것 대신에 우리는 점차로 우리가 "죽음을 향한 존재"(하이데거[Heidegger])라는 것을 인식하게 된다. 하지만 이것은 "자연적인 것"이 아니다. 이 연극은

---

[11] Robert Jay Lifton, "The Protean Style," in *The Truth About the Truth: De - Confusing and Re - Constructing the Postmodern World*, ed. Walter Truett Anderson (New York: Putnam's Sons, 1995), 130 - 31.

비극을 의도하지 않았다.

하나님에게는 비극 즉 어떤 "어두운 면"이 존재하지 않는다. 왜냐하면, 단지 좋은 것만이 하나님에게서 나오고 "그는 변함도 없으시고 회전하는 그림자도 없으시고"(약 1:17) 단지 하나님이 피조물과 공유하길 갈망했던 안식적 성취만이 있을 뿐이기 때문이다.

여전히 너무 많이 플라톤주의의 영향 아래에 있는 심지어 일부 교부조차도 죄책, 투쟁, 허무를 윤리적 결함이 아니라 피조적 존재의 어떤 존재론적 측면에서 발견했다.[12] 마찬가지로 장 마리온은 허무를 타락 후 창조뿐만 아니라 죄가 로마서 8:20의 맥락이지만 죄에 대한 어떤 언급도 없이 심지어 로마서 8:20을 인용하면서 창조 자체와 동일시하는 경향이 있다. 즉, "사실, 전체성은 그 자체로서 나타나지만, 또한 허무로서 나타난다. 단지 그것은 우선 창조로서 나타나기 때문이다. 즉, 창조는 허무한데 굴복한다고 바울은 말한다(롬 8:20)."[13]

"이 세상 자체가 그 자신의 시선보다 또 다른 시선인 하나님의 시선이 보고 있다는 – 직시되는 – 것을 이 세상이 알게 되자마자 허무가 이 세상을 강타한다."

전도서가 우리에게 상기시켜 주는 것처럼 이것은 이 세상을 또 다른 곳에서 오는 시선에 종속시킴으로써 이 세상의 지위에 의문을 제기한다. 그런데

---

[12] 이런 측면에서 전형적인 것은 John of Damascus의 "Exact Exposition of the Orthodox Faith"이다. 천사의 본성은 "회개의 여지가 없다. 왜냐하면, 천사의 본성은 육체적이지 않기 때문이다. 왜냐하면, 인간이 회개하게 되는 것은 육신의 연약함에서 기인하기 때문이다"(19). 천국은 다음과 같다. 즉, "정욕에서 자유롭고 … 걱정에서 자유로우며 단 하나의 할 일만 있다. 즉, 천사들처럼 멈추지 않고 쉼 없이 창조주를 찬양하며 하나님을 관조하기를 기뻐하고 우리의 모든 근심을 그분께 맡기는 일만 있는 곳이다"(20). "다른 한편으로 생명나무는 생명의 원인인 에너지를 가진 나무였거나 살 자격이 있고 죽음에 종속되지 않은 자들만 먹을 수 있었다"(29).

[13] Jean - Luc Marion, *God Without Being*, trans. Thomas A. Carlson (Chicago: University of Chicago Press, 1991), 122.

이것은 세상 전체에 영향을 주는 유예된 장소(the placement of suspension)다.[14]
"급진적 정통주의"라는 부류 아래 식별된 신학자 집단 가운데 흔히 있는 듯이 보이는 것처럼 마리온의 죄론(윤리론)은 존재론적 추상 속에서 길을 잃는다. 예를 들어, 그는 로마서 1장과 2장을 다음과 같은 조건으로 해석한다. 즉, 거리가 설정되었다. 하지만 이 거리가 하나님을 하나님으로 인식하는 시선의 귀환을 초대하는 대신 인간의 생각은 "헛되고" 우상 숭배적인 것이 되었다.[15] "헛되고 헛되니 모든 것이 헛되도다"라는 것은 하나님이 "좋고 아름답다"라고 선포하셨던 것과 동일한 창조다.

> 시선이 한 극이나 다른 극을 통해서 이런 거리를 인식하는지에 따라 같은 거리는 같은 세상을 헛됨 또는 "아름답고 좋은" 것으로 지정한다. 즉, 세상을 과도한 거리로 열어주는 가장자리 위에 있는 이런 세상으로부터, 전체성은 헛됨에 의해 강타당하는 것처럼 보인다. 거리의 양극단에서 접근할 수 없는 하나님의 관점에서 같은 세계는 정당한 존엄성 안에서 이 세계를 특징짓는 축복을 받을 수 있다.[16]

"응시받는 자들의 '선함'"이 오는 것은 "자비의 시선"에서 오지 그와 뚜렷이 구별되는 하나님이 만드신 피조물의 내적 온전함에서 오는 것이 아니다. 결과적으로, "허무는 인간이 겪는 지루함에서 온다."[17] 하지만 정확히 죄의 신학이 마리온의 해석에서 빠져 있는 한 전도서의 전도자(the Preacher)를 통해서 굴절된 인간 조건에 관한 그의 실존적 분석은 박약하다. 어째서 우리는 심지어 가장 최고에서도 삶에 지루함을 느끼는가?

---

14 위의 책., 128 – 29.
15 위의 책., 130.
16 위의 책., 131.
17 위의 책., 132.

전도서의 저자는 타락 이후에 에덴의 동쪽에서의 삶을 묘사하고 있다. 에덴의 동쪽에서는 상황은 원래 있어야 할 그런 상황이 아니다. 여기서 작동하는 지루함보다 더 해로운 무언가가 존재한다. 그리고 저자는 단지 그가 "하나님"이라는 물음을 물을 때만 이것을 발견한다.

하나님이 인생들에 노고를 주사 애쓰게 하신 것을 내가 보았노라 하나님이 모든 것을 지으시되 때를 따라 아름답게 하셨고 또 사람들에게는 영원을 사모하는 마음을 주셨느니라 그러나 하나님이 하시는 일의 시종을 사람으로 측량할 수 없게 하셨도다 사람들이 사는 동안에 기뻐하며 선을 행하는 것보다 더 나은 것이 없는 줄을 내가 알았고 사람마다 먹고 마시는 것과 수고함으로 낙을 누리는 그것이 하나님의 선물인 줄도 또한 알았도다 하나님께서 행하시는 모든 것은 영원히 있을 것이라 그 위에 더할 수도 없고 그것에서 덜 할 수도 없나니 하나님이 이같이 행하심은 사람들이 그의 앞에서 경외하게 하려 하심인 줄을 내가 알았도다 이제 있는 것이 옛적에 있었고 장래에 있을 것도 옛적에 있었나니 하나님은 이미 지난 것을 다시 찾으시느니라 또 내가 해 아래에서 보건대 재판하는 곳 거기에도 악이 있고 정의를 행하는 곳 거기에도 악이 있도다 내가 내 마음속으로 이르기를 의인과 악인을 하나님이 심판하시리니 이는 모든 소망하는 일과 모든 행사에 때가 있음이라 하였으며 내가 내 마음속으로 이르기를 인생들의 일에 대하여 하나님이 그들을 시험하시리니 그들이 자기가 짐승과 다름이 없는 줄을 깨닫게 하려 하심이라 하였노라 인생이 당하는 일을 짐승도 당하나니 그들이 당하는 일이 일반이라 다 동일한 호흡이 있어서 짐승이 죽음 같이 사람도 죽으니 사람이 짐승보다 뛰어남이 없음은 모든 것이 헛됨이로다 다 흙으로 말미암았으므로 다 흙으로 돌아가나니 다 한 곳으로 가거니와 인생들의 혼은 위로 올라가고 짐승의 혼은 아래 곧 땅으로 내려가는 줄을 누가 알랴 그러므로 나는 사람이 자기 일에 즐거워하는 것보다 더 나은 것이 없음을 보았나니 이는 그것이 그의 몫이기 때문이라 아 그의 뒤에 일어날 일이 무엇인지를 보게 하려고 그를 도로 데리고 올 자가 누구랴 내가 다시 해 아래에서 행하는 모든 학대를 살펴 보았도다 보라 학대받는 자들의 눈물이로다 그들에게 위로자가 없도다 그들을 학대하는 자들의 손에는 권세가 있으나 그들에게는 위로자가 없도다 그러므로 나는 아직 살아 있는 산 자들보다 죽은 지 오랜 죽은 자들을 더 복되다 하였으며 이 둘보다도 아직 출생하지 아니하여 해 아래에서 행하는 악한 일을 보지 못한 자가 더 복되다 하였노라(전 3:10 - 4:3).

마리온이 호소하는 바로 이 본문은 인간 존재에 대한 더 깊고 어두운 해석을 제공한다. 지루함은 증거이지 범죄 자체는 아니다. 전도자는 결론짓는다.

일의 결국을 다 들었으니 하나님을 경외하고 그의 명령들을 지킬지어다 이것이 모든 사람의 본분이니라 하나님은 모든 행위와 모든 은밀한 일을 선악 간에 심판하시리라(전 12:13 - 14).

이 문제에 대한 그의 결론에서 복음에 대한 어떤 어조도 발견되지 않는다. 하지만 분명한 것은 하나님이 인간의 중심에 두셨던 "영원"은 그분의 법 즉 창조 언약이다. 이 언약에 대한 위반이 인간의 모든 화의 원인이다.

구속 역사에서 죄의 해석이 전개됨에 따라 우리는 다시 존재론적 개념보다는 윤리적 언약적 개념과 만난다. 즉, 소외 극복하기보다는 오히려 낯선 존재를 만난다.

헤겔보다는 키르케고르가 비극에 대한 이런 해석을 이해했다. 예를 들어, "그는 우리 각 사람에게서 멀리 계시지 아니하시만"(행 17:27) 우리가 낯선 존재를 만나기 시작하고 먼 거리에서 그의 다가오는 소리를 듣는 것은 유한성과 같은 인간 조건에서가 아니라 죄, 사망 그리고 정죄에 예속된 "율법 아래에 있는" 인간 조건에서이다.

5. 아담 안에서의 연대 책임: 창조 언약

다른 면에서 자아에 대한 관계적이고 공동체적 견해에 적합한 것으로 간주하는 언약적 연대 책임이라는 주제는 그런데도 그것이 집단적 인간의 죄책이 관련될 때 이 주제는 시험대에 오른다. 프랜시스 왓슨(Francis Watson)은 자아 정체성의 이런 공동체적 측면이 항상 적절한 것은 아니라는 것을 우리에게 상기시킨다.

"개별적이고 관련된 사람들을 형성하는 상호 주관적 기반은 또한 동시에 그들을 변형시킨다."[18]

우리가 언약신학자들에게서 발견하는 언약적 연대 책임의 이런 "부정적인" 면은 주로 사회적 인격성에 대한 대부분의 논의가 부재하다는 것이다.

여기서 나는 창조 언약의 개념을 더 자세히 상술하려고 한다. 또한, 이 창조 언약은 언약신학에서 행위 언약, 율법 또는 자연으로 다양하게 동일시된다. 언약신학자들 그들 자신에 의하면 창조 언약/행위 언약 – 은혜 언약 도식은 종교개혁의 더 광범위한 율법 – 복음의 구분을 추가로 더 자세히 상술한 것이었다.[19]

창조에서 (그리고 시내 산의 신정 체제에서) 하나님과 인간과의 관계를 위한 근간으로써 율법은 전적으로 긍정적이다. 우리가 그 자체로서 "율법"이 가진 문제로서(예를 들어, 불트만, 케제만 등) "율법"("약속"과 대조되는)에 대한 바울의 논박을 읽을 때 잘못된 이해가 생기고 따라서 율법 – 언약에 관한 모든 설명을 "율법주의"라는 비난으로 해석하게 된다.

---

[18] Francis Watson, *Text, Church and World: Biblical Interpretation in Theological Perspective* (Edinburgh: T&T Clark, 1994), 110. 또한, Paul Ricoeur, *Figuring the Sacred*, trans. David Pellauer (Minneapolis: Fortress, 1995); 특별히 chap 20; idem, *Oneself as Another*, trans. Kathleen Blamey (Chicago: University of Chicago Press, 1992)를 보라.

[19] Michael Horton, "Law, Gospel and Covenant," *Westminster Theological Journal* 64, no.2 (2002): 279 – 88을 보라.

바울에 의하면 누구도 "율법의 행위"로는 의롭게 되지 않을 것이다. 이것은 가능했던 준비가 결코 없었기 때문이 아니라(즉 창조) 타락 이후(이스라엘 역사가 요약하는) (이스라엘을 포함하는) 모든 인간은 이제 "아담 안에" 있기 때문이다. 직접 문제가 되는 것은 율법 아래 있는 것이 아니라 아담 안에 특별히 율법의 위반자인 이스라엘(율법 수호자) 안에서 발견되기 때문이다.

하지만 법의 규정과 제재가 명확하게 존재하지 않고 이해되지 않는다면 우리가 율법 아래에서 정당하게 형을 받을 수 있는가?

만약 우리가 "율법의 저주" 아래에 있다면 우리는 율법의 언약 아래에 있는 것이다. 왜냐하면, 성경적 이해에서 저주는 언약적 제재이기 때문이다. 어떤 조건 아래에서 인간이 정당하게 아담의 타락에 대해 책임질 수 있는가를 생각하기 어렵다. 또는 적절한 제재가 뒤따르면서 그런 행동을 위반으로써 구성하는 이전 협정이 없이 심지어 어떻게 각 사람이 그 자신의 잘못에 대해 책임질 수 있는가를 생각하기는 어렵다.

심지어 창세기 1-3장에서도 우리는 언약의 특징을 인식할 수 있다. 즉, 무대를 설정하는 역사적 서언(창 1-2장), 규정(창 2:16-17)과 제재(창 2:17)다. 이 제재를 놓고 하와와 뱀은 논쟁을 벌이고(창 3:1-5) 결국 심판의 형태로 이행된다(창 3:8-9).

인류의 운명을 위해 전적으로 새롭고 예상하지 못한 근간이 설정되는 것은 단지 이런 운명적인 결정 이후다. 이런 요소들이 비록 암묵적이지만 창조 내러티브에 존재하는 것으로 보일 것이다.

아담은 하나님에게 완전히 순종할 수 있는 능력을 지닌 온전한 상태에서 창조되었고 따라서 적합한 인간 파트너가 된다. 게다가 하나님은 그런 완전한 순종을 명령하고 그런 후에 이런 조건에 기초해 생명나무에서 먹을 수 있는 권리를 약속한다.

이것은 시험의 성공적인 결과를 기다리는 상이었다. 창조 자체가 선물이지만, 하나님의 안식적 휴식에 들어가는 것은 이런 시험의 기간에 충성스러운 순종을 위한 약속으로 보류되었다.

위대한 왕 야훼(YHWH)가 창조의 "시험"을 견디시고 다른 한쪽 끝에서 승리를 선언하며 나오시며 자신의 안식일에 즉위식을 하는 것처럼 땅에 거하는 그분의 모형적인 봉신도 같은 과정을 따라야 했었다. 창세기 1 - 3장과 이 장들의 정통 기독교 해석은 단순히 실존적 지향보다는 오히려 종말론적 지향성을 가지고 있다.

추가적인 확증으로서 일주 "6일" 노동의 시험의 끝에 있는 안식일의 존재는 복된 상태에서의 영원한 확증의 약속을 제공한다. 이런 패턴은 자의적인 법의 부과가 아니라 하나님의 형상 보유자가 창조에서 완성까지 이르는 하나님 자신의 여정을 반영하는 것이다. 아담이 이런 언약 관계에 의무를 이행하지 않는다면 그는 "반드시" 죽을 것이다.

또한, 우리는 이어지는 아담의 실패로부터 이런 저주가 그 여파로 영적 재앙뿐만 아니라 육체적이고 상호 관계적 재앙과 사실 환경적 재앙까지도 가져왔다는 것을 알게 된다.

이 이야기에 대한 정경적 해석은 아담의 언약적 역할이 가진 공동체적이고 대표적인 특징에 더 예리한 초점을 맞추게 한다. 그는 하나님과 언약을 맺었을 뿐만 아니라 모든 인류는 언약적으로 아담에 참여함으로써 하나님과 언약 관계에 있는 것으로 표현된다.

사실, 모든 피조물은 어떤 의미에서 아담 안에서 심판받았다(창 3:17 - 18; 롬 8:20). 이런 동시적인 법적 관계적 배경을 염두에 두고 바울은 두 번째 아담의 의의 전가의 당연한 결과로서 아담의 죄의 전가에 대해 유명한 진술을 한다(특별히 롬 5장).[20]

우리는 단순히 이런 언약적 이해를 법적 조건 대 관계적 조건 또는 필

---

[20] 이런 접근 방식은 또한 지난 반세기 동안 하나님과 인간관계에 대한 법적 범주와 대비되는 소위 관계적 범주를 설정하기 위해 1950년대 이후 종종 취했던 입장을 거절한다. "언약"은 본질적으로 법적 관계다.

연적인 결과 조건으로, 서방 교회 대 동방 교회로 대조할 수 없다. 이레니우스(Irenaeus)에게서 동일한 강조가 발견될 수도 있다. 이레니우스는 아담 언약을 확증할 뿐만 아니라 "경륜적 율법"(economy of law) 또는 "행위 율법"(law of works)(그가 타락 전 상황에서 아담과 관련시키고 그런 후 다시 "모세적 경륜" 또는 "법적 경륜"[legal dispensation]과 관련시키는)과 "복음적 언약" 사이를 구분하기도 한다.[21]

다마스쿠스의 요한(John of Damascus)은 다음과 같이 덧붙인다. 즉, "따라서 사람이 먼저 시험을 당해야 했고(왜냐하면, 시험당하지 않고 입증되지 않은 사람은 어떤 가치도 없었을 것이기 때문이다) 명령의 준수를 통해서 시험으로 완전해진다는 것은 따라서 그의 덕의 상으로 썩지 않음을 받아야 한다."[22]

서방 교회에서 "첫 번째 언약은 '네가 먹는 날에는 반드시 죽으리라' 라는 아담에게 주어졌던 이 언약이었다"라는 아우구스티누스의 언급에서처럼 그는 또한 행위 언약/은혜 언약 도식을 분명히 예상한다. 또한, 이런 이유로 아담의 자녀들은 "낙원에서 아담과 함께 맺었던 하나님 언약의 위반자들이다."[23]

단지 그런 협약을 고려한 것으로 보이는 추가 본문들이 있다. 호세아 6:7에 호소했다. 호세아 6:7에서 "그들은 아담처럼 언약을 어기고"라고

---

21 Irenaeus, "Against Heresies," 4.25, from *The Ante - Nicene Fathers*, ed. Alexander Roberts and James Donaldson (repr., Grand Rapids: Eerdmans, 1989), 5.16.3, p. 554;4.13.1, p.24; 4.15.1;4.16.3,pp. 25 - 26; cf. Ligon Duncan, "The Covenant Idea in Irenaeus of Lyons," 이 논문은 1997년 5월 29일 북미 교부학 협회 연례 회의에서 제출되었다 (Greenville, SC: Reformed Academic Press, 1998); Everett Ferguson, "The Covenant Idea in the Second Century," in *Texts and Testament: Critical Essays on the Bible and the Early Fathers*, ed. W. E. March (San Antonio, TX: Trinity University Press, 1980).
22 John of Damascus, "Exact Exposition," 43.
23 Augustine, *City of God* 16.28, trans. Henry Bettenson, ed. David Knowles (New York: Penguin, 1972), 699 - 89. 사실 아우구스티누스는 이 두 페이지에서 이 점을 상당히 자세하게 설명하고 창조 언약을 우리가 아브라함에게 주어진 약속에서 발견하는 바와 같은 은혜 언약과 대조한다.

이스라엘에 대해 언급한다(cf 욥 31:33, 여기서 "아담이 했던 것처럼"이 가장 가능한 번역이다). 하나님의 종말론적 낙원에 대한 모형적 신정 체제로서 이스라엘의 민족적 존재는 창조 언약의 반복이었다. 따라서 이것은 아담과 원 피조물에 대해 성경 저자들이 했던 비교다.[24]

이스라엘은 자신을 하나님 임재가 있는 새로운 신정 체제적 동산으로 그리고 하나님 앞에서 인류를 대표한다는 의미에서 새 피조물로 간주되도록 요청 받았다. 이 모든 것은 참 이스라엘, 신실한 아담이신 그리스도에 대한 모형이며 그리스도는 또한 참된 하늘의 성전이자 하나님의 영원한 안식이다.

아담과의 언약에서처럼 시내 산 언약도 조건적이다. 이스라엘이 신실하면 "네 하나님 여호와가 네게 준 땅에서" 이스라엘 백성의 생명은 길어질 것이다. 따라서 아담의 경우처럼 이스라엘이 그 땅에 머무는 기간은 조건적이다.

하지만 아담의 경우에는 하나님의 선하심이 전제되었지만, 이스라엘에게 있어서는 하나님의 은혜가 전제되었다(신 7:7 - 11). 정확히 동일한 조건과 제재가 적용된다. 즉, 이것을 행하면 네가 그 땅에서 오래 살고 나의 안식일의 안식에 들어가리라. 이중 전가를 위해 두 아담에 대한 바울의 호소에서처럼 바울은 행위 언약(율법)과 은혜 언약(약속)을 대조하기 위해 두 산, 두 어머니 비유를 사용한다(갈 3장과 4장).

---

[24] 많은 저자가 이런 비교를 하지만 Herman Witsius (1636 - 1708), *The Economy of the Covenants* (Escondido, CA: den Dulk Christian Foundation, 1990)에서 이 비교에 대한 철저한 설명과 분석이 주어지고 있다. 더 현대적 요약을 참조하려면 Charles Hodge를 보라. "분명히 모세 언약에 속하는 (' - 에 동등한' 것이 아니라 ' - 에 속하는") 이 복음주의적 특징 외에도 그것은 하나님의 말씀 속에서 두 가지 다른 측면으로 제시된다. 첫째, 그것은 히브리 민족과의 민족적 언약이었다. 이런 관점에서 두 당사자는 하나님과 이스라엘 백성이었다. 약속은 민족적인 안전과 땅의 번영이었다. 또한, 조건은 한 민족으로서의 백성이 모세 율법에 순종하는 것이었다. 그리고 중보자는 모세였다. 이런 측면에서 그것은 법적 언약이었다. 그것은 "이것을 하면 살리라"고 말했다. 둘째, 그것은 신약 성경과 마찬가지로 행위 언약의 갱신된 선포를 포함하고 있었다"(*Systematic Theology* [Grand Rapids: Eerdmans, 1946], 117 - 22).

하지만 여기서 우리의 목적을 위해 마스트리히트(Mastricht)가 지적하는 것처럼 행위의 원리가 성경에서 강경하게 유지되고 있다는 것에 주목하는 것이 중요하다. "율법의 행위"는 "가장 세심한 순종"을 요구한다('기록된 대로 모든 일을 항상 행하지 아니하는 자는 저주 아래에 있는 자', 갈 3:10).

> 행위 언약의 동의어가 신약 성경 로마서 3:27(그런즉 자랑할 데가 어디냐 있을 수가 없느니라 무슨 법으로냐 행위로냐 아니라 오직 믿음의 법으로니라), 갈라디아서 2:16(사람이 의롭게 되는 것은 율법의 행위로 말미암음이 아니요 오직 예수 그리스도를 믿음으로 말미암는 줄 알므로 우리도 그리스도 예수를 믿나니 이는 우리가 율법의 행위로써가 아니고 그리스도를 믿음으로서 의롭다 함을 얻으려 함이라 율법의 행위로써는 의롭다 함을 얻을 육체가 없느니라)에 현존한다.[25]

단지 이런 맥락에서만 우리는 아마 예수 그리스도의 역할을 "모든 의의 성취자"로 이해할 수 있다고 마스트리히트는 언급한다.

> 히브리서 2:14 - 15 (자녀들은 혈과 육에 속하였으매 그도 또한 같은 모양으로 혈과 육을 함께 지니심은 죽음을 통하여 죽음의 세력을 잡은 자 곧 마귀를 멸하시며) … 사도가 낙원에서의 언약이 아니라 시내 산에서의 언약에 대해 말하고 있는 것이라면 대답은 쉽다. 즉, 시내 산에서의 언약이 십계명 안에서 이스라엘과 다시 재정되고 갱신되는 한 사도는 낙원에서의 언약에 대해 말하고 있다. 십계명은 행위 언약의 증거를 담고 있었다.[26]

---

25 Heppe, *Reformed Dogmatics*, rev. and ed. Erst Bizer, trans. G. T. Thompson (London: The Wakeman Trust, 1955), 90.
26 위의 책., 289 - 90에서 인용됨.

우리가 이런 구절들은 정반대의 결론 – 즉 우리는 행위 언약으로 의롭게 될 수 없다 – 을 보여 준다는 것에 반대한다면 이 신학자들은 행위로 의롭게 될 수 없는 것은 단지 타락 후의 인류(즉 죄성이 있는 것으로서의 인류)라고 대답한다. 하지만 아담은 하나님의 명령에 완벽하게 따를 수 있는 올바른 상태에 있었다.

창조된 대로 아담과 하와의 기쁨은 하나님의 뜻을 행하는 것이었다. 아담이 행위 언약(또는 창조 언약)을 성취할 가능성을 원칙적으로 거부하는 것은 인류가 창조되었던 올바른 상태(단순히 무죄한 상태가 아닌)에 이의를 제기하는 것이다. 이런 주석적 설명 외에도 마스트리히트는 교리의 내적 체계적 중요성을 언급한다.[27]

하이델베르크 교리문답(Heidelberg Catechism)의 공동저자인 올레비아누스(Olevianus)는 원 언약의 금지에서 율법 전체의 본질 즉 하나님과 이웃에 대한 사랑을 본다.[28] 그렇다면 다시 한번 우리는 사랑과 율법을 대립시키지 않도록 주의를 받는다. 왜냐하면, 법의 바로 그 요약은 하나님과 서로를 사랑하는 것이기 때문이다(마 22:38, 40). 율법과 사랑은 전형적으로 현대 신학과 대중적 사고에서 대조된다. 하지만 언약신학은 이 둘을 하나로 모은다. 델버트 힐러스(Delbert Hillers)는 이스라엘의 언약 주제에 관한 신의 연구에서 백성들은 사랑할 것을 명령받는다고 관찰한다.

---

[27] 위의 책.: "기독교의 아주 많은 주제 – 가령 원 부패의 전파, 그리스도의 속죄와 하나님의 율법에 대한 그분의 순종, 롬 8:3 – 4(율법이 육신으로 말미암아 연약하여 할 수 없는 그것을 하나님은 하시나니 곧 죄로 말미암아 자기 아들을 죄 있는 육신의 모양으로 보내어 육신에 죄를 정하사 육신을 따르지 않고 그 영을 따라 행하는 우리에게 율법의 요구가 이루어지게 하려 하심이니라), 갈 3:13(그리스도께서 우리를 위하여 저주를 받은바 되사 율법의 저주에서 우리를 속량하셨으니…) – 에 관해서 행위 언약을 부정한다면 우리는 적절한 속죄를 거의 제공할 수 없다."

[28] Heinrich Heppe, *Reformed Dogmatics*, 294.

우리는 이런 표현들을 너무 자주 들어서 이 교리가 놀랍게 보이지 않는다. 하지만 우리는 다음과 같은 사실을 기억할 필요가 있다. 즉, 매우 강력한 영향력이 있는 하나의 사랑 이론은 의무와 사랑이 양립 불가능하다고 주장했다. 여기서 의무와 사랑은 거의 동일시 된다.[29]

세속적인 조약에서처럼, "'형제들' 즉 한 조약에서 동등한 파트너들 사이에 존재하는 관계는 '사랑'이지만 이런 관계는 또한 봉주(바로처럼)가 자신의 봉신 – 신하와의 관계를 표현하는 방식이기도 하다."[30]

> 여기서 사랑은 부분적으로 감정의 언어, 부분적으로 국제법의 언어다 …. 그렇다면 주 너의 하나님을 사랑하라고 말하는 것은 감정의 영역에서 사랑을 꺼내는 것이 아니라 단지 법적 개념이 감정적 용어를 형성한다고 말하는 것이다. 사랑하는 것은 우리의 신실한 애정을 언약의 주님께 정하는 것이고 이런 애정을 충성된 섬김으로 표현하는 것이다 …. 시내 산 언약은 낙관주의를 위한 근거를 거의 제시하지 않는다. 하지만 아브라함에게 주시는 약속에서 어떤 희망을 얻을 수 있었다. 이 모든 일이 네게 임하여 환난을 겪다가 끝 날에 네가 네 하나님 여호와께로 돌아와서 그의 말씀을 청종하리니. 네 하나님 여호와는 자비하신 하나님이심이라 그가 너를 버리지 아니하시며 너를 멸하지 아니하시며 네 조상들에게 맹세하신 언약을 잊지 아니하시리라(신 4:31).[31]

단지 우리가 헤세드 즉 언약적 사랑으로서 이런 언약의 역사에서 하나님을 알게 될 때만 우리는 참으로 사랑을 이해하기 시작할 수 있다. 이런

---

29 Hillers. *Covenant*, 153.
30 위의 책.
31 위의 책., 154 - 55.

상태에서 아담은 자신과 자신의 언약적 상속자들을 위해서 완성, 하나님 자신의 안식일 휴식, 의 안에서 영원한 확증으로 왕처럼 들어가길 기대할 수 있었다. 스위스 일치 신조(The Formula Consensus Helvetica)의 표현대로 "행위 언약에 부가된 약속은 단지 지상에서의 생명과 행복의 지속뿐만 아니라" 의와 영원한 천상적 기쁨의 확증이기도 했다.[32]

코케이우스(Cocceius)가 양심이라는 측면에서(롬 2:15) 창조 언약을 지지하는 최종 주장을 제공한다. 이는 칼빈이 율법과 관련해서 반복적으로 강조했던 요점이다. 천성적으로 인간은 그들이 하나님과의 우정과 교제를 어겼다는 것을 안다. 이 모든 것은 위반된 원래의 관계를 전제한다.[33]

코케이우스는 하나님의 절대적 권능(de potentia Dei absoluta)을 강조했던 중세 후기의 유명론적 언약신학을 날카롭게 거부한다. 자신의 피조물과 언약을 맺음으로써 하나님은 자신이 또한 의지할 수 있는 어떤 방식으로 행동하기 위해 자신에게 의무를 지우셨다고 그들에게 확신을 주셨다.

헤페는 다음과 같이 연관시킨다.

> 따라서 코케이우스는 스콜라주의(Scholastics)(즉, 중세 후기의 유명론자들)에 반대하는 데 열성적이다. 왜냐하면, 그들은 '하나님의 절대 주 되심'에 호소함으로써 만약 하나님이 의도하신다면 그분은 심지어 완전하게 순종하는 삶과 거룩한 천사들을 영원한 저주로 버릴 수 있다고 주장하기 때문이다.[34]

하나님의 언약적 주 되심은 진정한 자유와 동반자의 신뢰할 수 있는 관계다. 하나님의 주권은 그렇게 자유롭게 선택된 유대 관계라는 맥락에서 행사되기 때문에 피조물들은 (이스라엘의 이웃 국가들이 정상적인 것으로 받아들였

---

32 Heppe, *Reformed Dogmatics*, 295.
33 위의 책., 286.
34 위의 책에서 인용., 288, Cocceius, *Summ.*Th XXII, 23-24, 27-28에서

던 일종의 전제적인 힘인) 원초적 힘의 전행적 행사를 두려워할 필요가 없다. 창조 언약은 인간이란 피조물이 가진 이런 지성, 지혜와 덕에 맞는 협정이다.[35]

따라서 엄밀히 말하면 신성한 자비의 요소를 창조 언약에 넣는 것은 시기상조다. 피조물과 언약적 관계를 맺으려는 것처럼 확실히 창조하려는 하나님의 결정과 행동은 "자발적인 낮춤"(웨스트민스터 신앙고백서 7.1)으로 이루어져 있다. 그런데도 만약 "은혜"가 정죄를 받아 마땅한 자들을 향한 하나님의 관용으로서 은혜가 함유한 힘을 유지하려 한다면 우리는 창조의 지배적 특징으로서 하나님의 자유, 사랑, 지혜, 선함, 공의와 의를 언급해야 한다. 은혜와 자비는 언약 위반자들에게 베풀어졌고 타락한 것을 회복하기 위한 하나님의 헌신을 반영한다.

그렇다면 개혁파 신학은 예수 그리스도의 능동적 복종을 이해하고 자신의 언약적 상속자들을 위한 구속을 성취하는 데 있어서 그의 인성의 중요성을 강조했던 것은 다름 아닌 바로 이런 틀 안에서이다.[36] 창조 언약에서 법의 우선성은 하나님이 죄인들에게 무죄를 선고할 수 없고 또한 단순히 죄인들을 용서할 수 없다는 것을 규명한다. 창조 언약의 맥락에서 율법은 개인적으로나 대표적으로나 완벽하게 충족되어야 한다. 다시 말해, 이것

---

35 위의 책
36 제 4복음서인 요한복음은 다시 한번 예수님의 사명에 있어서 핵심적인 "모든 의의 성취"를 특별히 강조한다. 예수님 자신이 "내 뜻을 행하려 함이 아니요 나를 보내신 이의 뜻을 행하려" 오셨고(요 6:38) 성부가 말씀하시는 것을 항상 하시고 순종의 기간이 끝날 때 "아버지께서 내게 하라고 주신 일을 내가 이루어"(요 17:4)라고 말씀하실 수 있는 순종적이고 충성된 언약의 종이며 승리한 두 번째 아담의 언어를 사용하신다. "다 이루었다"라는 뇌리에 깊게 남아 잊히지 않는 친숙한 십자가에서 말씀은 성전 휘장이 찢어진 일과 같이 이에 비추어 새로운 의미를 띠며 이를 통해 인류는 이제 안식의 땅에 들어가 생명나무의 과실을 먹도록 초대받는다. 사실 십자가에서의 마지막 부르짖음 바로 앞에 나오는 진술은 "그 후에 예수께서 모든 일이 이루어진 줄 아시고 성경을 응하게 하려 하사 이르시되 내가 목마르다 하시니"(요 19:28)라고 말했다.

은 단순히 하나님 자신의 공의의 사랑을 만족시키기 위해 일치하는 인류를 창조했던 법적 고리가 아니다.

오히려 그 반대다. 즉, 하나님은 제사보다 자비(hesed)를 기뻐하신다(삼상 15:22; 시 51:16-17; 사 1:11; 19:21; 호 6:6; 마 9:13; 롬 12:1; 엡 5:2; 빌 4:18; 벧전 2:5). 순종은 감사의 제사이지만 용서는 죄에 대한 희생이다. 용서가 부채를 탕감하지만 단지 순종만이 적절한 언약적 반응을 만든다. 용서가 주로 사법적일 수도 있지만, 창조 언약에서 하나님의 요구 사항은 창조자에게 충실하게 답하는 삶이었다.

정확히 인류에게 자연스러운 만큼이나 도덕법은 추상적 명령을 표현하지 않고 부과된 외적 권위가 아니라, 비록 유비적이지만, 하나님이 자신의 형상 보유자에게 전달했던 하나님 자신의 인격적 성품의 표현이었다. 따라서 하나님을 반영하는 것은 의롭고, 거룩하고, 순종적이다. 즉, 언약헌장에 의해 그런 것으로 정의되는 언약의 종이다(호 6:7; 사 22; 24:5; 렘 33:20, 25; 31:35-37).

6. 원죄(Original Sin)

하지만 우리의 집단적 인간적 소외는 적어도 서방 교회가 원죄와 동일시했던 것의 형태를 취한다. 어떤 교리도 우리의 인간론과 구원론이라는 이 교리보다 더 중요하지 않지만, 이 교리가 강조된 이후 어떤 교리도 이 교리보다 더 무자비하게 비판받은 교리도 없었다. 번영하는 "발전된" 국가에서 죄에 대한 확고한 견해를 주장하는 것을 어렵게 하는 것은 주로 악의 문제가 아니라 부유함의 문제다.

1970년대에 세속적인 심리학자 칼 메닝거(Karl Menninger)는 "죄가 무엇이 되었는가"(Whatever Became of Sin)를 알기를 요구했지만, 개혁파 전통에서 인기 있는 설교자인 로버트 슐러(Robert Schuller)는 『자존감: 새로운 종교개혁』(*Self - Esteem: The New Reformation*)을 저술했다. 이 책에서 그는 전통적 죄의 교리를 자아에 해를 끼친다고 비난했다.[37]

하르낙(Harnack)은 원죄를 "불경건하고 어리석은 교리"로 불렀다.[38] 하지만 이것은 제1차, 제2차 세계 대전이 발발하기 전이었다. 당연히 전후 시기는 고전적 원죄론에 대한 새로운 재평가를 허용했다. 라인홀드 니버(Reinhold Niebuhr)는 정확하게 다음과 같이 추정했다.

> 고전적 형태에서 기독교 원죄론은 인간은 불가피하게 운명적 필연성으로 죄를 짓지만 그런데도 그는 불가피한 운명에 의해 촉발된 행동에 대한 책임을 져야 한다고 주장함으로써 합리주의자들과 도덕주의자들의 심기를 불편하게 한다.[39]

탁월한 자연신학으로서 펠라기우스주의(Pelagianism)는 칸트(Kant) 사상의 인간론적 가정이었다.[40] 이것은 우리에게 디트리히트 본훼퍼(Dietrich Bonhoeffer)가 적당하게 "종교개혁 없는 개신교"로 묘사했던 북미의 대중적인 가정에서 가장 강력한 조류 가운데 하나를 상기시켜 준다.[41]

확실히 원죄 교리에 대한 모든 비판이 펠라기우스적 전제 때문만은 아

---

[37] Robert Schuller, *Self - Esteem: The New Reformation* (Waco, TX: Word, 1982). 메닝거가 종교적 신앙을 고백하지 않은 것과 로버트 슐러가 미국 개혁파 교회에서 목사 안수를 받은 것은 현대 미국 종교의 아이러니 가운데 하나다.

[38] Adolf von Harnack, *History of Dogma*, vol. 5. trans. Neil Buchanan (Boston: Little, Brown, 1899), 217.

[39] Reinhold Niebuhr, *The Nature and Destinty of Man* (New York: Charles Scribner's Sons, 1964), 241.

[40] Kant, "Religion with the Boundaries of Mere Religion," in *Religion and Rational Theology*, trans. and ed. Allen W. Wood and George Di Giovanni (Cambridge: Cambridge University Press, 1996), 148, 150; Ricoeur, Figuring the Sacred, 84 - 85.

[41] 로버트 젠슨(Robert Jesnson)은 자신의 책 *American's Theologian: A Recommendation of Jonathan Edwards* (New York: Oxford University Press, 1988), 54에서 미국 신학에 대한 비판에서 본훼퍼의 경구를 인용한다.

니다. 하지만 바울적인 전제들 때문도 아니다. 즉, 바울이 처음부터 원죄에 대한 주석적 기초를 발전시켰다는 것이 아니다. 시편(시 51:5, 10; 143:2), 선지서(사 64:6; 렘 17:9), 복음서(요 1:13; 3:6; 5:42; 6:44; 8:34; 15:4-5) 그리고 공동서신(약 3:2; 요일 1:8, 10; 5:12)에서 같은 전제가 강조된다.

하지만 더 기본적으로 원죄 교리는 하나님과 인간과의 관계를 관련시키기 위한 성경적 패러다임으로서 언약 자체와 온전한 원 상태에서 타락한 이야기와 같은 두 가지 주요 출처에서 발생하는 것처럼 보일 수 있다. 제 2 성전 시대 유대교에서 예를 인용하면서 차일즈(Childs)는 "유대교는 인간의 죄가 아담에게서 유래했다는 견해를 공유했다"고 결론을 내렸다(에스라4서 3:7; 시프레 신명기 323).[42]

원죄에 대한 초기 유대인 신앙의 가장 분명한 예 가운데 하나는 에스라 2서에 있다.

> 동일한 운명이 모두에게 임했다 사망이 아담에게 닥친 것처럼 홍수가(노아의) 그 세대에게 닥쳤다 …. 악한 마음에 사로잡힌 첫 아담은 자신의 후손인 모든 이들과 마찬가지로 죄를 범하고 굴복되었기 때문이다 따라서 이런 질병이 영구화되었다율법은 악한 뿌리와 더불어 사람들의 마음 안에 있었다 하지만 선한 것은 떠나고 악이 남았다 …. 모든 일에 있어서 아담과 그의 모든 후손이 한 일과 똑같이 행했다 왜냐하면 그들 또한 동일한 악한 마음을 지니고 있었기 때문이다(에스드라2서 3:10, 21-22,26).

이런 진술들은 포로기에 있는 이스라엘을 다루시는 하나님의 방식을 설명하는 맥락 안에 있다. 요점은 다음과 같다. 즉, 이스라엘 자체가 "아담 안에" 있고 첫 번째 불순종은 하나님 자신의 백성의 역사 안에 깊이 자리

---

[42] Childs, *Biblical Theology*, 579.

잡고 있다는 것이다. 특별히 로마서 1 - 3장에서 바울의 논의와의 이런 유사점은 눈에 띄게 현저하다.

원죄를 반대하는 주장이 무엇이든지 간에 근대적 개인주의를 합법적인 반박으로 사용할 수 없다. 연대성의 개념 즉 아담 안에서와 아브라함과 시내 산에서의 이스라엘의 연대성은 아무리 우리 자신의 세계관과 생경하더라도 성경적 세계관의 근간이다. 그렇다면 다음과 같은 결론으로 이어진다.

즉, 아담이 야훼(YHWH)의 종이며 왕으로서 그가 받은 사명을 수행하지 못했다는 것이 사실이라면 마치 히타이트 조약에서 봉신이 대표하는 백성이 조약을 위반할 경우에 위협받은 제재에 함께 포함되는 것처럼 "아담 안에" 모든 이도 또한 아담의 실패에 연루된다.

이 점에서 모든 것은 우리가 이런 역사적 이야기에 어떤 종류의 신뢰를 주는가와 타락 "전"과 "후"에 인간 조건에 대한 창세기 3장뿐만 아니라 이어지는 성경이 말하는 것처럼 우리가 기꺼이 말하는가에 달려 있다. 우리는 이 교리뿐만 아니라 특수한 것이 보편적인 것을 결정할 수 있다는 성경 저자들이 가정한 전체 주제에 설명을 요구하는 특수성이라는 스캔들로 다시 한번 돌아온다. 인류의 곤경에 대한 일반적 설명을 가져오는 이런 특별한 사건으로서 아담의 타락에 우리가 무슨 문제가 있든지 간에 우리는 또한 이 문제의 해결책으로서 두 번째 아담을 대면할 것이다.

"그렇다면 아담과 하와는 누구인가?"

우리는 로버트 젠슨(Robert Jenson)과 함께 "그들은 무슨 형태의 종교나 언어로 우리가 부르는 말로서 '하나님'으로 번역할 수도 있는 어떤 표현을 사용했던 첫 번째 인간 집단이었다"라고 말할 수 있다.[43] 바르트(Barth)와 브루너(Brunner)는 인류는 어떻게든 "아담 안에" 있다고 단언한다. 하지만 그들은

---

[43] Jenson, ST 2:49.

역사적 타락을 부정하기 때문에 그들은 이런 사실을 단지 하나님의 영원한 예정 안에서만 제기할 수 있다. 바르트는 다음과 같이 주장한다.

> 우리가 아담 안에서 진 죄책과 형벌은 그 자체의 어떤 독립된 실재가 없고 단지 우리가 그리스도 안에서 발견하는 은혜와 생명의 어두운 그림자일 뿐이다.[44]

만약 우리가 아담(즉 인간으로서의 인간)을 진지하게 받아들이지 않는다면 어떻게 우리가 아담의 원래 임무의 역사적 성취로서 예수 그리스도에 대한 적당한 평가를 생각할 것인가를 이해하기 어렵다. 바르트에게 있어서 "아담"은 단지 영원한 형상(그리스도)의 단순한 복사품, 외양, 그림자이며 그리스도가 아담을 삼켜 버린 것처럼 보인다.

내가 취하고 있는 이런 접근방식은 인정하건데 반직관적 반전이 필요하다. 즉, 개략적인 인간 본성에 관한 보편적 형이상학적 질문으로 시작하는 대신에 우리는 아담과 이스라엘로 시작해서 우리가 실제로 누구인지를 스스로 듣게 해야 한다.

이렇게 언급했으므로 우리는 전통적 원죄 교리에 대해 뭐라고 생각해야 하는가?

인간(형상과 모양) 안에 있는 하나님의 형상을 자아의 어떤 능력(영혼, 마음, 의지)의 측면에서 이해한다면 원죄는 아마 죄를 겉보기에 더 약한 능력(즉 몸, 열정, 또는 더 최근에는 유전자)에 두어야 할 것이다. 연대성의 요소가 아우구스티누스의 고전적 설명에 부재한 것이 아니라 주요 강조점이 유전의 형이상학에 쏠려있다.

---

[44] Karl Barth, *Christ and Adam: Man and Humanity in Romans 5*, trans. T. A. Smail (New York: Harper & Bros., 1957), 36.

이런 논쟁은 심지어 원죄론에 중요한 신학적 기여가 있을 수도 있지만, 그것들은 거의 이 주제를 다루는 성경 구절들이 제기하는 가장 분명한 질문은 아니다. 적어도 언약신학에 대한 나의 이해에서 연대성은 주로 대표의 문제 즉 존재론적, 형이상학적 연합보다는 오히려 언약적이고 유기적인 문제다. 분명히 우리는 다시 한번 이런 접근방식에서 "소외를 극복하기"보다는 오히려 "낯선 존재를 만나고" 있다.

따라서 "인간 본성"의 실체와 그것이 세대를 통해서 전달되는 수단에 관한 질문들은 무관하진 않지만 그런 질문들은 적어도 주요 요점은 아니다. 우리는 어떻게 그것이 일어나는가에 관한 특별한 이론을 지지하지 않고 인류가 아담 안에 있다는 성경이 의미하는 바를 확언한다. 다시 나는 젠슨을 언급한다. 즉, "이런 고전적인 제안이 가진 난관은 '인간 본성'이라는 개념의 사용이다. 즉, 그 자체로 이것은 인간들을 인간적인 것으로 만드는 비인격적인 무언가를 암시하고 인간 본성의 변형은 인간성의 정의에서 변형을 의미할 것이다."[45]

대신 강조점은 우리가 모두 공통으로 공유하는 능력이나 원칙으로 돌려지는 것이 아니라 우리가 공통으로 속해 있다는 사실에 돌려진다. 즉, 우리는 언약 안에 있다. 젠슨이 이런 범주에 호소하지는 않지만, 그는 같은 요점을 본질에서 주장한다.

> 인류는 결국 통시적으로 확대된 하나의 공동체다. 또한, 그 공동체와 그 안에 있는 우리는 우상을 숭배하고 정욕이 가득하며 불의하고 절망적이다. 게다가 바로 그래서 우리는 창조된 시간 안에서 발생한 인류의 '타락'을 가정하지 않을 수 없다 …. 창세기 3장에서 말해지는 이야기는 신화가 아니다. 그 이야기는 항상 일어나며 또한 절대 일어나지 않은 일을 묘사하는

---

[45] Jenson, ST 2:149 - 50.

것이 아니다. 그 이야기는 그 이후에 항상 일어나는 것의 역사적 첫 발생을 묘사한다. 게다가 그 일이 최초의 인간에게 일어나지 않았다면 그 일은 전혀 일어날 수 없었을 것이다. 왜냐하면, 그랬다면 첫 인간은 '인류의 포괄적인 행위'에서 제외되었을 것이기 때문이다.

마지막으로 우리는 다음과 같은 질문을 던질 수 있다.

즉, 아담과 하와는 누구였는가?

그리고 이런 맥락에서 대답은 다음과 같은 것이어야 한다. 즉, 하나님 명령에 불순종했던 우리의 생물학적 조상의 첫 번째 공동체다.[46]

우리 모두 참여하는 타락은 "과거의 현존이다."[47]

아담 안에서의 연대성은 언약이 관계에 대한 은유일 뿐만 아니라 하나님과 피조물 사이의 관계라는 것을 보여 준다. 누구도 하나의 섬이 아니다. 데카르트가 시도했던 것처럼 우리 자신에 대한 진리를 찾기 위해 방에 혼자 들어가 창문을 닫고 처음부터 시작한다는 가정은 환상 즉 치명적 환상이다.

우리는 모두 저주와 타락의 만연한 결과의 "효력 있는 역사"(Wirkungsgeschichte)의 일부분이다. 과거는 우리 가운데 뿐만 아니라 우리 안에 존재한다. 우리가 모두 우리의 인간성으로 공유하는 이런 언약 의식은 타락 이후로 위반, 소외, 범죄로서 우리 실존이 가진 근절할 수 없는 의식을 동반한다.

하지만 월터 브루그만에 의하면 창세기 3장은 죄에 빠지는 타락이라는 생각을 지지하지 않는다.

이 본문은 일반적으로 "타락"에 대한 설명으로 논의된다. 이런 이야기

---

46 위의 책., 150.
47 위의 책., 355.

자체보다 더 관련성이 없을 수 있는 것은 없다 …. 일반적으로 구약성경은 그런 "타락"을 가정하지 않는다. 신명기 30:11 - 14은 인류가 사실 하나님의 목적에 순종할 수 있다는 가정에서 더 특징적이다 …. 우리가 구약성경에서 인간 본성에 대한 그런 비관적인 견해를 찾는다면, 여기보다 호세아, 예레미야, 에스겔의 전통을 살펴보는 것이 나을 것이다. 종종 이 본문은 마치 악이 어떻게 이 세상에 들어왔는가를 다루는 설명인 것처럼 논의된다. 하지만 구약성경은 결코 그런 추상적인 문제에는 관심이 없다.[48]

이에 대한 답변으로 나는 무엇보다도 "이 세상에 어떻게 악이 들어왔는가?"

이는 결코 추상적인 문제가 아니라고 말해야겠다. 이 문제는 추상적이고 사변적으로가 아닌 창세기 2:4 - 3:24을 포함해 이스라엘에 의해 구체적이고 역사적으로 취급된다.

브루그만은 창세기가 창조된 인간의 잠재력에 대해 상대적으로 높은 견해를 가지고 있다고 아주 옳게 제안한다. 나는 창조 언약에 대한 논의에서 이것을 가정했다.

하지만 여기서 제공되는 이야기가 창조에서 타락으로 과도기적으로 이동하고 있다는 것을 누가 부인할 수 있겠는가?

이것이 단순히 이야기가 전하는 방식이다. 즉, "전"과 "후"가 존재한다. 따라서 개혁파 신학은 창조된 인간 본성의 철저한 완전성과 타락한 인간 본성의 철저한 타락을 동시에 강조해 왔다.

게다가 브루그만은 이 구절은 죄에 대한 형벌로서 이 세상에 죽음의 기원에 대한 것이 아니라고 우리에게 말한다.[49] 우리는 심지어 이런 주장을 위해 바울의 지지를 얻을 수도 없다.

"바울의 주장(롬 5:12 - 21에 있는)은 악, 죄, 또는 죽음의 기원에 대한 분

---

[48] Walter Brueggemann, *Genesis, Interpretation* (Atlanta: John Knox Press, 1982), 41.
[49] 위의 책., 42.

석에 관심이 있는 것이 아니라 복음 선포에 관심이 있다. 바울의 사역에서 창세기 2 - 3장은 문제 제시를 위해서가 아니라 복음 선포를 위해 사용된다." 사실, "그런 질문들은 성경적 증언의 일부분이 아니고 참다운 신앙에 전혀 흥미가 없는 것이다."[50] 그러나 후에 이 구절에 대한 그의 성찰에서 브루그만은 다음과 같이 주장한다.

> 이 장면은 재판(!)이 된다. … 기소당한(!) 부부의 말이 드러나고 있다. 왜냐하면, 그것은 모두 나는 … 이기 때문이다. 최초의 범죄(!)가 이곳에 있다. 즉, 내가 들고 … , 내가 두려워하여 … , 내가 벗었으므로 내가 숨었나이다. … 내가 먹었나이다(창 3:10 - 13). 그들 자신의 말이 그들을 기소한다. 이것은 에덴동산/동산지기, 그분의 부르심, 그분의 허락, 그분의 금지에 대한 그들이 가진 중대한 일이 포기되었음을 분명히 밝히고 있다. 이제 열중해 있는 일은 나는 … 이다 …. 삶은 자아 쪽으로 돌려졌다.[51]

하지만 이것은 브루그만이 다른 면에서 이 구절의 범위 일부분으로서 거부하는 이 구절에 대한 훌륭한 아우구스티누스적인 성찰이다. 결국 "물론 여기에 죄, 악 그리고 죽음에 관한 이야기가 있다."

"하지만 이것은 절제된 이야기다. 명제로 축소하기에는 위험성이 너무 크다. 이 이야기는 우리의 신학하는 것을 돕기 원하지 않는다. 이것은 오히려 우리의 삶에서 우리 주의를 끌길 원한다. 이것은 신학으로 탈출을 허용하지 않을 것이다."[52]

그런 언급은 순진하게도 다음과 같은 것을 가정한다. 즉, 브루그만이 이 이야기를 해석할 때 그는 신학적 명제를 주장하지 않고 있지만 그런데도

---

[50] 위의 책., 43.
[51] 위의 책., 49.
[52] 위의 책., 50.

심지어 그는 "재판," "기소," "최초의 범죄" 그리고 "자아 쪽으로 돌려진" 삶의 언어에서 벗어날 수 없다는 것을 가정한다.

우리 시대 죄에 대한 이런 전통적 이해에 도전하는 것은 한편으로는 다름 아닌 펠라기우스주의와 다른 한편 "교회 신학"에 대한 의심뿐만 아니라 인권, 사법 제도와 사회적 관계에 대한 치유적 이해이기도 하다. 법학의 개념들이 바뀌는 상황에서 감상적 신학이 등장했다. 법학의 개념이 바뀌는 이런 상황에서는 피해자뿐만 아니라 가해자를 위한 오로지 개선적이고 치료적인 것이 아닌 어떤 형태의 정의가 들어설 자리가 없다. 유죄 판결을 받은 사람들의 권리가 종종 피해를 본 당사자의 권리보다 더 중요하기 때문에 하나님의 인격적 의와 우리 자신의 윤리적 사명에 반하는 위반으로서 죄의 개념이 행동 교정이라는 치료적 모형에 자리를 내주고 있다.

이것의 뿌리가 항상 펠라기우스적인 것은 아닐 수도 있지만 결론은 정죄와 칭의의 견실한 대조 대신에 감상적 도덕주의를 산출할 수밖에 없다. 법학 교수 진 베스키 엘시테인(Jean Bethke Elshtain)은 사실 인간적 정의라는 바로 그 개념을 약화하는 감상주의를 지지하는 근본적 근거의 일환으로 하나님의 거룩성과 인간의 죄악성에 대한 의식의 상실을 지적했다.[53]

몰트만은 이 점에서 단순히 바울과 교부들의 가르침에 이의를 제기한다.

> 교부들은 일관성 있게 고난과 죽음이 하나님이 정하신 인간의 죄에 대한 형벌이라는 랍비들과 바울의 교리를 따랐다. "죄의 삯은 사망이요"(롬 6:23) …. 고통과 죽음을 이처럼 죄로 환원시키는 것은 구원의 시작이 죄에 대한 용서로 간주한다는 뜻이다. 그렇다면 인간의 구속은 두 단계로 발생한다. 즉, 죄는 십자가에서의 그리스도의 희생적 죽으심 속에서 은혜를 통해 극

---

[53] Jean Bethke Elshtain, *Augustine and the Limits of Politics* (Notre Dame, IN: University of Nortre Dame Press, 1995); cf. the interview with Elshtain by Ken Myers in *the Mars Hill Audio Journal*, vol. 64 (September/October 2003).

복된다. 또한, 죄의 결과인 고난과 죽음은 미래의 죽은 자들의 부활을 통해 권능으로 극복된다.

… 알렉산드리아의 클레멘트(Clement of Alexandria), 오리겐(Origen)과 몹수에시아의 테오도르(Theodore Mopsuestia)는 이런 인과적 관련성을 반박했다. 그들은 죽음은 유한한 존재로서 인간의 창조와 함께 속했다고 가르쳤다. 따라서 죽음은 죄의 결과가 아니고 또한 하나님의 형벌도 아니다 …. 아우구스티누스와 라틴 교부들은 한편으로 모든 형태의 고난과 죽음을 죄에서 찾고 구속 교리를 은혜 교리의 법률적인 형태로 환원시켰다.

물론 죄와 고난 사이에 연관이 존재한다 …. 이런 불행은 이미 죄 자체 안에 내재해 있다. 이런 이유로 죄인은 실제로 추가적으로 형벌을 받아야 하는 범법자가 아니다. 그는 가련한 어떤 사람이다. 그리고 우리는 그에 대해 연민을 가져야 한다.[54]

하지만 이것은 죄가 단지 우리가 수동적인 희생자인 것에 불과하고 거의 우리가 다른 사람들에게 보여 주는 매정함에 대해 우리 자신이 일으킨 원인 제공에 대한 개인적 책임을 불러일으킬 것 같지 않은 교리임을 가정한다.

하지만 하나님이 죄 자체가 수반되는 것보다 더 많은 벌을 부과한다고 제안하는 것은 사안을 더 꼬이게 만드는 것이 아닌가?

죄에 대한 형벌 자체가 범죄인가?

몰트만은 용감하게 죄를 창조된 본성 자체에 맡기려는 쪽으로 다음 단계를 밟는다.

---

[54] Moltmann, *Trinity and the Kingdom*, 49 - 50.

고통의 경험은 죄책감의 경험과 은혜의 경험을 훨씬 뛰어넘는다. 그것은 창조된 실재 자체의 한계에 뿌리를 두고 있다. 태초의 창조가 선과 악의 역사에 열려 있다면 태초의 그런 창조는 또한 고통을 겪을 수 있고 고통을 일으킬 수 있는 창조다.[55]

창조 행위가 하나님 사랑의 본성과 일치한다는 전제에서 그러므로 창조 행위가 필연적이라는 결론에 이르기까지 이런 논리적 비약에서처럼 몰트만은 여기서 바로 존재 안에 고통과 악을 포함하는 피조물 안으로 고통을 만들 수 있는 피조물을 만든다. 우리는 거의 오로지 근대성에 알려진 정의에 대한 어떤 치료적 개념에서 도출된 일련의 추측을 읽는다.

"사랑에서는 오직 '무고한' 고통이 있을 뿐이다. 왜냐하면, 사랑하는 사람은 다른 사람의 고통을 더는 보고 싶어서 하는 것이 아니라 그것을 극복하고자 하기 때문이다."[56]

그 결과 "죄에 대한 형벌로서 고통은 매우 제한된 가치가 있는 설명이다. … 십자가에서 그리스도의 죽음을 인간 죄책의 문제 틀 안에서 해석하는 것은 이런 보편적 중요성의 핵심 부분이지만 그것의 전체 또는 모든 충만함은 아니다."[57] 죄책감의 문제가 "그것의 전체는 아니다"라고 올바르게 주장하면서 몰트만은 심지어 그것이 이런 보편적 중요성의 일부라는 것을 허용하는 것처럼 보이지 않는다.

몰트만의 설명은 그 설명이 확증하는 것이 아니라 그 설명이 고려대상에서 제외한 것에 의해 약해진다. 죄에 대한 경건주의적 이해는 종종 개별적이고 공동체적인 그리고 인격적이고 구조적인 것으로서 죄에 대한 완전한 견해를 훼손하는 정도까지 하나님에 대한 개별적 죄의 이런 측면을 강

---

55 위의 책., 51.
56 위의 책.
57 위의 책., 52.

조했다고 몰트만은 올바르게 관찰한다.

　죄에 대한 근본주의적 이해는 이런 죄의 상태를 죄의 행위로 환원시켰고 결과적으로 죄의 개념을 일반적으로 다른 사람들이 저지르는 그런 행위로 좁혔다. 그런 진영에 있는 많은 사람에게 우리는 절대 누구에게 죄를 짓지 않는 단지 죄인일 뿐이다. 따라서 사람들을 동시에 가해자와 희생자로 만드는 이런 복잡한 죄의 거미줄은 종종 단순한 도덕적 주장으로 축소된다. 하지만 이것은 거의 근본주의자들만이 빠지기 쉬운 죄는 아니다.

　몰트만은 또한 올바르게 우리에게 다음과 같은 사실을 상기시킨다. 즉, 죄에 대한 기독교 교리는 이 교리의 우주적 차원에 비추어 분명하게 표현되어야 한다. 왜냐하면, 이것은 인간뿐만 아니라 심지어 해방을 위해 지금도 신음하는 피조물 전체를 위해서도 죄와 사망에 대한 하나님의 종말론적 승리로 이어지기 때문이다.

　하지만 죄에 대한 몰트만의 설명 또한 환원적이다. 따라서 그가 하나님의 종말론적 승리에 대해 언급해야 하는 많은 것은 다름 아닌 이상적 사회 구조(특별히 민주적 사회주의)의 실현에 지나지 않는다.

　하지만 낭만주의가 주장했던 것처럼 우리는 정말로 악한 사회 구조에 의해 왜곡된 고귀한 미개인들인가?

　의심할 여지 없이 오로지 법적인 타락 개념은 많은 본문 특별히 체계적이고 제도적 폭력의 실체를 강조하는 구절들을 설명할 수 없다. 하지만 신학은 사법적 또는 법적 측면과 관계적 및 우주적 측면을 연관시키는 더 큰 패러다임이 절실히 필요하다. 언약은 단지 그런 모형을 제공한다.

　크리스토프 쇼우벨(Christoph Schwobel)은 다음과 같이 주장한다.

　　믿음의 반대로서 죄는 주로 법에 대해 저질러진 범죄, 계명의 위반으로서 해석되지 말아야 한다. 그것은 주로 관계 즉 창조주로서 하나님과 그분의

인간 피조물 사이의 관계 위반이다.⁵⁸

하지만 이것은 언약적 주제가 해결하는 거짓 딜레마의 한 예이다. 왜냐하면, 이것 안에서 법적인 것과 관계적인 것은 분리할 수 없기 때문이다. 구속과 양자 됨과 같은 용어가 반영하는 것처럼 염두에 두어야 하는 특정한 종류의 관계에 대한 불가분의 법적 측면이 있다. 동시에 결혼을 서류 한 장으로 축소할 수 없는 것처럼 이런 관계를 법적인 것으로 축소할 수 없다.

쇼오벨의 언급의 편파성에도 그는 남김없이 죄를 법적 범주로 환원시키는 것에 대해 올바르게 경고한다. 죄는 그가 제안하는 것처럼 "믿음의 반대"일뿐만 아니라 그것은 또한 하나님의 율법에 대한 범죄이기도 하다. 하지만 루터의 소요리 문답이 우리에게 상기시키는 것처럼 모든 죄의 뿌리는 신뢰하기를 거부하는 것이다. 이것은 다시 언약에서 핵심적인 것을 강조한다. 즉, 신뢰 없이 어떤 충성(신뢰성, 믿을 만함)도 있을 수 없다. 믿음이 없다면 어떤 행위도 있을 수 없다.

구속에 대해 그렇게 철저하게 다른 해석을 만들어내는 것은 다름 아닌 죄에 대한 이런 정의다. 로버트 젠슨이 지적하는 것처럼 "죄에 대한 유일하게 가능한 정의는 죄는 하나님이 벌어지기를 원하지 않은 일이라는 것이다. 따라서 우리가 하나님을 고려하지 않는다면 우리는 이 개념을 다룰 수 없을 것이다. 하나님을 인정하지 않는다면 – 비록 아마 오랫동안 그렇게 할 수는 없겠지만 – 우리는 잘못과 심지어 범죄에 대해서는 의미 있게 말할 수 있지만, 죄에 대해서는 말할 수 없다."⁵⁹

---

58 Christoph Schwobel, "Human Being and Relational Being," in *Persons, Divine and Human,* ed. Christoph Schwobel and Colin Gunton (Edinburgh: T&T Clark, 1991), 148 – 49.
59 Jenson, ST 2:133.

바르트가 그렇게 강력하게 주장했듯이 그런 진지한 죄의 교리로 우리는 심지어 종교조차도 죄의 표현들 가운데 하나로 보지 않을 수 없다.

"우리의 자기 존중은 다른 무엇보다도 … 상부 세계로의 접근을 요구한다. 우리의 행위는 더 깊은 토대, 초월적인 인정과 보상을 원한다. 생명에 대한 우리의 욕망은 또한 경건한 순간들과 영원으로의 연장을 탐낸다."[60]

바르트는 포이어바흐의 종교 비판의 힘을 느끼며 또한 종교를 그리스도의 계시와 대조하고 종교를 우상 숭배적 투영으로 정의하기 위해 그런 비판을 이용한다.

> 우리는 우리 자신을 구원하러 가서 바벨탑을 세운다.
> 우리는 얼마나 서둘러 우리 안에서 하나님의 의를 위한 격렬한 열망을 진정시켜야 하는가!
> 그리고 유감스럽게도 진정시킨다는 것은 덮어 버리는 것, 침묵하는 것을 의미한다 …. 새로운 세계에 대한 갈망은 그 모든 쓰라림과 날카로움과 초조함을 상실했고 발전의 기쁨이 되어 버렸고 이제 연설, 기부자의 명판, 위원회 모임, 평론, 연례 보고, 25주년 기념식 그리고 무수한 상호 인사 속에서 감미롭고 확실하게 꽃피고 있다.
> 하나님의 '의' 그 자체도 가장 확실한 사실에서 다양한 이상들 가운데 가장 높은 이상으로 서서히 바뀌었고 이제는 여하튼 우리 자신의 일이다 …. 당신은 마치 당신이 하나님인 것처럼 행동할 수도 있고 손쉽게 하나님의 의를 당신 자신의 관리 아래 둘 수도 있다. 이는 명확하게 교만이다.[61]

---

[60] 위의 책의 번역., 136, 바르트 부분에서, *Der Romerbrief*, 2nd ed. (Munich: Chr. Kaiser, 1922), 20.
[61] Barth, *Word of God and Word of Man*, 14 - 16.

종교는 수치를 일으키는 죄책을 실제로 다루지 않고 우리의 수치를 덮는 주요한 방법들 가운데 하나다. 우리는 우리 자신에 관한 이런 진리를 억누르는 것을 만족시켜줄 신을 투영한다. 젠슨이 언급하는 것처럼 "마치 우리 가운데 어떤 사람이 우연히 잘못된 신의 후보들을 생각해 내는 것처럼 우상 숭배는 우연한 사건이 아니다."[62]

계몽된 근대성이 자신만만한 행진의 진지한 속도와 자기 탐닉적 소비주의의 허무적인 박자 사이를 번갈아 가며 나타나는 펠라기우스주의를 보여주지만, 성경적 신앙은 우울한 음표, 애조(哀調) 없이는 불릴 수 없다. 물론 성경적 신앙이 모두 우울한 것은 아니다. 하지만 우울함이 없다면 어떤 희망도 존재하지 않는다. 우울함이 허무주의는 아니다. 즉, 우울함이 희망에 반대하는 것은 아니다.

그와는 반대로 그것은 슈퍼마켓이나 아니면 아주 빈번하게 교회에서 우리가 듣는 끊임없이 행복하고 낙관적인 시엠송이다. 이런 음악은 죄, 악 그리고 고통의 실체를 부정하는 것과 관련이 있다. 따라서 소비자들에게 심오한 구속적 무언가에 대한 어떤 갈망을 부정하게 한다. 허무주의는 쇼핑몰이나 초대형 교회의 아찔하게 하는 환경에서 발견될 수 있다. 아름답고 적응을 잘하고 유쾌하고 행복하고 젊고 활기찬 사람들의 이미지를 먹고 사는 낙관적인 대중문화는 희망과 이런 희망을 유발하는 기제의 바로 그 조건인 잔인한 삶의 현실을 무시한다.

블루스 음악은 페이지에 악보로 옮겨 놓기가 어렵다. 왜냐하면, 이 음악은 음표를 늘리고 음표에 이음줄을 긋기 때문이다. 성경이 해석하는 것으로서 삶에 대한 이런 유사점은 분명하다.

예외 없이 현대 자유주의와 근본주의는 때때로 유사한 방식으로 죄의

---

[62] Reinhold Niebuhr, *The Nature and Destity of Man*, 2 vols. in 1 (New York: Scribner's 1949), 137.

본질적 성격을 잘못 이해했다. 예를 들어, 인간의 선함에 대한 암묵적 또는 명확한 가정과 죄를 조건보다는 행동으로의 환원시키는 것을 통해서 죄의 성격을 오해했다. 하지만 원죄에 대한 이런 일반적이고 명시적 비판은 항상 "'당위](ought)는 '가능'(can)을 암시한다는 칸트의 정언 명령(categorical imperative)의 일부 버전이었다.

자유주의와 근본주의 모두 외부에서 죄를 쉽게 발견한다. 하지만 우리는 또한 - 에 대해 죄를 지었던 것으로서 자아(자유주의)나 죄인(근본주의)을 강조하는 경향을 분별할 수 있다. 하지만 죄의 신비는 이 잘못된 선택보다 더 복잡하다.

20세기 인간 죄의 가장 명백한 예에 직면하여 글을 쓰면서 라이홀드 니부어(Reinhold Niebuhr)는 『인간의 본성과 운명』에서 이런 복잡성에 대해 깊이 성찰했다. 그는 칼빈에게 호소한다.

> 따라서 플라톤이 모든 죄를 무지에 전가하는 것으로 인해 마땅히 비난을 받았듯이 우리는 또한 모든 죄가 고의적인 악의와 타락에서 비롯된다고 주장하는 사람들의 의견을 거부해야 한다. 왜냐하면, 우리는 심지어 우리의 의도가 좋을 때조차도 너무 자주 오류에 빠지는 것을 너무 많이 경험하기 때문이다. 우리의 이성은 너무 많은 형태로 속임수로 압도되어 있다.[63]

비록 니부어가 이런 고전적인 교리의 모든 세부 사항을 채택하지는 않지만, 그는 파스칼의 견해를 공유한다. 그는 『팡세』 434에서 다음과 같은 글을 인용한다. 즉, "확실히 어떤 것도 이 교리보다 더 우리를 무례하게 기분을 상하게 하는 것은 없다. 그런데도 이런 신비, 모든 것 가운데 가장

---

[63] 위의 책,. 242에서 인용. Calvin, *Institutes* 2.2.25에서.

이해 불가해한 것이 없다면 우리는 우리 자신에 대해 이해할 수 없다."[64]

근대적 형태로 펠라기우스주의는 예를 들어 진보를 억제하는 "문화적 지연"이라는 개념에서 지속한다.

예를 들어, 세속적 자유주의와 기독교 현대 자유주의에서처럼 본질에서 인간에 대한 고전적 견해가 우세한 곳은 어디에서나 악에 대한 편견은 인간 의지가 아니라 인간이 맹목적인 피조물과의 관계에서 물려받았던 자연의 나태함 가운데 거하는 것으로 정의되어야 한다는 것은 놀라운 일이 아니다. 이는 심지어 슐라이어마허 같은 사람들의 사상이나 사회 복음의 신학에서처럼 이 나태함을 순전히 감각적인 격정이나 지성의 유한성보다는 오히려 역사의 제도와 전통으로 원인을 돌릴 때도 여전히 사실이다.[65]

월터 라우션부시(Walter Rauschenbusch)에 의하면 죄는 주로 제도를 통해서 전달된다.[66] 이런 주장이 이루어진 주장은 아우구스티누스의 비판가들의 시대와 달라지지 않았다.[67]

> 슐라이어마허는 의미심장하게도 죄와 죄의식 사이를 전혀 구분하지 않는다. "우리는 죄가 일반적으로 단지 죄에 대한 의식이 존재하는 한 존재한다는 사실을 주장해야 한다"고 그는 쓴다. 칼빈의 어구를 사용하자면 펠라기우스주의는 간단히 말해서 모든 죄를 "고의적인 악의와 부패"로 돌린다.[68]

하지만 문제는 다음과 같다. 즉, 펠라기우스주의(일반적으로 현대 자유주의의 특징)나 반 펠라기우스주의(그가 로마가톨릭신학과 동일시하는)도 인간의

---

64 위의 책., 243.
65 위의 책., 246.
66 위의 책., 246 n. 3, Rauschenbusch, *A Theology of the Social Gospel* (Lousiville, KY: Westminster John Knox, 1997), 67에서 인용.
67 위의 책 247.
68 위의 책.

부패에 대해 심오하게 충분한 설명을 제공하지 않는다는 것이다. 역사와 경험이 또한 이런 사실을 이런 모든 사실을 보여 준다.

> 사실은 다음과 같다. 즉, 언뜻 보기에는 고전적 바울의 원죄 교리가 불합리하게 보일지라도 기독교 진리의 일부로서 이 교리의 명성은 도덕주의자들을 끊임없이 피하여 달아나는 인간 행동의 복잡한 요인에 빛을 던져주는 능력에 의해 합리주의자들과 단순한 도덕주의자들의 공격에 대항하여 보존되며 영속적으로 재확립된다.[69]

예를 들어, 우리는 실제로 유대인에 대한 박해가 반드시 모든 경우에 악의적 의도 때문이라고 말할 수는 없다. 사실 나치에게 있어서 폭력을 정당화하는 것은 궁극적인 미덕과 가치에 대한 헌신이다.

"단순히 나치의 선택이 의식적으로 비뚤어지지 않기 때문에" 우리는 나치의 책임을 용서해야 하는가?[70]

하지만 니부어는 또한 나의 논의와 잘 들어맞는 방식으로 가톨릭과 개신교의 전통적 정식화에 이의를 제기한다. 니부어가 "반 펠라기우스주의"로 동일시하는 가톨릭 교리는 순수 본성(pure naturalia)과 부가적 은사(donum superadditum) 사이를 구별한다.[71] 원래의 의는 후자에 맡겨졌는데 이것은 자연에 추가된 은사, 즉 타락에 의해 박탈된 은사다. 하지만 "순수한 본성"은 사실상 타락에 의해 영향받지 않고 남아있다. 불안한 양심은 죄에 의해 영향받지 않은 순수 본성과 완전히 상실된 원래의 의 사이를 구분하는 로마가톨릭신학이 허용하지 않는 원래의 의의 증거다.

---

69 위의 책., 249.
70 위의 책.
71 위의 책., 247 - 48.

그 자체를 완전히 의식하지 못하는 불안한 양심은 추가적 죄의 근원이다. 왜냐하면, 자아는 타자들을 비난하고 그들에게 자아의 죄에 대한 책임을 지게 하거나 더 나쁜 죄를 그들에게 돌림으로써 후회나 참회로 이어지는 결말(denouement)을 피하려고 필사적으로 애쓰기 때문이다.[72]

다른 방식으로 가톨릭의 원죄론과 더 급진적인 개신교 원죄론(루터의 원죄론과 같은)은 이 원래의 의가 아무리 부패했어도 어떤 의미에서 양심 안에서 계속되는 것으로서의 원래의 의를 부정한다. 하지만 도덕주의자들은 자유의 이름으로 이 도덕적 부패를 거부한다. 그런데도 "인간 정신의 자유에 대한 궁극적인 증거는 인간 정신의 의지가 자유롭게 선과 악 사이를 선택할 수 없다는 그 자체의 인식이다 …. 인간은 자신이 자유롭지 않다는 것을 발견할 때 가장 자유롭다."[73]

니부어에 의하면 칼빈은 로마 가톨릭의 전혀 더럽혀지지 않은 "순수한 본성"에 대한 견해와 루터교의 원래의 의가 계속 지속한다는 것을 부정하는 것 사이의 중도이다. 인간 본성은 모든 부분에서 부패해 있지만, 인류는 여전히 하나님의 형상을 보유하고 있고 이런 형상과 함께 진리를 인정하지만 그런데도 불의 안에서 진리를 억압하는 양심을 보유하고 있다.[74]

게다가 보편적인 죄의식은 신학에서 죄의식을 부정하는 것과는 달리 인간의 경험에서 확인된다고 니부어는 말한다.

"인간이 무엇인가와 인간이 어떤 사람이 되어야 하는 것 사이의 갈등 의식은 비록 이런 갈등에 대한 설명이 보통 모순되고 혼란스럽지만, 보편적인 표현을 발견한다."

이런 보편적인 경험은 "죄가 파괴했던 선에 대한 인류의 지식을 부정하

---

72 위의 책., 256.
73 위의 책., 258, 260.
74 위의 책., 269.

는 어떤 이론이 틀렸음을 입증한다."[75]

"가톨릭에서 타락은 인간에게 본질적이지 않은 무언가의 상실을 의미하고 따라서 그의 본질의 부패를 나타내지 않는다."

하지만 개신교는 때때로 이런 형상을 파괴된 것으로 간주하는 데 있어서 너무 정도가 지나치다.

"인간의 본질적인 본성과 그런 본성에 순응하는 능력 사이를 구분하지 않는다면 하나님의 형상이라는 개념과 타락 전 그런 형상의 완전성을 제대로 다루는 것은 불가능하다."[76]

나는 이미 형상 담지자(모든 사람에게 공통)라는 사실과 그리스도 안에서의 종말론적 실현(은혜 언약에서) 사이를 구별할 때 이런 요점을 주장했다. 심지어 루터조차 이런 불안한 양심을 하나님과 타락한 인간 사이의 접촉점으로 보았다.[77] 따라서 이런 불안한 양심은 없어지거나 완전히 지워질 수 있는 것이 아니라 오히려 왜곡되고 뒤틀려 있다.

니부어가 그렇게 명확하게 보았던 것처럼 죄의 신학은 결정적으로 중요한 윤리적이고 문화적 함의가 있다. 바울이 로마서 1 - 3장에서 맞서 싸웠던 자기 의가 오늘날 자유주의 기독교에서 재현되고 있다. "도덕주의적 기독교의 가장 큰 죄는 인간은 그들 자신이 품고 있는 정의와 사랑의 이상

---

[75] 위의 책., 266. 하지만 모든 사람에게 공통적인 이런 보편적 경험은 니부어에게서는 역사적 근거가 없는 채로 남아 있다. 상실된 원래의 완전성이라는 개념은 비록 니부어가 재빨리 "타락"을 신화의 범주에 놓지만 그는 중요하다고 말한다. 다시 말해, 신학적으로 역사적 타락에 기초한 이 교리는 이 교리의 구체적인 기초를 부정함으로써 방해받지 않고 계속해서 이 교리의 무거운 짐을 짊어질 수 있다. 이것이 니부어의 설명이 가진 약점이다. 결과적으로 그는 "초월적인 것으로서 자아 안에 있는 원래의 완전성에 대한 의식과 기억은 완전성의 소유로 간주하지 말아야 한다.… 다시 말해, 타락 전의 완전성은 행동 전의 완전성이다"라고 말한다(277 - 78). 따라서 니부어(바르트와 브루너에게서처럼)에게 있어서 "타락"은 칸트적 선험성과 같은 무언가로서 기능한다.

[76] 위의 책., 266.

[77] 위의 책., 274.

만큼이나 선하다는 가정을 부추기는 도덕적 기독교의 경향성이다."⁷⁸

우리가 이것의 헛됨과 독선을 이해하기 시작하는 것은 비록 죄악적으로 억압되어 있지만 심지어 타락 이후에 인간 본성 안에 원래의 의에 대한 그런 의식의 실재를 존재하는 것으로서 인정함에 의해서만이다.

"우리는 원래의 의나 완전성이 '법'으로서 죄성 있는 사람과 함께 존재하고 있다는 것을 살펴보았다."

그런데 그것은 "인간의 본질적인 본성에서 유래"한다.⁷⁹

> 따라서 마치 완전히 상실된 원래의 정의가 없는 것처럼 부패하지 않는 자연법은 존재하지 않는다 …. 자연적 정의의 확정적 기준에 도달하기 위한 손상되지 않은 이성의 능력에 대한 중세 가톨릭의 확신은 따라서 그 시대의 죄악적 가식의 바로 그 수단이 되었다. 토마스 아퀴나스의 사회 윤리는 봉건 농업 경제의 특이성과 우연적인 요인을 고정된 사회 윤리적 원칙의 체계로 구현한다.⁸⁰

하지만 루터교와 바르트는 다른 측면에서는 너무 "상대주의적"이다.⁸¹ 우리는 "이성의 기능에 대한 더 변증법적인 분석"이 필요하다. 즉, 이성의 기능은 가톨릭 교리에서만큼이나 흠이 없지는 않지만, 일부 개신교 견해에서처럼 이성의 기능이 부재하거나 비작동적일 정도로 완전히 부패하지는 않았다.⁸² 이런 변증법에서 주체로서의 자아는 양심에 따라 추론하고 법을 인정하고 법에 기초해서 도덕적 판단을 하지만 동시에 행동의 행동

---

78 위의 책., 279.
79 위의 책., 280.
80 위의 책., 281.
81 위의 책., 283.
82 위의 책., 284.

자로서 자아는 그 자신의 죄와 편견에 대해 변명한다.[83] 이성은 "죄성 있는 자기애의 종이며 죄성 있는 자기애에 기초한 판단의 기관이다." 로마 가톨릭 견해와 루터파 견해 사이에 서 있는 칼빈의 분석은 타락한 이성의 이런 변증법적 성경과 가장 일치한다.[84]

고대와 현대의 펠라기우스주의자들은 자유와 원죄 교리를 서로 대립시켜 싸우게 하며 또한 아우구스티누스주의자들은 종종 사실상 자유를 부정함으로써 이런 대립을 받아들이지만, 니부어는 아이러니하게도 인간의 자유는 죄에 대한 속박에서보다 더 잘 이해되고 확증되는 곳은 없다고 올바르게 주장한다.

"추정하건대 죄성 있는 인간이 상실했던 원래의 의는 실제 그의 자유의 궁극적 요건으로서 그에게 존재한다."[85]

외치는 자유가 존재하지만 결국 남용되거나 왜곡되어 있다.

"지켜지기 위해 생명의 율법은 명시되어야만 한다고 가정하는 모든 단순한 도덕주의는 이런 요구에 대한 부유한 젊은 통치자의 반응에 의해 반박된다.

> 그 청년이 재물이 많음으로 이 말씀을 듣고 근심하며 가니라(마 19:22).[86]

이 이야기는 적어도 두 가지 중요한 결론을 도출한다. 즉, 인간은 자신들의 본성의 궁극적인 요구 사항들을 알고 있으며 또한 그들은 "일단 정의된 이런 요구 사항들을 충족할 준비가 되어 있지 않다."[87]

---

83 위의 책.
84 위의 책., 285.
85 위의 책., 286.
86 위의 책., 287.
87 위의 책., 288.

현대 자유주의와 현대 마르크시즘은 항상 도덕적 무의미와 도덕적 광신주의라는 대안에 직면해 있다. 순수한 형태의 자유주의는 보통 무의미의 위험에 굴복한다. 자유주의는 작동하는 결백이라는 유리한 지점을 찾을 수 있을 때까지 악에 대항하여 행동하지 않을 것이다. 이것은 자유주의가 전혀 행동할 수 없다는 것을 의미한다.[88]

다시 약간 아이러니하게도, 인간의 죄성에 대한 강한 확언을 종종 도덕적으로 쇠약하게 하는 것으로 간주하는 반면(그리고 실제로 만약 우리가 이성과 양심의 흔적을 부정한다면 그렇게 간주할 수 있다) 행동을 마비시키고 광신주의와 무의미 사이에서 갈팡질팡하는 것은 실제로 펠라기우스주의다.

니부어의 로마 가톨릭과 루터교 견해에 대한 이해는 어느 정도 논쟁의 여지가 있을 수 있다. 하지만 그의 분석은 한편으로는 로마 가톨릭의 "순수한 본성"(타락으로 부패되지 않은)과 원래 의의 "초자연적으로 부가된 은사"(타락으로 완전히 제거됨) 사이의 구분과 다른 한편으로 타락한 인류 안에 남아 있는 하나님의 형상에 대한 극단적 개신교의 부정을 부정하는 개혁파적 우려를 반영한다.

나는 이런 접근방식을 위한 구체적인 기초를 제공하고 타락 이후 인간 부패 지속과 원래의 도덕적 본성 구조를 억압하는 것뿐만 아니라 원 창조의 지속 확증을 제공하는 것은 다름 아닌 창조 언약(또한, 행위/율법/자연 언약으로 불리는)임을 주장할 것이다.

하지만 더 최근에 또한 인간의 부패에 대한 깊은 직접적 경험에서 미로슬라프 볼프(Miroslav Volf)는 "확연한 불일치"를 일으키는 풍요로운 현대 사회에 "꾸며낸 순수성"을 언급한다. 즉, 그토록 명백하게 악에 물든 세상에서 모든 사람은 그들 눈으로 볼 때 아무 죄가 없다.[89] 의도적 위반과 희

---

[88] 위의 책.
[89] Miroslav Volf, *Exclusion and Embrace: A Theological Exploration of Identity, Otherness, and Reconciliation* (Nashville: Abingdon, 1996), 79.

생시키는 것을 포함하는 것으로 죄를 분석했던 칼빈의 분석에 대한 니부어의 호소와 유사하게 볼프는 다음과 같이 언급한다. 즉, "『폭력으로의 타락』에서 위반이라는 바로 그 본질을 통해서 희생자와 위반자의 뒤얽힌 관계가 존재한다고 마조리 수하키(Marjorie Suchocki)는 주장한다."[90]

폭력은 피해자의 정신이 덫에 걸리게 하고 방어적 반응의 형태로 폭력적 행동을 촉발하다. 그렇게 함으로써 무죄함을 앗아간다. 그녀는 "세상을 깔끔하게 희생자와 가해자로 나누는 것은 개개인이 문화적 죄에 깊이 관여하고 있음을 무시한다. 순전히 무죄한 사람이란 존재하지 않는다"라고 쓴다.[91]

하지만 이것은 원죄 교리가 주장하려고 애썼던 요점이다. 그리고 원죄 교리의 종말은 우리를 배제와 폭력을 영구화하는 비난의 순환 안에 갇히게 한다.

진보에 대한 근대성의 신념이 등장함에 따라 원죄 교리는 점차로 해체되었다. 『위험한 순수』에서 베르나르 - 앙리 레비(Bernard - Henry Levy)가 올바르게 주장했던 것처럼 … 부분적으로 정확하게 근대성의 맹목적 낙관론이 만들어 내었던 근대성의 다루기 힘든 그림자는 원죄 교리의 신중한 복구를 요구한다 … 죄 안의 연대성은 죄책과 순수의 도덕적 할당에 근본적으로 의존하는 접근 방식으로는 어떤 구원도 기대할 수 없음을 강조한다. 문제는 어떻게 지적 지도나 도덕적 지도 위에서 "순수"를 찾아내서 그곳으로 나아갈 수 있는가가 아니다.[92]

---

90 위의 책, 147에서 인용.
91 위의 책., 80.
92 위의 책., 84.

이 교리는 우리가 도덕적 행위에 기초해서 배제하려는 경향을 약화해야 한다.

개별적인 악은 우리 '안에 거해서' 우리는 우리가 미워하는 바를 행하게 할 뿐만 아니라(롬 7:15), 우리를 너무나도 철저히 식민지화했다. 그래서 우리가 원한지만 그것이 악하기 때문에 그것을 미워할 수 있는 것이 일어날 수 있는 자아 안에 어떤 도덕적 공간도 남아 있지 않는 것처럼 보인다. 우리는 전적으로 동의할 뿐만 아니라 반대할 생각도 없이, 해방을 기대하는 탄식도 없이 악의 덫에 걸린다.[93]

볼프는 심지어 원죄를 다음과 같은 언약 개념과 관련시킨다. 즉, "그리고 '만들고' '깨트리는' 소동의 이면에는 한 가지 불변하는 인간 조건이 놓여 있다. 즉, 인간은 언제나 이미 언약을 깨트린 존재로서 언제나 이미 언약 안에 있다."[94]

7. 자연적 능력과 도덕적 능력

인간은 정의상 언약적 피조물이고 형상 담지자라는 위에서 개진했던 논의의 당연한 추론은 다음과 같다. 즉, 인간이 되는 것은 올바름 안에서 하나님과 관계 맺는 것에 의존하지 않는다는 것이다.[95]

이런 주장 자체는 또 다른 필연적 결과를 가져온다. 즉, 자연적 능력과

---

[93] 위의 책., 90 - 91.
[94] 위의 책., 153.
[95] 나는 젠슨에게서 인용한 다음 문장을 앞에서의 인용문에 덧붙이고 싶다. "우리는 부활을 믿고 그래서 예수님이 성부의 동일 본질(호모우시아)임을 믿기 때문에 하나님의 상대역이다"(ST 2:72). 요한 지지울라스와 이런 논지를 따르는 비슷한 주장에 있어서와 마찬가지로 여기에서 논리는 위험하지는 않더라도 제한적인 인간론적 결론으로 이어진다. 우리는 인간의 목표 실현과 인간이라는 사실을 구별해야 한다.

도덕적 능력 사이의 구별이 있다는 것이다. 개혁파 체제에서 두드러진 이런 구별은 위에서 했던 주체로서 자아(옳고 그름을 인정하는)와 행동에서 행위자로서의 자아(타자를 비난하면서 자신을 정당화함)의 구별로 니부어가 염두에 두는 것처럼 보이는 바로 그것이다.

 이런 구별은 특히 17세기 논쟁에서 개혁파 신학에 따라 발전되었고 조나단 에드워즈(Jonathan Edwards)가 그의 『의지의 자유』에서 엄격하게 이런 구별을 연구했다. 이런 구별은 다음과 같이 주장한다. 즉, 타락이 인류를 죄에 포로로 잡히게 했지만 그런데도 우리를 진정으로 인간으로 만드는 능력이나 속성을 제거하지 않았다는 것이다.

 종교개혁자들은 "하늘의 것들"과 "이 땅의 것들" 사이를 구별하는 데 있어서 유사한 무언가를 보여 주었다. 즉, 우리는 하나님 앞에서 기여할 어떤 것도 없지만 다른 사람들 앞에서 우리가 도덕적으로 간주될 수 있고 따라서 타자를 존중한다. 이런 범주들의 결합은 전적 타락에 대한 일부 비판자가 인간은 어떤 의미에서 칭찬받을 가치가 전혀 없다는 제안에 당연히 주춤하는 하나의 이유일 수도 있다.

 그렇다면 타락에서 손상되었던 종류의 의는 시민적 의가 아니다. 즉, 이런 시민적 의는 심지어 타락한 세상에서도 정의의 모습을 계속해서 가능하게 하는 원래 의의 잔재다. 신자뿐만 아니라 불신자도 설득력 있는 의무로서 하나님 말씀의 그런 부분을 들을 수 있다(즉, 명령). 아무리 우리가 우리 자신을 정당화하기 위해 사랑의 법을 억누르고 왜곡하려고 애쓰는 것과 관계없이 이것은 인간 공동체의 근거 즉 우리가 근절할 수 없는 사랑의 법이다.

 하지만 하나님 말씀의 다른 부분(즉 약속, 특별히 복음)이 없다면 "내가 여기 있나이다"처럼 무엇보다 믿음 안에서 하나님에게 향하는 그런 명령에 대한 어떤 답변도 있을 수 없다. 이것은 이방인들이 필요했던 "새로운 마음"이다. 그뿐만 아니라 만약 이스라엘 백성이 하나님의 언약 명령과 약속에 신실하게 반응해야 한다면 그들 자신이 필요했던 "새로운 마음"이기도 하다(렘 31:31 - 34).

모든 사람은 하나님에게 신실한 순종을 할 수 있는 자연적 능력이 있다. 하지만 타락 이후 우리는 "죄 아래에 팔렸도다"(롬 7:14). 즉, 우리의 도덕적 능력은 외국 군대가 아니라 우리 자신의 이기심, 우상 숭배, 탐욕, 기만에 포로로 사로잡혔다.

> 기록된 바 의인은 없나니 하나도 없으며. 깨닫는 자도 없고 하나님을 찾는 자도 없고(롬 3:10 - 11).

이것은 단순히 과장된 것이 아니다. 즉, 심지어 우리가 하나님을 찾는 척 할 때도 우리는 거기에 실제로 존재하시는 하나님에게서 도망치고 있다.

만약 일반 서점의 자기 계발 코너가 어떤 지표 역할을 한다면 바울의 연설을 들었던 아테네의 청중처럼 우리는 "범사에 종교심이" 많다(행 17:22). 하지만 하나님은 예배를 받으시는 것이 아니라 이용당하신다. 무신론 못지않게 '영성'도 성경에 계시된 하나님의 구체성을 억누른다.

우리가 여전히 하나님의 형상 보유자이고 결과적으로 언약적 신실함 속에서 하나님과 타자들과 관련된 필요한 모든 자연적 능력을 소유하고 있다는 것과 이것은 심지어 율법의 규칙에 대한 우리의 의무감 속에서 실현된다는 것이 우리를 비난받을 만하게 만든다(롬 1:18 - 2:16). 잘못은 우리가 할 수 없다는 데 있는 것이 아니라 우리가 우리 죄에서 살아 계신 하나님께로 돌이킬 수 없다는 것에 놓여 있다(요 8:44).

"아담 안에서" 죄에 사로잡힌 우리는 그런데도 우리 자신이 자신을 감옥에 가두게 한 자발적 공모자들이다(롬 5:12). 단지 하나님이 우리를 사로잡고 우리의 포로 상태를 종식할 때에만 우리는 참으로 자유롭게 본래 인간의 모습이 될 수 있다.

마침내 타락 이야기는 형의 집행 유예로 끝을 맺는다. 여인의 씨가 뱀을 이길 것이라는 선언이 있고 난 뒤 하나님 은혜의 놀라운 사건이 있다. 그것은 은혜 언약의 시작이다.

여호와 하나님이 아담과 그의 아내를 위하여 가죽옷을 지어 입히시니라(창 3:21).

성경을 규범적으로 읽을 때 우리는 이런 은혜로운 경륜에서 "세상 죄를 지고 가는 하나님의 어린양"의 모습을 보지 않을 수 없다(요 1:29). 하지만 이 장면은 거기서 끝나지 않는다. 또한, 언약의 위대한 재판도 거기서 끝나지 않는다.

하지만 현재 이 이야기에서 우리는 낙원의 출입이 금지되고 "에덴 동쪽"에서 땅을 일구는 인류로 논의를 시작한다. 이미 다음 장에서 우리는 하나님이 가인의 동생이 드렸던 동물 희생 제사는 열납하셨지만 "가인과 그의 제물은 받지 아니하신"(창 4:5) 이유로 가인이 품었던 질투로 인해 가인이 아벨을 죽인 형제 살인의 장으로 소개된다. 이 이야기의 서막으로서 하와는 "내가 여호와로 말미암아 득남하였다"(창 4:1)라고 가인의 출생을 알린다.

고대 텍스트에 명확한 기사의 부족은 해석을 어렵게 한다. 따라서 우리는 특히 문맥에 의존한다. "득남"(a man)이 확실히 가능하지만 전개되는 이야기에 비추어 볼 때 하와가 자신에게 약속되었던 자손 즉 뱀의 머리를 상하게 하고 저주의 속박을 끊을 자손을 출산했다고 외치는 것으로 이해하는 것이 더 이치에 맞을 것이다.

그때 그녀는 자기의 첫째 아들이 결코 그 "메시아"는 아니지만, 그가 성경의 첫 번째 살인자로 기록될 것이라는 사실을 알 수 없었을 것이다.

그런데도 심지어 범죄가 있고 난 뒤에도 하나님은 가인을 보호하고 그가 도시를 건설하게 하며 또한 다양한 문화적 노력에서 결국 그들 자신을 지도자들로 구분할 자손을 낳게 한다. 가인의 계보와 그의 자랑스러운 도시의 설립이 다시 언급되는 지점에서(창 4:17 - 24) 우리는 대조적으로 아담과 하와에게서 또 다른 아이가 태어났다고 내용을 읽었다.

> 그의 이름을 셋('지명하다, 정하다'를 의미하는)이라 하였으니 이는 하나님이 내게 가인이 죽인 아벨 대신에 다른 씨를 주셨다 함이며 셋도 아들을 낳고 그의 이름을 에노스라 하였으며 그 때에 사람들이 비로소 여호와의 이름을 불렀더라(창 4:25 - 26).

이 시점부터 계속해서 역사에서 두 도시가 부상한다. 즉, 첫 번째 도시는 폭력, 억압, 불의, 죄, 교만뿐만 아니라 주목하건대 문화적 기술적 발전으로 식별된 도시다. 다른 하나는 에노스의 출생을 알리는 마지막 문장이 식별한 도시다.

> 그 때에 사람들이 비로소 여호와의 이름을 불렀더라(창 4:26).

이름 즉 어떤 이름뿐만 아니라 그 이름(the name)을 부르는 이런 분명한 언약적 언어가 눈에 띈다. 이어지는 성경 이야기는 포괄적 연대기나 계보를 만들려고 시도하는 것이 아니라 오히려 아담과 아브라함 사이의 구속사의 가장 흥미로운 부분을 이야기한다.

노아는 셋의 후손으로 대표되며, 그의 가족은 이스라엘 역사에서 두드러지게 나타날 수 있는 다양한 민족으로 확장되어 나온다. 적어도 이 이야기의 요점 중 하나는 다음과 같다. 즉, 약속이 항상 위협받고, 항상 위기에 처해 있다. 불복종은 매회 인류를 특징짓는다.

또한, 하나님의 신실한 언약의 종이 될 사람이 아무도 남아 있지 않은 것처럼 보일 때 하나님의 은혜는 승리하고 종이 될 새로운 후보가 등장한다. 두 도시 사이의 결혼은 언약 계승의 계보를 약화시켜 소멸지점까지 가게 위협한다. 가인의 교만한 도시의 후계자인 바벨 사람들은 "하늘에 닿게 할" 탑을 세운다. 이는 이 지역에 중앙 집권화된 제국을 강화해 역사에서 그들 자신을 위한 이름을 확고히 하고자 함이다.

우리가 가인과 관련해 주목했던 것처럼 하나님의 일반 은혜는 세속 도시의 건설을 가능하게 했지만, 인간적 자기 과시의 그런 교만한 집중적인 노력은 저항했어야 했다.

또한, 그들이 하늘에 도달할 탑을 세우고 있었지만, 하나님의 성령은 사람들을 흩으시고 언어를 혼잡하게 하려고 내려오셨다. 최근 역사에서 우리 또한 겉보기에 위대하고 인도주의적 계획을 위해 이념을 전체주의화한다는 명목으로 가장 큰 잔학 행위가 저질러진 것을 목격했다. 도시를 파괴하는 대신 언어 분화를 통해 권력, 부, 인구와 기술을 흩어지게 함으로써 하나님은 악의 이런 파괴적인 잠재력을 억제하셨다.

이 모든 것은 우리에게 노아, 셈, 아브람의 아버지 데라의 계보를 소개하기 위한 것이다.

8. 이스라엘, 나의 사랑하는 자여!

창세기 12장에서 아브람의 부르심이 너무 결정적이어서 그것이 이스라엘의 역사를 시작하고 앞서 시작되었던 모든 것을 그 이야기에 대한 단순한 서막으로 만든다. 바빙크(Bavinck)는 심지어 특별 계시는 아브람의 부르심으로 시작한다고 결론짓기까지 한다.[96] 이 모든 것은 물론 이것을 기록한 것보다 앞선다. 그리고 현대 학계가 마침내 이런 사실을 허용하기 시작하고 있다.

---

[96] Herman Bavinck, *The Philosophy of Revelation* (1909; repr., Grand Rapids: Baker, 1979), 188.

창조와 홍수 이야기, 일신론과 여호와의 예배, 종교적인 법들과 제례 의식, 천국의 회상과 미래에 대한 기대, 메시아와 여호와 종의 개념과 모든 종말론적 개념은 이런 것들이 언급되는 문서 자료보다 더 오래되었다. 바벨은 성경 이면에 놓여 있지 않지만, 인류의 기원으로 시작하는 계시는 성경 이면에서 놓여 있고 셋 족속과 샘 족속 안에서 계속되고 그런 후 시간의 충만함을 향한 이스라엘 언약의 통로에서 계속 흘러간다.[97]

선지자들, 시편 기자들, 예수님 그리고 사도들은 모두 한 목소리로 분명하게 신적 계시의 내용은 주로 하나님의 통일성, 도덕법, 할례, 안식일, 요컨대 율법에 있는 것이 아니라 일차적으로 주로 약속, 은혜 언약, 복음에서 나타나는 것을 우리에게 가르쳐 준다. 율법이 아닌 복음이 구약과 신약에서 똑같이 신적 계시의 핵심, 종교의 본질, 성경의 골자다. 다른 모든 관점은 특별 계시를 제대로 취급하지 못하고, 특별 계시와 일반 계시의 차이를 지워 없애며, 구약성경의 지위를 떨어뜨리며, 똑같은 은혜 언약의 두 경륜을 서로 분리시키고, 심지어 새 언약의 복음을 율법으로 점차 바꾸어 버리며 그리스도를 둘째 모세로 만들어 버린다 …. 따라서 율법은 일시적이고 잠정적이며 약속을 돕는 수단이지만 약속은 영원하다. 약속은 낙원에서 처음 시작되었고 옛 언약 시대에 계시로 보존되고 발전되었으며 그리스도 안에서 성취되었다. 그리고 이제는 온 인류와 모든 민족에게로 확대된다.[98]

복음적이고 약속적인 이런 계시는 과정의 문제가 아니다. 또한, 이것은 자연이나 피조물, 이성이나 양심 안에 존재하지 않는다.

---

97 위의 책., 191.
98 위의 책., 192 - 93.

하지만 복음은 역사적 산물이며 하나님에게서 기원했던 제안이다. 따라서 하나님은 계시의 행위로 특별한 한 사람과 한 백성을 자신과의 교제 속에 받아들이시기 위해 그렇게 자신을 계시하신다.[99]

율법은 결코 약속과 혼동되지 않았고 또한 약속을 대체하지도 않았다. 하나님이 아브라함과 맺으신 언약은 자비로운 약속이었다. 따라서 심지어 언약에 수반되었던 도덕법조차도 "행위 언약의 법이 아니라 은혜 언약의 법, 언약의 법, 감사의 법이었다."[100] 유대인 학자 존 레벤슨(Jon Levenson)은 장자의 희생이라는 주제를 성경 메시지의 핵심으로 올바르게 본다.

> 사랑하는 아들의 낮아짐과 승귀의 이야기가 성경 전체에 걸쳐서 울려 퍼진다. 왜냐하면, 이 이야기는 백성들이 들으며 또한 백성들에게 말해지는 그 백성의 이야기이기 때문이다. 이 이야기는 사랑하는 아들 즉 하나님의 장자인 이스라엘의 이야기다.[101]

내가 도입부에서 지적했듯이 두 가지 다른 유형의 언약은 동일한 성경 역사를 공시적(共時的)으로 가로지르는 뚜렷한 강바닥을 형성한다. 즉, 하나님 편에서 하신 완전한 약속의 맹세와 다른 편에서 하는 조건적인 종주 - 봉신 관계(suzerainty - vassal relationship)다. 이스라엘의 이야기가 전개되면서 이런 구별이 일반적으로 아브라함 언약과 모세(또는 시내 산) 언약 각각에서 적용될 수 있다는 것이 점점 분명해진다(특별히 신약성경에 기초해서 되

99　위의 책.
100　위의 책., 197.
101　William C. Placher, "Rethinking Atonement," *Interpretation* 53, no. 1 (1999), 11, from Jon Levenson, *The Death and Resurrection of the Beloved Son: The Transformation of Child Sacrifice in Judaism and Christianity* (New Haven, CT: Yale University Press, 1993), 67에서 인용.

돌아볼 때).

시내 산 언약에서 이스라엘은 하나님의 땅에서 충성스러운 종이 되길 약속하지만, 아브라함 언약이 약속하는 것은 다름 아닌 자손이라는 유산(물론 고대 세계에서 유일한 실제 유산)이다. 성경 전통에서 율법과 복음 사이의 변증법은 결코 분리되거나 혼동되지 않는다.

차일즈(Childs)는 다음과 같이 언급한다.

> 따라서 루터가 율법을 성취되어야 할 율법(lex implenda)과 성취된 율법(lex impleta)으로서 언급했을 때 그는 이른바 '고뇌하는 주관성'을 반영하는 것이 아니라 주석적으로 그리고 신학적으로나 성경 자료를 비판적으로 다루려고 애쓰는 것이었다.[102]

죄에 대한 보편적 해결(하와의 씨)과 포로에 대한 이스라엘의 특별한 해결을 연결할 상속자가 나올 것은 사라의 임신 못하는 자궁을 통해서다. 다른 은유들(신부, 도시, 언덕)과 함께 아들과 종이라는 주제들이 이 이야기 역사에서 얽혀 있다. 아브라함 언약처럼 다윗 언약은 무조건적 입양이다. 다윗 자신의 죄와 다윗 가문의 죄에도 그는 "네 나라가 내 앞에서 영원히 보전되고 네 왕위가 영원히 견고하리라"(삼하 7:11 - 17)라고 약속받는다.

이런 약속의 맹세가 아담과 하와(창 3:15)로부터 셋과 노아, 노아를 거쳐 아브라함과 사라(창 12 - 17장)에 이어 다윗과 그의 영원한 왕조(삼하 7장)로 이어지지만 1장에서 살펴보았던 것처럼 시내 산 언약은 약간 다른 형태로 되어 있다. 백성들이 위대한 왕에게 충성을 약속하고 이어서 야훼(YHWH)가 규정과 제재를 가하는 것은 바로 종주권 조약이다.

이스라엘 백성들은 두 언약의 주체다. 하지만 두 언약은 뚜렷한 협정이

---

[102] Childs, *Biblical Theology*, 533.

고 이 언약들을 단순히 단일 언약 안에서 율법과 은혜라는 두 개의 다른 강조점을 나타내는 것으로 해석하지 말아야 한다.

시내 산으로부터 계속해서 이스라엘은 약속 때문에 그 땅을 물려받지만, 순종 때문에 그 땅에 남아 있다. 이런 점에서 우리가 아브라함과 시내 산에 의해 식별되는 이스라엘 역사에서 우리가 만나는 다른 종류의 언약 사이를 구별하는 한(샌더스 교수는 구별하지 않는다) 나는 "언약적 율법주의(covenantal nomininism)에 관한 샌더스(E. P. Sanders)의 주제에 진심으로 동의할 수 있다. 시내 산 언약은 결코 무조건적 맹세가 아니다"(예, 신 7:12 - 14).

이 언어는 명백하게 창조 이야기를 반영한다. 이스라엘이 애굽의 속박이라는 "어둠과 공허"에서 벗어났듯이 이제 이스라엘은 완성을 예상하는 시험 기간에 있는 새로운 아담으로서 그 땅을 차지해야 한다. 이스라엘의 역사는 인류의 더 큰 시험 안에 있는 하나의 시험이다. 이스라엘이 하나님과 맺은 언약의 구체적인 측면 - 시내 산 언약의 차원 - 은 아담 안에서 인류와 맺은 원 언약의 요약이다.

이스라엘은 세계 역사를 그들 자신의 역사에 비추어 해석한다. 왜냐하면, 그들의 언약 주는 다름 아닌 창조된 전체 질서의 알파 - 창조주이고 오메가 - 완성자이시기 때문이다. 또한, 아담처럼 이스라엘은 그 땅에서 거주할 수 있는 거주권은 언약에 대한 그들의 충실성에 달려 있다는 것을 알고 있다. 방금 신명기에서 인용한 구절과 이 구절과 같은 다른 많은 구절은 창조 이야기와 이것을 동일시하기 위해 창조 언어를 이용한다. 저주의 측면에 그리고 이스라엘의 경우에는 포로라는 측면에 "생육하고 번성하라"는 번성하는 측면이 있다. 다른 측면에 닫힌 자궁, 가시, 기근과 죽음이 있는 휴경지가 존재한다.

나는 "종말론이 구속보다 앞선다"라는 문구를 반복해야겠다.[103] 다시 말

---

[103] Meredith Kline, *Structure of Biblical Authority*, 2nd ed. (Eugene, OR: Wipf and Stock,

해, 창조는 아담과 하와를 위한 시작에 불과했다. 일하시고 안식하는 그들의 창조주와 언약 주님의 패턴을 본받도록 부르심을 받았기 때문에 그들은 창조 언약에 따라 하나님의 영원한 안식에 들어갔어야 했다. "하지만 그 문은 결코 열리지 않았다"라고 클라인(Kline)은 지적한다.

> 완성을 지연시킨 것은 타락 그 자체가 아니었다. 창조 언약의 조건들에 의하면 예기되는 완성은 이것 혹은 저것 둘 중 하나였다. 그것은 원래 의의 언약적 확정에 의한 영원한 영광이거나 아니면 그것을 거부하는 언약 파기에 의한 영원한 파멸이었다. 따라서 타락 뒤에는 즉시 언약 저주의 완성이 뒤따라야 했을는지 모른다. 오히려 그 지연은 신적 긍휼의 원리와 목적에 기인했다. 이런 긍휼에 의해 완성에 이르는 새로운 길, 그것의 역사적 결과로서 일반 은혜를 지닌 구속 언약의 길이 도입되었다.[104]

일반 은혜는 이렇게 타락한 자들의 운명을 되돌리기 위해 완성의 지연을 위한 공간을 열어준다. 타락 후 "완성"은 궁극적 비극으로 증명되었을 것이다. 신적 지연이 역사가 하나님 자신의 구속 활동의 열매로서 하나님의 영원한 안식 안에서 완성 쪽으로 계속 이동하게 한다. 그리고 이런 형의 집행 유예로 인해 그분의 안식에 들어갈 약속이 여전히 남아 있다(히 4:1).

그렇다면 이스라엘의 역사 전체에 걸쳐서 아들 됨과 종, 아브라함에게 주셨던 약속(열방에 축복을 가져올 메시아라는 자손)과 시내 산 언약("모든 말씀을 우리가 준행하리이다")과 같은 주제들은 나란히 등장한다.

심지어 이스라엘이 시내 산에서 했던 그들의 맹세에 불성실한 때에도 야훼(YHWH)는 "아브라함, 이삭, 야곱에게 하셨던 약속으로 인해" 심판을

1997), 155.
104 위의 책.

보류하신다. 이스라엘의 역사를 계속 유지하고 완성을 향하게 하는 것은 바로 이런 약속 상의 맹세다. 아브라함과 맺었던 언약이 없다면 이스라엘의 희망은 반복해서 중단되었을 것이고 결국 완전히 소멸했을 것이다.[105]

하지만 이스라엘이 결국 포로로 끌려간 것은 또한 비극적으로 아담의 타락을 연상시킨다. 시편 78편은 심지어 이스라엘의 지속적 언약 위반과 그들의 배은망덕에도 하나님의 변함없는 신실하심이라는 측면에서 전체 이야기를 말해 준다. 하나님의 자유하게 하시는 행동으로 시작한 시편 기자는 그런 후 다음과 같이 외친다.

> 그들이 하나님의 언약을 지키지 아니하고 그의 율법 준행을 거절하며 여호와께서 행하신 것과 그들에게 보이신 그의 기이한 일을 잊었도다(시 78: 10 - 11).

반복해서 시편 78편에서 우리는 다음과 같은 내용을 읽는다. 즉, 하나님이 이스라엘을 시험하고 있으시며 그들은 그 시험에 실패했을 뿐만 아니라 대신 하나님을 시험했다(시 78:18, 41, 56). 여기서 시험 기간과 시험의 언어는 아담 안에 있는 인류에게 있는 원 언약을 연상시킨다.

> 그들이 광야에서 그에게 반항하며 사막에서 그를 슬프시게 함이 몇 번인가 (시 78: 40).

그런데도 하나님은 "아브라함, 이삭과 야곱에게 하셨던 약속을 위해" 계속해서 이스라엘을 보존하셨다. 이스라엘의 유일한 소망은 시편을 끝내는 다윗의 약속인 것처럼 보인다.

---

[105] Walther Eichrodt, *Theology of the Old Testament*, trans. J. A. Baker, 2 vols., Old Testament Library (Philadephia: Westminster Press, 1961 - 67), 1:26 - 27.

> 또 요셉의 장막을 버리시며 에브라임 지파를 택하지 아니하시고 오직 유다 지파와 그가 사랑하시는 시온 산을 택하시며 그의 성소를 산의 높음 같이 영원히 두신 땅 같이 지으셨도다 또 그의 종 다윗을 택하시되 양의 우리에서 취하시며 젖양을 지키는 중에서 그들을 이끌어내사 그의 백성인 야곱 그의 소유인 이스라엘을 기르게 하셨더니 (시 78: 67 - 71).

아담이 에덴동산에서 쫓겨났던 것처럼 이스라엘은 다름 아닌 종주인 야훼(YHWH) 자신에 의해 포로로 끌려갔다. 왜냐하면, 종주의 조약이 그의 언약 파트너에 의해 산산조각이 난 석판이 되었기 때문이다. "그들은 아담처럼 언약을 어기고"(호 6:7). 포로기 전후 선지자들은 언약 소송의 기소자로서 대체된다. 야훼(YHWH)는 예레미야에게 자신이 "이 성을 바벨론 왕의 손에 넘기리니 그가 이 성을 불사를 것이라"라고 선언하신다. 하나님이 희년을 명령하셨고 노예들을 해방하고 "각기 이웃에게 자유를 선포" 하셨지만, 유다는 이 규정을 무시했고 노예 제도를 영구화했다.

> 그러므로 여호와께서 이와 같이 말씀하시니라 너희가 나에게 순종하지 아니하고 각기 형제와 이웃에게 자유를 선포한 것을 실행하지 아니하였은즉 내가 너희를 대적하여 칼과 전염병과 기근에게 자유를 주리라 여호와의 말씀이니라 내가 너희를 세계 여러 나라 가운데에 흩어지게 할 것이며 송아지를 둘로 쪼개고 그 두 조각 사이로 지나매 내 앞에 언약을 맺었으나 그 말을 실행하지 아니하여 내 계약을 어긴 그들을 (렘 34:17 - 18).

우리는 전에 아브람의 환상에서 이런 "자르는" 의식을 보았다(창 15장). 하지만 거기서 하나님 홀로 자른 조각들 사이를 지나가시면서 이런 저주 제재를 그 자신의 머리 위로 떠맡으셨다. 하지만 이제 이스라엘의 국가적 지위와 신정 체제의 영속성에 관해 시내 산 언약이 작동하고 있다. 이스라엘이라는 국가는 이제 조각들 사이를 통과함으로써 심판을 감당해야 할 것이다. 즉, 이런 의식상의 자르기가 발동되고 예루살렘의 파괴와 거주민들이 노예 상태로 전락하는 포로의 형태로 실행된다.

유다 왕 시드기야가 예레미야에게 하나님에게서 받은 말씀이 있느냐고 물었을 때 예레미야 선지자는 "왕이 바벨론의 왕의 손에 넘겨지리이다"(렘 37:17)라고 답변했다. 그들이 신실하지 못한 언약의 종이 되었다는 이스라엘 자신의 깨달음에 대한 추가적 증언은 제2 성전기 문헌에서 발견될 수도 있다(예, 지혜서 6:3 - 7). 그것은 아마도 바리새인들과 쿰란 공동체와 같은 다양한 제2성전기의 "부흥" 전통이 공유했던 몇 안 되는 가정 가운데 하나일 것이다. 하지만 그들에게 있어서 하나님이 막 하시려고 했던 새로운 일은 기본적으로 옛 언약 신정 체제의 부흥이었다.

그런데도 히브리 선지자들 자신에 따르면 하나님의 안식일 안식에 들어가는 희망은 시내 산 언약보다는 오히려 아브라함에게 주셨던 약속에 근거해서 남아 있다. 이것은 곧 가해질 비극적 상황 속에서 살아 남는 좋은 소식이다. 또한, 이것은 전적으로 아브라함 - 다윗에게 주셨던 약속에 뿌리를 두고 있다(렘 33:14 - 22). 이것은 무조건적 맹세 즉 깨질 수 없는 맹세다.

> 여호와의 말씀이 예레미야에게 임하니라 이르시되 여호와께서 이와 같이 말씀하시니라 너희가 능히 낮에 대한 나의 언약과 밤에 대한 나의 언약을 깨뜨려 주야로 그때를 잃게 할 수 있을진대 내 종 다윗에게 새로운 나의 언약도 깨뜨려 (렘 33:19-21).

특히, 마지막 구절에서 아브라함 언약의 메아리를 주목하라. 즉, 이스라엘 백성들은 하나님이 자기 백성을 버리셨다고 말하겠지만 야훼(YHWH)는 또다시 다음과 같이 약속하신다.

> 내가 주야와 맺은 언약이 없다든지 천지의 법칙을 내가 정하지 아니하였다면 야곱과 내 종 다윗의 자손을 버리고 다시는 다윗의 자손 중에서 아브라함과 이삭과 야곱의 자손을 다스릴 자를 택하지 아니하리라 내가 그 포로된 자를 돌아오게 하고 그를 불쌍히 여기리라 (렘 33:25 - 26).

아담과 하와가 반역한 후에 그들이 들었던 것처럼 이스라엘 또한 들었다. 즉, 율법의 언약이 깨어졌지만, 그런데도 하나님은 일방적으로 구속과 회복을 가져오실 그 자신의 무조건적 약속을 통해서 그분의 안식일 안식에 들어오는 또 다른 방법을 제공하셨다.

예레미야 31장은 하나님이 자기 백성을 위한 약속된 미래를 아브라함 - 다윗에게 주셨던 약속에 근거를 둔다는 점에 있어서 특별히 분명하다. 이런 새로운 언약은 다음과 같다.

> 여호와의 말씀이니라 보라 날이 이르리니 내가 이스라엘 집과 유다 집에 새 언약을 맺으리라 이 언약은 내가 그들의 조상들의 손을 잡고 애굽 땅에서 인도하여 내던 날에 맺은 것과 같지 아니할 것은 내가 그들의 남편이 되었어도 그들이 내 언약을 깨뜨렸음이라 여호와의 말씀이니라 그러나 그 날 후에 내가 이스라엘 집과 맺을 언약은 이러하니 곧 내가 나의 법을 그들의 속에 두며 그들의 마음에 기록하여 나는 그들의 하나님이 되고 그들은 내 백성이 될 것이라 여호와의 말씀이니라 그들이 다시는 각기 이웃과 형제를 가리켜 이르기를 너는 여호와를 알라 하지 아니하리니 이는 작은 자로부터 큰 자까지 다 나를 알기 때문이라 내가 그들의 악행을 사하고 다시는 그 죄를 기억하지 아니하리라 여호와의 말씀이니라 (렘 31: 31 - 34).

이런 무조건적 어조("내가 - 할 것이다 …. 내가 - 할 것이다 …. 내가 - 할 것이다 …."; "나는 그들의 하나님이 되고 그들은 나의 백성이 될 것이라")는 시내 산에 서 있었던 "이 언약은 내가 그들의 조상들의 손을 잡고 애굽 땅에서 인도

하여 내던 날에 맺은 것과 같지 아니할 것"이라고 분명하게 말씀하는 대조에 비추어 볼 때 특별히 두드러진다. 게다가 이것은 약속하신 이전 상태로의 회복일 뿐만 아니라 예루살렘이 재건되고 확장되는 더 위대한 미래와 더 광범위한 소망이기도 하다(렘 31:38 - 40). 이것은 다시 찾은 낙원이 아니라 아담과 이스라엘의 불순종으로 박탈되었던 완성일 것이다.

이사야 59장은 특히 생생한 법정 장면을 제공한다. 이스라엘이 약속을 지키지 못한 것으로 인해 하나님을 피고석에 앉혔지만, 검사로서 역할을 하는 이사야 선지자는 혐의를 뒤집는다.

> 여호와의 손이 짧아 구원하지 못하심도 아니요 귀가 둔하여 듣지 못하심도 아니라 (사 59:1).

결국, 이런 것들은 이스라엘과 열방들이 야훼(YHWH)에 대해 제기하는 일반적 비난이다. 즉, 여호와는 구원할 수 없거나(그의 팔이 짧아 구원할 수 없다) 구원하시기를 꺼리신다(그의 귀가 너무 막혀 들을 수 없다). 우리는 적절한 신정론(神正論)을 전개하는 데 있어서 하나님의 주권과 선함 사이를 선택해야 한다. 하지만 이번 재판에서는 형세가 역전된다.

> 오직 너희 죄악이 너희와 너희 하나님 사이를 갈라놓았고 너희 죄가 그의 얼굴을 가리어서 너희에게서 듣지 않으시게 함이니라(사 59:2).

거기에 증거가 뒤따른다. 즉, 피가 묻은 손, 거짓된 입술과 악독한 혀, 불의, 법을 무시함 그리고 부정직 등과 같은 증거가 뒤따른다. 백성들이 거미줄로 그들을 덮으려고 노력하지만(아담과 하와가 자신을 가리려는 것을 흉내 내는 것에 주목하라)

그 짠 것으로는 옷을 이룰 수 없을 것이요 그 행위로는 자기를 가릴 수 없을 것이
며 그 행위는 죄악의 행위라(사 59:6).

이것은 또한 이사야 64:6에서 주장하는 요점이다.

무릇 우리는 다 부정한 자 같아서 우리의 의는 다 더러운 옷 같으며(사 64:6).

검사가 법정 앞에서 이스라엘의 죄를 열거한 후 피고는 어리둥절해야 하며 흥분한 상태에서 고백하는 말로 야훼(YHWH) 하나님보다는 오히려 자신들이 성실하지 못한 당사자였다는 것을 인정한다(사 59:9 - 13). 이것이 바로 의와 정의와 진실이 없는 이유다. 그들은 결론을 내린다. 왜냐하면 우리는 불의하고 부당하며 신실하지 못하기 때문이다. 하지만 아담과 하와의 경우에서처럼 이스라엘의 죄가 마지막 말이 아니다.

성실이 없어지므로 악을 떠나는 자가 탈취를 당하는도다 여호와께서 이를 살피시고 그 정의가 없는 것을 기뻐하지 아니하시고 사람이 없음을 보시며 중재자가 없음을 이상히 여기셨으므로 자기 팔로 스스로 구원을 베푸시며 자기의 공의를 스스로 의지하사(사 59: 15 - 16).

심판자가 전사가 되고 "공의를 갑옷으로 삼으시며 구원을 자기의 머리에 써서 투구로 삼으시며" 악인들에 대항하기 위해 보복을 속옷으로 삼으시지만 자기 백성을 위해서는 긍휼로 입으실 것이다.

구속자가 시온에 임하며 야곱의 자손 가운데에서 죄과를 떠나는 자에게 임하리라 여호와께서 이르시되 내가 그들과 세운 나의 언약이 이러하니 곧 네 위에 있는 나의 영과 네 입에 둔 나의 말이 이제부터 영원하도록 네 입에서와 네 후손의 입에

서와 네 후손의 후손의 입에서 떠나지 아니하리라 하시니라 여호와의 말씀이니라(사 59:20 - 21).

다른 곳에서는 예루살렘의 확대가 예상되는데, 일부 텍스트는 심지어 압제자(이집트와 앗시리아)의 전통적 역할을 속박에서 구속되고 하나님 자신의 백성으로 받아들여지는 압제 받는 자로서의 배역으로 바꾼다(사 19:18 - 25). 이사야 60장은 전 세계에서 오는 배가 이번에는 전쟁 도구가 아니라 풍부한 보물을 가득 실은 채로 이스라엘의 항구로 들어오는 환상을 우리 앞에 보여준다.

나라들은 네 빛으로, 왕들은 비치는 네 광명으로 나아오리라(사 60:3).

절대 닫히지 않은 성문으로 입성하는 국가와 그 왕들의 왕실 행렬은 창세기 1장과 2장의 날 구조 안(day - frames)에서 하나님 앞에 이루어지는 피조물 - 왕들이 행렬하는 가운데 태초에 이루어지는 하나님의 안식일 즉위식을 연상시킨다. 아담이나 이스라엘도 이런 사명을 완수하지 못했지만, 미래에 야훼(YHWH) 자신이 이것을 이루실 것이다. 신실하신 주님이며 또한 언약의 종인 분이 오실 것이다. 하나님은 모든 열방 앞에서 자기 팔을 드러내실 것이고 이런 우주적 재판에서 자신과 자기 백성의 정당성을 입증할 것이다.

제3부

주와 종

제6장 종으로서의 주님
제7장 고난받는 종: 희생적 속죄에 대한 도전들
제8장 선지자와 제사장
제9장 영광의 왕: 주님이신 종

제6장

종으로서의 주님

지금까지 우리는 햄릿의 연극 속 연극처럼 이스라엘의 이야기는 작은 이야기인데(petit recit) 이 이야기를 통해서 인류의 더 큰 이야기와 두 개의 언약(창조 언약과 은혜 언약)이 요약된다는 것을 살펴보았다. 아담처럼 이스라엘은 이 세상에서 하나님의 형상 즉 하나님의 교제와 행동의 장소로서 위임 받았다.

> 그들은 아담처럼 언약을 어기고 거기에서 나를 반역하였느니라(호 6:7).

사도 바울이 인간의 타락과 저주의 더 큰 줄거리 안에서 이스라엘의 정죄에 관한 이야기를 하는 것처럼 이사야 24장은 온 땅에 대한 심판을 예언한다. 여기서 이스라엘은 아담처럼 죄를 지었을 뿐만 아니라 파괴와 바빌론 유수(幽囚)의 형태로 이스라엘에 대한 심판도 잃어버린 낙원 즉 저주에 의해 집어 삼켜진 동산의 바로 그 언어로 묘사된다. 또한, 에덴과 지금 이스라엘에서의 이런 심판은 온 땅으로 확대될 예정이다. 모든 사람이 재판을 받게 될 것이다. 이스라엘뿐만 아니라 "땅이 또한 그 주민 아래서 더럽게 되었으니 이는 그들이 율법을 범하며 율례를 어기며 영원한 언약을 깨뜨렸음이라 그러므로 저주가 땅을 삼켰고 그 중에 사는 자들이 정죄함을 당하였고 땅의 주민이 불타서 남은 자가 적도다"(사 24:5 - 6).

로마서 1장과 2장에서처럼 여기서 이스라엘과 이방인들은 하나님의 법

즉 하나님과 인류 사이의 원 언약을 위반했던 것으로 인해 심판에서 하나로 취급된다. 이스라엘 역시 이 우주적 재판에서 거짓 증인이자 대표자가 되었지만, 아브라함, 이삭과 야곱에게 하신 하나님의 약속과 아담에게 선언된 은혜 언약의 재공표를 위해 구원은 아브라함의 "씨"를 통해서 유대인에게 또한 유대인에게서 올 것이다. 마침내 "충성된 증인"인 아담/이스라엘이 존재한다(계 1:5).

포로와 회복이라는 주제는 더 일반적으로 아담 안에 있는 이 세상, 땅에 있는 이스라엘, 그리스도의 십자가와 부활을 위한 공통적 연결고리를 제공한다. 이번 장은 주님(신론)과 종(인간론)에서 기독론(주님과 종)으로의 이행을 보여준다. 하지만 나는 기독교론적 주제의 성경 신학적 전개를 생략할 것이고 직접 조직신학적 논의로 이동할 것이다. 왜냐하면, 성경 신학적 전개는 마지막 두 장에서 그리스도의 사역과 관련해 전개되기 때문이다.

1. 두 본성, 또는 안디옥이 알렉산드리아와 무슨 관계가 있는가?

하나님이며 인간인 예수님은 기독론의 핵심적 확증일 뿐만 아니라 더 일반적으로 언약신학의 핵심적 확증이기도 하다. 즉, 단지 야훼(YHWH)만이 구원할 수 있지만, 우리의 창조 언약은 반드시 이행되어야 한다. 우리가 따라왔던 언약 모델에 의하면 우리는 위로부터의 기독론과 아래로부터의 기독론 사이에서 선택할 수 없다.

마틴 헹겔(Martin Hengel)이 우리에게 상기시켜 주는 것처럼 "이것은 신약 기독론의 과정에 반하는 거짓된 대안이다. 왜냐하면, 신약의 기독론은 하나님의 구원 활동과 인간의 답변 사이에서 일어나는 불가분의 변증법적 안에서 전개되었기 때문이다."¹ 그리스도는 언약의 주님이시며 또한 언약의 종이다. 게다가 몰트만이 쓰는 것처럼 "두 본성 안에 있는 그리스도의 단일 인격의 기독론은 신학적으로 그리스도를 통한 인간의 구속을 구현하는 것을 가능하게 하는 조건이다. 여기서 근본적 개념은 성육신 개념이다."²

이 이야기가 전개되는 것은 그리스도가 다른 사람들, 특히 가난한 사람, 아픈 사람, 여자, 이스라엘과 맺은 관계 안에서다.

> 예수님이 사적인 사람으로 죽었다면 구원을 위한 그의 죽음의 중요성은 단지 그 이후 그의 죽음의 중요성으로 돌려질 수 있다. 그러나 그는 하나님이 버리신 죄인들의 형제, 그를 따르는 제자들 공동체의 머리, 우주의 지혜로서 죽으셨다.³

이것은 우리 주의를 다시 한번 언약적 연대성이라는 주제로 향하게 한다. 이 주제는 위격적 연합(hypostatic union)에서 - 창조주와 피조물 사이의 일의적 일체성의 유일한 장소로서 - 만큼 명확하게 드러난 곳은 어느 곳에도 없다.

로버트 젠슨(Robert Jenson)은 이처럼 성경 내러티브가 수반하는 다음과 같은 결론을 잘 포착한다. 즉, "기독론이 무엇에 관한 것인지 또는 무엇에 관한 것이어야 하는지는 복음서에 등장하는 바로 그분 예수님이다. 왜냐하면, 예수님은 자신이 하나님의 아들이라고 주장했던 것으로 인해 기소되었던 사실 바로 하나님의 아들이다."⁴

---

1 Martin Hengel, *The Cross of the Son of God*, trans. John Bowden (London:SCM, 1997), 89.
2 Moltmann, *Trinity and the Kingdom*, 50.
3 위의 책.
4 Jenson, ST 1:134.

교회 역사에 대한 심지어 백 건의 조사는 니케아 신조와 칼케돈 신조를 고백하는 교회에서 구현된 무시하지 말아야 할 주목할 만한 합의를 보여준다. 동시에 삼위일체 교리와 마찬가지로 보편적 합의를 담은 기독론적 정식화는 다양하다. 삼위일체 정식화의 차이를 "동방" 대 "서방"으로 지나치게 일반화하는 것이 유행이었던 것처럼 기독론적 추론은 "안디옥" 대 "알렉산드리아"다. 적어도 모형론에 따르면 안디옥 기독론은 그리스도의 인성과 두 본성 사이의 구분 쪽으로 기울어지는 반면 알렉산드리아 기독론은 예수님의 신성화 쪽으로 기울어진다. 당연히 네스토리우스주의(본성의 분리)는 안디옥에서 발생했지만 유티케스주의(Eutychianism)나 단성론(Monophysitism)(두 본성의 혼동)은 알렉산드리아에서 발생했다.

칼케돈의 승리는 예수님이 "두 본성에서 한 인격"이고 두 본성은 분리되거나 혼동될 수 없다는 확언에 있어서 두 이단을 금지하는 것이었다.[5] 기독론 특별히 네스토리우스주의("안디옥")와 유티케스주의("알렉산드리아")라는 비난은 실제로 루터파 - 개혁파 성찬 논쟁의 핵심이었다.

여기서 나의 목적은 이런 논쟁을 해결하려는 것이 아니라 위의 주석적 논의를 조직신학적 관심에 적용하기 위한 진입점으로 이 두 논쟁을 사용하는 것이다.

칼빈주의보다는 오히려 츠빙글리주의 그리고 신앙 고백적 개혁파 입장이 네스토리우스 유혹을 반영한다는 주제를 나의 책 제3권에 남겨둔다. 여기서 나의 목적은 종종 그리스도의 인성을 제대로 이해하지 못하게 하

---

[5] The Definition of Chalcedon, in John H. Leith, ed., *Creeds of the Churches: A Reader in Christian Doctrine from the Bible in the Present*, 3rd ed. (Atlanta: John Knox, 1982), 35 - 36. (우리는 또한 다음과 같이 가르친다) 우리는 이 두 본성에서 이 하나이시고 유일하신 그리스도 - 아들, 주님, 독생자 - 로 이해한다. (또한, 우리는 이것을 가르친다) 즉, 두 본성을 혼동하지 않고, 한 본성을 다른 본성으로 변이되지 않고, 두 본성이 두 개의 별개의 범주로 나누지 않고 영역이나 기능에 따라 두 본성이 대조되지 않는다. 각 본성의 구분됨이 연합에 의해 폐지되지 않는다. 대신 각 본성의 "속성"은 보존되고 두 본성은 하나의 인격(person)과 위격(hypostasis) 안에서 동시에 발생한다.

는 두 본성을 적당하게 구분하지 못하는 문제를 지적하는 것이다.

플라톤식 사고 습관은 아우구스티누스와 서양 전통뿐만 아니라 동방 기독론적 성찰에서도 깨지기 어렵다. 한스 우르스 폰 발타자르(Hans Urs von Balthasar)가 관찰한 바와 같이 그리스도 인성의 육체적 실체는 플라톤주의 방식으로는 비물체적 신성으로 가는 디딤돌이 아니다.[6]

우리는 유스티누스 마터(Justin Martyr), 오리겐(Origen), 심지어 아우구스티누스의 로고스 기독론을 넘어서는 것이 얼마나 중요한지 다시 한번 인식해야 한다. 인격과 사역의 통일성과 따라서 그리스도의 신성뿐만 아니라 인성의 구원적 유효성이 더 명확한 근거를 획득하는 것은 특별히 우리가 성경에서 기독론적 발전이 가진 언약적 맥락을 인식할 때다. 이것은 이 장에서 입증해야 할 부담의 큰 부분이 될 것이다.

성경은 모든 곳에서 하나님 말씀을 의도한 효과를 발생시키는 능동적인 것으로 취급한다. 발화 수반 행위(illocutionary speech-act)로서 로고스는 신적 사고의 외적 표현일 뿐만 아니라 하나님 명령과 약속의 성육신이기도 하다.

> 하나님의 약속은 얼마든지 그리스도 안에서 예가 되니 그런즉 그로 말미암아 우리가 아멘 하여 하나님께 영광을 돌리게 되느니라(고후 1:20).

다시 말해, 성육신으로 인해 "있으라"라는 창조적 명령에 "내가 여기 있사옵니다"라는 언약적 반응으로 답변하는 데 있어서 우리가 속박으로 이끌었던 나머지 피조물에 합류할 수 있다. 따라서 성육신은 적당한 언약적 대화를 일으키는 것으로 이해된다. 즉, 주님은 말씀하시고 종은 하나님의 영광에 답한다. 그리스도는 자신의 능동적 순종에서 언약의 머리로서

---

6 Hans Urs von Balthasar, *The Glory of the Lord: A Theological Aesthetics*, vol. 1: Seeing the Form, trans. Erasmo Leiva–Merikakis (San Frncisco: Igntius, 1982), 313.

우리의 승낙(our yes)을 말씀하시고 구현된 형태로 하나님의 승낙(God's yes)이다. 그리스도의 구분되지만 분리할 수 없는 두 가지 본성을 확인하는 것이 그런 분석의 기초다.

16세기 논쟁에서 츠빙글리(Zsingli)는 그리스도의 인성을 실질적으로 하나의 부속물로 축소할 정도로 그리스도의 인성과 신성을 구별했다. 인간 예수의 어떤 행동도 단지 로고스의 신성 덕택에 구원적인 것으로 간주할 수 있을 뿐이다. 영과 물질, 영혼 또는 지성과 육체, 내적인 것과 외적인 것과의 플라톤적 대립은 츠빙글리 신학에서 분명한 반향이 발견된다.[7]

현대 신학에서 바르트(Barth)는 심지어 아우구스티누스(신플라톤주의)의 역사에 관한 관심 부족을 그가 타락의 역사성을 부정하고 연속적 역사적 언약에 대한 언약신학의 강조로 인해 언약신학을 비난하고 엄밀한 의미의 계시를 오로지 그리스도의 신성과 동일시했던 특별한 방식으로 더 진척시킬 정도로 이런 유산의 약점을 다시 다루는 것처럼 보인다.[8]

로고스 아사르코스(Logos asrkos) 질문(즉 성육신 이전 성자의 존재)과 밀접하게 연결되어 있는 것은 소위 엑스트라 칼비니스티쿰(extracalvinisticum, 칼빈

---

[7] 츠빙글리(Zwingli)는 논의 중인 성례에 대해 언급할 때 이런 "아폴리나리우스주의(Apollinarian)"적 성향의 일부를 보여 준다. "우리는 그리스도가 동정녀에게서 출생했던 본성에 의해서가 아니라 그리스도가 하늘에서 내려왔던 그의 본성의 이런 부분에 의해 우리의 구원이라는 것을 언급할 때 주목해야 한다"(*Commentary on True and False Religion*, ed. Samuel Macauley Jackson and Clarence Nevin Heller [Durham, NC: Labyrinth, 1981], 204). 스테펀스(W.P. Stephens)는 다음과 같이 결론을 내린다. 즉, "츠빙글리 신학에서 전체로서 강조점은 인간보다는 오히려 하나님에게 있다. 따라서 그의 기독론에서의 강조점은 인간으로서 그리스도에게보다는 오히려 하나님으로서 그리스도에게 있다"(*The Theology of Huldrych Zwingli* [Oxford: Clarendon, 1986], 111). 개혁파 신앙 고백서의 기독론과 성찬론은 츠빙글리가 사용한 범주보다 현저하게 다른 범주들로 작동하는 것은 당연하다. 이 점에 있어서 칼 바르트가 이어지는 개혁파 전통보다는 츠빙글리에 의해 더 영향을 받은 정도는 생각해 볼 가치가 있다.

[8] 이런 주장들 각각에 대해 참조하려면 Karl Barth, *Christ and Adam: Man and Humanity in Romans 5*, trans. T. A. Smith (New York: Harper & Bros., 1957), 36; idem, *Gottingen Dogmatics* (27, III; 24. IV); idem, CD I/1:165.

주의자들이 주장하는 밖에서도)이다. 이것은 유한은 무한을 담을 수 없다(*finitum non capax infiniti*)는 것을 규정하고 있다.

우리는 여전히 매우 분명하게 루터파 - 개혁파 기독론 논쟁의 경계 안에 있다. 개혁파는 결코 "담을 수 없다"(*non capax*)라는 표현을 무한은 참되게 유한과 결합될 수 없다는 의미로 해석하지 않고 다만 신적 무한의 속성과 인간의 유한성의 속성이 "혼합되거나 혼동될 수 없다"는 의미로 해석했다.

예를 들어, "그런데 그리스도의 신성이 있는 곳마다 인성이 있는 것이 아니라면 그리스도의 두 본성이 서로 나뉜 것은 아닙니까?"

이런 질문에 하이델베르크 요리 문답(the Heidelberg Catechism)은 다음과 같이 답변한다. 즉, "신성은 아무 곳에도 갇히지 않고 어디나 계십니다. 그러므로 신성은 그가 취하신 인성을 초월함이 분명하며, 그러나 동시에 인성 안에 거하고 인격적으로 결합해 있습니다."[9]

개혁파에게 있어서 담을 수 없다(*non CAPA*)는 표현은 무한이 유한과 결합할 수 없다는 것을 의미하는 것이 아니라 무한은 "포함될 수" 없다, 즉, 남김없이 유한 안에 에워싸여 있을 수 없다는 것을 의미한다. 마리아가 낳았던 사람에 비추어 볼 때 마리아는 당연히 테오토코스(*theotokos*, 하나님을 낳은 자)로 불리지만 이것은 그녀가 성자의 영원한 신성의 기원이라는 것을 의미할 수 없다.

심지어 성자가 마리아의 젖을 먹었을 때도 하나님의 아들은 계속해서 우주를 채우셨다. 즉, 성육신은 로고스에 어떤 변화도 가져오지 않았다. 오히려 로고스는 나눔 없이 구분되게 인간의 본성을 취하셨다. 이 모든 것은 단순히 보편 교회가 이르렀던 합의의 반복이다.

---

9 The Heidelberg Catechism, Lord's Day 18, Q. 48, in *Ecumenical Creeds and Reformed Confessions* (Grand Rapids: CRC Publications, 1988), 31. Cf. the Belgic Confession (1561), ibid., Articles 18 and 19.

문제는 다음과 같다. 즉, 내가 어떤 방식으로 보든지 간에 바르트(Barth) 자신은 담을 수 없다(non capax)는 표현에 대한 그의 해석에서 칼빈주의적인 것보다 더 츠빙글리주의적이라는 것이다. 또한, 어떤 중요한 구절에서(예수님과 하나님의 동일성에 관해 그의 동일한 확언이 없다면) 바르트는 하나님의 영광을 변호하는 노력으로 네스토리우스주의의 잔존하는 위협을 보여 준다.

하지만 무엇으로부터 하나님을 변호하는가?

이것은 루터파의 포함할 수 있다(capax) 뿐만 아니라 포함할 수 없다(non CAPA)는 칼빈 버전(그리고 신앙 고백적 개혁파의 버전)도 필자가 보기에는 한편에서 바르트 또는 다른 한편에서 그의 일부 루터파 제자가 감당할 수 없는 방식으로 우리가 답하게 일조하는 중요한 질문이다. 칼빈과 고전적 개혁파 신학에 따르면 하나님은 츠빙글리와 바르트에서 발견하는 것보다 훨씬 더 많이 "소유될 수 있다."

하지만 이런 소유 가능성이 일어나는 곳은 추상적으로 그리스도 안에서가 아니라 오히려 그리스도는 은혜 언약 안에서 주어지는 것처럼 구체적으로 그리스도 안에서다. 우리는 성령의 사역에 따라 말씀과 성례를 통해서 들려지고 포용되는 약속의 형태 안에서 그리스도와 그리스도의 모든 유익을 소유한다.

네스토리우스주의적 유혹은 확실히 "나눔 없이"라는 칼케돈의 규정에 따라 반박되는 혼성적 기독론을 나타낸다. 하지만 인성을 그리스도의 신성 안에 하나가 되는 루터의 경향성은 "혼동 없이"라는 규정에 비추어 볼 때 그 자체로 문제가 되는 것이다.

루터의 속성 교류(communicatio idiomatum)가 양방향에서 소통하는 신적 속성과 인간적 속성을 말했지만 루터주의 신학은 결국 신성의 인간화보다는 오히려 인성의 신성화를 강조하게 되었다. 하지만 이것 또한 예수님의 성장, 죽음, 부활 그리고 승천 안에 있는 예수님의 참된 인성의 중요성을 쉽게 놓치게 할 수 있다.

벌코프(Berhof)가 지적하는 것처럼 이런 교류(communication)는 일관성이 없다. 즉, 어떤 속성이 신성에서 인성으로 전달될 수 있는가를 고르고 선택해야 하는지(즉 활동하는지) 또한 그럴 수 없는 속성들은(즉 활동하고 있지 않은지) 고르고 선택하는지에 있어서 일관성이 없다. 하지만 확실히 교류가 이런 것들이 교류를 정의하는 것과 같다면 두 본성의 모든 속성은 다른 본성에 전달될 것이다.

루터주의 견해에서 인간 본성은 "신성의 충만함이 거주하기 위해 수용적이 되고 그것을 일부 신적 본성에게 전달하지만," 이것은 "사실 인성을 신성과 동화시킴으로써 인성을 폐지한다. 따라서 단지 신성만 남는다."[10]

하지만 로버트 젠슨은 루터주의 신학이 단성론(Monophysitism)을 포용하는 것을 삼가고 있다는 것을 공유하는 것처럼 보이지 않는다. 젠슨은 칼케돈 정의로 이어졌던 네스토리우스 - 단성론 논쟁에 대해 동시에 박식하고 다소 왜곡된 설명을 제공한다.[11]

젠슨은 한 인격 안에 위격적으로 연합된 두 본성 교리를 안디옥인들 특별히 몹수에스티아의 테오도레(Theodore of Mopsuestia)에게 돌린다.[12]

가령 젠슨이 안디옥 학파의 입장을 제시하는 데 있어서 공평하지 못하다 하더라도 젠슨 자신의 의제는 분명하다. 즉, 네스토리우스주의에 대한 답변은 안디옥 학파와 레오에 대한 추정되는 항복을 갖춘 칼케돈 신조가 아니라 알렉산드리아의 키릴루스(Cyril of Alexandria)와 고백자 막시무스(Maximus the Confessor)다. 그리고 이 이야기에 대한 젠슨의 버전에서 키릴루스와 고백자 막시무스 이 두 사람이 실제적 단성론자(Monophysites)가 된다. 다시 말해, "고통을 느끼지 않는 존재가 어떻게 고통을 겪을 수 있는

---

10 Louis Berkhof, *Systematic Theology*, 326.
11 Jenson, ST 1:125ff.
12 위의 책., 127ff.

가라는 질문은 인성을 신성화함으로써 가장 잘 설명된다.¹³

젠슨은 자신이 건실한 키릴루스적 기독론으로 간주하는 것에 대한 이런 타협에 만족하지 못하고 "두 본성 안에서" 보다 "두 본성으로부터"를 선호한다.¹⁴ "칼케돈 공의회가 많은 것을 성취했지만" 칼케돈 공의회는 두 본성 기독론에 대한 키릴루스의 추정되는 거부는 말할 것도 없이 논리적 일관성을 희생시켰다.¹⁵

키릴루스의 정식화에 가장 가까웠던 사람들은 "단성론자들"로 알려졌고 따라서 제국 교회에서 분리된 반면 키릴루스를 따르는 남아 있는 추종자는 "그들이 생각하기에 언급했어야 할 것을 언급하게 했던 칼케돈 공의회의 해석을 따랐다." 한편 칼케돈 공의회에 대한 서방 교회의 해석은 단순히 (로마 주교) 레오 해석의 비극적 반복이었다.¹⁶ 단성론적 대의에 손해를 끼치면서 젠슨은 알렉산드리아의 키릴루스를 두 본성 안에서(in two natures)(로마 주교 레오에게서처럼)보다는 오히려 두 본성으로부터(from two natures) 성육신했던 로고스를 지지하는 사람으로 해석한다.¹⁷

하지만 젠슨이 호소하는 키릴루스와 막시무스의 일부 텍스트조차도 전통적 서방 교회(심지어 칼케돈의 입장) 입장에 대해 젠슨을 괴롭히는 바로 그런 구별을 보존하고 있다.¹⁸ 젠슨은 알렉산드리아 학파와 안디옥 학파 사이의 중도를 공언하는 것처럼 보이지만 단지 키릴루스를 적어도 암묵적으

---

13 위의 책., 131.
14 위의 책., 132.
15 위의 책., 133.
16 위의 책.
17 위의 책., 128-29.
18 예를 들어, 그는 키릴루스가 네스토리우스에게 보낸 편지를 인용하며 다음과 같이 주장한다. 즉, 우리는 "심지어 '하나님의 독생자의 육신에 따른 죽음'을 고백해야 한다," 하지만 "육신에 따라"는 정확하게 수식 어구다. "키릴루스가 그 자신의 개념적 취향을 정식화하고 있을 때 이 모든 것에 대한 키릴루스의 슬로건은 육신을 입으셨던 로고스 하나님의 '한 본성'을 고백하는 것이었다."(위의 책., 129)

로 단성론자로 만들고 레오(와 서방 교회)를 암묵적으로 네스토리우스주의자로 만들며 또한 칼케돈 신조가 이 주제에 관해 혼동하고 있게 만드는 희생을 통해서 그렇게 하고 있다.[19]

루터주의 전통과 개혁파 전통 사이의 해묵은 의혹이 무엇이든지 간에 젠슨은 구분을 동일성 안으로 흡수하는 헤겔식 방식으로 칼케돈 합의뿐만 아니라 일치 신조 합의를 훨씬 넘어서는 것 같다.

키릴루스를 훨씬 넘어서는 젠슨의 기독론은 인간 예수의 신성화를 나타내며 게다가 그런 신성화를 예수님의 성육신보다는 그분의 부활에서 찾는다. 보편적 합의를 훨씬 넘어서기 때문에 젠슨은 로고스 아사르코스(Logos asarkos, 성육신 이전의 성자)를 거부하고 로고스는 존재론적이라기보다는 오히려 단지 이야기 예측(소설 속의 핵심 인물을 실제 등장하기 전에 예상하는 것으로서)에 의해서만 성육신보다 앞선다고 주장한다.[20]

따라서 "어떻게든 성자 예수님 이전이나 후나 또는 넘어서 잠재해 있는 성육신하지 않은 로고스"는 존재하지 않는다.[21] 그가 전개하는 일련의 주장의 결과는 예수님의 신성에서 인성(극단적인 알렉산드리아적 행보)과 예수님의 부활이라는 시간적 사건에서 성육신 이전의 말씀을 동시에 상실하는 것이다.

하지만 건튼이 젠슨의 논지와 관련해 지적하는 것처럼 로고스 아사르코스(the Logos asrkos)는 칼빈주의적이 아니라 아타나시우스적이다.[22] 또한, 엑스트라 칼비니스티쿰(extracalvinisticum, 칼빈주의자들이 주장하는 밖에서도)은 단순히 칼케돈 신조적이다. 칼빈은 다음과 같이 기록하고 있다.

---

19 위의 책., 132 - 33.
20 위의 책., 70 - 71, 139 - 43, 170.
21 위의 책., 142.
22 Colin Gunton, "Creation and Mediation" in *Time, Trinity, and Church*, ed. Gunton (Grand Rapids: Eerdmans, 2000), 83.

여기에 놀라운 사실이 있다. 하나님의 아들은 하늘로부터 내려오셨으나 하늘을 떠나지 않으셨으며, 동정녀의 몸에서 나시고 이 땅에서 사시며 십자가에 달리시기를 원하셨으나 태초부터 그러하셨던 것처럼 언제나 세상을 가득 채우고 계셨다.[23]

조오지 헌싱어(George Hunsinger)는 이 논지의 거의 모든 점에서 젠슨에게 이의를 제기하며 보편적 합의가 담고 있는 겉보기에 대립적인 위반의 기묘한 집합점을 관찰한다.[24]

십자가에 대한 젠슨의 견해는 소키니우스주의 쪽으로 향하고 성육신에 대한 그의 견해는 아리우스주의 쪽으로 향하고 삼위일체에 대한 그의 견해는 성자 종속설적인과 삼신론적인 것처럼 보이는 방식으로 헤겔주의로 향하고 있다. 이런 결과에 대한 하나의 가능한 이유는 교의 신학 안에 있는 역설에 대한 낮은 관용을 보여 주는 합리적 사고방식이다.[25]

게다가 "젠슨에게 있어서 유한은 무한을 수용할 수 있을 뿐만 아니라 어떤 의미에서 그것은 무한이다. 시간은 영원을 수용할 수 있을 뿐만 아니라 어떤 의미에서 그것은 영원이다. 그렇게 함으로써 초래되는 형이상학적 구조를 고려해 볼 때 그리스도의 인격에 대한 젠슨의 이해는 니케아 공의회가 거부했던 것에 너무 근접해서 '아리우스주의'는 아니라 하더라도 확실히 적어도 상당히 '신 아리우스주의'로 불릴 수도 있다."[26]

하지만 나는 그런 모순적이고 경쟁적인 기독교적 오류에 대한 젠슨의

23　Calvin, *Institutes* 2. 13.4.
24　George Hunsinger, "Robert Jenson's Systematic Theology: A Review Essay," *Scottish Journal of Theology* 55, no. 2 (2002):168.
25　위의 책., 161페이지 발췌.
26　위의 책., 170 - 171.

방어는 역설에 대해 참지 못함과 단성론적인 경향 자체에 기인한다고 주장할 것이다. 우리가 살펴보았듯이 공식적인 루터주의 입장에서 교류가 단지 한 방향으로 움직이지만(인성 쪽으로 전달되는 신적 속성) 19세기 루터주의 기독론(그리고 일부 개혁파 기독론)은 양방향에서 상호 교섭을 열었다. 극단적 안디옥 학파 기독론(반[半] 아리우스주의[semi - Arian])과 극단적 알렉산드리아 학파 기독론(반[半] 가현주의)은 특별히 헤겔주의식 지향의 도움으로 유한을 무한으로 환원하고 동시에 무한을 유한으로 환원하는 단성론 안에서 쉽게 수렴될 수 있다.

거의 단성론적 기독론에 대한 젠슨의 변호에서 가장 유익이 되는 것은 다음과 같다. 즉 우리는 예수님 이외에 누군가일 수도 있는 목수의 아들 예수 이면에 잠재해 있는 로고스가 존재하는지에 대해 궁금해 할 필요가 없다는 것이다. 하지만 개혁파 스콜라주의가 해결했던 "포용할 수 없다"(non capax)는 어구에 대한 견해는 두 본성이나 로고스 아사르코스(Logos asarkos, 성육신 이전의 말씀)를 포기함이 없이 이런 같은 주장을 한다. 그들의 견해는 본질적으로 칼케돈 신조의 것이었다. 즉, 적당하게 말해서 그리스도의 신성이나 인성에 관해 말해질 수 있는 것이 완전한 인격에 돌려질 수 있다는 것이다.

따라서 성경은 하나님이 자신의 피로 교회를 사신 것에 대해 언급한다(행 20:28). 반대로 "아들"은 영광 가운데 자신의 재림 일정을 모른다(마 24:36). 이것은 그 자체로 속성 교류가 아니라 그 한 인격에 관한 술어로서 어느 한쪽 본성에 대한 엄밀한 의미의 속성에 대한 술어이다. 두 본성을 분리함 없이 단지 적당하게 구별함으로써 우리는 그리스도의 신성뿐만 아니라 인성의 중요성을 처리하는 네스토리우스적 방식과 단성론적 방식을 피할 수 있다.

아이러니하게도 너무 정반대로 보이는 이런 입장들(안디옥 학파/알렉산드리아 학파 논쟁을 상기시키는)은 기초적인 합의를 공유한다. 즉, 엄밀한 의미의 그리스도 인성은 그의 신성보다 구원론적으로 덜 중요하다. 이 점에 관해 동방 교회와 서방 교회의 합의 사이에는 어떤 뚜렷한 대조가 없다. 예를 들어, 다마스쿠스의 요한(John of Damascus)에 따르면 예수님이 일으켰던 기적은 그의 신성에 기인한 반면, "'내가 원하노니 깨끗함을 받으라'라는 원함과 말씀은 그의 인성의 에너지다."[27]

"그렇다면 그가 자신에게서 잔이 지나가길 바랐던 것은 인간으로서였다. 즉, 하지만 이런 말들은 자연스러운 겁먹음의 말들이다."

하지만 "나의 원대로 마시옵고 아버지의 원대로 하옵소서"라는 말씀에 관해서 말할 때 "이제 이런 말들은 용기 있는 마음에서 나오는 말씀이다."[28] 우리는 뚜렷하게 인성과 신성에게 돌려지는 것 이면에 놓인 전제에 관해 다를 수 있지만 이런 구분은 보편적 영역에 걸쳐서 잘 증명될 뿐만 아니라 성육신하신 아들의 신성뿐만 아니라 참된 인성의 확증에도 중요하다.

여기서 나의 논지는 다음과 같다. 즉, 이런 구분을 분명히 표현하려는 그들의 다른 방식에도 알렉산드리아 학파와 안디옥 학파는 예수님의 구원적 중요성을 그분의 신성에 두려는 경향이 있다는 것이다. 즉, 인간 본성에 반대되는 것으로 신성화된 인성 아니면 신성에 두려는 경향이 있다. 나는 여기서 하나를 다른 하나로 합침이 없이 인간론과 기독론을 함께 (변증법적으로) 생각하려고 시도하고 있다.

이레니우스(Irenaeus)는 창조주이고 구속자의 유일성을 한 분이며 동일한 하나님으로 변호하며 영지주의에 반대하는 데 그의 논문의 많은 부분을 사용한다. 즉, 율법과 은혜의 하나님, 모세적 질서의 수여자와 그리스도 안에서 아브라함 약속의 완성자이시다. 깊이 있는 그의 성육신 신학에

---

27 John of Damascus, "Exact Exposition," 61.
28 위의 책., 67.

서 그는 "복음의 날개 달린 측면" 즉 그리스도의 신성뿐만 아니라 "그리스도의 인성의 복음"도 말한다.[29] 한 구절에서 그는 로고스가 "관을 통해서 물로 막 마리아를 통과했다"는 견해를 공격한 후(3.11.3) 그는 다음과 같은 사실을 관찰한다. 즉, 예수님이 가나에서 포도주와 요한복음 6장에서 무에서 떡을 창조했었을 수 있다.

> 땅을 만드셨고 열매를 내라고 땅에게 명령하셨고, 바다를 만드시고 샘을 만드셨던 하나님은 이 마지막 때에 자기 아들로 인류에게 음식의 축복과 음료의 호의를 베푸셨던 하나님이셨다. 즉, 하나님은 이해할 수 있는 것을 사용하시는 불가해 하신 존재이고 가시적인 것들을 사용하시는 불가시적 존재이다. 왜냐하면, 그를 넘어서는 아무도 존재하지 않지만, 그는 성부의 품에 존재하기 때문이다.[30]

칼빈이 어떤 제세례파(특별히 메노 시몬스[Menno Simons])의 유사한 가현설과 맞부딪쳤을 때 이레니우스가 했던 주장 가운데 일부 주장을 사용했다는 것을 관찰할 가치가 있다.[31]

---

29 Irenaeus, "Against Heresies" in *The Ante - Nicene Fathers*, vol. 1, op.cit., 3.11.8, 428.
30 위의 책., 3.11.3.427.
31 *The Complete Writings of Menno Simons*, 1496 - 1561, ed. J. C. Wenger, trans. Leonard Verduin (Scottdale, PA: Herald, 1956). 메노 시몬스는 예수가 잉태되었다고 말하지 않고 단지 "완전한 처녀 안에" 있었다고 말할 것이다(428). "말씀이 육신이 되었다(요 1:14). 그는 말씀 또한 육신 그 자체에게로 라고 말하지 않는다"(431). 시몬스는 그리스도의 '천상의 몸'에 관해 말할 때 그는 "그리스도는 마리아의 육신이 되지 않고 마리아 안에 있게 되었다"(432) 라고 쓴다. 이런 것의 부분적 이유는 시몬스가 여성이 단지 수용적이고 남성만이 생식에서 적극적이라는 견해를 채택했기 때문이었는데, 이에 대해 칼빈은 "그렇다고 해서, 과연 여자들은 아무것도 아니라고 말할 수 있겠는가라고 답변한다(*Institutues 2*. 13. 3). 사실 칼빈은 시몬스의 견해를 처녀는 단순히 '그리스도가 그것을 통하여 흘러나왔던 도관(道冠)'(*Institutues 2*. 13. 3)이라는 것을 암시하는 것으로 묘사한다. '그리스도가 그것을 통하여 흘러나왔던 도관'이라는 표현은 이레니우스에게서 직접 인용한 것임.

하나님은 자연에 대적해서가 아니라 자연을 통해서 일하신다. 하나님은 자기 계시의 자연적 조건을 회피하거나 압도하거나 "완전히 넘치게" 하는 것이 아니라 자신을 우리의 능력에 맞추신다. 그렇다면 이런 접근 방식에서 그리스도의 인성은 우리 구속을 위한 필수 조건이나 가시적 발현뿐만 아니라 우리 구속의 바로 그 장소로서 그리스도의 신성만큼이나 필수적으로 중요하다.

가현설을 부정하지만 아폴리나리우스(Apollinarius)는 그런데도 이런 경향을 나타낸다. 확실히 로고스는 어느 정도 성육신했지만, 로고스는 예수님의 인간 영혼을 대체했다. 앨런 스펜스(Alan Spence)는 고대와 현대 신학에서 잠재된 이런 아폴리나리우스적 경향을 17세기 옥스포드 신학자인 존 오웬(John Owen)의 기독론과 대조한다. 존 오웬의 작품은 개혁파 스콜라주의 합의의 가장 좋은 진수를 대표한다.[32]

아타나시우스와 같은 고대 저자와 바르트와 같은 현대 저자에게서 공식적으로 거부된 아폴리나리우스주의는 그런데도 어떤 매력을 준다고 스펜스는 주장한다. 예를 들어, 아타나시우스는 어떤 곳에서는 심지어 다소 가현주의적 용어로 성자의 성육신을 언급했다. 즉, "그는 자기 육체에 얽매여 있지 않고 오히려 그 자신이 그 육체를 지배하고 있었다."[33]

> 이런 어려움은 성육신한 그리스도를 "정상적인 사람"으로 잉태할 수 없는 것에 놓여 있는 것 같다. 그리스도의 신적 아들 됨을 고수하는 사람들은 대개 재빨리 그리스도의 참된 인성을 확증하지만 그런데도 과거에는 그리스도가 은혜, 지혜와 지식에서 성장해 가는 것에 대한 복음서 증언에 적당한 중요성을 부여하는 것을 꺼리는 것이 있었다.

---

32 Alan Spence, "Christ's Humanity and Ours: John Owen," in *Persons, Divine and Human*, ed. Christoph Schwobel and Colin Gunton (Edinburgh: T&T Clark, 1991), 75-76.
33 Athanasius, "On the Incarnation of the Word," 45.

또한, 그리스도가 성령을 통한 신적 위로와 권능을 계속해서 받아야 할 필요성과 결과적으로 그리스도가 우리와 마찬가지로 서 있었던 인간으로서 그의 하나님에게 전적으로 의존하는 피조물이라는 암시에 대해서도 중요성을 부여하는 것을 꺼리는 것이 있었다.

… 인성을 실제로 취하는 것 이외에 그리스도의 인성에 직접 작용하는 신적 대행자로서 말씀보다는 오히려 성령을 잉태하는 것이 적당한가?

오웬은 그렇게 생각했다.[34] 아타나시우스와 같은 저자들에게 있어서 로고스는 그리스도의 "지배 원리" 즉 다소 플라톤적 의미로 이해되는 "어떤 면에서 영혼과 몸의 관계와 비슷한" 관계가 된다.[35] 따라서 그리스도의 실제 인격은 로고스다. 아폴리나리우스의 대답은 간단했고, 아타나시우스의 대답은 더 복잡했지만 오웬은 성육신한 말씀의 완전한 인간적 순종을 강조했다.

오웬은 "그는 그가 취하지 않았던 것을 치유하지 않았다"라는 나지안주스의 그레고리우스의 더 나은 공식을 선택했다. 하지만 그리스도의 인간적 의지가 "신성화되었던" 다마스커스의 요한의 속성 교류(communicatio idiomatum)에서처럼 "4세기에 그리스도의 인간 삶에 대한 말씀의 즉각적이거나 직접적 결정에 대한 강조는 자연스럽게 아폴리나리우스주의 쪽으로 기울어졌다."[36]

우리는 "그가 행했던 기적은 그의 신적 능력에서 행해졌고 그의 고난은 인간으로서 견디었다"라는 위의 다마스쿠스의 요한 인용구를 기억할 수도 있다. "거의 예외 없이 성부는 예수가 지식에서 성장하거나 그 자신을

34　Spence, "Christ's Humanity and Ours," 75 - 76.
35　위의 책., 77 - 78. 동시에 다마스커스의 요한(John of Damascus)이 관찰했던 것처럼 "하지만 아폴리나리우스에 반대하는 그의 담론에서 거룩한 아타나시우스는 자신이 실제로 두려움을 느꼈다고 말한다."(The Orthodox Faith, 70).
36　Spence, "Christ's Humanity and Ours," 79 - 80.

위해 기도할 필요가 있다는 것을 인정하지 않았을 것이다"라고 스펜스는 말한다.[37]

이런 경향은 케노시스 기독론과 아폴리나리우스 기독론 사이의 대결로 이어질 수밖에 없다. 즉 하나님을 "인간화"하거나 인성을 "신성화"하거나 이다.[38] 레오는 개선에 주의를 기울였다.

> 각 본성은 상실 없이 그 자체의 뚜렷한 특징을 유지한다. 또한, 하나님의 형상이 종의 형상을 빼앗지 않듯이 종의 형상이 하나님의 형상을 줄이지 않는다.

그리고 "본질적으로 이것은 칼케돈 정의에서 유지된 입장이었다."[39] "17세기에 존 오웬은 아들에 의해 즉시 또는 직접 결정되는 것으로서보다는 오히려 '오토키네톤'(autokineton), 즉 자기 결정적 영적 원리, 완전히 자기의식적이고 하나님에게 열려 있고 반응하는 피조물로서 그리스도의 인성 개념을 재확증했다."[40] 오웬은 다음과 같이 말한다.

"신성에서 인성으로의 모든 소통은 존재를 넘어서 자발적이었다는 점에서 그리스도의 유기는 가능했으며 또한 여기에서 기인했다."[41]

따라서 그리스도는 그의 신성에서뿐만 아니라 그의 인성에서도 또한 인성이 신성에 흡수됨이 없이 하나님의 계시이고 구원이다.

하지만 바르트의 "자기 계시" 교리는 "이것을 과격하게 훼손하는 것처럼 보인다."

"쟁점이 되는 요점은 예수 그리스도가 자신의 신성으로 하나님을 계시

---

[37] 위의 책., 80.
[38] 위의 책., 81.
[39] 위의 책., 81-82에서 인용.
[40] 위의 책., 82.
[41] 위의 책., 88에서 인용. John Owen, *An Exposition of the Epistle to the Hebrews*, vol. 2 (repr., Grand Rapids: Baker, 1980), 507.

하느냐 아니면 그의 인성이 성령에 의해 영감을 받을 때 인성을 통해서 하나님을 계시하는가이다."[42]

"하지만 하나님 자신 외에 누가 하나님을 계시할 수 있는가"라고 바르트는 묻는다.[43]

"근본적 개념은 계시가 자기 계시여야 하며 따라서 단지 신성만이 진정으로 하나님을 계시할 수 있다는 것이다."[44]

이와는 대조적으로 오웬은 다음과 같이 말한다.

> 주 예수 그리스도는 자신의 직분과 자신의 인성 안에서 또한 인성으로 성부의 뜻을 계시하는 사역을 수행하셨다.… 왜냐하면, 비록 하나님이며 사람인 그리스도의 위격은 우리의 중재자였지만 … 그런데도 그분의 인성은 그 인성 안에서 그는 자기 직분의 의무와 그의 모든 중재 행위의 "원리 자체"(principium quod)를 수행하셨다(딤전 2:5).[45]

스펜스는 다음과 같이 언급한다.

> 간단히 말해서 만약 우리가 아폴리나리우스주의를 거부한다면 우리가 단순히 인간의 생명이 아닌 하나님의 생명으로 분리할 수 있는 그리스도의 성육신한 생명의 어떤 요소도 존재하지 않는다.[46]

바르트는 다음과 같이 묻는다.

42　Spence, "Christ's Humanity and Ours," 88 - 89.
43　Barth, *CD* I/1:406.
44　Spence, "Christ's Humanity and Ours." 89.
45　위의 책에서 인용., 90. 히브리서 3:30.
46　위의 책., 91.

"인간 그리스도(humanitas Christi) 자체가 계시인가?"

예수 그리스도의 신적 아들 됨은 하나님의 계시가 이제 말하자면 인간 나사렛 예수의 존재로 옮겨왔고 따라서 하나님의 계시가 인간 나사렛 예수의 존재와 동일시되었다는 것을 의미하는가?"[47]

아니라고 바르트는 말한다.

"이것은 하나님에 대한 우리의 지식을 위한 기초로써 그리스도의 역사적 삶을 경시하는 것으로 이어진다."

따라서 바르트는 다음과 같이 주장한다.

"우리는 하나님의 말씀을 그 말씀의 세상성의 신비 외에 다른 방식으로 가지지 않는다. 하지만 이것은 우리가 하나님 말씀을 그 자체로써 하나님 말씀이 아닌 형태에서 가진다는 것을 의미한다" … (I/1, 165).[48] 이것은 우리 자신이 그리스도를 따르는 것에 있어서 많은 것을 의미한다.

우리는 오히려 예수 그리스도의 역사적 존재의 일상적 경험에서 그분을 따른다. 이런 존재는 예수 그리스도가 성부의 뜻을 이루기 위해 애정 어린 순종을 하려고 애썼을 때 두려움과 시험, 믿음과 희망으로 특징지어지며, 고난과 시험을 통해서 하나님의 성령에 의해 계속해서 강해지고 위로받고 영감 받는 존재다 …. 우리의 운명은 우리가 신성하게 될 수도 있는 것이 아니라 오히려 마침내 진정한 인간이 될 수도 있다는 것이다.[49]

스펜스는 두 본성을 충분히 구별하지 못하는 것은 인성 안에서 신성을 상실하거나 신성 안에서 인성을 상실하는 속성 교류(communicatio idiomatum)로 이어질 수 있다는 것을 유익하게 우리에게 상기시켰다. 로고스(또는 일반적으로 "하나님")는 피조성 안으로 흡수되거나(케노시즘) 피조성이 로고스 안으로 흡수된다(신성화).

---

47 위의 책에서 인용., Barth, *CD* I/1:323.
48 Spence, "Christ's Humanity and Ours," 92; cf. Barth, *Christ and Adam*, especially 36.
49 Spence, "Christ's Humanity and Ours," 97.

앞의 케노시스 기독론에서 우리는 로고스가 피조성 안으로 흡수되는 경향을 살펴보았지만 오늘날 더 급진적으로 케노스시 신론(예를 들어, 몰트만)에서 그런 경향을 보았다.

또한, 우리는 아타나시우스의 추가 사례에 호소할 수 있지만 확실히 동방 교회와 서방 교회 저자들 가운데 그만 그런 것이 아니었다. 그는 에베소서 4:10을 다음과 같이 해석한다.

> 그는 몸으로 내려오셨고 몸에서 하나님 자신이었기 때문에 부활하셨다. 또한 다시 말하지만 이것은 이런 의미에 따라 그가 접속사 '그러므로'를 넣었던 이유이다. 이것은 덕의 보상이나 진보의 보상이 아니라 부활이 왜 일어났는지를 나타내기 위해서다 …. 그는 땅에서 높이 승귀되셨다. 왜냐하면 그는 몸 안에 계신 하나님의 아들이었기 때문이다.[50]

이런 다른 경향성이 무엇이든지 간에(분리 혹은 흡수) 츠빙글리와 아타나시우스는 대략 같은 곳으로 종결된다. 아타나시우스가 예수님을 "그분"(He)과 동일시 여기는 곳마다 주어는 단지 로고스인 것처럼 보인다. 아이러니하게도 몰트만은 예수님을 완전히 하나님으로 다루지만 고려 중인 하나님의 본질을 재정의한다. 또한, 이것은 동료 루터주의자 게르하르트 포드(Gerhard Forde)가 젠슨에게 가하는 비판이기도 하다.[51]

주목할 만한 기술과 미묘한 차이로 캐서린 태너(Kathryn Tanner)는 그런데도 기본적으로 암시적인 아폴리나리우스주의/단성론 쪽에 가까운 알렉산드리아 학파의 강조점을 확언한다. 그리스도의 신성과 인성을 분명히

50　Athanasius, "Four Discourses Against the Arians," *Nicene and Post-Nicene Fathers*, 2nd series, vol. 4: Select Works and Letters, ed. Philip Schaff and Henry Wace(Grand Rapids: Eerdmans, 1971), 332.

51　Gerhard O. Forde, "Robert Jenson's Soteriology," in *Trinity, Time, and Church*, ed. Gunton, 131.

긍정하고 구별하면서 그녀는 토마시우스(Thomasius)와 특별히 19세기 중반의 다른 루터주의자들의 케노시스 기독론과 판넨베르크, 몰트만 그리고 융엘의 역사화하는 (헤겔주의) 경향성을 거부한다.[52]

하지만 태너는 "말씀이 (예수님)의 인성을 취하는 것은 그의 온전한 삶의 즉각적인 원천"이라고 언급한다.[53]

하지만 성령은 어떤가?

또한, 참된 언약의 파트너로서 예수님 자신의 신실한 인성은 어떤가?

그것은 단지 인성 안에서 또한 인성을 통해서 활동하는 하나님의 신실함인가?

태너는 예수님은 "신성화된 인간"으로 언급한다.

"예수님은 성육신한 말씀이고 신성화되거나 승귀되신 인성이다. 왜냐하면, 이런 것들은 단지 동일한 과정을 다른 관점에서 다르게 묘사하는 것이기 때문이다."[54]

그녀가 두 본성을 혼동하는 것에 대해 경고하지만, 그녀는 다음과 같이 말한다.

> 말씀은 예수님의 행동 특징을 형성한다. … 인간의 의지와 그 의지에 대한 말씀의 지시와 같은 조정되어야 할 두 개의 의지 행위가 아니라 하나의 복잡한 의지 즉 말씀으로 형성되는 인간 의지가 있다.[55]

---

52 Kathryn Tanner, Jesus, *Humanity and the Trinity* (Minneapolis: Forthress, 2001), 10.
53 위의 책., 16.
54 위의 책., 17; cf. Barth, CD IV/2:74 - 76, 98 - 99, 105 - 9.
55 Tanner, Jesus, *Humanity and the Trinity*, 31, 32 n. 75. 주로 아폴리나리우스주의에 대한 반응으로 그리스도 안에 두 의지에 대한 보편적 확언은 그리스도의 두 본성의 당연한 귀결로서 간주되었다.

따라서 로고스는 그리스도의 성육신과 삶 속에서 모든 일을 행하신다. 즉, 이것이 이런 인간의 삶이 구원적인 이유이다. 다시 말해, 나는 우리 구원에 필요한 것으로서 그리스도의 신성의 훌륭한 변호를 문제 삼으려는 것이 아니라 오히려 인성을 인간적이고 (신성화되거나 숭고한 인성으로서가 아닌) 구원적인 것으로 확증하기를 원한다. 왜냐하면, 인성 안에서 또한 인성을 통해서 창조 언약이 완성되기 때문이다.

태너에 따르면 신성은 인성에게 전달되지만, 인성이 신성에 전달되지는 않는다(이것은 속성 교류[communicatio idiomatum]에 대한 전통적인 루터주의 접근 방식이다).[56] 인간 능력을 넘어서(예를 들어, 불멸성)는 예수님의 은사(恩賜) 수용은 "그 자체로 예수님의 인성의 속성이 될 수 없다. … 말씀이 예수님의 인성을 취함을 통해서 예수님 사역이 말씀과 연합되어 있는 한에 있어서 그것들은 예수님의 인간적 사역으로 돌려질 수 있다."[57]

인성은 단지 로고스가 작동하는 수단인 것처럼 보인다. 즉, "예수님이 우리를 위해 무슨 일을 하든지 간에 그는 성육신하신 말씀으로 행한다. … 예수님 자신의 인성은 성육신 즉 인성이 신성과 맺고 있는 새로운 관계의 첫 번째 수혜자다."[58] 다시 말해, 이런 표현들이 비정통적이거나 칼케톤 신조의 의도를 위협하는 것은 아니지만 이런 표현들은 분명히 성육신에서 하나님의 구원하는 활동을 오로지 성육신의 주체로서 로고스와 동일시하는 오랜 해석의 역사에 속한다.

우리는 여기서 케노시스 기독론과 신격화 기독론(apotheotic christology) 사이의 익숙한 양극화를 넘어섰던 것처럼 보이지 않는다. 케노시스 기독론과 신격화 기독론 모두 신성을 인성에 내주는 단성론적 경향을 반영하거

---

56 위의 책., 48; cf. Thomas F. Torrance, *The Trinitarian Faith* (Edinburgh: T&T Clark, 1988), 221 - 27.
57 Tanner, Jesus, *Humanity and the Trinity*, 50.
58 위의 책., 51.

나 아니면 인성을 신성에 내준다. 네스토리우스적 분리를 피하면서 확실히 우리는 분명히 신성과 인성 둘 다 그리스도의 인격을 동일하게 확정한다고 말해야 한다. 즉, 따라서 그리스도의 인격은 인간인 그의 몸일 뿐만 아니라 그의 의지, 감정, 사고 그리고 행동이기도 하다. 말씀이 육신이 되었던 것은 사실이다. 말씀이 육신이 되었다. 인성은 우리 구원을 위해 신성만큼이나 잘 활동하셨다.

또한, 인성은 마치 순종이 그의 신성의 불가피한 결과인 것처럼 로고스에 의존했을 뿐만 아니라 그의 의지를 시험과 실제 투쟁을 통해 성부의 의지에 순응하는 것에 의존하기도 했다. 태너에 따르면 말씀은 말씀과 함께 인성을 "피조물에게는 다른 방식으로 도달할 수 없는 단계까지 올라간 하나님과의 언약적 교제 안으로 들어가게 한다. 이런 언약적 교제는 삼위일체 위격들의 분리할 수 없는 공동 행동이다."[59]

내가 1장에서 바르트가 계시를 자연과 역사에서의 어떤 "기정사실"과 동일시하는 것을 더 과격하게 거절했던 것과 함께 심지어 아퀴나스가 계시를 인간 저자들의 초자연적 승격으로서 보는 그의 계시관에 이의를 제기했던 것을 독자들은 기억할 수도 있다. 태너가 하나님의 낮추심보다는 오히려 인성의 승격으로서 성육신에 대해 강조했던 것에서 우리가 보는 것처럼 이런 전제는 기독론으로 이어진다.

다시 한번 예수님의 행동은 삼위일체의 제2위격의 행동이라는 그녀의 요점에 있는 이런 중요한 진리를 부정하지 않고 나는 단순히 이런 "언약적 교제"를 남김없이 삼위일체 내의 교류로 환원하려는 것의 적절성에 의문을 제기해야 한다. 그녀는 "예수님의 인성은 그 인성이 삼위일체의 제2위격의 양태 안에 있는 것으로 구원한다고 언급한다."[60] 게다가 "하나님의

---

59 위의 책.
60 위의 책., 54.

아들은 예수님의 행동 주체였고," "그리스도의 인간 의지는 단순히 아들의 의지다."[61]

인성은 어디로 갔는가?

또한, 이런 교류(communication)가 단지 한 방향으로 흐른다면 (신성에서 인성으로) 어떻게 우리는 도덕적 - 영적 그리고 육체적 면에서 그리스도의 고난을 실제적인 것뿐만 아니라 본질적으로 구원적인 것으로 간주할 수 있겠는가?

교회사 전반에 걸쳐 그리스도의 승리를 거의 전적으로 하나님의 승리로 다루려는 경향이 널리 퍼져 있었지만, 언약신학 - 특히 원 언약이 완벽하게 이행될 필요성에 대한 주장에서 - 은 또한 인간 인격의 승리로서 중요성을 강조해 왔다.

확실히 이 인격은 신인(God - Man)이지만, 두 번째 아담으로서 그는 완전히 인간적인 조건으로, 성부와의 일체성에 의존하는 것이 아니라 성령에 의존해서 이행해야 하는 완전히 인간적 임무를 위임받았다.

언약신학에 대한 이런 강조는 알랜 스펜스(Alan Spence)가 그리스도의 인성을 공식적으로 고수하지만 "성육신하신 그리스도를 '평범한 인간'으로 간주하지" 않는 "아폴리나리우스적인" 경향으로 동일시했던 것에 의해 때때로 도전받았다.[62]

우리가 그리스도의 인격과 사역을 구속 언약(팩텀 살루터스, *pactum salutis*)의 맥락에 놓을 때 우리는 영원한 성자로서 그의 정체성과 창조 언약의 맥락에서 두 번째 아담으로서 그의 정체성을 강조한다.

따라서 예수님은 그의 신성에 관해 하나님의 아들일 뿐만 아니라 성령의 능력 안에서 성부의 뜻에 항상 순종하는 참되고 신실한 아담의 자손이

---

61   위의 책., 57.
62   Alan Spence, "Christ's Humanity and Ours," 77.

기도 하다.

성령에 완전히 의존하면서 살았던 이런 가치 있는 인간의 삶은 구속에 비본질적이 아니라 본질적이다. 이것은 희생 제사의 필수적 전제 조건일 뿐만 아니라 그런 제사의 본질적인 요점이기도 하다. 이것이 인자(the Son of Man)가 단지 은사로 또한 그의 신성에 의해서가 아니라 권리로 자신을 위해 승리를 주장하는 이유다.

> 아버지여 창세 전에 내가 아버지와 함께 가졌던 영화로써 지금도 아버지와 함께 나를 영화롭게 하옵소서 세상 중에서 내게 주신 사람들에게 내가 아버지의 이름을 나타내었나이다 그들은 아버지의 것이었는데 내게 주셨으며 그들은 아버지의 말씀을 지키었나이다(요 17:4-5).

따라서 예수님이 십자가에서 "다 이루었다"(요 19:30)라고 외치실 때 그가 염두에 두고 있는 것은 죄인들을 대신해서 받는 그의 고난일 뿐만 아니라 성부께서 주신 사명을 그가 완성하는 것이기도 하다. 이런 인간적 업적 때문에 바울은 예수에 대해 다음과 같이 말할 수 있다.

> 오히려 자기를 비워 종의 형체를 가지사 사람들과 같이 되셨고 사람의 모양으로 나타나사 자기를 낮추시고 죽기까지 복종하셨으니 곧 십자가에 죽으심이라 이러므로 하나님이 그를 지극히 높여 모든 이름 위에 뛰어난 이름을 주사(빌 2:7-9).

네 제국에 대한 다니엘의 환상에서 단서를 얻은 몰트만은 적절히 다음과 같이 언급한다. 즉 "인자의 왕국에서 사람이 하나님을 닮은 것이 완성된다. **이 인간적인 사람을 통해서** 하나님은 드디어 피조물에 대한 자신의

권리를 주장한다"(강조는 첨가된 것임).⁶³

그렇다면 이 점에서 이 접근 방식의 중요성을 요약하는 것이 적절하다. 적어도 세 가지 요점을 언급할 수 있다.

(1) 이것은 두 번째 아담/이스라엘로서 예수님의 인간적 순종이 함유한 구원상의 중요성을 강조한다.
(2) 이것은 하나님이 말씀하시고 인간이 답하는 언약 드라마의 맥락에서 일생 순종하는 예수님의 고난 받는 인성에 더 큰 주의를 제공하고 따라서 위로부터의 기독론과 아래로부터의 기독론을 서로 대립시키는 대신 이 두 기독론을 변증법적으로 관련시킨다.
(3) 이것은 기독론에서 성령의 역할을 위한 공간을 열어 준다. 각각의 요점들을 간략하게 설명하겠다.

1. 다마스쿠스의 요한이 전적으로 일관성이 있는 것은 아니지만 (즉, 기적을 그리스도의 신성으로 돌리는 것) 그는 다른 곳에서 내가 여기서 주장하고 있는 주장을 한다.

"왜냐하면, 바로 그 창조주와 주님 자신이 그 자신의 손의 사역을 위해 투쟁을 감당하시고 수고함으로써 주인이 되는 것을 배우시기 때문이다."⁶⁴ 그는 단순히 타락에서 인류를 구해낼 뿐만 아니다.

> 가장 어려운 것처럼 보였지만 비슷한 것으로 비슷한 것을 구했다. 즉, 그의 지혜는 그의 생각 가운데 이런 어려움에 대한 가장 적합한 해결책으로 보인다 …. 그리고 그는 우리에게는 비슷하게 보이는 성부에게 순종하신

63　Jurgen Moltmann, *Man: Christian Anthropology in the Conflicts of the Present*, trans. John Sturdy (Philadelphia: Fortress, 1974), 112.
64　John of Damascus, "Exact Exposition," 45.

다. 또한, 그는 그가 우리에게서 취하셨던 것 안에서 우리의 불순종을 위한 치료책을 발견하신다. 또한, 그는 구원을 얻는 데 불가능한 것 없이 우리에게 순종의 모범이 되셨다.[65]

따라서 이 사람 예수 그리스도는 한 분이다. 그런데도 그의 신성에 따라 시간과 공간을 초월하는 아들은 "몸 안에 좌정해 계시고 영광을 공유하는 육체가 있다."[66] 신성에 흡수되는 것 없이(단성론적 경향과는 달리) 인성에 적당한 위치가 주어져 있다(아폴리나리우주의와 네스토리우스 경향과는 달리).

왜냐하면, 말씀이신 하나님이 인간이 되는 것의 목적은 다음과 같은 것이었기 때문이다. 마치 거룩한 사도가 "사망이 한 사람으로 말미암았으니 죽은 자의 부활도 한 사람으로 말미암는도다"라고 언급하는 것처럼 죄를 지었고 타락했고 부패했던 바로 같은 본성이 기만하는 폭군에 대해 승리하시고 부패에서 해방되어야 한다. 첫 사람이 사실이라면 두 번째 사람도 사실이어야 한다.[67]

속죄와 관련해 주장하겠지만 능동적인 순종에 대한 개혁파의 강조는 총괄갱신(總括更新)(Recapitulation, 총괄갱신은 이레니우스 기독론 신학의 중심이다. 그리스도는 창조와 구속의 연속성을 나타내는 근거다. 그리스도는 새 아담이고 창조의 계속이며 동시에 완성이다. 이레니우스는 예수 그리스도의 사역을 새로운 인간상의 총화로 간주한다. 이것을 가리켜 총괄갱신이라고 한다. 총괄갱신은 이레니우스 신학에서 가장 뛰어난 주제 중의 하나다. 또한, 이 말은 그리스도의 탄생에서부터 최후의 심판에 이르는 그리스도의 구속 사역과 관련된 모든 것을 지칭하는 말이다. - 역자주)과 성육신에 대한 동방 교회의 강조와 십자가에 대한 서방 교회의 강조

---

65 위의 책., 46.
66 위의 책., 74.
67 위의 책., 56.

와 조화를 이룬다. 따라서 그리스도의 인격, 삶과 사역은 단순히 그의 신성(신성을 의미하거나 신성화된 인성을 의미하든지 간에) 때문이 아니라 한 위격 안에 연합된 두 본성 때문에 구원적이다.

따라서 예수님은 하나님을 향했던 하나님일 뿐만 아니라 바르트가 올바르게 확언하고 심지어 강조했던 요점인 하나님을 향했던 인간이기도 하다.

하지만 바르트는 예수님이 가진 신성한 것과 세속적인 것, 계시에서 하나님의 신성과 역사에서 예수님의 인성 사이의 이원론을 최종적으로 적절하게 설명할 수 없었다.[68]

복음은 내적 충동이 로고스(아폴리나리우스주의)에 의해 결정되었던 인간 껍데기가 아닌, 또한 시험과 사망에 대한 초자연적 위업과 승리가 단지 그의 신성에 돌려질 수 있는 혼성인 사람도 아닌, 또한 신성화된 인간(단성론)도 아닌 사람의 이야기에 대해 말한다. 그는 마침내 하늘에서뿐만 아니라 땅에서도 "충성된 증인"이다(계 1:5). 이스라엘은 출생의 고통을 통해 마침내 세계의 구세주인 메시아를 낳았다. 이스라엘과 세계의 운명이 수렴하는 것은 그의 인성 안에서다. 동시에, 이 인간 인격은 다름 아닌 이스라엘의 야훼(YHWH)이고 항상 야훼였다.

2. 그렇다면 그리스도의 구원하는 인성에 대한 이런 강조는 우리가 우리의 언약적 머리와 완전히 동일시하게 한다. 종교적이고 윤리적 그리고 육체적인 예수님이 받으셨던 시험은 실제였다(마 4:1 - 11과 유사 구절; 요 4:6; 히 2:17 - 18). 어떻게 이것이 동시에 하나님이셨던 사람에게 속할 수 있는지에 대한 사변을 통해서는 우리는 아무것도 얻지 못한다. 도마복음과 같은 공상적인 영지주의 이야기와는 뚜렷하게 대조적으로 정경 복음서는 허락된다면 인성이 우연적인 가상적인 신동의 삶을 이야기하지 않는다.

---

[68] Cf. Barth, *CD* I/1:165 and 323.

> 아기가 자라며 강하여지고 지혜가 충만하며 하나님의 은혜가 그의 위에 있더라 … 예수는 지혜와 키가 자라가며 하나님과 사람에게 더욱 사랑스러워 가시더라 (눅 2:40, 52).

예수님의 고향에서 그가 거부당한 것은 그가 사역을 시작하기 전에 그가 아주 평범한 사람으로 인식되었다는 것을 강조한다.

> 고향으로 돌아가사 그들의 회당에서 가르치시니 그들이 놀라 이르되 이 사람의 이 지혜와 이런 능력이 어디서 났느냐 이는 그 목수의 아들이 아니냐 그 어머니는 마리아, 그 형제들은 야고보, 요셉, 시몬, 유다라 하지 않느냐 그 누이들은 다 우리와 함께 있지 아니하냐 그런즉 이 사람의 이 모든 것이 어디서 났느냐 하고(마 13:54-56).

심지어 예수님의 형제들도 그의 사역 후반까지 그를 믿지 않았다(요 7:1-9). 어떻게 성자는 그 자신이 영원한 언약에서 한 당사자였다는 세부사항을 알지 못했을 수 있었을까?(마 24:36)

그런 구절들은 우리에게 존재론적 삼위일체의 비밀을 캐묻지 말 것을 상기시키고 우리의 사고를 경륜적 삼위일체, 특별히 하나님을 "아버지"로 불렀던 분이 견뎌낸 진정한 낮아지심으로 제한하게 한다.

겟세마네 동산에서 예수님은 자신의 운명에 대해 고뇌한다. 내 마음이 매우 고민하여 죽게 되었으니라고 그는 제자들에게 말한다(마 26:38). 성부께 기도하는 동안 그는 유명하게 다음과 같이 간구한다.

> 내 아버지여 만일 할 만하시거든 이 잔을 내게서 지나가게 하옵소서 그러나 나의 원대로 마시옵고 아버지의 원대로 하옵소서(마 26:39).

한 문장에서 우리는 예수님의 성부와의 친밀한 일체성("나의 아버지")과 아버지와 자신을 차별화("나의 원대로 마시고 아버지의 원대로 하옵소서")하는 것을 식별한다. 그리스도의 신성을 보호하려고 노력할 때 전통은 예수님이 성부와 맺고 있는 친밀한 일체성을 희생하며 - 성부와 맺고 있는 예수님의 깨지지 않은 교제 - 예수님이 성부와 자신을 차별화하는 것을 아마 너무 자주 강조했지만, 그 반대의 환원 즉 예수님이 성부와 자신을 차별화하는 것을 희생하며 예수님이 성부와 맺고 있는 일체성을 강조하는 것이 최근의 많은 기독교에서 너무 명백하다.

예수님이 자신의 영을 성부의 보호에 내맡기는 것은 단순히 영원한 아들이 "죽을 수" 없거나 성부와 성령에게서 "끊어질 수" 없기 때문은 아니다. 언약의 저주를 지고 있다는 구약 성경적 의미에서 "끊어질 수" 있지만 그런데도 바로 그의 아버지 앞에서 여전히 심지어 이런 행동 안에 있는 것은 심지어 완전한 인간의 아들로서 예수다. 이런 방식으로 그는 자신의 인간 피를 하늘 성소로 가져온다(히 9:11 - 10:18).

그레이엄 워드(Graham Ward)는 그리스도의 고난에 관해 아우구스티누스의 영성화 경향이나 "아폴리나리우스주의" 경향을 지지하고 심지어 아우구스티누스 자신이 거절했었을 가현론적 기독론으로 가까워진다.

> 아우구스티누스는 또한 아기 예수는 무력하게 태어나거나 다른 아이들처럼 무지하지도 않다는 것을 분명히 한다.
> "나는 그런 완전한 무지가 말씀이 육신이 되었던 아기 안에 존재했다는 것을 가정할 수 없다 …. 또한, 나는 정신적 능력의 그런 약함이 일반적으로 우리가 아기들 안에서 보는 아기 예수 안에서 존재했다는 것을 상상할 수도 없다." 다시 말해, 여기에서 논리는 신학적이다. - 아우구스티누스는 물질성이 하나님에게 참여하는 성육신을 통해 계시된 창조 교리에 기초해서 이런 제

안을 한다. 물질 자체는 그런 논리의 해석 안에서 은유적으로 된다.[69]

이런 성찰은 이 주제에 대한 칼빈의 성찰과 극명하게 대조된다. 그리스도의 "지옥으로 내려가심"을 신적 진노를 겪는 십자가에서의 고뇌로 정의하면서 칼빈은 유기의 부르짖음을 설명하려는 자들에게 이의를 제기한다(시 22:1을 인용하는 마 27:46). 칼빈은 자신이 "그리스도에게 무서운 불의를 행하고 있다"는 어떤 비평가들의 반대에 부딪힌다.

"왜냐하면, 그들은 그리스도가 자신의 영혼 구원과 관련해서 두려워하신다는 것이 도무지 말이 되지 않는다고 여기기 때문이다. 이뿐 아니라 그들은 더욱 극심한 중상을 거침없이 쏟아놓는다. 즉, 내가 하나님의 아들에게 믿음과는 배치되는 절망을 돌리고 있다는 것이다."[70]

하지만 칼빈은 육체뿐만 아니라 영혼의 이 고통을 "공개적으로 말하는 것"은 다름 아닌 복음 전도자들 자신들이라고 답변한다.

결국, 그의 인성은 그의 심신의 일체성을 포함했다. 아폴리나리우스와 단의론자(Monothelites)(단성론자는 말할 필요도 없이)에게서처럼 그의 영혼은 로고스와 동일시될 수 없었다.

"그들이 하는 것처럼 그가 가장하고 있었다고 말하는 것은 비열한 회피다 …. 결코, 충분히 칭찬받지 못한 그의 선함은 이 안에서 빛을 발한다. 즉, 그는 우리의 연약함을 자신에게 떠맡는 것을 꺼리지 않았다."

"그의 경건하심으로(fear) 말미암아 들으심을 얻었느니라"라는 히브리서 5:7은 이런 유기와 관련이 있다. 칼빈은 아폴리나리우스주의자들과 가현주의자들뿐만 아니라 아마도 염두에 두고 있는 아우구스티누스뿐만 아니

---

69 Graham Ward, "Bodies: The Displaced Body of Jesus," in *Radical Orthodox: A New Theology*, ed. John Milbank, *Gatherine Pickstock, and Graham Ward* (London and New York: Routledge, 1999), 165, 아우구스티누스의 *On the Merits and Remission of Sins and on the Baptism of infants*, pp. 63 - 64에서 인용.

70 Calvin, *Institutes*, 2.16.12.

라 키릴루스와 아타나시우스의 어떤 진술에서처럼 이것은 "숭배"나 "경건"이 아니라 경외(fear)라는 것을 강조한다.[71]

연약함이 실패를 의미하는 것은 아니라고 칼빈은 주장한다(히 4:15). 칼빈은 자신이 비판하고 있는 출처를 구체적으로 언급하지 않고 겟세마네 동산에서의 눈물겨운 분투는 '다른 사람들의 눈을 위한 보여 주기'가 아니라 절망에 가까운 실제 고통이었다고 말한다.

이것이 모든 의심을 없애 준다. 즉, 그는 천사들의 익숙하지 않은 위로로 자신을 격려하기 위해 천사들을 하늘에서 내려오도록 해야 했다(눅 22:43).

"나의 하나님, 나의 하나님…" 이라는 부르는 말이 확증하는 것처럼 이 모든 것은 우리에게 죽음에 대한 슬픔, 두려움, 무서움이 그 자체로 사악한 열정이나 "신앙과 반대가 아니라는 것을 우리에게 보여 준다."

이제 이것은 소위 단의론자들의 오류뿐만 아니라 아폴리나리우스의 오류도 반박한다. 아폴리나리우스는 그리스도가 영혼 대신에 영원한 영을 가졌고 따라서 그리스도는 단지 반만 인간이었다고 주장했다. 마치 그리스도가 아버지께 순종하는 것 외에 어떤 다른 방법으로 우리의 죄를 속죄할 수 있는 것처럼 … 이것은 분명히 큰 역설로 보인다.

아버지여 나를 구원하여 이때를 면하게 하여 주옵소서 그러나 내가 이를 위하여 이때에 왔나이다 아버지여 아버지의 이름을 영광스럽게 하옵소서(요 12:27 - 28).[72]

---

71 위의 책., 2.16.11
72 위의 책., 2.16.12.

우리는 성스러운 수동성과 금욕적 결의("구유 안에 누우셨죠," "그는 울지 않죠"라는 표현에서)는 단지 완전한 지복(至福) 가운데 그의 삶을 끝맺을 수 있었지만 우리는 복음서에서 그것과는 반대되는 삶을 발견한다는 것을 추가할 수 있다. 그는 신성화한 인간도 아니고 인간화된 하나님도 아니었다. 칼빈이 언급하는 "위대한 역설"은 네스토리우스주의나 단성론적 방향에서는 해결할 수 없다.

이 점에서 칼빈 비평가들의 아폴리나리우스적 경향과는 대조적으로 이런 진정한 고통은 그리스도의 구속적 죽음뿐만 아니라 죄에 대해 속죄하는 그리스도 삶의 더 큰 맥락 안에 설정되어 있다.

"이제 누군가는 다음과 같이 묻는다."

즉, 어떻게 그리스도가 죄를 없애고 우리와 하나님 사이의 분리를 제거하고 하나님을 우리에게 호의적이고 친절하게 대할 수 있게 하는 의를 획득하셨는가?

이 질문에 대해 우리는 일반적으로 그리스도의 온전한 순종 과정으로 우리를 위해 이런 의를 성취하셨다고 답할 수 있다. … 요컨대 그리스도가 종의 형태를 취하셨을 때 그는 우리를 구속하기 위해 자유의 대가를 치르기 시작했다."[73]

우리가 이레니우스에게서 발견하는 것처럼 여기에 총괄갱신(總括更新, Recapitulation)을 분명하게 상기시키는 것이 있다. 두 번째 아담으로서 그리스도의 능동적인 순종에 대한 강한 강조는 엄밀한 의미의 그리스도 인성이 가진 구원적 가치에 대해 동일한 강한 강조를 수반한다.

---

[73] 위의 책., 2.16.5. 하지만 칼빈은 이 단락을 다음과 같이 결론을 내린다. 즉, "단지 죄가 속해지는 희생제물과 씻음에서만 두려움에 떨고 있는 양심이 평온을 찾기 때문에 우리는 마땅히 그 길로(십자가로) 이끌림을 받아야 한다. 왜냐하면, 우리를 위한 생명의 질료가 그리스도의 죽음에 자리 잡고 있기 때문이다."

따라서 우리가 그리스도의 순종에서 죄와 죽음의 정복을 찾을 때 우리는 신적 본성(마치 예수님이 자신의 신적 속성을 행사함으로써 자신의 인간적 유한성을 항상 보상할 수 있는 것처럼)뿐만 아니라 성령으로 향해야 한다. 다윗과 영원한 메시아로서 그의 종이며 아들을 기름 부으셨던 분은 다름 아닌 성령이다.

몰트만은 하나님이 일반적으로 인간이 되신 것과 뚜렷이 구분되는 예수님의 인간적 순종을 비우는 방식으로 너무 단순히 예수님을 하나님과 합친다.[74] 그리스도의 인성은 "고난받는 하나님"이라는 모든 것을 아우르는 이론으로 깊이 감추어져야 하는 것이 아니라 그 자체의 공간 즉 하나님의 구속적 활동의 장소로서 우리의 인간적 공간이 있어야 한다.

하나님의 초월성과 고난의 역사에서 하나님이 영향받지 않음을 과장함으로써 또한 그런 후에 이것을 그리스도의 신성에 적용함으로써 그러면서도 계속 그의 인간적 고난의 실체를 확언함으로써 네스토리우스적 방향에서 기독론을 왜곡하기 쉽다.

하지만 인간적인 것을 신성화함으로써 또는 신적인 것을 인간화함으로써 단성론적 방향에서 기독론을 왜곡하기는 그만큼 쉽다. 그리스도의 두 본성 교리는 단순히 한 본성을 다른 본성으로 환원시키지 않고 완전한 삼위일체 구조 안에서 분명히 표현되어야 한다.

이런 역설은 결코 어떤 최종적 종합으로 해결될 수 없음이 틀림없다. 즉, 이것은 정확하게 칼케돈 신조가 주장하는 요점인 것처럼 보인다. 판넨베르크(Pannenberg)는 여기서 올바른 균형에 이른다.

"성부의 다스림이나 왕국은 그분의 신성에 너무 외적인 것이 아니어서 그분은 자신의 왕국이 없이도 하나님이 되실 수도 있다."

비록 세계 자체가 그런 사실에 필연적이지 않다고 하더라도 말이다.

---

[74] 예를 들어 Moltmann, *Trinity and the Kingdom*, 77-79를 보라.

하지만 만약 그가 세상을 창조한다면 세상에 대한 주 되심은 그의 신성에 필연적이다 …. (이것은) 이미 하나님의 삼위일체적인 삶 안에, 자유롭게 자신을 성부의 주권에 종속시키는 아들과 자신의 주권을 아들에게 넘겨 주는 성부 사이의 관계의 상호성 안에 그 위치를 차지하고 있다. 오직 이런 기초에서 우리는 예수님의 십자가의 삼위일체적 적절성에 대해 말할 수 있다. 예수 그리스도의 고난은 신적 로고스가 취했던 인성만 관련했던 사건이 아니다. 마치 그것이 전혀 하나님의 삼위일체적 삶의 영원하고도 평온한 영향을 끼치지 않은 것처럼 말이다. 예수님의 죽음에서 그의 하나님이자 성부인 그분의 신성이 쟁점이었다. 물론 헤겔 시대부터 행해졌던 것처럼 십자가에서 하나님의 죽음에 대해 단도직입적으로 말하는 것은 옳지 않다. 우리는 단지 "십자가에 못 박히셨고, 죽으셨고, 묻히셨던" 하나님의 아들에 관해서만 말할 수 있다.

사실 "교리적으로 바른 것이 되기 위해 비록 하나님의 아들 자신이 고난당하셨고 죽으셨지만, 우리는 하나님의 아들이 그의 인성에 따라 그러셨다고 말해야 한다. 심지어 아들 안에서 하나님의 죽음을 직접 말하는 것조차도 전도(轉倒)된 단성론이다. 그런데도 우리는 예수님이 몸소 즉 영원한 아들의 인격 안에서 십자가에서 겪은 고통과 죽음에 의해 영향을 받았다고 말해야 한다."[75]

3. 마지막으로 그리스도의 구원을 가져오는 인성에 대한 이런 강조는 또한 단순히 예수님의 의존하는 초점으로서 신성보다는 오히려 성령을 가리키는 성령론을 위한 더 넓은 공간을 열어준다. 창조의 수면 위를 운행하신 동일한 성령이 마리아를 "감쌌고" 세례를 받을 때 성육신한 아들에게 축복을 선언할 때 성부와 합류했다.

---

[75] Pannenberg, *ST* 1, trans. G. W. Bromiley (Grand Rapids: Eerdmans, 1991), 313-14.

예수님의 사역 전반에 걸쳐 성부가 말씀하시는 것의 발화 효과적 영향으로서 성령에 대한 이런 동일한 의존이 복음서에서 유지된다. 예수님을 죽은 자들로부터 일으키실 때 성령은 "주님과 생명의 수여자"로서 스스로 정당성을 입증하셨다.

또한, 오순절 날에 예루살렘, 유다와 땅 끝까지 그런 동일한 생명을 주시기 시작했다. "새 언약의 피"(마 26:28)가 부어지는 것은 오순절 날에 성령의 부어짐의 전제다(행 2장). 성부가 성령 안에서 우리에게 아들을 주시기 때문에 아들은 우리 또한 성령으로 또한 성령 안에서 "아바 아버지" 즉 "하늘에 계신 우리 아버지"로 부를 수 있는 성부와의 관계로 우리를 이끄신다. 아들이 영원한 출생에 의해 계시는 것처럼 우리는 양자 됨에 의해 존재한다.

마치 로고스가 단지 성령의 사역으로 성육신하실 수 있는 것처럼 신자들은 "성령으로 아니하고는 예수를 주시라"(고전 12:3) 할 수 없다. 이 모든 것의 상호 의존성은 명백한 것만큼 웅장하다. 즉, 성령이 없다면 우리가 "예수는 주님이시다"라고 말하는 것이 불가능할 뿐만 아니라 성령이 없다면 우선 어떤 예수도 존재하지 않을 것이다.

예수님이 우리에게 성령을 주시는 것만큼이나 성령이 우리에게 예수님을 주시는 것도 사실이다. 예수를 지지하고 그의 인간 육체에 아버지의 입술에서 나오는 모든 말씀에 충실할 수 있도록 힘을 주셨던 분은 다름 아닌 성령이셨다. 또한, 우리의 언약 대표로서 우리를 그리스도와 연합시키시는 분은 성령이시다.

요약하자면 우리가 한 인격 안에 그리스도의 두 본성을 지지할 수 있는 것은 케노시스 기독론을 통해서가 아니라 신적 맞추심(divine accommodation)의 신학을 통해서다. 성육신뿐만 아니라 자기 백성과 함께 하는 하나님의 언약 역사 전체에 걸쳐서도 하나님은 인간과 더 일반적으로는 피조물과 연대를 맺으면서 하나님으로 남아 계신다. 하나님을 "소유할 수 있다"(haveable). 왜냐하면, 하나님은 자신을 주셨기 때문이다. 그런데도 그분은 "타자"로 남아 계신다. 즉, 하나님은 세상을 위할 뿐만 아니라 세상에서 자유로우시다. 성자는 자신을 우리의 육신과 연합함으로써 그분은 시간 안에서 영원한 구속 언약을 실행하신다. 따라서 성육신은 언약적 맞추심의 절정이다.

사실 우리는 낯선 존재를 만났다. 하지만 그분은 또한 우리 살 중의 살이고 "모든 일에 우리와 똑같이 시험을 받으신 이로되 죄는 없으신"(히 4:15) 중재자시다. 이 사건에서 하나님은 완전히 소유됨이 없이 소유될 수 있다. 봉해지지 않고 주어진다. 거의 닿을 수 없는 구속을 주실 신성에 어떤 손실 없이 인간과의 가장 친밀한 연대를 맺으신다. 하나님의 모든 유비적 계시에서처럼 여기에서도 – 예수 그리스도라는 일의적인 핵심에서도 – 눈과 마주치는 것보다 하나님에게는 더 많은 것이 존재한다.

제7장

고난받는 종:
희생적 속죄에 대한 도전들

　지금까지 줄곧 나는 "소외 극복하기"와 "낯선 존재 만나기"라는 틸리히의 대조되는 패러다임을 언급했다. 이번 장에서 나는 "소외 극복하기"라는 제목 아래 희생이라는 주제에 대한 가장 중요한 도전 가운데 일부를 평가할 것이고 그런 후 마지막 두 장에서 내가 제시한 제안에 관해 건설적이고 상세한 설명을 제시할 것이다.
　이 제안에서 수정된 (언약적) 희생적 이해는 안셀무스의 만족 교리에서 결여된 강조점과 조화를 이룬다. 그런데도 나는 지나친 일반화의 위험을 무릅쓰고 정치적 해방과 존재론적 참여라는 두 가지 하위 제목 아래에 지배적인 도전을 분류할 것이다.
　다른 장들과 마찬가지로 여기서 우리는 역사 신학에서 다양한 속죄 입장들을 어느 정도 잘 알고 있다고 가정하며 진행 중인 대화에 참여할 것이다. 의심할 여지 없이 가장 논쟁적인 장인 이 장의 주제는 다음과 같다. 즉, "존재론적" 방법과 "언약적" 방법은 두 개의 다른 형이상학뿐만 아니라 인간 문제와 이 문제 해결에 접근하는 다른 방법들을 야기한다는 것이다.
　예를 들어, 나는 제1장에서 존재론적 접근 방식은 존재로부터 타락에 대해 이야기하는 경향이 있지만 언약적 접근 방식은 원래의 온전함에서 죄에 빠진 타락과 윤리적 소원(疏遠)함에 대해 말한다고 제안함으로써 틸리히의 모형론에 대해 자세히 설명했다. "소외 극복하기"가 구속을 "존

재"와 화해시키는 수단으로 볼 수 있다는 것은 상당히 이해할 만하다.[1]

이것은 물론 스토아주의에서 범재신론(또는 범신론)적 신비주의에서 변증법적 역사주의, 치료에 이르는 모든 것과 같은 많은 형태를 취할 수 있지만, 일반적인 생각은 다음과 같다. 즉, 새로운 인식에 의해 극복해야 할 상황의 본질에 문제가 있다는 것이다.

이와 대조적으로 내가 주장했던 "낯선 존재 만나기"는 윤리적 작업이다. 필요한 것은 새로운 인식이 아니라 새로운 창조다. 물질 세계가 부정된다는 의미에서 새로운 것이 아니라, 윤리적 잘못에 대해 속죄해야 하고 올바른 관계를 확립해야 한다는 의미에서 새롭다. 이것에 대해 논의하는 맥락은 언약이다. 이 언약에서 화해는 존재론적 유한성의 조건을 극복하기보다는 오히려 올바른 관계를 회복하는 문제다. 참여라는 주제는 이 두 패러다임 모두에서 중요하다. 하지만 하나가 참여를 존재론적 측면에서 보지만 다른 하나는 참여를 윤리 - 언약적 측면에서 본다.

처음부터 나는 적어도 속죄 이론에서 두 개의 전형적이고 지나치게 일반화된 양극단 즉 안셀무스의 이론과 아벨라르의 이론을 간단하게 언급해야겠다. 왜냐하면, 이런 희생적 주제에 대해 많은 비평가는 분명하게 아벨라르의 이론과 동일시하고 안셀무스 이론을 구별 없이 모든 희생적 속죄 이론에 저해되는 것으로 취급하기 때문이다. 일반적인 개요가 충분해야 할 것이다.

고대 교회에서 그리스도의 사명이라는 사건을 희생적 속죄, 죄의 보상(하나님과 마귀 모두에게) 우주적 권세들에 대한 승리 그리고 총괄갱신(總括更新, Recapitulation)(즉 아담의 죄를 원상태로 돌리고 그리스도의 형상으로 인류를 새롭게 하는 것으로서 그리스도의 죽음을 포함한 그리스도의 전 생애)을 포함하는 것으로 다양하게 해석했다.

---

[1] 최근의 예를 참조하려면 John Milbank, *Being Reconciled: Ontology and Pardon* (London and New York: Routledge, 2003)을 보라.

11세기 논문 "왜 하나님은 인간이 되셨는가"(*Cur deus home*)에서 안셀무스는 만족설(satisfactory theory)로 불리게 되었던 것을 분명 표현했다. 만족설에 따르면 마치 봉건 영주가 자신의 인격을 모욕했던 자에게서 보상적 공물을 받을 수 있는 것처럼 그리스도의 죽음은 손상당한 하나님의 위엄에 대한 적절한 보상으로 간주했다. 물론 그리스도 자신은 죄가 있는 당사자는 아니었다.

따라서 그의 죽음은 징벌적일 수는 없었고 오히려 인류를 대신해서 추가적 공덕의 지불(supererogatory settlement)로서 제공되었다. 무한한 인격에 대한 무한한 모욕은 무한한 희생을 요구한다.[2]

아벨라르의 경쟁적인 설명은 그리스도의 죽음이 죄에 대한 지불이나 상당한 위엄의 만족보다는 오히려 하나님 사랑의 감동적 표현으로 의도되었다고 강조했다. 따라서 십자가를 숙고함으로써 우리는 회개와 새로운 순종으로 옮기게 된다. 어떤 만족도 필요하지 않다. 왜냐하면, 십자가는 하나님 사랑을 보여 주는 것이기 때문이다.

분명히 이런 다른 속죄 교리는 인간의 문제를 이해하는 데 더 깊은 차이점을 반영했다. 그리고 나는 그런 차이점들이 존재론적 방법과 윤리적-언약적 접근 방식 사이의 분열만큼이나 깊다고 주장할 것이다.

유명론에 따르면 속죄는 하나님 본질의 필연성이 아니라 하나님의 의지 행동에 뿌리를 두고 있다고 강조함으로써 아벨라르의 견해를 발전시켰다. 만족을 제공하기보다는 오히려 속죄를 단순히 하나님이 "사람들 자신 안에 있는 것"(*facienti quod in se est Deus non denegat gratiam*)을 행하는 자들을 용서하실 가능성을 여는 것으로 받아들였다.[3]

---

2   Anselm, "Why God became Man," in *A Scholastic Miscellany: Anselm to Ockham*, ed. Eugene R. Fairweather, Library of Christian Classics (Philadelphia: Westminster Press, 1956), 106, 119-24.
3   Heiko Oberman, *The Harvest of Medieval Theology: Gabriel Biel and Late Medieval Nominalism* (Durham, NC: Labyrinth, 1983), 135-36.

16세기 소키누스주의자들은 보복적 정의는 하나님께 적합하지 않다고 주장함으로써 이런 도덕적 또는 모범 이론을 정교하게 발전시켰다. 속죄에 대한 이런 관점에서 그리스도 죽음의 목적은 본받음을 위한 예를 제공하는 것이다(따라서 이것은 일반적으로 도덕적 모범 이론으로 불린다). 후고 그로티우수(Hugo Grotius)와 아르미니우스주의자들은 통치설(the governmental view)로 불리게 되었던 것을 정교하게 발전시켰다.

통치설에서 그리스도의 죽음은 대속(代贖)보다는 오히려 하나님의 도덕적 주권 재확립으로 말해진다. 안셀무스의 이론에 대한 이 모든 경쟁적 이론들은 전통적으로 "주관적인" 이론으로 분류되었다. 왜냐하면, 이런 이론들은 십자가가 신적 용서를 위한 근거로서가 아닌 단지 인간 안에서 도덕적 변화를 만드는 데 필요했다고 주장하기 때문이다.

계몽주의(the Enlightenment)는 특별히 도덕적 의무를 손상할 수도 있는 원죄라는 개념을 칸트가 받아들이지 못하는 가운데 뚜렷하게 펠라기우스적 인간론을 반영했다. 칸트가 도덕적으로 쇠퇴시키는 것으로 간주했던 속죄 교리와 칭의 교리는 그런 비판의 중심에 놓여 있었다.[4]

슐라이어마허와 특별히 리츨은 십자가의 어떤 사법적 개념에 반대하는 소키누스주의 주장을 되풀이했다. 건튼은 "칸트, 슐라이어마허 그리고 헤겔이 전통 신학에 가한 합리적 비판이 제공하는 충동 아래 다양한 형태의 모범주의가 이 분야를 차지하게 되었다"라고 지적한다. 다른 면에서 무력한 자들을 향한 역사적 삶과 죽음에 중심을 둔 하나님의 행위 대신에 강조

---

[4] 예를 Kant, "Religion within the Boundaries of Mere Reason," in *Immanuel Kant: Religion and Rational Theology*, ed. and trans. Allen W. Wood and George di Giovani (Cambridge: Cambridge University Press, 1996), 65 - 66, 70 - 96, 104 - 22, 134를 보라. 하지만 칸트 편에서 그는 신적 심판이라는 개념에 대한 의심 때문이 아니었다. 이와는 반대로 최후 심판에 대한 두려움은 도덕적인 노력에 동기를 부여하는 것으로 의도되었다. 하지만 그리스도를 통한 대속적 속죄는 도덕적 노력을 전복시키는 것으로 생각되었다.

점이 적절한 행동으로 자신을 도울 수 있는 사람들에게 주어졌다.[5]

이 장에서 나의 목표는 안셀무스의 이론을 옹호하는 것이 아니다. 내가 방금 언급한 경쟁자들보다 안셀무스의 이론을 더 선호하지만, 약점은 현저하다. 벌코프(Louis Berkhof)가 지적하는 것처럼 "안셀무스의 이론은 때때로 종교개혁자들의 이론과 동일시된다. 종교개혁자들의 이론은 만족 이론으로 알려졌지만 두 이론이 동일하지 않다."[6]

그런데도 벌코프는 만족 이론의 장점을 인정하지만 개혁파 전통이 안셀무스 이론에서 일반적으로 관찰했던 약점들을 보여 준다.

첫째, 이 이론이 속죄를 하나님의 본성 안에 두지만, 이것이 다루는 것은 공의라기보다는 오히려 하나님의 존엄성이다. "그는 실제로 '사법'(private law) 또는 관습의 원리로 시작한다. 사법 또는 관습에 의하면 피해자 측은 자기가 적합하다고 생각하는 무슨 보상도 요구할 수 있다. 하지만 단지 공법의 견지에서 적용하는 방식으로 구속의 필요성을 주장한다."[7]

둘째, 그의 이론은 "그리스도께서 고난 겪으심으로 죄의 형벌을 감내하셨으며 그의 고난은 엄밀하게 대리적이었다는 개념을 받아들일 여지가 없다." 그리스도의 죽음은 단순히 아버지의 영광에 자발적으로 드려진 선물이다. 이 이론은 "그리스도의 사역에 적용된 고해성사 교리"를 구성한다.[8]

셋째, 안셀무스의 설명에서 문제는 다음과 같다. 즉, 이 이론은 그리스도의 능동적 순종을 위한 여지가 전혀 없다는 것이다. "전체적인 강조가 그리스도의 죽음에만 있다. 또한, 그의 삶이 가진 구속적 중요성을 제대로

---

5   Colin Gunton, "The Sacrifice and the Sacrifices: From Metaphor to Transcendental?" in *Trinity, Incarnation, and Atonement: Philosophical and Theological Essays*, ed. Ronald J. Feenstra and Cornelius Plantinga Jr (Nortre Dame, IN: University of Nortre Dame Press, 1989), 211.
6   Louis Berkhof, Systematic Theology, 385.
7   위의 책., 386.
8   위의 책.

다루지 않는다."⁹

넷째, "안셀무스의 진술에서는 단지 그리스도의 공로가 인간에게 외면적으로 전달되는 것만이 있다. 그리스도와 신자 사이의 신비적 연합에 대한 어떤 암시도 존재하지 않는다. 또한, 그리스도의 의를 받아들이는 것으로서 믿음에 대한 어떤 암시도 없다. 모든 거래가 다소 상업적으로 보이기 때문에 이 이론은 종종 상거래설로 불린다."¹⁰

게다가 이런 서방 교회적 선택들은 초기 동방 교회(Greek church)의 중요한 공헌(즉 총괄갱신과 권세들의 정복)과 종교개혁자들의 강조와 특별히 그리스도의 죽음뿐만 아니라 그리스도의 삶과 부활에 대한 언약신학을 고려하지 않는다. 하지만 다음 장에서 안셀무스적이든지 아니면 다른 성격이든지 내 자신의 제안을 내놓기 전 나는 희생 속죄라는 어떤 개념보다 최근 제기되었던 도전을 다루기 위한 지면을 할애해야 한다. 나는 이런 제안들에 연속적인 논평과 결론적인 요약적 답변을 제공할 것이다.

1. 정치적 해방

희생이라는 주제에 대한 최근의 많은 도전은 분명히 아벨라스적 속죄 전통을 이용한다. 게다가 대부분의 도전(적어도 우리가 고려할)은 적어도 사법적 요소에 대한 신개신교적(neo‑Protestant) 거부와 암묵적으로 일치하며 결과적으로 하나님보다는 오히려 그리스도의 사역이 우리에게 미치는 영향에 대한 이해에 초점을 맞춘다. 나는 속죄의 "주관적인" 이론이 "새로운

---

9 위의 책.
10 위의 책.

인식"(소외 극복하기)에 해당되지만, 더 "객관적인" 관점은 언약 모형(낯선 자 만나기)과 더 잘 맞는다는 것은 단순한 우연이 아니라고 주장하고 싶다. 하지만 이것은 그런 도전을 이전 입장으로 단순히 복귀하는 것으로 일축하는 것은 아니다. 관찰한 것처럼 최근 논의에서 전통적 속죄 교리에 반대하는 인상적인 주장들이 있으며 그런 주장들은 이런 주장들의 조건에 기초해 진지하게 고려해야 한다.

르네 지라르(Rene Girard), 로즈마리 루에테르(Rosemary Ruether), 재세례파 전통의 일부 저자와 같은 다양한 사상가를 종합하는 것은 폭력을 유발하는 것으로서 희생이라는 주제에 대한 비판이고 그리스도 사역을 주로 정치적 정의를 가져오는 것에 관심을 가지는 것으로서 보는 대안적 이해다. 나는 이것을 속죄 이론에 대한 "정치적" 접근 방식으로 분류한다. 나는 속죄 이론을 포함해서 모든 속죄 교리가 중요한 의미에서 정치적이지만 나는 여기서 현세적인 수단으로 사회적 병폐로부터의 해방에 대한 강조를 의미하기 위해 이런 명칭을 사용한다.

다시 말해, 관심이 (내가 또한 강조하는 것처럼) 이 세상의 구속에 있을 뿐만 아니라 우리 자신과 서로 안에서 선과 협력할 때 우리가 주로 이런 구속을 성취하는 것이기도 하다. 따라서 소외 극복하기는 인간의 번영을 위한 새로운 가능성에 대한 새로운 인식에 의해 달성된다. 이런 새로운 가능성을 실현함으로 우리는 자유롭게 더 인간적인 공동체를 추구할 수 있다.

1) 르네 지라르(Rene Girad): 희생양 메커니즘

르네 지라르는 사회 이론가로서 자신의 유대인 전통뿐만 아니라 종교와 문화에 걸쳐 작동하는 사회 종교적 의식에서도 작동하는 희생양 메커니즘에 대해 많이 사유했다. 그의 주요 논제는 다음과 같다. 즉, 문화는 자신을 대신할 희생할 희생자를 찾음으로써 폭력을 문화의 구조 안으로 전형적으로 새겨 넣는다는 것이다. 그는 "그리스도는 인류가 살도록 죽는 것에 동의한다"고 생각한다. 하지만 그는 이것은 "희생적"이지 않다고 주장한다.[11]

그는 또한 구약이든 신약이든 희생 식사의 개념을 거부한다. 왜냐하면, 이 모든 것이 희생양 메커니즘을 암시하기 때문이다.[12] 따라서 예수는 죄를 위한 모든 희생을 끝내기 위한 희생(sacrifice)으로서가 아니라 희생적인 희생양에게 단번에 아니라(no)고 말하기 위해 희생자들을 대신해 희생자(victim)로 죽으셨다.

"예수님이 희생(sacrifice)으로서가 아니라 더는 희생이 없게 하려고 죽으시는 것은 예수님 안에서 하나님 말씀을 인식하는 것이다."[13] 구약성서의 많은 부분을 지킬 수 없었기 때문에 지라르는 희생양에 대한 급진적 비판으로서 신약을 재해석한다. 하지만 크리스토퍼 슈뢰더(Christopher Schroeder)가 지적하는 것처럼 이것은 위험한 행보다. 즉, 지라르는 진노와 희생의 하나님(구약성경)을 희생자들의 하나님(신약성경)과 대립시킨다.

> 이런 반대와 함께 … 지라르는 잘 알려진 마르시온(Marcion)의 흔적을 따라간다. 결국 구약성경의 하나님을 "희생양의 하나님, 부족의 야만적인 하나님" 그리고 "린치를 가하는 자들의 하나님"과 "처형 집행자들의 하나님"으로 명명하는 것은 구약성경을 "기독교 이전"으로 보는 견해를 지지하는 것이고 잠재된 반유대적 기독교를 조장하는 것이다. 히브리 성경에 대한 이런 우울한 견해의 주된 이유는 지라르가 신적 진노를 희생양에 대한 인간의 폭력과 분리할 수 없는 것으로 보는 것이다.[14]

---

11 Rene Girard, *Things Hidden Since the Foundation of the World*, trans. Stephen Bann and Michael Metteer (London: Athlone, 1987), 241 - 43.
12 위의 책.
13 위의 책., 210.
14 Christopher Schroeder, "'Standing in the Breach': Turning Away the Wrath of God," *Interpretation* 52, no. 1(1988):17.

하지만 지라르의 이론이 분석에서 날카롭지만, 그의 이론은 우리가 마주쳤던 도덕 이론들, 불충분하게 현실적인 인간론에 의존하는 이론들의 또 다른 버전이다. 윌리엄 플레처(William Placher)가 관찰하는 것처럼 이런 견해는 "형벌을 받는 것"에 해당한다. 일단 형벌을 받으면 더는 폭력적으로 되어서는 안 된다. 하지만 "지배적인 기독교 전통은 덜 낙관적이었다."[15]

플레처는 인간론과 구원론 사이의 이런 관계 또는 더 구체적으로 죄와 구속 사이의 이런 관계를 지적한다. 지라르에게 있어서 십자가형과 희생에 관한 이런 이야기들은 "따라서 어떻게 자신들을 구원할 수 있는가를 이해할 수 있는 따라야 할 좋은 모형이 있는 품위 있는 사람들에게는 좋은 소식이다 ···. "

죄인들에게 좋은 소식이 될 수 있을 정도로 충분히 이야기를 급진적으로 만들 수 있는가?"(강조는 첨가됨).[16]

> 우리는 무고한 사람들을 희생하는 것을 중단해야 한다고 지라르는 말한다. 하지만 그런 후 그는 단지 우리가 진리를 이해할 때 죄책의 문제는 사라질 것이라고 주장하는 것 같다. 하지만 복음은 계시뿐만 아니라 구속자를 제공한다 ···. 구속자의 사랑은 죄책 있는 사람들로 하여금 자신들이 용서받는다는 것을 알게 할 수 있다. 내 생각에 중요한 차이점은 우리가 불의를 영속화하는 고난의 인내를 촉구하는지, 아니면 정의, 평화와 해방을 위해 고통의 수용을 촉구하는지에 있다.
> 나는 후자에 대해 사과할 필요가 없다고 생각한다 ···. 바울에게 있어, 하나님과 화해할 필요가 있는 것은 우리이지 그 반대는 아니다. 즉, 하나님

---

[15] William C. Placher, "Rethinking Atonement," *Interpretation* 53, no. 1(1999):9. 플래처가 지적하는 것처럼 지라르는 히브리서가 신약성경에서 "잘못된 선회"를 취했다고 생각한다.

[16] 위의 책., 12.

이 우리와 화해할 필요는 없다. 그 반대가 아니라 … 칼빈의 말로 표현하자면 "하나님이 우리를 사랑하기 시작했던 것은 우리가 하나님 아들의 피를 통해서 그분과 화해되었던 후가 아니다. 오히려 하나님은 이 세상을 창조하시기 전 우리를 사랑하셨다."[17]

2) 급진적 페미니즘

몰트만의 더 신중한 접근 방식을 넘어서 전통인 속죄 언어에 대한 비판은 페미니스트 성찰과 관련된 다양한 해방 신학에서 나타났는데, 여기서 십자가에 대한 전통적 기독교 이해는 수동성과 폭력을 안정화하는 것으로 받아들여진다.[18] "신성한 아동 학대는 구원을 가져오는 것으로 보이고 심지어 소리 지름 없이" 고난받는 아이는 세상의 희망으로 칭송받는다.[19]

안셀무스의 이론은 잘못을 바로잡기보다는 처벌을 조장하는 정의의 관점을 진척시킨다.[20] "우리는 이런 속죄, 즉 단지 어린양의 피에 의해 씻길 수 있는 인류 전체 위에 있는 피의 죄라는 이런 생각을 없애야 한다."[21]

"남성 구세주가 여성들을 구원할 수 있는가?"

이런 도발적인 장에서 로즈마리 래드포드 류터(Rosemary Radford Ruether)는 가난한 자들과 압제 받는 자들에게 정의를 가져다 주는 예수님의 초기

---

17 위의 책., 15 - 16.
18 중남미 해방 신학은 희생적 속죄에서 하나님의 정의를 위한 중요한 공간이 있다는 사실을 지적해야 한다. 예를 들어, Jon Sobrino, "Systematic Christology" in *Systematic Theology: Perspective from Liberation Theology*, ed. Jon Sobrino and Ignario Ellacuria(Maryknoll, NY: Orbis, 1998), 124 - 45를 보라.
19 Joanne Carlson Brown and Rebecca Parke, "For God So Loved the World?" in *Christianity Patriarchy, and Abuse: A Feminist Critique*, ed. Joanne Carlson Brown and Carole R. Bohn (New York: Pilgrim, 1989), 2.
20 위의 책., 7 - 8.
21 위의 책., 26.

메시아 사역은 제국 교회 때문에 다른 무엇보다도 수동적 순종으로 그리스도의 속죄적 죽음에 집중하는 가부장 종교로 변모되었다고 주장한다.[22] 류터는 "예수님이 고난받고 죽으러 오신 것이 아니라 압제 받는 자들을 해방하려고 오셨다"고 주장한다.[23] 그는 결코 자신의 죽음을 구속적인 것으로 생각하지 않았다. 하지만 그는 자신의 정치적 사명이 그런 목적으로 이어질 수도 있다는 것을 알았다. 구속적이었던 것은 불의의 제거다.
"구속의 수단은 회개다."[24]

앞에서 모범 이론이나 도덕적 영향 이론의 해석에서처럼 이 이론은 실제로 전혀 속죄 이론이 아니다. 오히려 이것은 회개 이론이다. 다른 무엇보다도 이 이론은 어떻게 하나님과 죄인들이 화해하는가가 아니라 오히려 어떻게 사람들이 더 좋아질 수 있고 결과적으로 더 만족스러운 사회적 정치적 질서를 만들어 낼 수 있느냐에 관한 것이다. 동시에 그녀는 내가 아래에서 제기할 중요한 질문을 제기한다.

3) 재세례파 출처(Anabaptist Sources)

분명히 모든 재세례파주의자는 이 단락에서 표현된 견해를 지지하는 것은 말할 것도 없이 희생적 속죄에 대한 급진적 비판에 동의할 것이다. 다른 전통들처럼 재세례파(Anabaptism)도 다양하다. 그런데도 16세기 이후 이 운동은 루터, 칼빈 그리고 그들의 후계자가 가톨릭 신학(예를 들어 사법적인 강조에서)과 실천(기독교 왕국)에 타협한 것을 의심했다. 소위 권위 있는 종교개혁과는 다르게 급진적 종교개혁은 칭의와 그리스도와의 연합보

---

22 하지만 기독교 성상을 지배했던 것은 십자가상이 아니라 팬토크레터(Pantocrator, 즉 우주의 지배자로서의 그리스도를 표현한 그림)였다는 점이 관찰되어야 한다.
23 Rosemary Radford Ruether, *Introducing Redemption in Christian Feminism* (Sheffield: Sheffield Academic Press, 1998), 104.
24 idem, *Women and Redemption: A Theological History* (Minneapolis: Fortress, 1998), 279.

다는 오히려 제자도와 그리스도를 본받는 것에 가장 중요한 지위를 부여했다.[25] 소위 객관적 속죄 이론에 반대하는 현대의 많은 비난이 당연하게도 이런 사람들 심지어 자신들을 재세례파주의자들과 동일시하지 않을 사람들에 의해서 제기된다.

앤서니 바틀렛(Anthony Bartlet)에 따르면 신약성경은 진노와 속죄를 위한 어떤 여지가 없다.[26] 따라서 속죄에서 모든 "폭력적인" 함축을 제거할 경우에 속죄를 "구출" 할 수 있다. 라이트(N. T. Wright)의 생각을 빌려 쓰면서 그는 교회 신학은 때때로 그리스도의 도래가 함유한 종말론적 의미를 놓쳤다고 생각한다 - 이것은 내가 쉽게 수용하고 다음 장에서 다루려고 하는 비판이다.

하지만 바틀렛의 주장은 억지 주장처럼 보인다. 또한, 상호 관련시키는 것 대신 대안적 강조점들은 신약성경 안에 있는 명백한 희생에 관한 언급들을 상대화시킨다. 따라서 마침내 그는 피터 롬바드(Peter Lombard)의 한 구절을 채택한다.

"따라서 그리스도의 죽음을 통해서 우리 마음 안에 자선이 유발되는 한 그리스도의 죽음은 우리를 의롭게 한다."[27]

우리는 신선한 비평적 수확 때문에 촉발된 새로운 비평이 아니라 적어도 반펠라기우스적인 것으로 특징지어질 수 있는 일련의 친숙한 조직적-신학적 헌신들을 본다. 이런 의혹은 더욱 분명해진다. 즉, "이런 비판은 소위 '도덕적 영향력'이론이 새롭고 현대적인 긴박함으로 전면에 나서도록 허용한다."[28] 아우구스티누스적 폭력은 "예정이라는 무조건적 폭력으

---

[25]   예를 들어, Kenneth Ronald Davis, *Anabaptism and Asceticism, Studies in Anabaptist and Mennonite History* 6 (Scottdale, PA: Herald, 1974); cf. *Anabaptism in Outline: Selected Primary Sources*, ed. Walter Klaassen (Scottdale, PA: Herald, 1981), 특별히 23 - 100을 보라.

[26]   Anthony Bartlett, *Cross Purpose: The Violent Grammar of Christian Atonement* (Harrisburg, PA: Trinity Press International, 2001), 203 - 16.

[27]   위의 책., 221에서 인용.

[28]   위의 책., 223.

로 시작한다. 이 폭력은 또한 루터를 감염시키고 엄청난 정도의 영적 위기로 이어진다. 그런 후에 개신교 전통을 통해서 계속되고 바르트 교회 교의학(Church Dogmatics)의 변증법적 신학을 포함한다."[29]

마찬가지로 로버트 해머튼 켈리(Robert Hamerton - Kelly)는 다음과 같이 쓴다. 즉, "십자가가 선에 대한 이런 인간적 분노의 최고 예인 한 십자가는 자신들과 서로를 파괴하기 위한 우리의 자유로운 선택을 하나님이 수용하신 것으로서 이런 역설적 진노를 보여준다."[30] 거의 역설적이지 않지만 이것은 상당히 직관적 매력을 지닌 흥미로운 추측일 수도 있다. 하나님은 상처에 모욕을 더하지 않는다. 죄는 이미 죄인을 다치게 했다. 죄 자체는 충분한 형벌이다(우리가 몰트만에게서 이미 마주친 견해).

하지만 그런 추측이 개략적으로 죄에 대해서뿐만 아니라 죄인들에 대해 심판에서 행하시는 하나님을 분명히 묘사하는 이야기이든지 교훈적이든지 성경의 실제적인 구절들을 설명하는 데 있어서 유용할 수 있을까?

그렇다면 누군가 우리를 위해 이것을 감당하셨다.

즉, 하나님이 열정적으로 우리 구원을 위해 이 짐을 받아들였다는 것이 어째서 나쁜 소식이 되겠는가?

속죄에 관한 가장 사려 깊은 최근 연구 중 하나는 재세례파주의자 학자 데니 위버(Denny Weaver)의 『비폭력적 속죄』다. 존 요더(John Yoder)의 선례를 따르고 희생양 메커니즘에 대한 지라르의 비판, 부활에 대한 크리스티안 베커(J. Christiaan Beker)의 강조, 위에서 마주쳤던 다양한 페미니스트 비평으로 뒷받침을 받은 위버는 소위 "내러티브 승리자 그리스도"(narrative Christus Victor) 모형을 지지한다. 그는 이 모형은 기독교 속죄 교리에서 폭력을 반박하기 위해 특별히 고안되었다는 점에서 이 모형을 "고전적인 승

---

[29] 위의 책., 224.
[30] Robert Hamerton - Kelly, *Sacred Violence: Paul's Hermeneutic of the Cross* (Minneapolis: Augsburg Fortress, 1992), 102.

리자 그리스도"(classic Christus Victor)와 구별한다. 권세들에 대한 정복은 폭력을 통해서 이루어질 수 없다.

"따라서 내러티브 승리자 그리스도를 비폭력적 속죄 모티브로 제안하는 것은 또한 만족 속죄(satisfaction atonement)에 대한 근본적인 도전과 궁극적으로 만족 속죄에 대한 거부다."³¹ 계속해서 위버는 다음과 같이 말한다.

> 안셀무스의 만족 속죄 이미지는 아마 중세 시대 전체 걸쳐서 발전되었던 참회 제도와 개인적 참회의 성찬을 반영하는 것으로 시작되었을 것이다. 또한, 이것은 자기 봉신들에게 보호를 제공하지만, 또한 자신의 명예에 대해 저질러진 범죄에 대한 처벌을 가했던 봉건 영주의 이미지를 반영했다.³²

우리가 벌코프에게서 이미 지적했던 것처럼 이것은 전형적인 개혁파의 반대들 가운데 하나이지만 위버는 어떤 구분도 보지 못한다. 그가 인용하지 않지만, 그는 루터, 칼빈 그리고 "개신교 정통주의의 신학자들"은 더 위험한 형벌적이고 사법적인 방향에서 안셀무스의 이론을 단순히 발전시켰다고 말한다.

> 어떤 해석에서든지 이런 무리의 견해에 공통적인 것은 다음과 같다. 즉, 예수의 죽음은 하나님이 기획했던 계획이 관련되었고 이런 계획을 통해 예수의 죽음은 죄 많은 인류를 구하기 위해 신적 정의나 하나님의 법을 만족시킬 수 있었다는 것이다.³³

---

31 J. Denny Weaver, *The Nonviolent Atonement* (Grand Rapids: Eerdmans, 2001), 5.
32 위의 책., 16.
33 위의 책., 16 - 17. 위버의 연구가 가진 반복적인 약점은 주해와 교리 역사에서 그가 부적절하다고 판단하는 견해에 대한 직접적인 지식의 증거가 거의 없는 2차 출처(전통적인 속죄 교리의 비판적인)에 대해 의존한다는 것이다.

위버는 비폭력적인 승리자 그리스도 모형을 위한 표준구(標準句, locus classicus)로서 묵시록(the Apocalypse)에 호소한다. 나는 마지막 장에서 이것을 다룰 것이다. 확실히 예수님이 심판이라는 주제를 언급하시지만, 복음서에서 "예수님은 하나님의 징벌에 관한 진술은 실제로 하나님의 통치를 거부하는 사람들이 스스로 초래하는 것에 대한 선언이었다. 그들의 죄가 그들에게로 향하고 사실 그들은 자신을 심판한다"고 위버는 언급한다.[34] 물론 이런 관찰에는 중요한 진실이 있다. 즉, 하나님보다는 오히려 그들이 그들 자신의 죄에 대한 책임이 있다.

그런데도 예수님은 자신의 심판을 비유, 그의 "화 있을 진저," 마태복음 25:31 - 46에서 열방에 대한 심판에서 단순히 수동적인 것으로 나타내는가?(cf. 마 3:10; 5:22; 눅 3:16; 12:49)

위버에게 있어서, "하지만 그의 원수들과 친구들의 죄를 위한 보상적 징벌로써 필요했던 것은 죽음이 아니었다. 그것은 하나님 통치에 대한 그의 사명을 완수한 데서 비롯된 죽음이었다."[35] 예수님은 "하나님의 통치 선물을 가시적인 것이 되기 위해" 죽으셨는데, 이는 본질적으로 위의 류터(Ruether)의 입장과 같은 입장이다.[36]

이 점에서 위버는 다음과 같은 것이 있을 법한 반대를 예상한다.

즉, "이런 이야기는 속죄 이야기인가?"

"만약 속죄 이야기에서 이야기가 예수님의 죽음을 하나님의 손상된 명예나 신적 법의 요구 사항을 만족하게 하기 위한 값을 제공하려는 신적으로 준비된 계획으로 묘사되는 이야기거나 또는 예수님을 죄지은 인간이 마땅히 받아야 할 형벌의 대체자로 이해하는 이야기를 의미한다면 대답은

---

[34] 위의 책., 41.
[35] 위의 책., 42.
[36] 위의 책., 43.

'아니다 ' 이다."[37] 예수님의 죽음은 절대적으로 "예수님이 죄인들을 대신해서 고난받았던 신적 형벌"이 아니었다.[38] 위버는 이 부정의 함축적 의미를 완성한다.

> 승리자 그리스도 이야기에서 예수님의 죽음은 결코 하나님의 사랑스러운 행위가 아니다. 오히려 예수님의 죽음은 하나님의 통치에 반대하는 악의 힘의 산물이다.[39]

하지만 확실히 이것은 한쪽으로 치우쳐 있다. 예수님이 "악한 손들"에 의해 십자가에 못 박혔다는 것을 상기하는 것이 중요하지만 또한 그가 "그가 하나님께서 정하신 뜻과 미리 아신 대로 내준 바 되었다"고 연이어서 말해진다(행 2:23). 확실히 "과연 헤롯과 본디오 빌라도는 이방인과 이스라엘 백성과 합세하여 하나님께서 기름 부으신 거룩한 종 예수를 거슬렀지만, 하나님의 권능과 뜻대로 이루려고 예정하신 그것을 행했다"(행 4:27 - 28).

이런 접근 방식 안에 있는 많은 것에서처럼 내러티브 드라마는 어느 하나의 선택으로 축소된다. 대신 성경적 내러티브는 예수님의 수난에서 하나님, 예수님, 유대인, 이방인 – 사실 우리 모두를 포함한다. 속죄가 영원에서 삼위일체 내 협약에 기초한다면 속죄는 그의 사명의 우연한 사건 즉 무언가를 하는 도중 단지 예수님에게 일어나는 무언가가 될 수 없다. 속죄는 예수님이 세상에 오셨던 이유다(요 12:27). 누구도 예수님의 생명을 빼앗지 않는다. 오히려 예수님이 생명을 주신다(요 10:18).

우리가 예수님을 십자가에 못 박은 자의 잘못을 넘어 비록 역설적이지만 그의 죽음을 기뻐할 수 있는 것은 심지어 십자가를 예수님에 대한 폭력

---

[37] 위의 책., 43 - 44.
[38] 위의 책., 44.
[39] 위의 책., 45.

의 가해자들을 구속하기 위한 하나님의 계획으로 바라봄으로써다. 위버의 모형에 따르면 그리스도의 죽음은 폭력의 가해자들을 위해 어떤 것도 성취하지 못한다. 하지만 심지어 그 자체의 전제(정치/사회적 화해)에 기초해서 판단해도 이것은 거의 만족스럽지 못하다.

주목할 만하게 위버는 구약성경의 희생 제사를 속죄가 아니라 재 헌신으로 간주한다.[40] 이것은 속죄에 관한 도덕적 영향력 견해와 일치한다. 도덕적 영향력 견해에서 초점은 객관적(즉 속죄와 화해)이라기보다는 오히려 주관적(즉 회개)이다.

> 희생 모티브는 물론 예수님의 죽음을 위한 이미지로 전용될 수 있다. 하지만 법적 처벌을 충족시키는 요소가 히브리인의 의식 희생제사 차원이 아니라는 것이 분명해질 때 희생 용어나 이미지를 단순히 사용하는 것을 만족 속죄의 증거로 해석해서는 안 된다.[41]

그런데도 법적 처벌을 만족시키는 개념에 대한 반대로 그가 인용하는 유일한 성경적 증거는 레위기적 규약에서 불리는 것처럼 "속죄의 희생 제사" 이외에 희생을 의미하는 구절이다. 위버는 예레미야 7장을 근거로 "예레미야는 심지어 희생 제사가 하나님에게 기원했는지에 대해서 의심했다"라고 제안하는 데까지 간다.[42] 하지만 이 구절의 맥락은 이스라엘이 순종 대신에 희생 제사를 드릴 수 있다는 이스라엘의 가정이다.

다음 장에서 내가 주장하는 것처럼 "희생 제사보다는 오히려 순종"이 선자자들에게 중요하지만 희생 제사 제도의 거부로 제시되는 것은 아니다. 왜냐하면, 희생 제사 제도는 하나님이 분명하게 명령하셨고 하나님이 이스라

---

[40] 위의 책., 59.
[41] 위의 책., 60.
[42] 위의 책., 61.

엘 백성을 애굽에서 데려오신 후 제정되었고 여전히 영구히 죄의 용서가 필요하기 때문이다.

심지어 히브리서도 "예수님 죽음에 관해 비희생제사적 이해가 있다"고 위버는 주장한다. "히브리서가 분명히 희생 제사 언어를 사용하지만 중요한 질문들은 히브리서에서 희생 제사라는 표현이 어떻게 기능을 하는가에 관련되어 있고 '담화의 어떤 요소들을 가정하고 용인하고 수정하거나 포용하는지는 또 다른 문제다.'"[43]

레이먼드 슈워거(Raymund Schwager)를 다시 한번 따르면서 위버는 히브리서에서 예수님이 구약성경 희생 제사의 성취로서 다루어질 수 없다고 결론 내린다. 왜냐하면, 그것은 예수님이 "적들의 폭력을 묵인하고 자발적으로 자신의 피를 제단에 놓는 것이 될 것이기 때문이다. 이것은 '더 높은 선의 섬김에서 자기 공격적인 것이 될 것이다.'" 하지만 이것은 – 선험적 종합에 주목하라 – "하나님의 비폭력을 반박하는 것이다."[44]

이것은 히브리서에 대한 대부분 해석에 명백한 도전을 제시할 뿐만 아니라 마르시온적 해석을 순수히 받아들이는 것이다. 마르시온적 해석에서 신약은 구약을 거부한다. 그리고 이것은 예수님이 구약의 언약 모형 성취임을 증명하려는 저자의 의도에서 멀리 동떨어진 것처럼 보인다. 위버는 이 문제를 깨닫는다.

즉, "승리자 그리스도의 이야기가 구약성경의 희생 제사 전통에 호소하지 않는다면 그것은 구약성경과 관련이 있는가?"

하지만 그는 문제가 되는 주제들을 무시하고 이 주제를 선지자들 안에

---

[43] 위의 책., 62. Loren L. Johns, "'A Better Sacrifice' or 'Better Than Sacrifice'? Michael Hardin's 'Sacrificial Language in Hebrews,'" in *Violence Renounced: Rene Girard, Biblical Studies, and Peacemaking*, ed. Willard M. Swartley (Telford, PA: Pandora, 2000), 121에서 인용함.

[44] Schwager, *Jesus in the Drama of Salvation* (New York: Crossroad, 1999)을 언급하는 Weaver, Nonviolent Atonement, 64 – 65.

서 새로운 창조의 기대로 바꿈으로써 이 문제에 답한다.[45]

승리자 그리스도 이야기 모형에 따르면 "예수님의 사명은 죽는 것이 아니라 하나님의 통치를 가시화하는 것이기 때문에 예수님의 죽음은 돌이킬 수 없을 정도로 만족 속죄에서 필요하다는 방식으로 하나님이나 하나님의 통치도 예수님의 죽음이 필요하지 않다는 것이 아주 분명하다."[46]

따라서 유명론의 큰 영향력이 다시 나타난다.

"하나님은 예수님을 죽게 하기 위해서가 아니라 하나님의 통치를 살아 있게 하고 가시화하고 제시하기 위해 보내셨다."[47]

오히려 위버는 "부활을 통해서 그리스도 안에 있는 하나님은 사실 '우리를 위해' 이런 권세들을 패퇴시켰다"고 말한다(강조가 첨가됨).[48] 비록 골로새서 2장에 의하면 이런 패퇴는 십자가에 돌려진다 하더라도 말이다(골 2:14 - 15). 하지만 바울은 우리가 십자가와 부활 사이에 억지로 선택하게 하지 않는다. 바울에게 있어서 십자가와 부활은 죄와 사망의 문제를 해결한다(cf. 고전 15:12, 17).

우리가 마주쳤던 다른 신학자들처럼 위버의 설명은 그 자신이 우리를 향한 하나님의 태도가 아니라 "하나님에 대한 우리 인식"에 영향을 주는 것으로서 십자가에 대한 "급진적인 아벨라르식" 이해로 부르는 것을 채택한다.[49] 그는 속죄 모형과는 달리 자신이 제시하는 모형이 악의 힘에 반대하는 인간의 행동주의를 장려한다고 믿는다. 달리 말하면 그것은 칼케돈 기독론과 이 기독론에서 파생하는 안셀무스식 구원론을 피하는 모범주의 속죄 교리다.[50]

---

45 위의 책., 66 - 67.
46 위의 책., 72.
47 위의 책., 74.
48 위의 책., 76.
49 위의 책., 78.
50 위의 책., 92 - 94.

마지막 장에서 위버는 "안셀무스와 그의 변호자들"과 상호 소통한다. "많지만 이 모든 변호 전략은 결코 개혁파 전통을 반영하는 저자들이 행사하는 것은 아니다."[51]

"마틴 루터를 이용해 [델마] 메길 - 코블러(Megill - Cobbler)는 그리스도가 우리 편이며 그런 위치에서 그리스도는 심판자나 분노한 폭군이 아니라고 언급한다 …. 예수님은 형벌을 견디는 의미에서가 아니라 일을 바로 잡기 위해 … 정의를 세우기 위해 인간 소외의 결과를 떠맡음으로써 또한 큰 희생을 치르며 개입함으로써 하나님의 심판을 받고 지지한다."

따라서 "수동적인 그리스도의 사역을 이해하는 것에서 적극적인 목소리의 변화"(강조는 추가됨)가 있다고 위버는 언급한다.[52] 리앤 반 다이크(Leanne Van Dyk)는 "'하나님의 아이 학대'라는 주장은 … '아버지와 아들 사이의 관계가 지배, 통제와 징벌적 분노의 관계'임을 암시하는 반면 올바른 속죄 신학은 '삼위일체 내의 협력과 삼위일체 하나님의 은혜로운 주도'를 전제하거나 강조한다."[53]

이런 통찰력은 아래에서 나의 제안이 함유한 측면을 예상한다. 즉, 나의 제안이 함유한 측면은 수동적인 목소리보다는 오히려 적극적인 목소리에서 그리스도 사역의 이해하는 것과 구속 언약으로 특징짓는 "삼위일체 내의 협력"에서 궁극적으로 속죄를 발견하는 것이다. 하지만 위버는 희생 이론을 회복시키려는 이런 모든 시도를 폭력을 다시 새기는 것으로 간주한다.

이것은 일반적인 비판이기 때문에, 나는 간략한 요약 답변 위에 나의 연속 논평을 추가한다. 비판으로 주의를 돌리기 전에 나는 가능성 있는 합의

---

51 위의 책.,179.
52 Thelma Megill - Cobbler, "A Feminist Rethinking of Punishment Imagery in Atonement," *Dialog* 35, no. 1 (1996): 14.
53 Leanne Van Dyk, "Do Theories of Atonement Foster Abuse?" *Dialog* 35, no. 1(1996):24 에서 인용한 Weaver, Nonviolent Atonement, 184.

영역을 지적해야 한다. 다시 한번 말하지만 이런 도전들은 그 도전들이 확언하는 것보다는 그 도전들이 부정하는 것으로 인해 비판받아야 한다.

4) "정치적 패러다임"에 답변하기

먼저 기독교와 폭력의 관계는 내가 인정하는 것들 가운데 있다. 내가 이 문제를 제3권에서 더 철저하게 다루겠지만 속죄 교리와의 관련성으로 인해 약간의 언급이 필요하다. 종교적 폭력이라는 바로 이 개념은 종교 의식(하나님 나라)과 문화(세상 왕국)의 동일시에 기초한다(제세례파는 이와 유사하게 종교 의식과 문화를 동일시했지만, 문화를 더 광범위한 세속 정치 조직체들에서 탈퇴한 집단들과 관련시킴으로써 동일시했다).

십자군 원정, 종교재판, 농민과 제세례파주의자들의 학살에서부터 북아일랜드의 분쟁까지 이것은 종교 간 폭력일 뿐만 아니라 "기독교 국가"라는 브랜드를 소유하는 상에 의해 야기되었던 교파 간 기독교 폭력이기도 했다.

오늘날 우리 세계에서는 특히 기독교인, 유대인, 이슬람교도들(그리고 특히 인도에서 이슬람교도, 힌두교도) 사이의 폭력은 종종 아무리 의미가 분명하더라도 하나님 나라를 세속 정치 조직체들과 혼동시켰던 동일한 요소로 귀결된다. 아이러니하게도 피터 버거(Peter Burger)의 구별을 빌려 표현하자면 서구에서 세속화와 세속주의는 제국주의 특권의 마지막 흔적을 유지하기 위해 교회들의 결탁을 따라 또한 결탁과 함께 일어났다.

이에 대한 반응으로 많은 사람은 문화가 아마도 "우리의 것"이었던 시대를 되찾기 위한 노력으로 기독교 국가나 "기독교적 미국"이라는 향수적 환영을 삭제하는 쪽으로 눈을 돌리고 있다. 우파와 좌파의 이념은 이런 위대한 사명과 국가적 운명을 혼동하고 있다.

기독교 국가에서 많은 끔찍한 일이 행해졌다는 것이 사실일 뿐만 아니라 바로 그런 생각은 교회와 세상에 극도로 나쁘다는 것도 사실이다. 이것은 단지 거짓 관행이 아니라 거짓 신학이다. 위버 자신이 지적하는 것처럼 고전적인 승리자 그리스도라는 견해는 또한 정치적 폭력을 위해 전용될 수 있다. 이 사실만으로도 우리는 희생 속죄 신학에 대한 전반적인 비난을 의심하게 만들어야 한다. "기독교 국가"가 지배적인 은유일 때 무엇이든지 다 폭력의 무기고 안에 있는 무기가 될 수 있다.

결국, 토마스 뮌처(Thomas Müntzer)의 불운한 실험에서처럼 재세례파 신앙과 경건에서 그렇게 핵심적인 "하나님의 백성"이라는 주제가 더 직접 "기독교 국가"로 뒤바뀌어질 수 있다.[54] 계속해서 해체에 대한 집단적 노력을 요구하는 것은 속죄 교리 안에 새겨진 주장되는 폭력이 아니라 제국이 승인한 실제적인 폭력이다.

나는 또한 정의 개념을 마치 "하나님과 맺은 나의 개인적 관계"라는 개인 문제에 지나지 않는 것처럼 수직적 차원으로 제한하는 어떤 속죄 교리도 완전하지 않다는 페미니스트 신학자들과 다른 사람의 비판의 힘도 인식한다. 일부 비판은 전통적 관점의 희화화(특별히 서던[R. W. Southern]의 광범위하게 논쟁이 되었던 주제에 너무 의존하는 희화화들)에 의존한다.

다른 비판들은 십자가의 설교와 서구 사회에서 여성과 아이들의 학대 사이의 추정된 관련성처럼 비논리적이다. 속죄에 관한 그런 논의는 종종 만족할 만한 사회 이론(나 자신의 제한된 연구는 아동 학대를 그런 설교와 관련시키는 십자가 설교로 양육 받은 중요한 사람들에 관한 실제 연구를 내놓지 않았다)이나 신학(성경의 실제 주해나 전통과 씨름하는 것보다는 오히려 이론이 주도하거나 주도할 수도 있는 희화화와 사변에 의존하는 대부분의 비판)도 반영하지 않는다. 그런데도 많은 복음주의 개신교 경건에는 속죄를 하나님과 개인 사이의 사적 거래로 환원하려는 경향이 있었다.

---

54 예를 들어, Eugene F. Rice, *The Foundations of Early Modern Europe* (New York: Norton & Norton, 1970), 138-39에서 토마스 뮌처 아래에서의 폭력적인 도시 국가에 대한 묘사를 보라.

구약성경의 신정 체제의 민법을 자세히 살펴볼 때 일반적 주제가 등장한다. 즉, 위반자는 배상해야 한다. 이것은 정중함의 문제가 아니라 정의의 문제다. 또한, 이것은 징벌적 정의일 뿐 만 아니라 회복적 정의 즉 공정이기도 하다. 이스라엘의 토라(torah)에서 핵심적인 것은 형벌이나 범죄자의 개선이 아니라 차다크, "의," 즉 친구와의 관계에서 부정행위의 정정과 그 결과로 적을 두는 것, 저주를 제거함으로써 묵히는 땅의 비옥함을 회복하는 것이다.

때때로 부정행위는 황소로 인한 피해에 대해 이웃에게 보답함으로써 발생한다. 다른 때에 배상은 모든 사람이 하나님의 형상 담지자라는 기초에 근거해 생명을 빼앗은 생명과 맞바꾸어야 한다는 것을 의미했다(출 21:23).

하지만 이 두 경우 심판은 단순히 징벌적인 것은 아니다. 그것은 확실히 복수의 문제는 아니다. 하지만 그것은 단순히 범죄자의 개선을 위해 행해진 것도 아니다. 오히려 그것은 상황을 바로잡기 위해 행해진 것이다. 즉, 공의가 행해졌다는 의미를 생기게 할 뿐만 아니라 실제로 폭력으로 부서진 울타리를 고치기 위해서이기도 하다. 하지만 이런 이유로 그리스도의 사역은 핵심에서 대리적 희생이라는 이런 개념을 포함해야 하는 것으로 보아야 한다.

일단 우리가 속죄를 창조의 원 언약의 맥락에 둔다면 그리스도의 사역 - 그리스도의 성육신으로 시작하는 - 은 배상을 하고, 공의를 이루는 것이고 단지 공의의 희생자가 아니라 그리스도가 자신의 삶과 죽음에서 전적으로 자발적 순종으로 피조물 전체가 완성에 참여하는 것을 얻게 하셨다.

내가 쉽게 인정할 수 있는 또 다른 점은 다음과 같다. 안셀무스가 속죄의 중요성을 인정하지만, 그의 정식화는 죄를 율법에서 표현된 하나님의 언약적 뜻과 땅의 심판자로서 그분의 인격에 대한 반역보다는 오히려 하나님 명예의 위반으로 축소함으로써 약화되었다는 것이다. 이런 관계적 요소는 단순한 상업적 또는 법적인 거래 때문에 거의 완전히 가려진다.

하나님은 우리가 명령받은 방식을 단순히 용서하실 수 없다. 왜냐하면, 우리와는 달리 하나님은 인격적으로 모독을 받으실 뿐만 아니라 (안셀무스의 정식화가 암시하는) 우주의 도덕적 질서를 확립하고 지탱하는 하나님의 도덕적 성품 또한 유지되어야 하기 때문이다. 하나님을 움직여 아들을 보내시게 한 것은 개인적 만족을 위한 신적 욕망이 아니라 그분의 사랑과 공의에 의해 동기가 부여된 인간의 상황에 대한 고려였다. 하나님은 자신의 개인적 만족을 위해 형벌을 부과했을 뿐만 아니라 "자신의 독생자를 주시기도 했다."

> 하나님께서 그리스도 안에 계시사 세상을 자기와 화목하게 하시며(고후 5:19).

고대 근동 조약과 안셀무스의 봉건 체제 사이에 유사점이 있다. 하지만 안셀무스가 이 두 경우 복종을 상징하는 세금("감사 공물")으로서 봉신이 종주에게 가져갔던 "공물"에 호소하는 곳에서 그리스도가 자신을 드리는 것은 속죄 즉 "속건제"(guilt offering)였다. 그것은 하나님이 우리를 사랑하게 하는 보답이 아니라 우리를 향한 하나님의 사랑으로 인해 하나님이 주신 보상이었다.

이것은 종종 전면적인 비판에서 간과되는 아우구스티누스를 의지해서 칼빈이 강조했던 요점이다. 『기독교 강요』 2.16.3 - 4에서 칼빈은 속죄가 하나님의 선택에 근거하므로("그리스도 안에서 우리를 택하사"[엡 1:4 - 5]) 우리를 향한 하나님의 사랑은 아들의 사명의 목적이 아니라 기초였다고 언급한다. 그는 아우구스티누스의 다음과 같은 말을 인용한다.

> 하나님의 사랑은 불가해하고 불변하다. 왜냐하면, 그가 우리를 사랑하기 시작하신 것은 우리가 그의 아들의 피를 통해 그와 화목하게 된 후가 아니었기 때문이다. 오히려 그는 세상이 조성되기 전에 우리를 사랑하셨다. 그리하

여 우리가 도무지 무엇이 되기도 전에 우리 역시 그분의 독생자와 함께 자녀들이 되게 하셨다. 우리가 그리스도의 죽음을 통해 화목하게 되었다는 사실을 두고 마치 아들이 우리를 그와 화목하게 하셨으므로 그때 비로소 그가 자기가 미워하셨던 자들을 사랑하기 시작하셨다는 것처럼 이해해서는 안 된다. 오히려 우리는 죄 때문에 우리가 원수였던 분과, 우리를 사랑하시는 분과 이미 화목했다. 사도가 내가 진실을 말하고 있는지를 입증할 것이다.

우리가 아직 죄인 되었을 때에 그리스도께서 우리를 위하여 죽으심으로 하나님이 우리에 대한 자기의 사랑을 확증하신다(롬 5:8).[55]

또한, 여기에 하나님의 사랑이나 진노를 대가로 우리가 순복한다는 인정된 역설이 존재한다. 십자가는 우리를 향한 하나님의 사랑이 아니라 하나님이 "창세 전에" 그리스도 안에서 이미 사랑하셨던 자들을 당연하게 용납하실 수 있는 근거를 확립한다(엡 1:4). 따라서 화목은 무엇보다 주관적인 것이 아니라 객관적이다.

우리는 하나님과 화목하지만(롬 5:10; 고후 5:19 - 20) 단지 하나님이 우리를 그리스도 안에서 용납하실 수 있다는 것을 처음 아셨기 때문이다.

안셀무스의 비평가들이 또한 속죄 교리를 위한 종말론의 중요성을 강조하는 것은 옳다. 왜냐하면, 그들은 이런 요소가 종종 전통적 설명에서 부족하다고 비판하기 때문이다. 또한, 건설적 신학의 패러다임으로 언약과 종말론을 사용함으로써 더 많은 종말론 사고를 여기에 포함해 모든 장소에 주입하는 것이 나의 관심이다.

벌코프는 안셀무스의 이론을 환원주의적이라는 익숙한 개혁파적 비판을 반복해서 한다. 안셀무스의 이론은 속죄를 공의보다는 오히려 하나님

---

[55] Calvin, *Institutes* 2.16. 3 - 4.

의 명예에 두고 따라서 적극적인 순종을 향한 여지가 없고 "그리스도와 신자들의 신비적 연합에 대한 어떤 암시도 없으며 또한 그리스도의 의를 받아들이는 것으로 믿음에 대한 암시도 없다." 즉, 안셀무스의 이론은 단지 "상업적이다."[56]

하지만 복음은 성자 하나님이 죄인들에 대한 하나님의 의로운 진노를 감당하기 위해 자신의 신적 명예와 위엄을 제쳐 놓으셨다는 사실에 초점을 맞춘다. 부활이 안셀무스의 이론에서 빠져 있을 뿐만 아니라 그리스도의 성육신과 삶도 빠져 있다.

아퀴나스는 이런 우주적 지평에 대해 주의가 충분하지는 않지만, 이 이론을 약간 개선한다.[57] 하지만 안셀무스의 정식화에 대한 비판이 반드시 희생이라는 주제의 다른 견해들에 대한 반박인 것은 아니다. 다음 두 장에서의 나의 목표는 이런 일부 약점을 미연에 방지하는 더 광범위한 언약 구조 안에 희생이 어떻게 들어맞는지를 입증하는 것이다.

일부 비판을 인정했으므로 마지막으로 나는 더 분명한 불일치의 영역으로 관심을 돌린다. 가장 기본적 문제는 폭력을 정의하는 것이다. 이것은 너무 일반적으로 "해"로 정의할 수 없다. 재세례파 전통에 따르면, "정의의 전쟁" 모순어법이다. 무저항의 고통(passive suffering)이 타인의 악에 대한 기독교인의 유일하게 적당한 반응이다. 하지만 무저항의 고통은 정확하게 페미니스트 신학자들(그리고 위버[Weaver])이 안셀무스의 속죄 교리에서 그렇게 골치 아픈 것으로 발견했던 것이다.

56　Berkhof, *Systematic Theology*, 386.
57　심지어 아퀴나스조차도 하나님이 성육신과 십자가 이외의 다른 방식으로 인류를 구원하실 수 있었지만(de potentia absoluta) 성육신과 십자가가 가장 적합한 경로(de potentia aordinata)였다고 주장한다(*Summa Theologiae* 3 q. 1, a. 2). 여기서 나는 아퀴나스 자신이 변호했지만 속죄와는 관련이 없는 범주를 귀속시키고 있다. 정죄가 불신자들에게 닥친다. 원죄나 개인적 죄가 너무 심각해서가 아니라(안셀무스와 대조해서) 그들은 은혜가 없기 때문에 즉 죄의 면제(1 - 2 87,5)가 없기 때문이다. 초점은 명예가 아니라 공의에 있다

재세례파 전통의 원칙에 입각한 주장을 넘어서 의를 위해 적극적 고난을 포용하기를 꺼려하는 아주 다르고 종종 모호하고 감상적인 것이 존재한다. 볼프(Miroslav Volf)는 실제로 희생자들이 외치는 공의의 희망을 훼손하는 이런 만연한 경향에 대한 대안을 제시한다.

> 비폭력의 실천이 하나님의 복수에 대한 믿음이 필요하다는 나의 주장은 많은 그리스도인, 특히 서구 신학자에게 인기가 없을 것이다. 이 주장을 거부하려는 사람에게, 나는 자신이 전쟁 지역에서 강의를 한다고(실제로 이 장의 기초가 된 논문은 원래 전쟁 지역에서 발표되었다) 상상해 보라고 제안한다. 강연을 듣는 청자 중에는 그들의 도시와 마을이 불에 타고 폭삭 무너져 내렸던 사람들이 있다. 또한, 그들의 딸과 자매들이 강간을 당하고 아버지와 형제들이 목베임 당했던 사람들도 있다. 강연의 주제는 폭력에 대한 그리스도인의 태도이다. 논제는 '하나님은 강압적이지 않은 완전한 사랑이시므로 우리는 복수하지 말아야 한다'이다.
>
> 머지않아 당신은 인간의 비폭력이 심판하시기를 거부하는 하나님의 태도에 상응한다는 논제는 조용한 교외의 가정에서 태어난다는 것을 깨닫게 될 것이다. 불에 그을리고 무고한 이들의 피로 물든 땅에서 그런 논제는 반드시 예외 없이 사라질 것이다. 그리고 그런 논제가 없어지는 것을 바라보면서 그런 자유주의적 사고에 사로잡힌 다른 상냥한 많은 포로에 관해 깊이 생각해 보는 것이 좋을 것이다.[58]

아버지의 폭력을 수동적으로 받아들이는 아들의 이미지가 아동학대(또는 다른 형태의 폭력)를 위한 메타내러티브라면 확실히 그리스도 죽음의 중요성을 우리가 그리스도의 삶을 본받는 것에서 찾는 접근 방식은 그런 위

---

[58] Volf, *Exclusion and Embrace*, 304.

험에 더 취약하다. 하지만 낸시 더프(Nancy Duff)가 주장했던 것처럼 우리가 이런 수동성에 가치를 부여할 수 없게 하는 것은 십자가의 독특성을 반복할 수 없는 희생 즉 우리가 본받아야 할 무언가가 아닌 하나님이 우리를 위해 하셨던 중요한 무언가로 정확하게 인식함으로써다.

신앙이 그리스도를 완전히 하나님과 완전히 인간으로 인정하지 않으면 십자가에 못 박힌 그리스도의 죽음과 고난에 우리가 참여하는 것 사이의 연관성이 왜곡된다. 교회가 성육신과 이로 인한 그리스도의 두 본성 교리를 고백할 때 십자가는 하나님이 예수님에게 요구했거나 했던 무언가가 아니라 하나님이 우리를 위해 했던 무언가로 올바르게 해석될 수 있다. 게다가 그리스도는 완전한 하나님과 완전한 인간인 메시아이기 때문에 그의 죽음이 담고 있는 구원을 가져오는 본질은 반복될 수 없는 유일성과 최종성을 가지고 있다. 다른 어떤 사람도 그리스도가 했던 일을 하라고 요구되지 않는다. 또는, 다른 어떤 사람도 그리스도가 했던 일을 할 수도 없다. 따라서 십자가의 논리는 우리가 십자가에 달리신 그리스도와 일치하는 희생자가 되는 것이 아니라 그리스도가 우리를 죄와 사망의 권세에서 해방시키기 위해 희생자가 되셨다는 것이다.

학대받는 아내는 모범적인 자기 희생적인 사랑을 통해 "그리스도를 대표하지" 않는다. 그녀는 죄 많은 인류를 대신해 고난받는 성육신하신 하나님이 아니다. 오히려 십자가에 못 박힌 그리스도는 그녀를 대표하고, 그녀와 함께 하는 하나님의 임재를 드러내며 그녀를 학대하거나 방치하는 사람들의 죄를 밝혀낸다. 그리스도는 그녀가 고통받는 것은 하나님 뜻의 정반대를 나타낸다는 것을 그녀와 세상에 알게 한다.[59]

---

[59] Nancy J. Duff, "Atonement and the Christian Life: Reformed Doctrine from a Feminist Perspective," *Interpretation* 53, no. 1 (1999): 27.

게다가 십자가는 단순히 우리가 예수님에게 했던 무언가가 아니라 하나님이 우리를 위해 하셨던 중요한 무언가임을 인식함으로써 십자가는 희망의 원천이 되지만 악한 사람들이 하나님의 통치를 가져오려고 애쓰는 사람들에게 하는 것의 또 다른 예가 되지는 않는다. 십자가가 심지어 십자가에서 못 박혀 죽으신 예수님의 적극적 순종을 올바르게 강조한다면 십자가는 궁극적 심판의 장소를 우리의 손이 아니라 하나님의 손에서 발견한다. 다시 말해, 이런 견해는 희생양 메커니즘에 대한 최선의 답변이다. 왜냐하면, 그리스도를 십자가에 못 박았던 자들(유대인과 이방인)처럼 심지어 폭력의 가해자들도 그렇게 다루어질 수 없기 때문이다.

따라서 적어도 나는 다음과 같이 주장할 것이다. 즉, 이것은 현세적 심판의 여지가 전혀 없다는 것을 의미하지 않는다. 왜냐하면, 법을 집행하기 위한 합법적 권력 사용과 같은 그런 것이 존재하기 때문이다. 하지만 이것은 그런 심판이 항상 단지 일시적이라는 것을 의미한다. 주님이 죄를 위한 제물을 제공하셨으므로 "다시 죄를 위하여 제사 드릴 것이 없느니라"(히 10:18).

이런 요점과 관련해서 속죄에 관한 이런 견해가 십자가에 대한 반유대적 해석에 대해 가장 단호하게 막아낸다.

첫째, 구약성경을 신약성경과는 대조되는 폭력적 신에 관한 이야기로 설명하기를 거부함으로써다.

둘째, 예수님을 십자가로 보내신 것은 유대인들이 아니라 궁극적으로 하나님이셨다는 인식함으로써다.

이사야 53장에서 야훼(YHWH)는 이스라엘을 대신해 종을 제물로 바치는 분이다. 이스라엘의 죄를 속죄하기 위해 그를 "상하게 하고" 살아 있는 자들의 땅에서 "끊어지게" 한 것은 야훼이시다. 선한 목자 자신은 자신이 양을 위해 목숨을 바친다고 말하면서, "이를 내게서 빼앗는 자가 있는 것이 아니라 내가 스스로 버리노라 나는 버릴 권세도 있고 다시 얻을 권세도 있으니 이 계명은 내 아버지에게서 받았노라"라고 덧붙이신다(요 10:18).

처형 집행에 관여했던 자들인 유대인과 이방인 모두 어떤 의미에서 비난받을 수 있지만 궁극적으로 그들은 "하나님의 권능과 뜻대로 이루려고 예정하신 그것을" 행했다(행 4:28). 베드로는 "오직 흠 없고 점 없는 어린양"으로서 "그는 창세 전부터 미리 알린 바 되신 이나 이 말세에 너희를 위하여 나타내신 바 되었다"고 선포한다(벧전 1:20 - 21).

하나님의 진노 즉 형벌을 요구했다는 것은 그분의 공의를 강조하지만, 하나님 자신이 우리의 형벌을 대신해 요구했던 것을 주셨던 것은 그분의 자비로운 사랑을 강조한다.

이 두 경우에서 자기 아들을 십자가에 내 주시는 분은 성부이고 성령 안에서 자신을 포기하는 분은 성자이시다. 따라서 예수님은 심지어 십자가에서 "아버지 저들을 사하여 주옵소서 자기들이 하는 것을 알지 못함이니이다"라고 부르짖을 수 있다. 예수님이 이렇게 말씀하실 수 있는 것은 정확하게 그의 죽음이 속죄적이고 대속적이기 때문이다. 또한, 그렇게 말씀하심으로써 그런 결과를 가져온다.

더 근본적으로 희생이라는 주제가 모든 것을 말할 수 없지만, 이 주제는 기초로서 인간의 타락에 대한 급진적인 평가와 하나님의 거룩함에 대한 동등하게 급진적 견해를 전제로 한다. 죄와 하나님의 거룩함은 중요한 성찰이 결여되어 있지 않지만, 희생적 이미지의 거부는 종종 인간의 타락에 대한 급진적 견해에 대한 강한 반감을 포함하고 상관 관계적으로 하나님의 거룩함과 의의 결과로서 하나님의 진노나 심판이라는 개념을 포함한다. 결과적으로 이런 수직적 차원은 결국 완전히 손실되거나 적어도 완전히 수평적인 질문에 의해 가려지는 것은 흔히 있는 일이다. 다시 말해, 이런 두 개의 목록(하나님의 사랑과 이웃의 사랑)은 분리되어 있다.

희생적 속죄에 대한 대안에서 우리는 반복적으로 윤리적 변혁을 위한 가능성이 남겨진다. 이때 인간의 상태에 대한 보다 급진적인 분석은 이것이 충분하지 않을 것을 암시한다. 심지어 윤리적 변화를 가져오기 위해서라도 더 깊은 무언가를 할 필요가 있다. 예를 들어, 크리스토퍼 슈뢰더(Christopher Schroeder)는 그리스도가 하나님의 진노를 감당하는 것이 아니라 그 진노를 물리침으로써 "공격의 정면에 선다"라고 주장한다. 그리고 이것은 우리가 그리스도와 함께 공격의 정면에 서기 위한 새로운 가능성을 열어준다.[60]

하지만 이런 논제가 "나의 하나님, 어찌하여 나를 버리셨나이까?"

이런 유기의 외침을 설명할 수 있는가?

나는 이런 외침이 내가 조사했던 어떤 대안적 견해와도 조화를 이룰 수 없다는 것을 안다. 저주를 감당하는 것이 그리스도의 죽음에 중심이 아니라면, 우리는 왜 고난받는 종에 대한 아버지의 파문을 여기서 가정하는지 묻게 된다.

그리고 예수님은 왜 사도들의 조언에 반해 자기 사명의 이유로 임박한 죽음을 거듭 언급하는가?

분명한 증거는 다음과 같다. 즉, 그리스도의 죽음은 하나님의 진노를 가라앉히는 것 즉 가라앉히고 만족시키고 흡수한다는 것이다. 그 결과 우리를 향해 남겨진 하나님의 진노가 없다. 우리는 그리스도의 죽음으로 구원받는다.

> 이 예수를 하나님이 그의 피로써 믿음으로 말미암는 화목제물로 세우셨으니 이는 하나님께서 길이 참으시는 중에 전에 지은 죄를 간과하심으로 자기의 의로우심을 나타내려 하심이니(롬 3:25 – 26, 영어 표준 성경 [English Standard Version]).

---

60 Shroeder, "Standing in the Breach." 18 – 22.

그러면 이제 우리가 그의 피로 말미암아 의롭다 하심을 받았으니 더욱 그로 말미암아 진노하심에서 구원을 받을 것이니(롬 5:9, 영어 표준 성경[English Standard Version]).

하나님은 심판자이자 심판받은 분이고 의롭게 된 분이고 의롭다 하시는 분이라는 사실을 망각하는 어떤 희생적 설명도 완전하지 않다. 이것은 하나님이 우리를 그리스도 안에서 선택하시고 아브라함의 환상에서 쪼갠 고기 사이를 홀로 걸으셨을 때 하나님 자신이 떠맡은 컵이다. 이것은 진정한 의미에서 하나님이 이 모든 이야기에서 가장 모독받으신 희생자라는 것을 의미한다. 이것은 우리가 우리 자신이 희생된 것에 몰두할 때 종종 놓치는 요점이다.

따라서 나는 다음과 같은 콜린 건튼의 판단을 정중히 반대해야겠다.

> 최근 하나님의 불감성 교리(the doctrine of impassibility)를 공격하는 것이 유행이다. 하지만 이런 맥락에서 이것은 가치를 증명한다. 죄는 신인동형론적으로 생각된 신성에 대한 인격적 모독이 아니다. 하나님은 고통을 느끼지 않으시므로(impassible) 죄에 의해 감정이 상하지 않는 것은 말할 것도 없이 해도 받을 수 없다."[61]

내가 수정한 불감성(고통을 당할 수 없음이 아니라 고통에 압도당할 수 없음)과 죄는 주로 하나님에 대한 범죄라는 사실에 대한 엄청난 성경적 증거를 고려해 볼 때 나는 하나님이 이런 일에 대해 결코 냉담하지 않으시다고 주장할 것이다. 십자가와 부활이 그분의 세계에서 죄와 죽음에 대한 하나님의 궁극적 승리를 선언하지만, 그것은 가장 높은 이해관계가 걸린 실제 투쟁이다.

이것이 하나님이 우리를 구하러 오실 때 우리가 하나님과 함께 하는 일이

---

[61] Colin Gunton, *The Actuality of Atonement: A Study of Metaphor, Rationality and the Christian Tradition* (Grand Rapids: Eerdmans, 1989), 95.

다. 손상 받았던 것은 그분의 명예뿐만 아니라 그분의 전체 본성이기도 하다. 왜냐하면, 하나님은 언약적 신실함에서 사랑, 공의, 거룩, 의, 충실함, 선함과 같은 자신의 본성을 반영하도록 이 위반자를 창조하셨기 때문이다.

인간이 하나님의 형상을 표현할 수 있는 것은 오직 이런 조건에 기초해서다. 위반은 범죄이며 심지어 이런 범죄가 다른 사람들이 관련될지라도 하나님은 이런 범죄에서 첫 번째 희생자시다. 즉, "내가 주께만 범죄하여 주의 목전에 악을 행하였사오니"라고 밧세바와 우리아에게 죄를 지은 후에 시편 기자인 다윗은 말했다(시 51:4). 하나님의 반응에서 놀라운 아이러니는 가해자(우리 모두)에게 적절한 형의 선고를 내리는 대신 하나님은 자신이 그 형의 선고를 감당하신다. 무엇보다 수직적 차원에서 죄를 보지 못하는 어떤 속죄 이론도 성경의 증거에 근접하지 못할 것이다.

죄의 희생자이신 하나님 자신이 희생자의 죄책 감당자가 되신다는 바로 그 사실이 폭력의 순환을 무효로 만드는 것이다. 하지만 죄의 개념(성경에서 부인할 수 없는 법적인 용어)이 이런 수직적 관련을 상실한다면 그것은 개인적 또는 집단적 치료라는 단순한 수평적 범주로 쉽게 빠져든다. 즉, 개인의 잠재력에 부응하지 않거나 인간 번영에 적절히 기여하지 못하게 된다.

여기서는 하나님 사랑과 이웃 사랑이라는 첫 번째 목록과 두 번째 목록 사이의 밀접한 관련성이 핵심이다. 수직적 차원이 없다면 우리는 단지 수평적 차원만 가지고 있고 죄는 더는 유효한 개념이 될 수 없다.

하지만 수직적 차원을 가지고 우리는 수직적 차원과 수평적 차원 둘 다를 얻는다. 그리고 이웃 사랑에 대한 죄는 정말로 끔찍하게 무서운 것을 나타낸다. "하나님의 문제"는 형이상학적 문제가 아니라 윤리적 문제다.

공의의 측면만을 강조하는 것은 이런 희생이 잔인하고 보복적이라는 대리 속죄 이론의 비판자에게 힘을 실어줄 수 있지만, 공의의 측면이 없이 남아 있는 문제는 더 사악하다.

그런 희생이 필요하지 않은데도 자기 아들을 그런 죽음으로 내어주는 하나님은 어떤 하나님인가?

하나님이 아들을 내어주셨던 것이 아니라 죽음은 단지 예수님에게 일어난 일일 뿐이라는 답변은 희생으로서의 속죄뿐만 아니라 어떤 구속적 의미에서나 가치 있는 것으로서 그리스도의 죽음을 고려하지 않는 것이다. 하지만 일단 우리가 그리스도의 죽음이 하나님의 사랑과 자비뿐만 아니라 하나님의 공의에 뿌리를 두고 있다는 것을 알게 되면, 희생이라는 주제를 권세에 대한 승리와 조화시킬 수 있다. 도너(Donrer)는 이 점을 잘 표현했다.

> 사람이 단지 그 자신의 유익만을 생각하고 자신 밖에 있는 선의 승리나 패배에 대해 무관심하다면 심지어 사람도 선에 대해 충분히 열정적이지 않을 것이다.
>
> 그분은 자신 안에서 선을 의도하는 것과 같은 거룩한 열정으로 자신 밖에서도 선을 의도하신다는 것이 하나님 안에서 얼마나 더 많이 그분의 윤리적 자기 확증에 속해야 하는가?[62]

십자가는 손상당한 존엄이 아니라 하나님이 정확하게 이 세상에 대한 사랑으로 그분이 용납하지 않을 불법행위에 대가를 치르는 것이다. 속죄와 관련된 하나님의 공의는 인정하건대 종종 그러는 것처럼 결산으로 축소되어서는 안 된다. 이것은 법적인 범주가 잘못되었다는 것이 아니라 우리의 법적 범주 개념이 성경 자체가 제공하는 더 넓은 범위(즉, 언약)를 포함하도록 넓혀져야 한다는 것이다.

십자가의 목표는 용서일 뿐만 아니라 헤세드(hesed) 즉 진정한 의, 정의, 자유, 사랑의 영원한 안식일에서 하나님과 인간, 인간과 인간, 인간과 인

---

[62] I. A. Dorner, *Divine Immutability: A Critical Reconsideration*, trans. and ed. Robert R. Williams and Claude Welch (Minneapolis: Fortress, 1994), 183.

간이 아닌 피조물 사이의 언약적 충성이기도 하다. 범죄자의 유죄선고와 형을 선고함으로써 공의가 이루어질 뿐만 아니라 십자가를 통해서 하나님은 인간, 심지어 기독교인들 그들 자신조차도 결코 가져오지 않았고 앞으로도 가져오지 않을 것을 인간에게 가져다줄 수 있으므로 십자가는 하나님을 만족하게 한다.

하나님의 본성에 비추어 볼 때 죄는 형벌을 요구한다(신 34:7; 민 14:13; 나 1:3; 시 5:4 - 6; 롬 1:18). 하나님의 언약에 비추어 볼 때 죄는 죽음을 요구한다(겔 18:4; 롬 6:23). 죄는 단순히 개선될 수 있는 연약함으로 표현되는 것이 아니라, 죄책을 발생시키고 제재를 불러일으키는 것으로 표현된다(요일 3:4; 롬 2:25 - 27). 따라서 우리는 인간이 "진노의 날 곧 하나님의 의로우신 심판이 나타나는 그 날에 임할 진노를 네게 쌓는도다"라는 말씀을 읽는다(롬 2:5).

창조에 있어서 양심에 쓰였든지(이방인을 위해) 아니면 돌판에 쓰였든지(유대인을 위해) 간에 하나님의 율법은 하나님의 심판 근거다(롬 2:1 - 29). 또한, "의인은 없기"(롬 3:9 - 18) 때문에 율법은 개선하거나 회복시킬 수 없다. 오히려 율법은 모든 인류에 대한 유죄 평결을 선포할 수 있을 뿐이다(롬 3:19 - 20).

> 율법은 진노를 이루게 하나니(롬 4:5).

동시에 속죄는 단지 엄격한 공의의 결과가 아니다. 공의는 결코 구속을 강요할 수 없음으로 실제로 보편적 정죄를 수반할 것이다. 정의상 자비를 베풀 필요가 없지만, 일단 하나님이 자비를 베풀기로 했다면 그분은 자신의 의와 거룩함, 공의를 뒤에 둔 채 잊지 않는 방식으로만 단지 그렇게 하실 수 있다.

칼 바르트(Karl Barth)는 "하나님의 영원한 진노를 감당하는 그리스도"에 대해 말한다. "이런 끔찍한 일, 즉 성금요일의 하나님의 '거절'은 거기서 이스라엘과 모든 사람의 죄, 집단적이고 개인적인 죄들이 사실 하나님의 진노와 형벌의 대상이 되었다는 것이다."[63]

> 하지만 하나님의 실제 심판은 단지 그리스도의 십자가 처형이다. 그리고 이 사건이 주는 공포는 이스라엘, 세계, 인류에 대한 다른 모든 심판이 단지 전조가 될 수 있거나 반영할 수 있는 실제(the reality)라는 것이다 …. 유일한 올바른 견해 즉 성경 해석과 조화되는 올바른 견해는 하이델베르크 교리 문답 14번째 항에 표현된 것이다. 즉, "어떤 단순한 피조물도 죄에 대한 하나님의 영원한 진노의 짐을 감당할 수 없다." 실제로 하나님의 복수하는 진노가 폭발하는 상황에 직면한다면 피조물은 진멸될 것이다.[64]

하지만 하나님의 진노는 단순하게 하나님이 인간에게 말했던 거절(No)은 아니다.

> 성금요일에 하셨던 거부가 그렇게 끔찍하지만, 이것 안에는 하나님 의의 부활절 주간의 긍정(Yes)이 이미 숨겨진 이유는 다음과 같다. 즉, 십자가에서 자신을 떠맡으셨고 하나님의 진노를 겪으셨던 분은 다름 아닌 하나님 아들이었다. 따라서 그분은 하나님이 자유롭게 자신의 초월적 긍휼로 받아들였던 다름 아닌 인간 본성과의 일체 안에 계신 영원한 하나님 자신이었다는 것이다.[65]

따라서 우리는 부활의 신학을 십자가 신학과 관련시켜야 한다. 다시 한

---

63 Barth, *CD* II/1:395.
64 위의 책., 396.
65 위의 책., 397.

번 아타나시우스 - 안셀무스의 정식화를 반복하면서 바르트는 다음과 같이 덧붙인다.

> 하나님의 진노는 인간의 불경함과 불의에 반하여 드러나야 했다. 하지만 오직 하나님만이 만물의 종말을 수반하지 않고 그분의 의의 이런 필요한 계시를 이룰 수 있었다. 오직 하나님 자신만이 하나님의 진노를 감당할 수 있었다.[66] 왜냐하면, 우리를 대신했던 그분 안에서 하나님 자신의 심장은 우리의 살과 피 안에서 우리의 본성과 체질과 완전한 연대 안에서 우리 자신이 하나님 앞에서 죄책 있는 상태로 그분과 직면하는 바로 그 지점에서 하나님 자신의 심장은 우리 편에서 고동치기 때문이다. 예수 그리스도 안에 들어오셨던 분은 다름 아닌 영원한 하나님이셨기 때문에 그분은 우리에게 하나님의 대표자와 보증자 이상이 되실 수 있었다. … 그분은 또한 하나님을 향한 우리의 대변자와 보증자가 되실 수 있었다.[67]

희생에 대한 이런 비판의 만족스러운 어떤 반박도 죄와 하나님의 의와 거룩함에 관한 근본적 교리가 부족한 곳마다 아마 설득력이 없을 것이다. 하나님이 우리를 위해, 우리의 행복과 도덕적 개선을 위해 존재한다면, 속죄는 치료적이고 사회 - 정치적 또는 개인적 조건에서만 쉽게 상상될 수 있다.

하나님이 우리를 자신과의 언약 가운데 창조하셨다는 사실은 "치료적" 측면(즉 그리스도의 유익)이 있지만, 그것이 전부는 아니라는 것을 의미한다. 왜냐하면, 하나님이 결국 우리를 위해 존재하는 것이 아니라 우리가 하나님을 위해 존재하는 것이기 때문이다.

---

[66] 위의 책., 400.
[67] 위의 책., 402.

게다가 성경을 해석해야 한다고 주장하는 어떤 속죄 이론은 따라서 모형적이지만, 성전 종교의 열등한 특징과의 중요한 연속성을 반영해야 한다. 나는 이 요점을 다음 두 장에서 다룰 것이다. 마틴 헹겔(Martin Hengel)이 관찰하는 것처럼 "누구를 위하여 죽는 것"은 가장 초기 예루살렘 공동체에 뿌리를 둔 바울적인 공식이다(cf. 행 6:13).

> 하지만 성소와 토라에 대한 이런 공격의 근거는 무엇이었을까? 추정하건대 율법의 저주를 메시아 자신이 대신해서 떠맡았던 십자가에 못 박힌 메시아의 죽음이 이스라엘의 죄를 위한 영원한 속죄 장소로써 성전을 쓸모없게 만들었고 따라서 의식적 율법은 구원을 위한 필요한 제도로서 중요성을 상실했다는 확실성 때문일 것이다.[68]

따라서 안셀무스의 설명이 십자가를 화난 군주를 만족하는 상업적 거래로 축소하려는 그 자체의 경향성으로 약화하지만, 이런 희생이라는 주제 자체는 성경 전체에 걸쳐서 중요하다. 콜린 건튼은 안셀무스가 속죄를 모욕받은 봉건 영주의 위엄에 대한 봉건 영주의 배상 요구의 유비로 축소한다는 비판에서 안셀무스를 구출하려고 시도했다.

"몸값의 은유를 신화화하려는 경향에도 안셀무스가 성취했던 것은 엄청나다."[69] 안셀무스에게 있어서 실제로 중요한 것은 "'우주의 질서와 아름다움이다,' 하나님은 이것에 책임을 지신다(I, xv)."[70] 헬레니즘과 기독교(예를 들어, 안셀무스)는 공의를 개인적 차원뿐만 아니라 우주적 차원에서 "선한 질서"로 본다. "긍휼이 많으신 하나님이 우리를 믿음으로 의롭다 하시는 것은

---

68 Martin Hengel, *The Atonement: The Origin of the Doctrine in the New Testament*, trans. John Bowden (Philadelphia: Fortress, 1981), 36 – 38, 49.
69 Gunton, *Actuality of Atonement*, 87.
70 위의 책., 90.

"수동적인 의"였다고 루터가 깨달았을 때까지 철학자들이 의에 대해 말할 때 어떻게 루터가 "의"를 미워했는지에 관한 그의 유명한 말에서 보는 것처럼 "하지만 선한 질서를 성취하는 헬레니즘과 기독교의 수단은 정반대다."

> 그것은 또한 종교개혁에서 재형성되었던 기독교와 근대의 자율 종교 사이에서뿐만 아니라 기독교와 이교도 사이의 일부 차이점을 요약한다. 기독교회는 하나님의 자유롭게 하는 은혜의 복음을 선포하고 이 복음에 의해 살든지 아니면 그 삶이 어떤 형태의 자기 구원으로 변질되는지에 따라 여전히 서거나 넘어진다. 그런 이유로 만약 자유로운 인간의 삶을 재정립하는 데 있어서 하나님의 행동에 대한 기독교의 지향을 유지하고 분명히 표현해야 한다면 속죄 교리는 계속해서 기독교 신학의 핵심에 있어야 하고 속죄 교리의 핵심에서 하나님의 공의와 은유여야 한다.[71]

만약 그렇다면 루터의 접근 방식 또한 전형적인 서구식 방식으로 편파적일 수 있다. 즉, 이런 우주적 차원은 특별히 어떤 형태의 신비주의와 경건주의에서뿐만 아니라 키르케고르와 불트만에게서 상실될 수 있다. 게다가 형벌적 측면을 지나치게 강조하는 것은 때때로 다른 중요한 특징들을 밀쳐놓았다.[72] 예를 들어, 로마서는 하나님의 공의에 관한 논문으로 볼 수 있다.

"중심은 의심할 여지 없이 죄인들의 칭의이지만, 로마서는 로마서와 함께 서거나 넘어지는 세계의 맥락에서 이해된다."

따라서 하나님의 공의는 개인의 칭의와의 관계에서뿐만 아니라 경건하지 않은 자들, 전체 피조계(롬 8:19 - 23) 그리고 유대인(롬 2장; 9 - 11장)에

71　위의 책., 100 - 101.
72　위의 책., 101.

관한 하나님 공의의 더 넓은 함의에서 이해된다(롬 1:22 - 25).

"그렇다면 주로 기독교인의 행동에 관심이 있는 마지막 장들에서 그는 일상생활에서 하나님의 공의로 살아가는 것으로 이동한다."[73]

포사이스(P. T. Forsyth)의 『하나님의 칭의』를 언급하면서 건튼(Gunton)은 "이 책의 주제는 하나님의 공의는 단지 그분이 자신을 의롭다 하는 곳에서만 발견될 수 있다. 또한, 이것은 십자가에서 속죄 행위에서다."[74] 이것은 중요한 요점이다.

또한, 신정론(神正論)과 구원론 사이의 이런 밀접한 관련성은 특별히 케제만(Ernst Kaseman), 베커(J. Christian Beker), 더 최근에는 라이트(N. T. Wright)에 의해 제기되었다. 다시 한번, 이것은 양 당사자가 그들의 충실함을 시험받는 언약의 특징과 잘 들어맞는다. 예를 들어, 하나님은 우리의 곤경 가운데 우리를 구원하시는 것으로 인해 결국 찬양받으실 뿐만 아니라 때때로 그런 곤경을 일으키셨다고 의심을 받는다는 것에 주의하지 않는다면 우리는 시편을 읽을 수 없다. 포사이스는 다음과 같이 썼다.

> 십자가는 신학적 주제도 아니고 법의학적 장치도 아니고 어떤 지상 전쟁보다 훨씬 큰 규모의 도덕적 우주의 위기다. 그것은 거룩한 사랑, 의로운 심판, 회복하는 은혜 가운데서 전 세계의 영혼을 다루시는 온전하신 하나님의 신정론이다.[75]

십자가를 설교하는 것에 대한 극단적 페미니스트 비판은 다소 가부장제 이후의 사회에서 새로운 성찰을 제공하지만, 더 넓은 해방주의 해석 자체는 마카비 반란에서부터 현재까지 다양한 집단에 의해 유지됐다. 예수님

---

[73] 위의 책., 102.
[74] 위의 책., 106.
[75] 위의 책에서 인용.

이 살던 시대의 많은 이질적 단체에 있어 이스라엘에게는 왕국을 회복하고 로마인들을 몰아낼 정치적 메시아에 대한 기대는 승리의 입성에서 성금요일로의 이행의 이유 가운데 하나였다.

다소의 사울처럼 많은 사람에게 있어서 십자가에 달려 저주를 받았던 자의 선포는 메시아가 확립할 의와 공의와 모순되는 것이었다. 저주를 감당하는 그리스도의 죽음이 앞뒤가 맞았던 것은 단지 성부의 오른편에 높이 올려진 저주받은 분을 본 결과로써 사울이 바울이 되었던 때이다.[76]

1세기 유대교는 예수님을 이해하고 어떻게 다양한 집단이 그에 대해 들었는가에 대한 필요한 맥락을 제공하지만, 구약성경이나 신약성경을 해석하는 데 있어서 어떤 규범적인 역할을 거의 할 수 없다. 예수님의 주장은 다음과 같았다. 즉, 그의 동시대인들 - 심지어 가장 학식이 많은 종교 교사 - 도 주로 예수님을 성경의 중심인물과 주제로서 놓쳤기 때문에 성경을 올바로 읽지 못했다는 것이었다.

라이트(N. T. Wright)는 지나치게 발전된 속죄 신학에 대해 불편해 하지만, 그는 예수님이 선지자들을 사용하는 것에서 희생 주제를 본다. 다음은 이 사건들에 대한 그의 해석과 고전적 속죄 신학 사이의 근접성에 관한 설득력 있는 예다.

> 그렇다면 성전 행동과 만찬 사이의 유사점이 예수님이 자기 죽음에 대해 이해하는 것에 대해 무엇을 말해 주는가?
> 분명히 이것은 예수님이 성전 자체 안에서 또한 성전 자체를 통해서 정상적으로 성취될 것을 성취하려고 자신의 죽음을 의도했다고 언급한다. 즉, 예수님은 어떤 의미에서 자기 죽음이 희생적으로 역할을 해야 한다고 의도하셨다. 이것은 우리를 지나치게 놀라게 하거나 이런 관점을 암시하는

---

[76] Seyoon Kim, *The Origin of Paul's Gospel* (Grand Rapids: Eermans, 1981)을 보라.

텍스트가 후기 기독교의 회고임에 틀림없다는 것을 반드시 의미하는 것으로 간주해서는 안 된다.[77]

결국, 예수님은 자신의 사역에서도 "마치 자신이 모든 사람이 있는 바로 그곳에서 모든 사람에게 용서를 제공하는 데 있어서 성전 제도를 건너뛸 수 있는 것처럼 규칙적으로 행동했다."[78] 이 점에서 라이트는 심지어 다음과 같이 언급한다. 즉, 이사야 53장에서 "그의 영혼을 속건제물로 드리기에 이르면"이라는 구절은 "1세기에 확실히 희생 제사를 가리키는 것으로 받아들여졌다."[79] 하지만 그는 또한 예수님의 죽음을 하나님의 전투와 승리로 보았다.[80] 내가 다음 장들에서 주장하겠지만 이 모든 주제는 적어도 종교개혁자들에서 종합된다.

최종 답변은 사회적 맥락에 관한 것이다. 위에서 개혁파 전통 안에 있는 "더 부드러운" 비평가들과 "더 거친" 비평가들이 인정했던 것처럼 안셀무스는 그의 위치가 봉건 경제 안에 있다는 것을 반영한다. 따라서 어느 정도 우리의 성찰도 적어도 우리 자신의 익숙한 삶의 형태에 형성될 수밖에 없다. 아이러니하게도 근본적인 죄와 심판이라는 개념에 가장 큰 어려움을 겪는 사람들은 불의의 선봉에 있는 자 보다는 오히려 매우 발전된 서구 민주주의 국가의 비교적 편안한 시민들인 우리다.

자유주의적 부르주아 학계와 대중문화는 근본주의 설교자만큼 확실하게 세계를 "구원 받은" 자들과 "저주받은" 자들로 나누는 자기 의에 가까운 새로운 종류의 도덕주의를 낳는다. 우리는 "저주 받은" 자들 가운데서 우리의 위치를 거의 발견하지 못한다. 하지만 오히려 우리는 "하나님이여

---

[77] N. T. Wright, *Jesus and the Victory of God* (Minneapolis: Fortress, 1996), 604.
[78] 위의 책., 605.
[79] 위의 책.
[80] 위의 책., 606 - 10.

나는 다른 사람들 곧 토색, 불의, 간음을 하는 자들과 같지 아니하고 이 세리와도 같지 아니함을 감사하나이다"(눅 18:11)라고 말할 수 있는 자들 가운데서 우리의 위치를 발견한다. 우리 가운데 일부가 이렇게 하기 때문이 아니라 우리는 모두 이런 경향성을 반영한다. 왜냐하면, 우리는 모두 죄와 자기 의에 연루되어 있기 때문이다.

하지만 무엇이 이 자기 의의 순환을 깨뜨릴 수 있을까?

확실히 그것은 더 많은 가르침, 이데올로기, 인식이 될 수 없다. 이것들은 비록 중요하지만 단지 수평적 차원에만 관련 있다.

이것은 정신적으로 정서적으로 안정되고 편안한 사람들에게 좋은 소식일 수도 있지만, 죄인들에게도 충분히 좋은 소식인가?

정치적 패러다임에서 "타자들"은 가장 궁극적 의미에서 저주를 받는다고 심지어 말해질 수도 있다. 왜냐하면, 그들은 그들의 도덕적 변화 없이 구원받을 수 없기 때문이다. 이것은 특별한 이념의 채택을 포함한다. 이런 제도에는 실제로 폭력과 불의의 가해자들을 위한 (실제 또는 상상된) 구속은 없고 단지 좌파의 이념에 의해 지시되든 우파의 이념에 의해 지시되든지, 그것이 무엇이든 간에 "이해하고" 규범에 순응하라는 명령만 있다.

이와는 대조적으로 십자가의 복음은 희생자들뿐만 아니라 가해자들, 심지어 자신들이 실제로 옳은 편에 있다고 생각하는 가해자들까지 구원하기에 충분한 객관적 구속을 드러낸다. 십자가는 우리 중 누구도 희생자는 아니더라도 적어도 그들 편에 있는 사람들의 안전한 범주에 우리 자신을 두는 것을 허락하지 않을 것이다. 그리스도의 인격 안에 완전히 계시된 율법의 비추어 볼 때 우리는 모두 가식자다. 우리는 우리가 생각하는 방식으로 실제로 하나님이나 우리 이웃을 사랑하지 않는다.

볼프(Miroslav Volf)는 폭력과 절망의 순환에 대해 직접 경험해서 더 많이 알고 있는 정통함을 가지고 이와 비슷한 사유 방식을 전개했다. 이것은 십자가가 확증하는 희생자들과의 연대일 뿐만 아니라 가해자들을 위한 속죄

이기도 하다.[81]

> 혼 소브리노(Jon Sobrino)가 『해방자 예수』(*Jesus the Liberator*)에서 바르게 주장하는 것처럼(Sobrino 1993, p. 231) 그리스도께서 "경건하지 않은 자를 위하여 죽으셨다"(롬 5:6)라는 주장이 "신약성경의 근본적인 확언"이라면, 연대라는 이 주제는 비록 필수적이고 몰트만과 다른 이들이 올바르게 그 중요성을 복원하기는 했지만 자기를 내어 주시는 하나님의 사랑이라는 더 중요한 주제의 하위 주제여야 한다 …. 십자가에 달리신 이의 위로만을 주장하고 그분의 길은 거부한다면, 그것은 값싼 은혜뿐만 아니라 기만적 이념을 옹호하는 것이다.[82]

볼프는 근대성이 가진 당연한 일들을 유지하는 대신에 "십자가의 내적 논리"로 그것들에 도전한다. 십자가의 내적 논리는 근대성의 일부 기본 정서와 깊이 갈등하는 두 가지 상호 관련된 신념 – 즉 인간 편에서 나오는 고칠 수 없는 악의 특징과 언약 – 을 수용할 것을 요구한다.

> **첫째**, 근대성은 세계의 균열을 고칠 수 있으며 **세계는 치유될 수 있다**는 신념에 근거한다. 근대성은 역사의 종말에 낙원을 창조할 수 있으리라 기대하고 역사의 시초에 낙원 추방을 부인한다(cf. Levy 1995, p. 91ff, p. 199ff). 하지만 세계의 균열이 만들어 낸 틈 사이에 다리를 놓기 위해 그 균열 가운데 놓인 십자가는, 악은 고칠 수 없는 것임을 강조한다. 하나님의 새로운 세상이 밝아 오기 전에는 악을 제거할 수 없으며 따라서 우리에게는 반드시 십자가가 필요하다. 우리는 모든 균열을 바로잡겠다고 약속하는 그

---

81 Volf, *Exclusion and Embrace*, 23.
82 위의 책., 24.

어떤 거창한 해결책도 신뢰할 수 없다 ….

둘째, 근대성은 사회적 통제와 합리적 사고라는 쌍둥이 전략에 큰 희망을 걸었다.[83]

그러나 십자가의 연약함은 사회적 통제보다 "더 강하고" 이런 "어리석음"은 합리적 사고보다 더 지혜롭다. 같은 신약성경에서 죄인들은 즉시 "지옥의 자녀들"로 확인되지만, 은혜로 받아들여진다. "그리스도의 십자가에 뿌리를 둔 사회적 문제에 대한 성찰은 '죄의 보편성'과 '은혜의 탁월성'의 이런 상호 의존성이 '구원'의 영역에서 벗어나 우리 즉 '지옥의 자녀'인 우리 많은 사람이 서로 싸우고 전쟁을 벌이는 영역으로 들어갈 때 이런 상호 의존성이 무엇을 의미할 수 있는가를 탐구해야 할 것이다."[84]

이 점에서 십자가의 좋은 소식은 하나님의 사랑과 은혜가 압제자를 구원할 수 있을 정도로 위대하다. 심지어 우리는 그런 사람이 아니라고 생각하는 우리까지도 구원할 수 있을 정도로 위대하다. 바울뿐만 아니라 예수님까지도 "모세가 너희에게 율법을 주지 아니하였느냐 너희 중에 율법을 지키는 자가 없도다 너희가 어찌하여 나를 죽이려 하느냐"(요 7:19)라고 말씀하신다. 하나님과 이웃에 대한 우리의 사랑은 종종 우리 자신의 사리사욕을 위한 가면이다.

볼프는 또한 언약과 십자가의 주제를 종합한다. 즉, "새 언약을 사회 문제에 대한 신학적 성찰의 중심에 두는 것은 기독교 신학자가 십자가와 언약의 관계에 관해 묻는 것을 의미한다. 십자가에서 우리는 인간이 어겼던 언약을 갱신하기 위해 하나님이 행하셨던 것을 본다."[85] 십자가에 대한 이런 언약적 관점은 다음과 같은 사실을 수반한다.

---

83 위의 책., 28.
84 위의 책., 85.
85 위의 책., 153.

(1) 하나님은 몸소 다른 사람들을 위해 공간을 만드셨다. 따라서 연대와 차이라는 실제에 근거를 마련하셨다.

(2) "언약을 갱신하는 것은 자기를 내어주심을 수반한다." "십자가에서 새로운 언약은 '피'로 이루어졌다"(눅 22:20). 하나님이 쪼갠 고기를 통해 지나가셨던 희생제사 의식을 언급한 후에 볼프는 다음과 같이 언급한다.

> 왜냐하면, 십자가 이야기는 하나님이 언약을 어겼기 때문에 "죽으셨던" 하나님의 "자기 모순적인" 이야기가 아니라 하나님이 할 수 없었어야 했거나 기꺼이 하지 말았어야 했었던 것을 행하시는 하나님에 관한 참으로 믿을 수 없는 이야기이기 때문이다. 즉, 하나님의 너무 인간적인 언약 파트너가 언약을 어겼기 때문에 "죽으셨던" 하나님 이야기다... 새 언약은 영원하다. 십자가에서 하나님이 자기를 내어주시는 것은 언약이 힘유한 "영원성"의 결과다. 이것은 결국 언약을 어겼던 언약 파트너를 하나님이 "포기하실 수 없는 것"에 의존한다.[86]

위의 나의 논평과 일치하게 볼프는 다음과 같이 인정한다. 즉, "의심할 여지 없이 하나님의 심판에는 기록을 바로 세우는 것 말고도 더 많은 것이 있다. 역사의 종말에 심판하시는 분은 역사의 한 가운데서 '죄인들을 의롭게 하시는' 동일한 분이다. 하지만 하나님의 심판이 기록을 바로 세우는 것도 못 한 무언가일 수 있을까?"[87] 아이러니하게도, 우리가 하나님의 심판을 제쳐두면 우리는 우리 자신을 심판자로 만든다.

"심판을 초월하려는 시도는 그것이 이성의 심판이든 종교의 심판이든

---

86 위의 책., 155.
87 위의 책., 242.

폭력을 제거하지 않고 폭력에 최고 가치를 부여하는 것이다. 양심(심판하는)의 성에서 탈출한 것은 우리를 살인자들의 성에 이르게 하는 것이다."[88]

이것은 특별히 위에서 언급했던 비판에 비추어 볼 때 설득적이다. 볼프는 "예수님이 폭력을 겪는 것 외에 어떤 것도 하지 않았다면 우리가 다른 많은 무고한 희생자를 잊었던 것처럼 우리는 예수님을 잊었을 것이다"라고 쓴다.[89] 영웅적 개혁가의 죽음은 비극적이지만, 거의 구속적이지 않다. 이것은 정확하게 아무리 감동적이거나 모범적이더라도 그것은 우리 자신의 마음속에서 죄책감과 부패의 힘을 깨뜨릴 수 없거나 이 세상에 궁극적인 정의를 가져올 수 없기 때문이다.

"분노하지 않는 하나님은 불의, 기만, 폭력의 공범이 될 것이다."[90]

볼프는 "'좋은' 하나님은 자유주의적 상상력의 산물이며 선함과 자유, 그리고 사회적 행위자(social actor)의 합리성에 대한 소중한 환상을 포기할 수 없는 무능의 천국으로의 투영이다"라고 결론 내린다.[91]

2. 존재론적 참여(Ontological Participation)

정치적 정의의 주제가 지금까지 검토된 비판의 기준이라면 여전히 언급해야 할 더 중요한 관점이 있다. 존재론적 참여는 "소외 극복하기"의 더 광범위한 분류 안에서 또 다른 도전을 나타낸다. 적어도 몰트만이 분명히 밝히는 것처럼 정치, 사회적 해방은 확실히 하나님("삼위일체적 범재신론") 안에 있는 모든 것의 존재론적 참여를 강조한다. 희생이라는 주제에 비판

88　위의 책., 290.
89　위의 책., 293.
90　위의 책., 297.
91　위의 책., 298.

적 입장을 취하는 많은 페미니스트는 하나님과 세계에 대한 범신론적 견해 또는 범재신론적 견해를 채택한다.[92]

몰트만은 다음과 같이 주장한다.

"하나님 아들의 성육신은 죄에 대한 답이 아니다. 성육신은 인간이 되고 모든 인간을 은혜로 신으로 만들고자 하는 하나님의 영원한 갈망의 성취다. 신적 삶에 참여하고 신적 사랑에 보답하는 '타자'다.[93]

어떻게든 우리는 존재론적 결함보다는 차이, 타자성, 윤리적 결함을 강조하는 "낯선 존재 만나기" 패러다임 안에서 죄와 구속의 우주적 차원(개인주의적 축소를 넘어)을 조화시킬 방법을 찾아야 한다. 내가 속죄와 관련해서 주장했던 "소외 극복하기"는 소외의 장소로서 언약 위반을 경시하고 따라서 구속을 주로 윤리적 조건보다는 오히려 존재론적으로 생각하는 새로운 인식 또는 화해라는 측면에서 본다.

심지어 아주 전형적인 서구식 논의에서도 근대 개인주의에 대한 반발은 언약적 연대에 대한 성경적 강조뿐만 아니라 철학적 개념이나 기존 사회적 실천의 지평으로 정의된 것으로서 공동체에 포괄적으로 집중하도록 했다.[94] 다른 함의들 가운데 많은 함의가 다시 한번 이 하나에 희생된다. 즉, 이런 우주적 지평은 단순히 개인적 지평과 신적 타자와의 개인적 관계를 흡수한다. 나는 이것이 포괄적인 주장이라는 것을 인정하지만 이 주장을 정당화하려고 시도할 것이다.

---

[92] 물론 가장 주목받는 책은 Sallie McFague, *Models of God*이다.
[93] Moltmann, *Trinity and the Kingdom*, 46.
[94] 예를 들어, John Milbank, "Postmodern Critical Augustinianism," in *the Postmodern God: A Theological Reader*, ed. Graham Ward (Oxford: Blackwell, 1997), 269 – 73을 보라. 여기서 속죄에 관한 그의 언급에서 전체적인 강조는 "공동체"에 맞추어져 있다.

1) 급진적 정통주의(Radical Orthodoxy)

제1장에서 나는 존 밀뱅크(John Milbank)와 급진적 정통주의를 "존재론적" 패러다임과 동일시했다. 이런 관련성으로 인해 밀뱅크는 적어도 신학을 위해 플라톤주의와 에크하르트(Eckhart)를 재발견하려는 그의 공언된 노력이 인정되어 매우 기뻐하는 것처럼 보인다. 틸리히 자신이 이런 접근 방식을 종교와 문화를 화해시키는 최선의 희망으로 보았듯이 밀뱅크와 다른 사람들도 이와 비슷하게 동기를 부여받은 것 같다.

이런 급진적 정통주의 계획을 콘스탄티누스의 이상을 되살리려는 또 다른 시도로 보고 싶은 유혹을 뿌리치기는 어렵다. 적어도 밀뱅크, 워드, 픽스톡이 신학을 저술할 때(일반적인 의미, 즉 교리적 주제) 교회론이 전체 지평을 집어삼킨다. 나는 "기독론과 속죄론이 새로운 보편 공동체나 교회에 관한 정의에 이론적으로 부차적이라고" 밀뱅크가 언급한다고 제안할 것이다.[95]

그리스도와 그의 몸을 통합하면서 밀뱅크는 그리스도의 사역과 진행 중인 교회 사역을 속죄의 단일 행위로 본다.[96] 게다가 이런 속죄가 윤리적 위반과 관련이 있는지 전혀 명확하지 않다. 오히려 이런 속죄는 미적 아름다움과 우주적 조화를 만드는 것과 더 관련이 있다.[97] 우리가 살펴보겠지만 나의 설명에서 이런 측면들이 빠지지는 않지만 이런 측면들은 밀뱅크의 논의에서 더 핵심적으로 사변적으로 다루어지고 있는 것처럼 보인다.[98]

의심스러운 마음은 이런 모든 다양한 경쟁자의 배경에 헤겔이 숨어 있는 것을 볼 수도 있다. 어쨌든 적어도 내 마음에는 이들을 종합하는 것은 존재론적 패러다임이다.

---

[95] John Milbank, *The Word Made Strange* (Oxford: Blackwell, 1997), 148.
[96] 위의 책., 149, 150 - 52, 160 - 65.
[97] 특별히 148 - 75.
[98] 특별히 그의 가장 최근의 논의, Being Reconciled, 특별히 3 - 6장을 보라.

2) 로버트 젠슨(Robert Jenson)

현저한 차이점에도 로버트 젠슨은 현대 구원론적 성찰에서 다소 헤겔주의적 선회를 보여준다. 하지만 그의 특별한 경우에서 아마 동방 교회적 선회(turn east)로 부르는 것이 더 나을 것이다. 가령 어떤 면에서 그는 그런 선회를 넘어서지만 말이다.[99] 젠슨에 따르면, 안셀무스의 속죄 이론은 (부활의 부재 외에도) 두 가지 난점을 가지고 있다.

첫째, 하나님은 자신의 공의를 만족하게 함이 없이는 자비를 베풀 수 없으며, 또한 하나님이 추가적 범죄를 그런 만족을 구성하는 것으로 간주한다는 생각은 정확하게 성경적 기준으로 하나님에 대한 가장 의심스러운 그림을 불러일으킨다.

둘째, 대속적인 죄를 갚음, 즉 대속적 "만족"이라는 중심 개념은 실제 어렵다.

즉, 신학이 다른 면에서 거부할 많은 근거가 있는 본성에 관한 극단적인 플라톤적 실재론을 취하지 않는다면 어떻게 또 다른 사람의 죄가 가령 그가 나와 같은 본성을 취했다 하더라도 나의 죄를 갚을 수 있는가?

아마도 이런 두 번째 비판의 가장 주목할 만한 집행자는 … "소키니스주의자들" 즉 일반적으로 계몽주의 비판의 활발한 선구자들이었다.[100]

하지만 안셀무스 교리에 대한 비판은 인간에 대한 하나님으로부터의 속죄 효과를 즉 "주관적" 이론으로 바꾸어 놓았다고 젠슨은 말한다. 하지만 이런 주관적 이론의 문제점은 이런 이론이 십자가가 전과 다른 것을 실제로 성취한 것을 설명할 수 없다는 점이다.[101] 심지어 구스타프 아울렌(Gustav

---

[99] 다른 속죄 이론에 대한 그의 분석을 참조하려면 Robert Jenson, ST 1:186 - 88을 보라.
[100] Jenson, ST 1:186.
[101] 위의 책., 186 - 87.

Aulen)의 "고전적" 이론의 부활도 "안셀무스 이론과 같은 결점이 있다. 여기서도 또한 다른 방식으로 쉽게 달성하는 승리를 얻기 위해 예수님을 죽음으로 보내는 하나님에 대한 그림은 의심스럽다. 여기서 또한 그리스도가 자신을 위해 하시는 것 – 이런 설명에서 예수님이 사탄에 저항하는 것 – 이 어떻게 우리에게 실제적인 것이 되는가는 결코 분명하지 않다."[102]

최근 논의에서 속죄는 상대주의로 축소되었다.

즉, 누가 실제로 이것이 무엇을 의미하는지 말할 수 있을까?

하지만 이런 낙담은 근거가 없다고 젠슨은 주장한다.

우리가 무엇보다도 이런 모든 이론이 확언하는 것에 이의를 제기함으로써 시작한다면 어떻게 될까?

즉, "이 사건의 구원을 가져오는 효능은 하나님이 하시는 것이나 인간 예수님이 인간 또는 하나님에게 하시는 것의 효과임이 틀림없다. 이것은 그 자체로 레오(Leo's Tome)의 기독론에 의존한다.[103]

> 안셀무스 속죄 이론은 그리스도의 사역을 인성에 귀속시킨다. 주관주의와 "고전적" 이론은 그리스도의 사역을 명시적으로 또는 암묵적으로 신성에 귀속시킨다. 하지만 앞 장의 기독론이 옳다면 우리는 이 두 대안을 거부하고 화목을 어느 본성도 아니라 단지 두 본성에 의해 공동으로 그리고 동시에 그리스도에게 귀속시켜야 한다.[104]

따라서 십자가는 "하나님의 삼위일체적 생명 안에서의 사건 그 자체"다. 하지만 이것은 그리스도의 인격의 통일성을 확증하는 것일 뿐만 아니라 내가 젠슨의 기독론에서 더 일반적 약점이라고 주장했던 그분의 인성

---

[102] 위의 책., 188.
[103] 위의 책.
[104] 위의 책., 189.

은 다름 아닌 그분의 신성이라고 말하는 것이기도 하다. "이것의 화목하게 하는 효능은 … 이것은 타락한 피조물과 대비해 하나님이 어떤 종류의 하나님이신가를 결정하는 하나님 안에서의 사건이다."
하지만 그분이 어떤 인간인지를 결정하는 것은 어떤가?

> 그리스도의 십자가 처형 - 부활을 고려할 때 - 이 또한 피조물로서 우리 상황을 해결한다. 그리스도의 십자가 처형은 또한 우리 상황을 아버지에게 올려드렸다.
>
> 아버지가 이 아들에게 맞설까?
> 스스로 그 자신의 말씀과 동일시하는 이 아들에게?
> 그는 예를 들어 세리(稅吏)와 죄인을 접대하고 경건하지 않은 자들을 의롭다 하는 하나님이셨는가?
>
> 부활은 성부의 긍정이었다.[105]

십자가는 구속에 있어 그 나름 뚜렷한 역할을 하지 않는 것처럼 보인다. 그는 좋은 질문을 한다.
"어째서 예수님이 죽어야 했는가?"
하지만 이 질문에 대답하는 대신 그는 재빨리 다른 질문으로 초점을 옮긴다.
왜 우리는 계속 선한 종들을 죽음으로 넘겨주는 것일까?
젠슨이 첫 번째 질문에 답을 제시한다면 그것은 다음 아닌 십자가에서 무슨 일이 있었든 간에, 하나님은 자기 아들을 죽은 자들 가운데 일으키

---

[105] 위의 책.

심으로써 자기 아들을 변함없이 지지했다는 것인 것처럼 보인다.

루터에 대한 "새로운 핀란드 학파" 해석의 옹호자인 젠슨은 투오모 마네르마(Tuomo Mannerma)를 인용하면서 다음과 같이 말한다.

> 칭의는 따라서 "신성화(deification)의 한 방식"이다. 루터의 가장 강한 언어를 참조하기 위해 우리는 다시 갈라디아서 주석(Commentary on Galatians)으로 눈을 돌린다. "믿음으로 인간은 하나님이 된다." 루터는 그가 설명하고 있는 성경에 감동되어 그는 심지어 그의 급진적 젊은 추종자들까지도 넘어설 수 있고 그리스도뿐만 아니라 신자도 신적 속성의 참된 교제의 주체인 그리스도와 연합하게 할 수 있다. 즉, 모든 기독교인은 그들의 믿음으로 하늘과 땅을 채운다. 그러나 이것은 하나님 안에서 해체나 심지어 어떤 일반적 종류의 신비주의나 관념론도 아니다. 왜냐하면, 내가 하나님과 함께 하나가 되기 위해 나와 함께 하나가 된 그리스도는 정확하게 "살과 뼈"가 있는 그리스도이기 때문이다.[106]

이것은 루터에 대한 이런 재해석을 관여시키는 것이 아니라 속죄에 대한 젠슨 자신의 이해를 위해 이 해석에 그가 호소하는 것을 지적하기 위함이다.[107] 젠슨이 역사를 다름 아닌 영원이라고 말하는 바르트의 경향성에

---

[106] Jenson, ST 2:296 - 97. 최근 수십 년 동안 이런 대속론은 "루터주의"나 "칼빈주의"로 소외되었을 뿐만 아니라 루터와 칼빈 자신도 그들의 후계자들이 부패시켰다고 말해지는 견해의 지도자들로 재해석되기도 했다(아울렌은 특히 승리자 그리스도 대의를 위한 루터를 더하려고 애썼다). 현대 루터 연구에서 핀란드 학파로 확인된 학자들 진영은 이전 학계의 결론과는 달리 루터가 어떻게 죄인이 하나님 앞에서 의롭다고 선언되는가가 아니라 일반적으로 동방 정교의 신화 교리(doctrine of theosis)에 의해 이해된 의미에서 신자들의 신화(deification)에 관심이 있었다는 논제로 인해 그들에 대한 지지가 늘어났다.

[107] 핀란드 학파 진영에 대한 반박을 참조하려면 Carl R. Trueman, "Is the Finnish Line a New Beginning?" *Westminster Theological Journal* 65, no. 2(2003):231 - 44와 245 - 46에 있는 Jesnson의 답변을 보라.

이의를 제기하지만 아이러니하게도 젠슨 자신은 그리스도의 사역보다는 인격을 강조하고 그런 후 존재론적 참여를 중요한 구원론적 주제로 만듦으로써 역사에서 벗어나려는 위험을 감수한다.

다시 말해, 나는 이것은 그리스도의 인성이 신성 안에 집어 삼켜질 때마다 일어나는 경향이라고 주장할 것이다.

네스토리우스주의와 단성론을 피하는 것은 그리스도의 인격을 고려할 때에서 만큼이나 그리스도의 사역을 고려할 때에도 어렵다. 왜냐하면, 둘 다 불가분의 관계가 있기 때문이다. 게르하르트 포드(Gerhard Forde)는 젠슨의 접근 방식에 대해 다음과 같이 언급한다.

> 구원은 참여를 통해 온다는 의심은 가까이에 있고, 참여에 의한 구원은 너무 쉽게 성화의 은혜(gratia gratum faciens)에 의해 구원으로 미끄러져 들어간다.[108]

게다가 젠슨은 하나님의 삶에서 십자가를 중심 사건으로 만들기보다는 오히려 부활을 중심 사건으로 만들려고 애쓴다.[109] "나에게는 젠슨의 구원론이 하나님의 진노, 고난과 죽음과 함께 유혹과 벌이는 믿음의 투쟁이라는 인식에서 나오는 비애(pathos)와 같은 무언가가 부족한 것처럼 보일 것이다"라고 포드는 결론 내린다.[110]

게다가 젠슨은 어떤 특정한 속죄 이론이나 심지어 일단의 이론들을 정하는 데도 다소 모호하다. 대신 그는 그리스도 안에서 하나님의 실제 구원하는 활동을 전적으로 부활에 두는 것처럼 보인다. 조지 헌싱거(George Hungsinger)는 다음과 같이 판단한다.

---

[108] Gerhard O. Forde, "Robert Jenson's Soteriology," 131.
[109] 위의 책., 135.
[110] 위의 책., 137.

예수님의 부활에 대한 잘 알려진 젠슨의 언급 - 그의 모든 글 전체에 걸쳐서 끊임없이 나타나는 - 은 결국 보이는 것만큼 그렇게 정통적이지 않다. 왜냐하면, 이것은 십자가를 희생하면서 이루어지기 때문이다.[111]

속죄에 대한 어떤 보편적 합의가 없다는 젠슨의 주장에 반대해서 헌싱거는 다음과 같이 주장한다.

그리스도의 제사장 사역은 경이로운 교환(admirabile commercium)에 초점이 맞추어져 있다. 한 분 안에서 제사장과 희생자가 되시기 때문에 그리스도는 우리가 그의 의와 생명을 받게 하려고 우리 죄를 스스로 떠맡으셨다. 전통을 구성하는 성경에 의해 의롭다 인정 받고 그 이름에 합당한 모든 성찬 예배에서 소중히 간직되신 그분은 이 세상 죄를 제거하시는 하나님의 어린양이시다. 그는 우리 죄를 십자가에서 담당하셨고 그 죄를 이기셨다. 그는 죄인들이 마땅히 받아야 할 것, 즉 하나님의 심판, 저주, 정죄와 진노를 겪으셨다. 이는 죄인들을 살리기 위한 것이었다.[112]

많은 인용 후에 헌싱거는 다음과 같이 결론을 내린다.
"요점은 모두 너무 명확하다. 즉, 그리스도의 죽음은 그 자체로 구속적인 어떤 것도 성취하지 못한다,"
하지만 그리스도의 죽음은 단순히 부활의 서곡일 뿐이다.

그리스도의 왕적 사역은 전혀 잘 되지 않는다. 그의 완전한 순종으로 십자가에서 성취하신 것으로서 그리스도 자신이 하나님에게 적대적이고 죄인들을

---

[111] George Hunsinger, "Robert Jenson's Systematic Theology: A Review Essay," *Scottish Journal of Theology* 55, no 2 (2002): 162.
[112] 위의 책., 163.

속박했던 권세를 객관적으로 패퇴시킨 것은 "신화"로 일축된다([ST] 1. 193). 예수님이 "도덕적이고 영적인"이었던 개인적 승리를 달성했지만(1.193) 진정한 구원의 사건은 다시 말해, 그의 죽음이 아니라 그의 부활이다. … 복음은 실제로 그리스도가 우리의 죄를 위해 죽은 것이라기보다는(1.179) 오히려 예수님이 부활하신 것이라고 그는 주장한다. … 객관적 속죄와 같은 무언가에 대한 젠슨의 거부는(1.192 - 3) 우리에게 그의 죄론에 대한 중요한 무언가를 말해 준다 … 요컨대 젠슨의 하나님은 적절하게 죄를 속죄함이 없이 공동체를 회복시킨다.

젠슨은 "하나님 안에서 우리의 위치"에 대해 전체 한 장을 쓰지만, 그는 "우리를 대신하는 하나님"에 대해서는 어떤 것도 언급하지 않는다. 그는 거의 완전히 완료 시제를 고려하지 않았다. 그는 "그리스도가 골고다에서 우리의 구원을 완전히 이뤘다"(1.179)는 것을 분명히 거부한다(1.179).[113]

젠슨 신학의 중심은 "그리스도가 아니라 성령, 또는 실제로 그리스도가 아니라 교회"인 것 같다.[114] 간단히 말해서 가끔의 예외에도 구원의 현재 시제는 "소시니우스, 자유주의, 실존주의 노선을 따라 모든 의미가 제거되었다.[115]

가브리엘 패크레(Gabriel Fackre)는 속죄에 대한 이해에서 루터주의의 카팍스(capax, 담을 수 있다)에 대한 젠슨의 해석이 가진 함의를 도출한다. 젠슨은 새로운 길을 내고 있다고 말하지만, 새로운 그 길은 실제로 "동방 전통 안에 오랜 혈통 - 속죄로서 성육신 - 을 가진 모형"이다. 하지만 패크레는 다음과 같이 제안한다.

---

113 위의 책., 163 - 66.
114 위의 책., 166.
115 위의 책., 167.

다른 종류의 속죄 모형이 있다. 이 속죄 모형은 서방 전통과 동방 전통 속에 흐르지만 대개의 사람보다 칼빈에 의해 더 상세하게 전개되었던 보편적 자취가 있다. 이 모형은 선지자, 제사장 그리고 왕의 "삼중 직분"의 개념 안에서 네 개의 표준 모형이 가진 부분적인 것을 존중하고 상호 관련시키려고 시도하는 모형인데 이는 하나님이며 인간인 인격(divine - human Person)이 수행한 사역(the Work)이다. … 이 모형의 가치는 또한, 제사장 직분에 주어진 위치에 놓여 있고 사실 이런 위치는 그리스도의 화해 사역에 대한 완전한 이해의 중심성이다. 따라서 보편적 목소리와 개혁파 목소리는 젠슨에게 다음과 같이 물어야 한다.
즉, 부활에 초점을 맞추고 있는 조직신학에서 어떻게 십자가가 그것이 받아야 하는 관심을 받는가?[116]

어느 하나의 유형("정치적" 또는 "교회적")에 대한 "존재론적" 설명에서 십자가는 신학 체계에서 그 자신의 위치 없이 다른 신학 아래에 깊이 감추어져 있는 것처럼 보인다. 성육신과 부활과 같은 다른 본질적 주제를 약화하는 십자가 신학에 위험이 있지만 이런 위험은 하나님의 일반적 케노시스(kenosis)와 교회의 신화(theosis)에서 십자가의 특별성을 놓치는 위험성이 오늘날 더 크게 보인다.[117]
이런 두 가지 도전에 대한 답변은 창조, 죄, 성육신과 속죄의 위치 – 즉 우리가 낯선 존재를 만날 수도 있는 위치 – 에서 적어도 부분적으로 언약을 회복하는데 놓여 있다고 나는 주장할 것이다.

---

[116] Gabriel Fackre, "The Lutheran Capax Lives," in *Trinity, Time, and Church*, ed. Gunton, 100.
[117] 제3권에서 분명해지겠지만 (하나님의 일반적인 케노시스와는 다르게) 나는 교회의 신화를 전적으로 확언할 것이다. 그런데도 젠슨에게서는 이런 지평을 억누르는 것처럼 보인다.

개인적인 것과 공동체적인 것, 인격적인 것과 우주적인 것, 구속사(historia salutis)와 구원의 서정(ordo salutis), 구원론적인 것과 교회론적인 것 – 하나를 다른 하나에 매몰시키지 않고 – 을 포함하는 것은 바로 언약이다. 이제 우리가 이런 제안으로 관심을 돌려야 한다.

제8장

선지자와 제사장

나는 적어도 희생 속죄 이론에 대한 많은 대안 이론이 확언하는 것이 아니라 부정하는 것에 있어서 잘못되었다고 주장해 왔다. 안셀무스의 이론이 부활, 그리스도의 능동적 순종, 총괄갱신, 언약 그리고 구원의 우주적 차원에 대한 불충분한 관심으로 약화된다는 일반적인 개혁파 반대를 인정하지만, 이번 장과 다음 장에서 나의 목적은 이런 본질적 요소들을 제대로 다루려고 시도하는 건설적 제안을 개발하는 것이다.

나는 나 자신의 결론적인 발표의 체계적 구조로서 그리스도의 삼중 직분이라는 칼빈의 항목을 채택했다. 이런 접근 방식의 한 가지 장점은 이것이 그리스도의 인격과 사역을 통합한다는 것이다.

1. 언약 소송의 선지자

신자에게 주어지는 개인적 유익이라는 측면에서 그리스도 사역을 강조하는 개인주의적 구원론이 상호 의존 관계가 있는 기독론이 필요하다는 것은 확실히 사실이다. 따라서 특히 경건주의에서는 그렇지만 어떤 형태의 개신교 정통주의(특히 청교도 전통)에서도 그리스도의 인격과 사역은 쉽게 죄인과 하나님 사이의 개인적 거래로 전락할 수 있다. 또는, 이런 경향성에 대한 최근 비평가들이 지적했던 것처럼 구원사(historia salutis)는 구원의 서정(ordo salutis, 개인의 경험에서 구원의 논리적 순서)에 의해 가려진다.[1]

낸시 더프(Nancy Duff)는 너무 일반적으로 유일한 지평이 개인 신자의 구원일 때 그리스도의 선지자적 직분은 정보의 매개로서 다루어진다고 지적했다. 그렇다면 당연히 그리스도의 제사장 직분을 위한 그리스도의 희생 사역에 관한 논의를 아끼면서 그리스도의 선지자적 사역을 속죄의 도덕적 영향력 이론과 같은 무언가와 상호 관련시키기 쉽다.[2] 이것은 '선지자적' 직분이 가르침이나 교훈으로 축소될 때 쉽게 만들어지는 움직임이다.

하지만 심지어 칼빈도 종말론적, 역사적, 우주적 차원보다 선지자적 직분을 더 강조했다. 구속이라는 용어는 자동적으로 우리가 그리스도의 선지적 사역 또는 왕적 사역보다 오히려 그의 제사장 사역을 생각하게 한다. 확실히 그리스도는 선지자 이상이지만 우리가 종종 깨닫는 것보다 선지자로서 그리스도에게는 더 많은 의미가 존재한다.

1) 중재자로서 선지자

위에서 했던 나의 언급과 일치하게 우리는 종종 아주 정당하게 제사장적 측면에서 중재자의 역할을 생각한다. 하지만 우리가 그리스도의 선지자적 직분으로 시작할 때 중재는 희생적일 뿐만 아니라 종말론적이라는 것을 이해하기 시작한다. 종말론적 가정에 대한 간단한 말이 이 시점에서 적당하다.

예수님과 바울은 "두 시대"(two-age) 종말론을 가정한다(마 12:32; 고전 2:6; 갈 1:4 등). 그리고 이것은 또한 제2성전 유대교에서 널리 받아들여진 견해였을 수도 있다(마 24:3). 내가 『언약과 종말론』에서 주장했던 것처럼

---

[1] 이런 중요한 주제에 관한 균형 있는(다소 개혁 진영 내에서) Richard Gaffin Jr., "Biblical Theology and the Westminster Standards," *Westminster Theological Journal* 65, no. 2 (2003): 165-79를 보라.

[2] Nancy Duff, "Atonement and the Christian Life: Reformed Doctrine from a Feminist Perspective," *Interpretation* 53, no. 1(1999):9.

성경적 종말론이 천상의 실체와 지상의 그림자를 언급할 때 염두에 두는 것은 두 세계가 아니라 두 시대다.[3]

히브리서에서 결코 플라톤적 대조가 아닌 "천상의 실체"와 "지상의 모방"에 각각 "다가올 시대"와 "현재 이 시대"라는 종말론적 내용이 주어진다.[4] 그렇다면 모형론은 단순히 다가올 명소를 예고하는 것만은 아니다. 즉, 아담과 하와를 옷 입히는 것, 노아의 방주, 출애굽, 광야에서의 뱀이든지 아니면 거대한 규모의 모세 율법적 신정 체제이든지 간에 모든 모형에서 실체는 부분적으로 실현된 방식으로 존재하게 된다(고전 10:1 - 4).

히브리서에 관한 연구에서 게할더스 보스(Geerhardus Vos)는 화살이 천상의 실체("다가올 시대")에서 아래쪽인 각각 옛 언약과 새 언약을 나타내는 삼각형의 왼쪽 모서리와 오른쪽 모서리를 가리키는 삼각형으로 이것을 설명한다.[5] 화살표 하나가 더 옛 언약에서 새 언약을 수평으로 가리킨다. 이 예화에서 중요한 점은 다음과 같다. 즉, 모형론이 단지 수평 화살을 인식하지만, 종말론은 이 땅에서 천국의 부분적인 종말론적 실현의 상태에서 다가올 시대의 수직적 "침입"을 도입한다. 다시 말해, 이런 왕국은 기대에서뿐만 아니라 아직 완성되지는 않지만, 실제로도 존재한다는 것이다. 이 왕국은 예상일 뿐만 아니라 미리 맛보는 것이기도 하다.

> 이 사람들은 [구약 신자들] 다 믿음으로 말미암아 증거를 받았으나 약속된 것을 받지 못하였으니 이는 하나님이 우리를 위하여 더 좋은 것을 예비하셨은즉 우리가

---

3 Michael Horton, *Covenant and Eschatology*, chap. 1.
4 복음서에서 예수님과 그리고 바울이 사용한 것처럼 "이 시대"와 "다가올 시대"에 대한 이런 호소는 기본적으로 죄와 죽음의 시대를 기본적으로 가리킨다. 그뿐만 아니라 이런 호소는 그림자가 실체에 자리를 내주는 것으로서 종말론적 심판, 칭의 그리고 새롭게 됨의 시대와 구분되는 옛 언약의 그림자를 가리키기도 한다. 히브리서는 더 일반적인 그리스도 "전"과 "후"보다 종말론적 심판, 칭의와 새롭게 됨의 시대를 더 강조한다.
5 Geerhardus Vos, *The Teaching of the Epistle to the Hebrews* (Grand Rapids: Eerdmans, 1956), 56 - 58.

아니면 그들로 온전함을 이루지 못하게 하려 하심이라(히 11:39-40).

따라서 야훼(YHWH)는 모든 성도의 연대를 구약 신자들이 기다려야 했던 은혜 언약의 두 경륜 아래에 확언하는 것에 아주 관심이 많으시다. 사실 이것은 우리가 구약 신자들을 따라가게 하기 위함이다.

이 사람들은 다 믿음을 따라 죽었으며 약속을 받지 못하였으되 그것들을 멀리서 보고 환영하며 또 땅에서는 외국인과 나그네임을 증언하였으니(히 11:13).

이 종말론에 대한 이런 여담의 요점은 무엇인가?

이것은 우리에게 그리스도의 세 직분에 관한 논의를 위한 배경의 중요한 부분을 상기시키기 위함이다. 이 직분과 관련해 이것은 선지자는 신적 정보의 통로일 뿐만 아니라 다가올 시대의 전령이라는 것을 의미한다. 사실 선지자는 다가올 시대를 현재 이 시대와 중재한다. 선지자는 권고된 증언을 위해 재판 중이다.

예를 들어, 이것이 예레미야 23장에서 참된 선지자들과 거짓 선지자들이 "주님의 회의에 참여했는지" 그렇지 않으면 "성령 안에 있었던지"에 의해 구분되는 이유다. 물속 심연 위를 운행하셨던 이 영광의 구름(Glory-Cloud)은 이스라엘을 광야를 통해 인도하셨고 성전에 거하셨다.

그리고 이런 임시 성전을 떠난 후에 육신이 되신 하늘 성전에 거하시고 마지막으로 신자들에게 거하시고 그들을 그리스도와 함께 죽은 자들에게서 일으키시고 모든 살아 있는 것의 부활을 일으키신다.

이것들은 하나님의 말씀을 발화하는 - 성령 안에서 다가올 시대를 발생시키는 - 인간의 말을 통해서인가?

이것이 참된 선지자("참되고 신실한 증인")와 나머지 선지자를 구별하는 것이다. 그들의 예언적 사역은 종말론적이다. 하나님 말씀으로서 그들의 말은 위협하는 것과 약속하는 것을 발생시킨다.

> 여호와의 말씀이니라 내 말이 불같지 아니하냐 바위를 쳐서 부스러뜨리는 방망이 같지 아니하냐 (렘 23:29).

출애굽 이야기에서 모세가 아론과 함께 애굽 왕 바로에 하나님의 심판 말씀을 가져갈 때 모세는 "바로에게 하나님과 같게" 된다. 심지어 우리가 아론과 레위 계통의 제사장 사역으로 가기 전에도 선지자는 중재자로 취급된다. 모세가 언급하는 시내 산에서 백성들의 반응이 신성한 표적 가운데 십계명을 수여하는 맥락인 출애굽기 19장과 20장에서 자세히 기술된다.

> 당신이 우리에게 말씀하소서 우리가 들으리이다 하나님이 우리에게 말씀하시지 말게 하소서 우리가 죽을까 하나이다 … 백성은 멀리 서 있고 모세는 하나님이 계신 흑암으로 가까이 가니라 (출 20:18-21).

아담처럼 이스라엘의 첫 번째 본능은 하나님의 거룩한 임재에서 달아나는 것이다. 중재자가 필요했다. 즉, 위반에 대해 탄원할 제사장뿐만 아니라 다른 면에서 백성들에게 두려움으로 채우는 하나님 말씀을 중재할 선지자도 필요했다. 백성들은 시내 산에서 중재자를 요청했고 주님은 다음과 같이 답하셨다.

> 그들의 말이 옳도다. 내가 그들의 형제 중에서 너와 같은 선지자 하나를 그들을 위하여 일으키고 내 말을 그 입에 두리니 내가 그에게 명령하는 것을 그가 무리에게 다 말하리라 (신 18:17-18).

그리고 그가 말하는 모든 것이 일어날 것이다(신 18:15 - 22). 이야기가 펼쳐지면서 이 선지자적 중재가 더 완전하게 전개된다. 그때 모세는 금송아지 사건에서 야훼의 심판을 가져오지만, 하나님의 진노를 억제하고 자신의 중보에 의해 백성에게 심판의 유예를 가져온다(출 32 - 34장). 이것이 선지자적 사역의 이중 역할이다. 즉, 검사로서 언약의 주님을 대변하고 변호하는 변호사로서 언약 백성을 대변한다. 선지자의 축복과 저주는 하나님의 축복과 저주다.

이런 언약 소송의 의도로 에스겔은 신의 없는 백성을 기소한다. 이와 관련해 발터 아이히로트(Eichrodt)는 다음과 같이 관찰한다.

> 이스라엘이 목자 다윗의 지배 아래 독립 국가의 지위가 회복될 때 야훼(Yahweh)는 이스라엘과 평화 언약을 체결할 것이다. 그런데 이 평화 언약은 영원히 지속될 것이고 하나님과 그의 백성 사이의 영원한 은혜의 관계를 세울 것이다. 여기서 시내 산 언약과의 대조가 아주 분명하다. 다른 선지자들에게서처럼 에스겔에게도 옛 언약의 해체와 새 언약의 체결 가운데서 있다는 의미가 너무 강해서 기존의 제도가 다가올 멸망에서 면제될 것이라고 그에게 허용할 수 없었다.
>
> 국가와 성전의 파괴에서 살아 남은 모든 것은 자기 이름의 명예를 지키려는 하나님이다. 또한, 선지자가 새 언약의 보증을 보는 것은 오직 이런 하나님을 아는 것 안에서다. 예레미야에게서처럼 이런 제사장적 사고방식과의 접촉점은 이것에 제한된다. 즉, 미래의 언약(베리트)은 순수한 은혜의 관계로 이해된다. 하지만 이 언약과 새로운 다윗과의 밀접한 관계를 통해서 다음과 같은 결론에 이르게 된다. 즉, 사물의 새로운 질서는 추가로 엄격한 법적 확립이라는 아주 강한 특징을 획득한다.[6]

---

[6] Walther Eichrodt, *Theology of the Old Testament*, trans. J. A. Baker, 2 vols., Old Testament

하지만 아이히로트에 의하면 "언약 개념에 대한 이런 선지자적 해석은 신명기 - 이사야에서 가장 큰 심오함을 얻는다." 강조는 시내 산 언약에 있는 것이 아니라 아브라함의 선택과 하나님의 신실함에 있다.[7]

> 하지만 지난 시대에 언약(베리트)을 이렇게 표명하는 것은 종교 의식적 특징이 있는 고립된 행위, 새로운 헌법이나 조직이 결코 아니라 열방에 대한 언약의 중재자로서 정의된 하나님의 종인 한 인간의 삶에 구현된 중요한 무언가다. 그의 안에서 공동체를 위한 하나님의 뜻이 대리적 고난의 하나로서 드러난다. 대리적 고난으로 언약 백성은 그들의 메시아 통치자와 확고한 공동체 안에서 연합되고 하나님과 화해한다. 동시에 고난에서 주권으로 올려진 왕 주위에 백성들이 이렇게 모임으로서 절대적 주 되심이라는 하나님 자신의 목적은 전폭적 동의를 받는다.[8]

따라서 종의 노래는 특별히 하나님 나라가 보편화하는 것을 가리키고 있다.[9] 미래 완성에 대한 희망은 시내 산의 그림자에서가 아니라 아브라함 - 다윗의 새로운 언약에 놓여 있다는 것이 포로기 이후 시대에 점점 분명해진다.[10] 이것은 마치 에덴동산의 재진입을 감시하는 화염검이 이제 옛 언약의 신정 체제로 복귀하는 것을 경계하는 것과 같다.

이런 해석이 맞다면 이것은 위에서 간략히 요약한 신약성서 종말론이 이미 구약성경에서 작용하고 있다는 것을 강조하는 것이다. 우선 바벨론 포로로 이어졌던 사람들에 의한 언약 위반의 역사가 이것을 확인시켜 준

(Philadelphia: Westminster Press, 1961 - 67), 1:60 - 61.
7 위의 책., 61.
8 위의 책., 61 - 62.
9 위의 책., 62.
10 위의 책., 63.

다. 예를 들어, 우리는 시편 74:9 - 12에서 이런 사실을 본다.

> 우리의 표적은 보이지 아니하며 선지자도 더 이상 없으며 이런 일이 얼마나 오랠는지 우리 중에 아는 자도 없나이다 하나님이여 대적이 언제까지 비방하겠으며 원수가 주의 이름을 영원히 능욕하리이까 주께서 어찌하여 주의 손 곧 주의 오른손을 거두시나이까 주의 품에서 손을 빼내시어 그들을 멸하소서 하나님은 예로부터 나의 왕이시라 사람에게 구원을 베푸셨나이다 … 그 언약을 눈여겨 보소서 무릇 땅의 어두운 곳에 포악한 자의 처소가 가득하나이다 학대 받은 자가 부끄러이 돌아가게 하지 마시고 가난한 자와 궁핍한 자가 주의 이름을 찬송하게 하소서 하나님이여 일어나 주의 원통함을 푸시고 우매한 자가 종일 주를 비방하는 것을 기억하소서 (시 74:9 - 12, 20 - 22).

미래에 대한 모든 희망은 다윗과 그의 자손에 대한 일방적 약속에 초점을 맞추기 시작했다.[11] 요컨대 선지자가 심판을 선언하는 곳은 어디든지 심판은 시내 산에서 맺은 언약의 조건에 부응하지 못한 것에 근거했다. 하지만 심판의 선언이 좋은 소식으로 바뀔 때마다 그것은 항상 아브라함과 다윗(미래)에게 약속했던 자손 때문이다. 희망적 미래는 백성들이 (시내 산에서) 하나님과 맺었던 언약에 근거하는 것이 아니라 백성과 맺은 주님의 언약에 기초해 성립된다.

> 그러나 내가 너의 어렸을 때에 너와 세운 언약을 기억하고 너와 영원한 언약을 세우리라 … 이는 내가 네 모든 행한 일을 용서한 후에 네가 기억하고 놀라고 부끄러워서 다시는 입을 열지 못하게 하려 함이니라 주 여호와의 말씀이니라 (겔 16: 60-63).

---

[11] 위의 책., 65.

2) 사자(使者)로서 선지자

심지어 천사들(헬라어 앙겔로이, "사자들")도 선지자가 될 수 있다. 천사들은 하나님의 보좌에서 축복과 심판의 선언을 가져온다. 그리고 심지어 어떤 경우에는 하나님의 선언된 목표를 실행한다(창 19:1; 24:7; 왕상 13:18; 눅 1:11 - 38). 여러 세기의 주석은 천사들이 나타나는 것 가운데 일부를 특별히 천사가 야훼(YHWH) 자신과 동일시되는 곳에서 그리스도의 현현으로 동일시했다(창 18:1 - 33; 32:22 - 32; 출 23:23; 32:34; 33:2; 삼하 13:20; 대상 21:16; 사 63:9; 슥 3:1 - 10 등). 사실 말라기 3:1에서 "갑자기 그의 성전에 임하시는" 메시아적 인물은 "언약의 사자"다.

선지자들이 스승 이상이라면, 그들은 다름 아닌 스승이다. 이사야 30:18 - 26에서 메시아는 또한 "스승"으로 불리며, 쿰란 텍스트에서 메시아적 의의 교사에 해당하는 가장 흔한 이름이다. 리처드 호슬리(Richard Horsley)가 지적하는 것처럼 말라기 3:1 - 3과 말라기 4:4 - 6에서뿐만 아니라 집회서(Sirach)에서도 "B.C. 2세기 율법학자 벤 시라는 과거의 위대한 영웅들을 설명하면서 경이로운 행동을 하고 '왕들을 파멸시켰던' 엘리야가 '야곱 족속을 회복시키기 위해' 돌아올 것이라는 일반적 기대처럼 보이는 것을 제시한다(집 48:1 - 10)."[12] 호슬리는 모세, 엘리야, 예수의 선지자적 사역 사이의 유사점을 강조한다.[13]

> 모세의 이스라엘 수립과 엘리야의 갱신을 분명히 연상시키는 것이 갈릴리에서 예수님의 초기 사역에 대한 첫 번째 부분을 통해 다시 반복된다. 여호수아를 지명하는 모세와 엘리사를 부르는 엘리야처럼 예수님은 갱신이

---

[12] Richard A. Horsley, *Hearing the Whole Story: The Politics of Plot in Mark's Gospel* (Louisville, KY: Westminster John Knox, 2001), 238.
[13] 위의 책., 238 - 40.

라는 자신의 계획을 도울 자들을 부르신다. 이 계획은 예수님이 그들을 새롭게 된 이스라엘을 대표하는 열두 명의 수장으로 임명할 때 명백해진다 (참고. 이스라엘의 열두 족속을 나타내는 열두 개의 돌로 이루어진 제단을 만드는 엘리야). 한편 예수님이 죄에 대해 용서를 선언하는 것과 하나님의 뜻을 행하는 것에 대한 선언은 모세 언약의 갱신을 시사한다.[14]

하지만, 나는 이런 선언들이 내가 이미 주장했던 이유로 인해 모세 언약이 아니라 아브라함 - 다윗 언약의 갱신을 시사한다고 주장할 것이다. 이야기의 다음 부분은 분명히 모세의 지도로 이루어지는 출애굽과 "엘리야의 회복시키는 기적적인 행동"과 유사하다고 호슬리는 언급한다.

모세는 바다를 건너고 광야에서 먹이는 것처럼 예수님도 그렇게 하셨다. 엘리야가 사람들을 치유하고 사실상 죽은 아이를 다시 살아나게 하고 먹을 음식을 증대시켰듯이 예수님도 그렇게 하셨다 …. 모세와 엘리야에 대한 이런 분명한 모든 유사점과 함께 마가가 사람들이 일반적으로 예수님이 선지자적 인물 - 죽은 자들에게서 부활한 세례 요한 또는 엘리야 또는 옛 선지자들 가운데 하나와 같은 선지자(막 6:14 - 16; 8:27 - 28) - 이었다는 것을 믿었다고 말할 때 그것은 전혀 놀랄만한 일이 아니다. 또한, 예수님은 자신을 선지자로 언급한다(막 6:4).[15]

변화산에서의 변화는 이 모든 것을 확인시켜 준다.
"사실 '그의 말을 들으라'는 명령은 모세와 같은 선지자를 일으키시겠다는 하나님의 약속에 대한 직접적 암시다"(신 18:15).[16]

---

[14] 위의 책., 248.
[15] 위의 책.
[16] 위의 책., 248 - 49.

그런 후 예수님이 성전에 도착할 때 그는 비판자로서 선지자다. 이것은 성전에 대한 예레미야의 비판과 예루살렘 지도자들에 대한 이사야의 비판과 같다.

"백성들이 출애굽을 통한 해방을 기념하는 유월절에 마지막 만찬에서 예수님은 엄숙하게 종교 의식적으로 언약을 갱신한다."[17]

N. T. 라이트(N. T. Wright)는 다음과 같이 덧붙인다.

> 게다가 요한의 가족은 제사장계였고 사막에서 용서를 위한 세례를 베푸는 그의 활동은 성전에 대한 분명한 대안을 제시했다. 에스겔처럼 예수님은 성전이 쉐키나(하나님의 임재)에 의해 버려지고 운명에 무방비 상태로 남겨질 것이라고 예언하신다. 예레미야처럼 예수님은 끊임없이 이스라엘의 민족적 열망에 대한 반역자로 불릴 위험을 감수하셨다. 그런데도 예수님은 언약의 하나님을 위한 참된 대변인임을 내내 주장하신다.
>
> 따라서 그는 거짓 예언자로 재판을 받는다.[18]

신약성경의 이런 사건은 구약성경 배경에 의해 더 잘 조명된다. 출애굽기 24장에서 "언약의 피"가 율법을 지키겠다는 그들의 약속을 비준하기 위해 백성들에게 뿌려진 후에 칠십 인의 장로와 함께 모세, 아론, 나답, 아비후는 하나님을 만나기 위해 산으로 올라갔다. 즉, "그들은 하나님을 뵙고 먹고 마셨더라." 주님은 모세에게 산꼭대기에 오라고 말씀하시고 그곳

---

17 위의 책., 249-50. 하지만 이 식사는 확실히 시내 산 언약의 갱신이 아니다. 심지어 구조에서도 이것은 에스라와 느헤미야에서 분명한 서약 갱신과도 완전히 다르다. 이것은 완전히 일방적이다. 즉, 예수님은 그들을 위해 자기 생명을 주신다. 게다가 예수님은 그것이 새로운 언약이라고 말씀하시는데, 이것은 예레미야서에서 "내가 그들의 조상들의 손을 잡고 애굽 땅에서 인도하여 내던 날에 맺은 것과 같지 아니할 것"으로 말해진다(렘 31:32). 마지막으로 어떤 의미에서 만찬 제도가 아브라함 언약의 갱신이지만 그것은 갱신이라기보다는 오히려 새로운 일의 개시다.

18 N. T. Wright, *Jesus and the Victory of God* (Minneapolis: Fortress, 1996), 161, 166.

에서 주님은 모세에게 석판을 주실 것이다.

> 모세가 산에 오르매 구름이 산을 가리며 여호와의 영광이 시내 산 위에 머무르고 구름이 엿새 동안 산을 가리더니 일곱째 날에 여호와께서 구름 가운데서 모세를 부르시니라 산 위의 여호와의 영광이 이스라엘 자손의 눈에 맹렬한 불 같이 보였고. 모세는 구름 속으로 들어가서 산 위에 올랐으며 모세가 사십 일 사십 야를 산에 있으니라 (출 24:15-18).

성경을 처음부터 끝까지 읽을 때 우리는 예수님의 사역 전체에 걸쳐 이 사건이 반복되는 것에 관해 들을 수 있다. 새 언약의 피는 우리의 구원이다. 왜냐하면, 백성들이 맹세를 어길 경우 위협으로 뿌려졌던 옛 언약의 피는 그리스도에 의해 대리적으로 흘려졌기 때문이다. 출애굽기 24장에서 언어와 행동(하나님과 함께 먹고 마시는 것)은 다락방에서 울려 퍼진다.

하지만 이 옛 이야기가 반복되는 것은 변화산 사건이다. 시내 산에서는 하늘이 땅으로 내려온다. 산의 꼭대기는 하늘 성소의 작은 규모의 모사(模寫)인 쉐키나 성령(Shekinah-Spirit)의 성전이 된다. 40주야를 모세는 지성소(the Holy of Holies)에 있었다. 심지어 이런 날들도 중요하다. 6일 후(창조 이야기의 일하는 주를 상기시키는) 모세는 7일째 되는 날 "구름"(성령) 안으로 들어간다. 이것을 염두에 두고 변화산에 대한 마태의 설명은 부활의 미래 영광이 그 광선을 예언적으로 앞으로 비치면서 눈부신 성취에 이른다.

예수님이 이런 예언적 역사를 대표하는 모세와 엘리야와 대화하면서 하늘로부터의 익숙한 축복이 들린다.

> 내 사랑하는 아들이요 내 기뻐하는 자니 너희는 그의 말을 들으라 (마 17:1-8).

예수님은 모세에게 약속하셨던 "더 위대한 선지자"다. 이런 환상은 "인자가 죽은 자 가운데서 살아나기 전"까지는 제자들이 누설하지 말아야 할 메시아 비밀의 일부분이었다(마 17:9).

이런 예언적 전통 전체가 이 환상에서 예수님 발 앞으로 가져왔다. 전형적인 이 선지자가 또한 모든 예언의 내용이었다. 예수님은 말씀을 가져오실 뿐만 아니라 그는 자신이 가져오신 말씀이시다. 영원에서 말씀하셨고 창조에서 하셨던 말씀으로서 또한 선지자로서 하나님의 아들은 흑암에서 또한 인간의 죄가 없는 새로운 창조를 말씀하시기 위해 육신으로 나타나신다.

한편 예수님은 엘리야와 같다.

> 예수님 역시 신의 없는 백성에게 그들의 언약의 하나님이 진노 가운데 그들에게 임하실 것이라고 선포하신다. 하지만 동시에 예수님은 또한 엘리야 모형의 틀을 붕괴시키는 축하와 새로운 사역의 개시를 알리는 메시지인 다른 메시지에 따라 행동하신다.[19]

우리는 예수님이 엘리야와 같은 인물로 이해했던 세례 요한에 자신을 비교하는 것에서 이것을 본다. 예수님은 새로운 시대를 예고하고 있었다. 하지만 나는 예수님이 또한 이 메시지가 제시했던 새로운 실재를 발생시키고 있었다고 덧붙여야 한다. 그것은 종말론이다. 즉, 역사에서 하나님의 구원이 나타나는 것이다. 예수님은 설교자이자 설교 된 내용이고 교사이자 교훈이다. 라이트가 이것을 표현하는 것처럼 "예수님은 단순히 이미 돌려진 패를 다시 치시는 것이 아니었다. 그는 이전 시대에 전해졌던 야훼(YHWH)의 말씀이었다."[20]

---

19 위의 책., 167.
20 위의 책., 171.

악한 세입자들의 비유에서 이스라엘은 포도원이고 이스라엘의 통치자들은 포도원 관리인이다. 선지자들은 전령, 예수님은 아들이다. 이스라엘의 하나님 창조자는 자신이 주인이고 아버지다 …. 예수님은 이사야 5:1 - 7에서 이미 사용한 이야기를 전개하고 있다고 주장하고 있다. 현재의 순간은 위기의 순간이고, 포로 생활의 종말이다. 언약이 가정한 조건에 의해 협박받을 수 없는 신이 언약 배후에 있다. 이스라엘은 야훼(YHWH)의 뜻을 위해 만들어졌지 야훼가 이스라엘을 위해 만들어진 것이 아니었다. 왜냐하면, 야훼가 이스라엘을 처음 존재하게 했던 창조주이시기 때문이다. 야훼는 악한 세입자들을 심판하기 위해 자신의 포도원으로 돌아오실 것이다.[21]

이런 예언적 심판은 이미 이스라엘 역사의 일부다. 이런 점에서 적어도 새로운 것은 없다. "현 체제에 대해 심판을 선언하는 것은 흔한 일이었다. 또한, 이것은 조금도 그들이 '반유대적'이라는 표시가 아니었다는 것이 강조되어야 한다"(왕상 18:17 - 18을 보라). 이것은 유대 선지자들의 전형이었고 이런 경고는 성전 파괴에서 이루어졌다.[22]

다시 말해, 예수님은 이스라엘의 하나님이 자칭 이스라엘 전통의 수호자들을 배제하는 방식으로 자기 왕국을 세우신다고 선언하시고 있었다. 이스라엘은 재정립되고 있었다. 참된 신이 행동했을 때 그 무리 밖에 있다는 것은 완전한 파멸을 의미했을 것이다. 그런 상황에서 이스라엘은 심판에 넘겨지기 전에 셈을 청산해야 했다(마 5:25 - 26; 눅 12:58 - 59).[23]

---

[21] 위의 책., 178. CF. 예수님의 선지자적 "화 있을 진저"에 대한 그분의 장황한 설명을 참조하려면 183 - 84를 보라. 이것은 예수님이 어느 편인가 하면 그의 이전 전임자들인 선지자들보다 언약 소송의 기소에서 더 위협적이었다는 것을 지적한다.
[22] 위의 책., 324 - 25.
[23] 위의 책., 327.

마태복음 8장에서 위협적인 반전이 있다.

> 또 너희에게 이르노니 동서로부터 많은 사람이 이르러 아브라함과 이삭과 야곱과 함께 천국에 앉으려니와 그 나라의 본 자손들은 바깥 어두운 데 쫓겨나 거기서 울며 이를 갈게 되리라 (마 8:11 - 12).

누가의 복음은 예수의 말씀에 대한 다음과 같은 설명을 덧붙인다.

> 보라 나중 된 자로서 먼저 될 자도 있고 먼저 된 자로서 나중 될 자도 있느니라 (눅 13:28 - 30).

의심할 여지 없이 예수님의 선지자 직분에서 그분은 임박한 파멸을 선언하고 계시었다.

> 집 주인이 오고 있고 그를 위해 준비되지 않은 종들은 신실하지 아니한 자의 받는 벌에 처할 것이다 (눅 12:35 - 46).

> 이제부터 이스라엘 안에 분열이 있을 것이지만 (눅 12:49 - 53).

> 그 시대의 표징을 읽지 못하는 이스라엘의 시민들은 자신의 시간이 왔다는 것을 깨닫지 못한다 (눅 12:54 - 6).

> 만약 그들이 깨닫는다면 그들은 완전한 파멸을 감수하기보다는 지금 적들과 타협하게 될 것이다 (눅 12:57 - 9).[24]

---

24 위의 책., 331.

설교에서 종종 그들에게 주어진 개별적인 해석에도 불구하고 이 비유는 이 주제에 집중되어 있다. 예를 들어, 누가복음 13장에서 임박한 심판은 그들의 민족적 지위에 대해 차별하지 않는다.

> 너희도 만일 회개하지 아니하면 다 이와 같이 망하리라(눅 13:15).

이 말씀은 만약 무화과나무가 열매를 맺지 못하면 막 베어질 열매를 맺지 못하는 무화과나무의 비유 다음에 온다(눅 13:6 - 9).

임박한 심판은 새로운 주제는 아니었다.

"결국, 이것은 이스라엘의 기본적인 소망이었다. 즉, 선택된 백성들의 원수는 파괴될 것이고 선택된 백성들 자신은 그들의 정당함이 입증되었다. 예수님은 비록 근본적으로 수정하고 있지만 이런 기대를 다시 확언하고 있었던 것처럼 보인다."[25]

"이런 구성은 심판 아래에 있는 현 체제하에 다른 등장인물"이 등장하는 동일한 구성이다.[26] 마가복음 13장의 "작은 묵시"에서 가령 인자(the Son of Man)가 "구름을 타고 오시는 것"은 그의 제자들을 포함한 동시대인들의 일반적인 기대에 따라 일어나지 않는다 하더라도 인자의 오심은 정당성이 입증된 의로운 왕으로서 예루살렘에 "그가 오시는 것"이다.[27]

예레미야 50:6 - 8, 28; 51:6 - 10, 45 - 46, 50 - 51, 57 그리고 스가랴 2:6 - 8; 14:2 - 9은 마가복음 13장의 배경에 있다. 성전이 파괴될 때 예수님은 메시아와 왕으로 정당성이 입증될 것이다.[28] 확실히 만약 우리가 이스라엘의 국운을 회복할 왕을 고대하는 유대인이라면 이것은 처음에 이상해 보

---

25 위의 책., 336.
26 위의 책., 338 - 39.
27 위의 책., 342.
28 위의 책., 369. 이 예언의 즉각적 성취보다 이 예언에 대해 더 많은 의미가 있다는 것은 나의 세 번째 책에서 내가 다룰 질문이다.

인다. 하지만 여기서 요점은 선지자들 자신은 이미 메시아의 승리를 성전 파괴와 연관시켰다는 점이다.

"'인자의 정당성 입증'의 결과 – 정확하게 지배적인 이야기 안에서 마땅히 되어야 할 것으로서 – 는 포로 생활이 드디어 끝나리라는 것이다."[29]

이것은 예수님의 예언적 메시지의 열쇠다.

예수님은 바울뿐만 아니라 선지자들처럼 동일한 체제 전복적 주제를 반복해서 선포하신다. 즉, 이스라엘은 "이방인들에게 빛"이 될 것이며, "아브라함이 많은 민족의 조상"이 될 것이라는 아브라함에게 하셨던 약속의 성취로 이방인들 가운데 많은 사람이 이스라엘의 언약 나무에 접붙임을 받을 것이다(창 15:5 - 6; 갈 3:6 - 9). 그리스도를 영접하는 것은 율법과 선지자들에게 약속했던 왕국을 받아들이는 것이고 그리스도를 거부하는 것은 자신을 파문의 금지 아래에 두는 것이다. 이와 유사하게 라이트(Wright)는 다음과 같이 언급한다.

> 이스라엘의 곤경에 대한 예수님의 분석은 문제의 근원으로서 그가 보았던 것에 대한 행동과 믿음의 구체적인 내용을 넘어섰다. 즉, 예수님이 살던 시대 이스라엘은 고발자인 "사탄"에 속았다. 이 세계의 나머지에게 잘못되었던 것은 이스라엘에게도 잘못된 것이었다. "악"은 편의상 이스라엘 국경 너머 즉 이교도 무리에서 발견될 수 없었다. 악은 선택된 백성들 안에 터전을 정했다.

이것은 악과 악의 해결책에 대한 다른 분석이다. 다시 말해, 논쟁이 항상 선지자들과 방자한 지도자들과 백성 사이에 그랬던 것처럼 이것은 반

---

[29] 위의 책, 363.

유대적 논쟁이 아니라 유대인 내부의 논쟁이었다.[30]

그렇다면 나는 예수님 안에서 성취된 이런 선지자적 직분에 대한 사도들의 이해로 관심을 돌린다. 심지어 구약성경에서도 그리고 후에 그리스도의 말씀과 성령에 의해 그리스도의 선지자적 직분은 행사되었다(벧전 1:11). 우리가 사도들이 구약성경을 그리스도 중심적으로 해석하는 것처럼 구약성경을 그리스도 중심적으로(christocentrically) 해석한다면 주님의 현현의 천사를 그리스도의 현현 즉 성육신 이전의 로고스의 출현으로 해석하지 못할 이유가 없다. 예를 들어, 창세기 19장에서 세 천사는 소돔과 고모라에 대한 하나님의 심판을 실행하는데, 그중 하나는 "주님의 천사"라는 칭호로 구별되고 이야기에서 야훼(YHWH) 자신으로 동일시된다.

다른 두 천사가 땅에서 심판할 때 주님의 이런 신비스러운 천사는 자신의 보좌에서 심판을 행하기 위해 하늘로 돌아간다. 예수님 자신처럼 초기 기독교인들이 인자를 더 이른 시기에 예상적으로 실현되었던 구원과 심판을 하는 최종 예언적 사자로서 보는 것이 완전히 일관된 일이었을 것이다.

3) 메시아로서 선지자

스가랴 3장에서 "여호와의 천사" 앞에 대제사장 여호수아가 서 있는 환상이 있다. 또한, 이 환상에서 대제사장 여호수아가 "더러운 옷"을 입고 하나님의 보좌 앞에 서 있을 때 그를 참소하기 위해 사탄이 여호와의 우편에 서 있다. 이런 법정 장면에서 우리는 다음과 같은 내용을 읽는다.

> 여호와께서 사탄에게 이르시되 사탄아 여호와께서 너를 책망하노라 예루살렘을 택한 여호와께서 너를 책망하노라 이는 불에서 꺼낸 그슬린 나무가 아니냐(슥 3:2).

---

[30] 위의 책., 447.

다시 한번 천사가 말하는 것은 하나님 말씀으로 확인된다. 광야에서 이스라엘 백성을 위해 중보하는 모세처럼 대제사장 여호수아에게서 대표적으로 구현되는 것처럼 여호와의 천사는 이스라엘을 위한 변호사다.

선지자들 자신도 오실 더 큰 선지자에 대한 모세의 희망 즉 거짓 목자들에 의해 흩어졌던 자기 양 떼를 모을 "한 목자"에 대한 모세의 희망을 공유한다(겔 34:11 - 3). 거짓 선지자들이 거짓 위안이라는 그들 자신의 말을 가져오지만, 하나님 자신이 진리에 따라 자기 백성을 인도할 것이다(렘 23장). 참된 선지자와 거짓 선지자 사이의 차이점은 다음과 같다. 즉, 단지 참된 선지자만이 "여호와의 회의에 참여했다"는 것이다(겔 34:18). "흩어지는 것"은 에덴동산에서 인간의 추방, 바벨에서 민족들이 흩어지는 것에서 바벨론 유수 자체까지 항상 심판의 표시다.

하지만 복음은 모세보다 더 이스라엘을 위한 선지자인 참 되고 신실한 목자의 인도하심 아래 일어나는 "불러 모으기"를 선포한다. 하지만 이런 선지자적 문헌(특별히 인용된 본문: 겔 34장과 렘 23장)에서 오시는 목자이며 선지자(shepherd - prophet)는 다름 아닌 야훼(YHWH) 자신이실 것이다.

예수님은 자신을 아버지의 메시지를 가져오는(특별히 요한복음에서) 선지자로 부른다(눅 13:33). 그는 미래의 사건을 선포하시고, 서기관의 권위와 같지 않은 권위로 말씀하시고(마 7:29), 표적으로 자신이 전하는 메시지를 증명하고 따라서 백성들에 의해 선지자로 인정된다(마 21:11, 46; 눅 7:16; 24:19; 요 3:2; 4:19; 6:14; 7:40; 9:17).

예수님은 자신을 예언적 저술의 성취로 본다(마 5:17; cf. 1:22). 그리고 세례 요한은 자신에 관해서 자신은 "그 선지자"가 아니라 단지 주의 길을 곧게 하라고 광야에서 외치는 자라고 주장한다(요 1:21 - 23). 예수님은 정기적으로 특히 제4복음서인 요한복음에서 자신은 여호와의 회의에 참석했을 뿐만 아니라 문자적으로 아버지에게서 오신다고 증언한다. 그는 아버지의 영원한 작정을 성취하러 오시고 성령의 미래를 현재로 안내하신다.

그렇다면 그리스도의 선지자적 직분을 위해 적절하게 속죄와 관련 있는 것은 모범이론이나 도덕적 영향이론(적당한 행동의 계시)이 아니라 오히려 그리스도의 능동적 순종과 그런 순종 안에서 그리스도와 우리와의 연합이다. 새 아담으로서 예수님은 "충성된 증인"(계 1:5), 하나님으로부터의 "마지막 말씀"(히 1:2)으로 오신다. 하나님의 명령과 말씀의 구현으로서 예수님은 심판하시고 의롭다 하실 뿐만 아니라 그 자신이 "여자에게서 나게 하시고 율법 아래에 나게 하신 것은 율법 아래에 있는 자들을 속량하시고 우리로 아들의 명분을 얻게 하려 하심이라"(갈 4:4-5).

다시 말해, 심지어 선지자로서 예수님은 심판에서 하나님 편을 들뿐만 아니라 "하나님 입에서 나오는 모든 말씀"(마 4:4)을 듣는데도 우리 편을 들기도 하신다. 따라서 예수님은 그의 제사장 직분에서 우리의 대속적 희생이실 뿐만 아니라 또한 그의 선지자적 직분에서도 그러하다. 복음서에서 언약적 저주를 선포하는 자가 우리를 대신해 율법에 순종하시고 우리를 위해 언약적 저주를 감당하신다. 예수님은 하나님과 우리를 대변하시고 "내가 여기 있사옵니다"라는 우리의 대답과 일치하는 삶으로 대표적으로 하나님의 명령에 답하신다.

쿠스타프 아울렌(Gustav Aulen)의 "유용성에 있어서 제한된" 모형론을 판단할 때 낸시 더프(Nancy Duff)는 대신 칼빈의 "삼중 직분"에 관심을 돌린다.[31] 그녀는 선지자 직분에 기초해서 속죄에 관한 논의에 집중한다.

"왜냐하면, 만약 선지자 직분이 하나님의 화목 행위에 관한 묵시(계시)로서 제대로 이해된다면 그리스도의 제사장 직분과 왕의 직분을 해석하기 위한 장이 적절하게 마련된 것이기 때문이다."[32]

---

31 Duff, "Atonement and the Christian Life," 23.
32 위의 책., 26.

따라서 더프는 그리스도의 선지자 직분이 함유한 종말론적 특징을 보여준다. 그리스도 안에서 복음 - 하나님의 지혜 - 이 설명되었을 뿐만 아니라 결정적으로 나타났다.

"유대인과 헬라인, 노예와 자유인 그리고 남성과 여성 사이의 분열과 같은 옛 시대를 지배하는 분열은 예수 그리스도 안에 있는 새 시대의 도래에 의해 무의미한 것이 되었다."[33]

마치 하나님이 이 세상을 자신과 화목시키지 않았던 것처럼 단지 우리가 산다고 해서 하나님이 사실 세상을 자신과 화목시키지 않았다는 것을 의미하지는 않는다.[34]

영광의 신학은 단지 사물의 겉모양, 그것들의 현재 모습, 기정사실만을 보지만 십자가와 부활의 신학은 다음과 같은 약속에 의존한다. 즉, 하나님은 자신이 말씀하셨던 것을 행하실 것이고 사실 하나님은 그리스도 안에서 행하셨다는 것이다. 그의 제사장적 사역에서뿐만 아니라 그의 선지자 직분에서도 예수님은 직설적인 어조를 내신다. 즉, 구속 성취를 반대하는 것에 있어서 우리가 아무리 확고하더라도 그것과 관계없이 예수님은 구속을 성취하셨다.

아담과 이스라엘은 실패했지만, 예수님 자신은 언약 주님으로 선포하셨던 것을 언약의 종으로 성취하셨다. 우리를 위하지 않더라도 자신들이 바라는 변혁을 가져올 수 없다고 - 그 자체로 정치적 구조는 말할 것도 없이 - 깨닫는 많은 사람을 위해서 일상 경험의 비극적 현실을 되돌릴 수 있는 급진적인 능력을 보이는 방식으로 이것은 예수 그리스도의 삶 전체의 맥락 안에서 속죄의 객관성을 강조한다.

---

[33] 위의 책.
[34] 위의 책., 29.

2. 영원한 언약의 대제사장

야훼(YHWH)의 신실하심에도 그분의 백성들은 낯선 자들이 되길 고집하는 것 같다. 따라서 "임재"와 "부재"는 성경 전통에서 존재론적 범주라기보다는 오히려 윤리적 범주가 된다. 다시 말해, 고려되는 것은 공간이 아니라 관계라는 지형이다. "임재"는 일반적으로 구원과 신적 호의 – 의(체데크), 안식일 평안(샬롬) – 와 동의어이지만 "부재"는 언약 위반(로암미, "나의 백성이 아니다")에 대한 사법적 저주를 명명한다.

마찬가지로 이방인 신자들도 과거 그리스도와 분리되었던 자들이고 "이스라엘 나라 밖의 사람이라 약속의 언약들에 대하여는 외인이요 세상에서 소망이 없고 하나님도 없는 자이더니 이제는 전에 멀리 있던 너희가 그리스도 예수 안에서 그리스도의 피로 가까워졌느니라 그는 우리의 화평이시고," 유대인과 이방인으로 그리스도 안에서 한 가족을 만드신다(엡 2:12 – 14).

따라서 "가깝고" "먼 것"은 공간적 또는 실제적이 아닌 환원할 수 없을 정도로 윤리적이고 관계적인 용어다. 화목에 대한 신플라톤적 개념(더 구체적으로는 관념주의적)과 기독교 개념 사이의 대조는 우리의 대조되는 모형론들을 더 뚜렷하게 두드러지게 한다.

"화목"에 대한 성경적 이해는 헤겔의 이해와는 거리가 멀다. 또한, 이 두 출처 모두에게 중요한 이 용어에 대한 다른 정의는 존재론적 접근과 윤리적 또는 언약적 접근 사이의 대조를 다시 열어 놓는다.

그렇다면 이런 언약적 형식에서 이런 "낯선 존재와 만나는 것"이 속죄에 어떤 해결의 빛을 던져줄 수 있는가?

1) 언약적 맥락: 낯선 존재 만나기

우리는 고대 조약 형식("언약을 세우는 것"[cutting a covenant, 카라트 베리트, karat berit])으로 언급되는 언약 자체를 맺는 것)에서 성경적이고 세속적인 자르는 의식(cutting ritual) 사이의 유사점을 살펴보았다. 소외 극복하기 대 낯선 존재 만나기라는 틸리히의 대조적인 모형론을 기억할 때 이스라엘 신앙이 궁극적인 관심사, 국가 정신 또는 세계관이 아니라 국제 조약과 유사한 구체적 계약의 형식으로 발생했다는 것은 흥미로운 일이다. 따라서 어떤 의미에서 유대인들과 기독교인들이 "무신론자들"이라는 모든 소문은 사실이다.

바울이 다소 비꼬는 어조로 종교성이 많다는 이유로 아테네인들을 칭찬했던 것처럼 이교도적 조건으로 판단할 때 유대인들과 기독교인들은 매우 종교적이지 않다(행 17:22). 다시 한번 기초가 존재론적인 것에서 윤리적인 것으로 옮겨 간다. 즉, 형상은 인간을 인간이 아닌 피조물과 구별하는 반신적(semidivine) 능력이나 역량이 아니라 임무이자 사명이다. 형상에 대한 윤리적 정의가 "하나님을 따라 의와 진리의 거룩함으로 지으심을 받은 새 사람"(엡 4:24)을 입는 것과 "하나님이 미리 아신 자들을 또한 그 아들의 형상을 본받게 하려고 미리 정하셨으니 이는 그로 많은 형제 중에서 맏아들이 되게 하려 하심"(롬 8:29) 안에서 특별히 인식된다.

(1) 산 제사: 총괄갱신과 적극적 순종

희생적 - 대속적 주제가 핵심이지만 이것이 전체 그림은 아니다. 교회는 그리스도의 사역에서 법적 측면과 아울러 변혁적 측면도 올바르게 보았다. 언약적 관점은 연대를 강조하고 따라서 개별적 속죄 이론으로 축소되는 것에 저항한다. 그리스도의 대속적 - 대리적 사역과 분리할 수 없는 것은 일반적으로 능동적 순종과 수동적 순종으로 구별되는 그리스도의 두

가지 순종이다.[35]

우리가 이미 살펴보았듯이 사도적 선언은 다음과 같다. 즉, 하나님은 이스라엘과 세계가 그들 자신의 순종으로는 결코 이룰 수 없는 것을 그리스도 안에서 행했다는 것이다. 이레니우스, 아타나시우스, 안셀무스와 함께 종교개혁자들은 구속자는 우리 구원을 이루기 위해서는 하나님이셔야 하지만 단지 인간을 대표하는 사람만이 하나님의 공의에 빚진 것을 지불할 수 있기 때문에 인간이 되어야 한다고 강조했다. 이 빚은 예수님 자비의 사역을 관여하게 했던 일반적 인간과 특별히 이스라엘이 초래했던 빚이었다.

우리는 또한 종말론이 구원론보다 앞선다는 점을 다시 한번 상기한다. 즉, 구속의 목표는 회복 즉 "회복된 천국"일 뿐만 아니라 완성이기도 하다. 그리고 이를 위해 용서뿐만 아니라 율법의 완벽한 이행이 필요했다. 예수님은 스스로 아담과 이스라엘의 역사를 되풀이하셨다. 이는 우리를 파멸에서 벗어나 무죄의 상태 또는 죄책에서 벗어나 용서의 상태로 이끌기 위해서일 뿐만 아니라 피조물 전체를 영원한 안식으로 이끌기 위해서다.

따라서 "십자가"는 그리스도의 삶과 순종 전체를 상징하는 것으로 제유법적으로 오직 간주할 수 있다. 회복된 천국은 그리스도의 죽음 전과 후 그리스도의 삶을 통한 칭의와 영화에 적당한 중요성을 부여하지 않고 그리스도의 죽음을 통한 죄 용서에 초점을 맞추는 속죄 신학이 함유한 종말론적인 상관관계에 있는 것이다. 구속사에서 하나님이 추구하는 것은 인간의 용서와 원상태로의 회복뿐만 아니라 인간을 위한 원래 사명의 성취와 시험에 대한 성공적인 결과를 통해서 하나님 자신의 영광으로 들어가

---

[35] 나는 아래에서 소위 "수동적 순종"(그리스도의 죽음)은 마찬가지로 능동적이고 따라서 이런 용어들은 아마 가장 좋은 용어들은 아니라고 제안할 것이다. 나는 단순히 친숙하기 때문에 이 용어들을 여기서 사용한다.

는 것이기도 하다.

따라서 우리는 이 적극적 순종이나 그리스도의 아담과 이스라엘 역사의 재현이 없다면 종이란 주제를 충분히 평가할 수 없다. 예수님은 "모든 의를 이루기" 위해 요한에 의해 세례 받는다(마 3:15). 아담과 이스라엘과는 대조적으로 메시아적인 종은 자율성을 거부했다. 시험에 통과하는 대신 아담과 이스라엘은 각각의 광야 시험 기간에 하나님을 시험했다.

아담과 이스라엘은 "그들이 갈망하는 음식을 요구했지만"(출 16장; 시 78:17 - 20), 사탄에 의해 예수님의 40일간의 시험에서 예수님은 답변하신다.

> 기록되었으되 사람이 떡으로만 살 것이 아니요 하나님의 입으로부터 나오는 모든 말씀으로 살 것이라 하였느니라(마 4:4).

종으로서 예수님은 사탄과 변론하는 것을 거부하며 또한 심한 굶주림 가운데 하나님의 방식에 이의를 제기하시기를 거부한다. 그는 돌을 떡으로 만들라는 사탄의 자극을 거부한다. 왜냐하면, 그렇게 할 때 예수님은 더는 아담과 이스라엘이 어겼던 언약을 그 자신의 순종으로 성취하는 종은 되지 않았을 것이다. 그런 후에 사탄은 자신에게 대적하기 위해 성경에 호소하는 예수님 자신의 방침을 이용하려고 시도한다.

> 네가 만일 하나님의 아들이어든 뛰어내리라 기록되었으되 그가 너를 위하여 그의 사자들을 명하시리니 그들이 손으로 너를 받들어 발이 돌에 부딪치지 않게 하리로다 하였느니라 예수께서 이르시되 또 기록되었으되 주 너의 하나님을 시험하지 말라 하였느니라 하시니(마 4:6-7).

그리고 사탄이 예수님에게 세상 왕국의 영광을 제안했을 때(우리는 열방처럼 왕을 요구하는 이스라엘을 생각한다) 예수님은 "사탄아 물러가라 기록되었으되 주 너의 하나님께 경배하고 다만 그를 섬기라 하였느니라"라고 답변하신다(마 4:3 - 10).

이 40일간의 시험이 광야에서 이스라엘의 40년을 재현하기 위한 것이라는 것은 더 명백하게 신명기 9장과 관련이 있다. 신명기 9장에서 모세는 광야에서 하나님 진노의 실행을 유예시켰던 것은 단지 자신의 중보였다는 것을 이스라엘에게 상기시킨다. 모세가 산에 올라갔을 때, 그는 그곳에서 "사십 주 사십 야를 산에 머물며 떡도 먹지 아니하고 물도 마시지 아니하고" 남아 있었다(신 9:9). 하지만 이미 백성들은 산 아래에서 황금 송아지로 언약을 위반하고 있었다. 그래서 그는 백성들에게 돌아와 돌판을 깼다.

> 그리고 내가 전과 같이 사십 주 사십 야를 여호와 앞에 엎드려서 떡도 먹지 아니하고 물도 마시지 아니하였으니 이는 너희가 여호와의 목전에 악을 행하여 그를 격노하게 하여 크게 죄를 지었음이라(신 9:18).

다시 여호와 하나님은 모세의 중보에 귀를 기울이셨다. 왜냐하면, 모세의 중보는 하나님이 이스라엘을 애굽에서 구속하신 것과 무엇보다도 아브라함에게 하셨던 약속에 호소했기 때문이다(신 9:17 - 18, 25 - 27). 이와 비슷한 패턴을 고려할 때, 우리는 아마 예수님이 유혹에 대한 성공적인 인내로 모든 의를 충족시켰을 뿐만 아니라, 그것을 자기 백성들을 위해 중재할 기회 – 아마 요한복음 17장에서 소위 대제사장의 기도와 같은 무언가 - 로 내내 사용하고 있었다고 가정할 수도 있다.

하지만 모세가 하나님이 아브라함에게 하셨던 무조건적인 맹세를 상기시키면서 백성의 죄를 중재할 수 있었지만, 오직 여호와의 종만이 영원한 안식을 얻기 위해 필요한 하나님의 율법에 대한 순종을 이행할 수 있었다. 모세는 용서를 위해 중재할 수 있었지만, 하나님이 요구하신 것은 순종이었다.

이 유혹을 넘어 예수님의 전 생애는 이런 아담적 시험과 광야 시험의 연장이었다. 베드로가 십자가에서 예수의 마음을 딴 데로 돌리려고 시도할 때 베드로는 가능한 가장 혹독한 비난을 받는다.

> 사탄아 내 뒤로 물러가라 너는 나를 넘어지게 하는 자로다 네가 하나님의 일을 생각하지 아니하고 도리어 사람의 일을 생각하는도다(마 16:23).

다시 한번 이 시험에서처럼 선택은 영광의 신학("네가 사람의 일을 생각하는도다") 아니면 십자가의 신학("하나님의 일") 사이의 선택이다.

제자들이 예루살렘에 다가갈 때 그들의 마음이 이 세상 영광에 마음을 두었을 때 고난받는 종은 예루살렘에 도착하는 것이 무엇을 의미하는가를 더 잘 알고 있었다. 승리의 입성 후 거기서 다시 한번 예수님은 마침내 자신이 전에 막았던 것을 선언하신다.

> 인자가 영광을 얻을 때가 왔도다 내가 진실로 진실로 너희에게 이르노니 한 알의 밀이 땅에 떨어져 죽지 아니하면 한 알 그대로 있고 죽으면 많은 열매를 맺느니라 … 지금 내 마음이 괴로우니 무슨 말을 하리요 아버지여 나를 구원하여 이 때를 면하게 하여 주옵소서 그러나 내가 이를 위하여 이 때에 왔나이다 아버지여 아버지의 이름을 영광스럽게 하옵소서 하시니 이에 하늘에서 소리가 나서 이르되 내가 이미 영광스럽게 하였고 또다시 영광스럽게 하리라 하시니 곁에 서서 들은 무리는 천둥이 울었다고도 하며 또 어떤 이들은 천사가 그에게 말하였다고도 하니 예수께서 대답하여 이르시되 이 소리가 난 것은 나를 위한 것이 아니요 너희를 위한 것이니라 이제 이 세상에 대한 심판이 이르렀으니 이 세상의 임금이 쫓겨나리라 내가 땅에서 들리면 모든 사람을 내게로 이끌겠노라 하시니(요 12:23 - 24, 27 - 32).

처음으로 세상은 단지 아버지가 말씀하시는 것을 듣고 행하실 아담이 있고 이스라엘은 그런 왕이 있다(요 5:19 - 20, 30, 43 - 44; 6:38; 7:19; 8:26, 28,

50, 54; 10:37; 12:49-50). "나는 항상 그가 기뻐하시는 일을 행하므로"라고 예수님은 오만이나 위선 없이 단호하게 말할 수 있었다(요 8:29). 다시 말해, 우리는 "그리스도의 신성" 란에 단순히 그런 텍스트를 나열하지 않는 것이 중요하다. 예수님이 그런 승리의 말씀을 할 때 그 말씀들은 아담 안에서 인류가 그들에게 주어진 사명의 성공적 완수를 추구하도록 창조되었다는 선언이다.

아담도 이스라엘도 하나님의 성전인 정원에서 우상 숭배와 죄를 몰아내지 못했지만 한 종이 드디어 하나님의 성전을 기도의 집 - 사실 성전보다 더 위대한 분으로서 - 으로 만들기 위해 오셨다(요 1:13-22). 요한복음 17장의 유명한 기도에서 예수님은 담대하게 다음과 같이 선포하신다.

> 예수께서 이 말씀을 하시고 눈을 들어 하늘을 우러러 이르시되 아버지여 때가 이르렀사오니 아들을 영화롭게 하사 아들로 아버지를 영화롭게 하게 하옵소서 아버지께서 아들에게 주신 모든 사람에게 영생을 주게 하시려고 만민을 다스리는 권세를 아들에게 주셨음이로소이다 … 또 그들을 위하여 내가 나를 거룩하게 하오니 이는 그들도 진리로 거룩함을 얻게 하려 함이니이다(요 17:1-2, 19).

이런 종의 순종에서 야훼(YHWH)는 사실 자기 백성의 의와 성화가 되신다(렘 23:6; 고전 1:30; 롬 5:18; 고후 5:21). 게다가 종들이 아들들과 딸들이 될 수 있는 것은 예수 그리스도 안에서 아들이 종이 되었기 때문이다(요 15:15).[36]

따라서 그리스도와의 연합은 그리스도의 제사장적 사역을 위한 더 넓은 범주다. 마지막 장에서 나는 "존재론적" 속죄 개념들의 도전과 관련해 어떻게든 우리는 "소외 극복하기"의 약점을 피하는 개별적이고 우주적인 것을

---

[36] 그런데도 심지어 예수님이 동시에 종과 아들이었기 때문에 일반적으로 사도들과 신자들은 여전히 종으로 불린다(고린 4:1; 벧전 2:16; 계 22:3과 함께 롬 1:11).

제대로 다루는 해결책을 찾아야 한다고 말했다.

이런 해결책은 적어도 부분적으로 언약적 참여라는 이런 개념에서 발견된다. 왜냐하면, 우리는 외적으로 관련될 뿐만 아니라 그리스도와 함께 "한 몸"이 된다는 의미에서 언약적 참여라는 이런 개념은 법적일 뿐만 아니라 존재론적이기도 하기 때문이다.

이런 노선을 따라 성경이 사용하는 유비는 암시적이다. 그런 유비들은 예를 들어 태양과 태양 광선과 같은 신플라톤주의 노선을 따르는 존재론적 참여의 유비가 아니다. 오히려 그런 유비들은 동시에 결혼과 입양에 대한 법적이고 유기적인 유비들이다. 이런 유기적인 유비는 포도와 가지, 나무와 열매, 머리와 몸, 성전과 산돌들과 같은 신약성경 전체에 걸쳐 확장된다.

이런 주제를 통해 바울은 로마서 5장에서처럼 특히 법적, 유기적 측면을 종합한다. 로마서 5장에서 우리는 "아담 안에서" 부패와 죄책을 물려받고 그리스도 안에서 새로운 생명과 칭의를 물려받는다.

이것이 그가 더 많은 법적 측면(칭의, 로마서 3 - 4장)에서 6장과 7장의 더 유기적인(세례의) 언어로 전환하기 위한 근거다. 그리스도의 죽음(용서)과 같은 모양으로 그리스도와 연합하는 것은 그의 부활(새로운 순종)과 합해 그와 연합됨을 수반한다(롬 6장). 그리고 우리는 이런 유기적인 언어가 영혼뿐만 아니라 육체 그리고 개인뿐만 아니라 창조물 전체를 포괄하도록 확장된다는 사실에 주목해야 한다(롬 8장).

법적 그리고 유기적 은유의 이런 통합은 이미 예수님의 가르침에 존재했다. 즉, 예수님 안에서 우리는 죄의 용서를 발견할 뿐만 아니라 포도나무와 그 가지와 유사한 그의 새로운 창조에 참여한다(요 5:1 - 2). 법적이고 관계적 측면이 일반적으로 현대 신학에서 대립하는 것처럼 언약신학에서 법적이고 관계적인 측면은 결코 대립하지 않는다. 단지 법적 조례로만 구성된 것은 불쌍한 결혼 생활일 것이다.

하지만 어떤 종이 한 장도 단순한 외적인 올가미나 심지어 한 사람이 다른 사람에게 가진 단순한 사랑에 대한 장애물로 영지주의적 방식으로 경멸할 수는 없다. 결혼은 확실히 법적 사실 이상의 것이지 그것보다 못한 것일 수는 없다. 양자 됨(adoption)은 동시에 법적이고 관계적인 것으로서 성경에서 사용되는 유사한 유비를 나타낸다. 동시에 법적이고 유기적 차원에서 속죄하는 것도 마찬가지다.

하지만 그리스도의 십자가 속죄 사역 안에서 그리스도와 연합하는 것은 단지 이 이야기의 일부분이다. 그리스도의 희생적 삶은 그의 희생적인 죽음보다 앞서 있다. 전통적으로 그리스도의 희생적 삶은 그의 적극적 순종과 수동적 순종으로 분류되었지만 둘 다 적극적으로 자신을 드리는 하나의 헌납으로 함께 보아야 한다.

그리스도의 사역에는 수동적인 고난이 없다. 희생은 그리스도의 사역이 가진 다른 중요한 측면과 상호 관련이 있을 뿐만 아니라 희생 그 자체는 그리스도의 죽음으로 축소될 수 없다. 안셀무스의 가장 자비로운 해석에서도 속죄가 이루는 가장 큰 것은 용서다. 이는 주로 그의 설명에서 부활이 빠져 있을 뿐만 아니라 그리스도의 성육신과 순종의 삶, 아담과 이스라엘의 언약적 재현이 빠져 있기 때문이기도 하다.

하지만 아이러니하게도 "용서"는 율법이 가진 약점의 일부분이다. 샌더스(E. P. Sanders)는 확실히 이스라엘의 신앙이 "율법주의"로 환원될 수 없다고 옳게 우리에게 상기시켜 준다. 율법의 위반을 위한 조항 특별히 희생 제사 조항이 있었다.[37] 하지만 히브리서 저자가 특히 강조하는 것처럼 "용서"는 화목과 같은 것이 아니다. 또한, 희생 제사는 하나님의 언약과 성품이 요구했던 적극적인 순종을 결코 발생시킬 수 없었다.

그렇다면 우리는 율법의 "연약함"으로 관심을 돌려야 한다(즉 옛 언약의 제례 의식). 우리는 희생 제사 견해에 대한 일부 비판자가 특별히 순종을 제사보

---

[37] E. P. Sanders, *Paul and Palestinian Judaism* (Minneapolis: Fortress, 1977).

다 더 선호하는 예언서들의 구절을 강조하는 것을 살펴보았다. 그런 비판자들은 옳게 이런 본문들을 지적한다. 왜냐하면, 이런 본문들은 종종 희생 제사 견해가 부재하기 때문이다. 하지만 그들은 어째서 이런 희생 제사 제도가 불충분했는지에 대한 핵심을 파악하지 못한다. 부분적으로 희생 제사는 정확하게 속죄만으로는 일을 바로잡지 못하기 때문에 구속을 이룰 수 없었다.

사람은 용서받을 수 있지만 의롭지 않을 수도 있다. 인간에게 부여되고 이스라엘에서 또한 예수님 자신에 의해 재확증된 원래 사명의 요구 조건은 온전함이다. 즉, 단순히 속죄적 용서나 성찬의 은총을 이용하는 것이 아니라 인간은 온전함의 완성을 위해 창조되었다(마 5:48). 율법이 가진 문제(실제로 율법이 가진 문제가 아니라 우리에게 있는 문제)는 "율법은 아무것도 온전하게 못할지라"이다(히 7:19). 이와는 대조적으로 히브리서 저자는 다음과 같이 언급한다.

> 그가 아들이시면서도 받으신 고난으로 순종함을 배워서 온전하게 되셨은즉 자기에게 순종하는 모든 자에게 영원한 구원의 근원이 되시고 하나님께 멜기세덱의 반차를 따른 대제사장이라 칭하심을 받으셨느니라(히 5:8-9).

후반에 이런 주장에서 우리는 다음과 같은 내용을 읽는다.

> 이런 대제사장은 우리에게 합당하니 거룩하고 악이 없고 더러움이 없고 죄인에게서 떠나 계시고 하늘보다 높이 되신 이라 그는 저 대제사장들이 먼저 자기 죄를 위하고 다음에 백성의 죄를 위하여 날마다 제사 드리는 것과 같이 할 필요가 없으니 이는 그가 단번에 자기를 드려 이루셨음이라 율법은 약점을 가진 사람들을 제사장으로 세웠거니와 율법 후에 하신 맹세의 말씀은 영원히 온전하게 되신 아들을 세우셨느니라(히 7:26-28).

희생 제사가 언약의 외적 집행에서 용서를 제공할 수 있었지만 그런 희생 제사가 하나님이 인류와 맺었던 원 언약이나 시내 산 조약을 이행하는 데 필요했던 순종을 대체할 수는 없었다. 따라서 시편 기자는 다음과 같이 기도한다.

> 주께서 내 귀를 통하여 내게 들려주시기를 제사와 예물을 기뻐하지 아니하시며 번제와 속죄제를 요구하지 아니하신다 하신지라 그 때에 내가 말하기를 내가 왔나이다. 나를 가리켜 기록한 것이 두루마리 책에 있나이다 나의 하나님이여 내가 주의 뜻 행하기를 즐기오니 주의 법이 나의 심중에 있나이다 하였나이다 (시 40:6 - 8).

여기에 야훼(YHWH)의 신실한 아들이며 종을 나타내는 "내가 여기 있나이다"라는 언어가 다시 등장한다. 예수님은 다음과 같이 말씀하실 때 이것과 동일시하신다.

> 나의 양식은 나를 보내신 이의 뜻을 행하며 그의 일을 온전히 이루는 것이니라 (요 4:34).

다시 말해, 하나님 말씀보다는 오히려 그들이 갈망했던 음식을 요구하는 아담과 이스라엘과의 대조는 분명하다. 예수님은 하나님을 대표해서 인간의 실패를 속죄하기 위해서뿐만 아니라 "그분의 사역을 완성하기 위해" 오셨다. 단지 그렇게 할 때만 피조계는 "육일"의 시련을 통해서 "일곱째 날"의 안식으로 들어갈 수 있다.

하나님과 올바른 관계를 위해 필요한(희생 제사 자체도 심지어 이것을 할 수 없었다) 것은 죄의 용서일 뿐만 아니라 순종 즉 하나님의 의로운 율법, 추상적이거나 일반화된 것이 아닌 구체적이고 특별한 하나님과 이웃 사랑에 대해 순종하는 것이다. 하나님은 거룩, 의와 공의를 찾고 계신다. 그분은 거룩, 의와 공의를 드러내기 위해 형상 보유자들로서 우리를 창조하셨다. 심지어 시편 40편을 인용하면서 신약성경이 희생 제사에 대한 이런 구약 성경 견해와 연속성을 갖고 있다는 것을 증명하는 것이 히브리서의 부담이다.

> 율법은 장차 올 좋은 일의 그림자일 뿐이요 참 형상이 아니므로 해마다 늘 드리는 같은 제사로는 나아오는 자들을 언제나 온전하게 할 수 없느니라 그렇지 아니하면 섬기는 자들이 단번에 정결하게 되어 다시 죄를 깨닫는 일이 없으리니 어찌 제사 드리는 일을 그치지 아니하였으리요 그러나 이 제사들에는 해마다 죄를 기억하게 하는 것이 있나니 이는 황소와 염소의 피가 능히 죄를 없이 하지 못함이라 그러므로 주께서 세상에 임하실 때에 이르시되 하나님이 제사와 예물을 원하지 아니하시고 오직 나를 위하여 한 몸을 예비하셨도다 번제와 속죄제는 기뻐하지 아니하시나니 이에 내가 말하기를 하나님이여 보시옵소서 두루마리 책에 나를 가리켜 기록된 것과 같이 하나님의 뜻을 행하러 왔나이다 하셨느니라(히 10:1-7).

이것은 희생 제자 동물이 아니라 몸 즉 다시 말해, 하나님 뜻에 대한 순종의 "산 제사"다. 순종의 산 제사는 율법의 저주에서 구속 받기 위해 필요하다.

> 위에 말씀하시기를 주께서는 제사와 예물과 번제와 속죄제는 원하지도 아니하고 기뻐하지도 아니하신다 하셨고 (이는 다 율법을 따라 드리는 것이라) 그 후에 말씀하시기를 보시옵소서 내가 하나님의 뜻을 행하러 왔나이다 하셨으니 그 첫째 것을 폐하심은 둘째 것을 세우려 하심이라 이 뜻을 따라 예수 그리스도의 몸을 단번에 드리심으로 말미암아 우리가 거룩함을 얻었노라 제사장마다 매일 서서 섬기며 자주 같은 제사를 드리되 이 제사는 언제나 죄를 없게 하지 못하거니와 오직 그리스도는 죄를 위하여 한 영원한 제사를 드리시고 하나님 우편에 앉으사 그 후에 자기 원수들을 자기 발등상이 되게 하실 때까지 기다리시나니 그가 거룩하게 된 자들을 한 번의 제사로 영원히 온전하게 하셨느니라 또한 성령이 우리에게 증언하시되 주께서 이르시

되 그 날 후로는 그들과 맺을 언약이 이것이라 하시고 내 법을 그들의 마음에 두고 그들의 생각에 기록하리라 하신 후에 또 그들의 죄와 그들의 불법을 내가 다시 기억하지 아니하리라 하셨으니 이것들을 사하셨은즉 다시 죄를 위하여 제사 드릴 것이 없느니라(히 10:8 - 18).

그림자가 성취의 실체나 모형과 관련이 있는 것처럼 신약성경은 이런 구약성경의 희생 제사를 그리스도의 사역, 즉 그의 죽음과 부활뿐만 아니라 그의 신실한 삶까지도 미리 보여 주는 것으로 본다(고후 5:21; 갈 3:13; 골 2:17; 히 9:23 - 24; 10:1; 13:11 - 12; 요일 1:7). 기독교의 주장은 예수님이 "세상 죄를 지고 가는 하나님의 어린양"(요 1:2)이고 덤불 속에서 잡힌 희생양이고 "유월절 양"이다(벧전 1:9; 고전 5:7). 이것을 후대 발전으로 돌리면서 도덕주의적 종교 개념과 상충하는 것으로 발견되는 모든 요소를 일축하는 것이 (벨하우젠[Wellhausen] 이후로) 비판 시대 신학을 대표한다.

하지만, 구약성경이 신약성경보다 앞선다는 사실을 고려할 때 예수님이 물려받는 제사장적 사역의 이런 희생적 - 속죄적 측면은 거의 그렇게 해석될 수 없다. 또한, 사실 이런 패러다임은 표면적으로 원시적인 야훼 신앙(아주 이상하게 칸트식 종교와 상응하는 윤리적 일신교)과 속죄 희생 제사에 대한 제사장적 집착과 대조하면서 더는 구약성경에 부과할 수 없다.

그러므로 그리스도의 제사장적 사역이 구속에 영향을 미치는 것은 그의 희생적 죽음뿐만 아니라 하나님의 언약적 뜻에 대한 그의 완전하신 충실함을 통해서다. 칼빈은 다음과 같이 기록했다.

그러므로 우리 주님은 아담의 자리에서 하나님께 순종하기 위해 참사람으로 나타나셨고, 아담의 인격을 입으셨고, 그의 이름을 취하셨다. 이는 우리 육체를 하나님의 의로운 심판을 위한 속죄의 값으로 제시하시면서, 우리가 마땅히 받아야 할 죄의 형벌을 우리와 동일한 육체 가운데서 지불하

시고자 함이었다.[38]

성육신으로 시작해서 그런 후에 인간 불순종의 세월을 자신의 순종으로 채우심으로서 전체 덩어리를 거룩하게 하는 "효모"로서 예수님이라는 이레니우스의 총괄 갱신의 모형에서 강조하는 것은 바로 이런 언약적이고 유기적인 연합이다.[39] 총괄 갱신을 자세히 상술하는 데 있어서 이레니우스는 때때로 약간 공상적일 수도 있지만(즉, 그리스도 생애의 각 단계를 그리스도가 50대 어디쯤에 죽었음이 틀림없다고 제안할 정도로 인간 삶의 각 단계의 구속과 관련시키고 있다) 나는 전적으로 그의 본능에 동의한다.

"그리스도가 구속하지 않았다고 추정하지 않는 것은 무엇이든지"와 같은 이런 정식화에서처럼 동방에서 이 주제에 대한 추가 발전은 언약신학과 그리스도와의 연합이라는 언약신학의 특별한 이해와의 밀접한 유사점이다. 이것은 이 두 전통 사이의 유익한 연구와 대화를 불러일으키는 유사점이다.

우리의 속죄 신학이 단지 십자가에만 초점을 맞춘다면 우리는 그리스도의 사역을 편파적으로 즉 오로지 사법적 - 법적 조건으로 볼 가능성이 더 클 것이다. 하지만 예수님이 자신의 사역 전체에 걸쳐서 시험 받았던 것은 사실일 뿐만 아니라 그는 아담 안에서 상실되었던 것을 재현하고 회복하는 일생의 걸친 그런 시험 가운데 계셨던 것도 사실이었다. 그리스도가 제공했던 것은 속죄 제사뿐만 아니라 순종의 삶이기도 했다.

결국, 하나님이 기뻐하시는 것은 희생 제사가 아니라 순종이다(헤세드, 언약적 사랑)(시 51:16 - 17; 사 1:11; 호 6:6). 하지만 옛 언약에서 이런 선언은 백성들을 용서의 수단이 없게 만드는 이스라엘을 위해 희생 제사가 중단되어야 한다는 것을 의미하지는 않았다. 오히려 주장되는 요점은 다음과 같다.

---

38 Calvin, *Institutes* 2. 12.3.
39 이런 요점에 관한 이레니우스를 참조하려면 2장을 보라.

즉, 그런 희생 제사 자체가 하나님의 기쁨이 아니라는 것이다. 하나님은 이방 신들이 그들의 인간 제물을 요구하는 방식으로 동틀 녘에 인간 살점을 요구하지 않으신다. 피를 흘리는 것은 용서의 수단이었지만 그것이 그들이 하나님과 서로를 사랑하게 하지는 않았다. 그것은 공의와 의를 가져오지 않았다. 다시 말해, 성전과 성전의 희생 제사 의식은 결코 하나님이 약속했던 종말론적 미래를 가져오지 않았다. 용서가 있을 수 있었지만 어떤 칭의도 없었다. 새로운 창조의 개시는 말할 것도 없이 적어도 잠시 신적 제약은 있었지만 새로운 창조에 대한 보증은 존재하지 않았다.

고린도후서 5:17-21이 강조하는 것처럼 그리스도의 희생적 죽음은 이런 종말론적 현실의 필요조건이지만 충분조건은 아니다.

> 그런즉 누구든지 그리스도 안에 있으면 새로운 피조물이라 이전 것은 지나갔으니 보라 새것이 되었도다 모든 것이 하나님께로서 났으며 그가 그리스도로 말미암아 우리를 자기와 화목하게 하시고 또 우리에게 화목하게 하는 직분을 주셨으니 곧 하나님께서 그리스도 안에 계시사 세상을 자기와 화목하게 하시며 그들의 죄를 그들에게 돌리지 아니하시고 화목하게 하는 말씀을 우리에게 부탁하셨느니라 그러므로 우리가 그리스도를 대신하여 사신이 되어 하나님이 우리를 통하여 너희를 권면하시는 것 같이 그리스도를 대신하여 간청하노니 너희는 하나님과 화목하라 하나님이 죄를 알지도 못하신 이를 우리를 대신하여 죄로 삼으신 것은 우리로 하여금 그 안에서 하나님의 의가 되게 하려 하심이라 (고후 5:17-21).

창조의 언약은 피비린내 나는 죽음이 아니라 아름다운 삶을 상상했다. 이런 위반을 고려할 때 피비린내 나는 죽음은 필요하지만, 그리스도 안에서 대표적으로 실현된 아름다운 삶은 단순한 부채의 탕감보다는 오히려 하나님이 우리를 기뻐하시기 위한 근간을 확립한다. 예레미야 31장에서 그려진 시내 산 언약과 새 언약 사이의 대조는 신적 용서의 "최종적인" 특징을 중심으로 할 뿐만 아니라(렘 31:34) 율법이 결코 성취할 수 없는 새로운 순종을 발생시킬 것이다(렘 31:33). 이것은 고린도후서 3장에서 모세의 사역과 그리스도의 사역 사이의 대조를 위한 기초이다.

하지만 우리는 용서를 예수님 때문에 일어나는 무언가로 보지 말아야 하며 또한 새로운 순종을 우리 때문에 일어나는 무언가로서 보지 말아야 한다. 둘 다 정확히 우리의 언약 대표로서 그리스도 안에서 우리가 용서받을 뿐만 아니라 의롭게 되고 성화되고 최종적으로 영화되기 때문에 발생한다. 그리스도는 다르기 때문에 그리스도의 사역은 다르다(특별히 히브리서에서 한편 그리스도와 다른 한편 천사들, 모세, 동물 제사, 지상의 성소와 제사장 제도 사이의 이런 대조에 주목하라).

또한, 그리스도의 신성 때문만이 아니라 성령을 의존하는 가운데 그의 완전한 인간적 순종 때문에도 그리스도는 다르다. 그리스도는 창조된 인류 안에 또한 인류를 위해 그런 순종적 삶을 제공했다. 그리스도는 자신을 위해서는 용서가 필요 없으셨다. 하지만 이것은 율법의 위반자가 되지 않는 것 이상이었다. 그리스도는 율법의 옹호자, 율법을 사랑하는 자, 완성자였다. 모든 유혹을 극복했기 때문에 그리스도만이 가장 깊은 온전함으로 노래할 수 있었다.

> 주의 증거들은 나의 즐거움이요 나의 충고자니이다 … 주께서 내 마음을 넓히시면 내가 주의 계명들의 길로 달려가리이다 … 내가 주의 법도들을 사모하였사오니 주의 의로 나를 살아나게 하소서 … 내가 사랑하는 주의 계명들을 스스로 즐거워하며 … 내가 정의와 공의를 행하였사오니 나를 박해하는 자들에게 나를 넘기지 마옵소서 … 그들이 주의 법을 폐하였사오니 지금은 여호와께서 일하실 때니이다 그러므로 내가 주의 계명들을 금 곧 순금보다 더 사랑하나이다 그러므로 내가 범사에 모든 주의 법도들을 바르게 여기고 모든 거짓 행위를 미워하나이다(시 119:24, 32, 40, 47; 121; 121 - 128).

이런 완전한 삶과 죽음에서 하나님은 여러 세대를 통해 이스라엘의 제단을 통해 흘렸던 모든 피보다 더 만족하셨다. 죄를 위한 희생 제사(부정적 측면)와 경건하지 않은 자들을 위한 칭의로서(적극적 측면) 아버지에게 드려지는 것은 단지 그리스도의 죽음이 아니라 이런 완전한 삶이다. 이런 삶과의 연합에서 위반자들은 용서받고 의롭게 될 뿐만 아니라 성령에 의해 성부 앞에서 그리스도가 살았고 살고 있는 삶에 통합된다.

내가 제6장에서 주장했던 것처럼 (전통적으로 강조된 것으로서) 로고스보다는 오히려 예수님의 적극적 순종의 주요 원천으로서 성령의 중요성이 핵심이다. 그리스도의 적극적 순종에서 그리스도의 인성은 신실한 언약적 종이 되기 위해 매 순간 성령에 의존한다.

따라서 단순히 로고스가 아닌 성령은 구속 자체가 영원한 구속 언약과 창조와 은혜의 일시적인 언약이라는 더 큰 맥락 안에 놓일 때 구속 정식화에서 적당한 위치를 얻는다. 구속 언약에서 성육신 이전의 성자는 신성(Godhead) 안에서 파트너시다. 인간이 되신 그리스도가 창조 언약을 이행하는 가운데 그리스도는 신적 협력자일 뿐만 아니라 인간 협력자이기도 하다. 은혜 언약에서 그리스도는 자기 사명의 성공을 교회 전체에 나누어 주신다.

따라서 건튼(Gunton)이 주장하는 것처럼(에드워드 어빙[drawing Irving]을 의지하며) 그리스도의 사역은 단순히 회계의 문제가 아니다("증권 거래소 신성"[Stock - Exchange Divinity]). 다시 말해, 이것은 단순한 "외부 거래"가 아니라 하나님과 죄인 사이의 새로워진 관계를 수반한다.[40]

"신약성경의 중심 주제로서 법적 이미지는 마땅히 진지하게 받아들여져야 하고 속죄 신학 안에 차지하는 위치가 있지만," 바울이 로마서 3:24 이하와 다른 곳에서 하는 것처럼 "희생 제단"이라는 맥락 안에서 놓여야 한

---

[40] Gunton, "Sacrifice and the Sacrifices," 218.

다.⁴¹ 어빙처럼 건튼은 속죄를 삼위일체적 사고 안에 위치시키려고 애쓴다. 즉, 육신을 입으신 영원한 성자로서 예수님은 언약을 향한 성부의 영원한 뜻의 표현과 실현에서 성부의 자기희생이다. 건튼은 히브리서 7:26, 8:2 그리고 9:14에 대해 칼빈을 언급하면서 다음과 같이 덧붙인다.

> 추구할 가치가 있는 것은 다음과 같다. 즉, 옛 칼빈주의 전통을 이용하면서 그리고 특별히 나에게는 칼빈의 히브리서 주석과 같은 그런 글에 포함된 통찰력을 이용해서 어빙은 신약성경의 희생 제사 은유의 사용과의 연속성에서 그리스도의 인성에 대한 견해를 발전시켰던 것처럼 보인다. 그런 이해에 기초해 우리의 대표로서 예수님은 인간의 생명 즉 시편 기자가 '상하고 통회하는 마음'으로 묘사하고 우리 죄로 인해 우리가 드리기를 거부하는 바로 그런 희생 제사를 성부에게 바친다. 칼빈은 그리스도의 삶과 죽음에서 다른 사람들에게 생명을 주는 데 효과적인 인간의 자기희생을 본다.⁴²

한 번 더 총괄 갱신과 그리스도의 적극적 순종에서 그리스도와의 연합 사이의 유사점이 성공적으로 나타난다. 성육신 자체로 시작하는 그리스도의 희생적 죽음뿐만 아니라 그의 희생적 삶에서 예수님은 완전한 구속을 성취한다. 십자가의 목표는 법적일 뿐만 아니라 관계적이고 사법적일 뿐만 아니라 종말론적이기도 하고 개별적일 뿐만 아니라 우주적이기도 하다. 십자가의 목표는 다름 아닌 영원한 샬롬 안에서 피조물과의 교제다.

대속적 주제에 대한 비판은 종종 대속적 주제를 법적 계산으로 축소하기보다는 오히려 그리스도 사역이 가진 윤리적 관계적 특징을 올바르게

---

41 위의 책., 218 - 19.
42 위의 책., 219.

주장했다. 하지만 이런 비판들은 일반적으로 성부 앞에서 또한 성령 안에서 그리스도의 대표적 삶이 가진 윤리적이고 관계적 측면이 아니라 오히려 우리 자신의 삶에 초점을 맞춤으로써 그리스도 사역의 윤리적 관계적 특징을 주장했다.

다시 말해, 대속적 주제의 중요한 관심사는 속죄가 하나님에게 미치는 영향(그분의 의로운 주장을 만족시키고 참된 회복을 일으키는 것)보다는 오히려 속죄가 우리에게 미치는 영향이다(거룩성, 사랑, 아마도 심지어 두려움을 불러 일으키는 것). 그리스도와의 연합이 포괄적이며 구원론적 주제인 언약적 접근 방식에서 구속의 객관성은 단순히 구속을 하나님의 위엄과 공의의 만족으로 환원함이 없이 유지된다.

게다가 일단 그리스도가 성령 안에서 명령을 이행하는 인간의 삶이라는 객관적 제물을 드린다면(즉 깨지지 않는 언약적 충성에 주어지는 제물) 그런 제물이 객관적으로 완전히 우리의 것이 되고 주관적으로 틀림없이 우리의 것이지만(새로운 출생에서) 불완전하게(성화에서) 그리고 최종적으로 완성되기 위해 (영화에서) 같은 성령이 우리를 그리스도와 연합시키신다. 총괄갱신과 언약적 연합 사이의 융합을 위한 많은 기회가 있기 때문에 신화(theosis)와 영화 사이의 중요한 공통부분이 존재한다. 이것은 내가 나의 세 번째 책에서 다룰 요점이다.

건튼은 내가 위에서 주장했던 주장과 유사한 희생적이고 회복적 측면을 종합한다.

> 그렇다면 우리의 죄성을 잘못된 행동의 축적으로 수학적으로 생각할 것이 아니라 육신을 입은 인간 존재를 보편적으로 제한하는 것으로 관계적인 것으로 생각한다. 만약 그렇다면 반 아폴리나리우스주의(anti - Apollinarian) 신학자들이 주장했던 것처럼 정확하게 구세주가 그런 부패한 육체를 취하셔야 한다. 이런 대표적인 육신이 이룬 구원이 나머지 구원을 위한 기초가 된다.

어떻게 이것이 성취되는가?

"성육신의 신학에서 성령의 자리"를 주장함으로써 성취된다.[43] 성령은 그리스도가 드렸던 완전한 "산 제사"와 신자들이 드렸던 불완전한 산 제사를 가능하게 한다.[44]

하지만 여기서 어떤 종류의 선물이 제공되는가?

첫째, 삼위일체 하나님에게 뿌리를 둔 이 선물은 "주고받으시는 내적 삼위일체 관계의 표현과 전개"이다.

둘째, 죄로 인해 참된 예배를 드릴 수 없는 인간을 대신해 드리는 대표적 제물이다.[45] 이제 우리는 어째서 "황소와 염소의 피"가 죄를 제거할 수 없는가를 이해한다(히 9:13).[46]

셋째, 이것은 관계적인 것 즉 화목을 강조한다. 우리는 하나님의 거룩한 임재의 영역으로 들어갈 수 있다.[47] 관계적, 화해적 관계를 강조한다. 우리는 하나님의 거룩한 임재의 경내에 들어갈 수 있다.

하지만 하나님의 임재 안으로 우리가 들어가게 하는 이런 제물은 무엇인가?

여기서 성령론으로 돌아온다.

예수님에게 계셨던 성령, 그분이 우리를 위해 계실 수도 있다. 왜냐하면, 예수님의 부활로 인해 이제 예수님은 믿는 자들에게 성령을 주시는 분이

---

43 위의 책., 220.
44 위의 책.
45 위의 책., 221.
46 위의 책., 221 - 222.
47 위의 책., 222.

되시기 때문이다. 이것이 우리가 그리스도가 십자가에 못 박혀 희생되신 것(the Sacrifice)과 희생 제물들(the sacrifices) 사이의 관계 – 최종적 신인 이신 그리스도의 희생(all divine - human Sacrifice)과 그리스도의 이런 희생을 통해 실현된 다양한 희생 제사(예를 들어., 예배와 그리스도인의 삶이라는 제사들)에서 신자들의 반응 사이의 관계 – 를 발견한다.[48]

따라서 우리는 성령이 그리스도의 희생이 주는 유익을 신자에게 적용한다는 통찰력을 부인해서는 안 되지만, "이런 통찰력은 성령의 사역에 대한 개별적 견해를 일으키는 경향이 있다 … 이런 누락 되는 차원들은 우주적 차원을 포함해서 종말론적 차원과 교회론적 차원이다."[49]

성령은 자신이 성부와 성자와 함께 누리시고 마침내 마지막에 성취된 교제를 가져오시기 위해 일하신다. 그런데도 건튼이 지적하는 것처럼, "성령의 약속은 – 우리 세속성의 특수한 사항들 가운데 – 우리에게 앞으로 다가올 것에 대한 기대가 주어지리라는 것이다."[50] 성령은 예배의 제사를 드리는 공동체를 이루기 위해 그리스도와 함께 일하신다.

종교개혁자들은 어떤 방식으로 교회의 의식이 예수님을 희생시키거나 예수님의 희생이 반복되어야 한다는 어떤 제안에 옳게 반대했다. 하지만 그에 상응하는 위험은 다음과 같은 것이다. 즉, 이런 은유가 구세주의 이런 최종적(단번에 드린) 죽음에서 도출되며 또한 가능하게 된 인간적 반응을 의미하는 한 이런 은유에서 그 내용을 제거해야 한다는 것이다. … 여기서 가톨릭과 개혁파는 법적으로 생각된 죄와 용서의 개념과 그에 상응하는 교회론의 법적 - 제도적 측면을 너무 강하게 강조하는데 부족했다. … 우

---

[48] 위의 책., 222 – 23.
[49] 위의 책., 223.
[50] 위의 책.,224.

리는 마치 그리스도의 인성이 성령을 통해서 성부에게 드려지는 참된 인성의 집중적이고 따라서 대표적인 제물인 것처럼 빵과 포도주도 같은 성령을 통해 피조물의 모든 생명의 제물이 된다고 언급함으로써 이 모든 것을 발전시킬 수도 있다.[51]

히브리서를 통해 건튼의 요점을 추가로 규명할 수 있다. 그리스도의 삶과 죽음을 포함한 죄를 위해 단번에 드린 그리스도의 희생을 다루는 데 열한 장을 제시한 후에 히브리서 저자는 13장에서 이것을 그리스도의 삶과 죽음이 우리로 되게 했던 "산 제사"와 관련을 시킨다.

> 그러므로 예수도 자기 피로써 백성을 거룩하게 하려고 성문 밖에서 고난을 받으셨느니라 그런즉 우리도 그의 치욕을 짊어지고 영문 밖으로 그에게 나아가자 우리가 여기에는 영구한 도성이 없으므로 장차 올 것을 찾나니 그러므로 우리는 예수로 말미암아 항상 찬송의 제사를 하나님께 드리자 이는 그 이름을 증언하는 입술의 열매니라 오직 선을 행함과 서로 나누어 주기를 잊지 말라 하나님은 이같은 제사를 기뻐하시느니라(히 13:12 - 16).

그리스도의 희생(순종과 속죄의)이 우리가 그리스도의 본을 따름으로써 산 제사가 되게 하는 것을 가능하게 하는 것이 아니라 오히려 우리 자신의 실패에도 그리스도의 희생이 우리를 객관적으로 분명하게 그런 희생 제사로 만든다.

우리는 앞 장에서 존 밀뱅크(John Milbank)가 속죄를 교회론과 통합하려고 하는 것을 살펴보았다. 하지만 플라톤식 참여의 논리와 일치하게 그는 그리스도의 희생을 다름 아닌 그런 희생을 완성하는 교회의 속죄 사역의

---

[51] 위의 책., 225 - 26.

개시로 간주한다. 하지만 이것은 "최종적"이라는 십자가의 유일한 특징을 불가피하게 무시하는 것이다.

우리는 그리스도의 희생을 그의 백성들의 희생과 연관시키지만, 이 둘을 각각 완전한 속건제와 진행되고 있는 감사제로 구별하는 히브리서 저자와 함께 더 안전한 토대에 있다. 그리스도와의 연합은 그리스도와 그의 교회 사이의 차이점을 희생하지 않는다.

그렇다면 우리 자신 순종의 중요성을 결코 줄이지 않는 내가 옹호해 왔던 언약적 접근 방식은 그리스도의 적극적 순종의 "외부에서 온 의"(alien righteousness)는 이 의가 우리 자신 순종의 결과가 아니라는 의미에서 단지 "외부적"이라는 것을 확증한다. 하지만 중요한 의미에서 이것은 전혀 외부적이 아니다. 즉, 이것은 마치 우리가 우리의 원래 의무를 이행했던 것처럼 진정으로 우리의 것이다.

왜냐하면, 그리스도가 소유한 모든 것은 법적이고 유기적인 연합이라는 세례적 실제에서 우리의 것이기 때문이다. 새로운 피조물은 하나님이 그리스도 안에서 그리고 성령에 의해 발생시키셨던 중요한 무언가다. 오직 이 근거에서만 여전히 죽음의 향기를 띠고 있는 우리의 삶은 하나님에게 드려지는 "향기로운 향기"가 된다.

> 우리는 구원 받는 자들에게나 망하는 자들에게나 하나님 앞에서 그리스도의 향기니 이 사람에게는 사망으로부터 사망에 이르는 냄새요 저 사람에게는 생명으로부터 생명에 이르는 냄새라 누가 이 일을 감당하리요 (고후 2:15 - 16).

따라서 그리스도의 희생적 삶과 죽음 안에서 그리스도와의 연합이라는 항목은 우리가 속죄 논쟁의 양쪽으로 환원하지 못하게 한다. 한편 이것은 속죄를 법적 측면으로 환원하는 것을 거부한다. 다른 한편 이것은 속죄를 도덕적 모범이나 영향으로 환원하는 것을 거부한다.

우리 속죄 교리에서 그리스도의 능동적 순종이라는 등한시된 주제를 포함하는 것의 중요성은 또한 전통적 희생 주제가 수동적 고난에 가치를 부여한다는 비판에 의해 강조된다. 예수님은 골고다에서뿐만 아니라 그의 가난한 어린 시절, 친구와 적의 유혹, 이방인의 억압이라는 일반적 재앙을 겪으시기 위해 오셨다.

그뿐만 아니라 예수님은 자신이 사랑했던 자들로부터의 거절에서 그가 겪었던 내적 투쟁, 자신이 섬기던 하나님에게 신성모독을 범한다는 비난을 겪으시기 위해 오셨다. 하지만 이 모든 것에도 불구하고 그는 "내가 이를 위하여 이 때에 왔나이다"라고 말씀하신다(요 12:27). 누구도 그의 생명을 빼앗지 않는다. 오히려 그가 자기 생명을 주신다(요 10:18).

칼빈이 "그의 완전한 순종의 과정을 통해"라고 언급하는 것처럼 그의 성육신과 세례로 시작해서 이런 화목을 이루셨다. 이런 희생의 삶은 자발적으로 이루어져야 했었다.

> 실로 이는 투쟁이 없이 된 것이 아니었다. 왜냐하면, 그는 그 자신이 우리의 연약함을 취하고 계셨으며, 이런 방식으로 그가 자기의 아버지께 보여 주셨던 순종은 입증되었어야 했기 때문이다. 그리고 여기에 우리를 향한 비교할 수 없는 사랑을 보여 주는 범상하지 않은 증거가 있었다. 즉, 그는 극악한 공포와 씨름하셨고, 이런 잔인한 고문 가운데서도 우리를 돕기 위해 자신에 대한 모든 관심을 내버리셨다.[52]

그리스도의 자기희생이 담고 있는 이런 능동적인 특징을 더 주장하기 위해 나는 공로라는 논란이 되는 문제를 제기해야 한다. 안셀무스에 의하면 그리스도는 자기의 순종으로 구원의 공로를 얻지 않았다. 왜냐하면, 그

---

[52] Calvin, *Institutes* 2. 16.5.

리스도는 하나님이셨기 때문이다. 하지만 이것은 내가 이미 이의를 제기했던 아폴리나리우스주의 경향성을 반영한다. 앨런 스펜스(Alan Spence)가 보여 주는 것처럼 언약신학자 존 오웬은 "그 자체로 존중되는 그리스도의 고난과 죽음에는 가치나 유효성이 없다고 주장했다."

> 하나님 본성의 어떤 탁월성이 절대적으로 그리고 모든 면에서 무죄한 분의 형벌적 고난에서 드러날 수 있었을까?
> 이것의 효과성은 단지 죄인들을 구원하기 위한 하나님의 언약에 관련해서만 이해될 수 있다. 또한, 이런 고난이 유효한 것이 되고 하나님의 영광에 이바지하는 것은 단지 이런 맥락에서다 …. 하지만 자신의 삶을 내려놓는데 있어서 그리스도의 태도가 그의 죽음이 갖는 유효성의 필수적 부분이라는 것을 인식함으로써 오웬은 속죄에 관한 아폴리나리우스주의 견해의 기반을 효과적으로 약화시킨다.[53]

루터주의자들뿐만 아니라 옛 언약신학자들 또한 어떤 중세 신학자만큼 열정적으로 공로를 타당한 범주로 강조했다. 가장 큰 차이점은 종교개혁 신학에서 우리를 위해 구원의 공로를 얻을 수 있고 분명히 적당하게 얻었던 분은 단지 그리스도뿐이라는 것이었다. 단지 우리의 공적 있는 순종에 이 개념을 잘못 적용하는 것 때문에 우리는 공로의 개념을 제거할 수 없다. 칼빈은 다음과 같이 언급한다.

> 그리스도를 통해 우리가 구원에 이른다고 고백하지만, '공로'라는 단어를 듣고 참을 수 없는 어떤 부질없이 비판적인 사람들이 있다. 왜냐하면, 그들은 공로라는 단어가 하나님 은혜를 모호하게 한다고 생각하기 때문이다.

---

[53] Alan Spence, "Christ's Humanity and Ours," 86 - 87.

따라서 이런 성향을 지닌 사람들은 그리스도를 단지 도구나 시종 정도로 여길 뿐, 베드로가 그리스도를 부르는 것처럼, 생명의 조성자나 지도자 그리고 왕이라고 보지는 않는다(행 3:15).

사실 나는 다음을 인정한다. 즉, 누군가 그리스도를 단순히 그 자신 홀로 하나님의 심판을 받는 자리에 세우고자 한다면, 그는 그리스도 안에서 아무 공로도 발견할 수 없을 것이다 …. (하지만) 그리스도의 공로를 하나님의 자비와 대척점에 세우는 것은 터무니없는 것이다 …. 하나님의 값없는 호의와 그리스도의 순종은 각각에 걸맞게 모두 우리 행위와는 날카로운 대척점에 선다.[54]

"하지만 그리스도는 자기의 순종으로 우리를 위해 하나님 앞에서 진실로 은혜를 획득하고 은혜의 공로를 얻으셨다."[55]

그리스도의 능동적 순종이 없다면 십자가를 창조되었던 우리 안에 있는 원래 의와 우리가 여전히 하나님의 형상 보유자로서 내어야 할 의무가 있는 원래 의의 회복을 가져왔던 공로적 순종의 절정으로 보기보다는 오히려 완전히 형벌적 조건으로 보기 쉽다. 창조 언약은 폐기된 것이 아니라 이행되었다. 이런 설명에는 전혀 수동적 요소가 없다.

그렇다면 그리스도와의 연합은 소위 구원의 서정(ordo salutis, 즉 어떻게 개인들이 구속을 받는가)의 객관적이고 주관적 측면을 포함할 만큼 충분한 패러다임을 제공할 뿐만 아니라 이런 구속이 가진 개별적 측면과 우주적 측면을 아우를 정도로 충분히 광범위한 지평을 제공하기도 한다. 나는 아래에서 이런 우주적 측면을 더 완전히 다룰 것이다. 하지만 우선 나는 그리스도의 희생적인 죽음에 대한 중요한 주제에 어느 정도 지면을 할애해야 한다.

---

[54] Calvin, *Institutes*., 2.17.1.
[55] 위의 책., 2.17.3.

(2) 피 흘리는 희생: 지옥으로 내려가심

다시 한번 제사장 직분은 언약의 맥락에서 나타난다. 또한, 우리는 고대 근동의 세속적인 조약에서 종주에 대한 봉신 국가의 충성을 재확인했던 갱신 의식에서 연례적으로 조공이 바쳐졌다는 것을 살펴보았다. 제사장이 가져왔던 이런 제물은 감사 제물과 십일조를 포함했다. 이것은 봉신의 서약을 갱신하기 위해 봉주가 종주에게 가져왔던 조공(일반적으로 가축과 수확의 첫 열매)과 일치한다.

하지만 우리가 살펴보았던 것처럼 안셀무스는 손상된 위엄을 가라앉히는 것으로서 그리스도의 희생을 이런 조공으로 축소시킨다. 하지만 나는 그리스도의 죽음에 해당하는 적절한 종교 의식적 범주는 속죄의 희생 제사 즉 "속건제물"(guilt offering)이라고 주장할 것이다.

타락 전 정확하게 어떤 종류의 공물을 하나님 앞에 가져왔었는지는 알지 못한다. 하지만 우리는 목록에서 속건제물을 뺄 수 있다. 왜냐하면, 피 흘림은 죄의 용서와 관련이 있어야 하기 때문이다. 타락 이후 하나님은 아담과 하와의 집에서 짠 의복을 동물의 가죽옷으로 대체해 주셨다(창 3:21). 하지만 속건 제물(키퍼[속죄])을 가져오는 것이 타락한 인간에게는 매우 중요했다.

어떤 희생 제물의 종류를 주님이 열납하실 수 있느냐 이런 문제(양 떼의 첫 새끼나 땅의 소산물)는 가인이 아벨을 살해했던 드러난 동기였다(창 2:4-7). 이것은 첫 번째 "종교 전쟁"이었다. 드려진 것들이 공물보다는 오히려 속건제물로 의도되었던 것은 홍수가 가라앉은 후 노아가 또한 속죄하는 번제(burnt offering)를 드린다는 사실에 의해 뒷받침된다(창 8:20-22).

모세의 희생 제사 경륜과 신정 체제는 무에서 발생하는 것이 아니라 그리스도 안에서 구속의 점진적 계시에 속한다. 특별히 레위기에서 우리는 이스라엘에서 개시된 희생 제사 제도를 본다.

이스라엘에서 희생 제사의 분명한 속죄적 특징이 죄의 전가를 포함해서

(레 1:4; 16:21 - 22) 레위기 1:4; 4:29 - 35; 5:10; 16:7과 17:11에 보인다. 속죄를 위해 선별된 번제는 양 떼나 소 떼에서 나와야 하지만 어느 경우든지 "흠 없는 수컷"이어야 했다(레 1:3). 죄는 안수함으로써 예배자에게서 희생제물로 옮겨가곤 했다.

> 그를 위하여 기쁘게 받으심이 되어 그를 위하여 속죄가 될 것이라 (레 1:4).

게다가 제사장은 드려진 죄의 피를 제단 사방과 언약궤 안에 있는 조약의 돌판을 덮었던 시은좌에 뿌리곤 했다. "제사장이 그를 위하여 속죄한 즉 그가 사함을 받으리라"(레 4:30 - 31; cf. 16:21 - 27).

전체 레위 제사장직을 그리스도의 하늘 제사장직의 불완전한 묘사로 해석하는 책은 다름 아닌 히브리서다("멜기세덱의 반차," 시 110:4; 히 3:1; 4:14; 5:5; 6:20; 7:26; 8:1을 보라). 우리가 성전의 중심성을 일반적으로 1세기 유대인들이 이해하는 것처럼 메시아적 개념에 대비해 성전 중심성을 고려할 때 예수님이 성전이거나 어떻게든 성전을 대체한다는 주장은 단지 선동적인 것으로만 간주될 수 있었다.

내가 주장했던 것처럼 가령 그런 비전이 선지자들에 의해 이미 제시되었다 할지라도 말이다. 신정 체제는 하나님이 이스라엘을 통해 이 세상을 향한 그분의 계획 안에 있는 막간극이고 부모라기보다는 오히려 초등 교사였다(갈 3:24 - 26). 간단히 말해서 "때가 차매"에서 예수님의 종말을 고려할 때 모세는 아브라함의 방식 안에 있었다.

이것은 참된 성전이 오셨을 때 우리의 소망을 성전 의식의 회복에 두는 것은 기호를 그 기호가 나타내는 실제로 오인하는 것을 의미한다. 이것은 현 시대 우리 기업을 낭비하는 것이고 한 그릇의 죽에 자기가 받을 기업을

부끄럽게 낭비한 에서처럼 다가올 시대를 놓치는 것이다.[56]

성전의 본질적 역할을 했던 성전의 종교적 제식(祭式)은 사실 결코 죄를 없앨 수 없었고 단지 구속이 단번에 이루어질 수 있을 곳만 가리킬 수 있었다. 이것이 히브리서의 계속되는 주장이다. 모세 자신은 아브라함의 믿음을 공유했다. 하지만 시내 산 언약은 그 목적으로서 가나안 땅을 얻었지만, 아브라함은 "더 나은 본향을 사모하니 곧 하늘에 있는 것"을 사모했다(히 11:16).

아브라함에게 하셨던 약속이 궁극적 성취를 찾는 유일한 방법은 중간에 낀 신정 체제가 초월되는 것이었다. 결국, 이스라엘은 하나님과 협력함으로써 세상의 구원은 말할 것도 없이 자신의 구원도 가져올 수 없다는 것을 거듭 보여 주었다. 어떤 언약적 율법주의(covenantal nomism)도 죄와 죽음을 패퇴시킬 수 없었다. 희생 제사에서 용서를 위한 조항은 단지 죄 의식만을 깊게 했고 예배자들에게 자신들은 언약이 기대하는 것에 부응할 수 없다는 것을 상기시켜 주었다.

"죄와 노예 상태를 다루는 문제가 제기될 때 유대인은 자연스럽게 희생이라는 생각에 주의를 돌렸다."

N. T. 라이트(N. T. Wright)는 다음과 같이 설명한다.[57]

> 포로 생활 자체를 사망으로 간주했고, 따라서 포로 생활로부터의 귀환을 부활로 보았다고 한다면, 이스라엘의 사망을 어떤 의미에서 희생 제사로 보아서, 포로 생활은 이스라엘이 바벨론에서 신음하며 이방 땅에서 쓸쓸하게 복역하는 때일 뿐만 아니라 실제로 자신이 범한 죄를 속죄하는 때라고

---

56 갈라디아서 4장에서 바울은 사실 바로 이런 노선을 따라 역할을 바꾼다. 즉, "아래에 있는 예루살렘"은 이제 속박의 도시(하갈로 식별되는)이지만 "위에 있는 예루살렘"은 자유로운 여자의 후손(사라)이다.
57 N. T. Wright, *New Testament and the People of God* (Minneapolis: Fortress, 1992), 274.

간주하기까지는 그리 오래 걸리지 않았다. 유대인들은 포로 생활을 민족의 악행에 대한 징벌이자 또한 어떤 의미에서 죄와 악을 감당하는 의인으로서의 소명으로 바라보았던 것 같다. 이런 관점은 이사야 40 - 55장에 나오는 종의 노래들 가운데 네 번째에 분명하게 표현되었다(사 52:13 - 53:12).

"시온의 시련과 미래 회복을 실현해 보이는 이 종(사 52:7 - 20의 맥락을 보라)은 속죄제처럼 죽고 다시 부활한다."

마찬가지로 마카비 반란에서 순교자들의 죽음은 속죄적이다.[58] 하지만 적어도 신약성경에 의하면 민족의 포로 생활을 포함해서 이런 희생들 그 자체는 속죄를 가져올 수 없었다. 우리가 살펴보았듯이 중요한 한 가지 이유는 다음과 같다. 즉, 그런 희생들은 예배자를 완전하게 하는 것이 아니라 단지 죄만 속죄할 수 있다. 또한, 이것은 단지 모형론적이고 따라서 단번이라기보다는 오히려 반복적이라는 것이다.

더 나아가기 전 나는 아브라함 언약과 세속 조약 사이의 상관관계를 상기하면서 언약 사상과 관련하여 피의 중요성을 지적해야 한다. 우리는 이 사건을 B.C. 8세기 문서의 예와 비교할 수 있다. 이 문서에서 숫양은 "앗수르의 왕, 아슈르니라리(Ashurnirari)가 마틸루(Matilu)와 조약을 맺기 위해 가져왔다. … 이 머리는 숫양의 머리가 아니라 마틸루의 머리, 그의 아들들의 머리, 그의 귀족들의 머리, 그의 땅의 백성들 머리다. 명명된 자들이 이 조약에 대해 죄를 범한다면 이 숫양의 머리가 잘리고 다리가 입으로 들어가는 것처럼 (…) 명명된 자들의 머리도 잘릴 수도 있다 (…)(col.1:10ff)."[59]

하지만 아브람의 환상에서 야훼(YHWH) 자신이 홀로 자기 저주적 맹세를 하시고 야훼 자신이 심지어 인간 파트너의 불법 행위의 경우에 가하셨

---

[58] 위의 책., 276.
[59] McCarthy, *Treaty and Covenant*, 195에서 클라인(Kline)이 By Oath Consigned (Grand Rapids: Eerdmans, 1968), 41에서 인용함.

던 율법의 저주가 자신에게 내리도록 빈다.

그렇다면 당연히 언약 맺는 것은 언약을 자르는 것이었다(카라트 베리트). 맹세 자를 의식을 위한 동물과 전형적으로 동일시하고 표시를 나타내고자 하는 것과 동일시하는 것이 너무 가까워서 할례를 단순히 "언약"으로 불렀다. 이는 마치 예수님이 다락방에서 자신이 들어 올렸던 잔을 "새 언약의 피"로 지정했던 것과 같다. 바울이 십자가를 "그리스도의 할례"(골 3:22)라고 부른 것은 당연하다.[60] 이사야가 예언했던 분은 다름 아닌 그리스도였다. 즉, "그가 살아 있는 자들의 땅에서 끊어짐은 마땅히 형벌 받을 내 백성의 허물 때문이라 하였으리요 … 그가 많은 사람의 죄를 담당하며 범죄자를 위하여 기도하였느니라"(사 53:8 - 12).

할례 - 죽음에서 그리스도와 연합해 세례를 받은 자들 또한 하나님 심판의 칼 아래에 있다. 클라인(M. G. Kline)은 다음과 같이 언급한다.

> 이것은 죄를 위한 형벌로써 사법적 죽음이다. 하지만 그리스도의 죽음에서 그와 연합되는 것 또한 그리스도와 함께 일으킴을 받는 것이다. 왜냐하면, 죽음이 부활해서 의 가운데 있는 그를 붙잡을 수 없기 때문이다.[61]

또한, 베드로가 단언하는 것처럼, 홍수 시련에서 노아와 그의 가족의 구원으로 예시(豫示)된 세례는 몸을 씻음이 아니다.

---

[60] By Oath Consigned, 45에서 클라인(Kiline)은 우리에게 이삭처럼 예수님은 유아로서 할례를 받았다는 것 즉 "이런 부분적이고 상징적인 베기(cutting off)"를 상기시킨다 - "그를 '예수'로 이름 짓기 위한 예언적으로 선택된 순간"이다. 하지만 상징적인 일부뿐만 아니라 '육의 몸'을 벗는 것(골 2:11, ARV), 상징적인 맹세 - 저주뿐만 아니라 저주받은 어둠과 유기 가운데 '그의 육체의 죽음'(골 1:22)인 할례의 완성으로서 창세기 22장의 번제와 일치했던 것은 십자가에서의 그리스도의 할례였다.

[61] 위의 책., 47.

예수 그리스도께서 부활하심으로 말미암아 이제 너희를 구원하는 표니 곧 세례라 이는 육체의 더러운 것을 제하여 버림이 아니요 하나님을 향한 선한 양심의 간구로 이제 구원을 받는다 또한 그는 하늘에 오르사 하나님 우편에 계시니 천사들과 권세들과 능력들이 그에게 복종하느니라 (벧전 3:21 - 22).

그리스도와의 연합이 법적이고 유기적 측면을 종합하는 것처럼 언약 축복에 대한 베드로의 해석에서도 그리스도와의 연합은 십자가와 부활을 종합한다. 하지만 법정적 요소가 핵심이다. 클라인은 다음과 같이 덧붙인다. 즉, "이제 양심은 고발과 변명과 관련이 있다. 그것은 법정적이다. 그렇다면 세례는 하나님 심판의 보좌 앞에 있는 인간과 관련이 있다."[62]

여기서 출애굽기에서처럼 선지자는 우리에게 물과 불 시련의 종말론적 특징을 하나님 백성이 받는 시험 일부로 상기시킨다.

야곱아 너를 창조하신 여호와께서 지금 말씀하시느니라 이스라엘아 너를 지으신 이가 말씀하시느니라 너는 두려워하지 말라 내가 너를 구속하였고 내가 너를 지명하여 불렀나니 너는 내 것이라 네가 물 가운데로 지날 때에 내가 너와 함께 할 것이라 강을 건널 때에 물이 너를 침몰하지 못할 것이며 네가 불 가운데로 지날 때에 타지도 아니할 것이요 불꽃이 너를 사르지도 못하리니 대저 나는 여호와 네 하나님이요 이스라엘의 거룩한 이요 네 구원자임이라 (사 43:1 - 3).[63]

---

[62] 위의 책., 66 - 67.
[63] 위의 책., 68. 베드로가 세례를 물을 통한 구원과 관련시킨다면 고전 10장에서 바울은 세례를 새로운 출애굽과 관련시킨다. 여기서 우리는 불 타는 떨기나무 속에서 모세에게도 나타났던 이런 "불 - 신현"은 불기둥으로서 사법적이라는 것을 알 수 있다. "출애굽 위기에서 이런 불기둥은 주거지, 안내자로 역할을 했고 선택된 민족을 보호한다. 불기둥은 그렇게 함으로써 이스라엘을 위해 호의적인 평결을 내렸지만 (cf. 출13:21f.; 14.19f)," 애굽인들에게는 정죄의 불이었다. 이런 불타는 기둥은 이스라엘을 위한 "방어와 영광"이다 (사 4:2 - 5). 같은 방식으로 죽음과 정죄의 세례 후에 그리스도는 "우리를 의롭다 하시기 위하여 살아나셨느니라" (롬 4:25).

시내 산에서 맹세를 비준하는 백성들에게 피를 뿌리는 것("우리가 준행하리이다")은 마찬가지로 위반에 대한 하나님의 심판을 내리게 하는 행위였다 (출 24:1 - 8). 둘 다 피의 비준, 걸려 있는 그들 자신의 목숨으로 언약을 입증하고 보증하는 것을 포함한다. 하지만 시내 산 언약의 피와 쪼갠 중간을 통해서 혼자 걸으시는 야훼(YHWH)의 환상에서 맺은 아브라함 언약의 피와의 차이점이 예레미야 34장에서 특별히 분명해진다. 예레미야 34장에서 하나님은 시내 산 언약의 저주를 환기한다. 조상들은 모두 시내 산에서 율법을 준수하기로 동의했다고 야훼는 말씀하신다. 이것은 노예를 자유롭게 하는 것을 포함했지만 이스라엘은 계속해서 노예를 유지하고 있다.

> 송아지를 둘로 쪼개고 그 두 조각 사이로 지나매 내 앞에 언약을 맺었으나 그 말을 실행하지 아니하여 내 계약을 어긴 그들을 곧 송아지 두 조각 사이로 지난 유다 고관들과 예루살렘 고관들과 내시들과 제사장들과 이 땅 모든 백성을 내가 그들의 원수의 손과 그들의 생명을 찾는 자의 손에 넘기리니 (렘 34:8 - 20).

모든 언약에 내포된 이런 특징적인 연대성은 다음과 같은 사실에 의해 인정된다. 즉, 시내 산 조약의 비준 이후에 여러 세대가 지났지만 "이 땅 모든 백성"은 광야에서 그들의 조상들과 함께 "송아지 두 조각 사이로 지났던 것"으로 말해진다.

따라서 우리가 언약 언어의 영역에 있을 때 법적이고 관계적 협정 사이의 대조를 말하는 것은 불가능하다. 인간관계의 기본은 상호신뢰, 의존성, 의와 정의다.

이런 요소적 특성 없이 어떤 종류의 우정이 존재할 수 있을까?

하나님의 임재 - 자비와 용납에서 친밀함 - 는 언약적으로 즉 윤리적으로 결정된다.

하지만 어느 한쪽에서 어느 한쪽에서 충성의 연약한 조직이 부서진다면 어떻게 될까?

관계를 회복할 수 있을까?

비용 없이는 안 된다. "죄의 삯은 사망이다"(롬 6:23). 또한, 적어도 하나님의 조건에 따라 확립된 언약적 맥락 안에서는 "피 흘림이 없은즉 사함이 없다"(레 17:11; 히 9:22).

따라서 선포는 다음과 같다.

> 그리스도가 친히 나무에 달려 그 몸으로 우리 죄를 담당하셨으니 이는 우리로 죄에 대하여 죽고 의에 대하여 살게 하심이라 그가 채찍에 맞음으로 너희는 나음을 얻었나니(벧전 2:24).

> 또 너로 말할진대 네 언약의 피로 말미암아 내가 네 갇힌 자들을 물 없는 구덩이에서 놓았나니(슥 9:11).

새 언약의 피가 실제로 "영원한 언약의 피"로서 삼위일체 내림이 결코 아니다. 그런데 이런 모습은 이상하게 아들을 "멸절하는" 성부에 대한 몰트만의 개념으로 확장된다. 칼빈은 다음과 같이 경고한다.

> 하지만 우리는 하나님이 그에게 적대적이셨거나 진노하셨다고 제안하는 것이 아니다.
> 어떻게 하나님이 "내 기뻐하는 자"인 자기의 사랑하시는 아들에게(마 3:17) 적의를 가지실 수 있었겠는가?
> 어떻게 그리스도 자신이 아버지께 진노의 대상이심에도 그분의 마음을 누그러뜨리도록 다른 사람들을 위한 중재하실 수 있었겠는가?
> 우리는 그리스도가 하나님의 손에 "징벌을 받으시고 고난을 당하고"(사 53:5) 진노하심 가운데 복수하시는 하나님에 관한 모든 표징을 경험하셨으므로 하나

님의 엄정함의 무게를 짊어지셨다고 말한다. 따라서 힐라리우스(Hilary)는 지옥으로 그가 내려가심으로 말미암아 우리는 죽음이 정복되었다는 이것을 얻었다고 추론한다. 다른 구절에서 표명된 그의 견해 즉 "십자가, 죽음, 지옥 - 이런 것이 우리의 생명이다"라고 말할 때도 우리 견해와 다르지 않다. 또한, 다른 곳에서, "하나님의 아들은 지옥에 계시고 사람은 하늘로 돌아가게 된다." 이 승리의 열매를 상기시키면서 사도는 동일한 것 즉 "죽기를 무서워하므로 한평생 매여 종노릇 하는" 자들을 "놓아 주려"(히 2:15) 하심을 주장할 때 내가 왜 사사로운 개인의 증언을 인용하고 있겠는가?

따라서 그리스도는 모든 유한한 인생 하나하나를 끊임없이 괴롭히고 억압하는 본성적인 두려움을 이기셔야 했다. ⋯ 따라서 마귀의 권세, 죽음의 공포, 지옥의 고통과 직접 맞붙어 투쟁하심으로써 그리스도는 그것들에 대해서 승리를 쟁취하시고 개선하셨다(히 2:14 - 15). 그리하여 우리의 왕이 죽음 가운데 삼키신 그것들을 우리가 이제 무서워하지 않도록 하셨다(벧전 3:22).[64]

이 단락에서 우리는 수정된 희생 주제와 승리자 그리스도라는 관점의 수렴(收斂)을 보기 시작한다. 이런 수렴은 개별적 구속과 우주적 구속, 법적이고 선한 관계적 즉 헤세드, 언약적 연대성에 관련이 있다.

따라서 율법이 단지 유대인들과 이방인들에 모두에게 정죄를 선언하지만 "이제는 율법 외에 하나님의 한 의가 나타났으니 율법과 선지자들에게 증거를 받은 것이라. 곧 예수 그리스도를 믿음으로 말미암아 모든 믿는 자에게 미치는 하나님의 의"다(롬 3:20 - 22a). 그리스도의 죽음은 하나님과 화평을 가져온다(롬 5:1, 6 - 10). 복음서에서 가장 중요한 것은 "이는 성경대로 그리스도께서 우리 죄를 위하여 죽으셨다"는 사실이다(고전 15:3).

---

[64] Calvin, *Institutes* 2. 16. 11.

너희를 사랑하신 것 같이 너희도 사랑 가운데서 행하라 그는 우리를 위하여 자신을 버리사 향기로운 제물과 생축으로 하나님께 드리셨느니라(엡 5:2).

우리 죄를 위한 화목 제물이니(요일 2:2; cf. 4:10).

예수님은 자신의 사명을 다음과 같이 요약하셨다.

인자의 온 것은 섬김을 받으려 함이 아니라 도리어 섬기려 하고 자기 목숨을 많은 사람의 대속물로 주려 함이니라(막 10:45).

나는 선한 목자라(겔 34장의) 선한 목자는 양들을 위하여 목숨을 버리거니와 (요 10:11).

이것은 그의 사명이다(요 12:27).
예수님 자신의 사명에 대한 자신의 이해에서는 제사장직보다 더 중심적인 것은 없었다. 이는 그를 대리인과 희생자가 되게 할 것이고 새 언약을 개시했던 식사에서보다 더 명확한 예가 없을 것이다.

받아먹으라 이것이 내 몸이니라 너희가 다 이것을 마시라 이것은 죄 사함을 얻게 하려고 많은 사람을 위하여 흘리는바 나의 피 곧 언약의 피니라(마 26:26 - 28).

그가 마셨던 잔은 희생적 속죄를 비판하는 일부 비판자가 마셨을 수도 있는 것처럼 인간적 공의의 잔이 아니라 성부의 진노의 잔이었다(사 51:17과 함께 눅 22:42). 창세기 15장에서 아브람의 환상을 성취하는 최후 만찬은 자기 저주적인 맹세의 엄숙함과 비준이다.

또한, 그리스도가 기꺼이 이 잔을 남김없이 마셨기 때문에 우리는 구원의 잔으로서 이 피를 마실 수 있다. 예수님은 자신이 십자가에 못 박히는 것을 모세가 장대 위에 놋 뱀을 올리는 것이 단지 예표했던 실제 "들어 올림"으로 보았다(요 3:14; 12:34). 따라서 단지 이런 사실 이후에 베드로는 예수님이 십자가에 사로잡혀있는 것을 이해하고 다음과 같이 덧붙인다.

> 친히 나무에 달려 그 몸으로 우리 죄를 담당하셨으니 이는 우리로 죄에 대하여 죽고 의에 대하여 살게 하려 하심이라 저가 채찍에 맞음으로 너희는 나음을 얻었나니 … 그리스도께서도 한번 죄를 위하여 죽으사 의인으로서 불의한 자를 대신하셨으니 이는 우리를 하나님 앞으로 인도하려 하심이라(벧전 2:24; 3:18).

예수님이 상징적으로 단지 제사장이라는 것은 사실이 아니다. 이와는 반대다. 즉, 제사장직이 상징적인 것은 구약성경의 제사장들이고 그들이 가진 힘과 제사장의 효력은 참되고 영원하고 변함없는 그리스도의 제사장직에서 유래한다(히 9:9). 레위 지파에 속한 모든 제사장은 백성들의 죄뿐만 아니라 자신의 죄를 위해 희생 제사를 드려야 한다. 하지만 그리스도는 레위 지파 계열의 제사장이 되지 않았다.

> 너는 내 아들이니 내가 오늘날 너를 낳았다 하셨고 또한 이와 같이 다른데 말씀하시되 네가 영원히 멜기세덱의 반차를 좇는 제사장이라 하셨으니 … 그가 아들이시라도 받으신 고난으로 순종함을 배워서 온전하게 되었은즉 자기를 순종하는 모든 자에게 영원한 구원의 근원이 되시고, 하나님께 멜기세덱의 반차를 좇은 대제사장이라 칭하심을 받았느니라(히 5:5-10).

마치 그는 아들이고 단지 종이 아니며(히 3장) 이 땅의 성소라기보다는 하늘 성소의 제사장인 것처럼 그는 율법의 그림자보다는 오히려 영원한 맹세(구속언약)에 따라 멜기세덱에게서 자신의 제사장 직분을 얻는다(히 7:11-21).

이와 같이 예수는 더 좋은 언약의 보증이 되셨느니라(히 7:22).

왜냐하면, 그의 간구가 죽음(히 7:23 - 24)이나 그 자신의 죄(히 7:26 - 28)에 의해 방해받지 않고 "예수는 영원히 계시므로 그 제사 직분도 갈리지 아니하기" 때문이다. 예수님의 간구는 최상이거나 완전할 뿐만 아니라 옛 경륜을 그림자로 축소하는 실재이기도 하다. 그의 중재는 시내 산에서의 명령이 아니라 영원한 삼위일체 내의 협약으로 확립된다.

보스(Vos)가 언급하는 것처럼 히브리서에서 그리스도의 신성은 선지자 역할과 관련하여 강조되고 이어서 제사장 역할과 관련해 그의 인성에 대한 강조가 이어진다. 왜냐하면, 선지자 역할에서 그리스도는 하나님으로부터 우리에게 오시며 제사장 역할에서 우리에게서 하나님에게로 가시기 때문이다.

> 그에게 이 제사장직은 언약의 핵심이고 본질이다. 언약은 실제로 제사장직 안에 존속한다. … 저자는 이 두 경륜 안에서 제사장직의 중심적 위치에 대해 너무 완전하게 확신해서 히브리서 7:11에서 그는 심지어 레위 계통의 제사장직을 율법 전체가 이 제사장직 아래에 포함되는 더 높은 범주로서 제시한다. 즉, "백성이 그 아래에서 율법을 받았으니."[65]

예수님의 제사장직은 레위 족속(이 땅의 사라질 명령)에게서 유래하지 않는다는 것은 어떤 결격사유도 아니다. 왜냐하면, "자신의 직분을 끝없는 생명의 힘에 빚진 제사장이 일어나기 때문이다."[66] 다시 말해, 예수님은 천상의 실체(다가올 시대)를 이 땅(현재 이 시대)으로 끌고 내려오신다. 레위

---

65 Vos, *Hebrews*, 203ff.
66 위의 책., 221.

계통의 제사장들은 맹세 없이(단지 율법으로) 제사장들이 되었지만, 예수님은 맹세로 되신 분이다(히 7:20).

"법적 조례에서 하나님은 자신의 권위를 표현하시며, 맹세에서 하나님은 자신의 위신과 신적 자원의 충만함으로 자신에게 맹세하신다."

따라서 그분의 탁월성 - 또한 그분은 "영원한 언약의 피"로 오시기 때문이다(히 13:20).[67] 그리스도가 하늘 성소에서 행하는 라트리아(예배)는 자기 백성을 위해 봉신이 종주에게 드리는 완전한 이행이다.

내가 나의 책 제3권에서 칭의에 대한 라이트(N. T. Wright)의 견해가 가진 어떤 측면에 이의를 제기할 것이다. 하지만 지금까지 나는 라이트의 다음과 같은 주장에 대해 전심으로 동의할 수 있다.

즉, "이스라엘 또한 아담 안에 있고 율법은 이런 곤경에서 벗어나게 돕는 것이 아니라 단지 그런 곤경을 악화시킨다는 것은 로마서 특히 2장, 3장, 7장 그리고 9장에서 바울이 주장하는 중요한 요점들 가운데 하나다(2:17 - 3:20; 5:20; 7:7ff)."[68]

로마서 5장에 비추어 볼 때 그리스도의 "역할은 불순종을 대신하는 것뿐만 아니라 그런 불순종을 원상태로 되돌리기 위한 순종의 역할이었다. 이것이 로마서 5:18 - 19에서 주장되는 요점이다. 로마서 5:18 - 19에서 '의의 행동' 즉 한 사람 예수 그리스도의 '순종'은 의심할 여지 없이 갈보리 십자가로 향한 오랜 순례 과정에 대한 언급을 포함한다."[69] 바울은 분명히 십자가의 신학에 초점을 맞추고 있다. 라이트는 다음과 같이 주장한다.

---

67 위의 책., 221 - 22
68 N. T. Wright, *The Climax of the Covenant: Christ and the Law in Pauline Theology* (Minneapolis: Fortress, 1992), 37.
69 위의 책., 38.

"죄가 더한" 곳(롬 5:20)은 의심할 여지 없이 이스라엘이며, 이스라엘은 "율법이 들어온 것은 범죄를 더하게 하려 한" "곳"이다. 아담의 죄는 시내 산까지는 관찰되지 않았지만, 활동적이고(롬 5:13 - 14, cf. 7.9), 율법(the Torah)의 도래에서 새로운 기회를 발견했다. 다시 한번 아담의 죄는 죄로서 그것의 참다운 색깔을 드러낼 수 있었고 이것은 하나님의 명령을 어기는 것이었다. 그리고 은혜가 더했던 곳은 다름 아닌 이곳이었다.

지금까지 이 점을 자주 언급했다. 보통 보이지 않는 것은 로마서 이 부분에서 시작해 로마서 7:13 - 20과 로마서 8:1 - 4에 걸쳐 이어지는 이런 사고의 흐름이다. 여기 중요한 그리스도에 관한 구절 끝에서 우리는 율법에 관한 바울의 모든 믿음 가운데 가장 중요한 믿음을 발견한다 …. 바울은 율법은 이스라엘에게 죄를 초래하고 정확하게 하나님의 백성 안에서 죄를 확대하는 신적으로 의도된 기능이 있다고 주장한다.

그렇다면 이 죄는 이스라엘의 대표자에게 이끌려져 따라서 십자가에서 다루어지도록 하기 위해서였다(롬 8:3). 사실 이것은 율법이 가진 부정적 역할에 대한 긍정적 이유다. 결과적으로 우리의 현재 목적을 위해 예수 그리스도의 순종적 행동은 이스라엘이 자신을 위해 할 수 없는 것을 이스라엘을 위해 행하는 이스라엘의 대표자의 행동이었다는 것이 분명해진다. 따라서 아담의 죄와 그 죄의 결과는 무효가 된다. 또한, 따라서 인간을 향한 하나님의 원래 목적은 다가올 시대에 회복된다. 그리고 다가올 시대는 이미 예수 그리스도의 사역으로 시작되었다(롬 8:21).[70]

따라서 아담의 이야기(일반적으로 인간)는 이스라엘 이야기에 집중되어 있으며, 특히 그리스도의 능동적 순종에 초점이 맞추어져 있다.

이 점에서 나는 창조 언약을 아담의 시험과 광야와 땅에서 이스라엘의

---

[70] 위의 책., 39.

시험과 상호 관련시킴으로써 라이트의 결론을 더 자세히 상술할 것이다. 아담, 이스라엘, 그리스도를 묶는 이런 주석적 관련은 창조 언약과 시내산(법적 언약으로서)에서 창조 언약의 갱신은 여기서 유효한 범주라고 제안한다. 예수님은 하나님의 자비와 은혜로 죽음을 정복하고 최고의 이름을 받는 것이 아니라 모든 의를 성취하셨기 때문에 죽음을 정복하고 최고의 이름을 받으신다.[71]

예수님의 순종, 죽음 그리고 부활은 단순히 예수님이 하나님이거나 아버지의 은혜 선물로서 받아들여지는 것이 아니라 보상으로서 받아들여진다. "다 이루었다"라는 말씀은 자신의 고난의 성과에 대한 예수님의 안도를 선언할 뿐만 아니라 심지어 여기 즉 심지어 십자가에서 그는 압도적으로 자신의 사명을 의식하고 있다는 것을 반영하기도 하는데 이것은 가해자들을 용서해 달라는 그의 간구가 예상했던 것이다. 예수님은 대표하는 대리자로서 자신의 순종을 완성하셨다.

예수님은 이 경주를 끝내고 아버지의 사역을 완성하시고 사적인 개인으로서뿐만 아니라 공적인 제사장으로 안식일 안식에 들어가셨으므로 우리

---

[71] 이것은 라이트의 글 모든 곳에서 가정하지만 어느 곳에서 실제로 주장하지 않는 다음과 같은 라이트의 주장에 도전하는 것일 것이다. 즉, "개혁자들은 '왜 예수님은 죽으셨는가'라는 질문에 매우 완전한 답변을 가지고 있었다. 하지만 그들은 '왜 예수님은 사셨는가?'라는 질문에 거의 그렇게 좋은 답변은 없었다. 현재까지 개혁자들의 후계자는 종종 더 잘하지 못했다.… 그렇다면, 많은 대중적인 설교와 글쓰기로 대표되는 정통주의는 예수님의 사역이 담고 있는 목적에 대해 명확한 생각을 하고 있지 않았다고 말하는 것은 대단히 희화화하는 것은 아닐 것이다." 예수님의 삶이 단순히 속죄 신학을 실행하기 위해 자신을 십자가에 못 박는 수단이라면 이 모든 것은 억지로 꾸민 것처럼 보인다(Jesus and the Victory of God, 14). 라이트는 쉽게 반박되는 입장들에 대한 추상적인 반대자들로서 "종교개혁자들," "그들의 후계자들," 그리고 "정통주의"에 일상적으로 도전한다. 다른 사람들처럼 이런 특정한 요점(즉 그리스도의 능동적 순종)에 관해 나는 다음과 같이 바란다. 즉, 나는 종교개혁자들과 그들의 후계자들이 왜 예수님이 사셨는가에 대해 아주 분명한 개념을 갖고 있었을 뿐만 아니라 적어도 이런 견해들 가운데 일부 견해는 사실 수 세기 동안 라이트의 관찰 가운데 몇몇 관찰을 예상한다는 것을 나는 설명했다.

또한 이 과정을 완주할 수 있고 "믿음의 주요 또 온전하게 하시는 이인 예수를 바라볼 수" 있다(히 12:1 - 2).

게다가 구속 언약을 고려할 때 아들의 이런 고난은 내적 삼위일체 삶(the inner Trinitarian life)과 관련 없는 것이 아니다. 심지어 그리스도의 대속적 죽음을 우리가 선포할 때도 우리는 성자에게서 성부를 분리하거나 성령에게서 성자를 분리하려는 경향을 막아야 한다. 아들과 아들을 죽은 자들 가운데 일으키시고 "죄와 허물로 죽었던" 자들 안에 새 생명을 창조함으로써 아들을 많은 형제와 자매 가운데 맏아들이 되게 하시는 성령을 보내시는 분은 다름 아닌 성부시다(엡 2:1).

따라서 "여호와께서 그에게 상함을 받게 하시기를 원하사"라는 중요한 진리는 단지 다음과 같은 마지막 진술의 뒷부분에서 나오는 목적과 관련해서만 이해될 수 있다. 즉, "여호와께서 그에게 상함을 받게 하시기를 원하사 질고를 당하게 하셨은즉 그의 영혼을 속건제물로 드리기에 이르면 그가 씨를 보게 되며 그의 날은 길 것이요 또 그의 손으로 여호와께서 기뻐하시는 뜻을 성취하리로다. 그가 자기 영혼의 수고한 것을 보고 만족하게 여길 것이라 나의 의로운 종이 자기 지식으로 많은 사람을 의롭게 하며 또 그들의 죄악을 친히 담당하리로다"(사 53:10 - 11).

따라서 속죄는 하나의 주체가 외적 대상에 행하는 인과적 행동으로 생각될 수 없다. 내가 주장했던 것처럼 하나님은 우리와 같은 방식으로 고통받지 않는다. 우리가 고통을 겪을 때, 우리는 극복하거나 정복당할 수 있지만, 하나님은 고난에 대해 단지 승리만 하실 수 있다. 부활이 이것을 증명한다. 죽음은 그를 억누를 수 없기 때문에 그들의 머리로서 그리스도와 연합된 자들에 대해 "둘째 사망이 그들을 다스리는 권세가 없다"(계 20:6).

하나님은 우리처럼 고통받지 않으실 뿐만 아니라 아버지와 성령은 아들이 겪으셨던 것처럼 고난 받을 수 없다. 우리를 위해 성육신하셨던 분은 그리스도였지만 다른 위격들이 그의 성육신, 삶, 죽음과 부활에서 일하셨다.

우리가 한 걸음 더 나아가면, 우리는 정확히 앞의 전제들 때문에 아들의 신성은 인간처럼 고통 받을 수 없다고 말할 수 있다. 다르게 제안하는 것은 아리우스주의나 가현적 기독론에 문을 열어 주는 것이다.

하지만 이 모든 것을 언급했으므로 나는 여전히 단서가 달린 의미로 다음과 같은 몰트만의 말을 긍정할 수 있다. 즉, "골고다에서 일어나는 것이 신성의 가장 깊은 곳에 도달해서 영원한 삼위일체 삶에 깊은 인상을 준다."[72] 단서는 이것이다. 즉, 구속 언약의 측면에서(즉 팩텀 살루티스) 십자가 위에서, 안에서 또한 십자가를 통한 하나님의 승리는 결코 의심의 여지가 없었다는 것이다. 몰트만이 암시하는 것처럼 성부는 아들을 멸절시키고 쫓아내지 않으셨다.

"왜 나를 버리셨나이까?"

이렇게 부르짖었던 아들은 또한 자기의 영혼을 성부에게 맡기셨다. 심지어 십자가에서도 왕은 자신의 동산에서 뱀을 쫓아내셨고 머리를 상하게 하셨고 죄와 사망을 종식시켰다. 심지어 아버지가 저주를 감당하는 아들을 제명하는 가운데서도 아버지의 사역은 하늘에서처럼 땅에서도 행해지고 있었다.

예수님이 드리셨던 희생을 성부가 동시에 경멸하고 기뻐하시는 것은 십자가 위에서 왕위 즉위식만큼이나 역설적이다.

가령 유비적으로 하나님을 이해한다 하더라도 슬픔과 고통을 일으키는 정도까지 가장 적극적인 "동원성"(mobility)과 열정적 개입이 관련된 것 외에 다르게 이해될 수 없는 아버지에 의한 아들을 실제로 "주심"이 있었다. 이 영원한 협약 때문에, 신적 위격들은 십자가라는 사실에 의해 결코 압도당하지 않으셨다. 이런 영원한 협약은 처음부터 위격들의 공통된 뜻이었다. 신적 위격들은 슬픔에 의해 압도당하지 않으셨다. 왜냐하면, 그들은

---

[72] Moltmann, *Trinity and the Kingdom*, 81.

의심 가운데 부활의 아침을 기다리지 않으셨기 때문이다.

삼위일체 하나님에게 있어서 별개의 것이지만 영원한 작정에서 통합된 실체이고 동일하게 궁극적이고 결정적으로 완성되었다. 심지어 그리스도가 갈릴리 해안을 걸으며 십자가에 달리셨을 때도 예수님은 천상의 성소에서 사역하고 계셨다.

따라서 그의 제사장직은 마침내 유효하고 "영원한 구속"을 확보하는 데 있어서 뿐만 아니라(히 9:12) 새로운 시대를 개시하는 데도 확정적이다. 하늘 실체(다가올 시대)는 현재였고 우리 세계의 실체(현재 이 시대)에서 이제 현재가 된다. 선지자, 제사장 그리고 왕으로서의 그분의 인격에 비추어 그리스도의 사역을 내가 논의하는 것은 이제 결론 장에서 마지막 "직분"으로 관심을 돌려야 한다.

제9장

영광의 왕:
주님이신 종

부활에 대한 나의 접근 방식은 올리버 오도노반(Oliver O'Donovan)과 함께 그리스도의 부활은 독립적이고 이전 진리의 상징적 방법이 아니라 부활이 백성을 위해 대표적으로 구체적 결과에 영향을 미치는 한에 있어서 대표적이라는 점을 강조한다.[1] "창조된 질서가 변했거나 하나님이 만드셨던 것 이외 어떤 것이 있었던 것이 아니라 그리스도 안에서 인간은 처음으로 그 안에 자신의 적절한 장소, 즉 하나님이 아담에게 부여했던 지배의 장소를 차지할 수 있었다."[2]

확실히 시편 8편을 인용한 후에 히브리서가 우리에게 상기시켜 주는 것처럼 이것에는 이미 - 아직의 특징이 있다.

> 만물을 그 발아래에 복종하게 하셨느니라 하였으니 만물로 그에게 복종하게 하셨은즉 복종하지 않은 것이 하나도 없어야 하겠으나 지금 우리가 만물이 아직 그에게 복종하고 있는 것을 보지 못하고 오직 우리가 천사들보다 잠시 동안 못하게 하심을 입은 자 곧 죽음의 고난 받으심으로 말미암아 영광과 존귀로 관을 쓰신 예수를 보니 이를 행하심은 하나님의 은혜로 말미암아 모든 사람을 위하여 죽음을 맛보려 하심이라(히 2:8 - 9).

---

[1] Oliver O'Donovan, *Resurrection and Moral Order: An Outline of Evangelical Ethics* (Grand Rapids: Eerdmans, 1986), 15.
[2] 위의 책., 24.

성육신에서 언약의 주님은 언약의 종이 된다. 부활에서 종은 하나님의 아들과 아담의 아들로서 정당한 주 되심을 차지한다. 그리스도의 선지자와 제사장 직분을 논의했으므로 이제 나는 부활과 승천으로 관심 돌리며 특히 왕의 직분에 집중한다. 예수님의 왕국 선언은 세 가지 핵심적 특징을 포함했다.

"포로 생활로부터의 귀환, 악의 패배와 야훼(YHWH)가 시온으로 귀환이다."[3]

이런 각각의 핵심적 특징이 세 개의 직분과 희생의 완전함, 능동적 순종에 의한 총괄갱신과 역사에서 이스라엘 하나님의 보편적 통치를 가져오는 권세들의 정복과 관련될 수 있다고 제안하는 것은 이 패턴을 지나치게 해석하는 것이 아니다.

1. 십자가에 달리신 왕: 권세들의 정복

내가 지나가는 말로 언급했던 중대한 작품에서 구스타프 아울렌(Gustav Aulen)은 권세들에 대한 정복이라는 교부적 주제(the patristic theme)에 새롭게 관심을 가졌다.[4] 모형론은 왜곡되었고, 대체 개념(특히 희생적 대체 개념)은 다소 희화화되었다. 게다가 건튼(Gunton)이 추측하는 것처럼 승리자 그리스도 모형에 대한 그 자신의 표현은 그리스도의 승리와 아직 분명하게 패배하지 않은 권세들과의 투쟁 사이에 실질적인 연관성을 만들지 않고 우리를 "미해결 상태"에 있게 한다.[5] 그런데도 아울렌은 우주 정복이라는 주제를 포함하지 않은 속죄에 대한 설명은 불충분하다는 것을 우리에게 상기해 주었다.

---

3 N. T. Wright, *Jesus and the Victory of God*, 477.
4 Gustav Aulen, *Christus Victor*, trans. A. G. Herbert (New York: Macmillan, 1931).
5 Gunton, "Sacrifice and the Sacrifices," 211.

아울렌의 진지한 고정 배역이 희생과 정복을 서로 대립하게 하는 경향이 있었던 곳에 적어도 여기서 제안된 언약적 접근 방식은 희생과 정복의 통합을 추구할 것이다. 게다가 언약적 접근 방식은 우주적 정복을 미해결 상태로 놔두기보다는 오히려 구속 역사의 진행으로 향하게 함으로써 우주적 정복에 더 구체적인 형태를 제공할 것이다.

우리가 권세들을 정복하는 것에 대한 대부분의 언급을 발견하는 장르인 계시록은 내세에 대한 집착이 아니라 오히려 천상의 전투 장소가 되는 이 세상을 다시 기술하는 것이다. 이것은 일상생활에서 끌어낸 용어로 표현할 수 없는 것들을 표현하는 완전한 의미에서 유비적 계시다.

나는 제7장에서 데니스 위버가 아울렌의 모형을 수정한 것을 논의했다. 특히 그리스도 승리자 이야기는 계시록과 관련을 갖는다. 계시록에서 그리스도와 그의 성도들은 비폭력적 수단 특별히 죽음, 부활, 증언을 통해 이런 우주적 전투에서 이긴다.

하지만 심지어 주요 본문 즉 계시록에 대한 위버의 주석은 왜곡되어 있다. 전사라는 주제와 관념에서뿐만 아니라 하나님의 원수들에 대해 취해진 정치적 행동의 구체적 실체에서도 결국 격변적으로 권세들을 타도하는 것으로 끝나는 우주적 심판에 대해 이 주제가 담고 있는 분명한 언급을 다룰 수 없다.

동정적인 고난에 의해서 뿐만 아니라 야훼(YHWH)와 그분의 메시아에 단호히 반대했던 모든 자에 대한 영광스러운 승리에 의한 하나님이 창조하신 세계에 대한 실제적이고 역사적인 정화가 있다. 위에서 언급한 라이트(Wright)와 유사하게 구약성경의 다양하고도 중요한 맥락을 다루면서 그리스도의 희생적 사역이라는 질문에 관해서 차일즈는 말한다.

(1) 회복, 의, 칭의
(2) 속죄, 희생, 용서
(3) 승리, 타도, 전쟁

이 같은 세 가지 기본적인 궤도를 언급한다.[6] "무엇보다 야훼의 의는 구속(의로우신[sidqot] 야훼[YHWH])의 구원하는 행동이라는 행위 안에 놓여 있다. 이런 구원하는 행위로 야훼는 이스라엘과 맺은 자신의 언약적 의무를 이행하기 위한 약속을 유지하고 보호하신다(시 34:7 ET 6)."[7]

슈미드(H. H. Schmid)가 주장하는 것처럼 "의"가 우주적 조화를 의미하는 공통적인 고대 근동(가나안)의 배경이 있지만 차일즈는 이것이 이스라엘이 사용하는 것에서 비인격적 개념이 아니라 인격적 개념으로 보아야 한다고 덧붙인다.[8] 게르하르트 폰 라드(Gerhard von Rad)에게 호소하면서 젠슨은 "성경 전체에 걸쳐서 핵심적인 도덕적 그리고 역사적 범주는 '의'다"라고 언급한다.[9]

나는 다양한 언약을 다룰 때 이것을 강조해 왔다. 의가 없는 곳에는 어떤 축복도 있을 수 없고 단지 심판만이 있다. 이것이 그리스도의 왕 직분을 위한 배경, 또는 적어도 그것의 일부다. 하늘에서 하나님의 뜻이 이루어지는 것처럼 땅에서 하나님의 뜻이 이루어지기 위해(마 6:10) 그리스도는 불의를 속죄하기 위해서 뿐만 아니라 이 땅 전체에 걸쳐서 공의를 세우기 위해 오신다(민 14:21; 삼상 2:10; 시 22:27; 사 6:3).

구약성경과 신약성경 모두 특히 가나안 정복, 다윗 왕가와 다윗의 후계자에 대한 예언적 기대와 관련해 전사라는 주제에 중요한 전개를 제공한다는 것은 부인할 수 없다. 다윗의 후계자는 거룩한 땅에서 뱀을 몰아낼 뿐만 아니라 결국 그 머리를 상하게 하는 전사이며 종인데 신약성경에서 그리스도 안에서 성취된다.[10]

---

6 Childs, *Biblical Theology*, 486.
7 위의 책., 488.
8 H. H. Schmid, *Gerechtigkeit als Weltordnung* (Beitrag zur historischen Theologie, Tubingen 40, 1968)을 언급하는 위의 책., 490.
9 von Rad, Theology, 1:368을 인용하는 Jenson, ST 1:71,
10 더 일반적으로 거룩한 전쟁을 참고하려면 Kline's Structure, 158ff를 보라.

초기의 "예수"(=여호수아)는 이스라엘 백성을 이끌어 요단강을 건너 정복한 약속의 땅으로 인도했고 그의 앞에 있는 민족들을 몰아냈다. 그러나 아담처럼 왕들은 완전하게 "성전을 정화"하지 못했고 항상 우상 숭배에 문을 열어두었다. 종은 최후의 전쟁을 벌이고 온 땅을 야훼(YHWH)의 성전 - 동산으로 만듦으로써 모든 것을 바로 잡을 것이다. 여자의 후손이 마침내 뱀의 머리를 짓눌러 버릴 것이다.

전사이며 종이라는 이 주제는 특별히 시편 91: 7 - 13에서 메시아적 함축이 주어진다. 그렇다면 사탄이 예수님을 시험하는 중 이 시편을 입에 올리는 것은 놀라운 일이 아니다. 하지만 사탄이 마치 예수님이 어둠을 패퇴시키지 않고 그의 안식일 왕의 즉위식을 가질 수 있는 것처럼 예수님을 부추겨서 그의 전사 - 종의 역할을 포기하게 하기 위한 수단으로 이 시편을 사용하는 것은 아이러니하다.

누가복음 10장에서 칠십 인의 제자가 예수님보다 앞서서 모든 마을에 사명으로 파송된다.

> 어느 동네에 들어가든지 너희를 영접하거든 너희 앞에 차려놓는 것을 먹고 거기 있는 병자들을 고치고 또 말하기를 하나님의 나라가 너희에게 가까이 왔다 하라 (눅 10:1 - 9).

칠십 인이 믿는 자들에게는 예수님의 축복과 회개하지 않는 도시들에 대해 화를 선포하고 돌아온 후 그들은 기뻐하며 "주여 주의 이름이면 귀신들도 우리에게 항복하더이다"라고 보고한다. 예수님은 다음과 같이 답변하신다.

> 사탄이 하늘로부터 번개같이 떨어지는 것을 내가 보았노라 내가 너희에게 뱀과 전갈을 밟으며 원수의 모든 능력을 제어할 권능을 주었으니 너희를 해칠 자가 결코

없으리라 그러나 귀신들이 너희에게 항복하는 것으로 기뻐하지 말고 너희 이름이 하늘에 기록된 것으로 기뻐하라(눅 10:17-20).

왕국은 더는 단지 모형적이지 않고 검과 군마의 충돌이 아니라 실제 현재 이 시대에 시작되는 하나님의 미래 통치다. 예수님은 자신이 사탄을 쫓아내기 위해 오셨다고 말씀하신다.

사람이 먼저 강한 자를 결박하지 않고는 그 강한 자의 집에 들어가 세간을 강탈하지 못하리니 결박한 후에야 그 집을 강탈하리라(막 3:27).

사도들은 십자가에서 이렇게 묶인 "강한 자"가 마침내 "짓밟혀졌다"는 것을 깨달았다. 현재 이 악한 시대로 침투한 다가올 시대의 전조로서 이미 눈먼 자들은 보고, 귀먹은 자들은 듣고 가난한 자들은 축복 받고 삶은 회복된다. 단순한 모형론적 신정 체제의 회복이 아니라 이것은 그리스도가 자신의 인격 안에서 현재로서 약속했고 선언했던 왕국이다. 이것은 옛 금기가 더는 적용되지 않는 왕국이다. 즉, "불결한" 자들로 오랫동안 간주되었던 쫓겨난 자들이 아브라함과 사라와 함께 식탁에서 자리잡는다.

승리자 그리스도라는 주제와 그리스도의 왕 직분이 함유한 또 다른 중요한 측면은 희년이라는 주제다. 희년이라는 주제는 안식일과 밀접한 관련이 있다. 6장에서 우리는 창조 이야기에 대한 "구조" 이론을 살펴보았다. 이 이론에서 그 자체의 지배자가 있는 각 생물 왕국은 전체 창조 질서의 대표자로서 인간 창조로 절정을 이루고 인간은 자신과 함께 각각의 생물 왕국을 다양한 생물을 대표하는 왕이 감사 표시로 하나님의 형상(the imago Dei)인 인간 뒤에서 줄지어 행진하는 하나님의 왕위 즉위식 일곱 번째 날로 이끌 임무를 부여받는다.

시원론(protology)는 하나님의 새로운 종으로서 이스라엘을 위한 모형으로서 안식일 제정에서 종말론에 의존한다. 즉, 육일의 노동과 휴식의 날이 이어진다. 이것은 주간 패턴일 뿐만 아니라 7년마다 땅, 동물, 이방인들을 포함한 전체 피조계가 이스라엘 백성과 함께 회복하는 휴식에 참여할 것이다(출 23:10-12). 이것은 회복을 제공하는 것뿐만 아니라 하나님의 사역 패턴과 즉위식을 모방하는 것이기도 하다.

게다가 율법에 의하면 "칠 년이 일곱 번인즉 … 속죄일" 후에 매번 오십 년에 뿔 나팔은 "희년"을 선언하는 소리를 낼 것이고 땅에는 휴식과 거주민 모두에게 심지어 이방인과 채무자에게도 자유를 제공할 것이다(레 25:8-12). 마치 이스라엘이 "육일"은 일하고 그런 후에 심지어 하나님이 성공적으로 자기 일을 마치셨던 후에 가지셨던 것처럼 안식일 완성으로 들어가라고 권한을 위임받은 에덴동산 안에 있는 아담인 것처럼 이런 안식적 종말론은 더 심화된다.

이 땅은 이스라엘에 속하지 않고 야훼(YHWH)에게 속한다. 또한, 여기서 다시 한번 하나님의 유일한 주 되심의 생태학적 중요성은 중요하다.

> 토지를 영구히 팔지 말 것은 토지는 다 내 것임이니라 너희는 거류민이요 동거하는 자로서 나와 함께 있느니라 너희 기업의 온 땅에서 그 토지 무르기를 허락할지니(레 25:23-24).

이런 희년이 담고 있는 더 많은 유익이 있다. 다양한 상업적 거래에서 그들은 잃어버린 그들의 집을 되찾게 될 것이고 빌린 돈에 대한 이자가 강제로 거두어지지 않을 것이고 채무의 결과로서 강제로 노역을 하게 된 누구나 채무가 면제되어 자유로워질 것이다. 게다가 노예가 되었던 "거류 이방인들"도 속량될 것이다.

> 그가 이같이 속량되지 못하면 희년에 이르러는 그와 그의 자녀가 자유하리니 이스

라엘 자손은 나의 종들이 됨이라 그들은 내가 애굽 땅에서 인도하여 낸 내 종이요 나는 너희의 하나님 여호와이니라 (레 25:54 - 55).

창조의 원래 언약과 피조계 전체를 대표해 하나님이 노아에게 하셨던 맹세가 모세 언약뿐만 아니라 이런 배경 안에 있다. 하지만 이런 희년 제도는 창조와 시내 산을 돌아보는 것일 뿐만 아니라 50년마다 예상되고 부분적으로 실현된 영원한 안식을 고대하기도 한다. 이사야 42장에서 이스라엘의 희년은 사실 보편화되어 민족들에게 전해진다.

내가 붙드는 나의 종 내 마음에 기뻐하는 자 곧 내가 택한 사람을 보라 내가 나의 영을 그에게 주었은즉 그가 이방에 정의를 베풀리라 그는 외치지 아니하며 목소리를 높이지 아니하며 그 소리를 거리에 들리게 하지 아니하며 상한 갈대를 꺾지 아니하며 꺼져가는 등불을 끄지 아니하고 진실로 정의를 시행할 것이며 그는 쇠하지 아니하며 낙담하지 아니하고 세상에 정의를 세우기에 이르리니 섬들이 그 교훈을 앙망하리라 (사 42:1 - 4)

희년의 메아리는 펼쳐지는 다음과 같은 구절에서 더욱 뚜렷해진다. 이 구절에서 종에게 희년이 다음과 같은 것으로 주어진다.

나 여호와가 의로 너를 불렀은즉 내가 네 손을 잡아 너를 보호하며 너를 세워 백성의 언약과 이방의 빛이 되게 하리니 네가 눈먼 자들의 눈을 밝히며 갇힌 자를 감옥에서 이끌어 내며 흑암에 앉은 자를 감방에서 나오게 하리라 (사 42:6 - 7).

희년 주제는 또한 다니엘 9장에서도 들린다.

네 백성과 네 거룩한 성을 위하여 일흔 이레를 기한으로 정하였나니 허물이 그치며 죄가 끝나며 죄악이 용서되며 영원한 의가 드러나며 환상과 예언이 응하며 또 지극히 거룩한 이가 기름 부음을 받으리라 (단 9:24).

속죄의 날을 그 핵심에 두는 희년은 하나님의 영원한 안식의 종말론적 침투일 것이다. 이런 침투에서 일상적인 일은 뒤집히고 하나님 나라가 부분적으로 타락한 피조계 안에서 실현된다. 구속은 심지어 이런 일정표에서도 핵심이지만 그것 자체가 목적은 아니다. 즉, 구속은 하나님의 성전 - 동산으로 땅의 회복을 가져오는 수단이다.

이런 배경으로 우리는 예수님이 나사렛이라는 자기 고향으로 돌아오는 누가복음 4장으로 오게 된다. 위에서 인용한 이사야 42:1 - 4의 두루마리를 읽은 후에 이 종이 "하나님의 은혜(희년)의 해를 선포하기 위해" 오셨다고 덧붙인 후에 예수님은 "이 글이 오늘 너희 귀에 응하였느니라"(눅 4:16 - 21)라고 회중에게 선포한다.

어째서 자신과 제자들이 안식일에 이삭을 줍는가에 대해 물음을 받았을 때 예수님은 "다만 제사장 외에는 먹어서는 안 되는" 진설병을 먹기 위해 동료들과 함께 성소에 들어가는 다윗의 예를 들었다.

이에 대한 정당성은 예수님은 다윗과 동등할 뿐만 아니라 더 크신 분이라는 것이다.

또 이르시되 인자는 안식일의 주인이니라 하시더라 (눅 6:3 - 5).

이 이야기는 마태복음에 더 상세하게 설명되어 있다. 그런데 흥미롭게도 이 이야기는 "수고하고 무거운 짐 진 자들아 다 내게로 오라 내가 너희를 쉬게 하리라"라는 예수님의 초대 후에 삽입되어 있다. 이 논쟁에 대한 마태복음 버전에서 예수님은 다음과 같이 말씀하신다.

내가 너희에게 이르노니 성전보다 더 큰 이가 여기 있느니라 나는 자비를 원하고 제사를 원하지 아니하노라 하신 뜻을 너희가 알았더라면 무죄한 자를 정죄하지 아니하였으리라 (마 12:6-7).

우리는 이런 희년 주제가 고린도후서 6장에서 분명하게 언급된 것을 발견한다.

이르시되 내가 은혜 베풀 때에 너에게 듣고 구원의 날에 너를 도왔다 하셨으니. 보라 지금은 은혜 받을 만한 때요 보라 지금은 구원의 날이로다 (고후 6:2).

히브리서 4장에서 더 일반적인 안식일 주제가 발견된다. 히브리서 4장에서 참된 안식일 휴식이 도래했기 때문에 유대인 신자들은 율법의 모형과 그림자로 돌아가지 말 것을 경고받는다. 광야 세대는 "불신앙 때문에"(히 3:19) 하나님의 안식에 들어가는 것을 금지당했다.

그러므로 우리는 두려워할지니 그의 안식에 들어갈 약속이 남아 있을지라도 너희 중에는 혹 이르지 못할 자가 있을까 함이라 그들과 같이 우리도 복음 전함을 받은 자이나 들은바 그 말씀이 그들에게 유익하지 못한 것은 듣는 자가 믿음과 결부시키지 아니함이라 이미 믿는 우리들은 저 안식에 들어가는도다 그가 말씀하신 바와 같으니 내가 노하여 맹세한 바와 같이 그들이 내 안식에 들어오지 못하리라 하셨다 하였으나 세상을 창조할 때부터 그 일이 이루어졌느니라 (히 4:1-3).

하지만 그들은 하나님의 안식에 들어가지 못했다.

오랜 후에 다윗의 글에 다시 어느 날을 정하여 오늘이라고 미리 이같이 일렀으되 오늘 너희가 그의 음성을 듣거든 너희 마음을 완고하게 하지 말라 하였나니 만일 여호수아가 그들에게 안식을 주었더라면 그 후에 다른 날을 말씀하지 아니하셨으리라 그런즉 안식할 때가 하나님의 백성에게 남아 있도다 이미 그의 안식에 들어간 자는 하나님이 자기의 일을 쉬심과 같이 그도 자기의 일을 쉬느니라(히 4:7-10).

다시 말해, 영원한 안식에 이르는 문은 모세가 아니라 예수님이다. 시내 산 언약은 폐지된 것이 아니라 완성되었지만, 영원한 안식에 이르는 문은 시내 산 율법으로 돌아가는 것에 의해서가 아니다.

나보다 먼저 온 자 - 최근까지 메시아 왕좌를 주장하는 자들 - 는 다 절도요 강도니 양들이 듣지 아니하였느니라 내가 문이니 누구든지 나로 말미암아 들어가면 구원을 받고 또는 들어가며 나오며 꼴을 얻으리라 도둑이 오는 것은 도둑질하고 죽이고 멸망시키려는 것뿐이요 내가 온 것은 양으로 생명을 얻게 하고 더 풍성히 얻게 하려는 것이라(요 10:7-10).

다시 말해, 이런 우주적 전투는 아주 분명하게 승리한다. 즉, 앞서 왔던 자들은 자칭 잘못 인도된 메시아들일 뿐만 아니라 알고 있든지 그렇지 않든지 종의 아주 오래된 원수의 대리인들이기도 하다.[11]

옛 언약 내내 이스라엘은 더 큰 안식일 휴식을 찾고 있었다. 부활과 승천에서 예수님은 "나와 및 하나님께서 내게 주신 자녀"라는 선포와 함께 "(우리) 구원의 창시자"로서 하늘 문으로 달려 들어가신다(사 8:18에서 호소하는 히 2:10, 13). 예수님은 안식일의 주님이시고 알파 - 창조자와 오메가 - 완성자시다. 그리스도 안에서 쉼이 없는 자들은 태초에 아담 안에서 인간에게 제공된 샬롬을 발견한다.

---

11 제2성전 시대의 이런 주장자들의 연대기를 참조하려면 Josephus, *Antiquities* 17.271-81을 보라.

아담처럼 모세의 인도 아래에 있던 세대는 안식을 박탈당했다. 심지어 그 후에도 여호수아가 이스라엘 백성에게 가져왔던 안식은 부분적이었고 단지 모형론적이었지만 문은 여전히 제 칠일에 열려있다. 자기 백성의 죄를 위해 "살아 있는 자들의 땅에서 끊어진"(사 53:8) 그리스도와 그리스도 안에 있는 자들은 이제 "내가 생명이 있는 땅에서 여호와 앞에 행하리로다"라고 말할 수 있다(시 116:9).

따라서 예수님과 바울의 경고처럼 히브리서 저자의 경고는 현 세대도 끊어질 위험 가운데 있다는 것이다. 아이러니하게도 참된 선지자이며 제사장이고 왕이신 분이 오셨음에도 율법의 그림자로 돌아갈 정도까지 말이다. 다시 말해, 전에 언급했던 것처럼 다윗과 마카비(Judas Maccabeus) 전통에서처럼 성전을 건축하신 분은 왕으로 정당화된다.[12] 신약성경의 선포는 다음과 같다. 즉, 부활에서 이 성전은 삼일 후에 일으킴 받았다. 포로 생활은 끝났고 궁극적 출애굽으로 바뀌었다.

예수님이 자신은 "섬김을 받으려 함이 아니라 도리어 섬기려 하고 자기 목숨을 많은 사람의 대속물로 주려"(마 20:28) 오셨다고 선언하실 때처럼 우리가 기업 무를 자는 말할 것도 없이 복음서에서 예수님이 하셨던 치료들 가운데 하나나 그가 버림받은 자들과 관계하시는 것을 마주칠 때마다 이런 희년의 노래는 들린다. 이것은 두 맹인이 예수님을 따라가며 "소리 질러 이르되 다윗의 자손이여 우리를 불쌍히 여기소서" 그리고 치료받을 때 들린다(마 9:27 - 30; 눅 18:35 - 40).

따라서 세례 요한의 제자들이 "오실 그이가 당신"인지 대해 예수님에게 물을 때 예수님은 다음과 같이 답변하신다.

---

12 N. T. Wright, *The New Testament and the People of God* (Minneapolis: Fortress, 1992), 309.

> 너희가 가서 듣고 보는 것을 요한에게 알리되 맹인이 보며 못 걷는 사람이 걸으며 나병 환자가 깨끗함을 받으며 못 듣는 자가 들으며 죽은 자가 살아나며 가난한 자에게 복음이 전파된다 하라 (마 11:2-6).

왕은 마침내 죄와 죽음을 정복하고 모세, 여호수아, 다윗이 단지 약속과 모형으로만 경험할 수 있었던 이런 영원하고 우주적 희년을 가져오기 위해 오셨다.

흥미롭게도 이것은 그리스도가 그들을 위해 사셨고 죽으셨고 부활하셨고 이제는 그들을 위해 중보하는 자들은 죄인일 뿐만 아니라 희생자라는 것을 가정한다. 승리자 그리스도는 우리의 속죄 교리 일부분이어야 한다. 또한, 이것은 죄인들뿐만 아니라 죄를 짓는 이런 요소를 포함한다. 심지어 죽음 전에도 그리스도의 삶은 이미 죄인들, 버림받은 자들과의 언약적 동일시다. 예수님이 걸으셨을 때이다.

> 예수께서 길을 가실 때에 날 때부터 맹인 된 사람을 보신지라 제자들이 물어 이르되 랍비여 이 사람이 맹인으로 난 것이 누구의 죄로 인함이니이까 자기니이까 그의 부모니이까 예수께서 대답하시되 이 사람이나 그 부모의 죄로 인한 것이 아니라 그에게서 하나님이 하시는 일을 나타내고자 하심이라 ⋯ 내가 세상에 있는 동안에는 세상의 빛이로라 (요 9:1-5).

예수님은 자신의 사역 전체에 걸쳐 반복해서 다음과 같은 사실을 보여 주셨다. 즉, 사람의 죄와 병, 빈곤, 또는 다른 형태의 고난 사이의 일대일 대응은 존재하지 않는다. 다시 말해, 죄는 죄인들을 가해자뿐만 아니라 죄인들을 만드는 조건이다.

물론 이것은 새로운 가르침은 아니었지만, 율법에 대한 현대적 해석에 따르면, 아프거나 병에 걸렸거나 어떤 식으로든 신체적으로 도전을 받았

던 사람들은 저주받거나 적어도 "불결한" 것으로 간주되었다.[13]

사회에서 배척당하는 이런 자들을 식탁으로 환영함으로써 예수님은 죄책뿐만 아니라 그것의 권능, 개인적-윤리적 결과뿐만 아니라 그것의 우주적-물리적 결과도 하지 않았을 왕국을 시작하시고 계셨다. 모든 사람은 동일하게 "불결하고" 그리스도 안에서 동일하게 "정결"하다. 즉, 죄와 은혜는 하나님의 새로운 사회를 민주화시켰다.

이분은 긍휼이 많으신 왕, 악의 권세를 전복시키지만 가장 연약한 형제자매들을 포용하고 보호하기 위해 그들에게 관심을 돌리시는 분이시다. 그분의 정복 전쟁에서 그분은 상한 갈대를 꺾지 않으시고 꺼져가는 등불을 끄지 않으신다. 이것은 너무 자주 이스라엘이 모방하고 예수님의 동시대인들이 기대했던 이방인들의 왕국과 같은 왕국은 아니다. 영광의 신학과 권력의 왕국을 전제하는 야고보와 요한의 어머니는 야고보와 요한이 예루살렘에 도착했을 때 예수님에게 그의 나라에서 자기 아들들을 그의 오른편과 왼편에 앉게 해달라고 간청한다.

물론 "우뢰의 아들들"은 지정학적 강대국의 왕좌에 대해 생각하고 있었지만, 예수님은 자신의 어느 쪽에 있는 왕좌는 십자가가 될 것이라는 사실을 아셨다.

> 너희는 너희가 구하는 것을 알지 못하는도다 내가 마시려는 잔을 너희가 마실 수 있느냐(마 20:22).

당연히 그들의 과도화게 실현된 종말론(overrealized eschatology)을 고려할 때 그들은 "할 수 있나이다"라고 답한다(마 20:20-22). 예수님은 그런 요구를 들자마자 야고보와 요한 형제에게 분노하는 다른 열 명의 제자에게

---

[13] 1 QSa 2.3-11을 언급하는 Wright, *Jesus and the Victory of God*, 191-93.

다음과 같이 말씀하신다.

> 이방인의 집권자들이 그들을 임의로 주관하고 그 고관들이 그들에게 권세를 부리는 줄을 너희가 알거니와 너희 중에는 그렇지 않아야 하나니 너희 중에 누구든지 크고자 하는 자는 너희를 섬기는 자가 되고 너희 중에 누구든지 으뜸이 되고자 하는 자는 너희의 종이 되어야 하리라 (마 20:25 - 26).

이제 적어도 승리자 그리스도 해석의 중요한 패턴 가운데 일부를 상세히 설명했으므로 우리가 이미 논의했던 선지자 사역과 제사장 사역의 상관관계를 이해할 수 있는가?

희생과 정복의 밀접한 연관성은 이미 복음서와 관련해 지적되었다. 내가 충분한 지면이 있다면 나는 또한 그리스도의 왕국이 오순절의 결과로서 여전히 더 극적으로 전개되는 사도행전을 조사할 것이다. 하지만 나는 바울 서신에서 중첩되는 이런 영역 가운데 일부 영역에 대해 간략하게 성찰할 것이다. 바울 서신에서 권세들의 정복과 대속적 속죄라는 주제가 하나의 구조 안에 서로 뒤섞여 있다.

> 또 범죄와 육체의 무할례로 죽었던 너희를 하나님이 그와 함께 살리시고 우리의 모든 죄를 사하시고 우리를 거스르고 불리하게 하는 법조문으로 쓴 증서를 지우시고 제하여 버리사 십자가에 못 박으시고 통치자들과 권세들을 무력화하여 드러내어 구경거리로 삼으시고 십자가로 그들을 이기셨느니라 (골 2:13 - 15).

우리가 자세히 살펴보면 이 구절의 첫 문장에서 총괄갱신에 대해 지나가며 언급하는 것을 구별할 수 있다. 즉, 그리스도와의 연합, 이런 연합 안에서 법적 무죄 선고뿐만 아니라 죄와 사망의 권세들에 대한 승리가 통합된다. 예를 들어, 고린도후서 5:16-19에서도 같은 것을 볼 수 있는데, 그 구절에서 우리는 더는 사람들을 "육신에 따라" 지나가는 이런 악한 시대의 관점에서 보지 않는다.

이런 "새로운 피조물"은 예수 그리스도 안에서 시작되었다. 하지만 승리자 그리스도라는 이 주제는 하나님이 "그들의 죄를 그들에게 돌리지 아니하시고" 그리스도의 죽음을 통해 원수들을 자기와 화목시키셨다는 사실과 관련이 있고 심지어 그런 사실에 의존한다.

첫째, 바울은 특별히 고린도전서 15장에서 정복이라는 제목 아래에 십자가와 부활을 종합하는 데 상당한 관심을 보인다. 다시 한번 아담 - 그리스도 모형론을 염두에 두고 바울은 인간을 통해서 들어온 사망과 인간을 통한 죽은 자들 가운데 부활 사이의 일대일 대응을 보여준다(고전 15:21 - 22). 그리스도와의 연합이라는 언약 주제는 그리스도가 완전한 수확의 "첫 열매"와 함께 그리스도와의 연합이라는 언약 주제는 다시 한번 중요하다.

그리스도의 부활에서 우리는 우리 자신의 미래 모습을 본다. 물론 다른 곳에서 이런 유기적 이미지는 머리와 몸의 이미지다(즉 엡 1:22 - 23; 4:15 - 16). 하지만 요점은 동일하다. 즉, 왕("첫 열매")이 가는 것처럼 그의 왕국("수확")도 간다. 마치 그가 죄에 대해 죽고 의에 대해 사신 것처럼 우리 또한 우리 자신을 죄에 대해 죽은 자요 의에 대해서는 산 자로 여긴다(롬 6장). 그의 부활이 우리 자신의 부활을 위해 결정적이지만 이 우주적 사건은 육체적 몸이 언약의 머리와 함께 부활할 때까지 완성되지 않을 것이다. 실제로 머리와 몸이라는 두 단계를 가진 죽은 자들의 단지 하나의 부활이 있다.[14]

하지만 이 개인은 공동체에 그 모습이 가려지지 않는다. 하나님 백성 전체가 하나의 성전으로서 그리스도와 함께 부활한다. 왜냐하면, 각 구성원

---

[14] Richard Gaffin Jr., *Resurrection and Redemption* (Phillipsburg, NJ: Presbyterian and Reformed, 1987), 35.

은 그 안에 있는 "산 돌"이기 때문이다(벧전 2:1 - 10). 따라서 바울은 다음과 같이 말할 수 있다. 즉, "이 썩을 것이 썩지 아니함을 입고 이 죽을 것이 죽지 아니함을 입을 때에는 사망을 삼키고 이기리라"(고전 15:54).

하지만 죽음에 대한 이런 우주적 정복은 즉시 개별적이고 사법적 측면과 통합된다. 즉, "사망이 쏘는 것은 죄요 죄의 권능은 율법이라." 하지만 죽음과 죄 모두 그리스도의 죽음과 부활에서 패배했다(고전 15:54 - 56).

사실 "죽을 것이 생명에 삼킨 바 되게 하려 함이라"라는 고린도후서 5:4에서의 비슷한 진술은 우리에게 다마스쿠스의 요한(John of Damascus)이 요약한 또 다른 다소 등한시되고 인정하건대 광범위하게 관심을 끌지 못한 다음과 같은 주제를 생각나게 한다.

"그런 까닭으로 죽음이 다가오고 미끼로서 몸을 삼키는 것은 신성의 갈고리에 고정된다. 그리고 죽음은 죄 없는 생명을 주는 몸을 맛본 후 소멸하고 자신이 삼켰던 오래된 모든 자를 불러일으킨다."[15]

둘째, 바울은 이 우주적 전투(왕적인) 주제를 에베소서 6장에서의 희생(제사장적) 주제와 관련시키는 데 이것은 승리자 그리스도를 반영하기 위한 지침이다. 즉, "우리의 씨름은 혈과 육을 상대하는 것이 아니요 통치자들과 권세들과 이 어둠의 세상 주관자들과 하늘에 있는 악의 영들을 상대함이라"(엡 6:12).

한편 우주 전투에 대한 이런 묘사는 예수님의 거짓 메시아 경쟁자들에 의해 이용당했던 것처럼 그리스도의 왕적 직분이 우리 자신의 이념적 목적을 위해 이용되는 것을 허락하지 않을 것이다. 그런데도 이것이 세속적 유토피아로 환원되는 것에 저항한다면 이것은 또한 영성화된 해석이나 내세적 해석을 승인하지 않는다. 복음서가 그렇게 생생하게 이야기하는 것처럼 이런 싸움은 중요한 의미에서 정치적이다. 즉, 이 세상의 왕국들은 하나님 나라와 그분의 그리스도와 대립하고 있다.

---

[15] John of Damascus, "Exact Exposition," 72.

이 시대 은혜 왕국의 통치는 결코 권력 왕국의 통치와 혼동되어서는 안 되지만 "현재 이런 어둠을 가진 우주적 권세들에 대항"하는 이런 투쟁은 이 세상을 활동 무대로 취한다. 종종 불리는 것처럼 이런 "영적 전쟁"은 마귀에게서 우리의 건강, 부와 행복을 되찾아오는 개인의 안녕을 위한 환상적 전투가 아니다. 이것은 일부 급진적이고 엄청나게 인기 있는 오순절주의 버전에서 중요한 주제지만, 바울의 주장이 "혈과 육"에 대한 투쟁을 위해 이용하는 것만큼 강경하게 그런 추측에 저항한다.

이런 우주적 전쟁의 실제 특징은 바울이 우리의 방어를 위해 식별하는 "무기"에서 보인다. 즉, 진리의 허리띠, 의의 호심경, "평안의 복음을 선포하기 위한" 신발 준비, 믿음의 방패, 구원의 투구와 "성령의 검 곧 하나님의 말씀"이다(엡 6:14 - 17).

이런 모든 방어 장비가 다른 곳에서 그리스도로 옷을 입으라는 - 특별히 "공의의 갑옷"이 이사야 59:17에 나오기 때문에 이것 자체가 "구원의 옷을 내게 입히시며"(사 61:10)와 "공의의 겉옷"(사 61:10)을 입는 것에 대한 유력한 암시 - 바울의 격려 안에 요약될 수 없었는가?

신자들은 "새 사람을 입었으니 이는 자기를 창조하신 이의 형상을 따라 지식에까지 새롭게 하심을 입은 자니라 거기에는 헬라인이나 유대인이나 할례파나 무할례파나 야만인이나 스구디아인이나 종이나 자유인이 차별이 있을 수 없나니 오직 그리스도는 만유시요 만유 안에 계시니라"(골 3:10 - 11). 따라서 적어도 이 시대에 이런 우주적 전쟁은 "이로써 능히 악한 자의 모든 불화살을 소멸"(엡 6:16)하는 하나님 말씀의 진리에 기초해서 믿음을 통해 받는 복음 선포와 주로 관련이 있다.

셋째, 우리는 계시된 신비에 대한 바울의 이해에서 또한 어둠의 권세들에 대한 여자의 후손의 이런 종말론적 승리를 본다.

오직 은밀한 가운데 있는 하나님의 지혜를 말하는 것으로서 곧 감추어졌던 것인데 하나님이 우리의 영광을 위하여 만세 전에 미리 정하신 것이라 이 지혜는 이 세대의 통치자들이 한 사람도 알지 못하였나니 만일 알았더라면 영광의 주를 십자가에 못 박지 아니하였으리라 (고전 2:7 - 8).

사실 구약성경 전반에 걸쳐 뱀과 여자의 후손 사이의 적개심은 이 모든 주요한 사항 이면에 놓여있는 큰 이야기다. 역사서들은 이런 언약적 노선에 가해진 이런 위협을 강조한다. 예수님은 아벨에서 마지막 선지자까지 뱀과 메시아 사이의 천상의 싸움이 아래 땅에서 심지어 자신도 모르는 인간 행위자들에 의해 행해지고 있다고 말했다 (마 24:33 - 36).

가인이 아벨을 살해한다. 하지만 하나님은 셋을 세우신다. 셋 족속은 거의 완전히 길을 잃을 지점까지 언약 밖에 있는 자들과 통혼하고 단지 불모지임에도 아브라함과 사라를 통해 약속된 희망으로 마침내 이끌려진다.

우리가 이미 살펴보았듯이 이 줄다리기는 애굽의 "장자"와 이스라엘의 "장자" 사이의 싸움에서 특별히 폭력적으로 되었고 아기 모세는 대량 학살에서 간신히 구해졌다. 반복해서 이런 언약적 약속은 왕들의 시대 동안 위기에 처해 있다.

예를 들어, 유다의 왕 아하시야가 죽었을 때 그의 어머니 아달랴는 왕가 전체를 처형하라고 명령했다. 메시아가 유다 족속에게서 나올 것이라는 사실을 기억할 때 이 시점에 구속사 전체가 아하시야의 누이들이 숨겼던 한 아이인 요아스에게 달려 있었다는 것을 깨닫는다. 엄숙한 집회에서 이스라엘 지도자들은 결국 그 소년을 왕으로 선포했다.

여호와께서 다윗의 자손에게 대하여 말씀하신 대로 왕자가 즉위하여야 할지니 (대하 22:10 - 23:3).

역사 무대에서 행해지는 이 우주적 전쟁은 헤롯 치하에서 갓 태어난 남자 유아들을 학살하는 것으로 절정에 이른다(마 2:16 - 18). 그리고 이것은 요한계시록 12장에 묵시론적 형태로 놀랍게 담겨 있다. 헤롯, 빌라도, 가야바, 심지어 제자들에 의해 버림받음과 (우리 자신뿐만 아니라) 베드로가 자신을 부인한 것을 예수님이 극복한 것은 이 세상을 죄, 사망과 심판 아래 두려고 공모하는 사탄과 마귀적인 "정사와 권세"의 패배였다.

시험은 끝났다. 새로운 인류는 그리스도 안에서 승리했고 심판의 강을 넘어 은혜의 왕국으로 들어갔고 어느 날 마침내 영광의 왕국으로 들어갈 것이다.

우리가 우연히 사는 권력 왕국의 어떤 체제에서든지 소위 권력 왕국의 당연한 사실들은 "세상의 초등학문"(골 2:8), 속임수, 끔찍하게 잘못된 유치한 연극이며, 그리스도 안에 있는 자들의 의무, 충성과 운명을 더는 어떤 방식으로 결정하지 않는 것으로 드러난다. 그러나 다시 한번 이 구절(골 2장)에서 이런 주제들을 종합하게 하는 것, 총괄갱신(그리스도와 함께 사는)과 권세의 정복에 영향을 주는 것은 법적 제재가 그리스도 안에서 또한 그리스도에게서 이행됨으로써 우리에게 가해졌던 법적 제재가 취소되었다는 것이다.

이 우주적 법정 안에 하나님 앞에서 우리에 대한 소송은 우리에게 유리하게 해결되었고 사탄이 기소할 어떤 근거도 남기도 않았다. 따라서 마귀 권세가 우리 삶에 대해 어떤 최종적 주장도 하지 못하게 했다. 바울의 법정을 단순히 로마 법률 체제의 영향으로 일축할 수 없다.

또한, 아담이 유죄 판결을 받고 용서 받았던 것은 다름 아닌 바로 이 법정이다. 환상 가운데 하나님의 보좌를 바라보는 이사야는 "망하게 되었고" 그의 정결을 위해 속죄가 이루어졌던 곳은 다름 아닌 제단의 희생 제사와 지성소라는 법정이다(사 6장). 또한, 대제사장 여호수아의 더러운 옷과 그에 대한 사탄의 기소에도 그가 의롭다 선포되었던 곳은 다름 아닌 제단의 희생 제사와 지성소라는 법정이다(스 3장).

나는 심지어 여기서 통치설에 있는 진리를 덧붙일 수도 있다. 일단 그리스도가 공의의 주장을 완전히 충족시켰다면 하나님이 심판자이셨을 뿐만 아니라 인간들에 의해 판단 받으셨던 이런 우주적 재판은 하나님에게서 모든 혐의를 벗긴다. 이제 우리는 하나님이 어떻게 불의와 악을 참을성 있게 인내하셨는가를 이해한다.

하나님은 "어느 때까지이니까?"

이런 부르짖음에 냉담하지 않으신다.

> 너희를 대하여 오래 참으사 아무도 멸망하지 아니하고 다 회개하기에 이르기를 원하시느니라(벧후 3:9).

우주뿐만 아니라 역사에 대한 하나님의 통치는 유지된다. 즉, 하나님과 그분의 백성은 모든 민족이 보는 앞에서 정당성이 입증된다. 예를 들어, 히브리서 2장에서 희생, 총괄갱신 그리고 정복이라는 주제가 동일하게 통합되는 것을 발견한다.

> 자녀들은 혈과 육에 속하였으매 그도 또한 같은 모양으로 혈과 육을 함께 지니심은 죽음을 통하여 죽음의 세력을 잡은 자 곧 마귀를 멸하시며 또 죽기를 무서워하므로 한평생 매여 종 노릇하는 모든 자들을 놓아 주려 하심이니 이는 확실히 천사들을 붙들어 주려 하심이 아니요 오직 아브라함의 자손을 붙들어 주려 하심이라 그러므로 그가 범사에 형제들과 같이 되심이 마땅하도다 이는 하나님의 일에 자비하고 신실한 대제사장이 되어 백성의 죄를 속량하려 하심이라 그가 시험을 받아 고난을 당하셨은즉 시험 받는 자들을 능히 도우실 수 있느니라(히 2:14 – 17)

이런 의존성은 비대칭적이다. 총괄갱신이나 승리자 그리스도 모형도 대리 속죄적 공식을 확립할 수 없지만 제3의 모형은 다른 두 모형을 위한 기초를 제공한다.

이것은 도덕적 영향(모범주의) 이론과 도덕적 통치 이론과 같은 제안된 다양한 다른 이론과 관련해 더욱 그렇다. 물론 이런 모범주의적 설명에는 다른 많은 버전이 있지만 그것들은 모두 기본적으로 주관적이다. 그것들은 하나님과 피조물 사이에 얻는 어떤 새로운 사태를 선언하는 것이 아니라 단지 인식의 새로운 상태만을 선언한다. 따라서 그것들은 새로운 창조에서가 아니라 단지 옛것에 대한 우리의 재헌신에서만 나올 수 있다.

이것은 새로운 창조가 도래했었을 때 옛 언약(즉 율법)의 모형과 그림자로 되돌아가길 원했던 자들의 문제였다. 시내 산 율법의 "언약적 율법주의" 또는 이방인들에 대한 펠라기우스적 가정에 의해 영감을 받든지 간에 신인 협력설은 "이런 사라지는 시대"에 속하고 그것들 자체의 목적을 성취할 수 없다.

마치 우리가 하나님과 화목하는 데 방해되는 유일한 것은 정보이거나 감동적인 모범인 것처럼 그리스도의 사역에 대한 모범주의적 견해들은 낙관주의 인간론을 가정한다. 펠라기우스적 인간론의 결과는 신적 구속보다는 오히려 인간의 회개가 용서와 화목을 위한 기초가 되는 구원론이다.

하지만 십자가가 사랑의 상징이라는 것은 단지 그리스도라는 제물이 속죄를 위한 것이기 때문이다(요 3:16).

> 사랑은 여기 있으니 우리가 하나님을 사랑한 것이 아니요 하나님이 우리를 사랑하사 우리 죄를 속하기 위하여 화목 제물로 그 아들을 보내셨음이라(요일 4:10).

의무는 단지 이런 직설법에 기초해서만 따라 나올 수 있다. 즉, "사랑하는 자들아 하나님이 이같이 우리를 사랑하셨은즉 우리도 서로 사랑하는 것이 마땅하도다"(요일 4:11). 정확하게 그리스도의 희생적 죽음의 독특성과 가치 때문에 이런 명령은 그의 희생적 죽음이 아니라 그의 순종적 삶을 모방하는 것이라는 사실에 주목하라. 일단 우리가 속죄가 담고 있는 희생적 특징을 충분히 인식한다면 사실 우리는 십자가를 하나님 사랑이 가장 분명하게 드러난 것과 우리가 다른 사람들과 맺고 있는 윤리적 관계 안에서의 참된 우정의 예로 인식한다. 십자가의 속죄적 특징이 없다면 십자가는 하나님의 사랑이 아니라 자의적 의지를 보여준다.

마지막으로 소위 통치설이 주장하는 것처럼 만약 그리스도의 죽음이 인간을 대표해 죄에 대한 징벌이 되지 않고 단순히 이 세상의 통치자로서 하나님의 공의를 다시 세우는 것이라면 어떻게 그리스도의 죽음이 자의적 의지의 행동에 의한 공의의 단순한 주장 이상의 것이 될 수 있겠는가?

그러나 그리스도의 순종적 삶과 죽음 안에서 하나님이자 인간으로서 선지자, 제사장 그리고 왕으로서 그리스도의 대속적 사역에서 하나님 자신은 규칙에 따라 행동한다. 자신의 본질 안에서 하나님 자신이 공의인 그런 공의에 자신을 복종시킴으로써 하나님은 온 세상에 정의를 확립하신다. 십자가는 모든 것을 바로잡아야 한다는 것을 무시하는 것이 아니라 사실 그것을 성취한다.

간단히 말해 속죄에 관한 주관적 이론들이 일반적으로 주장하는 것처럼 만약 십자가가 죄인들과 화목하기 위해 하나님에게 어떻게든 필요한 것이 아니라면 십자가는 무언가의 본보기가 아니라 임의적 신적 권능에 지나지 않는다. 하지만 예수님이 "아버지여 만일 아버지의 뜻이거든 이 잔을 내게서 옮기시옵소서 그러나 내 원대로 마시옵고 아버지의 원대로 되기를 원하나이다"(눅 22:42)라고 기도하셨을 때 그런 질문에 대한 답변은 성금요일에 왔다.

> 여호와께서 그에게 상함을 받게 하시기를 원하사 질고를 당하게 하셨은즉 그의 영혼을 속건제물로 드리기에 이르면 그가 씨를 보게 되며 그의 날은 길 것이요 또 그

의 손으로 여호와께서 기뻐하시는 뜻을 성취하리로다 그가 자기 영혼의 수고한 것을 보고 만족하게 여길 것이라 나의 의로운 종이 자기 지식으로 많은 사람을 의롭게 하며 또 그들의 죄악을 친히 담당하리로다(사 53:10-11).

이것은 하나님이 이런 희생이 유일한 방법이었다는 자신의 공의의 정당성을 입증할 필요가 있으셨기 때문이었을 뿐만 아니라 하나님은 자기 백성의 정당성을 입증하시길 원하셨기 때문이기도 했다.

그렇다면 십자가를 하나님의 존재 전체와 인류의 필요를 아우르고 만족시키기 위한 것으로 볼 수 있는 것은 단지 희생적 유비라는 더 광범위한 맥락 안에서일 뿐이다. 공의를 희생한 명예는 하나님을 유일한 관심이 자기 백성이 아니라 자신의 자존심을 회복하는 것에만 있는 옹졸한 봉건 영주로 축소하는 것이다.

사랑을 희생한 공의는 두려워할 수 있는 신성을 드러내지만 결코 불의한 자들에 의해 신뢰받을 수 없다. 공의를 희생하는 사랑은 사랑으로서 하나님 대신에 하나님으로서 사랑을 예배하는 것이다. 그런 감상적 신학에 의하면 십자가는 결코 무언가의 교훈이 아니라 임의적인 잔인함으로 이해될 수 있다.

그리스도의 삶을 낮아지심과 높아지심으로 일반적으로 나누는 것이 가진 약점은 다음과 같다. 즉, 그것은 일반적으로 십자가는 낮아지심으로 부활은 높아지심으로 돌린다는 것이다. 하지만 복음서는 더 역설적인 방식으로 그리스도의 죽음을 다룬다. 이것은 정확하게 십자가가 끝이 아니라 십자가가 동시에 비극과 승리로서 다루어질 수 있도록 예수님이 영광에 이르기 위해 통과해야 할 계곡이기 때문이다.

예수님은 니고데모에게 인자는 "들려야" 한다고 말씀하시는데, 이는 "그를 믿는 자마다 영생을 얻게 하려 하심이니라"라고 말씀하신다(요 3:14). 부활에서뿐만 아니라 십자가에서도 "너희가 인자를 든 후에 내가 그인 줄을 알고"라고 말씀하신다(요 8:28).

내가 땅에서 들리면 모든 사람을 내게로 이끌겠노라 하시니(요 12:32).

이 말씀은 예수님이 권세들을 정복하는 맥락에서 말해진다.

이제 이 세상에 대한 심판이 이르렀으니 이 세상의 임금이 쫓겨나리라(요 12:31).

"들리는 것"은 역설적이다. 즉, 낮아지심이며 동시에 높아지심이다. 희생자가 로마법에 따라 범죄자의 죽음을 경험하는 모습과 유대법에 따라 언약의 저주받은 구성원의 죽음을 경험하지만 그런데도 즉위식의 언어로 "들려지는" 모습은 요한 계시록에서 왕좌에 앉아 있는 어린양의 이미지만큼이나 역설적이다. 그렇다면 여기서 주장되는 요점은 다음과 같다. 즉, 그리스도의 낮아지심과 높아지심은 단순히 다른 국면들과 일치하는 것이 아니라 그리스도의 사역 전체에 걸쳐서 변증법적으로 관련되어 있다.

비문에 올바르게 적혀 있는 것처럼 그리스도는 십자가에 못 박힌 왕이다. 심지어 십자가 위에서도 그리스도는 수동적이지 않았고 우리(또한, 우리를 따라 모든 피조물)를 죄, 절망과 죽음으로 속박하고 있는 권세들을 패퇴시키고 계셨다. 유혹으로 시작한 그의 사역 전체에 그러셨던 것처럼 심지어 십자가에서도 그리스도는 자신의 옛 원수와 투쟁하고 계셨다. 사탄이 십자가를 피하면서 지금 여기에서 예수님에게 권세의 영광스러운 왕국을 약속했지만, 그는 정확하게 왕이 홀(笏)을 포용하는 것처럼 십자가를 포용하셨다. 또는 비유를 약간 바꾸자면 예수님은 십자가 위에서 왕좌에 앉으신다.

우리가 그리스도의 삶과 죽음, 십자가와 부활, 그의 신성과 인성, 법정적인 것과 관계적인 것, 개별적인 것과 우주적인 것을 반영하는 그리스도의 삼중 직분이라는 관점에서 십자가를 볼 때 우리는 다마스커스의 요한에게 더 좋게 찬동할 수 있다.

그러므로 그리스도가 행한 모든 행동과 기적을 행하심은 가장 위대하고 신적이고 경탄할 만하다. 하지만 모든 것 가운데 가장 놀라운 것은 그의 소중한 십자가다. 왜냐하면, 우리 주 예수 그리스도의 십자가를 제외하고 다른 어떤 것도 죽음을 정복하지 않았고 첫 부모의 죄를 속죄하지 않았고 지옥을 약탈하지 않았고 부활을 제공하지 않았기 때문이다.

우리에게 현재와 심지어 죽음 자체를 정죄할 수 있는 권능을 부여하지 않았고 우리의 이전 축복을 돌려주도록 준비하지 않았고 천국의 문을 열어주지 않았고 우리의 본성에게 하나님 우편에 앉을 좌석을 제공하지 않았고 우리를 하나님 자녀와 상속자가 되게 하지 않았기 때문이다. 왜냐하면, 십자가에 의해 만물이 올바르게 되었기 때문이다.[16]

1) 영광의 왕

예수님의 메시아 주장은 주로 성전과의 관계와 관련해야 했다. 왜냐하면, "유대인의 왕"이라는 칭호에 대한 주장자들은 왕적이고 제사장적 역할이 그들의 인격 안에 융합되고 있다는 공개적인 모습을 보여 주기 위해 행동을 취했기 때문이다. 예루살렘으로의 승리적 입성과 함께 예수님은 스가랴 9장에서 확인된 메시아라고 주장하고 있었다. 이제 예수님은 성전을 정결하게 하려고 왕의 신분으로 성전에 입성하신다.

그날에는 만군의 여호와의 전에 가나안 사람이 다시 있지 아니하리라 (스 14:21).

---

[16] 위의 책., 80.

하스몬 가계(the Hasmonean)가 그런 행동을 매우 위협적인 것으로 여겼던 것은 당연하다. 왜냐하면, 그런 행동들은 유다 마카비우스가 행한 연속적 행동을 반복했기 때문이다. 즉, "이방인들에 대한 승리, 성전 청소, 약속의 성취와 새로운 왕조의 설립"[17]이다.

라이트는 다음과 같이 기록한다.

"마가복음과 마태복음에서 성전에서 예수님이 하셨던 행동은 무화과나무를 저주하신 것과 밀접하게 연관되어 있다."

옮기어 바다로 던져져야 할 "산"은 스가랴 4:6 - 7을 반영하는 성전 산이다. 그런데 이것 자체는 이사야 40:4과 이사야 42:16을 반영한다.[18] 스가랴 4장은 천사가 유다의 지배자에게 다음과 같이 말을 하며 이날을 예상한다.

> 그가 내게 대답하여 이르되 여호와께서 스룹바벨에게 하신 말씀이 이러하니라 만군의 여호와께서 말씀하시되 이는 힘으로 되지 아니하며 능력으로 되지 아니하고 오직 나의 영으로 되느니라 큰 산아 네가 무엇이냐 네가 스룹바벨 앞에서 평지가 되리라 그가 머릿돌을 내놓을 때에 무리가 외치기를 은총 은총이 그에게 있을지어다 하리라(스 4:6 - 7).

마치 신정 체제 자체처럼 현재 성전과 성전의 산이 방해된다. 하지만 전에 하나님의 성소는 이제 오셨던 참된 성전에 방해된다. 다윗의 자손일 뿐만 아니라 다윗의 주님으로서(시 110편에 기초한 막 12:35 - 37) 예수님은 다윗보다 더 위대한 왕이자 아론보다 더 위대한 제사장으로 성전에 대한 권위를 주장하셨다(둘 다 시 110편에서 예상되었다).

---

[17] Wright, *Jesus and the Victory of God*, 493.
[18] 위의 책., 494.

초기 (그리고 후기의) 주장자들이 그들 자신을 성전과 성전의 종교 의식적 삶을 구원하는 자들로 제시했지만, 예수님은 자신의 메시아 사명을 그것과 직접 갈등 관계에 놓으신다. 이것은 심지어 예수님의 초기도 "걸려 넘어지게 하는 바위"인 이유 가운데 하나다.

이스라엘은 말할 것도 없이 이 세상에도 단순히 두 개의 성전을 위한 충분한 여지가 존재하지 않는다. 이 땅의 모형은 실제 하는 것인 척할 수 없다. 또한, 실제하는 것이 올 때 모형은 즐겁고 정중하게 뒤에 남겨져야 한다. 라이트가 덧붙이는 것처럼 "종말론적 법정 장면에서 그는 자신을 성전과 대립시켰다. 성전 파괴에 대한 그의 예언이 이루어질 때 그런 사건은 그가 사실 성전에 대한 권위를 가졌던 메시아였다는 것을 입증할 것이다." 비록 완전한 파괴로 끝나지만 그것은 마카베오 위기의 재현일 것이다.[19] 라이트는 포로 생활과 회복이라는 이런 대단히 중요한 이야기에 대한 요약으로서 탕자의 비유에 주의를 돌린다.

그리고 탕자의 이야기는 아주 단순하게 다음과 같이 언급할 수 있다. 즉, 이런 희망은 이제 성취되고 있다. 하지만 이것은 기대했던 것처럼 보이지 않는다. 이스라엘 자신의 어리석음과 불순종으로 이스라엘은 포로 생활을 하게 되었다. 그리고 이스라엘 하나님의 환상적으로 관대하고 사실 아주 풍부한 사랑으로 인해 이제 이스라엘은 귀환하고 있다.

하지만 이것은 매우 파괴적 재연이다. 죽은 자로부터의 부활을 포함한 포로 생활에서의 진정한 귀환이 예수님 자신의 사역에서 극도로 역설적인 방식으로 일어나고 있다. 지금 일어나고 있는 일에 불평하는 사람들은 포로 생활을 겪지 않았고 귀환하는 사람들을 반대했다. 사실 그들은 실제 사마리아인들이다. 예레미야가 예언했던 것처럼(렘 31:18 - 20) 참된 이스라엘

---

19 위의 책., 511.

은 정신을 차리고 아버지에게로 돌아오고 있다. 또한, 하나님의 사랑과 은혜의 이런 위대한 움직임에 반대하는 자들은 그들 자신을 참된 가족 밖에 있는 자들로 규정하고 있다.[20]

"예수님 자신이 자신은 포로 생활로부터의 이런 이상한 귀환의 위대한 대행자였고 자신은 그에 따라 살았고 행동했다고 믿었다"는 것은 충분히 명백해 보인다.[21]

이것이 새로운 출애굽이라면 그것에 반대하는 사람들은 애굽 왕 바로로 제시된다. 만약 그것이 포로 생활로부터의 실제 귀환이라면 반대자들은 사마리아인들이다. 예수님이 어떤 의미에서 실제 성전을 건설하고 있다면 반대자들 - 아이러니하게도 그들 자신의 세계관은 예루살렘에 있는 성전에 너무 강하게 초점을 맞추고 있기 때문에 - 성전 재건축을 단호하게 반대했던 자들로 제시된다. 그들은 그 결과로서 그가 죽기를 바라고 있는 이스라엘의 언약의 하나님에게 말하고 있다.[22]

다시 말해, 메시아가 모세의 신정 체제의 현상 유지를 회복할 것이라는 견해는 "부정한 것"에서 "정결한 것"을 분리하는 것을 정당화할 수 있었다. 바리새인들은 메시아가 토라를 해석하는 율법 전통의 단계에 대한 세심한 관심을 포함한 시내산 율법의 상세한 내용에 대한 더 엄격한 순종으로 오실 것이라고 말했다.

---

20   위의 책., 127. 라이트는 누가복음 15장(잃어버린 양, 잃어버린 동전, 탕자와 그의 형에 관한 비유들)과 사도행전 15장(이방인들이 새 언약 공동체의 정회원으로 받아들여졌던 예루살렘 공의회) 사이의 유사점을 본다(128).
21   위의 책., 128.
22   위의 책., 130.

새로운 피조물과 새로운 출애굽뿐만 아니라 이런 예언은 다윗의 자손이 영원한 왕좌에 앉을 것이라고 다윗에게 하셨던 무조건적 약속을 성취할 것이다. 다윗의 메시아 자손은 자기 임무를 위해 성령으로 기름 부음 받을 것이고 약한 자들의 대의를 의롭게 심판하고 지킬 것이다. 다시 새로운 피조물/안식일 언어가 분명하다.

> 이리가 어린양과 함께 살며 표범이 어린 염소와 함께 누우며 송아지와 어린 사자와 살진 짐승이 함께 있어 어린아이에게 끌리며 … 내 거룩한 산 모든 곳에서 해됨도 없고 상함도 없을 것이니 이는 물이 바다를 덮음 같이 여호와를 아는 지식이 세상에 충만할 것임이니라(사 11:1 - 9).

미가 4장과 5장은 하나님의 말씀이 세상으로 나가며 민족들이 여호와의 산으로 가는 모습을 상상한다. 메시아는 민족들을 심판하고 땅에 평화를 가져올 것이고 그는 베들레헴에서 태어나실 것이다(미 5:2). 스가랴 9장에서 나귀 새끼를 타시는 왕이 영원한 평화를 가져올 것이다.

> 너로 말할진대 네 언약의 피로 말미암아 내가 네 갇힌 자들을 물 없는 구덩이에서 놓았나니(스 9:11).

> 새로운 포도주와 곡물이 있는 축제의 시간일 것이다(스 9:9 - 17).

에녹 1서(특별히 48:10)와 에스라 4(특별히 13:32ff)에서처럼 제2성전 문헌에서 다른 분명한 유사점이 있다. 따라서 속박에서 더 큰 출애굽이 구원의 서정에서뿐만 아니라(개인적 중생과 무죄 선고) 역사와 종말의 우주적 드라마에서도 발생한다. 즉, 하나님은 자신의 메시아를 무덤에 버리지 않으셨다(시 16:10).

리델보스(Herman Ridderbos)가 이 문제를 언급하는 것처럼 "초대 교회가 이 이야기를 만들어 내지 않았다. 오히려 이 이야기가 초대 교회를 만들었다 …. 부활이 없다면 이 이야기는 그 힘을 잃어버렸을 것이다. 그것은 복음의 이야기가 아니라 한 성인의 삶에 관한 이야기가 되었을 것이다."[23] 그의 오순절 설교에서 베드로는 그리스도 안에서 하나님의 구원 사역을 선포하는 것을 지지하는 증거 본문으로서 시편 16:8 - 11을 인용했다.

> 하나님께서 그를 사망의 고통에서 풀어 살리셨으니 이는 그가 사망에 매여 있을 수 없었음이라(행 2:24 - 28).

(따라서 십자가에서 사탄이 미끼를 삼켰지만 단지 사탄 자신이 삼켜졌다는 이런 이상한 교부적 개념 안에 담긴 진리는 심오한 통찰을 반영한다). 다윗의 무덤은 비어 있지 않기 때문에 베드로는 그의 첫 번째 기록된 설교에서 성경이 단지 "메시아의 부활"을 언급했었을 것이라고 말했다.

> 이 예수를 하나님이 살리신지라 우리가 다 이 일에 증인이로다 하나님이 오른손으로 예수를 높이시매 그가 약속하신 성령을 아버지께 받아서 너희가 보고 듣는 이것을 부어 주셨느니라 … 그런즉 이스라엘 온 집은 확실히 알지니 너희가 십자가에 못 박은 이 예수를 하나님이 주와 그리스도가 되게 하셨느니라 하니라(행 2:29 - 36).

사도들이 선포하는 케리그마(kerygma)나 복음서를 구성하는 것은 십자가 사역의 완성으로서 그리스도의 부활과 승천에 관한 선포다. 그들이 "생명의 주"를 십자가에 못 박았지만 "하나님이 죽은 자 가운데서 살리셨던

---

23 Herban Ridderbos, *Studies in Scripture and Its Authority* (Grand Rapids: Eerdmans, 1978), 42.

분"은 다름 아닌 그리스도다.

> 우리가 이 일에 증인이라 … 형제들아 너희가 알지 못하여서 그리하였으며 너희 관리들도 그리한 줄 아노라 그러나 하나님이 모든 선지자의 입을 통하여 자기의 그리스도께서 고난 받으실 일을 미리 알게 하신 것을 이와 같이 이루셨느니라 그러므로 너희가 회개하고 돌이켜 너희 죄 없이 함을 받으라 이같이 하면 새롭게 되는 날이 주 앞으로부터 이를 것이요 또 주께서 너희를 위하여 예정하신 그리스도 곧 예수를 보내시리니 하나님이 영원 전부터 거룩한 선지자들의 입을 통하여 말씀하신 바 만물을 회복하실 때까지는 하늘이 마땅히 그를 받아 두리라(행 3:15-21).

사실 이 예수님 자신이 모세를 통해 약속하셨던 위대한 선지자다.

> 너희는 선지자들의 자손이요 또 하나님이 너희 조상과 더불어 세우신 언약의 자손이라 아브라함에게 이르시기를 땅 위의 모든 족속이 너의 씨로 말미암아 복을 받으리라 하셨으니 하나님이 그 종을 세워 복 주시려고 너희에게 먼저 보내사 너희로 하여금 돌이켜 각각 그 악함을 버리게 하셨느니라(행 3:15-26).

구약의 예언에 호소하고 어떤 다른 이름으로 구원을 얻을 수 없는 사실을 선언하는 "너희가 십자가에 못 박고 하나님이 죽은 자 가운데서 살리신"과 같은 말씀의 패턴이 사도행전의 많은 설교의 특징을 이룬다(2:24-36; 3:14-15; 4:10-12, 24-30; 5:30-32; 7:1-53; 10:39-43; 13:16-39; 17:30-32; 25:19; 26:4-8, 22-23; 28:20, 23-24).

바리새인들은 죽은 자의 부활에 대한 그들의 믿음으로 구별되었기 때문에 바울은 유대 공의회 앞에서 "여러분 형제들아 나는 바리새인이요 또 바리새인의 아들이라 죽은 자의 소망 곧 부활로 말미암아 내가 심문을 받노라"라고 약간 반어적으로 언급했다(행 23:6).

이미 주장했던 것처럼, 우리는 그리스도의 삼중 직분을 소위 낮아지심과 높아지심과 같은 상태와 너무 엄격하게 결부시키지 말아야 한다. 왜냐하면, 어떤 시점에서도 예수님은 심지어 십자가에서의 그의 사역에서도 왕국이 없었던 것은 아니었고 심지어 우리를 위해 간구하시기 위해 지금도 하나님의 우편에서 "영원히 사시기" 때문이다. 우리가 요한복음에서 발견하는 것처럼 십자가형 자체는 일종의 높아지심으로 볼 수 있다.

> 내가 땅에서 들리면 모든 사람을 내게로 이끌겠노라 (요 12:32).

우리는 처음에 이것을 예수의 승천에 대한 언급으로 받아들이고 싶을 수도 있지만 다음 구절은 그런 인상을 교정해 준다. 즉, "이렇게 말씀하심은 자기가 어떠한 죽음으로 죽을 것을 보이심이러라"(요 12:33). 따라서 우리는 낮아지심의 상태에서 높아지심의 상태 또는 선지자에서 제사장으로의 진행을 볼 뿐만 아니라 십자가와 영광의 변증법을 보기도 한다.

옛 언약 전체의 경륜 그 자체가 결코 실현할 수 없었던 완성에 대한 모형론적 예상이기는 했지만, 마가복음 9장에서 이야기되는 변화산 사건은 예수님의 지상 사역의 와중에서 메시아의 높아지심에 대한 예상이다. 옛 언약이 새 언약 - 더 구체적으로 놀랄만한 영광 가운데 이제 도래한 "성령의 사역"에 자리를 내주는 모세 사역(죽이는 율법 조문) - 에 자리를 내 주는 것처럼 고린도후서는 이 사건을 옛 언약의 사라지는 영광을 숨기는 것으로 해석한다(고후 3:3 - 9).

> 정죄의 직분도 영광이 있은즉 의의 직분은 영광이 더욱 넘치리라 영광되었던 것이 더 큰 영광으로 말미암아 이에 영광될 것이 없으나 없어질 것도 영광으로 말미암았은즉 길이 있을 것은 더욱 영광 가운데 있느니라 (고후 3:3 - 11).

오직 그리스도 안에서만 모세의 수건이 벗겨진다(고후 3:14-16).

> 주는 영이시니 주의 영이 계신 곳에는 자유가 있느니라 우리가 다 수건을 벗은 얼굴로 거울을 보는 것 같이 주의 영광을 보매 그와 같은 형상으로 변화하여 영광에서 영광에 이르니 곧 주의 영으로 말미암음이니라(고후 3:17-18).

예수님은 "영광의 주님"(고전 2:8), "하나님의 영광의 광채"(히 1:3)로 불린다.

그런데도 타당한 이유로 인해 루터 신학뿐만 아니라 개혁파 신학도 모형론적으로 은혜 가운데 통치(regnum gratiae)와 영광 또는 권능 가운데 그분의 통치(regnum gloriae/potenitae) 사이의 그리스도의 왕권이 가진 종말론적 구별을 따랐다. 하나님은 자신의 거룩한 산에 자신의 왕을 세우셨고 이제 보편적인 경의를 요구하신다 (시 2:6; 45:6-7; 히 1:8-9에서 시편 45:6-7이 인용됨; 시 132:11; 사 9:6-7; 렘 23:5-6; 미 5:2; 슥 6:13; 눅 1:33; 19:27, 38; 22:29; 요 18:36-37; 행 2:30-36).

하지만 부활 후 예수님 제자들을 포함한 예수님 이전 제자들 가운데 많은 제자가 기대했던 것처럼 이 왕국은 단순히 이스라엘에서 왕권의 연장이나 회복이 아니다(행 1:6). 재판 중 빌라도는 예수님에게 다음과 같이 물었다.

> 네가 유대인의 왕이냐 예수께서 대답하시되 이는 네가 스스로 하는 말이냐 다른 사람들이 나에 대하여 네게 한 말이냐 빌라도가 대답하되 내가 유대인이냐 네 나라 사람과 대제사장들이 너를 내게 넘겼으니 네가 무엇을 하였느냐 예수께서 대답하시되 내 나라는 이 세상에 속한 것이 아니니라 만일 내 나라가 이 세상에 속한 것이었더라면 내 종들이 싸워 나로 유대인들에게 넘겨지지 않게 하였으리라 이제 내 나라는 여기에 속한 것이 아니니라 빌라도가 이르되 그러면 네가 왕이 아니냐 예수께

서 대답하시되 네 말과 같이 내가 왕이니라 내가 이를 위하여 태어났으며 이를 위하여 세상에 왔나니 곧 진리에 대하여 증언하려 함이로라 무릇 진리에 속한 자는 내 음성을 듣느니라 하신대 빌라도가 이르되 진리가 무엇이냐(요 18:33 - 38).

권력과 영광의 왕국이라기보다는 진리와 은혜의 왕국이다. 즉, 이런 체제는 확실히 유대인들보다 더 로마인들을 혼란스럽게 했다.

명확한 진리가 자신 앞에 서 있는 채로 빌라도는 단지 "진리가 무엇이냐"라는 이런 추상적인 소위 윤리적으로 중립된 공간으로만 후퇴할 수 있다.

그렇다면 그리스도의 나라가 두 번째 도래하기 전 그리스도의 나라는 경험적으로 약하고 어리석은 현재의 단계에 있다. 그리스도의 나라에 대해 추상적인 어떤 것도 존재하지 않는다.

즉, 그리스도의 나라는 존재한다. 하지만 그리스도의 나라가 어떤 제국이 했던 것보다 더 세계적이고 이 세상의 강력한 통치자들이 달성했던 것보다 더 깊은 충성을 백성들에게 요구한다는 사실에도 불구하고 이 세상 왕국들보다 더 오래 계속되는 그리스도의 나라는 결코 외적 화려함과 영광에 있어서 이 세상 왕국들과 비교할 수 없다(단 7장).

그리스도의 나라는 십자가에서뿐만 아니라 부활에서 온다. 하지만 그리스도의 나라는 제국적 기준을 적용할 때 훨씬 더 낮아짐의 상태에 있다. 옛 언약에서 그리스도의 나라는 모형론적으로 이스라엘의 종교 의식적이고 시민적 구조의 외적 영광에 집중했었지만 "현 이 시대" 동안 그리스도의 나라에서 그 영광은 십자가 아래에 숨겨져 있다. 그리스도의 나라는 지정학적 땅이 아니라 마음을 요구한다.

그리스도의 나라는 성령의 미래 통치에서 또한 "주님이며 생명의 수여자"가 "몸의 부활과 영원한 생명"을 가져올 완성의 예상으로서 새로운 출생을 가져온다(요 3:3 - 7).

우리가 연구했던 다른 칭호들처럼 왕으로서 그리스도는 인성적 측면과 신성적 측면을 포함한다. 그리스도는 하나님이시기 때문일 뿐만 아니라 다윗은 단순한 인간이었기 때문에 다윗보다 더 위대한 왕은 다윗보다 더 위대하시다. 그리스도는 또한 더 위대하다. 왜냐하면, 인간으로서 그리스도는 실제로 다윗이나 아담과 이스라엘이 성취할 수 없었던 것을 성취하시기 때문이다. 즉, 그는 아담 안에서 인류가 창조되었던 사명을 성취한다. 그리스도는 하나님의 이름으로뿐만 아니라 아담과 이스라엘의 이름으로 이 세상에서 하나님의 통치를 회복한다. 히브리서가 시편 8편에 비추어 설명하는 것처럼 우리의 형제인 인간은 이 세상에서 하나님의 의를 회복한다.

> 지금 우리가 만물이 아직 그에게 복종하고 있는 것을 보지 못하고 오직 우리가 천사들보다 잠시 동안 못하게 하심을 입은 자 곧 죽음의 고난 받으심으로 말미암아 영광과 존귀로 관을 쓰신 예수를 보니 이를 행하심은 하나님의 은혜로 말미암아 모든 사람을 위하여 죽음을 맛보려 하심이라(히 2:8-9).

"지금" 우리는 세상 자체와 갈등하는 세상을 본다. 즉, 현재 이 질서의 왜곡된 권력 체제를 특징으로 하는 인간이 아닌 생명체를 적대하는 인간, 서로 적대하는 인간, 생명체에 적대하는 생명체, 죄악된 지배와 착취를 본다. "어두운 데서 불러내어 그의 기이한 빛"으로 확실히 옮겨졌지만 (벧전 2:9) 신자들은 또한 그들에게 외적일 뿐만 아니라 내적이기도 한 "정사와 권세"에 대항하는 진행되는 이런 싸움에 가담하고 있다. 인류는 피조물을 신성하게 주어진 유전적 잠재력을 회복하게 하는 피조물의 해방자로 보이지 않고 그 자신의 이기적 목적을 위해 피조물을 이용한다. "지금" 이 세상은 사실 형편없이 운행되고 있는 것처럼 보인다.

하나님이 인간에게 위임했던 권력은 죄악된 목적을 위해 남용되고 조종되었다. 따라서 피조물에 대한 인간의 권한은 원래 목적의 서투른 흉내가 되었을 뿐만 아니라 인간과 인간이 아닌 피조물에 위험하게 되었다.

"지금" 상황은 잘 되어 가는 것처럼 보이지 않는다. 하지만 우리는 아담의 사명을 완수하셨고 그 자신의 몸으로 저주를 담당하셨고 하나님의 권위의 위편에 영광으로 올라가셨던 "예수를 본다." 그분은 자신을 위해서 그 자신의 인격에서 정복하는 왕일 뿐만 아니라 우리 구원의 "창시자" 또는 "선구자" 그리고 적절한 지배권을 인간에게 회복하는, 정복하는 왕으로서 하늘에 들어가셨다. 그분의 성화 때문에 우리는 성화된다.

또한, 그분의 통치로 이 세계는 그분이 "만왕의 왕이시며 만주의 주"로서 즉위하시는 즉위식에서 이미 물려받았던 우주적 영광으로의 참여를 보장받는다(딤전 6:15). 그가 하나님의 오른편에 즉위하신 것은 그의 가치 있는 순종에 대한 보상이다(시 2:8 - 9; 마 28:18; 엡 1:20 - 22; 빌 2:9 - 11).

우주와 교회와의 관계에서 그리스도 왕의 직분에 관한 이런 이해에서 이미 - 아직의 변증법이 작동한다. 하나님 나라에 대한 개념이 교회 개념보다 더 넓지만, 현재의 이 시대에 "그리스도 몸"이 가시적으로 표현되는 것은 특별히 교회 안에서다.

적어도 원칙적으로 교회에서 그리스도의 천상 통치는 살아 있는 실체로서 공공연하게 인정되고 수용되고 경험된다. 적어도 원칙적으로 교회에서 세례의 물, 떡을 땜, 말씀의 청취 그리고 목회자, 장로, 집사들을 통한 그리스도 백성들을 지도함을 통해 성령은 "메마른 땅"을 이 세상에서 하나님이 거주하시는 곳으로 보이게 만든다.

마치 악인들의 중생과 칭의가 사실 우리를 기다리는 몸의 부활과 영화의 "첫 열매"인 것처럼 교회의 존재는 "하나님이 영원 전부터 거룩한 선지자들의 입을 통하여 말씀하신바 만물을 회복하실 때"에 대한 계약금이다(행 3:21).

바울이 확증하는 것처럼 그리스도의 부활은 신자들의 부활과 구별되는 것이 아니라 전체 수확의 "첫 열매"다(고전 15:21 - 26, 45, 49). 이런 유기적 유비는 한 사람이 다른 사람에 대한 완전한 지배의 모형이 아니라 친밀한 연합을 반영한다. 그리스도는 자신의 몸의 핵심 부분으로 확인된 자들 안에서 다스림으로써 통치하신다.

> 그의 능력이 그리스도 안에서 역사하사 죽은 자들 가운데서 다시 살리시고 하늘에서 자기의 오른편에 앉히사 모든 통치와 권세와 능력과 주권과 이 세상뿐 아니라 오는 세상에 일컫는 모든 이름 위에 뛰어나게 하시고 또 만물을 그의 발아래에 복종하게 하시고 그를 만물 위에 교회의 머리로 삼으셨느니라 교회는 그의 몸이니 만물 안에서 만물을 충만하게 하시는 이의 충만함이니라 (엡 1:20 - 23)

그렇다면 그리스도의 부활에서 우리는 현재 성령이 행사하는 다가올 시대의 권능을 본다. 이 권능은 자기의 언약 백성을 섬기는 데 있어서 다른 모든 권능과 권위(창조와 섭리 안에 있는 일반적 주권)를 지배하는 권능이다(엡 4:15; 5:23; 고전 11:3). 따라서 모든 만물이 그리스도를 통해 또한 그에 의해 존재하고 피조물 안에서 "함께 서는" "보이지 아니하는 하나님 형상"으로 그리스도를 묘사한 후에 즉시 바울은 다음과 같이 말한다.

> 그는 몸인 교회의 머리시라 그가 근본이시요 죽은 자들 가운데서 먼저 나신이시니 이는 친히 만물의 으뜸이 되려 하심이요 (골 1:15 - 20; cf. 2:19).

따라서 그리스도는 유기적이고 영적으로 통치한다. 그는 단지 (인과 관계로) 교회를 다스리지 않고 신자들의 교제뿐만 아니라 천국 열쇠의 사역을 통해서 그의 교회를 (소통적으로 그리고 언약적으로) 그의 교회 안에서 다스린다. 성령은 예수님을 죽은 자들 가운데서 일으키심으로써 예수 그리스도를 의롭다 하셨다.

> 예수는 우리가 범죄한 것 때문에 내줌이 되고 또한 우리를 의롭다 하시기 위하여

살아나셨느니라(롬 4:25).

성결의 영으로는 죽은 자들 가운데서 부활하사 능력으로 하나님의 아들로 인정되셨으니 곧 우리 주 예수 그리스도시니라(롬 1:4).

예수님은 사실 구속의 경륜에서 성령과 자리를 바꾸셨다. 사실 성령은 그리스도와 한 몸으로 만들 유대인들과 이방인들을 의롭다 하기 위해 오순절로 가는 길에 그리스도를 의롭다 하셨다.

따라서 벌코프가 요약하는 것처럼 은혜의 나라는 창조가 아니라 그리스도의 구속에 기초한다.[24] 은혜의 나라는 신정 체제에서처럼 지정학적 나라가 아니다(마 8:11 - 12; 21:43; 눅 17:21; 요 18:36 - 37). 이 나라의 아이들은 이방인들이 하는 것처럼 다른 사람들 위에 군림하지 않고 희생적으로 서로 섬긴다(마 20:25 - 28).

하지만 언젠가 이 나라는 권능과 영광 가운데 드러날 것이다. 우리 몸의 부패로 요약되는 우리가 우리 주위에서 보는 경험적 실체는 새로운 창조가 참으로 시작되었다는 주장에 반대 의견을 말하는 것처럼 "분파로 산산조각이 나고 이단으로 곤경을 당하는" 교회의 연약함은 이 땅의 몸인 교회가 천상의 머리에 참여한다는 것에 반대 증언을 한다. 그런데도 그리스도의 부활은 교회를 그렇게 만든다. 왜냐하면, 그리스도의 부활은 구속 경륜의 나머지를 움직이게 할 뿐만 아니라 그리스도의 부활은 이제 이미 완전한 완성의 첫 번째 분할불입금이기 때문이다.

썩을 것으로 심고 썩지 아니할 것으로 다시 살아나며 욕된 것으로 심고 영광스러운 것으로 다시 살아나며 약한 것으로 심고 강한 것으로 다시 살아나며(고전 15:42 -43).

---

[24] Louis Berkhof, *Systematic Theology*, 407.

바울이 육체에 적용하는 원칙은 역사에서 이 나라의 출현과 관련된 이미 - 아직(the already - not yet)이라는 도식을 보여 준다(요 3:3 - 5). 새로운 출생으로 들어가지만(요 3:3 - 5) 그런데도 이 나라는 단순히 영적 실체로 남아 있을 수 없다. 부활 자체가 인간에게 분명하고 완성되는 것만큼 언젠가 이 나라는 분명하고 완성될 것임이 틀림없다. 그러나 현재로서는 이 나라는 겨자씨(막 4:30)이고 이 땅 권세들의 더 넓은 기반이라는 반죽 안에서 작동하고 있는 효모다(마 13:33). 이 나라는 존재한다(마 12:28; 눅 17:21; 골 1:13). 하지만 아직 완성되지 않았다 (마 7:21 - 22; 19:23; 22:2 - 14; 25:1 - 13, 34; 눅 22:29 - 30; 고전 6:9; 15:50; 갈 5:21; 엡 5:5; 살전 2:12; 딤후 4:18; 히 12:28; 벧후 1:11).

하나님 나라는 교회 때문에 제한될 수 없으며 또한 교회는 하나님 나라와 완전히 동일시 될 수 없다. 성화되는 자들이 영화롭게 되고 교회의 투사가 교회의 승리자가 되고, 죽은 자들이 일어나고, 마지막으로 압제와 폭력의 도시들이 파괴되고 "세상 나라가 우리 주와 그의 그리스도의 나라가 되어 그가 세세토록 왕 노릇 하시리로다"라는 선포가 들릴 때까지 그리스도 왕의 직분을 행사하는 것에서의 이런 이미 - 아직의 변증법은 작동하는 상태로 남아 있다(계 11:15).

내가 주장했던 것처럼 "예수가 주님이시다"라는 주장은 단순히 "예수가 하나님이시다"라고 말하는 것과 동일하지 않다. 이 주장은 그 이상이다. 이 주장이 제기하는 중요한 종말론적 요점은 예수 그리스도 안에서 성취되고 있는 하나님 약속에 대한 위협이 객관적으로 정복되었고 다가올 시대에 완전히 실현되리라는 것이다. 그리스도가 주님(Christos kyrios)이라고 말하는 것은 역사에서 가시적으로 그리스도의 주 되심의 도래가 일어났다는 사실을 증거하는 것이다.

또한, 그것은 그리스도의 인격 안에 놓여 있다는 것이다. 그리스도의 목적을 방해할 수 있는 어떤 권세, 권위, 왕좌 또는 지배가 존재하지 않는다. 하지만 이런 것들이 최종적으로 파괴될 때까지 이런 것들은 격렬한 반대를 제기할 수도 있다. 만물이 인간에게 종속되었다. 원래의 사명이 완수되었다.

따라서 소위 마태복음 28:18 - 20의 지상 대사명(the great commission)은 원래의 "창조 명령"을 열매 맺게 한다.

> 하늘과 땅의 모든 권세를 내게 주셨으니 그러므로 너희는 가서 모든 민족을 제자로 삼아 아버지와 아들과 성령의 이름으로 세례를 베풀고 내가 너희에게 분부한 모든 것을 가르쳐 지키게 하라 볼지어다 내가 세상 끝날까지 너희와 항상 함께 있으리라(마 28:18-20).

몰트만은 우리에게 다음과 같은 내용을 상기시킨다.

> 부활하신 그리스도를 보는 사람은 누구든지 다가오는 하나님의 영광을 미리 보고 있는 것이다. 그는 다른 방식으로는 인식할 수 없는 무언가를 인식하지만, 그것은 언젠가 모든 사람이 인식할 것이다 …. 죽은 자들에게서 예수님의 부활에 대해 말할 때 기독교인들은 오래된 종말론적 희망을 아주 결정적인 방식으로 변화시켰다. 이 변화를 만들 때 그들이 말하는 것은 다음과 같다. 즉, 다른 모든 사람에 앞서 이 한 사람 안에서 죽은 자들의 부활이라는 종말의 과정이 이미 시작되었다. 죽은 자들에게서 예수님의 부활로 역사의 마지막 날이 시작되고 있다. "밤이 깊고 낮이 가까웠으니"(롬 13:12). 이런 이유로 그들은 그리스도를 "잠자는 자들의 첫 열매"(고전 15:20), "죽은 자들 가운데서 먼저 나신 이"(골 1:18), "구원의 창시자"로 부른다.[25]

그리고 부활은 십자가를 새롭게 설명해 준다.

---

[25] Moltmann, *Trinity and the Kingdom*, 85.

죽은 자들로부터 부활의 상징은 우리가 예수의 죽음을 진지하게 받아들일 수 있게 해 준다. 그것은 예수님이 죽은 후에 소생했거나 아니면 그의 영혼이 계속 살았다는 모든 생각을 배제한다 …. 왜냐하면, 그것은 추정의 모든 생각을 배제하기 때문이다 …. 바울은 이것을 어떤 방식으로 예수님이 영원한 하나님의 아들이라는 진술의 모순으로 보지 않았다. "권능에서 하나님의 아들"로서 예수님 사역이 가진 이런 일시적으로 뚜렷한 시작과 아들의 선재에 관한 진술(빌 2:6; 골 1:16)은 이 두 가지를 조화하려는 어떤 시도 없이 나란히 서 있다.

… 아들의 나라는 주와 그의 종들의 나라가 아니라 형제와 자매의 나라다. … 그는 창조적인 성령을 통해 부활하셨다(롬 1:4; 8:11; 벧전 3:18; 딛전 3:16). 그는 아버지의 영광을 통해 부활하셨다(롬 6:4). 그는 하나님의 권능을 통해 부활하셨다(고전 6:14) …. 예수님은 부활하셔서 도래하는 하나님 나라로 들어가셨다.[26]

그런 이유로 "사람들이 예수님은 하나님의 그리스도라고 고백할 때마다 살아 있는 믿음이 존재한다. 이런 고백이 의심되거나 부정되거나 거부되는 곳에 어떤 믿음도 존재하지 않는다."[27]

기독론의 주제를 "역사의 예수로 축소하는 누구든지, 그리스도의 종말론적 인격을 예수의 사적 인격으로 축소하는 누구든지, 또한 그의 존재를 이 땅 위에 그의 삶의 시간으로 역사화하는 누구이든지 기독론이 더는 어떤 관련성이 없는 주제라는 것을 발견하고 놀라지 말아야 한다.

왜냐하면, 사적인 삶을 살다가 죽은 나사렛의 역사적 예수 안에서 2,000년

---

26 위의 책., 85 - 86, 87, 88.
27 Jurgen Moltmann, *The Way of Jesus Christ: Christology in Messianic Dimenstions*, trans. Margaret Kohl (Minneapolis: Fortress, 1990), 39.

이 지난 후에도 누가 여전히 관심을 가질 수 있었겠는가?[28]

"예수님은 주님이다"라고 말하기 위해 우리는 이 주장을 유대인의 귀로 들으려고 애써야 한다. 이것은 이스라엘의 하나님 – 애굽의 신들과의 대결에서 이기셨고 자기 백성을 홍해와 광야를 통해 약속의 땅으로 이끄셨던 분 – 은 예수님을 죽은 자들로부터 일으키셨고 결국 부활하신 이 사람에게 모든 이름 위에 뛰어난 이름을 주셨다는 것을 의미한다. 이것은 예수님이 모형론적 신정 체제를 되살리는 것이 아닌 모세 경륜이 단지 예표할 수 있었던 죄에 대한 보편적 심판과 자기 백성에 대한 지지를 발생시킴으로써 이스라엘의 운명을 회복시킬 분이라는 것을 의미하는 것이다.

다름 아닌 "예수님과의 나의 인격적 관계"를 위한 구호로서 "예수님이 주님이시다"를 듣는 것은 이 구호를 들려지게 의도된 것으로서 듣는 것이 아니다. 그것은 예수님이 존재한다는 것과 그분이 선포하는 메시지를 간단하게 줄이는 것이다. 구원을 내적이고 개인적 경험으로 축소하려는 유혹에 반대하여 몰트만은 옳게 다음과 같이 제안한다.

"따라서 화목의 개인적 경험으로 시작해서 우주, 하늘과 땅의 화목으로 끝나는 끊임없이 확장되는 원으로 그리스도가 가져오는 구원을 제시하는 것이 더 적절하다."[29]

로마서 8장에서 이것에 대한 주석적 선례가 있다. 로마서 8장에서 영혼뿐만 아니라 몸 그리고 인간뿐만 아니라 피조물 전체가 제2의 아담의 행렬로 휩쓸려 들어간다(롬 8:18 - 25).

주 되심과 구속적 사랑은 직분에서 선지자, 제사장 그리고 왕이라는 칭호를 가진 분에게 있어서는 대립하지 않는다. 따라서 우리는 야훼(YHWH)를

---

[28] 위의 책., 40 - 41.
[29] 위의 책., 45.

"종"으로서 야훼(YHWH)와는 별개로 "주님"으로 생각할 수 없다. 그리스도 안에서 절정에 달하는 야훼(YHWH)의 행동에서 주 되심이 함유한 바로 그 의미가 우리가 모두 너무 친숙해졌던 부패한 유비에서 급진적인 수정을 받는다.

그리스도는 그 자신의 영광과 아버지의 영광뿐만 아니라 우리를 위해 이 세상을 다스린다. 왜냐하면, 그리스도는 우리와 아버지의 영광이 상호 의존적이 되도록 하셨기 때문이다. 그분은 주님이시다.

> 누가 능히 하나님께서 택하신 자들을 고발하리요 의롭다 하신 이는 하나님이시니 … 누가 우리를 그리스도의 사랑에서 끊으리요 환난이나 곤고나 박해나 기근이나 적신이나 위험이나 칼이랴 기록된바 우리가 종일 주를 위하여 죽임을 당하게 되며 도살당할 양 같이 여김을 받았나이다 함과 같으니라 그러나 이 모든 일에 우리를 사랑하시는 이로 말미암아 우리가 넉넉히 이기느니라 (롬 8:33-37).

있는 그대로의 상황은 이런 희망에 반대 증언할 수도 있지만, 하나님이 그리스도 안에서 성령으로 행하셨고 하시는 것이 어떤 것도 그리스도 예수 안에 있는 하나님의 사랑에서 우리를 분리시킬 수 없다는 것에 대한 반대 증언이다 (롬 31:31 - 34).

게다가 "예수는 주님이시다"라고 말하기 위해 화자는 자격을 갖춘 고백자 즉 "증인"이 되어야 한다. 사실 우리는 "성령으로" 단지 이것을 말할 수 있다(고전 12:3). 즉, 예수님이 선두 주자인 새로운 창조는 누구도 스스로에게 영향을 줄 수 없는 새로운 출생을 요구한다 (요 1:12 - 13; 3:5).

2) "이 영광의 왕은 누구이신가?: 속죄와 승천

나는 틸리히가 정의했으며 또한 내가 확인했던 다양한 접근 방식에 반영된 것으로서 "존재론적" 방식을 거부했지만 그런 용어가 담고 있는 더 엄밀한 의미에서 그리스도의 사역에 존재론적 측면이 존재한다. 이것이 내가 제3권에서 더욱 완전하게 발전시킬 요점이다. 하지만 나는 이 요점을 승천에 관해 간단히 언급하기 위한 이행 과정으로 사용할 것이다. 왜냐하면, 승천은 제사장직에서 그리스도의 왕권으로 가는 전환점을 나타내기 때문이다.

나는 왕의 직분 아래에서뿐만 아니라 여기서도 승천을 논한다. 왜냐하면, 승천은 그의 다스림만큼이나 성경에서 그리스도의 중재와 빈번하게 관련되어 있기 때문이다. 게다가 더글러스 패로(Doublas Farrow)가 자세히 주장했던 것처럼 승천은 우리가 흔히 깨닫는 것보다 속죄 신학 - 그리고 이 문제에 관해 신학 나머지 - 에 더 중요하다.[30]

우리에게 승천의 적절성에 관한 질문에 대한 대답으로 하이델베르크 요리문답(the Heidlberg Catechism)은 삼위일체적인 답변을 제공한다.

첫째, 그리스도는 하늘에서 우리를 위해 그의 아버지 앞에서 간구하십니다.

둘째, 우리의 몸이 그리스도 안에서 하늘에 있으며, 이것은 머리 되신 그리스도께서 그의 지체(肢體)인 우리를 그에게로 이끌어 올리실 것에 대한 확실한 보증입니다.

셋째, 그리스도는 그 보증으로 그의 성령을 우리에게 보내시며, 우리는 성령의 능력으로 말미암아 그리스도께서 하나님 우편에 앉아 계신 위의 것을 구하고 땅의 것을 구하지 않습니다.[31]

---

30 Douglas Farrow, *Ascension and Ecclesia: On the Significance of the Doctrine of Ascension*

31 The Heidelberg Catechism, Lord's Day 18, Q. 49, in *Ecumenical Creeds and Reformed Confessions* (Grand Rapids: CRC Publications, 1988), 32.

예수님은 자신이 아버지에게 올라가실 때 보내실 변호사인 "또 다른 보혜사"(parakletos)를 약속하심으로써 자신의 부재를 위해 제자들을 준비시켰다. 전개되는 이와 같은 종말론에서 성부와 성자는 하나님 안에서 만물의 완성을 이루기 위해 실천해야 할 이 땅의 사역을 완성하기 위해 성령을 보낼 수 있도록 성자는 성부에게 돌아간다.

다시 말해, 그리스도의 생애에서 또 다른 사건들을 위한 것으로서 이것을 예상하는 예언적인 선례가 있었다. 시편 2편에서 야훼(YHWH)는 자신의 거룩한 산에 자신의 왕을 세우고 이 왕을 전복할 이 세상 통치자들의 앞에서 보편적인 경의를 요구한다. 신약성경은 반복해서 이런 투쟁의 찬송에 호소한다(마 3:17; 17:5; 행 4:25 - 27; 13:33; 롬 1:4; 히 1:5; 5:5).

이런 태연한 정치적 주제를 추구하면서 시편 68편은 에베소서 4:8에서 인용되고 있는 다윗에게 돌려지는 전쟁 시편이다. 이 시편에서 자신의 선두 병거 안에 계신 야훼(YHWH)는 압도적 승리 가운데 자신의 원수들에게 내려가신다.

> 하나님의 병거는 천천이요 만만이라 주께서 그 중에 계심이 시내 산 성소에 계심 같도다 주께서 높은 곳으로 오르시며 사로잡은 자들을 취하시고 선물들을 사람들에게서 받으시며 반역자들로부터도 받으시니 여호와 하나님이 그들과 함께 계시기 때문이로다 날마다 우리 짐을 지시는 주 곧 우리의 구원이신 하나님을 찬송할지로다 (셀라) 하나님은 우리에게 구원의 하나님이시라 사망에서 벗어남은 주 여호와로 말미암거니와 … 하나님이여 그들이 주께서 행차하심을 보았으니 곧 나의 하나님 나의 왕이 성소로 행차하시는 것이라 (시 68:17 - 20, 24).

시편 24편에서 보이는 군사적 승리는 주제는 또한 다윗에게 돌려진다. 이 시편은 이스라엘 백성들이 여호와의 산에 오르기 위해 예루살렘으로 올라가는 발걸음으로 순례할 때 번갈아 불렀던 성전으로 올라가는 시편

(a psalm of ascent)이다.

> 땅과 거기에 충만한 것과 세계와 그 가운데에 사는 자들은 다 여호와의 것이로다 여호와께서 그 터를 바다 위에 세우심이여 강들 위에 건설하셨도다 여호와의 산에 오를 자가 누구며 그의 거룩한 곳에 설 자가 누구인가 곧 손이 깨끗하며 마음이 청결하며 뜻을 허탄한데에 두지 아니하며 거짓 맹세하지 아니하는 자로다 그는 여호와께 복을 받고 구원의 하나님께 의를 얻으리니 이는 여호와를 찾는 족속이요 야곱의 하나님 얼굴을 구하는 자로다 (셀라) 문들아 너희 머리를 들지어다 영원한 문들아 들릴지어다 영광의 왕이 들어가시리로다 영광의 왕이 누구시냐 강하고 능한 여호와시요 전쟁에 능한 여호와시로다 문들아 너희 머리를 들지어다 영원한 문들아 들릴지어다 영광의 왕이 들어가시리로다 영광의 왕이 누구시냐 만군의 여호와께서 곧 영광의 왕이시로다 (셀라) (시 24:1 - 10).

이 시편에서 염두에 두는 것은 사람들 자신 즉 "손이 깨끗하며 마음이 청결한 자들" 즉 그것으로 왕의 문들이 열리도록 명령하는 사람들이 아니다. 정복에서 귀환하는 영광의 왕 자신이다. 이런 정복에 기초해 그는 또한 문들이 열리도록 명령한다.

따라서 신약성경은 나사렛 예수를 다윗의 아들 즉 그의 기원은 "상고"이지만 생명은 끝이 없는 메시아를 제시하는데 이는 영원한 다윗 가문과 왕좌의 안전을 보장한다. 자기 백성들 덕분이 아니라 야훼(YHWH) 자신은 자신이 하셨던 약속의 성취를 보장했다. 두 맹인이 "소리 질러 이르되 다윗의 자손이여 우리를 불쌍히 여기소서"라고 호소했던 것은 바로 이런 왕의 칭호였다(마 9:27; cf. 눅 18:35 - 40).

또한, 누가복음은 탄생 이야기에서 이것과 관련을 맺고 싶어한다(눅 2:4). 다윗의 자손이라는 주제는 마침내 요한계시록 5장에서 제기된다. 이 천상의 장면에서 누구도 두루마리를 펴서 그 인을 뗄 수 없다. 단지 한 사람 - 죽임당하셨던 어린양 즉 "유대 지파의 사자 다윗의 뿌리" - 이 역사의 신비를 설명할 자격이 있다. 왜냐하면, 그가 역사의 완성이기 때문이다. 이 "새로운 다윗"이 결국 성도들의 끝없는 "새로운 노래"를 위한 기폭제가 된다(계 5:8 - 10).

그의 승리 때문에 자유롭게 되었던 포로들처럼 사람들은 그의 행렬에서 그와 함께 도착한다. 염두에 두고 있는 시편 24편과 같은 그런 본문과 함께 우리는 다음과 같은 말씀을 읽는다.

> 우리 각 사람에게 그리스도의 선물의 분량대로 은혜를 주셨나니 그러므로 이르기를 그가 위로 올라가실 때에 사로잡혔던 자들을 사로잡으시고 사람들에게 선물을 주셨다 하였도다 올라가셨다 하였은즉 땅 아래 낮은 곳으로 내리셨던 것이 아니면 무엇이냐 내리셨던 그 가 곧 모든 하늘 위에 오르신 자니 이는 만물을 충만하게 하려 하심이라(엡 4:7 - 10).

그 결과 그는 이제 성령을 통해 자기 백성들에게 선물을 부어 주셨고 교회의 다양한 직분을 세우셨는데 이는 성도들의 교화와 구성원의 증대를 위해서다(엡 4:7 - 13). 시편은 복음서(특히 요 14장)를 거쳐 오순절로 나아간다.

> 하나님이 오른손으로 예수를 높이시매 그가 약속하신 성령을 아버지께 받아서 너희가 보고 듣는 이것을 부어 주셨느니라(행 2:33).

따라서 요한이 그의 독자들에게 상기시켜 주는 것처럼 제사장 직분은 그리스도의 천상 법정에서 핵심으로 남아 있다.

> 나의 자녀들아 내가 이것을 너희에게 씀은 너희로 죄를 범하지 않게 하려 함이라

> 만일 누가 죄를 범하여도 아버지 앞에서 우리에게 대언자가 있으니 곧 의로우신 예수 그리스도시라 그는 우리 죄를 위한 화목 제물이니 우리만 위할 뿐 아니요 온 세상의 죄를 위하심이라(요일 2:1-2).

　대제사장 여호수아를 의롭다 하기 위해 천상의 법정에 서 있던 주님의 천사(슥 3장)는 아버지의 오른편에서 간구하는 동일한 분이다. 하지만 이제 사탄이 그 법정에 들어오는 것을 허락받지 않는다. 승리자가 포로들을 자신의 행렬로 이끌면서 그는 사탄을 묶었고 그의 집을 강탈했다.
　우리가 위에서 살펴보았듯이 히브리서는 이런 법정에서 우리가 받아들이는 유일하게 확실한 근거를 제공하는 것으로서 그리스도의 근본적인 제사장직을 강조한다.

> 그러므로 자기를 힘입어 하나님께 나아가는 자들을 온전히 구원하실 수 있으니 이는 그가 항상 살아 계셔서 그들을 위하여 간구하심이라(히 7:25).

　그리스도의 희생은 "단번에" 드려졌지만(히 10:1-18) 그분의 간구는 그들을 그의 제사장 사역과 연합시키는 믿음 안에 있는 성도들을 지지한다. 다시 말해, 그리스도의 왕권이 그의 제사장 사역을 섬기기 위해 존재한다는 것은 용의 패배를 기뻐하는 노래가 있는 요한계시록 12:10에서 보여진다.

> 내가 또 들으니 하늘에 큰 음성이 있어 이르되 이제 우리 하나님의 구원과 능력과 나라와 또 그의 그리스도의 권세가 나타났으니 우리 형제들을 참소하던 자 곧 우리 하나님 앞에서 밤낮 참소하던 자가 쫓겨났고(계 12:10).

　이런 간구에서 신자들은 하나님이 그들을 결코 "끊어버리지" 않을 것이라고 확신한다.

> 그런즉 이 일에 대하여 우리가 무슨 말 하리요 만일 하나님이 우리를 위하시면 누가 우리를 대적하리요 자기 아들을 아끼지 아니하시고 우리 모든 사람을 위하여 내주신 이가 어찌 그 아들과 함께 모든 것을 우리에게 주시지 아니하겠느냐 누가 능히 하나님께서 택하신 자들을 고발하리요 의롭다 하신 이는 하나님이시니 누가 정죄하리요 죽으실 뿐 아니라 다시 살아나신 이는 그리스도 예수시니 그는 하나님 우편에 계신 자요 우리를 위하여 간구하시는 자시니라 누가 우리를 그리스도의 사랑에서 끊으리요 환난이나 곤고나 박해나 기근이나 적신이나 위험이나 칼이랴 (롬 8:31 – 35).

십자가에서 보여 주셨던 동일한 사랑으로 예수님은 변함없는 간구를 계속하신다.

2. 내가 여기 있사옵니다: 주님이신 종

4장에서 나는 창조에서 형상(imago)에 대한 설명의 몇몇 빈약한 주석적 맥락이 아니라 오히려 주님의 종이라는 더 광범위한 성경적 주제에 의존하는 언약적 인간론의 전개를 추적했다. 가장 중요한 메시아적 칭호 중 하나는 종이다. 또한, 어떤 다른 주제도 메시아의 사명이 담고 있는 이런 언약적 특징을 더 강조하지 않는다. 하나님 – 인간과의 언약에서 "종"은 인간 파트너를 지명한다. 이것은 "내가 여기 있사옵니다" 또는 "주의 종"이라는 표현으로 하나님의 부르심에 답하는 가장 이른 성경 전통 가운데 있다.

우리가 직업을 선택하는 것처럼 주님의 종들은 주제넘게 그들의 직분을 맡지 않는다. 오히려 그들은 평범한 노동, 가족, 친구, 관습에서 부르심 받는다. 아브라함이 그랬고 예수님이 자기 제자들에게 요구했던 것처럼 그들은 아버지와 어머니를 떠난다. 하나님의 부르심에 직면해 그들은 "내가 여기 있나이다"라고 답하기 위해 그들의 양 떼, 그물 그리고 일가친척들과의 유대 관계를 떠난다.

이런 반응은 심판으로부터 숨기 위해 하나님의 임재에서 도망친 아담과 대조가 된다. 종의 역할은 하나님 말씀을 듣고 그 말씀을 자신의 언약 백성에게 전달하는 것이다(출 3:4; 삼상 3:9; 왕상 3:9; 시 116:16; 사 44:1; 렘 7:25). 종, 인자 그리고 다윗의 자손은 관련된 주제들이다(시 78:70; 겔 34:23; 스 3:8-9). 왕의 종은 그 자신의 인격으로 말하지만, 또한 민족 전체의 대표로서 말하기도 한다.

> 여호와여 나는 진실로 주의 종이요 주의 여종의 아들 곧 주의 종이라 주께서 나의 결박을 푸셨나이다 내가 주께 감사제를 드리고 여호와의 이름을 부르리이다
> (시 116:16-17).

우리가 이미 살펴보았듯이 이사야에서 종의 노래는 이런 주제를 심화한다. 하지만 부활에서 특별히 우리는 다른 측면을 본다. 언약의 주님은 부활에서 주님이 되었을 뿐만 아니라 부활 사건에서 그가 항상 그래왔던 주님으로 선포되셨다(롬 1:4). 신약성경에서 야훼(YHWH)라는 이름을 예수님에게 부여하는 것에 관한 연구에서 크리스토퍼 세이츠(Christopher Seitz)는 이런 접근방식을 주석적으로 지지한다.

> 아이러니하게도 인격적 이름을 보호하려 의도된 행위, 당연한 결과로 예수님을 이런 방식으로 다루는 것이 무엇을 의미하는가에 대한 – 사실 엄청난 – 함의가 있는 행위는 우리 시대의 말기에 억압의 행동으로 들렸다. 언급할 수 있는 가장 자비로운 것은 억압받는다고 느끼는 자들은 그들이 알고 있었다 해도 이런 관례로 하나님의 인격적 이름을 언급하는 관행은 나사렛 예수님 안에서 하나님, 주님 그리고 하늘과 땅을 만드신 분의 얼굴을

보는 기쁨과 고무시키는 고백과 일치했다는 것을 망각했다는 것이다.**32**

예수님은 자신이 성부에게서 받았던 이런 이름을 자신의 것으로 사용하신다.

> 요한복음에서 예수님의 "내가 있느니라"와 "아브라함이 나기 전부터 내가 있느니라"라는 진술은 출애굽기 3:14에서 이런 진술이 발견되는 것처럼 우리를 이 이름에 대한 "나는 스스로 있는 자니라"라는 진술로 안내하는 것처럼 보인다. … 이런 "나는 있느니라"라는 진술들은 이 진술들의 선포가 담고 있는 단순한 효력을 통해서 후기 신학자들이 예수님과 주님, 이스라엘의 하나님, 하늘과 땅을 만드신 분 사이의 관계를 묘사하기 위해 "동일 본질에 속하는"이라는 용어에서 찾았던 것을 주장한다.**33**

요한계시록 1:8에서 승천하신 그리스도는 "주 하나님이 이르시되 나는 알파와 오메가라 이제도 있고 전에도 있었고 장차 올 자요 전능한 자"라고 선언하신다. 이런 언급은 이사야 44:4 ("나는 처음이요 나는 마지막이라 나 외에 다른 신이 없느니라")과 출애굽기 3:14에서 야훼(YHWH)라는 이름의 계시를 결합한다.

따라서 세이츠는 가장 기본적 형태에서 기독교 신학은 "야훼(YHWH) - 퀴리오스(주님)라는 신적 이름에 대한 주석"임을 관찰한다.**34** 엘로힘(Elohim)이 "하나님"에 해당한 일반적인 용어이지만, "'나 여호와 너의 하나님'이라는 문장은 인격적인 것과 주권적인 것과 같은 두 가지를 결합한

32　Christopher Seitz, "Handing Over the Name," in Trinity, Time, and Church, ed. Colin Gunton (Grand Rapids: Eerdmans, 2000), 25.
33　위의 책., 31.
34　위의 책., 32.

비중이 큰 고백이다."³⁵

"이스라엘 자손에게 이같이 이르기를 스스로 있는 자가 나를 너희에게 보내셨다"(출 3:14)라는 어구는 14절에서 공식적 설명이 주어지기 전에 자신의 적절성("내가 반드시 너와 함께 있으리라")에 대해 12절에서 모세에게 주어지는 하나님의 반응을 상기시킨다. 이 이름은 임재이고 이 백성과 함께 계속할 것이라는 특별히 공유된 역사에 대한 증거이다. … 하나님의 이름은 자신이다. 또한, 하나님의 이름은 하나님의 약속과 그 약속에 대한, 자신의 선택된 백성들에게 대한 그분의 신실함을 표현한다.³⁶

그렇다면 이사야 45:14, 23 - 24에 대한 주석으로서 빌립보서 2장은 다음과 같이 선언한다. 즉, "이 약속은 취소할 수 없는 맹세로 확정된다. 이 약속은 하나님이 자신의 이름으로 맹세한다."³⁷ 하지만 이스라엘이 경외심을 가지고 명명하지 않을 그 이름을 기독교인들이 이제 명명한다는 것은 사실이 아니다. 오히려 이사야가 예언했던 것처럼 변경할 수 없는 이 맹세는 그리스도 안에서 종말론적으로 완성되었다.

모든 무릎을 예수의 이름에 꿇게 하시고 모든 입으로 예수 그리스도를 주라 시인하여 하나님 아버지께 영광을 돌리게 하셨느니라(빌 2:10 - 11).

야훼(YHWH)는 자기 이름에 충실하셨다.

주님의 이름은 확실히 서 있을 것이다. 이것이 성부 하나님의 영광에 일어

---

35 위의 책., 33.
36 위의 책., 34 - 35.
37 위의 책., 37.

났다 …. 이 본문이 예수님의 이름과 "주님"의 이름을 결합하려고 애쓴다는 것은 사실이 아니다. 예수님의 이름 아버지 신의 영광에 일어났다. 예수님의 이름은 야훼(YHWH)를 발성한 소리가 아니다. 하나님은 이름이 있다. 또한, 이 이름은 모든 이름 위에 뛰어난 이름이다. 하나님은 이름을 예수님에게 주신다. … 하나님의 이름은 하나님의 바로 그 자신이고 이름을 예수님에게 주심으로써 최대의 정체성이 확인된다. 예수 그리스도는 주님이다. 스스로 있는 분은 하나님이 일으키신 바로 이 분이시다.[38]

하지만 주님으로 일으키심을 받은 이분은 또한 종이시다. "인자"(Son of Man)와 "마지막 아담"은 이런 일반적 주제 아래 포함되어야 한다. 이스라엘이 이해했던 것처럼 인간의 역할은 "내가 여기 있나이다"라는 언약 종의 답변으로 하나님의 말씀에 다시 답하는 것이었다. 이것은 선지자들의 답변이다.

즉, 하나님의 말씀을 듣고 그 말씀을 선포하고 야훼(YHWH)가 현재 이 시대 아래("아담 안에서")에 역사의 큰 재판 가운데 있는 그의 백성에게 제기하는 언약 소송에서 그 말씀을 증언하는 자들의 답변이다. 예를 들어, 이사야는 "내가 여기 있나이다 나를 보내소서"라고 외친다(사 6:8).

주님의 이 땅의 대표로서 메시아적 인물은 또한 "인자"(아담)로 지정된다(시 8:4). 에스겔과 다니엘의 정경 본문에서 "인자 같은 이"는 하나의 묘사로서 등장하지만 에녹 1서 시대에 이 용어는 메시아적 칭호가 되는 것처럼 보인다(에녹 1서 46, 62; 에스드라 2서 13).[39]

---

[38] 위의 책., 38 - 39.
[39] 이것은 새 개역 표준역 성경(NRSV)의 포괄적인 언어가 원 본문을 제대로 다루지 않고 히브리어 벤 아담(ben' adam)/아람어 바 에나스(bar enas)를 인간으로 번역하지만 신약성경(헬라어 하이오스 토오 앤스포우[hyios tou anthropou])에서 이 용어를 칭호로써 유지하는 하나의 예다. 어떤 관점에서 이것은 적절한 번역일 수도 있지만 제2성전 유대교가 이런 묘사를 칭호로 올렸다는 사실은 에스겔서와 다니엘서 신약성경 사이

나와 및 하나님께서 내게 주신 자녀라(히 2:13).

이사야 8:18에 대한 주석은 예수님의 영광 가운데 승천에 관한 언약 형식을 드러낸다. 자신을 하나님의 처분에 맡기며 손을 펼치며 다른 이의 부르심에 신실하게 응하는 이런 답변은 예수님의 삶, 죽음과 부활을 요약한다.

> 이러므로 하나님이 그를 지극히 높여 모든 이름 위에 뛰어난 이름을 주사 하늘에 있는 자들과 땅에 있는 자들과 땅 아래에 있는 자들로 모든 무릎을 예수의 이름에 꿇게 하시고. 모든 입으로 예수 그리스도를 주라 시인하여 하나님 아버지께 영광을 돌리게 하셨느니라(빌 2:9 - 11).

손을 활짝 들어 인자는 성령 안에서 아버지로부터 왕국을 받았다. 자기 수고의 풍성한 수확으로 가득한 같은 손으로 그는 왕국을 다시 아버지에게 돌려주실 것이다. 그는 아버지의 아들로서뿐만 아니라 무조건적 교환에서 새로운 인류의 신실한 대표자로서도 그렇게 하실 것이다.

그리스도 안에서 우리는 종을 함께 발견한다. 이 종 안에서 또한 이 종에게 우리는 빚을 졌다.

또한, 그리스도 안에서 우리는 죽음으로 죽음을 정복하고 우리를 종뿐만 아니라 아들과 딸로 만드는 주님을 함께 발견한다. 그는 행위 언약 아래에 있었다는 점에서 그는 아들인 것과 동시에 종이였다. 그렇다면 우리가 은혜 언약 안에서 그가 담당하셨던 일의 유익을 받을 수 있었던 것은 그가 이루셨던 공로에 의해서였다. 델버트 힐러스(Dellert Hillers)는 1장에서 우리에게 다음과 같은 내용을 상기시킨다.

의 더 밀접한 관계를 암시한다.

약속의 언약과 이스라엘의 책임을 강조하는 시내 산 언약의 목적 사이에 고정된 이런 커다란 간극에 대한 더 명확한 증거는 존재할 수 없었다. 다윗이 우리아에게 했던 것, 솔로몬의 배도 등등에 대한 이스라엘의 경험에 의해 의심할 여지 없이 형성된 여기 이 진술은 하나님은 어떤 상황에서도 이 약속에 묶여 있다는 것을 증명한다.

하지만 동시에 이것이 시내 산 언약과 극명하게 대조되지만, 더 오래된 언약 패턴에서 변화가 존재한다. 만약 옛 언약이 모든 이스라엘 편에서 순종에는 축복과 불순종에는 저주를 언급했다면 이 언약은 이제 이스라엘의 역사가 이후로 이스라엘의 왕의 성품에 의해 결정될 것이라는 주제를 마음에 떠오르게 한다.[40]

여기에 언약 패러다임의 진정한 존재론적 요소가 존재한다. 즉, 그것은 전체 덩어리를 거룩하게 하는 "효모"로서 그리스도와의 연합이다. 아마 이 단락에 대한 최고의 결론과 사실 이 책의 최고의 요약을 이사야 43 - 44장에서 취할 수 있다.

나 곧 나는 나를 위하여 네 허물을 도말하는 자니 네 죄를 기억하지 아니하리라 너는 나에게 기억이 나게 하라 우리가 함께 변론하자 너는 말하여 네가 의로움을 나타내라 네 시조가 범죄하였고 너의 교사들이 나를 배반하였나니 그러므로 내가 성소의 어른들을 욕되게 하며 야곱이 진멸 당하도록 내어 주며 이스라엘이 비방 거리가 되게 하리라 나의 종 야곱 내가 택한 이스라엘아 이제 들으라 너를 만들고 너를 모태에서부터 지어 낸 너를 도와 줄 여호와가 이같이 말하노라 나의 종 야곱 내가 택한 여수룬아 두려워하지 말라 나는 목마른 자에게 물을 주며 마른 땅에 시내가 흐르게 하며 나의 영을 네 자손에게 나의 복을 네 후손에게 부어 주리니 그들

---

40 Delbert Hillers, *Covenant: The History of a Biblical Idea* (Baltimore: Johns Hopkins University Press, 1969), 112.

이 풀 가운데에서 솟아나기를 시냇가의 버들 같이 할 것이라 한 사람은 이르기를 나는 여호와께 속하였다 할 것이며 또 한 사람은 야곱의 이름으로 자기를 부를 것이며 또 다른 사람은 자기가 여호와께 속하였음을 그의 손으로 기록하고 이스라엘의 이름으로 존귀히 여김을 받으리라 이스라엘의 왕인 여호와 이스라엘의 구원자인 만군의 여호와가 이같이 말하노라 나는 처음이요 나는 마지막이라 나 외에 다른 신이 없느니라(사 43:25 - 44:6).

주제 및 인명 색인

/ㄱ/

가해자뿐만 아니라 희생자인 죄인들 321
가현주의 기독론 264, 320, 403, 469
간구를 위해 존재하는 321
개인주의적 구원론 321
게르하르트 폰 라트 321
게할더스 보스 321
계몽주의의 펠라기우스 인간론 264, 320, 403, 469
계시론 32
고난과 관련있는 321
고난 받는 사랑 321
고난 받는 자유 321
고대 근동 조약 17, 238, 379
고전적 유신론 77, 79, 100, 107, 108, 117, 119
공동체 70, 71, 143, 215, 216, 223, 227, 231, 237, 264, 266, 280, 286, 300, 312, 320, 362, 393, 403, 404, 411, 413, 420, 455, 494, 507
공로 136, 361, 458, 459, 460, 534
공물 321
과학 321
관계적 범주와 별도로 생각할 수 없는 264, 320, 403, 469
관계적이고 실천 지향적인 321
구속과 관련 있는 264
구속사에서 이어지는 "새로운 창조"에 대해 끊임없이 평행하는 것 321
구속 언약 안에서 삼위일체의 관계 321
구속에 대한 가능한 견해 264, 320, 403, 469
구스타프 아울렌 406, 480
구원론과 관련이 있는 신정론 321
구원론에 앞서는 264, 320, 403, 469
그래함 워드 321
그리스도와의 연합 8, 9, 229, 367, 441, 448, 452, 453, 457, 460, 466, 493, 494, 534
그리스도의 공로 361, 460
그리스도의 구속 345, 351, 517
그리스도의 능동적 순종 360, 414, 432, 458, 474, 475
그리스도의 사역 319, 345, 360, 361, 375, 378, 404, 406, 409, 436, 443, 447, 448, 450, 451, 474, 478, 500, 503, 523
그리스도의 삶과 순종을 나타내는 264, 320, 403, 469

그리스도의 삼중 직분 414, 503, 510
그리스도의 선지자적 사역 415
그리스도의 선지자 직분 433
그리스도의 순종에서 성령의 역할 321
그리스도의 왕권 512, 523, 527
그리스도의 인격과 사역을 통합 414
그리스도의 인성 12, 89, 321, 323, 331, 332, 334, 335, 342, 352, 409, 451, 452, 456
그리스도의 제사장 사역 410
그리스도의 제사장 직분 415, 433
그리스도의 죽음 94, 285, 351, 357, 358, 359, 360, 361, 367, 372, 380, 383, 386, 389, 396, 410, 411, 437, 442, 443, 451, 461, 465, 469, 494, 495, 501, 502
그리스도의 할례 264, 320, 403, 469
그리스도의 현현 422, 431
그리스도의 희생 252, 284, 415, 443, 449, 452, 455, 456, 457, 460, 461, 481, 500, 527
긍휼 136, 361, 458, 459, 460, 534
기독론에서 성령의 역할 344
꾸며낸 순수성 297

/ ㄴ /

낮추심의 견지에서 이해하기 264, 320, 403, 469
낯선 존재 만나기 9, 27, 28, 154, 158, 192, 356, 357, 403, 436
내재적인 잠재력을 받은 264, 320, 403, 469
능동적 순종 13, 322, 360, 414, 432, 436, 458, 474, 475, 480
능동적 순종과 수동적 순종 436

/ ㄷ /

다양성, 창조적 풍부함의 표시 264, 320, 403, 469
다윗의 후손이라는 주제 321
다의성 264, 320, 403, 469
담을 수 없다(finitum non capax infiniti) 112, 323
대속적 주제에 대한 비판 321
댈리 264, 320, 403, 469
더 높은 일원론으로 지양 264, 320, 403, 469
더 오래된 언약신학을 알지 못함 321
더프 264, 320, 403, 469
덜레스 264, 320, 403, 469
데이빗 트레이시 321
도너 264, 320, 403, 469
도덕적 영향력 견해 372
도로시 세이어즈 321
동정녀 탄생 321
두 본성 321
두 시대 264, 320, 403, 469
드라마 264, 320, 403, 469
디트리히 본회퍼 251
떼이야르 264, 320, 403, 469

/ ㄹ /

레이먼드 슈워거 321
로버트 슐러 321
루터파 - 개혁파 성찬 논쟁의 핵심 321

/ ㅁ /

마조리 수하키 321
마크 테일러 321
말로 존재하게 됨 264, 320, 403, 469

망설임 162
메길 136, 361, 458, 459, 460, 534
메노 시몬스 321
메시아로서 308, 463, 500
모든 인류를 위한 인격성을 보장하는 264, 320, 403, 469
모범주의 321
모범주의 이론 321
무로부터의 창조와 일치하는 321
무에서의 창조와 대조 264, 320, 403, 469
무에서 창조 321
미겔 데 우나무노 264, 320, 403, 469
미로슬라브 321
미셸 드 세르토 264, 320, 403, 469

/ㅂ/

바르트 20, 31, 32, 51, 65, 78, 85, 92, 94, 133, 136, 137, 138, 139, 140, 141, 144, 145, 155, 166, 174, 175, 176, 177, 181, 236, 241, 247, 278, 288, 294, 295, 323, 324, 325, 333, 335, 336, 337, 341, 346, 368, 390, 392, 409
바빙크 84, 120, 304
반 다이크 321
반 펠라기우스주의 321
베네마 321
베사콘 스펜서 321
변증법적 역사주의 264, 320, 403, 469
변화(transfiguration) 321
본받음을 위한 모범 264, 320, 403, 469
부동의 원동자 111
부패에 대한 잠재력을 소유함 264, 320, 403, 469
불멸성과 구속을 통합하는 264, 320, 403, 469
브루너 78, 278, 294
비폭력적인 승리자 그리스도 모형을 위한 표준구 370
빈센초 321
빌헬름 딜타이 264, 320, 403, 469

/ㅅ/

사랑의 상징 264, 320, 403, 469
사회적 맥락 321
삼위일체 321
삼위일체 신학 321
삼위일체의 외적 사역 184
삼위일체적 만유재신론 321
삼중 직분 412, 414, 433, 503, 510
새 언약 21, 198, 230, 305, 313, 354, 400, 416, 419, 425, 449, 465, 468, 470, 507, 511
생태학적 관심 264, 320, 403, 469
샬롬 321
서던 321
선지자 직분이 함유한 종말론적 특징 433
선포된 말씀과 일치하는 264, 320, 403, 469
섭리와 혼동되는 264, 320, 403, 469
성경신학 9, 16, 17, 20, 78, 79, 86, 200, 239
성령 321
성령에 의존 321
성령의 역할 344
성부, 성자, 성령 하나님의 고난 321
성육신 신학에서 성령의 역할 321
세계 안에서 활동하는 321
소외 극복 264, 320, 403, 469
소외 극복하기 9, 10, 28, 29, 30, 33,

40, 154, 158, 190, 192, 196, 263, 356, 362, 403, 436, 441
소우주 207, 210
소키누스주의자들 321
속성 교류 89, 113, 325, 330, 334, 337, 340
속죄 12, 13, 14, 67, 95, 270, 317, 345, 350, 351, 356, 357, 358, 359, 360, 361, 362, 365, 366, 367, 368, 369, 370, 371, 372, 374, 375, 376, 377, 378, 379, 380, 381, 384, 385, 386, 388, 389, 390, 392, 393, 394, 395, 396, 399, 403, 404, 405, 406, 409, 410, 411, 412, 413, 414, 415, 432, 433, 434, 435, 436, 437, 441, 443, 444, 445, 446, 447, 448, 451, 452, 453, 456, 457, 458, 459, 461, 462, 463, 464, 470, 475, 476, 480, 481, 482, 485, 487, 491, 493, 498, 500, 501, 504, 523
속죄론 404
속죄 신학 375, 377, 396, 437, 448, 451, 475, 523
속죄와 승천 523
속죄의 객관성 434
속죄 이론 321
수정된 희생 주제와 승리자 그리스도라는 관점의 수렴 469
수직적 차원 377, 385, 388
수치 321
쉐마 321
슐라이어마허 321
스콜라주의 321
스테판 321
스토아주의 321

스토아 철학의 아파테이아 321
스티버 321
스펜스 321
승리자 그리스도 12, 14, 368, 369, 370, 371, 373, 374, 377, 408, 469, 480, 484, 491, 493, 494, 495, 499
시내 산 언약 19, 20, 23, 268, 271, 306, 307, 308, 309, 311, 312, 419, 420, 424, 449, 463, 467, 489, 534
신성한 아동학대 264, 320, 403, 469
신실함 321
신인협력설 321
신적 감정 264, 320, 403, 469
신적 맞추심 264, 320, 403, 469
신적 명령에 답하는 321
신적 복수에 대한 믿음을 요구하는 비폭력 321
신적 성실함 264, 320, 403, 469
신적이고 인간적 파트너로서 성육신하기 전의 성자 264, 320, 403, 469
신적 임재와 부재 264, 320, 403, 469
신적 주권성을 수반하는 창조주 - 피조물 관계 264, 320, 403, 469
신적 직접성에 대한 의심 264
신적 초월성과 내재성을 허락하는 321
신적 하강 264, 320, 403, 469
신화적 우주론 168
신화(theosis) 321
실체 형이상학을 피하기 321
심판의 상징인 흩어짐 321
십자가 264, 320, 403, 469
십자가를 새롭게 밝혀주는 부활 264, 320, 403, 469

십자가에 대한 반유대적 해석에 대
해 가장 단호하게 막아내는 것
264, 320, 403, 469
십자가에 대한 언약적 견해 264, 320,
403, 469
십자가의 내적 논리 264, 320, 321,
403, 469
십자가의 목적 264, 320, 403, 469
십자가의 신학 264, 320, 403, 469
십자가의 신학에 중심을 두는 바울
321
십자가의 좋은 소식 264, 320, 403, 469
십자가의 특별성을 놓치는 264, 320,
403, 469

/ ㅇ /

아담과 하와의 역사성 246
아담 안에서 연대성 264, 320, 403, 469
아담의 시험과 광야와 땅에서 이스라
엘과 관련 있는 264, 320, 403,
469
아담의 타락에 참여 254
아들됨 321
아들됨이라는 주제 321
아리스토텔레스 57, 78, 103, 104, 111,
119, 121, 175, 206, 207, 210
아리우스주의 77, 329, 330, 477
아벨라르 357, 358, 374
아브라함 언약 19, 20, 22, 23, 306, 307,
312, 424, 464, 467
아브라함 언약의 개시로서 만찬 제도
321
아우구스티누스 21, 38, 106, 120, 132,
168, 171, 176, 177, 179, 184,
185, 195, 196, 208, 210, 222,
241, 254, 267, 268, 279, 284,
291, 296, 322, 323, 348, 349,
368, 379
아우구스티누스의 영성화 348
아우구스티누스의 종말론 179
아이히로트 264, 320, 403, 469
아퀴나스 34, 35, 50, 53, 54, 77, 79,
106, 107, 132, 204, 295, 341,
381
아타나시우스 241, 328, 333, 334, 338,
350, 392, 437
아폴리나리우스주의 323, 333, 334,
336, 338, 339, 346, 348, 349,
453, 459
악 321
안디옥 학파 기독론 330
안셀무스 12, 67, 356, 357, 358, 359,
360, 361, 365, 369, 374, 375,
378, 379, 380, 381, 392, 393,
397, 405, 406, 414, 437, 443,
458, 461
알렉산드리아 기독론 12, 321
알렉산드리아의 키릴 264, 320, 403,
469
압제와 관련 있는 321
앤서니 바틀렛 367
앤서니 티슬턴 321
앨스톤 43
야훼를 명명하기 321
야훼에 대한 이스라엘의 기소 321
야훼의 신뢰성을 가정하는 321
야훼의 초월성 321
야훼(Yahweh)와 이스라엘 사이의 언약
연합 16
야훼(YHWH) 321
약한 창조 교리로 이어지는 긍휼의 견
해 136, 361, 458, 459, 460, 534
약한 창조 이론 264, 320, 403, 469

언약 264, 320, 403, 469
언약 개념 8, 16, 17, 19, 110, 152, 299, 420
언약과 관련 있는 264, 320, 403, 469
언약과 십자가라는 주제를 통합하는 321
언약과 종말론(호튼) 308, 463, 500
언약 소송의 선지자 308, 463, 500
언약 언어 안에서 법적이고 관계적인 협정을 대조하는 것의 불가능성 308, 463, 500
언약 - 위반 308, 463, 500
언약 위반으로 해석되는 불신앙 321
언약 위반의 역사 308, 463, 500
언약을 지키는 자들이 되기 위한 방법 308, 463, 500
언약의 주님과 종 9
언약의 주와 종 187
언약의 천사 232
언약적 각인과 관계가 있는 264, 320, 403, 469
언약적 사랑에 기초하는 264, 320, 403, 469
언약적 연대 264, 320, 403, 469
언약적 율법주의 308, 463, 500
언약적 존재론 308, 463, 500
에누마 엘리쉬 264, 320, 403, 469
에드워즈 264, 320, 403, 469
에크하르트 264, 320, 403, 469
엑스트라 칼비니스티쿰 321
엘시테인 264, 320, 403, 469
여자의 씨, 어둠의 권세에 대한 승리 321
여자의 씨와 전쟁중인 뱀 321
역사로서 존재하게 된 264, 320, 403, 469
연대성 321

영원한 언약의 제사장 264, 320, 403, 469
영적 전쟁 321
예수 그리스도를 예상하는 반영 225
예수님을 십자가로 보내시는 하나님 264, 320, 403, 469
예수님의 능동적 순종의 원천 321
예수님의 선지자적 역할에 관하여 321
예수님의 성전 행동에 관하여 321
옛 언약 21, 198, 305, 312, 416, 419, 420, 425, 443, 448, 459, 489, 500, 511, 513, 534
옛 우주 기원론 신화와 관련 있는 264, 320, 403, 469
요더 존 321
우르시누스 321
우리의 신학과 하나님의 신학을 구별하는 321
우리 자신 안에서 발견되기를 거절하는 321
우울 289, 363
우주적 이원론의 위협 165
우주적 전쟁 496, 498
우주 창조 신화 153
워필드 321
월터 브루그만 63, 281
웨스트민스터 대요리 문답 321
웨스트민스터 신앙 고백서 321
웨스트팔 321
웨인펠드 321
위버 321
위트시우스 321
유기의 외침 386
유리 264, 320, 403, 469
유비 25, 30, 32, 34, 46, 47, 50, 51, 66, 75, 76, 77, 83, 85, 91, 96, 97,

98, 100, 104, 106, 107, 109, 110,
111, 112, 114, 116, 117, 118,
121, 123, 124, 129, 156, 157,
159, 160, 170, 178, 182, 187,
188, 204, 250, 274, 355, 393,
442, 443, 477, 481, 502, 515,
522
유출 264, 320, 403, 469
유출과 대조가 되는 무로부터의 창조
264, 320, 403, 469
유출론 264, 320, 403, 469
유티케스주의 321
윤리적 교제를 위한 하나님이 창조하신 파트너로서 세상 321
윤리적 변혁을 위한 가능성 264, 320, 403, 469
율법과 사랑을 결합하는 언약신학 308, 463, 500
의심의 해석학 321
의와의 관련성 136, 361, 458, 459, 460, 534
이레니우스 23, 201, 267, 331, 332, 345, 351, 437, 448
이원론 264, 320, 403, 469
이원론을 참을 수 없는 264, 320, 403, 469
인간론 9, 11, 12, 173, 194, 195, 196, 197, 206, 212, 218, 220, 222, 224, 226, 230, 239, 246, 249, 274, 276, 299, 319, 331, 359, 364, 500, 528
인간에 대한 책임을 지우는 264, 320, 403, 469
인간의 번영을 위한 새로운 가능성에 대한 새로운 인식에 의해 달성됨 264, 320, 403, 469
인간의 상승 위에 있는 264, 320, 403, 469

인간의 승리로서 그리스도의 승리를 강조하는 264, 320, 403, 469
인간의 존재 방식이라는 언어 게임 220
인간 중심주의 68, 234
인간 피조물에 맞추어진 264, 320, 403, 469
인류를 위한 하나님의 목적의 시작 264, 320, 403, 469
인류의 통일성을 위한 기초를 제공하는 264, 320, 403, 469
인성에 대한 견해 452
일의성 321

/ ㅈ /

자기 의 321
자기 정체성 321
자르는 264, 320, 403, 469
자르는 것에 관한 하나님의 명령 264, 320, 403, 469
자신이 하신 약속의 성취를 보장하는 321
자아 321
자연에 추가된 은혜의 선물 177
자유주의와 근본주의에 의해 잘못 이해된 321
자율성 147, 195, 216, 236, 239, 240, 247, 248, 252, 258, 438
자율성을 내적 본질에 더하는 239
자존성 77, 81, 82, 85, 86, 90, 103, 170
자크 데리다 264, 320, 403, 469
재세례파 362, 366, 377, 381, 382
적극적으로 자신을 드리는 하나의 헌납 443
전사 – 종이라는 주제 321
정언 명령 290
제2 성전 부흥 전통 321

주제 및 인명 색인 545

제2의 아담(그리스도), 인간의 형상을
　　회복하는 321
제도를 통해 전달된 321
제럴드 브레이 105
제임스 바 79
제임스 스미스 321
조르주 바타유 39
조약에서 종주의 역할 321
조약의 구조 321
조오지 E 멘덴홀 136, 361, 458, 459,
　　460, 534
조직신학 321
존 브라이트 70
존 샌더슨 321
존재론적 연합보다는 오히려 언약적
　　연합 321
존 헤이우드 321
종 321
종교와 전쟁을 벌이는 321
종교 의식적 범주 461
종말론 264, 320, 403, 469
종말론의 중요성 380
종말론적인 것과 기원론적인 것의 조
　　화 264, 320, 403, 469
종으로서 321
종으로서 자아 321
종이라는 주제 321
종주로서 321
종주 주약 321
죄 321
죄에 대한 전통적 이해에 대한 현대적
　　도전 321
죄에 사로잡힘 321
죄와 노예 상태를 다루기 위해 희생
　　제사를 사용하는 것에 관하여
　　321
죄의 보편적 의미 321

죄의 뿌리, 신뢰에 대한 거절 321
죄의 우주적 차원을 구속과 조화시키
　　기 321
주님과 종으로서 321
주님과 종이라는 언약 주제를 인간론
　　11, 197
주님으로서 321
중재자로서 308, 463, 500
지루함 262, 263
지배 264, 320, 403, 469
지지울라스 321

/ㅊ/

찰스 테일러 321
창조(계속되는) 264, 320, 403, 469
창조 내러티브 264, 320, 403, 469
창조 내러티브에 대한 정경적 해석
　　264, 320, 403, 469
창조 내러티브에 제시된 언약적 특징
　　264, 320, 403, 469
창조 내러티브의 언어를 상기시키는
　　언약들 264, 320, 403, 469
창조는 언약의 바깥쪽 155
창조론 171, 172, 185, 189
창조 언약 22, 23, 152, 154, 156, 198,
　　199, 203, 213, 219, 238, 240,
　　241, 246, 253, 254, 263, 264,
　　268, 270, 272, 273, 274, 281,
　　297, 309, 318, 319, 320, 340,
　　342, 403, 451, 460, 469, 474,
　　475
창조 언약에서 율법의 우위성 264,
　　320, 403, 469
창조 언약의 맥락에서 속죄를 제공하
　　는 264, 320, 403, 469
창조의 구조 안에 있는 악 264, 320,
　　403, 469

창조의 구조 안에 포함된 321
창조의 목적 264, 320, 403, 469
창조의 성경적 개념 264, 320, 403, 469
창조의 언약적 구조 264, 320, 403, 469
창조의 인격적 특징 264, 320, 403, 469
창조 종말론 264, 320, 403, 469
창조주와 피조물 사이의 존재론적 가교로서 아들 321
창조주 - 피조물 구분 55, 81, 169, 174, 191
창조주 - 피조물 이중성 264, 320, 403, 469
창조. 창조 언약을 보라 264, 320, 403, 469
철학에서 자유롭게 되는 321
초라 176
초월되는 신정 체제 321
초월성 321
출산의 고통 255
츠빙글리 102, 321, 323, 325, 338
칭의론 321

/ ㅋ /

칼 메닝거 136, 361, 458, 459, 460, 534
칼빈 63, 79, 111, 112, 118, 119, 124, 125, 152, 171, 177, 178, 183, 184, 185, 186, 197, 207, 208, 209, 210, 211, 213, 217, 220, 235, 249, 272, 290, 291, 293, 296, 298, 321, 323, 325, 328, 332, 349, 350, 351, 365, 366, 369, 379, 408, 412, 414, 415, 433, 447, 452, 458, 459, 468
칼빈 슈라그 321
칼케돈 12, 320, 321, 325, 326, 327, 328, 330, 335, 352, 374

칼케돈의 정의 264, 320, 403, 469
캐서린 태너 321
케빈 벤후저 321
코넬리우스 반 틸 321
코케이우스 212, 272
크리스토퍼 세이츠 321
크리스토퍼 슈뢰데 321
크리스토프 쇼오벨 321
크리스티안 베커 368
키릴루스주의적 기독론 264, 320, 403, 469

/ ㅌ /

타락 개념 286
토마스 아퀴나스 321
톰 라이트 321
투영 34, 80, 87, 123, 288, 289, 402
투쟁 321
티코니우스 321
틸리히의 모형론 264
틸리히의 패러다임 136, 361, 458, 459, 460, 534

/ ㅍ /

패크레 321
폰 발타자르 321
폴 틸리히 321
프란시스 321
프란키스쿠스 321
플라톤주의를 비판 176
피조계를 매일 지탱하시는 321
피조계에서 각 위격의 역할 321
피조물로부터 그리고 피조물을 위한 하나님의 자유 321
피터 마터 321
피터 버거 376

필리스 버드 225

/ ㅎ /

하나님과 인간의 관계, 종주 - 봉신 구
    조 264, 320, 403, 469
하나님과 피조물 사이의 관계 280
하나님에 반대하여 증언하는 증인석
    254
하나님의 권능 125, 128, 129, 371, 385,
    520
하나님의 본질 63, 65, 87, 92, 124, 338
하나님의 비공유적 완전성 124
하나님의 사랑 93, 98, 106, 107, 108,
    131, 132, 133, 150, 170, 371,
    379, 380, 385, 389, 399, 400,
    501, 506, 522
하나님의 사랑의 보여줌 264, 320,
    403, 469
하나님의 선함의 승리를 보여 주는
    264, 320, 403, 469
하나님의 속성 64, 84, 114, 131, 140,
    145
하나님의 영원한 자기 비하 존재의 암
    호를 푸는 열쇠 92
하나님의 완전성 125
하나님의 은혜 60, 135, 136, 139, 176,
    269, 303, 347, 375, 479, 487,
    514
하나님의 의 125, 130, 144, 170, 172,
    199, 288, 358, 381, 390, 392,
    445, 447, 449, 469, 514
하나님의 이름 26, 63, 65, 113, 147,
    179, 231, 514, 531, 532
하나님의 인식에 영향을 주는 264,
    320, 403, 469
하나님의 자유로운 행동으로서 264,
    320, 403, 469
하나님의 형상 11, 181, 195, 196, 197,
    198, 199, 202, 203, 206, 207,
    209, 210, 211, 212, 214, 218,
    219, 220, 225, 226, 227, 228,
    229, 231, 232, 235, 241, 245,
    246, 266, 279, 293, 294, 297,
    301, 318, 335, 378, 388, 460,
    484
하나님이 원하시지 않은 것으로 정의
    된 321
한스 우르스 321
해방주의 해석 264, 320, 403, 469
행위 언약 22, 23, 177, 264, 267, 268,
    269, 270, 272, 306, 534
행위의 원리 321
허무 321
현전의 형이상학에 의해 제한된 자아
    개념 321
형벌과 죽음을 요구하는 321
형상의 부분으로서 321
형상의 좌소인 영혼 321
화이트헤드 321
희생양 기제 321

/ 기타 /

E. J. 카넬 182
H. H 슈미트 321
Louis Berkhof 65, 326, 360, 517

CLC 도서 소개

마이클 호튼의
언약신학

*A Critical Srudy on
Michael Horton's
Covenant Christology*

김찬영 지음 | 신국판 | 448면

이 책은 마이클 호튼의 언약신학이 메리데스 클라인의 언약신학에 영향을 받아, 은혜 언약인 시내산 언약에 공로적인 행위의 원리가 도입된 것으로 이해한다는 점을 개혁파 정통주의 신학에 근거해 치밀하게 논구했다. 독자들은 이 책을 통해 개혁파 정통주의 언약신학의 구원론적 의미를 깊이 이해하게 될 것이다.